www.ingramcontent.com/pod-product-compliance
Lightning Source LLC
Chambersburg PA
CBHW062150270326
41930CB00009B/1493

أسرار الفلوجة وأسوار نورمبرغ

من هو الارهابي؟؟

د. محمد طارق الدراجي

Alpha Academic Press

إخلاء مسؤولية حقوق الطبع والنشر

أسرار الفلوجة وأسوار نورمبرغ

من هو الارهابي؟؟

الطبعة الأولى، غلاف عادي

نشرت الشهر السنة

الصحافة الأكاديمية ألفا

ISBN: 978-0-9914932-8-9

ان الحرب تحتوي في داخلها على الشر المتراكم للكل...

قرار محكمة نورمبرغ

الاهداء والشكر

الى فرسان تحرير العراق ومن ناصرهم من ابطال السلام والعدالة, والى المطالبين بحقوقهم كاملة دون انتقاص, والى كل ضحية في هذه الحروب الاجرامية, والى كل من ساند الضحايا ولو بكلمة حق, والى والدي العزيزين الذين اناروا دربي بدعائهم, وكل من ساندني وساعدني في مسيرتي من اجل جمع وتوثيق هذه المعلومات ...اهدي لهم جميعا هذا الجهد المتواضع ...كما وأتقدم بالشكر الجزيل الى الاخوة الصحفيين في مدينة الفلوجة الزميل محمد جليل شهاب (Mohammed Jalil) والزميل بلال زيدان حسين الجريصي (Bilal Hussein Aljuraisy), على مساعدتهم في رفد الكتاب ببعض الصور المهمة.

محتويات الكتاب

المؤلف

- **الاسم الكامل:** الدكتور محمد طارق الدراجي

- **مكان وتاريخ الولادة:** الفلوجة, العراق, 1972

- **الجنسية:** عراقي **الحالة الاجتماعية:** متزوج

- **الدرجة العلمية:** دكتوراه في التقنيات البايولوجية للاجنة (أيطاليا)

- ناشط في حقوق الانسان منذ 2003 وترأس وأسس بعض المنظمات العراقية لحقوق الانسان وحماية البيئة.

- أستطاع من جمع الادلة التي تؤكد أستخدام الاسلحة الكيمياوية من قبل قوات الاحتلال في نوفمبر 2004 في الفلوجة والتي عرضت امام البرلمان الاوربي والامم المتحدة, والتي دفعت الجيش الامريكي الى الاعتراف بالجريمة بعد سنة واحدة فقط من حصولها.

- منذ عام 2004, تركز نشاطه الحقوقي حول قضية الفلوجة والانتهاكات الخطيرة لحقوق الانسان والتلوث البيئي والمخاطر الصحية, بالاضافة الى متابعة جرائم المليشيات وفرق الموت التي أنشائها الاحتلال الامريكي-البريطاني. عمل متطوعا كعضوا في مجلس مدينة الفلوجة (يناير - يونيو 2004)، وهو عضو في اللجنة الاستشارية لمحكمة بروكسل الشعبية، وعضو في شبكة اللاعنف في العراق NGOs.- Ebril، وعضو في المكتب الدولي للسلام - زيورخ.

- باحث عن العدالة الانتقالية الحقيقية لاجل وقف العنف ومقاضاة الجرائم وحماية الضحايا.

معلومات اضافية

الدكتور الدراجي كان قد أشرف على كتابة التقارير والدراسات التالية:

- تقرير حول الوضع في مدينة الفلوجة بعد العمليات العسكرية الأخيرة (المعركة الاولى) التي قدمت إلى الدورة الـ60 للجنة الأمم المتحدة لحقوق الإنسان (2004).

- التقرير الدوري الأول لشبكة رصد حقوق الإنسان في العراق، 2005.

- التقرير الدوري الثاني لشبكة رصد حقوق الإنسان في العراق، 2005.

- التقرير الدوري الثالث لشبكة رصد حقوق الإنسان في العراق، 2005.

- رسالة مفتوحة و تقرير عن التعذيب في العراق قدم إلى المقرر الخاص للأمم المتحدة لمناهضة التعذيب، 19 أكتوبر 2006.

- تقرير فرق الموت في العراق 2006 .

- أزمة الاسلحة المحظورة في الفلوجة، قدم التقرير إلى مجلس حقوق الإنسان التابع للأمم المتحدة 2008. .

- "شهادات عن الجرائم ضد الإنسانية في الفلوجة "التي قدمت إلى مجلس الامم المتحدة لحقوق الانسان مارس 2010.

- اثنان من التقارير التي ارسلت الى المدعي العام للمحكمة الجنائية الدولية عن" جرائم حرب الحكومة العراقية في محافظة الأنبار , الفلوجة مثالا، 2014."

المقدمة

من هو الارهابي؟؟

بسم الله الرحمن الرحيم, والصلاة والسلام على نبينا الصادق الامين وأل بيته الاطهار وصحابته الابرار والحمد لله الذي يسّر لنا هذا الجهد بعد عناء وانتظار ... اتشرف بتقديم هذا الكتاب الذي هو خلاصة جهد جماعي مع أحبة في الله ليكون امام القارئ الكريم مع جميع الحقائق التي شهدتها بنفسي بكل ما يسرّ الله لي منذ بدء جرائم الاحتلال الاجنبي في الفلوجة.

الكتاب يشمل اجزاء هي استكمال لحرب الشهود الخفية وحقيقة الجرائم الكبرى لقوات الاحتلال معززة بالادلة والبراهين. فكرة كتابة الاحداث والوقائع لم تكن سهلةً مع ضغط الارهاب والرعب الذي كنا نعيشه تحت وطأة الاحتلال خصوصا مع ما رافقته من انتهاكات وجرائم يومية وتصفيةجسدية للناشطين في مجال حقوق الانسان والصحفيين بسبب توثيق وفضح الانتهاكات. حيث كان دورنا في البداية يقتصر على كتابة التقاير الموثقة بالادلة عن تلك الانتهاكات وارسالها للمنظمات الدولية كالامم المتحدة بالاضافة الى بعض الصحافة العالمية.

قد تكون محاسبة مرتكبي الجرائم ضرباً من الخيال في وقت الجريمة, لكن التوثيق على الاقل يحفظ الحقوق طالما ان الجريمة لا تسقط بالتقادم كما هو متعارف عليه. لهذا ارتايت ان انشر كل الحقائق التي جمعتها سابقا لفضح من تستر عليها واطلاع المجتمع الدولي وشعوب دول العالم وشعبنا العراقي الجريح, بعد ان غابت الشفافية والثقة في المؤسسات الدولية المختصة. الادلة والتوثيق في الكتاب أعتمد على ثلاث انواع من المصادر, بدءً من الامم المتحدة والمنظمات الغير حكومية, ووسائل الاعلام المرئي والمسموع, بالاضافة الى الاعترافات الرسمية والوثائق الحكومية الصادرة من تلك الحكومات. جميع هذه الادلة هي تأكيد لاحداث عشتها شخصيا مع الكثير من الوقائع التي شهدتها في تلك الفترة والتي وثقتها في هذا الكتاب.

الصحفي الايطالي الجريء سكفريدو رانوشي (Sigfrido Ranucci) معد ومقدم الفلم الوثائقي الايطالي (الفلوجة: المذبحة الخفية, Fallujah: the Hidden Massacre), عندما سئل من قبل قناة الجزيرة القطرية فيما أذا كان يقصد من هذا الفلم أتهام الامريكيين باستخدام أسلحة محرمة على الرغم من كون بلده ايطاليا حليفة للولايات المتحدة, فكان جوابه (ليس القصد هو اتهام الامريكان لكن اذا كنا نتحدث عن ديمقراطية فعلينا ان نبحث الحقيقة باسلوب علمي وصادق). وهنا تكمن الاسباب التي دفعت الكتاب من اجل تحقيق أهدافه التي هي:

1. تقديم الحجة والادلة على ان مفهوم ارهاب الدول المعاصرة (الحديثة) كان موجودا وموجهاً ضد العراق والعراقيين اثناء فترة الاحتلال عبر تقديم امثلة جرائم الحرب وألابادة التي حصلت في مدينة الفلوجة العراقية. على الرغم من جريمة قتل مئات الالاف من العراقيين بسبب الجوع والامراض اثناء فترة الحصار الاجرامي 1991- 2003, وهو ما اعتبر جريمة دولية كبرى دفعت العديد من كبار موظفي الامم المتحدة الى الاستقالة لرفضهم استمرار هذه الجريمة.

2. ان كثرة الدراسات العسكرية والسياسية الامريكية قد بينت اغلبها وجهة نظرهم المحملة بالكثير من تزييف الدوافع بينما فضحت السنتهم العديد من جرائمهم عبر ما ذكروه من وقائع. يقابلها في الجانب الاخر عدد نادر جدا من الدراسات والبحوث التي تبين وجهة نظر ضحاياهم ومعاناتهم. وهذا هو ابسط حق مشروع يجب ان يمارسه الضحية في التعبير لايصال صوته ومطالبه العادلة.

3. توضيح دور بعض الجهات المحلية والدولية الفاعلة في تلك الاحداث, مع الادلة التي تدعم ضرورة التحقيق الدولي المستقل والساعي لنصرة الضحايا وتحقيق العدالة الانتقالية المفقودة. هذه العدالة الانتقالية التي تعتبر بانها المؤسس الحقيقي التي يبنى عليه السلام والامن الدائمين. ولهذا سيكون امام الجهات الدولية المسؤولة في الامم المتحدة مسؤولية البدء في التحقيق بما جاء في الكتاب من جرائم حرب وانتهاكات فاضحة لحقوق الانسان. والا فانها ستؤكد بان الفساد الاداري والتستر على هذه الجرائم قد وصل الى قمة هرم اتخاذ القرار داخل هذه المنظمة الدولية, وهو ما سيمثل كارثة في العلاقات الدولية.

4. اتمنى ان تكون الاسئلة التي ستتولد من الاحداث المذكورة في الكتاب عامل مساعد في الدفع الى مزيد من البحوث والدراسات ليس فقط حول الانتهاكات في المناطق المذكورة, بل تشجيع في محافظات العراق الاخرى وتوفير دعم اكبر لهم. خصوصا في اختيار المعايير العادلة في تحديد الارهاب الدولي والتحديات المسيطرة على هذا النهج وما يفترض ان تتخذه الدول وفقاً لقواعد القانون الدولي وليس الاجندات السياسية الخاصة التي تخدم مصلحة بعض الجهات السياسية بعيداً عن مصلحة شعوبهم. فقد اثبتت الاحداث ان ما يسمى بالاقتتال الطائفي هو صنيعة للعبة سياسية قذرة كان المقصود منها تقسيم العراق طائفياً وفقاً لقاعدة فرق تسدّ. بالاضافة الى ان الازمة الاقتصادية التي عصفت بالشعوب الغربية الان قد اثبتت بانهم كانوا ايضا الضحية وادخلوا في حروب تدخل في مصلحة الشركات الداعمة للحرب.

5. اثبات اوجه الشبه بين العقلية النازية التي سيطرت على العالم والتي سببت كارثة الحرب العالمية الثانية, وتشابهها مع ارهاب الدولة المعاصرة الذي قادته حكومتي بوش وبلير قبل وبعد شن الحرب العدوانية على العراق, مما يوجب ضرورة دولية خاصة حول الجرائم والانتهاكات الخطيرة المرتكبة ضد الشعب العراقي وايجاد اتفاقيات دولية جديدة تغطي الثغرات الموجودة الان في النظام القضائي الدولي من اجل منع الوصول الى حروب ومأسي جديدة تنشر شريعة الغاب.

ولاخذ فكرة أولية حول الكتاب فلا بد من التعرف سريعا على فصوله الثلاثة عشرة فصلا. فالفصل الاول من الكتاب يتحدث عن التشابه الكثير في العقلية التي قادت احتلال العراق مع العقلية النازية. ثم يتناول الادلة العلمية الرصينة التي تفند ألادعاءات الكاذبة حول علاقة العراق مع القاعدة والارهاب وأمتلاكه لاسلحة الدمار الشامل, مع توضيح كيفية أصدار مجلس الامن الدولي لقرارات تؤكد حالة الاحتلال بينما يخالف بعضها اسس القانون الدولي. كما ويتطرق الفصل الى عدم وجود أسس حقيقية وقانونية للاحتلال تحت مبررات انسانية. ولهذا يتناول بعض جرائم وكوارث الحصار الغير انساني ضد العراق وأثاره المدمرة على الحياة العراقية.

الفصل الثاني يتحدث عن تاريخ الفلوجة حديثا وقديما وخصوصا تاريخها مع الاحتلال الاجنبي القديم بعد الحرب العالمية الثانية والاحتلال الحديث بعد مجئ قوات الغزو الامريكي البريطاني. كما يتناول الفصل طبيعة التضامن الدولي الذي نشأ مع قضية الفلوجة لتصبح قضية عالمية ومثالا للمقاومة الشعبية ضد الاحتلال.

الفصل الثالث يتناول جرائم وانتهاكات حقوق الانسان التي ارتكبتها القوات الامريكية في الفلوجة والتي اشعلت شرارة المقاومة الشعبية ضدهم والاخطاء التي قادتهم لارتكاب تلك الجرائم.

الفصل الرابع يتحدث عن تاريخ المرتزقة تحت مسميات شركات الخدمات الامنية والعسكرية الخاصة وبدايات استخدامهم في العراق, وما هي أبرز مزايا أستخدام تلك الشركات وكيفية حصولها على الاثراء السريع من صناعة المرتزقة. كما يتناول الفصل ألاحصائيات الرسمية حول اعدادهم وجنسياتهم والدول التي شاركت بتلك الشركات, بالاضافة الى الحديث عن ابرز الجرائم التي ارتكبتها في العراق والفلوجة ايضا, مع اعطاء نبذة عن خطرها دوليا عبر استعراض ابرز جرائمها السابقة على المستوى الدولي..

الفصل الخامس يتحدث عن التعذيب واشكال التعامل الوحشي ضد السجناء في معتقلات قوات الاحتلال الغربي وأثرها على انتقال تلك الاساليب لاحقا الى السجون العراقية لدى الحكومات الطائفية التي تشكلت بعدها. لهذا يتناول الفصل كيفية بدء سياسة التعذيب والاعتقالات الوحشية وتاثيراتها على الضحايا والمجتمع المحلي والدولي. كما ويتناول احدى فضائح السجون المحلية لاول الحكومات العراقية بعد انتقال السلطة الصورية والتي عرفت بفضيحة سجن الجادرية, واثر العنف الذي استخدم في السجون على نشر ثقافة العنف لاحقا خارج السجون لينشر شريعة الغاب. كما يشير الفصل الى برنامج التسليم السري الامريكي الذي هو في حقيقته اختطاف الاشخاص من بلدانهم لاغراض اخذ المعلومات منهم بعد تعذيبهم في سجن غوانتاناموا وغيره من سجون الولايات المتحدة في قواعدها خارج حدود بلدها.

الفصل السادس يتناول المعركة الاولى في الفلوجة وابرز الحوادث قبل المعركة ودور عناصر شركة بلاك ووتر فيها, وما حصل من تهيئة قبل المعركة واطلاق نداء الاستغاثة قبل بدء المعركة للتحذير من جريمة العقاب الشامل التي بدءت ضد المدينة والمدنيين. ويتناول الفصل ابرز الجرائم والانتهاكات خلال المعركة وكيفية ارغام الجانب الامريكي على وقف اطلاق النار من جانب واحد ومطالبته للفلوجة بالتفاوض والجلوس مع وفدين للتفاوض لاجل ايجاد طريقة لايقاف القتال وما هي ابرز نتائج مباحثات الفريقين والاشارة الى الخطأ القاتل في تلك المفاوضات الذي منع الاستقرار الدائم في العراق. كما يركز الفصل على ادلة استخدام السلاح الكيمياوي للفسفور الابيض في المعركة. ويختتم الفصل بالتحليل الامريكي لاسباب هزيمتهم في المعركة, وما هو دور القوات البريطانية والبولندية فيها بالاضافة الى ابرز الدروس المستخلصة من هذه المعركة.

الفصل السابع هو يتحدث حول وضع الفلوجة بعد المعركة الاولى وحقيقة نشاط لواء حماية الفلوجة للفترة ما بين المعركتين, وما هي الدسائس التي كانت تحاك ضد المدينة لاجل ايصالها منهكة الى المعركة الثانية. ويتناول الفصل الحديث عن الوساطة الدولية للامين العام للامم المتحدة كوفي عنان ومحاولته منع المعركة الثانية لاعطاء فرصة للحوار السلمي من اجل تجنب المزيد من الكوارث ضد المدنيين.

الفصل الثامن يتناول المعركة الثانية في الفلوجة وكيفية التهيئة العسكرية الامريكية وخصوصا جنون الهجمات الجوية, اسباب اختيار توقيت المعركة وما هي خطة المعركة وابرز جرائم الحرب التي

رافقتها وكيفية اعادة استخدام الاسلحة الكيمياوية للفسفور الابيض, بالاضافة الى الكشف عن جريمة استهداف الشهود وتسجيل افلام وهمية ساعدت على تدمير اوسع للمدينة. كما يتطرق الفصل الى خسائر الطرفين وانعاكاسات المعركة محليا ودوليا.

الفصل التاسع يتحدث عن نوعية الاسلحة وكمياتها التي استخدمت خلال المعركتين الاولى والثانية في الفلوجة, بالاضافة الى دلائل اخرى حول استخدام السلاح الكيمياوي واحتمالية استخدام اسلحة نووية مصغرة التاثير والتي اكدتها نتائج البحوث العلمية المختبرية في الفصل العاشر.

الفصل العاشر يختص بالوضع الصحي والبيئي للفلوجة وابرز ما جاء في تقارير الوكالات الدولية ومنها الامم المتحدة بالاضافة الى البحوث العلمية من قبل جهات دولية محايدة ومنظمات محلية مختصة مع اعطاء امثلة لمناطق عراقية اخرى مشابهة للتلوث البيئي والصحي في الفلوجة. ويختتم الفصل بالحديث حول كيفية التستر الدولي حول جريمة التلوث البيئي والصحي.

في الفصل الحادي عشر يتناول كيفية مازق الاحتلال العسكري في تحويل سمعة المقاومة الوطنية المسلحة الى ارهاب وانشاء فرق موت ضد المناطق السنية بالذات, والدور الايراني في صنع الارهاب واكمال المخطط عبر مليشيات يقودها الحرس الثوري الايراني والدور البارز لقاسم سليماني قائد فيلق القدس للحرس الثوري. كما يتناول بداية العنف الطائفي بعد تفجيرات المراقد في سامراء واغلب الادلة على من تورطوا رسميا داخل الجهات الرسمية المحلية والدولية. كما يبين الفصل الدور الامريكي والبريطاني وابرز اللاعبين وبدايات التعاون الامريكي الايراني في دعم المليشيات الايرانية الولاء في العراق ودور مليشيا حزب الله اللبناني ايضا. ويحتوي الفصل على ادلة التورط الحكومي لقادة المليشيات الرئيسية داخل الحكومات وكيفية دعم الارهاب من قبل حكومات المالكي تحديدا.

الفصل الثاني عشر يتطرق الى مسائل قانونية عدة منها, جريمة الحرب العدوانية والاحتلال, التوصيف القانوني لمختلف انتهاكات حقوق الانسان من قبل قوات الاحتلال في الفلوجة وفقا للاتفاقيات الدولية وخصوصا مسألة استخدام الاسلحة المحرمة وجرائم الحرب, مع اعطاء امثلة لقضايا دولية مشابهة. كما يتناول الفصل رأي المنظمات الدولية والاتفاقيات المتعلقة بمسألة استخدام المرتزقة في العراق. كما يتحدث الفصل حول مسألة التعويضات وفقا للقوانين العراقية والدولية وما هي بعض طرق الممكن الاستفادة منها.

الفصل الثالث عشر يتناول ابرز أثار الاحتلال وتدمير العراق مع بيان موقف مجلس الامن والاخفاقات التي عارضت دوره في حماية الامن والسلام الدوليين, ولهذا تم التطرق الى مسببات فشل المجتمع الدولي وبعثة الامم المتحدة في مساعدة الشعب العراقي وارجاع الامن والاستقرار مع اعطاء امثلة لأسباب فشل كلا من مكتب مفوضية حقوق الانسان والصليب الاحمر الدولي ومنظمة الصحة الدولية وبرنامج البيئة للامم المتحدة. كما يختتم الفصل باهمية تعزيز دور منظمات المجتمع المدني المحلية والدولية في المرحلة القادمة في ظل بعض النجاح الذي رافق حملات مساندة قضية الفلوجة دوليا وضرورة تعزيزها من قبل الامم المتحدة.

وختاماً, تحضرني ما قاله العالم الالماني هانز بيث (Hans Albrecht Bethe) الحاصل على جائزة نوبل في الفيزياء والمساعد الرئيسي في اختراع القنبلة الهيدروجينية (إذا كان لنا أن نخوض الحرب والفوز بها مع استخدام القنابل الهيدروجينية، فان التاريخ سوف لن يذكر القيم التي قاتلنا من أجلها ولكن الطرق التي استخدمناها لإنجازها)[2]. ولهذا سيتذكر العالم وحشية الاحتلال والحرب العدوانية التي شنت على العراق والاساليب والطرق الاجرامية التي استخدموها ضد الشعب العراقي.

الفصل الاول

القانون الدولي وأحتلال العراق

1.1. تشابه العقلية النازية مع أساليب حكومات الاحتلال

ان غزو العراق من قبل المحافظين الجدد بقيادة بوش الابن ستبقى تلقي بظلالها لعقود طويلة. فهي الحرب التي كانت أطول من الحرب الأهلية الأمريكية، ومن الحربين العالميتين الاولى والثانية، ومن حتى الحرب الكورية وحرب فيتنام. فلا غرابة أن اول من اطلق عليها تسمية الحرب الغبية "dumb war" هو الرئيس الامريكي اوباما عام 2002 عندما كان سيناتورا لولاية اليونزا Illinois واعترض على شن الحرب قائلاً "أنا لا أعارض جميع الحروب, لكن أنا أعارض الحروب الغبية"[521]. ثم عاد ليعترف في عام 2005 بانها كانت خطأ جسيما.

ومن اجل أثبات حقيقة تشابه جذور التفكير الاجرامي لمن تسببوا في الحروب والكوارث, ورؤية تاثير التفكير التسلطي على من جاء بعدهم. ولنبدء من المقولة الشهيرة لهنري كيسنجر (Henry Kissinger) وزير خارجية امريكا الاسبق ومهندس سياساتها الخارجية لفترة طويلة, حينما اعترف بعقلية سياساتهم الشبيهه بالنازية فقال (سيطر على النفط تسيطر على الامم, وسيطر على الغذاء تسيطر على الناس)[362]. ورغم كل محاولات المحافظين الجدد من ايجاد مسميات عصرية لنوع جديد من المهام العسكرية التي تبرر أجندتهم الخاصة, كالمهام الانسانية من اجل التدخل في الصومال, ومهام الاستقرار (stabilization) للتدخل في سيراليون وتيمور الشرقية. الا ان هذه الاقنعة الانسانية سقطت مع الاحتلال الغربي في العراق, التي لم تضرب فقط اسس القانون الدولي, بل شجعت على نشر شريعة الغاب وحدوث حروب احتلال اخرى بعدها. فحدث الاحتلال الروسي على جورجيا في أب 2008, والحرب العدوانية الاسرائيلية على لبنان عام 2006, والغزو الاثيوبي على الصومال عام 2006.

ثم جاءت اعترافات الجنرال الامريكي ويسلي كلارك (قائد قوات حلف الناتو السابق ومرشح رئاسي سابق) لتؤكد العقلية النازية والاستعمارية الجديدة. حيث اعترف في "مؤتمر الديمقراطية الان" للحزب الديمقراطي الامريكي حول نوايا ادارة بوش الابن ووزير دفاعه رامسفيلد من اجل احتلال 5 بلدان في الشرق الاوسط خلال سبع سنوات ومنها العراق بعد ان كانت تخطط فقط للعراق, على الرغم من عدم امتلاكها لاي ادلة تدين العراق سواء في علاقة مع تنظيم القاعدة او الاشتراك باي طريقة في ضرب برجي التجارة العالمي في نيويورك[518].

الصدمة الكبيرة للرأي العام الاوربي ومنها الفرنسي على وجه الخصوص حينما اعلن الصحفي الفرنسي جون كلود موريس (Jean-Claude Maurice) حقيقة مذهلة كشفها له الرئيس الفرنسي السابق جاك شيراك (Jacques Chirac) واعلنها الصحفي في كتابه (لو كررت ذلك على مسمعي فلن أُصدقه) (*Si vous le répétez, je démentirai*). يقول الكاتب: "ظل العالم لشهور طويلة يُردد الأسطوانة المشروخة عن أسلحة الدمار الشامل التي لا توجد سوى في العراق، إلى درجة أن الحرب كانت بالنسبة للأحداث الدولية أشبه بتحصيل حاصل. وطبقا لتصريحات شيراك لهذا الصحفي موريس الذي نشرّ إحدى المكالمات التي

جرت بين (بوش) و(شيراك)، وهي المكالمة التي كشفها الرئيس الفرنسي للكاتب (جون كلود موريس) بالصوت يحكي فيها (جورج دبليو بوش) لأول مرة عن سر خطير يريد كشفه (لجاك شيراك) كي يُغير رأيه ويُشارك معه في غزو العراق، إذ يقول (شيراك): تلقيت من (بوش) مكالمة هاتفية غريبة في مطلع عام 2003، فوجئت بالرئيس الأمريكي وهو يطلب مني الموافقة على ضم الجيش الفرنسي للقوات المتحالفة ضد العراق، مبرراً ذلك بتدمير آخر أوكار "يأجوج ومأجوج"!!

شيراك اضاف في حديثه للكاتب أن الرئيس الأمريكي أكد له أن "يأجوج ومأجوج" مختبئان في الشرق الأوسط، قرب مدينة بابل العراقية القديمة، وقال (بوش) بالحرف الواحد: "إنها حملة إيمانية مباركة يجب القيام بها، وواجب إلهي مقدس أكدت عليه نبوءات التوراة والإنجيل!!" ويؤكد (جاك شيراك) - بحسب الصحفي - أنه صُعق عندما سمع هذا الكلام، وأن تلك المكالمة ليست مزحة، بل كان (بوش) جاداً في كلامه، وفي خرافاته التي وصفها (جاك شيراك) بالسخيفة. الكاتب يُحمل مسؤولية هذا الدمار للرئيس الأمريكي كأهم منادٍ للحرب "الإيمانية المقدسة" التي لم تلتحق بها فرنسا (جاك شيراك) وقتها، بينما لحقت بها بريطانيا بزعامة "توني بلير" الذي يُقاسم (بوش) الايمان في تلك الخرافات الدينية الكهنوتية، مثلما لحقت به دول غربية أخرى مثل أستراليا وبولندا... إلخ. يضيف الصحفي الفرنسي متسائلاً: هل يمكن للشعوب الأوروبية أن تستوعب هذه الفضيحة الكهنوتية باسم تحقيق الديموقراطية في الشرق الأوسط؟ بأن يخوض رئيس أكبر دولة في العالم حرب الإبادة ضد شعب في قارة أخرى بحثا عن "يأجوج ومأجوج"، وأن الدمار الذي لحق بالأفراد والمؤسسات في العراق كان لهذا السبب!![383].

ان سياسات الاحتلال لم تكن عفوية في أنشاءه العملية السياسية على أسس طائفية في العراق, مع اعطاء نفوذ كبير الى الاحزاب التي ايدت الاحتلال رغم انها متهمة بسفك دماء العراقيين. هذه السياسات أنما هي تطبيق لمبدءاً نازياً أستخدمه هتلر حينما قال: إذا أردت السيطرة على الناس .. أخبرهم انهم معرضون للخطر، ثم حذرهم أن أمنهم تحت التهديد، واصنع لهم الموت ... ثم خَوِن معارضيك وشكك في ولائهم ووطنيتهم، واعتقل وأقتل ماتستطيع منهم.

كما ان من السياسات الاخرى وليس الاخيرة التي تؤكد تشابه العقلية الامريكية - البريطانية مع العقلية النازية هي استعانتهم بجيش كبير من المرتزقة سواء العسكريين او الامنيين. حيث لا يخفي الامريكيين أعجابهم بالجيش الخاص الذي أسسه الثري الالماني (Count Albrecht von Wallenstein)[70], والذي وصل في نهاية المطاف الى ان يكون أكبر من الجيش البريطاني في وقتها. العقلية النازية الجديدة في تخطيط الادارتين الامريكية والبريطانية ازدادت بخطى أكبر في أستخدام المرتزقة وخصوصا أثناء احتلالهم العراق, حتى وصل الامر الى أن يكون ثاني اكبر جيش بعد الجيش الامريكي في العراق, وأصبح للاسف كأحد مظاهر التجارة العالمية الجديدة وتحت مسمى عالمي متحرر من القيود يدعى صناعة الخدمات العسكرية العالمية (global military service industry).

المفارقة التاريخية حول اكاذيب شن الحرب والغزو, كانت عبر حادثة تاريخية مشابهة تبين مدى التشابه بين عقلية حكومتي بلير وبوش مع العقلية النازية. فحينما أعلن ملك بريطانيا جورج السادس (GEORGE VI) في 3 أيلول (سبتمبر) من عام 1939 وفي خطاب اعلان أنضمام بريطانيا الى دول الحلفاء في الحرب العالمية الثانية ضد دول المحور التي تقودها المانيا النازية. فكانت اسباب اعلان الحرب بالرغم من كل ما فيها من كوارث, تشبه كثيرا اسباب اعلان الشعب العراقي مقاومته ضد احتلال احفاد هذه الملك. حيث تتبين في خطابه مدى التشابه الكبير في وصف العقلية النازية التي حاربها الملك البريطاني وبين نفس العقلية التي اتبعها رئيس حكومة احفاده توني بلير فيما بعد, قائلاً:

((.....للمرة الثانية في حياة معظمنا نحن في حالة حرب. مرة أخرى واخرى نحاول إيجاد مخرج سلمي للخلافات بيننا وبين أولئك الذين هم الآن أعدائنا. ولكنها كانت من دون جدوى. نحن قد اضطررنا إلى هذا الصراع. لأننا مدعوون، مع حلفائنا، لتلبية تحدي مبدأ إذا كان له أن يسود، فستكون قاتلة لأي نظام متحضر في العالم. هذا هو المبدأ الذي يبيح للدولة، في السعي الأناني للسلطة، إلى تجاهل معاهداتها وتعهداتها الرسمية؛ التي تجيز استخدام القوة، أو التهديد باستخدام القوة، ضد سيادة واستقلال الدول الأخرى. مثل هذا المبدأ، جردت من كل تمويه، هو بالتأكيد عقيدة بدائية مجرد أن القوة هي الحق، وإذا وضعت هذا المبدأ في جميع أنحاء العالم، فان حرية بلدنا والكومنولث البريطاني كله ستكون في خطر. والاكثر بكثير من هذا – فان شعوب العالم سوف تبقى في عبودية الخوف، وكل آمال السلام وتسوية من أمن العدالة والحرية بين الأمم ستنتهي. هذه هي القضية التي تواجهنا في نهاية المطاف. من أجل كل ذلك نحن أنفسنا العزيزة، والنظام في العالم والسلام، ومن غير المتصور أنه يجب علينا رفض مواجهة التحدي. ولاجل هذا السبب الكبير أوجه الكلمة الآن الى شعبي في الداخل والشعوب بلدي عبر البحار، الذي سيجعل قضيتنا خاصة بهم. أطلب منهم أن يقفوا بهدوء، مشتركين, متحدين في هذا الوقت من المحنة. فالمهمة ستكون صعبة. قد يكون هناك ظلام في الأيام المقبلة، لم تعد قدرة الحرب على أن تقتصر في ساحة المعركة فقط. ولكن كل ما في وسعنا سنفعل سوى الحق كما نرى الحق، ونرفع بوقار قضيتنا إلى الله....))[537].

1. 2. أدعاءات الحرب على العراق

تتوفر الان الكثير من الادلة التي تمكن اي قارئ في رفض ادعاءات وأسباب احتلال العراق, سواء حول وجود واستمرار برامج أسلحة الدمار الشامل في العراق, او ارتباط الحكومة العراقية بعلاقاتً مع تنظيم القاعدة, لاجل ايجاد علاقة تربط العراق مع عمليات ضرب برجي التجارة العالمي في نيويورك عام 2001. فقد حرصت الادارة الامريكية ووسائل الاعلام المساندة لها في ان تؤكد ان الادلة على هذه المبررات قوية, حتى وصلت الى تشبيه قوة هذه

الادلة بقوة الدرع المضاد للرصاص, ليتبين بعدها أنها بمثل هشاشة من عمل على ترويجها
(496).

1. 2. 1. الادعاء الاول: وجود أسلحة الدمار الشامل

1. رئيس فرق التفتيش عن اسلحة الدمار الشامل في العراق والتابعة للامم المتحدة (UNMOVIC) السيد هانز بليكس (Hans Blix) رضخ الى الاعتراف بان حرب العراق عام 2003 هو خطأ مرعب وانتهاك لميثاق الامم المتحدة, واضاف ان من الواضح ان مكتبه في نيويورك كان تحت عملية التنصت (التجسس) مما ادى الى المساعدة في احتلال العراق. وعندما حاول بليكس اخبار مستشارة الامن القومي الامريكي كوندوليسا رايس (Condoleezza Rice) بانهم فتشوا جميع المواقع التي زودتهم بها تقارير الاستخبارات والجيش الامريكي لكنهم لم يجدوا شيئاً, فردت عليه السيدة رايس بان العراق هو من تحت المحاكمة وليست الاستخبارات الامريكية (405). ويذكر أن السيد بليكس كان قد صرح قبل بدء الاحتلال مباشرة, ان فريقه لم يجد مخزونات لاسلحة الدمار الشامل وان العمل يحرز تقدم سريع نحو حل القضايا العالقة من نزع السلاح, وكان تقريره الى مجلس الامن بتاريخ 14 شباط (فبرايو), 2003, والذي عكس حقيقة كافة الاكاذيب لمن روج للحرب في الادارتين الامريكية والبريطانية, وهو ما جعله موضع انتقاد من قبلهم.

2. السيد سكوت ريتر (Scott Ritter) كبير مفتشي الاسلحة في وحدة الاخفاء التابعة للجنة الامم المتحدة الخاصة بنزع اسلحة العراق (UNSCOM) من عام 1991 ولغاية 1998, والذي صرح بان العراق لا يمتلك القدرات لاسلحة دمار شامل الان وبدء يكون من كبار الشخصيات السياسية المعارضة للحرب وغزو العراق. حيث أستقال من عمله في فرق التفتيش للامم المتحدة في 26 أب (اغسطس) 1998 بسبب التناقضات بين قرار مجلس الأمن التابع للأمم المتحدة 1154 وكيفية تنفيذه, وهو ما اعتبره أعاقة لتنفيذ مهمة عمله (542).

3. الادارة الامريكية كانت تسعى الى طمس الادلة وقتل العلماء العراقيين بعد ان تأكدت من أن العراق خالي الان من برامج التسلح المحرمة, وقصة ما حدث لعميلة المخابرات المركزية فاليري بليم (Valerie Plame) وروجها السفير الامريكي السابق كانت خير دليل. فعلى الرغم من ان تقارير عملها كخبيرة وجاسوسة سرية في الابحاث النووية لدى جهاز المخابرات الامريكية قد ساعدت الادارة الامريكية على الادعاء بامكانية استعمال العراق لانابيب الالمنيوم التي اشتراها سابقا في جهاز للطرد المركزي لتخصيب اليورانيوم. الا ان الادارة الامريكية سربت معلومات للصحافة الامريكية حول شخصيتها الحقيقية, وهذا ما دفعها للاعتقاد بأنه عقوبة بسبب موقف زوجها السفير

الامريكي السابق جوزيف ويلسون (Joseph C. Wilson) بسبب انتقاده لادارة بوش على كذبها في احتلال العراق[10A]. حيث كانت الادارة الامريكية قد ارسلته للتحقق من صحة معلومات محاولة العراق لشراء اليورانيوم uranium oxide أو yellowcake من النيجر. وهو ما لم يتم اثباته واعتبره جوزيف بالمزاعم الضعيفة, مما أثار غضب ادارة الرئيس بوش منه. ويذكر ان كتاب مذكرات فاليري لعام 2007 تحولت في عام 2010 الى فلم سينمائي امريكي بعنوان (Fair Game)[490]. بينما كشف زوجها تأكيدات اكثر حول الاكاذيب التي قادت الحرب على العراق في كتابه (The Politics of Truth: Inside the Lies that Led to War and Betrayed My Wife's CIA Identity: A Diplomat's Memoir)[491].

4. البروفيسور الامريكي (JAMES P. PFIFFNER) أشار في مقالة مهمة الى الكثير من الحقائق التي تدحض أدعاءت الرئيس بوش حول بقاء خطر اسلحة الدمار الشامل العراقية. ففي الوقت الذي كان الرئيس بوش يصرح للصحفيين على العكس تماماً من تقارير بعثات المفتشين (خبراء) الامم المتحدة لنزع اسلحة الدمار الشامل العراقية, بالاضافة الى تقارير الدوائر الحكومية الامريكية, وبالاخص منها وكالة المخابرات المركزية الامريكية [496].

5. أدعاءات القصة المفبركة حول سعي العراق لشراء اليورانيوم من النيجر كانت بحسب معلومات خاطئة قدمتها الحكومة البريطانية ومصادر استخبارية أيطالية وذكرها بوش في خطابه بتاريخ 28 كانون الثاني(يناير) 2003. المصدر الاستخباري الايطالي كانت هي صحفية أيطالية تدعى اليزابيتا باربا Elisabetta Barba. حيث قامت في 11 تشرين الاول (اكتوبر) 2002 بتسليم نسخ من رسائل نيجيرية الى السفير الامريكي في العاصمة الايطالية روما. وعندما سئلت لاحقا حول السبب في عدم نشرها لهذه الرسائل فاجابت انها كانت تشك في مصداقية الرسائل وتعتقد انها مزيفة!! وبعد زيارة التحقيق الى النيجر من قبل السفير الامريكي السابق في النيجر جوزيف ويلسون, صرح بعد لقاءه السفير الامريكي هناك بان القصة عبارة عن أشاعة (umoured) وأبلغ السي اي أيه بذلك. وبعدها قام الجنرال الامريكي كارلتون فولفورد (General Carlton W. Fulford, Jr) مع السفير الامريكي بزيارة الى الرئيس النيجيري للتأكد من سلامة أمن وتخزين كعك اليورانيوم, فأكد لهم بان شركة فرنسية هي من تسيطر على الامن لزيادة الاطمئنان على سلامة التخزين. وبالرغم من كل هذه الحقائق, سلمت الولايات المتحدة نسخة من الوثائق النيجيرية الى مدير وكالة الطاقة الذرية الدولية محمد البرادعي (Mohamed ElBaradei) الذي كشف تزييف الوثائق في مؤتمر صحفي بتاريخ 7 أذار (مارس) 2003[496].

6. عندما ذهب كولن باول أمام الأمم المتحدة وراهن بعيدا عن مصداقيته، كان رئيس وكالة المخابرات المركزية آنذاك جورج تينيت يجلس وراءه وقدموا معلومات غير صحيحة بناءً على أكاذيب شخص عراقي يدعى رافد أحمد علوان الجنابي (Rafid Ahmed Alwan al-Janabi)، الذي يطلق عليه اسم "الكرة المنحنية Curveball"، وهو من الذين قدموا شهادة المفتاح إلى وكالة المخابرات المركزية، والذي عاد في عام 2011 ليكشف من أنه كذب في شهادته، وقدّم عمدا معلومات مضللة عن أسلحة العراق البيولوجية. وقال الجنابي لصحيفة الجارديان البريطانية "لقد أعطوني هذه الفرصة", "لقد سنحت لي الفرصة لتلفيق شيء ما لإسقاط النظام."[521].
7. وبعد كل هذه السنين من حدوث الاحتلال ياتي أعتراف كولن باول (Colin Powell) وزير الخارجية الأمريكية قبل وبعد فترة الاحتلال حينما قال (انني أخجل من هذا الذي فعلناه في العراق, انها وصمة عار (blot)) [438,521], وهو الذي قال سابقاً في الاجتماع الشهير لمجلس الامن بتاريخ 5 شباط 2003 مطالباً بتخويل بلده باستخدام القوة بحجة قيام العراق بخرق مادي (material breach) لقرارات مجلس الامن حينما قال (ما نعطيكم اياه الان هي حقائق واستنتاجات تستند إلى معلومات استخباراتية مؤكدة)[433]. بينما اكتشف العالم كله بعد احتلال العراق بان العراق قد دمرّ جميع الاسلحة المحظورة منذ عام 1991, اي قبل 12 سنة من تاريخ حدوث الاحتلال[434]. كوفي عنان قال "كولن باول، كان أكثر تشككا إزاء الأدلة التي استخدمت لتبرير الغزو الأميركي للعراق"، وأضاف "أنا يمكن أن اكون فقط متعجب من قدرة هذا الرجل، الذي كان قد عانى كثيرا ليقول نعم لحرب من الواضح انه لا يؤمن بها". بعض المؤرخين يقولون بان دور السيد باول قد أذى مصداقيته بشكل لا يمكن إصلاحه وخرج عن مساره مسيرته السياسية [684]. بينما بعد عشر سنوات من الاحتلال أعلن رئيس فريق التفتيش الدولي عن اسلحة الدمار الشامل العراقية الدكتور هانز بلكس بأن الغرض من حرب الاحتلال هو القضاء على أسلحة الدمار الشامل لكنها لم تكن موجودة هناك [405].

1. 2. 2. الادعاء الثاني: علاقة العراق مع الارهاب

الابتزاز عبر تلفيق التهم واستمالة الاخرين كانت ابرز سمات اجندة الرئيس الامريكي بوش الابن, والتي توسعت لتشمل ترهيب الاخرين من مغبة عدم المشاركة في الحرب على الارهاب. حيث أصبحت مقولته الشهيرة هي الاساس في السياسة الامريكية الخارجية "أمتنا هي في حرب ضد الإرهاب، وسوف نحافظ على عقيدة إما أنك معنا أو ضدنا"[524]. حجج الادعاء الامريكي حول علاقة العراق مع تنظيم القاعدة كانت تستند الى نظرية ان الحكومة العراقية تشكل تهديد لامن وسلامة الولايات المتحدة الامريكية باعتباره على علاقة مع تنظيم القاعدة ويساعد الارهاب الدولي, بينما ثبت لاحقاً عدم صحة هذا الادعاء وعدم وجود اي دلائل تثبت ذلك. ووجدت من بين أهم ما يفند هذا الادعاء هو الحقائق التالية:

1. لجنة أستخبارية من مجلس الشيوخ الأمريكي (Select Committee on Intelligence of the US Senate) اجرت تحقيق شامل ونشرت معلوماتها لاحقاً لتثبت أن هذه الادعاءات كانت غير مسؤولة وليس لها أساس قوي في الواقع[496,441,497].

2. لجنة الأمم المتحدة للإرهاب لم تجد أي صلة بين القاعدة وحكومة صدام حسين. فهذا تصريح كبير المحققين مايكل تشاندلر (Michael Chandler): "لا شيء قد وصل لعلمنا من شأنه أن يشير إلى روابط بين العراق والقاعدة ، ولكن حتى لو كانت هناك بعض الأدلة على أن أعضاء تنظيم القاعدة في العراق كانت في وقت ما، فإنه لن تشكل دليلا على أن العراق كان على صلة بالهجمات الإرهابية في 9/11 (544).
3. اعترافات احدى كبار ضباط المخابرات الامريكية (CIA) والتي تدعى سوزان ليندور (susan lindauer), جاءت لتبين حقيقة علاقة وموقف العراق مع هجمات 11 سبتمبر 2001 التي ضربت برجي التجارة العالمية في نيويورك. الحقائق التي اعلنتها سوزان هو ما دفع حكومة بوش الابن الى ارتكاب فضيحة اعتقالها لمدة 5 أعوام بدون محاكمة. ولم يطلق سراحها الا بعد مجيء حكومة الرئيس اوباما, والسبب هو كشفها لعلاقة أدارة بوش مع الهجمات وان اغلب الذين اتهموا بتنفيذ الهجمات كانوا على علاقة مع جهاز المخابرات المركزية الامريكية ومن وكلائها السريين مثل محمد عطا. هذه الضابطة الاستخبارية الامريكية كانت المسؤولة عن الاتصالات مع سفاراتي العراق وليبيا, وأكدت انهم كانوا متعاونين في العمل ضد مرتكبي الهجمات, واتمنى من كل الشعب الامريكي بالذات بالاستماع الى شهاداتها العديدة على النت وخصوصا في اليوتيوب وبعض القنوات الفضائية مثل قناة روسيا اليوم(488).
4. شهادة السيد سالم الجميلي (مدير شعبة امريكا في جهاز المخابرات العراقية ما قبل الاحتلال), الذي أكد بشواهد عديدة على عدم وجود علاقة عمل للحكومة العراقية أنذاك مع تنظيم القاعدة, وتهربّ المخابرات المركزية الامريكية من التعاون الرسمي في تسليم احد المطلوبين في تفجيرات نيويورك ورفض التوقيع على محضر أجتماع تسليم رسمي للمتهم, خشية من تاكيد تعاون العراق في مجال محاربة الارهاب وخسارة حكومة بوش اكذوبة عدم تعاون العراق والصاق تهمة الارهاب به (A15). وهذا ما أكده لاحقا رئيس مفتشي اسلحة الدمار الشامل هانز بلكس (حرب الغزو كانت تهدف إلى القضاء على تنظيم القاعدة في العراق، إلا أن اي جماعة إرهابية كانت غير موجودة في البلاد حتى بعد الغزو) (405).

5. وعلى العكس من ذلك, أثبت الحقائق المعلنة الان, العلاقة القوية بين المخابرات المركزية الامريكية وتنظيم القاعدة عبر الدعم الذي تلقته منها قبل وخلال وبعد الغزو السوفيتي لافغانستان (أنظر الفصل الحادي عشر). ناهيك عن الحقائق الاخرى التي أعلنتها جهات رسمية وغير رسمية أمريكية تثبت تورط وتسبب أدارة الرئيس الامريكي السابق بوش الابن في هذا الخرق الامني الخطير وتهديد الامن الامريكي القومي(488). ولهذه الاسباب لم يكن مستغرباً بعد ذلك ان تعترف وزيرة الخارجية الامريكية السابقة هيلاري كلينتون (Hillary Clinton) وامام احدى لجان الكونغرس الامريكي لتعلن ان (نحن (امريكا) اوجدنا المتشددين والارهابيين لضرب الاتحاد السوفيتي, والان ابتلينا بهم(486). ومن هذا يتضح فشل أدعاءات الحرب في تاكيد وجود اي تهديد حقيقي من العراق على جيرانه, مما يفقدهم لاي مبرر قانوني او أخلاقي لارتكاب جريمة الحرب العدوانية.

1. 3. الغزو الامريكي – البريطاني للعراق وأبرز أنتهاكات القانون الدولي

وفقاً لقواعد القانون الدولي فان الكلمة الاكثر ملائمة من الناحية القانونية في وصف الحرب على العراق هي انها حرب عدوانية (aggression). ليس فقط من باب امتناع مجلس الامن عن التصويت لصالح هذا العمل العسكري غير المبرر, بل لانها كانت تهدد الامن والسلم الدوليين, عبر ادخال منطقة الشرق الاوسط في صراع جديد ومشاكل متفاقمة سيكون تاثيرها السلبي على العالم اجمع. هذه الحرب العدوانية بدءت رسميا وفعلياً منذ عام 1992 وانتهت باحتلال عسكري مباشر في عام 2003. وهو ما يعني انها انتهكت القانون الدولي العرفي وميثاق الامم المتحدة في المادة 2، الفقرة 4، واللتين أكدتا مرارا وتكرارا على أهمية حظر استخدام القوة من قبل دولة ضد دولة أخرى[284]. بينما وصفت اتفاقية روما للمحكمة الجنائية الدولية, بان الحرب العدوانية هي جريمة كبرى كاحدى الجرائم الاربعة التي تختص بها وفقا لبنود نظامها الاساسي[415].

أن معايير محكمة نورمبرغ لمحكمة مجرمي الحرب النازيين التي شكلت بعد الحرب العالمية الثانية, تعرفّ الحرب العدوانية بأنها الجريمة الدولية العليا, حيث وصفت جريمة الحرب العدوانية في ميثاق نورمبرغ بالاتي (هي جريمة ضد السلام ... وهي التخطيط والاعداد والبدء في شن الحرب العدوانية, حرب تنتهك المعاهدات الدولية واولها ميثاق الامم المتحدة). ومن غرائب الصدف, ان دولتي الاحتلال الامريكي والبريطاني كانتا من ضمن قضاة محكمة نورمبرغ, وشاركوا بصياغة رائعة لقرار الحكم الصادر ضد النازيين عبر مقطع قانوني غاية في الروعة حين اعلنوا ان *(الحرب هي اساسا شيء شرير, لا تقتصر اثاره على الدول المتحاربة وحدها, بل يؤثر على العالم باسره. ان بدء الحرب العدوانية هو ليس فقط جريمة دولية بل الاعظم بين الجرائم الدولية التي لا تختلف عن غيرها من جرائم الحرب, لانها تحتوي في داخلها على الشر المتراكم للكل)*. لقد أعجبني جداً هذا الكلام عند قراءته لاول مرة وبقي خالداً في ذهني عبارة وصفها (باعتبارها تحتوي على الشر المتراكم للكل). هذا الشر المتراكم من قبل دول كثيرة فضحته احدى وثائق وزارة الدفاع الامريكية التي سربها الموقع الاخباري ويكليكس. حيث أشارت وثيقة مؤرخة بتاريخ 2 تموز 2003 وهي تصف عدد الدول المتأمرة والتي ساندت هذه الحرب العدوانية بحسب الوثيقة (هنالك 18 دولة حاليا تتواجد قواتها على الارض في العراق أضافة الى قوات المملكة المتحدة واستراليا (التي أشتركت مع كافة حروب امريكا خلال 20 سنة الماضية) وبولندا, بينما هنالك 14 بلداً قدمّ التزامات صارمة من اجل تقديم قوات, مع وجود مناقشات حالية مع 11 دولة اخرى حول مسالة دعمهم المحتملة)!!!

وفقاً لنصوص قانون محكمة نورمبرغ والذي اصبح الاساس الان في القانون الدولي الجزائي فان أدارتي الرئيس الامريكي السابق بوش الابن ورئيس الوزراء البريطاني السابق توني بلير

هما جميعا مشتركين ومذنبين بارتكاب الجريمة الدولية العليا في العراق, ويتحملون جميعا المسؤولية القانونية والاخلاقية لكل اعمال العنف والقتل والتدمير التي جرت خلال هذه الحرب العدوانية وطوال تواجد قواتهم على ارض العراق. ولا يؤخذ بالاعتبار ان كانت تجيز القوانين المحلية الوطنية للبلد الذي يعلن الحرب. لان هذا لا يمت بصلة للقانون الدولي الذي يختص بالمعايير الدولية والاتفاقيات الدولية كميثاق الامم المتحدة. فالحرب النازية كانت قانونية وفقا للقانون النازي, لكنها أعتبرت جريمة حرب وفقا للقوانين الدولية. لهذا نرى المبدأ الثاني للقانون الدولي المعترف بها في ميثاق محكمة نورمبرغ وفي الحكم الصادر منها هو (ان حقيقة عدم فرض عقوبة ضمن القوانين الوطنية على الفعل الذي يشكل جريمة بموجب القانون الدولي, لا يعفي الشخص الذي ارتكب هذا الفعل من المسؤولية بموجب القانون الدولي). بينما اكد المبدأ الثالث على حقيقة ان الشخص الذي ارتكب الفعل الذي يشكل جريمة بموجب القانون الدولي ويقوم بمسؤولية رئيس دولة او رئيس وزراء فهذا لا يعفيه من المسؤولية بموجب القانون الدولي. ومن هنا نرى وجود المسؤولية الدولية على تلك الجرائم الدولية العليا بموجب القانون الدولي قد اصبحت واضحة. ولهذا السبب وضع روبرت جاكسون، المدعي العام الأمريكي في محكمة نورمبرغ التعريف التالي (أن شن الحرب العدوانية، هو ليس فقط جريمة دولية، بل هو الجريمة الدولية العظمى التي لا تختلف عن جرائم الحرب الأخرى في أنها تحتوي في داخلها الشر المتراكم للمجلس بكامل هيئته).

والاكثر غرابة أن منظمات عالمية كالعفو الدولية ومنظمة مراقبة حقوق الانسان الامريكية, كانت توجه نداءات لكلا طرفي الحرب بضرورة احترام ومراعاة قوانين الحرب فقط, من دون الاشارة ولو بكلمة واحدة الى المسؤولية القانونية في عدم مشروعية هذه الحرب او المسؤولية الجنائية العليا بموجب القانون الدولي لقادة الدول المرتكبة لهذه الجريمة!! على الرغم من ان جرائم الاحتلال عند دخول العراق قد وثقت قسم منها من قبل منظمة الهيومن رايتس واتش في أحدى تقاريرها[421].

ان القانون الدولي صريح جداً في مسألة حظر استخدام القوة العسكرية من جانب دولة ضد دولة أخرى، باستثناء شرطين هما: الاول أن يتم وفقا لتفويض صحيح من جانب مجلس الأمن التابع للأمم المتحدة، والثانية في ممارسة متأصلة "محددة بدقة في حق الدفاع عن النفس". انظر الشرط الأول من ميثاق الأمم المتحدة لعام 1946، وهي معاهدة ملزمة لجميع أعضائها والوثيقة العليا للقانون الدولي. لهذا سعى قادة دول الاحتلال (ومن دون نجاح كبير) بأن يكون هناك إضافة ثالثة، تحت عذر "التدخل الإنساني". حيث سعى الأميركيين الى تبرير حربهم ضد العراق من خلال الإشارة إلى جميع المعايير الثلاثة. على الرغم من ان ميثاق الامم المتحدة هو وثيقة مناهضة للحرب ويوصف الحرب بانها "آفة", فيقول في الميثاق (نحن شعوب الامم المتحدة وقد عقدت العزم على أنقاذ الاجيال القادمة من ويلات الحروب, والتي جلبت ولمرتين في حياتنا احزاناً يعجز عنها الوصف البشري......)

ومع استمرار فشل التفويض الاممي وعدم قناعة المجتمع الدولي بحجج الادارتين الامريكية والبريطانية حول تهديد اسلحة الدمار الشامل العراقية للامن والسلام الدوليين, وفشل الحجج البديلة لشن الحرب. واستمرت حملة الرفض الدولي للحرب مع تاكيد التقارير المختلفة على ان العراق خالي من اسلحة الدمار بشهادة مفتشي الامم المتحدة انفسهم, مع عدم وجود علاقة بين العراق وتنظيم القاعدة[56, 281]. لكن الادارتين حاولتا خداع شعوبهم بالتخويل الدولي وفق القرارات 678 و687 و1441. أن استخدام القوة ضد العراق كانت انتهاكا للقانون الدولي, وهو ما اعترفت به العديد من الجهات الدولية الحقوقية مثل لجنة تحقيق الحكومة الهولندية (Dutch Government Panel), مركز الحقوق الدستورية (The Center for Constitutional Rights), واللجنة الدولية للحقوقيين (the International Commission of Jurists), والسلام الاخضر (Greenpeace), ولجنة المحامين المعنية بالسياسة النووية (the Lawyers' Committee on Nuclear Policy), وحتى الامين العام للامم المتحدة كوفي عنان (Kofi Annan). حيث اكدت لجنة التحقيق الحكومة الهولندية أنه لا يوجد أي مبرر لاستخدام القوة وأن الاعتماد على قرار مجلس الأمن رقم 1441 "لا يعقل أن يفسر على أنه يخول الدول الأعضاء الفردية لاستخدام القوة العسكرية لإجبار العراق على الامتثال لقرارات مجلس الأمن"[284,547].

لهذا كان من الطبيعي ان يعلن الامين العام للامم المتحدة السيد كوفي عنان في لقاءه مع هيئة الاذاعة البريطانية بتاكيد حقيقة عدم شرعية الاحتلال, قائلاً (ان الولايات المتحدة قادت احتلال العراق في عمل غير شرعي ومخالف لميثاق الامم المتحدة, وان القرار بشأن العراق كان يجب ان يكون عبر مجلس الامن, وليس من جانب واحد)[48]. فالمادة الثانية من ميثاق الامم المتحدة تطالب بالحل السلمي للنزاعات. ووفقا لأحكام المادة 41 من الفصل السابع لا يمكن إلا لمجلس الأمن الدولي تحديد ما إذا كانت الظروف تبرر استخدام القوة. لكن حكومتي الاحتلال وبالرغم من هذه القواعد الواضحة وعدم وجود موافقة مجلس الامن, فقد أقدمت على احتلال العراق. وزيادة في التوضيح, أكد المحامي البريطاني المعروف مايكل مانسفيلد (Michael Mansfield), بأن بنود ميثاق الامم المتحدة كانت واضحة جدا, قائلاً:

1. المادة الاولى توضح أن الغرض الرئيسي للأمم المتحدة هو "الحفاظ على السلام والأمن الدوليين, وتحقيقا لهذه الغاية تتخذ الهيئة التدابير المشتركة الفعالة لمنع الأسباب التي تهدد السلم, والعمل وفقا للعدالة ومبادئ القانون الدولي.

2. المادة 2 (4) تفصح عن ذلك المفهوم بعبارات لا لبس فيها: "يمتنع أعضاء الهيئة جميعا في علاقاتهم الدولية عن التهديد باستعمال القوة, أو استخدامها ضد سلامة الأراضي أو الاستقلال السياسي لأية دولة "

3. قرار مجلس الامن 1441 الصادر بتاريخ نوفمبر 2002 دعا لنزع سلاح العراق من أسلحة الدمار الشامل, والتعاون مع المفتشين الدوليين. وأوضح المجلس باستمرارية كونه مسؤولا لكنه لم يخول باستخدام القوة ضد العراق[404].

ولهذا كان قرار مجلس الامن الدولي الاول بعد حدوث الاحتلال صريحاً وواضحاً بوصف الدولتين كدول احتلال, تترتب عليهم التزامات دولية في احترام اتفاقيات جنيف الاربعة التي تنظم أوضاع حقوق الانسان خلال الحرب. ومع انقضاء الاشهر الاولى للاحتلال, تكشفت حقيقة مخطط الاحتلال في النهب والسلب والتدمير وعدم وجود اي خطة حقيقية لاعمار العراق. بل وصل الامر الى تهيئة ارض العراق لتكون ساحة حرب مفتوحة مع اعداء الولايات المتحدة عبر ترك حدود العراق مفتوحة واغراءات نشر العنف مع ترك وجود الاسلحة في الشوارع. وهو ما دفع قائد القوات البرية الامريكية الجنرال دافيد ماكيرنان (David McKiernan) الى الاعتراف بان العراق سيكون منطقة قتال لبعض الوقت. مستشار بوش الابن لشؤون مكافحة الارهاب ريتشارد كلارك (Richard A. Clarke) ذكرّ في مذكراته (Against All Enemies) عام 2004 بان سهولة قصف العراق بعد تعرضهم لهجوم في امريكا من قبل تنظيم القاعدة, "سيكون لدينا مثل سهولة غزونا المكسيك بعد الهجوم الياباني عليهم في بيرل هاربور Pearl Harbor"[521].

ولكون ادارة الرئيس بوش كانت تعرف صعوبة استخدام هذه الاعذار في شن الحرب على العراق , لهذا بدءت في استخدام عبارات جديدة في غسل ادمغة الشعب الامريكي مثل عبارات الحرب الاستباقية (anticipatory), وما قبل الاستباقية (pre-emptive‘), والتي سرعان ما صححها اللغوي الامريكي الشهير نعوم كومسكي (Noam Chomsky) بانها الحرب الوقائية (preventive). حيث صرح الرئيس بوش الابن في 1 حزيران 2002 (امننا سوف يحتاج من الجميع ان يتطلعوا بحزم وجاهزين للعمل الوقائي عند الضرورة للدفاع عن حريتنا والدفاع عن حياتنا)[185].

وتحت هذه الاعذار, طلب الرئيس الامريكي بوش من الكونغرس الامريكي السماح له بشن الحرب على العراق استناداً الى الصلاحيات المنصوص عليها في القانون الامريكي المحلي المعروف أختصاراً باسم (H.J.Res. 114 (P.L. 107-243)). حيث يخول هذا القانون الرئيس باستخدام القوات المسلحة للولايات المتحدة في الدفاع عن الامن القومي الامريكي ضد التهديد المستمر المزعوم للعراق[155]. وضمن فترة زمنية مفتوحة غير محددة[156]. فبدء التنفيذ الفعلي نحو عملية احتلال العراق في عام 1998 من خلال أقرار الكونغرس الامريكي لقانون تحرير العراق والذي يخول الرئيس الامريكي ارسال 100 مليون دولار على هيئة مساعدات تقنية وعسكرية لمجاميع معارضة عراقية في الخارج من اجل تغيير الحكم في العراق[176]. ورغم كون هذا القانون هو بمجمله مخالف لميثاق الامم المتحدة في الفقرة الرابعة التي تحرم التهديد ضد الدول ذات السيادة. ومما زادّ من كارثة وقوع الاحتلال, هو الصمت الدولي المتستر على جريمة الاحتلال القادم. بل ان هذا الصمت الدولي هو من ساعد العقلية النازية الامريكية التي عبر عنها رفض وزير الدفاع رامسفيلد لكافة تقارير فرق تفتيش الامم

المتحدة عن عدم وجود اي ادلة على وجود اسلحة دمار شامل في العراق, وبطريقة تضليلية قائلاً (غياب الادلة لا يعني دليلاً على الغياب!!)[405]. والعجيب في الامر هو استمرار هذا الصمت الدولي على الرغم من الاعترافات التي بدءت تعلن من قبل العديد من الاطراف الدولية بإجرامية نظام العقوبات المفروضة على العراق قبل الغزو الغربي. فوفقا لتقرير صدر عام 1995 من قبل اثنين من العلماء الذين عملوا في منظمة الأمم المتحدة للأغذية والزراعة, فربما يكون قد قتل بسبب العقوبات الاقتصادية على العراق ما لا يقل عن 576000 طفل، كما وجدوا أيضا ارتفاع حاد في سوء التغذية بين صفوف الشباب، مما يوحي بأن المزيد من الأطفال سوف تكون معرضة للخطر في السنوات المقبلة[389].

في حين اكدت الحكومة العراقية حينها بأن عدد الاطفال الذين ماتوا بسبب العقوبات الاقتصادية على العراق منذ 1991 ولغاية شهر أب 1999 كانت قد وصلت الى 400,000 طفل ضحية بسبب الامراض وسوء التغذية[430]. فقد أشار المتحدث باسم وزارة الخارجية الأمريكية جيمس روبين في وقت لاحق حول هذه العقوبات بأنها " أصعب العقوبات والأكثر شمولا في التاريخ"[548]. وبالمثل، قالت لجنة مختارة من مجلس العموم البريطاني أن نظام العقوبات العراقي "لم يسبق له مثيل من حيث طول العمر وطابعه الشامل"[549]. مجلس الأمن نفسه عمل على انشاء فريق بحثي " لوحة الإنسانية Humanitarian Panel" للتحقيق في آثار العقوبات. أنتج عن هذا الفريق تقريرا في 30 مارس 1999, حيث وجدّ أن: "وفي تناقض ملحوظ مع الحالة السائدة قبل أحداث 1990-1991، فان معدلات وفيات الرضع في العراق اليوم هي من بين أعلى المعدلات في العالم، وانخفاض الوزن عند الولادة الرضع يؤثر على 23٪ على الأقل من جميع الولادات، ويؤثر سوء التغذية المزمن لكل طفل من اربعة دون سن الخامسة من العمر، و41٪ فقط من السكان يحصلون على المياه النظيفة العادية، و83٪ من جميع المدارس تحتاج إلى إصلاحات جوهرية. وبحسب نص اللجنة الدولية للصليب الأحمر فأن نظام الرعاية الصحية العراقية اليوم هو في حالة متهالكة. كما اعلن برنامج الأمم المتحدة الإنمائي، ان الامر سيحتاج الى مبلغ 7,000,000,000 $ لإعادة تأهيل قطاع الطاقة الكهربائية في جميع أنحاء البلاد لتعود الى قدرتها في عام 1990"[550]. ان العقوبات التي فرضت على العراق خلال سنوات الحصار الغير انساني كانت بمثابة جريمة ابادة تسببت بقتل اكثر من نصف مليون طفل عراقي, حيث اكدت تقارير منظمة الطفولة العالمية اليونسيف (UNICEF) لعام 1996 بوفاة ما لا يقل عن 4500 طفل دون سن الخامسة شهريا بسبب نقص المياه النظيفة وسوء التغذية وتلوث المعدات الطبية, ثم زاد تقريرها لعام 1999 حقائق جريمة الحصار الاقتصادي عندما زادت وفيات الاطفال دون سن الخامسة بمعدل 131 من كل 1000 حالة ولادة بعد ان كانت 56 حالة وفاة من كل 1000 قبل فرض العقوبات الاقتصادية, بينما ارتفع معدل وفيات الرضع دون السنة الواحدة الى 108 من كل 1000 بعد ان كان 47 من كل 1000 حالة ولادة قبل الحصار[551]. ان جريمة ابادة هولاء الاطفال الذين قتلوا دون رحمة ما هي الا جريمة مشتركة المسؤولية بين حكومتي بلير وكلينتون اللتين اصرتا على استمرار هذه العقوبات بالرغم من كل هذه التقارير الدولية وقتها.

وامام هذه الحقائق الدامغة حول زيف ادعاءات شن الحرب, تم اللجوء الى استخدام حجة تحرير العراق وحرية شعبه ضد جرائم المقابر الجماعية هو الشعار الجديد والاخير للاحتلال

خصوصا بعد وقوعه بفترة قصيرة. حيث ان المبرر الوحيد والمتبقي لديهم الان هو التدخل الانساني في انقاذ الاخرين. وهنا كانت الجريمة الجديدة في خلط الحقائق, وللاسف فان موقف الامم المتحدة بالرغم من التباين في مواقف مؤسساته الانسانية الرافضة لاستمرار الحصار. ألا انه قد اصبح كالمتستر او المشترك بصورة ثانوية بجريمة نتائج هذه العقوبات التي توصف وفقاً لارقام ضحاياها بانها كانت حرب أبادة. حيث تعترف الامم المتحدة ان الحصار الاجرامي على العراق كان سبباً لمنع الكثير من التجهيزات الضرورية في الجانبين الصحي والبيئي من الدخول الى العراق تحت حجة الاستعمال المزدوج لهما (dual use)[363]. ولهذه الاسباب فأن القانون الدولي يرفض مسالة التداخل الانساني من جانب واحد ليمنع استخدامها لغايات ودوافع سياسية وغير انسانية كما حصل في العراق.

وبالرغم من ان ميثاق الامم المتحدة لم يجيز تغيير النظام السياسي لبلد ما بالقوة الخارجية, ولا يجيز العمل الوقائي (preemptive action) تحت مبرر التهديد المحتمل (perceived threat)[404]. الا ان بعض المذكرات اظهرت حصول نقاش في اوائل عام 2001 بين الرئيس الامريكي دبليو بوش ورئيس الوزراء البريطاني بلير حول ضرب العراق من دون الاشارة الى اسلحة الدمار الشامل[435]. بينما تحدث الاثنان رسمياً في البيت الابيض حول هجوم على العراق في 20 سبتمبر (ايلول) 2001[436]. في حين علق رئيس المخابرات البريطانية السير ريتشارد ديرلوف (Sir Richard Dearlove) حول لقاءه مع رئيس الوزراء بلير في يونيو (حزيران) 2002, حول زيف ادعاءات كون العراق يشكل تهديد لهم قائلاً "هنالك تلاعب كان يجري في المعلومات الاستخبارية والحقائق حول السياسة من قبل القادة في واشنطن"[437]. ورغم هذا, الا ان حكومة لندن بدءت عمل موازي من المبالغة والمطالبات الكاذبة، من بينهم اثنان من "ملفات او التقارير" سيئة السمعة صدرا عن الحكومة البريطانية[439]. وبالرغم من محاولة دولتي الاحتلال الزعم بانهما تصرفا وفقاً للدفاع عن النفس (self-defense) ضد تهديد خارجي والذي تجيزه الفقرة 51 من ميثاق الامم المتحدة. الا ان عدم قدرتهما على اثبات كون العراق يشكل تهديد لهما كان قد فشل جلياً, وهذا ما دفع السيد كارني روس (Carne Ross) الخبير البارز في الشأن العراقي ضمن بعثة المملكة المتحدة لدى الامم المتحدة الى الاعتراف والشهادة بانه كان يرى تحرك الاستخبارات البريطانية والامريكية على العراق كل يوم عمل ولمدة اربع سنوات ونصف السنة ولم يكن هنالك تقرير واحد يقترح ان صدام لديه قدرة اسلحة الدمار الشامل او انه يشكل تهديد لبريطانيا أو أي بلد آخر[440].

وبالرغم من كل هذه الحقائق, الا ان مسلسل الكذب في تصريحات المسؤولين الامريكيين لم يتوقف. حيث صرح ريتشارد بيرل (Richard Perle) كبير مستشاري الرئيس الامريكي جورج بوش في بداية الحرب على العراق عام 2003 (بان أعظم انتصار للحرب على العراق هو تدمير الشر الذي يهدد القانون الدولي, على الرغم من انه قال انها غير قانونية (illegal) ولكنها تبقى مبررة (justified)!!!)[545, 546]. ونتيجة للفشل في تسويق الاكاذيب المفبركة,

لجئت الولايات المتحدة وبريطانيا إلى الحجج الإنسانية الزائفة، مثل تحرير الشعب العراقي من الدكتاتورية والانتهاكات المخيفة لحقوق الإنسان, وان الحرب ستجلب الحرية والديمقراطية للعراق[442]. وهنا يبرز سؤال (اين كان التدخل الانساني وحقوق الانسان لدى حكومتي الولايات المتحدة وبريطانيا اثناء الحصار اللانساني الذي قال عنه وزير العدل الامريكي السابق رامزي كلارك في عام 1996 (ليس هناك أكبر انتهاك لحقوق الإنسان في أي مكان في العالم في العقد الأخير من هذه الألفية من العقوبات المفروضة ضد العراق).

لقد أصبح واضحاً للجميع الان من ان هدف حكومات دول الاحتلال بعد حرب الكويت عام 1991 لم يكن تغيير النظام في العراق بقدر ما كان تدمير العراق شعبا ودولةً. وبامثلة بسيطة حول اهم معاناة الحياة اليومية للمواطن العراقي, سنرى استمرار مشكلة انقطاع التيار الكهربائي اثناء فترة الحصار الاجرامي على الشعب العراقي, بالاضافة الى نقص الخدمات الصحية والغلاء. وهذا ما دفع احد مخططي القوة الجوية الامريكية الى القول حينها ان الشعب العراقي اذا تخلص من حكومة صدام حسين فسنكون اكثر من سعداء في المساعدة على اعادة البناء وسوف نصلح الكهرباء[429]. لكنهم لم يفعلوا اي أصلاح حقيقي في اعادة الكهرباء في العراق حتى بعد رحيلهم الرسمي من العراق نهاية عام 2011 ومرور اكثر من 11 سنوات على انتهاء الغزو.

خلال الثمان أشهر الاولى من عام 1999, أغارت الطائرات البريطانية والامريكية باكثر من 10000 غارة جوية على العراق, لكي تستهدف اكثر من 400 موقعا عراقياً وضربها باكثر من 1000 صاروخ او قنبلة. بالرغم من ان هذه الغارات قتلت المئات وجرحت مئات اخرين من المدنيين الابرياء, لكن الجنرال الامريكي وليام لوني (US Brig. General William Looney) (قائد هذه العمليات) صرح بكل وقاحة ووضوح المتغطرس المحتل قائلاً (اذا شغلوا راداراتهم فاننا سنضرب صواريخ سام الملعونة, انهم يعرفون اننا نملك بلدهم والاجواء الخاصة بهم, نحن نملي عليهم الطريقة التي يعيشون فيها والكلام الذي يصرحون به, وهذا هو الشيء العظيم في حق امريكا الان, انه شيء جيد خصوصا اذا كان هنالك الكثير من البترول في هذه المنطقة والذي نحتاجه)[63 من 28].

وقبل انطلاق حملة الغزو والعدوان, واشنطن اعلنت على تشكيل "ائتلاف من الراغبين the coalition of willing" لإعطاء شرعية أكبر لعملها العسكري، وتضفي عليه صفة ظهور جهد دولي متعدد الأطراف وبدعم واسع. وأعلنت واشنطن ان هذا "التحالف" جذبّ **49** بلدا[443]. العديد من الدول في هذا التحالف لم تشارك باي وحدات (contingents) عسكرية, في حين شارك الاخرون بوحدات رمزية, فمثلاً كازاخستان شاركت بوحدة عسكريةٌ مكونةٌ من 29 عسكري, ومولودافيا شاركت ب 24 عسكرياً, بينما أيسلندا بعثت عسكريين اثنين فقط[444]. القوة العسكرية التي غزت العراق كانت تتألف بالكامل تقريبا من وحدات قتالية من الولايات المتحدة وبريطانيا. المجموع الكلي للقوة كان يزيد قليلا على 300,000 من القوات البرية، وكذلك قطعات بحرية وجوية كبيرة[445].
بدء الاحتلال بالقصف الجوي الوحشي المكثف، والمسمى بعملية "الصدمة والرعب"، والتي سبقت الحملة البرية. الولايات المتحدة جعلت استخدام الأسلحة المحرمة مثل النابالم، وذخائر

اليورانيوم المنضب والقنابل العنقودية، كعلامة مبكرة على أن التحالف سيمارس القليل من ضبط النفس الأخلاقي أو القانوني[425]. ونتيجة الفارق الهائل في القوة العسكرية, وبعد 3 أسابيع من القتال الشرس دخلت قوات الاحتلال بغداد في يوم 8 أبريل (نيسان) 2003. واصبح الاحتلال امر واقع مع سيطرة قواتهم على مدن العراق الرئيسية بعد سقوط العاصمة بغداد بيد الاحتلال في يوم 9 نيسان (ابريل) 2003. وتبعها بعد فترة قصيرة في يوم 2 مايو (أيار) اعلان الرئيس الامريكي بوش من على متن حاملة الطائرات ابراهام لنكولن بان مهمة الاحتلال " أنجزت"!!

في أذار 2003, بدءت حكومتي الاحتلال بعد انتهاء العمليات العسكرية للغزو, بتأسيس أدارة شؤون الاحتلال المدنية وأسمته مكتب اعادة الاعمار والمهام الانسانية (Office for for IraqReconstruction and Humanitarian Assistance), وقد ترأس هذه الادارة المؤقتة الجنرال الامريكي المتقاعد جاي مونتغمري غارنر (Jay Montgomery Garner) وهو رئيس شركة (Virginia-based SY Coleman) المتخصصة في تقديم مساعدات تقنية أمريكية لانظمة الصواريخ, والتي ساعدت في غزو العراق[663], وكان يساعده 3 مساعدين من ضمنهم الجنرال البريطاني تيم كروس (Tim Cross). لكنه ما لبث ان اقيل قبل موعده المقرر بسبب الخلاف في طريقة حكم العراق. وقال غارنر "لا أعتقد [العراقيين] في حاجة للمضي من خلال خطة الولايات المتحدة، وأعتقد أن ما نحتاج القيام به هو تعيين حكومة عراقية تمثل إرادة منتخبة انتخابا حرا من الشعب. انها بلدهم ونفطهم[664]. ومن دون أسباب واضحة, تم أستبدال هذا الجنرال وأدارته لاحقاً بالادارة الجديدة المسماة سلطة الائتلاف المؤقتة (Provisional Authority Coalition). واعدت الحكومتين البريطانية والامريكية ضمن هذه السلطة باعداد الرسالة الموجهة الى رئيس مجلس الامن الدولي لاعلامه بالنية في أقامة سلطة الائتلاف المؤقت كخطوة اولى نحو ارجاع السيادة الوطنية المزعومة للعراقيين على أرضهم, لكن مع اشكال من الصلاحيات والمسؤوليات التي تشير بكل وضوح الى قوى احتلال بالرغم من عدم كتابتهم اي كلمة تشير الى الاحتلال مثل occupying power,occupation, occupiers[12] [47,450].

وقد أنيطت مهمة أدارة هذه السلطة الجديدة الى الدبلوماسي الامريكي السابق وخبير الارهاب الدولي بول بريمر (Lewis Paul "Jerry" Bremer III) بقرار صدر عن البيت الابيض وأعلنه وزير الدفاع رامسفيلد في 9 أيار (مايو) 2003, وبدء فعليا العمل في قيادتها للفترة ما بين 11 أيار (مايو) والى غاية 28 حزيران 2003[665]. ومن المعروف ان بريمر بعد تقاعده من العمل الدبلوماسي الامريكي 1989, أصبح مدير أدارة في شركة خاصة (Kissinger and Associates) حول تقديم النصح في ادارة الازمات. وبعدها في عام 1999 تم أختياره من قبل رئيس مجلس النواب دينيس هاسترت (Dennis Hastert) ليكون رئيساً للجنة الوطنية لمكافحة الإرهاب (National Commission on Terrorism). واصدر تقريراً بعنوان "التصدي لخطر الإرهاب الدولي المتغيير"(Countering The Changing Threat of International Terrorism)، وقد نشر التقرير في يونيو 2006[666]. وعمل أيضا في لجنة العلوم في الاكاديمية الوطنية حول تسخير العلم والتكنولوجيا في مكافحة الإرهاب، والتي أصدرت تقريراً عام 2002 بعنوان "جعل ألامة أكثر أمنا: دور العلوم

والتكنولوجيا في مكافحة الإرهاب" (Making the Nation Safer: The Role of Science and Technology in Countering Terrorism)[667]. ومن المعروف عنه ان لا يتحدث اللغة العربية ولم يعمل سابقاً في الشرق الاوسط قبل فترة غزو العراق[668]!!!

طبيعة خبرة بريمر في صنع وادارة الازمات, بالاضافة الى ادارة تكنولوجيا الارهاب أصبحت أثارها واضحة في القرارات التي أتخذها عند بدءه العمل في العراق. فاصدر قرار سلطة الائتلاف المؤقتة رقم 2 حول أجراءات تفكيك الجيش العراقي[669], وتسريح كافة منتسبي جهاز الشرطة, وجعل المدن العراقية مفتوحة للنهب والحرق, في حين وقفت قوات الاحتلال متفرجة حيال اشتعال النيران في وزارات الحكومة السبعة عشرة، بما في ذلك وزارات التعليم والثقافة والصحة والتجارة، باستثناء توفير الحماية لوزارة النفط فقط[446]. بول بريمر (Paul Bremer) اعترف لدى وصوله الى بغداد قائلاً (بالرغم من انها كلمة غير محبذة لكن الواقع الموجود هو أحتلال). وزير الدفاع الامريكي الاسبق رامسفيلد حاول وفي 11 ابريل (نيسان) حاول تبرير سماحهم للنهب والسرقة مع التقليل من الاخبار التي تداولت حول نهب المتحف الوطني العراقي الذي يحوي على كنوز تاريخية لا تقدر بثمن قائلاً انها اشياء تحدث والحرية غير ملائمه (untidy)[447]. وقبل يومين من انتهاء مهمة منصبه, وقع بريمر "الأمر رقم 17"، والذي أعطى جميع المتعاقدين الاجانب مع سلطة التحالف المؤقتة والحكومة الأمريكية الحصانة من القانون العراقي. وقد أدرج هذا النص في وقت لاحق في القانون العراقي الجديد ايضاً[670]. وهو ما جعل لاحقاً أحداث العنف التي تسببها الشركات الامنية الامريكية في العراق مثل شركة بلاك ووتر, تثير استياء كبيراً بين المواطنين العراقيين، الذين ينظرون إليهم باعتبارهم جيوش خاصة تتصرف دون قانون او رادع عقابي[671],(أنظر الفصلين 11و 14). وكان من بين قرارات بريمر الاخرى هو أنشاء مجلس الحكم (بمنصب مستشارين) من القوى السياسية التي أيدت وساعدت الاحتلال, ثم أعطى صلاحية تعديل وتنفيذ الدستور العراقي الى سلطته في الائتلاف المؤقتة (CPA), فاقترح أول مشروع لحظر الأحزاب السياسية المعارضة للاحتلال الأمريكي من المشاركة في الانتخابات, وخصخصة الكثير من الصناعات العراقية والموارد الطبيعية، والسماح لمجلس الحكم الانتقالي العراقي غير المنتخب من التوقيع على حالات ملزمة لاتفاقيات تنظيم القوات بين العراق والولايات المتحدة!! والفضيحة البارزة بعد رحيلهم بسنوات من العراق كانت عبر أختفاء ومن دون وجود فواتير لاكثر من 9 مليارات من الدولارات المخصصة لاعادة اعمار العراق[672].

قرار مجلس الامن (1483) وفي الفقرة 5 على ان الدول التي ستدخل ضمن سلطة التحالف المؤقتة الان او في المستقبل ستكون ضمن هذه السلطات, وبما ان قرارات مجلس الامن الدولي تعترف صراحة بان سلطة التحالف المؤقتة تديرها قوى محتلة ففي نهاية الامر تصبح سلطة التحالف المؤقتة هي سلطة لادارة وضع احتلال وهذا ينطبق على من يدخل ضمنها. وفي 16 أكتوبر (تشرين الاول) 2003، كان تاريخ بدء مجلس الأمن بانشاء القوة المتعددة الجنسيات بموجب القرار 1511. وهنا حاولت بريطانيا الادعاء بان الامم المتحدة هي المسؤولة الان عن كافة نشاطات وعمليات القوات البريطانية في العراق استناداً الى قرار مجلس الامن 1511 الصادر في 16 تشرين الاول (اكتوبر) 2003, والذي يعتبر بحسب

البروفيسور القانوني ساروشي (Sarooshi) بان القرار لا يمت بصلة الى طبيعة عمل الامم المتحدة تجاه ضغط قوى احتلال لتشكيل فريق امني يخدم سياسة تلك الدول وليس مهمة الامم المتحدة[211]. فدول الغزو التي شنت الحرب العدوانية يجب ان تعاقب دوليا من قبل مجلس الامن لمخالفتها ميثاق الامم المتحدة وتهديدها للسلم والامن الدوليين, ولا يجب ان تسمح الامم المتحدة بشرعنة جريمة العدوان على دولة مستقلة وعضو مؤسس في الامم المتحدة.

بعض السياسيين العراقيين الذين ساعدوا الاحتلال وجاءوا معه باسم المعارضة العراقية في الخارج, اعترافوا لاحقا بخداعهم من قبل حكومات الاحتلال. ولعل ابرز هذه الاعترافات ما قاله احمد الجلبي [A 11 ,5].

وفقاً للقانون الدولي, فأن الارض او المنطقة (territory) تكون محتلة عندما تكون في الواقع تحت سلطة جيش معادي (hostile)[368], ويجب توفر شرطين لتحقيق هذا التعريف,1) المحتل يكون في وضع يمكنه من ممارسة الرقابة الفعالة على الارض التي لا ينتمي اليها, 2) تدخلها (intervention) لم يتم وفقاً لشروط السيادة المشروعة, حتى لو لم يكن هذا التدخل ضمن نزاع مسلح يشمل اعمال عدائية. وهذه القواعد تطبق حتى لو لم تكن هنالك مقاومة مسلحة[369]. وترد هذه القواعد في المقام الأول في ثلاث معاهدات: لوائح لاهاي لعام 1907، واتفاقية جنيف الرابعة لعام 1949 والبروتوكول الإضافي الأول لعام 1977[370].

ان وصف قوات الاحتلال وطبقا لقواعد القانون الدولي فانها ستعتبر من أعمال العدوان ... فالحرب وغزو البلدان وحصار المرافئ والأقاليم كلها من أعمال العدوان ولهذا تنبهت أمريكا لهذا الأمر وفرضت نفسها على مجلس الأمن مرة أخرى لكي تستصدر قرارا آخر رقم 1546 لشرعنة هذا الاحتلال وتحول اسم قوات الاحتلال الى قوات متعددة الجنسيات، لكي لا تكون هناك مسؤولية على هذه القوات من جرائم سترتكبها[A8].

ترحيب مجلس الامن بالنية لدى سلطات الاحتلال باقامة حكومة ديمقراطية في العراق, من دون أن تكون هذه الجهود تحت الاشراف الاممي المباشر والكامل للمجتمع الدولي كما هو الواجب المفروض للامم المتحدة. بل لم يتعدى سوى ايجاد بعثة مساعدة أممية أستشارية في العراق من دون اي صلاحيات مراقبة او مشاركة حقيقية في اتخاذ القرار. يقتصر عمل البعثة على استعراض الاحداث والتطورات كل ستة أشهر من دون تقييم حقيقي ملموس يعكس حقيقة ما يجري وكما سياتي تفصيله في الفصول القادمة. حدوث الانتهاكات للقانون الدولي الانساني من قبل قوات الاحتلال في العراق, لم يمنع مجلس الامن في استمرار تجديد الولاية لقوات متعددة الجنسيات التي شكلها الاحتلال ولمرتين [448]. وللاسف فان مجلس الامن لم يمارس أي رقابة ذات مغزى على عمل القوة المتعددة الجنسيات كما أنها لم تملك النقاش الصريح والكامل للمسألة العراقية. هذا الوضع دفع بعض السفراء الى مناقشته في الامم المتحدة، كالسيد خوان غابرييل فالديس (Juan Gabriel Valdes) من دولة شيلي والسيد أدولفو أغيلار سنسر (Adolfo Aguilar Zinser) من المكسيك. لكن واشنطن أجبرت حكوماتهم على اعادتهم الى بلدانهم (recall them)، مما يجعل من الواضح جدا أنها لن تتسامح مع أي

معارضة[449]. ومنذ ذلك الحين تم ابلاغ العديد من السفراء بان واشنطن كانت لا تقبل حتى مجرد الاسئلة عند عرض التقارير الدورية باسم قوات MNF على مجلس الامن[425].

وبالرغم من ان قرارات مجلس الامن الدولي لا يمكن ان تلغي او تعدل فقرات القانون الدولي الانساني او تكون بديلة عنه, الا ان جميع قراراته المتعلقة باحتلال العراق لم تعطي الحصانة لقوات الاحتلال او قوات التحالف الدولية التي شكلها الاحتلال من الولاية القضائية للقانون العراقي. بل ان الحماية التي منحت لجنود الاحتلال ومقاوليه الامنيين والعسكريين والمدنيين قد أستندت الى قرار سلطة الاحتلال (الائتلاف) المؤقتة (CPA) والمرقمة بقرار 17. هذه القرارات بقيت حتى بعد انتقال السيادة والسلطة المزعومة لحكومة اياد علاوي المؤقتة في 30 حزيران (يونيو)2004, والتي لم تسعى الى الغائه وارجاع هيبة وسلطة القضاء العراقي. وكان بول بريمر قد أصدر القرار رقم 100 الذي يعطي الحكومات العراقية القادمة مسؤوليات تنفيذ قراراته [156]. هذه القرارات كانت تخدم حاجة قوات الاحتلال في العراق, لان الفقرة 27 من قانون الادارة المؤقتة (Transitional Administrative Law of Iraq, TAL) الذي أصدره الحاكم المدني للاحتلال ينص على ان القوانين والتعليمات والاوامر التي اصدرتها سلطة الاحتلال المؤقتة سارية المفعول حتى إلغائها أو تعديلها بتشريع يصدر حسب الأصول و لها قوة القانون. ولتاكيد أدارة الاحتلال واشرافه على مجمل العملية السياسية والدستور العراق الدائم الجديد, فقد أبقت المادة 130 منه صحة القوانين القائمة بما في ذلك الاوامر المفترضة من قبل سلطة الائتلاف المؤقتة والتي لم يتم الغائها من قبل الحكومة الانتقالية لاياد علاوي, ومن ضمنها القرار السيء الصيت رقم 17 الذي بقي ساري المفعول لحد الان[156]. وحتى لو افترضنا ان مجلس الامن اعطى تخويل (mandate) لقوات الاحتلال ومن انضم اليها لاحقا بعد الغزو لتشكيل قوات متعددة الجنسيات وفقاً للقرار 1511, فهذا التخويل الاممي يلزم هذه القوات بتوفير اعلى معايير القانون الدولي, وهو ما لم يجري خلال معركة الفلوجة الثانية ايضا ناهيك عن الاولى. انتهاك القانون الدولي العرفي يمنع الهجمات العشوائية واحداث اصابات لا مبرر لها في مناطق سكنية مكتضة بالمدنيين, وهو ما ارتكبته هذه القوات (انظر الفصل الثاني عشر).

منذ 19 أذار (مارس) الى بداية أيار (مايو) من عام 2003 وهو موعد تشكيل حكومة عراقية مؤقتة, كانت هناك عمليات عسكرية مكثفة ومنتظمة نفذتها جيوش الولايات المتحدة الامريكية والبريطانية مع مشاركة بسيطة ايضا لقوات استرالية وبولندية, في انتهاك فاضح للقانون الدولي ومن دون موافقة مجلس الامن التابع للامم المتحدة[177]. وبسبب عدم قناعة الكثير من القوات التي دخلت العراق بعد الاحتلال في كونها تعمل ضمن قوات دولية ذات مسؤوليات وفقاً لقواعد القانون الدولي فقد انسحبت بعض الدول منها. الدول المنسحبة اعتمدت في قرارها على ان لوائح الاشتباك العسكري (rules of engagement) لديها كان يمنعها من القيام بمهام قتالية او هجومية (offensive action), بينما بقيت المهام القتالية تشن فقط من قبل قوات الولايات المتحدة وبريطانيا[230]. وهذا النقطة توضح وتضيف دليل اخر من ان هذه القوات لم تكن تعمل كقوات دولية مخوله.

ومن حقائق فشل مهام الامم المتحدة تجاه حرب احتلال العراق, نذكر فقط التناقض في كيفية تعامل مجلس الامن مع دخول الجيش العراقي الى الكويت واصدار قرار دولي من قبل مجلس الامن باعتباره ايضا احتلالا. فالولايات المتحدة دفعت مجلس الأمن الى تجاوز مبادئ ومقاصد وأحكام ميثاق الأمم المتحدة عندما قفزت مباشرة الى الفصل السابع بعد ساعات من دخول القوات العراقية الى الكويت فجر 1990/8/2 وأصدرت القرار 660 الذي أدان العراق وطالبه بالانسحاب فورا[281]. بينما ما يزال مجلس الأمن يعالج مسائل الاحتلال الاسرائيلي في فلسطين وأراضي الدول العربية الأخرى بعد مرور أكثر من 65 عاما في اطار الفصل السادس الخاص بفض النزاعات بالوسائل السلمية. وكلنا نتذكر قبل بدء الولايات المتحدة مشروعها ضمن حملة حربها العالمية ضد العراق, فقد اختصَّته بحصة الأسد من هذه القرارات حينما ساقت مجلس الأمن لإستصدار 69 قرارا خلال الفترة من آب/أغسطس 1990 حتى نهاية 2007 أي أكثر من خمس العدد الكلي الذي استخدمته طيلة 17 عاماً.

وبالرغم من ان قواعد لوائح لاهاي 1907 واتفاقية جنيف الرابعة 1949 والبروتوكول الاضافي الاول لعام 1977 والتي تنظم وضع قوات الاحتلال وسلطاتها. هذه القوانين والاتفاقيات هي من اسقط القناع عن حقيقة الاحتلال مما دفع الجهات الامريكية والبريطانية ان يتحدثوا عن وضع الاحتلال (occupation) بدلا من وضع التحرير (liberation Freedom or) الذي اعتادوا اطلاقه في خطاباتهم وصحفهم قبل الاحتلال. واقع الاحتلال وفق تعريف المادة 42 من لوائح لاهاي 1907 ينص على ان الاراضي المحتلة هي التي تكون تحت سلطة جيش معادي, وقوة سلطته تكمن في يده كمحتل (المادة 43). وجاء توضيح مهام الاحتلال في الفقرة الثانية من المادة الثانية لاتفاقية جنيف الرابعة 1949 دون اعطاء تعريف واضح للاحتلال في اتفاقيات جنيف الاربعة, حيث جاء في هذه الفقرة (جميع حالات الاحتلال الجزئي أو الكلي لإقليم أحد الأطراف السامية المتعاقدة، حتى لو لم يواجه الاحتلال مقاومة مسلحة). وهنا تتضح ثلاث اركان لاثبات وجود الاحتلال العسكري (ممارسة للسلطة على ارض او جزء من الاراضي لدولة اخرى, وجود جيش معادي, بغض النظر عن وجود او عدم وجود مقاومة). ووفقاً للقانون الانساني الدولي, فان جيشي امريكا وبريطانيا كانا جيشين معاديين [11]. بينما أدعى تقرير للكونغرس الامريكي لعام 2008 بان قرار مجلس الامن المرقم 1511 في 16 تشرين الاول (اكتوبر) 2003 قد سلمّت سلطة الاحتلال المؤقتة (سلطة التحالف المؤقتة CPA) جميع الالتزامات والسلطات المؤقتة في أدارة العراق المحتل, والتي ستتوقف عند انتخاب حكومة عراقية تمثل الشعب العراقي[156]. وهذا يخالف صلاحيات المحتل كما جاءت في اتفاقيات لاهاي. بل ان الاغرب ان تفسير هذا القرار الغير شرعي, قد أستند الى ان الحكومة العراقية المؤقتة (التي ستستلم المسوؤليات) قد تشكلت باتفاق ما بين سلطة الاحتلال مع مجلس حكم عراقي أسسه الاحتلال نفسه, وليس مع مجلس عراقي منتخب من قبل الشعب العراقي!! انتهاك قواعد القانون الدولي كانت واضحة ((بعدم جواز الاعتراف بشرعية الأوضاع الإقليمية التي يتم تحقيقها باستخدام القوة والاغتصاب)). مستشار الامن الوطني العراقي المعين من قبل الاحتلال موفق الربيعي (Mowafak al-Rubai) يعترف بكون مجلس الحكم الذي أسسه بول بريمر لم يكن له اي صلاحيات وكان بريمر يديره بطريقة ازدرائية (derogatory). حيث وصف بول بريمر مجلس الحكم العراقي في كتابه (My Year in Iraq: The Strategy to Build a

(Future of Hope) بانهم لا يستطيعون تنظيم استعراض (parade), ناهيك عن قيادة البلد[230].

قرار مجلس الامن الدولي المرقم 1546 كان قد حلّ محل قراره الاولي المرقم 1511 في 8 حزيران والذي رحب بانتقال السيادة من سلطة الاحتلال المدنية (CPA) التي ينتهي عملها يوم 28 من شهر حزيران 2004 الى الحكومة العراقية المؤقتة (IIG) والتي تشكلت تحت رعاية الاحتلال واشراف صوري من قبل الامم المتحدة, لينتج عنها حكومة منقوصة السيادة برئاسة اياد علاوي[230].

لم يتردد وزير الدفاع الامريكي السابق رامسفيلد ان يذكر في مذكراته انه وافق على عملية نقل السيادة من اجل ان يساعد باعطاء تطمين للعراقيين بان الاحتلال سوف ينتهي قريباً (ولم يقل التحرير او غيرها من العبارات التي رددها بعض المؤيدين للاحتلال). بل واعتراف رامسفيلد ايضا ان اجتماع القيادة الامريكية بتاريخ October 29, 2003 الذي حدد فيه 30 (يونيو) 2004 موعدا لنقل السلطة للعراقيين كان لاول مرة يعطي ويحدد موعداً بهذا الشأن بسبب تصاعد المقاومة العراقية. ادارة العراق المحتل كان يجري ضمن الادارة الامريكية بالدرجة الرئيسية كما جاء في مذكرات وزير الدفاع الامريكي السابق رامسفيلد حول شرح كيفية اتخاذ قرار تحديد موعد نقل السيادة والسلطة ضمن نطاق ادارة الرئيس الامريكي بوش الابن ومجلس الامن القومي الامريكي فقط[13]. فبمجرد اتخاذ هذا القرار, قام الرئيس الامريكي بالايعاز الى مستشارته للامن القومي كونداليزا رايس (Condoleezza Rice) باستلام الملف العراقي واعداد خطة ما بعد الانسحاب. مما يؤكد ان سلطة الاحتلال (الائتلاف) المؤقتة كانت مجرد هيئة صورية لسلطة أحتلال دولتي الحرب العدوانية, وليس للمجتمع الدولي اي دور حقيقي في اتخاذ هذا القرار.

من المضحك والمستغرب في نفس الوقت, ان دول الاحتلال كانت تسمي فترة بقاء القوات المحتلة في العراق تحت اسم عملية تحرير العراق (Operation Iraqi Freedom) بما فيها فترات معارك الفلوجة الاولى والثانية, بينما حقيقة القرارات الدولية واعترافات القادة الامريكان كانت تؤكد حالة الاحتلال!!! فمنذ 2003 اصبح العراق البلد الاكثر دموية في العالم بالنسبة لعمال الاغاثة. كما تعترف منظمة اليونيسيف الدولية بان 30% من الاطفال العراقيين يعانون من سوء التغذية, بينما معدلات سوء التغذية الحاد وصل الى 9%, ومع وجود 1.5 مليون عراقي مشرد داخلياً فان العراق يكون بالمرتبة السادسة عالمياً. بينما اصبحت الصحة النفسية مصدر قلق بالغ الأهمية مثل الاجهاد والقلق المستمر التي تولد الضعف النفسي, حيث ان دراسة حديثة (2006) وجدت أن 92٪ من الاطفال العراقيين يعانون صعوبات في التعلم, مع ان من الصعب للغاية الوصول إلى هؤلاء الناس الضعفاء[219].

بل الاكثر غرابة هو صدور تقارير عسكرية امريكية سمحّ للرأي العام الاطلاع عليها وهي تحمل الاكاذيب من اجل تزوير التاريخ. منها على سبيل المثال تقرير لكلية حربية امريكية (U.S. Army War College, Carlisle Barracks, Pennsylvania) صدر في عام 2006 يتحدث عن حادثة جرت في شهر حزيران 2003 فيقول (فقد لاحظ الجيش الامريكي والجيش

العراقي وجود مجاميع للتمرد في بغداد وعلى اطرافها الغربية في الفلوجة وتكريت) !!! فأي جيش عراقي هذا الذي كان موجود في وقتها ويعمل مع الاحتلال وكلنا يعرف عدم وجوده في هذا الوقت؟؟ بل في نفس التقرير يصف قوات التحالف التي انشئها الاحتلال بوصفها قوات للامم المتحدة (U.N. coalition)!!![60]. ان احتلال العراق هو ثمرة جهد وتعاون على أعلى المستويات بين الادارة الامريكية والحكومة البريطانية, وبالاخص على مستوى العمل المخابراتي الذي شهد ويشهد علاقة تكامل وتعاون مفتوحتين دون حدود من اجل تقوية الضعف في اي مسائل تخص مصالح الطرفين في السياسة الدولية [37].

ان العقلية النازية تتوضح بصورة اعمق عبر عمليات ذر الرماد في العيون وغسل عقول الجنود. مساعد وزير الدفاع الامريكي السابق بول وولفيتز(Paul Wolfowitz) الذي زار القاعدة الامريكية قرب الفلوجة قال مخاطباً جنود المارينز (ما تفعلونه هو قتال نوع آخر من الشر. انها ليست الفاشية، ولا الشيوعية، ولكن كل قطعة (every bit) كانها شر, وأعتقد أنه كل قطعة هي خطرا على بلدنا.)[240]. ونتيجة هستيريا الحرب هذه فقد ادى هذا الى ان يقاتل الجنود الامريكيين في العراق بطريقة انتقامية, حتى وصل الامر الى ان احد قادتهم (Capt. John D. Prien III) الذي سلمّ قيادة كتيبته قرب الفلوجة الى قائد جديد مخاطباً جنوده (هذا المخيم هو أرض مقدسة (hallowed ground)، حيث انسكب عليه دماء جنود كتيبة الانشاءات البحرية (Seabee) من أجل قضية الحرية والحرب الجارية ضد الإرهاب)[241]. ولا اعرف عن اي ارهاب يتحدثون وهم يعلمون ان فرق الارهاب قد دخلت مع احتلالهم العراق. بل ان الحرب الاعلامية التي مهدت للاحتلال حتي يتقبله الشعب الامريكي والغربي كانت مخطط ارهابي مدروس عبر كتب ومنشورات كان اخطرها كتاب الامريكي روبرت سبنسر Robert Spencer الذي صدر عام 2003 وهو كتاب حاقد على الاسلام بعنوان ‘تصاعد الجنود المسلمين, كيف لا يزال الجهاد يهدد امريكا والغرب’[286].

الإفلات من العقاب (Impunity) اعتبرت السمة المميزة لنظام بوش الابن لتعلن شريعة الغاب في العراق. القوات الأمريكية وعملائها لم تعد تخفي الهجمات على أهداف مدنية والقضاء علناً على أي شخص - من الأطباء ورجال الدين والصحفيين – وهم من يجرؤ على عدّ الجثث. فادارة بوش الابن قد اقرت الإفلات من العقاب كسياسة رسمية مع تعيين ألبرتو غونزاليس (Alberto Gonzales) بمنصب النائب العام، وهو الرجل الذي نصح الرئيس شخصيا "بان مذكرة التعذيب" ضمن اتفاقيات جنيف قد "عفا عليها الزمن". بل ان الذي ساعدّ بوش الابن على تجديد انتخابه هو تستر الديمقراطيين وخصوصا المرشح الرئاسي جون كيري (John Kerry) الذي تستر على جرائم بوش وعدم مسألته عن الانتهاكات الخطيرة للقانون الدولي. بل ان هذا المرشح الديمقراطي اظهر اسلوب عنصرياً امام نشر مجلة لانست (Lancet) العلمية لاحصائية دقيقة تثبت مقتل 100.000 عراقي لحد تلك الفترة, فرد عليها جون كيري كاذباً (الامريكان هم 90% من الضحايا في العراق!!)[475]. وهذا يؤكد على

العقلية النازية المنتشرة بين طرفي الحزبين الحاكمين في امريكا. بل ان السياسيين الامريكيين كانوا مستعدين حتى للتضحية بموظفيهم الكبار من اجل تنفيذ اجندتهم الخاصة, فبعد انكشاف اكاذيب إدارة بوش من قبل لجنة التحقيق التابعة لمجلس الشيوخ التي دامت عاما كاملا, حاولت هذه الادارة في جعل وكالة المخابرات المركزية الامريكية بدلاً من البيت الأبيض هي المسؤولة عن الفوضى وقرار الحرب العدوانية[479]. بينما لم تتجرأ السلطات القضائية البريطانية على التحقيق في مزاعم كذب أدارة حكومة توني بلير بشن الحرب العدوانية, بل اكتفوا بتشكيل لجنة تحقيق برلمانية حول دراسة اسباب الوصول لهذا الخطأ من اجل منع تكراره مستقبلا من دون محاسبة اصحاب الخطأ الذي دمرّ العراق, كما يعترفون[485].

العقلية الاستعمارية للادارة الامريكية تزداد مع استغلالها وجود الازمات والحروب, فبعد ضربهم العراق عام 1991, توسعت سيطرة قواعدهم العسكرية لتشمل دول الخليج جميعها (السعودية والكويت والبحرين وقطر والامارات العربية المتحدة). وبعد ضربهم يوغسلافيا 1999 توسعت قواعدهم العسكرية لتشمل كوسوفو والبانيا ومقدونيا وبلغاريا وهنكاريا والبوسنة وكرواتيا. وبعد ضربهم لافغانستان توسعت قواعدهم لتشمل بالاضافة الى افغانستان كلاً من باكستان وكازاخستان واوزبكستان وطاجكستان وقرغيزستان وجورجيا واليمن وجيبوتي. ناهيك عن القواعد العسكرية الضخمة التي لا زالت موجوده منذ انتهاء الحرب العالمية الثانية في كلاً من المانيا واليابان[426]. تعترف الادارة الامريكية بان قضية محاربة الارهاب هي مجرد دعاية اعلامية لحرب مصالح, فهذا احد كبار موظفي وزارة الدفاع الامريكية يصرح لصحيفة النيويورك تايمز (New York Times) في 2003 "الفكرة هي لبناء بيئة مكافحة الإرهاب عالمياً، بحيث تكون مسألة الإرهاب خلال 20 إلى 30 سنة القادمة مثل تجارة الرقيق، فقدت مصداقيتها (discredited) تماما "[432]. جرائم وانتهاكات الاحتلال في الفلوجة كانت دليل للوجه النازي للاحتلال في العراق[484], فقد أهانوا كافة اتفاقيات جنيف والقانونين الدوليين الانساني والعرفي.

احد الجنرالات الصينين (Senior Colonel Qiao Liang) أوضح للصحيفة الرسمية للحزب الشيوعي الصيني Zhongguo Qingnian Bao حول كتابه (الحرب غير المقيدة Unrestricted war) قائلا: (القاعدة الأولى للحرب غير المقيد هو أن ليس هناك قواعد، وليس هنالك شيء ممنوع (The first rule of unrestricted warfare is that there no rules, with nothing forbidden) ثم أضاف قائلاً (أن الدول القوية لا تستخدم قيود في الحرب ضد الدول الضعيفة لأن الدول القوية هي من يصنع القواعد وتصنع واحدة جديدة عندما لا تتناسب السابقة مع اغراضها. لكن عليه ان يرى بانها قواعده او ان العالم كله سوف لن يثق[498].

وبعد عشر سنوات من الغزو للعراق, أجرت منظمة YouGov أستطلاعاً بين المواطنين الامريكين لعام 2013 ليؤكد ان 52% من الامريكيين يرون هذه الحرب (أحتلال العراق)

بانها كانت خطأً, بينما لازال 31% لا زالوا يعتقدون بصواب قرار الحرب[521]. وتجسيدا لسيادة القانون على الصعيد الدولي كان ميثاق الأمم المتحدة والإعلان العالمي لحقوق الإنسان. لا أحد يريد تكرار عدوان صارخ من هذا القبيل، لذلك تم وضع ميثاق ليحل محل دبلوماسية البوارج وألة الحرب مع الإجراءات والوسائل السلمية التي يشرف عليها مجلس الامن الدولي[404]. كوفي عنان قال ، أن غزو العراق كان "حدثا قسمت المجتمع الدولي بشكل ميؤوس – حول الطريقة التي على وشك القيام بها في سوريا". [684]

وبنظرة بسيطة للجدول التالي سنرى حقيقة الدمار والقتل والاجرام الذي خلفه الاحتلال الامريكي– البريطاني في العراق..

إحصاء الجثث في العراق 19آذار - 22 2003أغسطس 2008	94,558- 86,661
أحصاء ضحايا التحالف في العراق 28أبريل 2005 - 22 أغسطس 2008	43,099
14 - 2003 مايو بروكينغز، العراق مؤشر 2008 أغسطس	113,616
وكالة اسوشيتد برس، 13فبراير 2005 - أبريل2008	34,832 قتيلا و40,174جريحا
("دراسة صحة الأسرة العراق") دراسة لمنظمة الصحة العالمية مارس 2003 - يونيو2006	151,000
لانسيت" الوفيات بعد غزو العراق 19 مارس 2003 الى 31 يوليو 2006	426,369 - 793,663

1. جدول التقييمات الدولية للضحايا المدنيين العراقيين[331]

الفصل الثاني

تاريخ الفلوجة مع سياسة الصدمة والترويع للاحتلال الاجنبي

2. 1. الفلوجة

تقع الفلوجة جغرافيا ضمن محافظة الأنبار وعلى بعد 50 كيلو مترا شمال غرب العاصمة بغداد, مما أعطاها قرباً من مصادر القرار في بغداد. ويعيش فيها عشائر وأفراد من قبائل عربية تلتزم بالاعراف العشائرية وتتمسك بتعاليم الدين الإسلامي ولهذا تعم ربوعها صحوة إسلامية واعدة. مساحة مدينة الفلوجة بحدود 30 كم2 وتشبه الشكل المستطيل ويحذوها نهر الفرات من جهتها الغربية. تحيط بالفلوجة ثلاثة مدن صغيرة تعتبر كنواحي تابعة للفلوجة وهي الصقلاوية والعامرية والكرمة. الفلوجة هي من كبرى مدن محافظة الانبار, والتي تعتبر أكبر المحافظات العراقية مساحةً (حيث تشكل محافظة الانبار 30% من مساحة العراق ومركزها مدينة الرمادي (110كم من بغداد)), وتمتد محافظة الانبار مع حدود ثلاث دول عربية مجاورة هي السعودية والاردن وسوريا. مما أكسبها أهمية متزايدة في ان تكون محور الاتصال البري والثقافي مع هذه الدول.

ومعنى الفلوجة في اللغة هي الأرض الصالحة للزراعة والتي تنفلج تربتها حين يمسها ماء السماء. عدد سكان المدينة ونواحيها إزداد تدريجيا حتى وصل عددهم طبقاً لاحصاء عام 2003م الى حوالي 650 الف نسمة، يقدر عدد سكان الفلوجة الحالي بحدود 700,000 نسمة. وينحدر أغلب سكان الفلوجة من العشائر الكبيرة في العراق وهي عشائر الدليم بكل فروعها (البوعيسى والجميلة والمحامدة والبو علوان والفلاحات وزوبع والحلابسة والبونمر والبوفهد والكبيسات، بالإضافة إلى مجموعة من العشائر الأخرى. يطلق على المدينة أيضا لقب مدينة المساجد لكثرة المساجد فيها والتي يصل عددها إلى 550 مسجد وجامع.

هناك مؤشرات إن المنطقة المحيطة بالمدينة معروفة منذ القدم وإنها كانت ماهولة بالسكان منذ زمن البابليين .وهناك عدة نظريات عن منشأ تسمية المدينة, أحد هذه النظريات يرجع أصول التسمية إلى الكلمة الاكادية (بلوكاتو) أو (فلوقات). ولم تشير الدراسات التاريخية بالدقة والتحديد عن تاريخ نشوء الفلوجة أو استيطان الإنسان لها. يعتقد أن الفلوجة أسست على انقاض مدينة الأنبار التاريخية التي فتحها خالد بن الوليد[A6]. مدينة الانبار التاريخية والتي أنشئت في زمن الخليفة أبو العباس محمد بن عبد الله العباسي (134- 145 هجرية) لتكون عاصمة للعباسيين ومركز خلافتهم قبل ان يبني الخليفة العباسي ابو جعفر المنصور مدينة بغداد السلام التي اصبحت بعدها عاصمة العالم ومركز ثقافته وعلومه.

تمثل الفلوجة مثالاً على تنوع الفسيفساء العراقية, حيث يوجد فيها اقليات متنوعة من الطيف العراقي كالصابئة والمسيحيين والاكراد ممن عاشوا منذ فترات طويلة في المدينة. كما عاش

فيها مئات الاكراد الذين نزحوا وهجروا من مناطق كردستان العراق ابان الحرب العراقية ـ الايرانية 1981, فكانت الفلوجة مع مركز المحافظة الرمادي من ضمن اكثر المناطق العراقية التي احتضنتهم ولم يشعروا فيها باي تفرقة او تمييز عنصري كحال العراقيين على مر الزمان. ولهذا تكونت علاقات وجذور اجتماعية قوية ما بين اهل الانبار والاكراد حتى بعد رجوع اغلبهم الى شمال العراق بعد ان اصبحوا أقليم مستقل عن الحكومة المركزية في بغداد في بداية التسعينيات.

تعرض أهالي الفلوجة الى التهجير القسري والنزوح خارج مدينتهم بسبب الحروب والعمليات العسكرية وعلى مدار خمس مرات. الاولى كانت مع ثورة رشيد عالي الكيلاني ضد الاحتلال الانكليزي ومحاولة خلع الوصي على العرش الامير عبدالاله عام 1941. والمرة الثانية عندما تعرضت الفلوجة الى غارة واحدة من قبل طائرات ايرانية عام 1981 اثناء الحرب معها, حيث بقيت الكثير من العوائل لبضعة ايام خارج المدينة خشية رجوع الطائرات ثانية في استهداف المدنيين. بينما كان هناك نزوح قسري ولمرتين اثناء معركتي الفلوجة الاولى في شهر أبريل (نيسان) والثانية في شهر نوفمبر (تشرين الثاني) من عام 2004. بينما كان النزوح الاخير عندما تعرضوا الى حملة ابادة من قبل حكومة نوري المالكي الطائفية على محافظة الانبار مع نهاية عام 2013 وبداية عام 2014.

2.2. تاريخ الفلوجة مع الاحتلال الاجنبي

2.2.1. الاحتلال الانكليزي للعراق

كما ان للمدينة تاريخ حافل ومشرف ضد الاحتلال الاجنبي, فالعداء وعدم الثقة الذي يحمله اهل الفلوجة للاحتلال الامريكي ـ البريطاني الحديث (2003 ـ 2011) لم يكن بدون اسباب وجذور تاريخية ايضا. ففي 12 أب (اغسطس) 1920 أنطلقت ثورة شعبية ضد الاحتلال البريطاني سميت بثورة العشرين, انطلقت شرارتها من عشائر جنوب العراق بعد اعتقال قوات الاحتلال البريطاني للشيخ شعلان ابو الجون, ثم انتشرت معها في الوسط والشمال مع تضامن بقية عشائر ومدن العراق معها. تم خلال الثورة قتل القائد البريطاني المشهور الكولونيل جيرارد ايفلين ليجمان Colonel Gerard Evelyn Leachman من قبل نجل الشيخ ضاري شيخ عشيرة زوبع (وهي من العشائر الرئيسية والمعروفة في الفلوجة) اثناء اجتماع جرى بينهم في منطقة خان ضاري الواقعة قرب الفلوجة. ودفن القائد البريطاني بعدها في مقبرة الحرب البريطانية قرب الفلوجة. بعد هذه الحادثة انضمت اغلب العشائر في غرب

العراق الى ثوار عشائر الجنوب لتؤكد تلاحم العراقيين ضد الاحتلال الاجنبي. لعبت الفلوجة دوراً معروفاً في رفض ومقاومة الاحتلال البريطاني ليس فقط في ثورة العشرين بل ايضا ابان ثورة الضباط الاحرار في عام 1941 او كما يسميها البعض بثورة العقداء الاربعة او ثورة رشيد عالي الكيلاني نسبة الى رئيس الوزراء العراقي حينها. حيث حاولوا خلال الثورة تنحية الوصي على العرش المرحوم الامير عبدالاله والملك (الطفل وقتها) المرحوم الملك فيصل الثاني, ومن ثم مبايعتهم للشريف الرضي ليكون ملكاً على العراق.

لكن تدخل القوات البريطانية في قمع الثورة وارجاع الوصي على العرش عبدالاله الى الحكم مما أفشل الثورة. حيث كانت هنالك قوات بريطانية كبيرة تعسكر في قاعدة الحبانية القريبة من الفلوجة, فدارت معركة ضارية بينهم وبين قوات الثوار (من عسكريين واهالي مدينة الفلوجة) على مدخل الجسر الحديدي القديم والوحيد حينها في الفلوجة, والمسمى من قبل الانكليز بالجسر الحديدي الطويل ذو 177 قدم. قاد الكابتن البريطاني اليستاير جراهام Captain Alistair Graham هجوم القوات البريطانية القادمة من قاعدة الحبانية في عصر يوم 19 ايار 1941 وتحت تخطيط واشراف الكولونيل أوفري روبرتس Colonel Ouvry Roberts, فدارت معركة على الجسر الحديدي في الفلوجة (الجسر القديم) كانت نتيجتها الفاصلة في حسم المعركة مقدماً لصالح البريطانيين.

كانت القوات العراقية مسنودة من الاهالي بالفلوجة بينما القوات البريطانية يسندها بعض العملاء العراقيين الذين كانوا قد تدربوا في قاعدة الحبانية. لكن فارق التسليح والتفوق الجوي الذي افتقره الثوار ادى الى مقتل الكثير من اهالي المدينة والجيش العراقي في مجزرة لا زالت مدافنها على اطراف المدينة شاهدا لحد الان في حي جبيل (خلف معمل طحين العلمين او ما يعرف بمعمل طحين حجي سامي). لقد كانت خطتهم مشابهة لخطة قوات المارينز في المعركة الاولى في نيسان 2004 التي اعتمدت على غلق كل مداخل المدينة لمنع وصول اي مساعدة لها والبدء بقصفها بشكل كثيف وهمجي لاحداث التاثير النفسي والجسدي المطلوب على المدنيين والمقاتلين قبل اقتحام المدينة. التاريخ يعيد نفسه وسياسة الصدمة والترويع (shock and awe) التي استخدمتها القوات الامريكية- البريطانية في نفس العقول العسكرية بالرغم من الفارق بين الاجيال.

معركة الفلوجة ضد القوات الانكليزية 1941 خلدها شاعر العراق الكبير معروف الرصافي بقصيدة رائعة, تخلد جرائم المحتل وتمدح بطولة الشعب في مقاومة الاحتلال , حيث انشدّ قائلا:

أيها الإنكليز لن نتناسى *** بغيكم فـي مساكـن 'الفلوجـة'
ذاك بغي لن يشفي الله إلا *** بالمواضـي جريحة وشجيجـة
هو كرب تأبى الحمية أنا *** بسوى السيـف نبتغـي تفريجـة
هو خطب أبكى العراقيين *** والشـام وركـن البنيـة المحجوجـة
حلها جيشكم يريد انتقاماً *** وهو مُغرِ بالساكنيـن علوجـة
يوم عاثت ذئاب [آثور] فيها *** عَيْثةً تحمل الشَنـارسميجـة
فاستهانت بالمسلمين سَفاهاً *** واتخذتم من اليهـود وليجـة
وأدرتم فيها على العُزْل كأساً *** من دماء بالغدر كانت مزيجـة
واستبحتم أموالها وقطعتم *** بين أهل الديـار كـل وشيجـة
أفهذا تمـدن وعـلاء *** شعبكم يدّعـي إليـه عروجـه
أم سكرتم لما غلبتم بحرب *** لم تكن في انبعاثهـا بنضيجـه
قد نتجنا لقوحها عن خِداج *** فلذاك انتهـت بسـوء النتيجـة
هل نسيتم جيشاً لكم مُبْذعرّاً *** شهدت جُبنه سواحـل إيجـه
وهوى بانهزامه حصن 'أقريط' ***وأمسى قذىً علـى 'عيـن فيجـه'
سوف ينأى بخزي وبعار *** عن بـلاد تريد منهـا خروجـه
لا تغرنكم شِبـاكٌ كبـارٌ *** أصبحـت لاصطيادنـا منسوجـة
لستم اليوم في المسالك إلا *** جملاً تحـت صـدره دُحروجـه
وطن عشت فيه غير سعيد *** عيش حر يأبى على الدهر عوجه
أتمنى فيه السعادة لكن *** ليس لـي فيـه ناقـة منتوجـه
أخصب الله أرضه ولو أني *** لست أرعى رياضـه ومروجـه
كل يـوم بعـزّه أتغنـىّ *** جاعـلاً ذكـر عـزّه أمزوجـه
ما حياة الإنسان بالذل إلا *** مـرة عنـد حَسْوِهـا ممجوجـه
فثناءً [للرافدين] وشكـراً *** وسلامـاً عليـك يـا فلوجة

2. 2. 2. حرب الخليج الاولى 1991

وفي يوم 13 شباط من عام 1991 من حرب الخليج الأولى وبعد أنسحاب الجيش العراقي من الكويت, اطلقت طائرة تورنادو بريطانية قنبلة واحدة موجهة بالليزر لتدمير الجسر القديم في الفلوجة ولكنها فشلت. على الرغم من نجاح القنبلة الثانية من اصابة الجسر الجديد الاخر والمجاور للجسر القديم. ولا زال اثر التصليح المستعجل بارز عليه. الصاروخ الذي استهدف الجسر القديم سقط على منطقة مكتظة بالمدنيين في السوق القديم التي تبعد مسافة 100 متراً من الجسر القديم. ونتج من الحادث مقتل اكثر من 130 وجرح اكثر من 80 مدنياً من الفلوجة العديد منهم كانوا اطفال بحسب ما صرح به طاقم المستشفى حينها, بينما اشار مصدر اخر بان ما لا يقل 100 مدني قد قتلوا في هذه الجريمة [193]. كانت مجزرة بشعة اتذكرها دائما ولن انساها ابداً. ضابط بريطاني يدعى الكابتن ديفيد هندرسون (Capt. David Henderson), أكد وقوع الجريمة واعرب عن اسفه للصحفيين, من دون مزيدا من تفاصيل الجريمة. لم تاخذ هذه الجريمة البعد الاعلامي الذي تستحقه في وقتها بسبب مصادفتها بنفس توقيت ضرب ملجأ مدني كبير في مدينة العامرية في ببغداد. والذي كانت ضحاياه اكبر وافضع من ضحايا جريمة الفلوجة, والتي كان عدد ضحاياها اكثر من 1500 ضحية اغلبهم من النساء والاطفال[428].

كنت في اثناء وقت سقوط القنبلة قرب السوق على بعد مسافة 500 متر وكان التوقيت عصراً. وصلت الى مدخل السوق وكان على جانبه الايمن يوجد مصرف الرافدين بجانبه عمارة تجارية حيث مكان سقوط القنبلة. وكانت لا تنزال الطائرات المهاجمة وهي تحوم فوق المكان. كان هنالك جثث بعض الاطفال الذين يبيعون الدجاج الطازج ويبيعونه امام المصرف على بعد امتار من مكان القنبلة. كانت جثثهم تعود الى بنتين بعمر يقارب الاثنى عشر عاماً ومعهم طفل لا يتجاوز الثلاث سنوات. وجدنا ايضا رجل طاعن في السن لكنه لا يزال حياً تحت عمود خشبي كبير سقط من سقف محله. استعان الناس باحد الشفلات (ماكنة حفر عملاقة) من اجل ازالة الركام لانقاذ ما يمكن انقاذه تحت هذه المحلات المحطمة.

الشهداء المدنيين الذين قتلوا بفعل نيران الانفجار كانت تنقل في سيارات مدنية بالاضافة الى سيارات الاسعاف لكثرة المصابين. أحد شهود تلك الجريمة الصحفي بلال حسين الجريصي: (كنت قريب جدا على مكان سقوط الصاروخ, وشاهدت طفلا يركض خارجاً من مكان الانفجار ويغطي جسمه التراب والدم بسبب اصابته بشضية في خده الايمن واقتلعت جزء كبير منه. كانت اسنانه تظهر لعدم وجود خده الايمن وهو يركض خائفا بفعل الصدمة وهول ما حدث. ثم نقلناه الى المستشفى, بينما كانت اجزاء من بشرته متناثرة في الارض. بالاضافة الى

ذلك كانت هناك سيارة مدنية محطمة فوق انقاض المحلات ويقف قربها شخص يبكي ويقول اخواني وابي في هذا الدكان (المحل). وعند ازاحة السيارة عن كومة الانقاض وجدنا جثث اخوانه الاثنين ووالده وقد فارقوا الحياة). وتضيف شاهدة أخرى من الفلوجة تدعى أم ياسين (العديد من الجثث وجدت بعد اسبوع من الجريمة فوق البنايات البعيده, بالاضافة الى رؤوس واجساد مفصولة بسبب الانفجار). وهو ما أكده الصحفي الجريصي ايضاً بقوله (وجدت رأس بشري على احد البنايات بعد تسعة ايام من الانفجار, وتبين انها تعود للضحية الشهيد هاشم وردي).

وبعد كل هذه السنين التي مرت على هذه المجزرة وتجميع بعض الحقائق وتذكر تفاصيل ذلك اليوم, فانني على يقين بان قائد الطائرة البريطانية في عام 1991 لم يخطئ الجسرالحديدي بل كان متعمداً في ارتكاب المجزرة ولعدة اسباب. منها تاريخية لمكانة الجسر الحديدي في مجزرتهم السابقة بسبب مقاومة الاحتلال الانكليزي عام 1941, ومنها اسباب اجرامية لايقاع اكبر عدد من القتلى والجرحى لاحداث الصدمة والترويع بين المدنيين من اجل الوصول الى التاثير النفسي والجسدي في داخل مدينة رئيسية ومهمة لوجستياً غرب العراق مثل الفلوجة. بالاضافة الى صعوبة تصديق ارتكاب مثل هذا الخطأ من قبل القنبلة الموجهة بالليزر لمسافة تبعد عن 120 متر, مع ملاحظة ان مكان سقوط القنبلة كان في وسط الشارع في السوق القديم ولم يصب الجزء العلوي للبنايات كما يفترض في ضربة كان المفترض ان تكون شاقولية وليست أفقية. لقد كنا نعتبر هذه المجزرة بانها مكملة لمجزرة الاحتلال البريطاني عام 1941.

2. 2. 3. الاحتلال الغربي للعراق 2003

بعد ان احتلت القوات الامريكية العديد من اجزاء محافظة الانبار في ابريل 2003, فوج الفرسان المدرع العسكري والمسمى (Army Armored Cavalry Regiment) كان اول قوة أمريكية وصلت للسيطرة على الاطراف المحيطة بالفلوجة [50,64]. ثم اعقبتها بفترة قصيرة وصول قوات الفرقة 82 المحمولة جوا بقيادة العقيد ايريك نانتز (Lt. Col. Eric Nantz)[64]. وفي شهر سبتمبر (ايلول) 2003, قامت الفرقة 82 (82 Airborne Division) بقيادة اللواء جارلس سوانسك (Maj. Gen. Charles Swannack) بارسال لواء مظلي بقيادة العقيد درينك وين (Lt. Col. Brian Drinkwine) الى الفلوجة. وكان العقيد واين يتصف بالهدوء والحوار السياسي اكثر من العسكري كما شاهدته أثناء اجتماعات مجلس الحكم المحلي في الفلوجة الذي تشكل كاحد الحلول السياسية بعد اندلاع المقاومة

العراقية. في البداية كان محاوراً جيداً, لكن سرعان ما اكتشفنا لاحقاً انه ينتهج سياسة مخادعة وخصوصا في مسالة الاعمار للمنشات والخدمات التي دمرت في داخل المدينة. كذب هذا القائد الامريكي ومراوغته كشفتها تصريحاته المغلوطة لاحد الصحف الامريكية المحلية عندما صرح بان هذه المدينة فيها 45 الفاً من القيادات السابقة ويجب محاربتهم!!. وفي احد الاجتماعات قال سنرصد 500 الف دولار للمشروع الفلاني ثم يرجع في الاجتماع الذي بليه ليسالنا كيف سنصرف 50 الف دولار لهذا المشروع؟؟ واذا حاولنا تصحيح الرقم لان جميع اعضاء مجلس حكم الفلوجة قد كتبوا نفس الرقم. مما دفع بعض علماء الدين لترك عضوية المجلس البلدي والاتجاه الى دعوة الناس الى الجهاد من اجل تحرير العراق من هذا الاحتلال الكاذب. وكان من ابرز هولاء علماء الدين هو الشيخ عبدالله الجنابي.

2. 3. التضامن الدولي مع الفلوجة

تاريخ الفلوجة في رفض الاحتلال الاجنبي ومقاومته بسبب معاناة الاهالي منه, بالاضافة الى ما يحمله اهلها من تقاليد الشعب العراقي في المحافظة على قيمها الاسلامية والعربية. هذه الاسباب كانت كافية في مقاومة الاحتلال الامريكي – البريطاني. ومع مرور الوقت كشف العالم أكاذيب الاحتلال في العراق لتبرير جرائمه. عدم قراءة التاريخ جيدا والذي يوضح المقاومة للظلم موجودة في دماء العراقيين منذ القدم. ولهذا تفاجأت قيادات الاحتلال بعد انتفاضة اغلب مناطق العراق تاييدا ودعما للفلوجة في معركتها الاولى وبصورة ارعبت ادارة الاحتلال وباعتراف قادتهم في بعض المذكرات. ولهذا كان من الطبيعي ان يكون هنالك تعاطف دولي من قبل احرار العالم والرافضين لاستخدام القوة.

خلال زيارتي الثانية لاسبانيا (2005) وجولتي في بعض الاقاليم الاسبانية للتحدث حول جرائم الاحتلال في الفلوجة كضحية وشاهد. الكثير ممن قابلتهم هناك قد اكدوا لي ان ما حدث في الفلوجة يشابه ما حدث لهم في مدينة اسبانية. فتفاجأت اثناء زيارة اقليم الباسك (Basque) بوجود حادثة شهيرة دولياً تشابه ما جرى للفلوجة وفي نفس الشهر للمعركة الاولى مع القوات الامريكية. انها جريمة تدمير مدينة غرنيكا (Guernica) الاسبانية (April 26, 1937) من قبل الطيران النازي - الفاشستي اثناء الحرب الاهلية الاسبانية ضمن عملية سميت روغن (Rügen). هذا القصف دفع العديد من الرسامين العالميين والمناهضين للحرب مثل بيكاسو (Pablo Picasso) ليخلدها في لوحة شهيرة تحمل اسم هذه المدينة, بينما خلدها René Iché في واحدة من اجمل منحوتاته, وخلدها الشاعر Paul Eluard بقصيدة (نصر غرنيكا). هذه

المدينة الثائرة ضد الدكتاتور الاسباني السابق الجنرال فرانكو (Francisco Franco) كانت قد فقدت الكثير من المدنيين جراء تدمير مدينتهم بالقصف الجوي. فحكومة اقليم الباسك قدرت عدد الضحايا بحوالي 1654 شخص قتلوا في واحدة من اولى الغارات الجوية في تاريخ الطيران العسكري الحديث والتي تستهدف المدنيين.

العالم يخلد الابطال وسيخلد الفلوجة باعتبارها اول مدينة في العصر الحديث انطلقت منها اول انتفاضة شعبية عراقية ضد الاحتلال الامريكي- البريطاني. ولهذا لا استغرب ان جاءت ردود العالم الحرّ لتذكر الاجيال القادمة بمجازر الاحتلال هناك. ومن هذه الاعمال العالمية جاءت مسرحية وفلم الفلوجة الايطاليين واللذين يحملان نفس الاسم (الملائكة الحائرة... الفلوجة وفتح ابواب الجحيم)(Angeli Distratti.....Falluja: Aprendo le porte dell' inferno) للمخرج الايطالي جان لوكا اركوبينتو (Gianluca Arcopinto) وبمساعدة وأشراف المنظمة الايطالية جسر الى (Un Ponte Per....). هذه المسرحية التي كانت مستوحاة من قصة ايطالية عن جرائم الاحتلال في الفلوجة بعنوان (A song for Falluja) والتي صدرت عام 2006[167]. ولم استغرب وانا ارى بعض دموع الجمهور الايطالي تعلن تضامنها مع الشعب العراقي, كما فعلها الايطاليون بأسقاط حكومة اليمين من اجل سحب القوات الايطالية من العراق في شهر تشرين الثاني (نوفمبر) 2006[168]. الايطاليون خدعوا في دخول العراق في شهر تموز (يوليو) من عام 2003 ضمن أئتلاف قوات دولية لا تشرف عليها الامم المتحدة. حالها كحال القوات الاسبانية التي أنسحبت قبلها (نيسان 2004) بعد الرفض الشعبي العارم في اسبانيا كحال الكثير من الدول التي اشتركت في هذا الائتلاف وسرعان ما انسحبت منه[169]. وكذلك فعل الاحرار من الشعب البريطاني في تخليد الفلوجة مع مسرحية بريطانية تجسد مجزرة الفلوجة, وبالاعتماد على مقابلات مع سكان الفلوجة وجنود امريكيون قاتلوا هناك, ليثبت للجميع حصول اكثر من 70 انتهاكاً لاتفاقيات جنيف. مسرحية (الفلوجة) كانت من اخراج جوناثان هولمز (Jonathan Holmes) الذي رسم صورة الانتقام على أيدي القوات المحتلة التي نفذ صبرها على عناد العراقيين هناك[91]. ففي احد مشاهد المسرحية المستندة لاحداث واقعية ونقلاً عن احد الجنود الامريكيين, وهو قناص امريكي قاتل في الفلوجة ويعترف بالعقلية الهمجية التي كانت تقودهم قائلا (في بلدي عندما اذهب للصيد فانها رياضة, لكن هنا عندما أذهب للصيد فانه أمر شخصي)!!! تفاعل الجمهور البريطاني كان ملئ بالمشاعر الانسانية الرافضة لجرائم الاحتلال, بينما لم يستطع الجيش الامريكي في الرد على نص المسرحية الذي ارسله لهم مخرجها قبل عرضها على الجمهور .....

الفصل الثالث

بدء الاحتلال وجرائمه في الفلوجة

3. 1. بداية جرائم الاحتلال في الفلوجة:

بدءت جرائم الاحتلال مع نيته المسبقة بعد دخول العاصمة بغداد واستعدادهم للعقاب الشامل لاي معارضين للاحتلال, وهو ما صرح به الجنرال جارلس سواناك (US Major General Charles H. Swannack Jr.) وهو قائد القوات الخاصة في بغداد من الفرقة 82 المحمولة جواً, قائلاً: (عندما نحدد هدفا إيجابيا للعدو، فنحن ذاهبون الى المضي قدما وإخراجها مع كل الوسائل المتوفرة لدينا. أنا أحب أن اذكر بما قاله الفيسكونت سليم (Viscount Slim) خلال حملة بورما. وقال: "ساستخدم مطرقة لسحق الجوز". وهذا هو بالضبط ما سنفعله. سوف نستخدم القوة، القوة القتالية الساحقة عندما يكون ضروريا) [556].

3. 1. 1. جريمة رقم 1. قمع وقتل المتظاهرين والمشيعيين يومي 28-30 نيسان (أبريل) 2003[232]

سياسة القمع (Repression) بدءت بعد فترة من قيام القوات الامريكية بكسر الاتفاق مع وجهاء المدينة ودخول دباباتهم ومدرعاتهم الى داخل المدينة, حيث بدءت بوضع نقاط التفتيش مع القيام بسلسلة من التجاوزات على خصوصية الاهالي وكرامتهم. وفي يوم 25 نيسان (ابريل) 2004 قاموا باحتلال مدرسة القائد (وهي بناية كبيرة من طابقين ويدرس فيها طلبة المرحلتين الابتدائية والثانوية) لتحويلها كمقر لقوات الاحتلال, مما يؤكد ان موافقتهم على الاتفاق السابق مع وفد الفلوجة كان لمجرد كسب الوقت والاطمئنان. فادركنا ان لعبة القط والفأر هي اللعبة التي ستسود وان الوعود الكاذبة ستتكرر يومياً.

أثارت القوات الامريكية حفيظة الاهالي ومشاعر غضبهم, عند قيام جنودها بارتكاب افعال منافية للاخلاق والتقاليد العراقية والاسلامية ضد بيوت المدنيين قرب المدرسة القائد. هذه التجاوزات اعتبرت بمثابة المساس بالشرف والكرامة التي تدفع في سبيلها الارواح للحفاظ عليها ,بالاضافة الى منع خدمات المدرسة في التدريس وحرمان طلبتها من التعليم. هذا الظلم دفع الاهالي قرب مدرسة القائد (حي نزال) الى تنظيم اول مظاهرة سلمية عفوية في يوم الاربعاء 28 نيسان 2003, اي بعد 5 ايام من بدء تحرك القوات الامريكية داخل الفلوجة.

رفعّ الاهالي في هذه المظاهرة شعارات تطالب القوات الامريكية بالخروج من المدرسة مع احترام تقاليد المدينة المحافظة ومشاعر اهلها. تجمع المتظاهرين امام مبنى القائمقامية (مقر عمدة المدينة) والذي كان يجري فيه اجتماع بين قائد القوات الامريكية في الفلوجة مع عمدة الفلوجة الجديد (السيد طه بديوي). ثم توجهت جموع المتظاهرين المدنيين الى مدرسة القائد وهم يمرون في شوارع الفلوجة. وكان القناصة الامريكان ينتشرون على سطوح مدرسة القائد. لكن منطق القوة لدى قوات الاحتلال مضافة مع عملية غسل الدماغ المعدة مسبقاً لجنود

الاحتلال من قبل جهات طائفية دفعت الى حمام دم هذا ليفتح على الاحتلال أبواب الجحيم لاحقاً. القوات الامريكية قامت بفتح النار على التظاهرة وقتلت 17 متظاهراً مدنياً وجرح 75 اخرين وكان من بين القتلى ستة أطفال, في اول جريمة مروعة تشهدها المدينة على ايدي القوات الامريكية. بل ان الحالة الهيستيرية للقوات الامريكية قد تمادت الى اطلاق النار على سيارات الاسعاف التي حاولت اسعاف الجرحى بحسب شهادة الطبيب احمد غانم العلي (مدير المستشفى في وقتها). وقد غطت منظمة هيومان رايت واتش HRW الحادث بتقريراً صدر في 17 حزيران 2003 أدانت فيه الحادثة وطالبت بالتحقيق في ملابساته [451,172].

وقد اعترف القائد الامريكي في منطقة الفلوجة (Lt. Col. Eric Nantz) بان جنوده كانوا قد حذروا المتظاهرين عبر مكبرات الصوت بان (المظاهرة يمكن اعتبارها عملاً عدائياً وسوف تواجه بالقوة المميتة) !!!! كما ادعى القائد الامريكي بان قواته في المدرسة كانوا امام حشود معادية وتحت رمي حجارة واطلاقات نارية استهدفت جنوده, بينما كنت انا قريبا من التظاهرة ولم اسمع اطلاق نار الا من قبل الجانب الامريكي. ان الخوف من غضب الاهالي والصدمة من ظهور تظاهرة معارضة للاحتلال بهذه السرعة بعد سقوط بغداد, في ظل نشوة الانتصار في احتلال العراق, هي من العوامل الرئيسية التي دفعت الجنود الامريكين الى اطلاق النار على المتظاهرين.

وقد أكد حقيقة عدم وجود اطلاق نار من جانب المتظاهرين من قبل مراسل صحيفة الاندبندنت اللندنية (Reeves Phil), عندما اشار الى عدم وجود اي اثار للرصاص على جدران المدرسة بينما كانت البيوت المواجهة للمدرسة تشبه المنخل او الشبكة بسبب كثرة الرصاص الذي احدث ثقوب كبيرة في الجدران الاسمنتية لبيوت المدنيين العراقيين. واجاب القائد الامريكي Nantz في رده على سؤال الصحفي, اين اثار الرصاصات التي تدعون انها اطلقت باتجاه جنودك ؟؟ فادعى Nantz بانها قد مرت من فوق راس الجنود ولم تصب الجدران!! بينما شهدّ الصحفي الامريكي (P. MITCHELL PROTHERO) الذي كان مراسلاً لصحيفة (UPI) والمتواجد في الفلوجة, بان ليس من بين المقتولين او الجرحى المدنيين من كان مسلحاً, وان الاطلاقات الفارغة التي وجدت في مكان الحادث كانت جميعها من نوع 5.56ملم المستخدمة من قبل القوات الامريكية ولم توجد اي اطلاقة فارغة من عيار 7.62 ملم المستخدمة في السلاح الخفيف AK-47s (كلاشنكوف) والذي يستخدم عادة من قبل العراقيين[27].

لم تنتهي ملابسات هذه الجريمة المروعة عند هذا الحد, بل عادت نفس القوات لتفتح النار بعد يومين (30 نيسان 2004) ضد تظاهرة المشيعين لضحايا التظاهرة الاولى, فكانت الحصيلة الجديدة للجريمة الثانية هي مقتل مدنيين اثنين وجرح 14 اخرين بينهم بعض الاطفال. وقد تواجد في اثناء هذه التظاهرة الثانية الصحفي Chris Huges ليوثق جريمة القتل الثانية وينشرها بالاحداث والصور على شبكة الانترنت [230].

جرائم قمع هذه المظاهرات امتدت الى مدن عراقية اخرى مثل الموصل ايضا. قوات الاحتلال بدأت بدخول المنازل وتفتيشها، عبر تحطيم الأبواب، وتدمير الأثاث، والصراخ بوجه الاهالي واعتقال المئات منهم. ومن هذه السياسة انطلقت قوات الاحتلال بانشاء العشرات من المعتقلات وزج الالاف من العراقيين فيها من دون توجيه تهمة مع غياب حق دفاع عن النفس. وخلال فترة الاعتقال بدءت عمليات التعذيب المبرمجة بعلم سلطات الاحتلال.

احياء مدينة الفلوجة بقيت تحمي نفسها بنفسها من خلال ابنائها, بالرغم من انتشار السرقة والتخريب في العاصمة بغداد وبعض المدن الاخرى. هذه السرقات كان يشجعها جنود الاحتلال وبعض الاطراف السياسية التي جاءت معه وساندته. ولم تكن هناك اي اجراءات من قبل قوات الاحتلال من اجل عودة الامن والنظام في الشارع العراقي كما يفترض القانون الدولي على مسؤولية القوات المحتلة وفقاً لاتفاقيات جنيف. وبقيت نوبات الحراسة لابناء المدن مستمرة للستة اشهر الاولى من دخول الاحتلال. شعور المدنيين بالامان كان اكثر مع رؤية ابنائهم يحرسون مناطقهم, لان الجميع كان يدرك ان القوات الغازية سوف لن تحميهم بقدر ما كانت تنوي حماية نفسها.

وعلى ضوء هذه الجريمة وبداية الشعور المحلي بانعدام العدالة وانتشار شريعة الغابة بسبب غياب سلطة القانون العراقي, انطلقت بعض العمليات المسلحة ضد القوات الامريكية, مما دفع الرئيس الامريكي بوش الى تحذير المسلحين الذين يهاجمون القوات الامريكية في العراق[233]. هذه الجريمة لم تشعل فقط المقاومة المسلحة فقط في مدينة الفلوجة او مدن محافظة الانبار الاخرى, بل نشرت روح المقاومة في العراق وباعتراف ضباط الاحتلال انفسهم[234].

3. 1. 2. جريمة رقم 2. قتل قوة حماية الفلوجة وشرطتها 11 ايلول (سبتمبر) 2003

عمدة الفلوجة الاول بعد الاحتلال السيد حميد بديوي والذي وافق على انشاء قوة حماية الفلوجة, وهي الفكرة التي تقدم بها احد اقاربي الضباط مع مجموعة من زملائه العسكريين السابقين في الجيش واغلبهم ذو خبرة عسكرية عالية. والهدف من اجل ان يقوموا بحراسة منشات المدينة ومبانيها الحكومية, وضبط الامن وتنظيم السير بعد قرار الاحتلال في حل اجهزة الجيش والشرطة. تسليح قوة حماية الفلوجة في بداية الامر اقتصر على العصي والهراوات فقط. ومع نجاح هذه القوة البسيطة في فرض الامن والنظام استطاع القائممقام ان يحصل لهم على موافقة من قوات الاحتلال الامريكية باستخدام اسلحة خفيفة فقط كالكلاشنكوف مع مسدسات وبعض السيارات. وعملت هذه القوة جنبا الى جنب مع قوات الشرطة الجديدة والتي كانت تعرف بشرطة حماية المنشات والتي تضم عناصر شابة تفتقر للخبرة المطلوبة في وقتها.

وهنا جاءت الجريمة الاخرى التي شهدتها شخصياً مع الكثير من اهالي الفلوجة على الدور المشبوه لمرتزقة الشركة الامنية الخاصة والعاملة الى جنب القوات الامريكية. هذه الحادثة تسببت في مقتل 8 افراد من قوة حماية الفلوجة وجرح 7 اخرين من هذه القوة أضافة الى أفراد من شرطة الفلوجة. فقد قامت سيارة من نوع BMW باطلاق نار على بناية الحكومة المحلية لمدينة الفلوجة في منتصف ليلة 2003/9/11. مما استدعى ان تلاحقها قوة حماية الفلوجة التي كانت قريبة من الحادث مع قوة من الشرطة. فهربت هذه السيارة باتجاه القاعدة العسكرية الامريكية قرب الفلوجة (22 كم جنوب غرب الفلوجة) على طريق بغداد القديم. ولدى مشاهدة دخول السيارة المشبوهة داخل القاعدة الامريكية, قررت القوة الامنية العراقية المطاردة لها ان ترجع الى الفلوجة. المفاجاة الكارثية كانت على بعد 3 كم من بوابة دخول الفلوجة الرئيسي ,قوة امريكية على جانب الطريق فتحت نار كثيف تركز على سيارات قوة حماية الفلوجة (كما روى لي احد الناجين). هولاء الجنود الامريكيين اتجهووا نحو المصابين لقتلهم بالرغم من صيحاتهم بانهم من شرطة (....police... police). ان الاكثر أجراماً من جريمة القتل هذه, كان منع اي مساعدة طبية تصل اليهم الى غاية شروق الشمس, حتى يتاكدوا من انهم سيكونون جميعاً قد ماتوا بسبب النزيف الشديد. لكن نجاة أثنين منهم فضح الجريمة باكملها. ومع تواجد الكثير من الناس والشرطة على بعد 300 متر من المصابين والقتلى, لم يكن امام الجنود الامريكان الا نقل المصابين والقتلى الى داخل القاعدة الامريكية ومن ثم تسليمهم الى شرطة الفلوجة.

ضحايا هذه الجريمة كانت هي استشهاد ثمانية من قوة حماية الفلوجة (الملازم عمر اسماعيل ميزر, رياض مالك, وليد جاسم محمد, عدنان عمار, احمد محمد جاسم, زياد ناظم, صباح علي ابراهيم, رحمن احمد مخلف). وجرح سبعة اخرين اغلبيتهم من شرطة الفلوجة والبقية من قوة حماية الفلوجة (الملازم عصام احمد حسين, ش م محمد عبد مجباس, ش م عاصم محمد احمد, ش م اركان عدنان احمد, عبدالجليل عبد محمد, علاء هاشم احمد, وسام محمد فتيخان)[228]. جرى تشييع مهيب للشهداء دعت اليه كافة المؤسسات الرسمية والهيئات الدينية والاجتماعية والمدنية في الفلوجة, لتواري جثمان الشهداء في المقبرة الجديدة على طرف المدينة الشمالي. بينما ارسل قائد قوات المظليين الامريكي العقيد بريان درينك واين (Lt. Col. Brian Drinkwine) المسؤول العسكري عن الفلوجة رسالة تعزية الى ذوي الشهداء مع مبلغ بسيط من المال (بحدود الالف دولار), وهو ثمن حياة كل واحد منهم بحسب ما تنص لوائح الجيش الامريكي في تعويض الضحايا العراقيين كما ادعوا وفقها !!! (أنظر بعض الادلة والاثباتات على هذه المجزرة مرفقة في ادناه).

بالرغم من ان هذه الجريمة المروعة في قتل رجال الأمن التي بدات تثير الشكوك حول حقيقة وطبيعة مهام مرتزقة الشركات الامنية المرافقة لقوات الاحتلال في العراق لكنها كانت أحدى الشرارتين في أنطلاق المقاومة المسلحة للاحتلال. فبالاضافة الى ارتكاب جريمة فتح النار

على المدنيين خلال المظاهرتين السلميتين, أنطلق العنف المضاد من اجل الثار للشهداء والكرامة والحقوق. ان العنف يصنع عنف مضاد في غياب نظام قضائي وطني عادل, وبالتالي ستسود شريعة الغاب. وللتهرب من مسؤولية قواته, وزير الدفاع الامريكي السابق رامسفيلد يبرر جرائم قواته عبر محاولة وصف المقاتلين المحليين تارة بالمتمردين (rebels) وتارة بانهم قتلة (deadenders) ارهابيين اجانب (foreign terrorists) وعصابات اجرامية (criminal gangs)[233].

في شهر تشرين الثاني (نوفمبر) من عام 2003, اسقطت المقاومة العراقية في شمال مدينة الفلوجة طائرة هليكوبتر أمريكية نوع (CH-47) تابعة للفرقة 85 المحمولة جوا (82nd Airborne Division) بواسطة صاروخ يطلق من الكتف, مما اضطر وحدات هذه الفرقة من الانسحاب الى خارج المدينة, والتي اعتبرت الانسحاب فيما بعد خطأ استراتيجياً في السماح للمقاومة بحرية الحركة ضمن منطقة يتلقون فيها المساعدة الشعبية من الاهالي[64].

كنت اسمع من بعض الخبراء السياسيين سؤالا متكرر, لماذا اختارت ادارة بوش ان يكون قائدها المدني بعد الجنرال غارنر هو بول بريمر بالذات والذي هو خبير في الارهاب, بالرغم من عدم وجود علاقة او ادلة على علاقة بين حكومة صدام حسين وتنظيم القاعدة؟؟ ومع وصوله المشؤوم في يوم 12 ايار (مايو) 2003 الى بغداد بدءت الحقائق تنكشف اكثر مع انتشار جرائم جيش المرتزقة الذي جلبه بقيادة ايريك برنس (Erik Prince), والذي ترك ابرز الفضائح مع اكتشاف حقيقة اختفاء 9 مليارات دولار امريكي من اموال اعادة اعمار العراق بحسب تدقيق وتحقيق لجنة حكومية امريكية خاصة (US special inspector general for Iraq).

الكاتب الامريكي Jeremy Scahill اعجبني كثيرا في كتابه الرائع حول تاريخ شركة المرتزقة الدولية بلاكووتر وجذورها (Blackwater, Rise of the worlds most poweful mercenary army revised and updated). هذا الكتاب الذي حاز على عدة جوائز عالمية, والذي اتفق فيه مع الكاتب في اغلب الامور, ليس بسبب كثرة الادلة التي قدمها في كتابه فقط, بل من تجربة واقع عشتها ورايتها بنفسي وتتطابق مع ما ذكره. فجناح تجار الحروب الذين ينتمي اليهم بول بريمر هم الذين صنعوا الارهاب وبرروا جرائمهم وسرقاتهم بعد ذلك بحجة محاربة الارهاب. وصدق من قال انهم يشبهون قراصنة الكمبيوتر الذين يشلون مواقع الشركات وبعدها يسوّق نفسه على انه شبكة متخصصة بالامن المعلوماتي. كل العالم يعرف وباعتراف المسؤولين الامريكيين انفسهم بدور الولايات المتحدة في نشوء وتطور تنظيم القاعدة, لهذا فليس بغريب على خبراء صناعة الارهاب من تشكيل مجاميع جديدة تخترق القاعدة او تعمل معها لتنفذ الهدف المطلوب (أنظر الفصل الحادي عشر).

عبر بريمر لدى وصوله العراق عن حقيقة المهمة التي جاء اليها عندما قال (الاحتلال كلمة قبيحة, لكن هذه هي الحقيقة) ليوقف اكاذيب من كان يدعي انها كانت عملية تحرير وبدء عهد الديمقراطية والحرية الزائفتين. لم تكن قرارات بريمر الاولية لدى وصوله العراق محظ غباء بقدر ما كانت استعدادات لاستراتيجية جديدة الهدف منها جعل العراق ساحة حرب مع مجاميع ارهابية يتم اعدادها داخلياً وخارجياً. فكانت قراراته مثل ترك الحدود مفتوحة لفترة طويلة وترك مخازن الاسلحة الخفيفة في متناول الجميع مع حلّ الجيش والشرطة. بالاضافة الى طرد البعثيين من وظائفهم دون اي راتب تقاعدي يحفظ حياتهم هي جزء من استراتيجية اعداد العراق للفوضى الخلاقة التي تسمح لهم بتصفية من يريدون وتحطيم العوائق التي تمنع استرتيجيتهم من اجل اعادة صياغة العراق الضعيف الهزيل.

لقد كشفت الحقائق المدعمة للكاتب Jeremy Scahill التي تؤكد ان شركة بلاك ووتر بدءت منذ بداية عام 2004 تستحوذ على العقود الاولى في حماية مسؤولي الاحتلال في كافة المكاتب التابعة لها في كل ارجاء العراق. وكما وصفت صحيفة التايم اللندنية الوضع التجاري الحقيقي حينها (التجارة الاكثر رواجا بعد الحرب هي ليست النفط, بل الامن)[(2 من 6(371))] ومن هذه نستطيع ان نعرف لماذا لم يستقر الوضع الامني الى حد الان بالرغم من سقوط الالاف الابرياء المدنيين العراقيين سنوياً بين قتيل وجريح. لقد كان اخطر دور لعبته شركات المرتزقة (الامنية) هو فتح الباب لكل محترف في القتل او العنف لياتي الى العراق من اجل كسب المال السريع مع ممارسة هوايته الخطيرة والمثيرة بالنسبة لهم وتحت راية الشعار المقدس في مكافحة الارهاب وكاننا نعيش فلم رعب هوليوودي ابطاله هم مجرمين ام مرضى نفسياً.

بعد هذه الجرائم التي ارتكبتها قوات الاحتلال الامريكي, اصبحت المقاومة المسلحة تاخذ شرعيتها بصورة اقوى للدفاع عن النفس, حيث تم اسقاط طائرة هليكوبتر شينوكي (Chinook) قرب الفلوجة مما ادى الى مقتل 17 جندي امريكي وجرح اخرين. ليبدء تصاعد المقاومة المسلحة العراقية ضد الاحتلال خلال شهري تشرين الاول والثاني من 12 هجوم في اليوم الى 36 هجمة يومية بحسب اعتراف نائب الرئيس الامريكي الاسبق تشيني في مذكراته (صفحة 446). وخلال الفترة من تشرين الثاني (نوفمبر) 2003 الى كانون الثاني (يناير) 2004 كانت هناك 3 هجمات على 3 مروحيات الاحتلال الامريكي قرب الفلوجة, مما أدى الى مقتل 25 جندي منهم[(101)].

وهذا مما دفع قوات الاحتلال الامريكي الى أعتقال واستهداف الصحفيين لمنع انتشار اخبار المقاومة, حيث أعتقلت قرب الفلوجة في 2 كانون الثاني 2004 كادر وكالة رويترز [(130)]. حاول قادة الاحتلال ان يخدعوا العالم باعطاء اوصاف مختلفة لابعاد صفة المقاومة الوطنية عن العمليات المناهضة للاحتلال. فاستخدم قائد القوات الامريكية في العراق جون ابي زيد مصطلح حرب العصابات (guerrilla war)[(52من13 (371))]. ولم تحبذ الفكرة لدى القيادة

الامريكية لكون امريكا قد دعمت سابقاً عصابات في امريكا اللاتينية كمقاتلين شجعان يحاولون تغيير انظمة استبدادية في بلدانهم. بينما استخدم بحذر وزير الدفاع الامريكي الاسبق دونالد رامسفيلد مصطلح التمرد (insurgency), لكنه سرعان ما اكتشف ان التمرد يعني حركة منظمة لمجموعة مسلحة من اجل الاطاحة بحكومة **محلية**!! حيث أكدت احد وثائقهم التدريبية العسكرية السرية ان مواصفاتهم لتعريف التمرد لا تنطبق جملة وتفصيلاً على وضع المقاومة الوطنية المسلحة التي انطلقت ضد احتلال اجنبي عدواني محتل لشعب دولة ذات سيادة مستقلة[187].

هذا الوصف الغير قانوني هو ما دفع رامسفيلد الى تكليف خبراءه في وزارة الدفاع الى تقديم النصيحة حول المصطلح الانسب, خاصة مع خشيته استخدام مصطلح الحرب على الارهاب ثانية بسبب الخوف من ان يندم على هذا الاختيار[13]. لهذا طلب في تشرين الثاني (نوفمبر) 2003 جميع المعلومات حول حركة التمرد التاريخية التي واجهت البريطانيين في الملايو (ماليزيا). وبحسب رامسفيلد فان بول بريمر لم يهتم لذلك كثيراً لكثرة التقارير التي تصله من الرئيس الامريكي ووزيرة الخارجية ونائب الرئيس الامريكي, بالرغم من انه صرح في 7 سبتمبر 2003 بان العراقيين في طريقهم للسيادة في محاولة لتخفيف حدة المقاومة التي بدءت تزداد بصورة اكبر مما دفع رامسفيلد الى ان يصف التمرد بالازدهار (blossoming). احدى وثائق القائد العام للجيش الامريكي في العراق حينها, الجنرال ريكاروا سانشيز (Ricardo S. Sanchez). والمؤرخة بتاريخ 14 ايلول 2003, كانت قد فضحت أستخدامهم لتسمية المقاومة في مراسلاته الرسمية وارشاداته لتطبيق معايير مخالفة للاتفاقية الدولية المناهضة للتعذيب ضمن ما أسماه في اوامره حينها بسياسة مكافحة المقاومة (Counter-Resistance Policy) ولم يذكر التمرد[137].

ولهذا جاء اعتراف رامسفيلد في مذكراته صريحاً لحالة الاحتلال مع تصاعد المقاومة العراقية الرافضة لها. وقرار نقل السيادة المزعوم لم يكن في تفكير القيادة الامريكية ابداً الا بعد ان اشتدت المقاومة. مما حدا بالحاكم المدني للاحتلال بول بريمر ان يعلن عن نية نقل السيادة للعراقيين دون ابلاغ او معرفة وزير الدفاع رامسفيلد مسبقاً, مما يعني ان القرار اتخذ على عجل وفي نطاق ضيق ضمن القيادة الامريكية فقط [13].

صور بعض ضحايا الجريمة من منتسبي قوة حماية الفلوجة وشرطتها من الذين قتلهم الاحتلال.

وفيما يلي بعض الوثائق التي توثق تلك المجزرة وتؤكدها:

1. رسالة اعتذار من قبل قائد المظليين الامريكي موجهة الى اسرة احد الضحايا مع مبلغ تعويض (1000 دولار أمريكي).

2. تقرير مدير شرطة الفلوجة الى وزارة الداخلية حول تفصيل الحادث.

3. المخطط الجنائي للحادث بحسب مديرية شرطة الفلوجة.

4. بيان أدانة الجهات الرسمية والاهلية في الفلوجة لهذا الحادث ومطالبتها بخطوات للرد على هذه الجريمة.

Department Of The Army

Headquarters, 1-505th Parachute Infantry Regiment
82nd Airborne Division
Fort Bragg, North Carolina 28307-5100

من: مكتب القائد
Office of the Commander

٢٠٠٣/٩/١٧
17 September 2003

الى: عائلة الشهيد رحمن احمد خلف
The family of Rhman Ahmed Kalaf
al-Fallujah, Iraq

السلام عليكم، وبعد التحية والتقدير

Permit me to extend my condolences for the recent loss of your loved one, who was a casualty in the line of duty.

اسمحوا لي ان اقدم التعازي في فقيدكم الحبيب الذي استشهد اثناء قيامه بالواجب

Our mutual goal in the city of al-Fallujah is to establish and maintain a safe and secure environment for the city and its residents. Included in that goal is the security of all who live here. I hope that your loss does not deter you from continued cooperation with Coalition Forces. It is the combined efforts of the government of al-Fallujah, its people, and the Coalition that will build a city where all are safe.

ان هدفنا المشترك هو ان تنعم مدينة الفلوجة بالأمن والاستقرار وان ينعم جميع مواطنيها بالأمان. اتمنى الا تثنيكم هذه المصيبة عن التعاون مع جنودنا لإحلال الامن والاستقرار حتى تصبح الفلوجة مدينة يشعر بها الجميع بالأمان. بأنه بالتعاون ما بين حكومة الفلوجة ومواطنيها والتحالف سوف نستطيع بناء مدينة يأمن بها الجميع.

Again, my condolences for your loss. As an expression of my sympathy, and the sympathy of the Coalition, I ask that you please accept this gift as a small measure of solace. Of course, this gift is not meant to make up for your loss. Instead, we offer it as a way to honor the memory of your loved one. My wish is that we will emerge from this time stronger, and with the bond of a common goal: the security of this great city and all its inhabitants.

مرة اخرى، اقدم العزاء لكم، وتعبيرا عن تعاطفي وتعاطف التحالف معكم خلال هذه الفترة فانني ارجو ان تقبلوا منا هذه الهدية الرمزية المتواضعة لقدر بسيط لأجل التأثر بفقدكم والعزاء بالطبع، ان هذه الهدية لن تعوضكم عن فقيدكم ولكننا نقدمها كوسيلة لإحياء ذكرى الحبيب. اتمنى ان نخرج جميعا من هذا الموقف اقوى مترابطين برابطة الهدف المشترك الا وهو امن هذه المدينة وأمن سكانها.

Sincerely,

ودمتم،

Brian M. Drinkwine
Lieutenant Colonel, US Army
Commanding

المقدم براين درنكوين
قائد قوات التحالف
لمنطقة الفلوجة

SICILY — SALERNO — NORMANDY — HOLLAND
DOMINICAN REPUBLIC — VIET NAM — GRENADA

بسم الله الرحمن الرحيم

مديرية شرطة الفلوجة
العدد/ 1781
التاريخ/ 2003/9/12

الى / وزارة الداخلية – مكتب السيد الوزير

في الساعة 2430 من ليلة 2003/9/11 قامت سيارة نوع (B M W) زرقاء اللون برمي اطلاقات نارية باتجاه قائم مقامية الفلوجة وعلى الفور قامت قوة حماية الفلوجة بمطاردة السيارة المذكورة وبإسناد من دوريات شرطة الفلوجة باتجاه بغداد على الطريق القديم ولدى وصول مفارزنا بالقرب من المستشفى الاردني قامت قوات التحالف باطلاق النار وبشكل كثيف باتجاه دورياتنا مما ادى الى استشهاد ثمانية منتسبين من قوة حماية الفلوجة واصابة سبعة من منتسبي شرطة الفلوجة وقوة حماية الفلوجة وقد تم نقل المصابين الى مستشفى الفلوجة وتم ارسال الشهداء الى الطبابة العدلية في الأنبار وان الحادث ادى الى عطل ثلاث سيارات بسبب اصابتها بالعديد من الاطلاقات ونذرج ادناه اسماء الشهداء والمصابين ، ونرجو اعلامكم بما يعتمد (رجاءً) للتفضل بالاطلاع وامركم مع التقدير.

العميد
رياض عباس عبد الجبار
مدير شرطة الفلوجة

أسماء الشهداء
1. الملازم عقيل اسماعيل مبدر
2. رياض خلف
3. وليد جاسم مخلف
4. عدي عبار
5. محمد سويد جاسم
6. رياض ناظم
7. صباح علي ابراهيم
8. رحمن احمد مخلف

أسماء الجرحى
1. الملازم عبد الحميد حسين
2. ش م محمد عواد جراس
3. عاصم محمد احمد
4. ارقان عدنان احمد
5. عبد الجليل سعد محمد
6. علاء هاشم احمد
7. وسام محمد فشفاش

Falluja Police Center
11/10/2003

Diagram of Accident

On basis of the news coming to us about death of the victim RAHMAN
AHMED KHALEF one of the Falluja Force members by coalition forces,
we present the following:

1. The location of accident is far about 4 km from the police center.
2. The accident is death of RAHMAN AHMED KHALEF.
3. The victim was charged with patrol duty of Falluja Protection Force
   near of Jordanian Hospital.
4. I haven't seen the victim in location of accident as he had been moved
   to the hospital then died there.
5. I haven't seen anything else useful in the investigation.

The Diagram

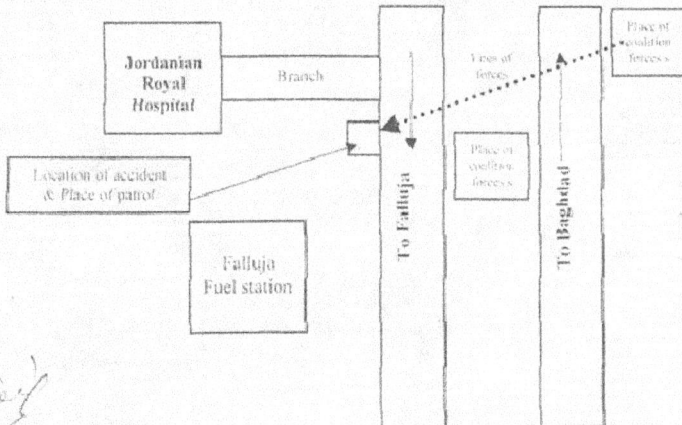

Lieutenant
Ali Hameed Jasim
Investigation officer

بسم الله الرحمن الرحيم

((ومن المؤمنين رجال صدقوا ما عاهدوا الله عليه فمنهم من قضى نحبه ومنهم من ينتظر وما بدلوا تبديلا)) صدق الله

يا أبناء الفلوجة البواسل .
أيها الشعب العراقي الأبي.

ارتكبت القوات الأمريكية المحتلة مجزرة بشعة أخرى فجر يوم الجمعة (١٢/٩/٢٠٠٣) بحق أناس نذروا أنفسهم لحماية مدينتهم الفلوجة الباسلة وهم قوة حماية المدينة والشرطة الوطنية أثناء قيامهم بتعقب مجموعة من اللصوص والسارقين دون مبرر لهذه المجزرة .

يا أبناء الفلوجة :

ان هذه الكوكبة من الشهداء كانوا يؤدون واجبهم الوطني الشريف دفاعا عن أرض مدينتهم وحماية أهلها الطيبين فلتقف مدينة الفلوجة إجلالا وإكبارا لهؤلاء الشهداء الأبرار وليكن هذا الحدث دافعا للتعاون والتوحد بين جميع أبناء المدينة من المواطنين الشرفاء والأحزاب والقوات السياسية والهيئات والجمعيات بجميع انواعها وليستمر العمل الوطني الداعم لقوات الحماية الوطنية بمختلف فصائلهم ولتخرس كل الألسنة التي تتطاول على هؤلاء الشرفاء وليسمع قادة وجنود الاحتلال ان أهل المدينة قادرون على حماية أمنهم وسلامتهم وليكفوا أيدهم عن المدينة وترك مسؤولية الأمن.

يا أبناء الفلوجة الباسلة : أننا باسمكم ندعو الى مايلي :

١- دعوة مجلس الحكم المحلي في محافظة الانبار والاجتماع الفوري لمناقشة الحالة واتخاذ مايلزم بما يتناسب مع الحدث الجلل.
٢- مشاركة أبناء الفلوجة الغيارى في التشيع الجنائزي للشهداء الأبرار .
٣- قيام كافة أبناء الفلوجة بالمشاركة في الإضراب العام في المدينة احتجاجا على المجزرة وتكريما لارواح الشهداء واعتبار يوم ١٤/٩/٢٠٠٣ أضرابا عاما في مدينة الفلوجه.
٤- إعلان الحداد لمدة ثلاثة ايام اعتبارا من يوم الاحد الموافق ١٤/٩/٢٠٠٣ .
٥- تحية واكبار واجلال للشهداء الأبرار تحية احترام وتقدير لكل قوات الحماية والشرطة الوطنية وعوائلهم الخيرة تحية خالصة لكل اهالي الفلوجة الكرام .

وليبقى العراق موحدا مستقلا.

٢٥ / ٩
٢٠٠٣

مجلس شيوخ عشائر الفلوجة
FALLUJA CLANS SHEIKS COUNCIL

لجنة الإدارة المدنية في الفلوجة
THE COUNCIL OF
FALLUJAH CITY

علماء الدين في الفلوجة
شيوخ عشائر الفلوجة
القوى السياسية في الفلوجة
اتحاد المعلمين في الفلوجة

الإدارة المدنية لمدينة الفلوجة
رابطة اهالي الفلوجة
الهيئات والجمعيات الثقافية في الفلوجة

الفصل الرابع

أستخدام مرتزقة الشركات الامنية والعسكرية الخاصة, وحقيقة دورهم في العراق

4. 1. تاريخ استخدام المرتزقة

المقاولين العسكريين الخاصيين (Private military contractors) او ما يسمى ايضا (privatized military firms)[71]. وهي حالة موجودة عالمياً منذ بدء الحضارات الرومانية والاغريقية ومروراً, فان استخدام المرتزقة او المجاميع القتالية الخاصة ذات الهدف المالي كان ولا يزال احد ظواهر قوى الاحتلال على مرّ العصور[216]. وفي الولايات المتحدة الامريكية بدء المدنيين في تقديم الخدمة العسكرية منذ نشوء النظام الجمهوري فيه, لكن اول بيان رسمي بشأن التعاقد مع المدنيين لم يظهر حتى عام 1954 في بداية الحرب العالمية الثانية وكان اسمها (OMB Circular A-76) (والتي لا تزال سارية المفعول لحد الان) ومعظم هذه الخدمات كانت في مجال الدعم اللوجستي وشراء الأسلحة فاستخدمت المدنيين لتوفير الحصص الغذائية الأساسية للجنود، وصنع الزي الرسمي لهم، والإمدادات والنقل، الخ. كما أن صناعة الأسلحة الأمريكية التي بدأت في التوسع، جعل الحكومة الامريكية تتحول إلى موردين للأسلحة الصغيرة والحراب، ومدكات البنادق من القطاع الخاص[217]. واثبتت الحروب الاهلية الافريقية وحرب العراق اهمية التطبيقات المحتملة للشركات العسكرية الخاصة فضلاً عن المخاطر التي يتعرضون لها بالعمل الى جنب حكومة الولايات المتحدة الامريكية, فهولاء يعملون بموجب عقد مع وزارة الدفاع الأمريكية، ويمكن لهذه الشركات ان تسد الثغرات التي تشتد الحاجة إليها في هياكل القوة العسكرية الامريكية، لا سيما في مجال الخدمات اللوجستية والأمنية[216].

لكن اعتماد الولايات المتحدة على المرتزقة في اثناء حروبها قد بدء يتوسع مع بداية حرب فيتنام, فأصبح الاعتماد عليهم في المساعدة على ادارة الاسلحة المتطورة والمعقدة بالاضافة الى الاتصالات ومنصات التجسس والاستخبارات[70]. وكشفت جرائم التعذيب الوحشية لسجن ابو غريب اشتراك المرتزقة ايضا في اجراء عمليات الاستجواب والتعذيب في مراكز الاحتجاز الامريكية في العراق[71] والذين قدرّ عددهم بعشرين الف متعاقد في عام 2004 بحسب الهيومن رايت واتش التي اعتبرت ذلك الانتهاك الخطير لحقوق السجناء بانه سوء معاملة فقط, بالرغم من ان اتفاقيات جنيف لعام 1949 تعتبر التعذيب والمعاملة اللاانسانية للسجناء بأنها جرائم حرب, وكذلك بموجب القوانين العرفية للحرب (customary laws). ولو نظرنا الى حجم المشاركة لهذه العناصر المدنية في الصراعات التي خاضتها الولايات المتحدة الامريكية منذ ثورة الاستقلال عن التاج البريطاني ولحد الان, فسنرى بأن الحكومة الامريكية كانت تعتمد اكثر على خدمات هولاء المدنيين المقاوليين ضمن قواتها المسلحة في صراعاتها الخاصة, بينما تقلل من الاعتماد عليهم في حروبها الدولية التي تخوضها ضمن ائتلاف دولي لاعتمادها على عناصر الجيش النظامي بصورة اكبر(انظر الجدوليين 1و2)[217].

جدول رقم 1 يقدر عدد المدنيين المشتركين في صراعات الولايات المتحدة			
صراع / حرب	المدنيين	العسكريين	النسبة
الثورة الامريكية ضد بريطانيا	1.500	9.000	1:6
الحرب الامريكية- المكسيكية	6.000	33.000	1:6
الحرب الاهلية الامريكية	200.000	1.000.000	1:5
الحرب العالمية الاولى	85.000	2.000.000	1:20
الحرب العالمية الثانية	734.000	5.400.000	1:7
الصراع الكوري	156.000	393.000	1:2.5
الصراع الفيتنامي	70.000	359.000	1:5

جدول رقم 2 الاعداد المقدرة للمقاولين المنتشرين في مسارح الصراعات			
الصراع	المتعاقدين	العسكريين	النسبة
حرب الخليج الاولى 1991	9.200	541.000	1:58
حرب البوسنة 1992	1.400	20.000	1.15
أحتلال العراق 2003	21.000	140.000	1:6

4. 2. كيف دخلت شركات المرتزقة الى العراق ؟؟

تعود بداية قصة عمل مرتزقة الشركات الامنية في العراق قبل مجئ الحاكم المدني للاحتلال وسلطة الاحتلال المسماة (CPA). حيث يذكر الكاتب دافيد ايزنبرغ (David Isenberg) في كتابه (Shadow Force, Private Security Contractors in Iraq), بان بداية استئجار مقاولي الامن الخاص بدءت مع مجيء مسؤول جهود الاعمار المزعومة من قبل الولايات المتحدة الامريكية في العراق والتي كان يترأسها الجنرال الامريكي المتقاعد جاي جارنر (Jay Garner). القادة العسكريين ابلغوه بعدم امكانيتهم ادخار جندي واحد من اجل حمايته, مما أضطر مساعدي جارنر الى الاستعانة باحد الشركات الامنية الخاصة فكان من ضمن الذين تم استقدامهم وجود اثنين من جنوب افريقيا يعرفان باسم Lion و Lucky , وهما من قدامى المحاربين في خدمات القوة الجوية الخاصة في جنوب افريقيا (South African Special Air Service) [(16 من 125 (371))]. لكن بعد استبدال جارنر بالحاكم المدني بول بريمر مع مدرب جديد للشرطة هو المفوض السابق لشرطة نيويورك برنارد كيرك (Bernard Kerik) في أيار (مايو) 2003. فوجد الحارسيين الافريقين انفسهما عاطلين عن العمل, لكن كيرك كان يحتاج الى حرس شخصي ومساعدين في عمليات تدريبه للشرطة, فساعدهم جارنر ليكونا مدربين للشرطة ضمن وزارة الداخلية العراقية الجديدة وضمن الخطة المسماة بالحلول التكتيكية الباهرة (Meteoric Tactical Solutions). وفي حزيران

(يونيو) 2003 تم منحهم عقد مع حكومة الولايات المتحدة بقيمة 600000 دولار أمريكي كاول عقد من مجموع عقدين بقيمة اكثر من مليون دولار امريكي استلمه الحارسين من جنوب افريقيا خلال ذلك الصيف.

لكن جارنر وكيرك ومن جاء بعدهم لم يكن يهتم لقانونية توظيف مثل هولاء الحراس, حيث تمنع قوانين دولة جنوب افريقيا ان يتعاقد افراد قواتها المسلحة السابقين بانفسهم مع حكومات اجنبية من دون اذن مسبق. لكن احد هذين الحارسيين والمدعو لورينز هورن (Lorenz Horn) والملقب Lucky كان قد اعتقل في أذار (مارس) 2004 في زيمبابوي بتهمة التورط في مؤامرة قلب نظام الحكم في غينيا الاستوائية بالتعاون مع شركة أمن خاصة يعمل فيها جنود بريطانيين وجنوب افريقيين. وفي النهاية أطلقت زيمبابوي سراح لورينز هورن لكن سلطات جنوب افريقيا القت القبض عليه وادانته بقضية العمل كمرتزقة وكسر قوانين معاداة الارتزاق (antimercenary). وهذا مما دفع حكومة جنوب افريقيا الى فتح التحقيق في نهاية 2004 حول عمل المئات من رعاياها في العراق بصورة غير مشروعة[125]. وفي أيار 2003 أدعى توم دافيس (Tom Davis) ممثل احدى هذه الشركات الامنية الخاصة (-R Va.) بان هنالك 8700 موظف مقاول قد تم نشرهم في الشرق الاوسط لمساعدة عملية (احتلال العراق المسماة كذباً بعملية تحرير العراق).

4. 3. مزايا أستخدام المرتزقة

تعتبر عملية استخدام مرتزقة او مقاولي الشركات الامنية او العسكرية الخاصة ذات مزايا جيدة ومساوىء في نفس الوقت ومن وجهة نظر الامريكيين انفسهم, خصوصا انه كان ثاني اكبر جيش بعد الجيش الامريكي ضمن تعداد القوات المشاركة في العراق واكبر تعداداً من الجيش البريطاني. مديرة معهد الدراسات الدولية والعالمية في جامعة جورج واشنطن (ديبورا افانت) Deborah D. Avant ومؤلفة كتاب سوق القوى (The Market for Force)[217] تبين اهم المزايا الجيدة من ناحيتها والتي تعتبر خطرة جداً لما فيها من التفاف على القوانين والشرائع الدولية وكالاتي:

1. توفير قوات أضافية من دون الحاجة الى المرور بالموافقات السياسية والبيروقراطية للدولة.

2. يقدم ضعف الراتب او الاجور التي يمكن ان يحصل عليها المواطن الاعتيادي من عمله داخل بلاده.

3. امكانية التعاقد لفترات قصيرة الامد لا تتجاوز الستة اشهر وبالتالي امكانية التسريح ونقل القوات بصورة اسهل.

4. توفر اشخاص ذوي المهارات المتخصصة ممن يمتلكون خبرة في العمليات الخاصة.

5. قلة التكاليف المصروفة مقارنة مع تكاليف استخدام عسكريي الجيش النظامي لاكمال نفس المهمة.

بينما اهم المساوىء تكون على فئتين, ذات المدى القصير مثل (المشاكل العملية او التطبيقية كالكلفة العالية cost, والموثوقية reliability, وتكامل المهمة integration, وعدم اليقين القانوني legal uncertainty). بينما على المدى الطويل هنالك مخاطر سياسية التي تشمل أهمية المهنية العسكرية (military profession) وضبط النفس الديمقراطية (democratic restraint).

التعريف الدولي للمرتزقة (mercenary) هو الشخص الذي يخدم من اجل الحصول على الاجر المالي, والمعنى القانوني للمرتزقة قد تم توضيحه في البروتوكول الاضافي الاول لعام 1977[79], وكذلك تم تحديده في معاهدتين دوليتين مختلفتين واللتين تجرّمان الارتزاق(criminalize mercenarism)[83,84].

بحسب تقرير مكتب الاحصاء العام الامريكي (US General Accounting Office) في 5 حزيران (June) 2003 فان عمل المقاوليين يمتد من مسؤولية المحافظة على الاسلحة المتطورة وانشاء وتشغيل شبكات الاتصالات; الى توفير الامن في البوابات ومحيط المعسكرات, وترجمة اللغات الاجنبية, واعداد وجبات الطعام وغسل ملابس القوات العسكرية. كما ويعترف التقرير بان سياسات وتوجيهات وزارة الدفاع في الاشراف على توزيع وانتشار المقاوليين العاملين معها غير متناسقة (inconsistent) او مكتملة (inconsistent). ثم يعترف نفس التقرير بعدم وجود محددات في العقد (clauses contract) لمكان انتشارهم او أمكانيات نقلهم الى مكان أخر[115]. مما يعني ان مهامهم يتم تحديدها عند وصولهم الى القواعد العسكرية عبر التنسيق مع القادة العسكريين بحسب حاجاتهم. لكن تبقى المهام الاخطر في العراق هي التي كانت على عاتق المقاوليين العسكريين او الامنيين الذين يؤدون مهام مسلحة (armed roles) في ساحة المعركة (battle space) بالاضافة الى حماية المنشأت (guarding facilities) والقوافل المرافقة (escorting convoys) مثل مقاولي شركة بلاك ووتر(Blackwater) الذين يستخدمون السلاح والتدريب العسكري للقيام بمهام كجزء لا يتجزء من نجاح العملية في ساحة المعركة ضد الخصوم المقاتلين (combatants). ففي عام 2006 قدّر مدير رابطة شركات الامن الخاصة في العراق (the private security company association) ان 181 من هذه الشركات كانت تعمل في العراق مع ما يزيد

قليلاً على 48000 موظفا[171]. هذه الشركة أنشأت وعززت من ثقافة غياب القانون بين موظفيها المرتزقة وشجعتهم على العمل ضمن مصالح الشركة المالية على حساب ارواح الابرياء من الشعب العراقي, كما وسمحت وشجعت على الاستخدام المفرط للقوة المميتة الغير ضرورية [288].

ومن الجدير بالذكر أن مرتزقة المقاولين العسكريين كانوا اثناء الغزو يساعدون في تشغيل الانظمة القتالية في الجيش مثل بطاريات صواريخ باتريوت (Patriot), ونظام ايجيس (Aegis) الدفاعي على السفن البحرية الامريكية[148]. وهذا مما يؤكد الدور القتالي لهم, بالاضافة الى دور الشركات الخاصة في أطالة وأستمرارية الاحتلال. في شباط (فبرايو) 2005 أقترح مؤسس شركة بلاك ووتر اريك برنس (Erik Prince) أنشاء لواء متعهد او مقاول (contractor brigade) لاستكمال منتظم للقوات العسكرية الامريكية, قائلاً (هناك ذعر في وزارة الدفاع الامريكية (DoD) حول زيادة الحجم الدائم للجيش, فاذا كانوا يريدون أضافة 30000 شخصاً بكلفة 3.6 الى 4 بليون دولار امريكي, مما يعني 135000 دولار لكل جندي, لكننا نستطيع ان نقدم هذه الخدمات بشكل ارخص)[79 من 125(371)].

اعجبتني جدا الحقائق التي ذكرها جيرمي سكاهيل (Jeremy Scahill) مؤلف الكتاب الرائع (بلاك ووتر, ونشوء جيش المرتزقة الاكبر قوة في العالم) حينما أطلق عليهم الصفة الاقرب الى طبيعة مهامهم تحت الحماية الحكومية (الحرس الامبراطوري الامريكي المخيف, America's frightening Praetorian Guard)[371]. وهذه الشركة التي تقدم خدمات مرتزقة هي احدى شركات الثري الامريكي اريك برنس (Erik Prince) والتي تتبع لمجموعة شركاته المسماة مجموعة واستثمارات برنس (The Prince Group and EP Investments LLC)[288]. وقد اعتمدت الولايات المتحدة الامريكية على نطاق واسع جدا على المرتزقة (المقاوليين) الامنيين (Private Security Contractors) المسماة اختصاراً (PSCs) في توفير الامن في الاجواء المعادية في العراق اكثر مما فعلت في افغانستان[85]. ولعب المقاوليين العسكريين الخاصيين (Private Military Contractors) دوراً مهماً ومؤذياً ضمن جهود الولايات المتحدة في أخماد المقاومة الوطنية العراقية المتزايدة والرافضة للاحتلال والتي سماها الاحتلال نفسه بجهود مكافحة التمرد (counterinsurgency) سواء على المستوى التخطيطي او الاستراتيجي[171].

4.4. الاثراء السريع من تجارة صناعة المرتزقة

ساهمت سلطة الاحتلال المدنية (CPA) في سرقة اموال العراق عبر الكثير من العقود للمقاوليين المدنيين من دون ادنى ضوابط منع الفساد الاداري[49]. وقد كانت من بين اهم انواع التجارة الرائدة في الاثراء السريع هي الشركات الامنية للمرتزقة, وخصوصا بعد حادثة مقتل

مرتزقة بلاك ووتر الاربعة في الفلوجة. لكن بعد تشريع بعض القوانين الجديدة مثل قانون الشفافية والمسأءلة في مقاولات الامن والدفاع (Transparency and Accountability in Military and Security Contracting Act) المسماة اختصاراً (S. 674), فقد أضطرت الادارة الامريكية الى الاعتراف بعدم أمتلاكها لاي أحصاء دقيق عن عدد المتعاقدين معها في العراق خلال الثلاث سنوات الاولى من غزوها العراق. بينما أعلنت القيادة المركزية العسكرية الامريكية في عام 2006 عن وجود 100,000 متعاقد رئيسي يعملون في العراق من دون ذكر المتعاقدين الفرعيين. في حين قدرتهم وكالة الاسيوشيدت برس (Associated Press) في عام 2007 باكثر من 120,000 متعاقد[125]. بينما أقرّ مركز التعداد الداخلي في وزارة الدفاع الامريكية (internal Defense Department census) بوجود 180.000 مئة وثمانون الف متعاقد خاص من أكثر من 30 بلداً, ويعملون في العراق, بينما يوجد في نفس الوقت التعداد الرسمي للقوات الامريكية المحتلة في العراق 165.000 عسكري امريكي[171]. وكان الفساد الاداري الكبير الذي أدارته سلطات الاحتلال وخصوصاً خلال السنوات الثلاث الاولى من احتلالها للعراق واضحاً. فقد فضحت صحيفة الواشنطن بوست الامريكية (Washington Post) جزء من هذا الفساد, حيث نشرت في شهر أب (اغسطس) 2007 معلومات تبين ان الجيش الامريكي كان قد دفع 548 مليون دولاراً امريكياً على مدى الثلاث سنوات الماضية لاثنين من شركات الامن البريطانية, وهما ايجيس للخدمات الدفاعية (Aegis Defence Services) وايرنيس العراق (Erinys Iraq), من اجل ان يحموا مهندسي الجيش الامريكي العاملين في مشاريع اعمار العراق, ودفع مبلغ 200 مليون دولار اكثر مقارنة بالميزانية الاصلية[95 من 125(371)]. وللعلم فان شركة ايرنيس العراق كانت قد وظفت اكثر من 14000 موظف امن عراقي لحماية حقول النفط خلال عامي 2003-2004 وبالاتفاق مع سلطة الاحتلال المؤقتة (CPA) [125]. والمعلوم خلال هذه الفترة ايضا بانعدام التوثيق لكمية النفط المصدر من العراق في دليل اضافي على سياسة السرقة المنظمة للاحتلال.

شركات المقاولين الامنيي البريطانية فقد كانت في اذار (مارس) 2004 اكثر عدداً من القوات البريطانية المحتلة في العراق والبالغ تعدادها في ذلك الوقت 8700 جندي. قوات الاحتلال استعانت بالكثير من المقاوليين الامنيين من بلد ثالث غير امريكا وبريطانيا[71]. فالعديد من الشركات الامنية الكبيرة والصغيرة التي وصل عددها الى 400 شركة توظف الالاف من الجنود السابقين وضباط الشرطة من بريطانيا والولايات المتحدة واستراليا ونيوزلندا وجنوب افريقيا وفيجي (Fijians) والنيبال (Gurkhas) واسرائيل وأوكرانيا والبوسنة. وهناك شكوك باستخدام مرتزقة من تشيلي ممن دربتهم الولايات المتحدة خلال حكم الديكتاتور الجنرال بينوشيه (General Pinochet's)[81, 158]. بينما اعترف البنتاغون (Pentagon) بان 30% من المتعاقدين الامنيين المدنيين في العراق هم من بلد جنسية ثالثة third-country nationals والمسماة (TCNs) [159]. بينما قدرت معلومات صحفية في عام 2005 بوجود ما

بين 5000 الى 10000 شخص من جنوب افريقيا يعملون مع الشركات الامنية الخاصة[160]. ويعتقد بان الشركات الامنية قد وظفت ايضا قدامى المحاربين في الصراعات المناهضة للتمرد في كولومبيا والجنود الروس السابقين في حرب الشيشان (Chechnya)[161]. مع وجود تقارير صحفية تؤكد توظيف اعداد كبيرة من مرتزقة دول امريكا اللاتينية مثل غواتيمالا والسلفادور وتشيلي ونيكاراغوا, وكولومبيا التي زخرت بالالاف من ذوي الخبرة في مكافحة التمرد من عسكريين ورجال شرطة[162]. وهذا ما اكده (Jeffrey Shippy) في عام 2005 والذي كان يعمل على الاعلانات في موقع وظائف العمل لشركة DynCorp في العراق, حيث أكد قيام الولايات المتحدة بتدريب اكثر من 1000 من الكولومبيين ذوي الخبرة القتالية الجيدة والصلابة العالية في قتال المتمردين, وكانوا مستعدين للعمل مقابل 2500-5000 دولار كأجر شهري مقارنة مع 10000 دولار امريكي يدفع للامريكيين[163].

واختلفت قيمة الرواتب للمرتزقة بحسب الجنسية, فالعضو السابق في القوات الخاصة الامريكية يحصل على 1000 دولار في اليوم خصوصا في مناطق مثل الفلوجة [509], بينما مرتزقة العضو السابق في قوات جنوب أفريقيا المسلحة يحصل على معدل راتب 4000-6000 دولار شهرياً, في حين يحصل المقاتلين النيباليين المرتزقة (Ghurka) على راتب بأكثر من 2000 دولار شهرياً[148]. الحكومة الهندوراسية قامت في عام 2006 بتغريم الفرع المحلي من شركة أمريكية أمنية خاصة (Your Solutions) بمبلغ 25000 دولار امريكي بسبب قيامها بتدريب 300 هندوراسي مع مقاتليين أجانب من شيلي ونيكاراغوا وبصورة غير قانونية وارسالهم للعمل في العراق في عام 2005[125]. بينما تقارير اخرى تشير الى ان راتب عضو القوات الخاصة الامريكية المتقاعد والذي يعمل مع الشركات الامنية والعسكرية في العراق فانه يتراوح ما بين 200.000-100.000 دولار سنوياً, بينما حصل احد المتعاقدين على مبلغ 175.000 دولار سنوياً مما يعني 4 اضعاف ما حصل عليه خلال 27 سنة من خدمته في العسكرية. المقاولين الدوليين (من غير المواطنين الامريكيين او البريطانين) يبقى هم اقل رواتباً من أمثالهم في دولتي الاحتلال, ثم ياتي الاقل بينهم جميعا هو المقاول العراقي الذي تقاضى 150 دولاراً شهرياً في عام 2004, بينما يحصل مرتزقة البلد الثالث (-third country nationals) على 10-20 ضعف اكثر منهم, بينما يبقى المرتزقة الدوليين (internationals) يحصلون على 100 ضعف من قيمة الرواتب[217]. وبحسب تقرير مكتب الكونغرس الامريكي للميزانية (Congressional Budget Office) فان الولايات المتحدة الامريكية قد انفقت 85 بليون دولار امريكي على عقود المقاولين الخاصين في العمليات العسكرية المتعلقة بالعراق وللفترة ما بين 2003 – 2007 (وهو جزء من 446 بليون دولار انفقتها الولايات المتحدة الامريكية على انشطتها في العراق خلال تلك الفترة). منها 63 بليون دولار انفقت في العراق, و14 بليون دولار من خلال قواعدها في الكويت والباقي من خلال القواعد العسكرية الامريكية في البلدان الاخرى المجاورة للعراق. مع العلم ان مقاولات بقيمة 76 بليون دولار قد منحت لمقاولين خاصين عبر وزارة الدفاع الامريكية (DoD), كان منها

ما بين 6-10 بليون دولار امريكي للمهام الامنية التي نفذها المقاولين الامنين الخاصين والذين تراوح عددهم في تلك الفترة ما بين 25-30 الف شخص كان اغلبهم مسلحين بصورة جيدة, ثم عاد نفس التقرير ليؤكد انفاق ما بين 17-21 بليون دولار سنويا منذ عام 2004 على عمل المقاولين الخاصين[287].

ومن ناحية الربح الفاحش لهذه الشركات, فقد قدّر مدير احد الشركات البريطانية (ديفيد كلاريدج David Claridge) من مؤسسة امن جانوسيان (security firm Janusian), ان ربح الشركات البريطانية بعد مرور سنة على غزو العراق قد وصلت الى 800 مليون جنيه استرليني. وكمثال اخر فان المقاولين المدنيين من شركة شارلوت (Charlotte's Zapata Engineering) العاملين لصالح الولايات المتحدة الامريكية في العراق يقبضون الملايين من الجيش الامريكي لاجل التخلص من الذخائر المستولى عليها, وبمعدل 10 أضعاف الكلفة الحقيقية التي يتقاضاها الجندي الاعتيادي او الحرس الوطني الامريكي الذي يقوم بنفس هذه الاعمال[152].

وكما يصفها احد الكتاب, فان الانتقادات للمرتزقة تبقى بالاساس لدفعها وتشجيعها صناع الحروب ولا يمكن ان تشجع السلام, ولكن هذا كمثل التظاهر بان الاسلحة المصممة للقتل لا يمكن ان تكون منقذة للحياة[149]. وخير دليل هو أن أكبر الشركات التي فازت بالعقود بعد غزو العراق كانت شركة هاليبرتون (Halliburton) المملوكة لنائب الرئيس الامريكي واحد صناع قرار الحرب والغزو على العراق, ديك تشيني (Dick Cheney)[148].

4. 5. أعداد جيش المرتزقة ودورهم في العراق

تقرير صحيفة لوس انجلس تايمز كان الاكثر دقة لعام 2007 واعتماداً على احصائيات القيادة المركزية الامريكية (US Central Command) التي أعلنتها تحت بند قانون حرية المعلومات الامريكي ليكشف الحقائق الاتية[129]:

1. وجود متعاقدين امنيين وعسكريين اكثر من تعداد الجيش الامريكي في العراق, حيث بلغوا 180,000 متعاقد بينما يوجد 160,000 تعداد الجيش الامريكي حينها في العراق.

2. وجود 43,000 من المتعاقدين هم من جنسيات أجنبية غير أمريكية او عراقية.

3. من هولاء يوجد 130,000 من المتعاقدين يعملون مع 632 شركة متعاقدة في العراق مع وزارة الدفاع الامريكية فقط, بينما بقية العدد يعملون مع بقية الوكالات والوزارات الفيدرالية الامريكية الاخرى.

بالاضافة الى ذلك, يمكن ان نلاحظ ان هناك عشرات الالاف من الناس الذين يخدمون في الجيش الامريكي هم ليسوا أمريكيين, على الاقل لغاية عام 2009, حيث ارتفع عددهم من 28000 الى 39000 من عام 2000 حتى عام 2005 فقط[(14 من 125(371))]. القوانين والاجراءات الامريكية تسمح بامكانية حصول المهاجرين على الجنسية الامريكية بعد اربع سنوات من الخدمة في الجيش الامريكي[(17 من 125(371))], ومثل هولاء المهاجرين هم مقاتلين, وبعضهم قتل من اجل البلد الذي لا ينتمون اليه. واعتباراً من أذار (مارس) 2008 فقد منحت الجنسية الامريكية لاكثر من 100 من الاجانب المولودين خارج الولايات المتحدة بسبب موتهم في العراق[(18 من 125(371))].

بالرغم من أعتراف أحد الباحثين العسكريين الامريكيين بان مجهزي الخدمات الامنية (Private Security Providers) هم عوامل لعدم الاستقرار في مهام الولايات المتحدة, ليس فقط الامنية بل حتى في مهام الجيش الامريكي العسكرية. مما يعني انهم بالتالي سيكونون اكثر ضرراً وعوامل لعدم الاستقرار للشعوب التي ترزح تحت احتلالهم[(70)]. في البحث الموسوم (خصخصة الحرب والعنف والشركات الامنية والعسكرية الخاصة, النهج الواقعي والقانوني لانتهاكات حقوق الانسان من قبل تلك الشركات في العراق, 2011) والذي أعلنته أحد المنظمات الاسبانية (Nova-Institute for Active Non-violance) وبالتعاون مع العديد من المنظمات العراقية والدولية[(177)], فقد وجدت 105 شركة امنية وعسكرية خاصة عاملة في العراق ومسجلة في الدول الاتية:

1. الولايات المتحدة الامريكية (45 شركة),
2. بريطانيا (18 شركة),
3. **أسرائيل (شركتين),**
4. الامارات العربية المتحدة (6 شركات),
5. جنوب أفريقيا (4 شركات),
6. الكويت (شركة واحدة),
7. كندا (شركتين),
8. استراليا (شركة واحدة),
9. المانيا (شركتين),
10. باربادوس (شركة واحدة),
11. جمهورية الجيك (شركة واحدة),
12. أسبانيا (شركة واحدة),
13. فرنسا (4 شركات),
14. العراق (16 شركة).

حقيقة مهام المقاولين العسكريين في العراق يمكن تقديرها من خلال خسائرهم, فقد وصل عدد خسائرهم لغاية ايلول (سبتمبر) 2004 الى مقتل 150 مع جرح 700 فرداً منهم. وهذه الارقام تفوق ضحايا اي قوة ضمن أئتلاف القوات الدولية التي انضمت الى قوات الاحتلال في وقتها, وهي احصائية أعلى من تلك التي حصلت في أي شعبة او فيلق في الجيش الامريكي في العراق[148]. بينما وصل عدد قتلى المقاولين الامنيين والعسكريين في العراق الى 1000 قتيل مع 13000 جريح حتى عام 2007, في حين كانت هذه الحصيلة النهائية عندما بلغت قوات المقاولين الخاصين الى نسبة 50% من تعداد الوجود الامريكي المسلح في العراق[171]. بينما لو نظرنا الى دورهم قبل الغزو الامريكي-البريطاني للعراق ومساعدتهم في التهيئة له, فسنرى انه يقتصر فقط في بعض قواعده الخليجية مثل معسكر الدوحة في الكويت (Camp Doha in Kuwait) والذي أعتبر كأضخم قاعدة وكمنصة لانطلاق الغزو قد تم بناءه وأدارته وحمايته من قبل مرتزقة المقاوليين الخاصيين[148]. جثث المرتزقة الذين يقتلون من هذه الشركات لا يتم ادراجهم ضمن احصائيات الخسائر اليومية التي تصدرها سلطات الاحتلال, للتقليل من شأن الخسائر اليومية من جرحى وقتلى[81, 509]. حيث قتل في العراق 780 من مرتزقة شركات مقاولي الحرب بمن فيهم من شركة بلاك ووتر, ولا يتم اجراء اي احصاء للجرائم التي يرتكبونها وبالتالي لا يتم محاسبتهم[315].

والغريب ان تحقيقات الكونغرس الامريكي حول مقتل مقاولي بلاك ووتر الاربعة في الفلوجة كانت تدور حول الاسباب الرئيسية لعدم توفر الحماية الكافية لهم دون محاولة التطرق للكثير من الامور التي من حق المواطن الامريكي معرفتها, مثل حقيقة مهامهم وطبيعة انتهاكاتهم التي ولدت الكراهية تجاههم. وهذا يؤكد تستر مجلس النواب الامريكي على حقائق مهام المرتزقة التي تعتبر مخالفة صريحة لاتفاقيات جنيف 1949 عبر استخدامهم كوسيلة لانتهاك حق الشعوب في تقرير مصيرها تحت ظل احتلال معترف به دولياً. أستاذ العلاقات الدولية والاستراتيجية في الجامعة الوطنية الاسترالية، الدكتور مايكل ماكينلي (Dr Michael McKinley) وصف شركات الأمن الخاصة بانها جذابة جدا بالنسبة للحكومات لانهم يعملون في عالم لا يوجد فيه قانون, واصبحوا نوعاُ من الشر الضروري في ظروف مثل العراق[315].

من شهر أب (أغسطس) 2004 الى بداية شهر حزيران (يونيو) 2007, فقد قتل 138 من مقاولي الامن الخاصيين في العراق, بينما 451 جرحوا[(40 من 125(371))]. وفي شهر أيار (مايو) 2007 نشرت النيويورك تايمز (New York Times) ان العدد الكلي لقتلى المقاولين في العراق كان 917 بينما جرح 12000 سواء في ساحات المعارك او اثناء العمل[(41 من 125(371))].

الشركات الخاصة الامنية او العسكرية تعمل من المنظور الرسمي المعلن في العراق على توفير حماية لكلا من الافراد (individuals), وقوافل النقل (transport convoys), وقواعد العمليات الامامية (forward operating bases), البنايات (buildings), والبنية

الاقتصادية (economic infrastructure), بالاضافة الى تدريب منتسبي الشرطة وافراد الجيش العراقيين (training Iraqi police and military personnel)[85]. لكن مع مرور الوقت بدءت تتكشف الحقائق عن نشاط عدائي وقتالي لموظفي الشركات الامنية والعسكرية الامريكية مما يجعلهم دولياً وقانونياً في حكم المقاتلين وهو عمل المرتزقة. وهذا يجعل الولايات المتحدة الامريكية مرتكبة لجريمة دولية, ومن الحوادث التي تؤكد ذلك مثلاً:

1. الاشتراك بالعمليات الاستخبارية والقتالية, وهذا ما اكدته احداث ما قبل مقتل المقاولين الاربعة, وكذلك عملهم على جمع المعلومات الاستخبارية من السجناء[86], ودور اعضاء شركة CACI في فضائح تعذيب سجن ابو غريب, بالاضافة الى دورهم القتالي في المعركة الثانية في الفلوجة (Dexter Book).

2. الاشتراك في عمليات اقتحام بيوت المدنيين وقتلهم وتعذيب المعتقلين منهم كما حصل في فضيحة سجن ابو غريب[79,86]. وحالات متعددة اخرى مثل حادث أغتيال الشهيد الشاب سنان عبدالاله المشهداني واعتقال اخوه الطفل امين وتعذيبه من قبل مقاوليين مدنيين. بتاريخ 17 أيار (يونيو) 2004 اتهمت هيئة محلفين كبرى أتحادية,المقاول الذي يعمل لحساب وكالة المخابرات المركزية الامريكية ديفيد باسارو (David Passaro) لارتكابه اعمال تعذيب في افغانستان بواسطة الاعتداء بواسطة سلاح خطر على معتقلين افغان في قاعدة اسد اباد[71].

3. استخدامها الرشوة في العمل كما فعلت شركة بلاك ووتر للتستر على انتهاكاتها, فبالرغم من تغيير اسمها لكن نهج المرتزقة بقي في عملها. فقد أعترفت وزارة العدل الامريكية في شباط (February, 2011) بقيامها باجراء تحقيقات داخل شركة بلاك ووتر حول قيامها بتقديم رشوة الى ضباط عراقيين بقيمة مليون دولار امريكي من اجل السماح لهم بالاستمرار بالعمل في العراق بعد حادثة مقتل 17 مدني في ساحة النسور[291, 292,315].

4. انتهاكات بيعها واخفائها الغير مشروع للاسلحة, حيث فضحت قضية اتهام خمسة مدراء تنفيذيين لشركة بلاك ووتر بالقيام بانتهاكات تخص الاسلحة وبيعها من دون أذن حكومي والكذب على السلطات الفيدرالية كاحد الاوجه الحقيقية من عمل هذه الشركات.

ولم يعترف القادة العسكريين الامريكيين فقط بدور المقاوليين العسكريين في المهام القتالية, بل ان دراساتهم الحديثة توصي الى مزيد من التنسيق المسبق بين قوة المهام المشتركة (Joint task force) والقادة الميدانيين من اجل الاخذ بنظر الاعتبار في دور المرتزقة (المقاوليين) في المهام القادمة من خلال التنسيق والتخطيط المسبق في عملية التخطيط العملياتية المشتركة للقوات (Joint Operational Planning Process

JOPP))، حتى لا ينشأ صراع في العمل بين من تعاقدت معه الحكومة الامريكية وبين المهمات القتالية للجيش الامريكي[77].

4. 6. جرائم وانتهاكات المرتزقة في العراق

بتاريخ 3 نيسان (ابريل) 2012, نشرت مجلة (Harper) الامريكية بعض الافلام التي تؤكد قيام مرتزقة شركة بلاك ووتر بالعديد من الجرائم والانتهاكات عبر قتل المدنيين العراقيين واصابة البعض الاخر مع تحطيم بعض السيارات. بالاضافة الى اشتراك طائراتهم العمودية بعمليات قتالية ضد أهداف أرضية, ضمن احد الاجزاء الخفية لافلام كان قد عرضها احد موظفي بلاك ووتر السابقيين في العراق امام مراسل المجلة الامريكية جارلس كلاس(Charles Glass)[157].

فضائح تعذيب وانتهاكات سجن ابو غريب المشهورة وكما كشفتها وسائل الاعلام الامريكي[124,125]. تورطت فيها شركتين عسكريتين خاصتين وهما شركة (CACI International, Inc) ومقرها في أرلينغتون من ولاية فرجينيا وكانت مسؤولة عن 50% من عمليات الاستجواب, وشركة (Titan) ومقرها في سان دييغو بولاية كاليفورنيا. شارك من الشركة الاولى على الاقل محقق واحد, بينما شارك من الشركة الثانية اكثر من محققين وكما ورد في التحقيق السري للجيش الامريكي الذي أجراه الرائد أنطونيو تاغوبا. حيث وردت اسماء اربعة رجال هم:

1. ستيفن ستيفانوفيكس Steven Stephanowicz وهو مقاول امريكي بصفة محقق في شركة CACI, وعمل مع لواء الاستخبارات العسكري 205. وكان يعطي معلومات كاذبة لفريق التحقيق بشأن مواقع وأنشطة غير موجودة, بالاضافة الى تشجيعه الاخرين على ترويع السجناء مع معرفته بوضوح بان تعليماته توازي الايذاء البدني.
2. جون أسرائيل John Israel وهو مقاول ترجمة امريكي من شركة CACI, وعمل مع لواء الاستخبارات العسكري 205. وقام بتضليل المحققين بالرغم من شهادته بأنه لم يشهد أي سوء سلوك, لكن التقرير يعترف بانه لا يملك تصريح امني يخوله بدخول مكان التحقيق, وبالتالي فمن غير المعروف كيف أمكنه الدخول الى هذا المكان الا اذا كان رجل استخباري!!!
3. تورين نيلسون Torin Nelson, لم يتم الافصاح عن حقيقة ما جرى له اثناء التحقيق.

4. عادل نخلة Adel Nakhla وتم مسائلته حول تهم أغتصاب بعض السجناء, واعترف ان اثنين من الرقباء قاموا برص السجناء وهم عراة في وضعيات غريبة فوق بعضهم البعض.

وهولاء الاربعة تم تعيينهم جميعا للعمل مع لواء الاستخبارات العسكرية 205, وهي الوحدة التي تتمركز في المانيا وايطاليا دعما للفيلق الخامس الامريكي.

بالرغم من ارتكاب مرتزقة بلاك ووتر العديد من الجرائم التي نشر العديد من الافلام الشخصية لبعض المرتزقة, الا ان من بين جرائم قتل المدنيين العراقيين التي غطاها الاعلام كانت جريمتين متتاليتين, ركز الاعلام على الثانية فقط. حيث كانت الجريمة الاولى يوم 9 سبتمبر 2007 عندما قام مرتزقة شركة بلاك ووتر المسلحين (heavily-armed) بفتح النار وبصورة عشوائية وبدون مبرر على مجموعة من المدنيين العراقيين في ساحة الوثبة. هذا الحادث اسفر عن استشهاد 5 مدنيين واصابة اخرين بجروح مختلفة. وكان من بين الشهداء هو المواطن علي حسام الدين ابراهيم البزاز الذي قتل امام محله التجاري قرب ساحة الوثبة, وقد طالبت عائلته بالتعويض في المحاكم الامريكية وعبر محامي مركز الحريات الدستورية الامريكي (Center for Constitutional Rights)[288]. والجريمة الثانية كانت عندما تم اطلاق النار العشوائي في ساحة الطيران ببغداد وقتل 17 مدنياً بتاريخ 16 سبتمبر 2007 بحجة تعرضهم لاطلاق نار اثناء مرور موكبهم في تلك المنطقة. هاتين الجريمتين المتتاليتين كشفت الدور القتالي والاجرامي للشركات الامنية مع قوات الاحتلال. الاحتلال ومن بعدهم الحكومة العراقية منحت هولاء المرتزقة الحصانة من المسألة القانونية امام القضاء العراقي. الحكومة العراقية عاجزة عن اتخاذ اي أجراء قانوني جزائي باستثناء عدم التجديد لها للعمل داخل العراق والطلب من الحكومة الامريكية باستبدالها بشركة امنية اخرى. مع عدم قدرة الحكومة العراقية على التدخل بقواعد عمل هولاء المرتزقة من اجل حماية المدنيين العراقيين في الشارع, ناهيك عن السماح باستخدام مرتزقة محرمة دوليا للعمل داخل العراق. رفع دعوى قضائية ضد مرتزقة هذه الشركة في المحاكم الامريكية بالرغم من وقوع الجريمة على الاراضي العراقية كان اعتراف للحكومة العراقية بالسيادة الزائفة!! وهنا تقع المسؤولية القانونية على عاتق الحكومة العراقية بالاشتراك في الجريمة ايضا رغم ان حكومة المالكي اعترفت بان هذه الجريمة هي قتل متعمد (deliberate murder), لانها هي من اعطت الحصانة التي منعت وأوقفت سلطة القضاء العراقي حتى بعد انتقال السلطة من الاحتلال.

ثم جاء قرار القضاء الامريكي في ولاية فرجينيا حول رفض الدعوى المقامة ليؤكد بعدم القبول بمسائلة او اتهام هولاء المرتزقة على جريمتهم وعدم القبول بتعويض الضحايا العراقيين (بالرغم من اعتراف القضاء الامريكي باركان الجريمة الكاملة). هذا القرار يؤكد الحاجة الى نظام قانوني محلي ودولي جديد لارجاع سلطة القضاء ومنع الافلات من العقوبة, وتقديم تعويضات قانونية مناسبة لانتهاكات مرتزقة هذه الشركات, مع ايضاح التزامات حقوق

الانسان من قبل هذه الشركات في الاتفاقيات الدولية [2]. ويذكر ان المتحدث باسم وزارة الخارجية الامريكية (Sean McCormack) قد صرح (بان وزارته لم تعطي الحماية من المسائلة القانونية بل حماية محدودة وبالامكان اقامة اتهام قانوني لهم)!!!!

خبير القانون الامريكي[3] في جامعة بالتيمور (University of Baltimore) يعتقد بان الحصانة التي اعطيت لمرتزقة الشركات الامنية الامريكية قد جاءت من فهم التعديل الخامس ضد اجبار تجريم النفس والمسمى بتعديل Priilege الخامس ضد اجبار تجريم النفس (Fifth Amendment Priilege gainst Compelled Self-Incrimination) والذي يعطي الحق في عدم الاجابة على اسئلة تطرحها الحكومة الامريكية قد تؤدي الاجابة من قبل المواطن الامريكي الى تجريم نفسه مستقبلا!! من هذه تم اعطاء المناعة البديلة للحكومة الامريكية التي بدورها اعطتها لافراد هذه الشركات باعتبارهم مقاولين حكوميين من دون تحديدها باطار واضح يحمي حقوق الانسان او الضحايا وفقاً للقانون الدولي. الحكومة الامريكية قد اصبحت بذلك هي من يقرر اذا كان الشخص المحمي مضطر لتقديم شهادته للمحكمة ام يرفض وفقاً للحماية المعطاة بموجب هذا التعديل الخامس. والتعديل الاخير من قبل وزارة الدفاع الامريكية والمسمى (The Bill, S. 552) والذي يعطي المقاولين العسكريين الامريكيين ظروف محاكمة ضمن محكمة عسكرية في ظروف اثناء الحرب.

وبالرغم من استهداف الصحفيين ومنع الكثير من اخبار جرائم وانتهاكات هولاء المرتزقة بحق الشعب العراقي, الا ان نظرة بسيطة الى بعض حوادث فتح النار على المواطنين العراقيين من قبل مرتزقة المقاولين الامنيين بحسب وكالة الاسيوشيدت برس[73] تعطي الدليل الواقعي والملموس على نهجهم الاجرامي:

- ايلول (سبتمبر)2007, مقاولون من ولاية كارولينا الشمالية يعملون في امن شركة بلاك ووتر الامريكية قاموا بفتح النار وقتل ثمانية مدنيين وجرح 13 اخرين في تبادل لاطلاق النار بعد انفجار بالقرب من موكب وزارة الخارجية الامريكية في بغداد, وقد صرحت الحكومة العراقية بعد هذا الحادث بانها الغت ترخيص عمل هذه الشركة بسبب هذا الجريمة.

- ايار (مايو) 2007 , موظف من شركة بلاك ووتر يطلق النار على مواطن عراقي اعتبر بانه كان يقود سيارته على مسافة قريبة جداً من الموكب الامريكي. وادعت متحدثة باسم الشركة بان تقارير الحادث مع روايات الشهود الاخرين كانت متطابقة, وقد تصرف الموظف بشكل قانوني ومناسب (وليس معروف من كانوا الشهود من العراقيين ام الامريكان!!).

- داخل المنطقة الخضراء في كانون الاول (ديسمبر) 2006, موظف شركة بلاك ووتر كان مخمور اثناء احتفالات راس السنة الميلادية واطلق النار ليقتل الحارس الشخصي لنائب الرئيس العراقي عادل عبدالمهدي بحسب ما صرّح به موظفون عراقيون

وامريكيون. وتم ترتيب اجراءات اعادته الى الولايات المتحدة من قبل شركته, بينما لا تزال التحقيقات جارية بحسب زعم السلطات[171].

- 2006 – 2007 اثنين من الموظفين في مقر الشركة في فرجينيا تريبل كانوبي (Virginia-based Triple Canopy) يتهمون المشرف عليهم باطلاق النار على المدنيين العراقيين من اجل التسلية من خلال رفع دعوى قضائية ضده في محكمة أمريكية, حيث قال لهم المشرف حينها (انا ذاهب لاقتل شخصاً ما اليوم). الشركة قامت بطرد الثلاثة موظفين لعدم أبلاغهم فوراً حول حوادث اطلاق النار. كما ادعى الحارسان بان المشرف قد قام باطلاق النار من بندقيته M4 تجاه الزجاجة الامامية لسائق سيارة تاكسي عراقي ربما يكون قد قتل, لكن المتحدثة باسم الشركة الامنية جايانتي مينجس (Jayanti Menches) أدعت ان التحقيق الداخلي لم يجد اي شخص متضرر من اطلاقات النار هذه [164].

- 2005-2006, الموظفون السابقون في شركة معارك كستر (Custer Battles) ومقرها في ولاية رود أيسلاند الامريكية (Rhode Island), يتهمون زملاء لهم في العمل باطلاق النار من دون تمييز على المدنيين وسحق سيارة مليئة بالاطفال والبالغين العراقيين بينما كانوا يحاولون شق طريقهم من خلال ازدحام المرور, لكن الشركة تنفي هذه الاتهامات.

- في كانون الاول (ديسمبر) 2005, الموظفون في شركة الخدمات الدفاعية أيجيس (Aegis Defense Services) ومقرها لندن, يضعون فيديو على شبكة الانترنت ويظهر فيه حراس الشركة يطلقون النار على المدنيين العراقيين من سيارة متحركة. شركة أيجيس قالت (ان اطلاق النار كان من ضمن البروتوكول المسموح للمقاوليين (الحراس) لتطلق النار على العربات التي تقترب جداً او التي تكون مسرعة جداً, وقد اتفق الجيش الامريكي مع ما صرحت به الشركة)

- في28 ايار (مايو) 2005, قام 16 حارس أمني امريكي موظفين من قبل شركة هندسة زاباتا (Zapata Engineering) ومقرها شمال كارولينا (North Carolina) باطلاق النار المزعوم على القوات الامريكية والمدنيين العراقيين على حداً سواء, فتم سجنهم من قبل مشاة البحرية الامريكية في الفلوجة, وتم ارجاع هولاء المقاوليين الحراس الى الولايات المتحدة من دون توجيه اي تهمة لهم. ثمانية منهم كانوا جنود سابقين في المارينز وهم غير مسجلين في وزارة الداخلية العراقية وبالتالي فانهم كانوا يعملون بشكل غير قانوني [221,223].

الجنرال كارل هورست (Brigadier General Karl Horst) وهو نائب قائد فرقة المشاة الامريكية الثالثة (deputy commander of the U.S. 3rd Infantry Division), والمسوؤلة عن الامن في منطقة بغداد في ذلك الوقت, حيث اعترف بوقوع 12 حادثاً لاطلاق نار من قبل مرتزقة (المقاوليين الخاصيين private contractors) في قطاعه خلال شهرين فقط من عام 2005, ادت الى مقتل ما لا يقل عن 6 مدنيين عراقيين واصابة 3 أخرين. والاكثر حقيقة هو وصفه الدقيق لعمل المرتزقة بالاتي (هولاء الرجال هم عبارة عن عمل

غير مجدي ويعملون اشياء غبية, ولا توجد سلطة فوقهم, لذلك لا يمكنك ان تخفف من وطائتهم عندما يصعدون قوتهم, انهم يطلقون النار على الناس, وشخص ما يجب ان يتعامل مع ما خلفوه) [77, 171]. بينما يصف الصحفي الامريكي روبرت بيلتون (Robert Pelton) فترة معايشته لمدة شهر مع مقاولي شركة بلاك ووتر في بغداد قائلاً (كانوا يستخدمون رشاشاتهم كمثل استخدام منبه السيارة. كما قام حرس الامن الخاص العامليين في شركة مجموعة المصادر المتحدة (Unity Resources Group) وهي شركة استرالية ومقرها الرئيسي في دبي, بقتل امرائتين كانتا في سيارة مدنية في مدينة قرب بغداد[171].

4. 6. 1. أحدى جرائم المرتزقة في الفلوجة

قوات خاصة امريكية ومعهم اشخاص مدنيين امريكيين يضعون اقراط في اذانهم مع وجوه تكسوها اللحى قامت بجريمة قتل شاب عراقي واعتقال وتعذيب اخوه الطفل في منطقة حي الشرطة في مدينة الفلوجة. حيث قامت قوات مدرعة مدعومة بانزال جوي من قبل طائرات هليكوبتر في فجر يوم الاحد المصادف 18 حزيران (يونيو) 2006 باقتحام بيت السيد عبدالاله نجم المشهداني وترويع جيرانهم الذين أصابهم الضرب والاهانة خلال الاقتحام. دخلت القوة المهاجمة بيت المشهداني مع اسلوبها المعتاد من تفجير الابواب واستخدام قنابل الصوت لترويع المدنيين ومعهم الكلاب البوليسية. فطلبوا من اهل البيت اخراج الشاب سنان عبدالاله, فابرز لهم سنان هويته لاثبات شخصيته. فقاموا بحجز والدته واخته في غرفة واحدة واعتقلوا اخوه الاصغر امين (13 سنة), ثم قاموا باعدام الشاب سنان في احد الغرف عبر اطلاق وابلاً من الرصاص عليه ورمي بعض الفراش فوق جثته لاخفائه الى حين خروجهم من البيت. بينما تعرض اخوه الطفل امين عبدالاله الى الضرب بشدة على جسده الصغير مع وجود الكلاب الامريكية التي انهالت تعض يديه ثم اخذوه معهم الى المعسكر الامريكي قرب الفلوجة. وبعد ثلاثة ايام من اعتقال الطفل امين تم اطلاق سراحه فتحدث عن المعاملة الوحشية من قبل اشخاص ذوي لحية ويلبسون اقراط في اذانهم ويلبسون ملابس مدنية, حيث استخدموا الكلاب في تعذيب الطفل امين مما ادت الى تشويه يده اليسرى بفعل عض الكلاب له اثناء التحقيق. هذه الحادثة كشفت لنا في الفلوجة دليل اضافي وقاطع باشتراك مرتزقة الشركات الامنية في جرائم قوات الاحتلال[4].

شركة بلاك ووتر كانت قد وصلت الى الفلوجة لتستلم العمل بدلاً من شركة امنية بريطانية خاصة (Control Risks Group) التي انتقدت عمل عمل بلاك ووتر بعد حادثة مقتل عملاءها الاربعة في الفلوجة بسبب عدم استفادتهم من خبرة الشركة البريطانية في تجنب الحوادث في هذه المنطقة الخطرة[239].

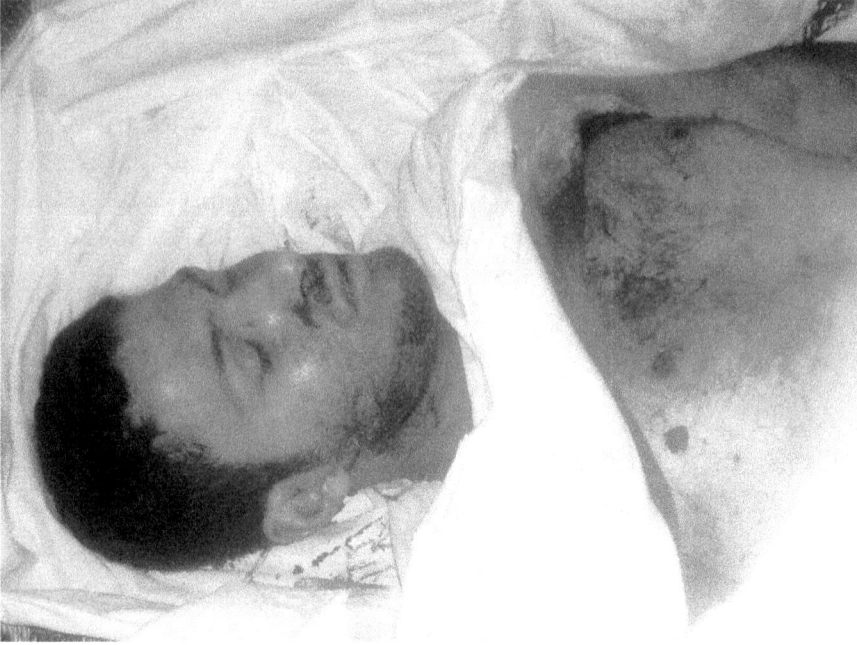

الشاب الشهيد سنان نجم عبدالاله المشهداني (22سنة) بعد اغتياله من قبل قوة امريكية خاصة مدعمة بمرتزقة الشركات الامنية. كان سنان طالباً في المرحلة الثالثة من دراسته في الجامعة المستنصرية, وهو المعيل الوحيد لعائلته بعد استشهاد والده في القصف الامريكي على مدينة الفلوجة اثناء العمليات العسكرية المعروفة باسم (Vigilant Resolve) في نيسان (ابريل) 2004. حيث تتكون الاسرة التي كان يعيلها من والدته واخته الصغيرة واخوه الاصغر امين (13 سنة).

شركة بلاكووتر غيرت اسمها لاحقاً الى (Xe Services) بعد ان سحب الحكومة العراقية ترخيص عملها من العراق واوقفت وزارة الدفاع الامريكية العمل معها, لكنها عادت مع تعمل مع الاسم الجديد. لكن الشركة الجديدة ما لبثت ان انكشفت جريمة جديدة لها في افغانستان عندما قتل اثنين من مرتزقتها رجل افغاني مدني غير مسلح وجرحوا اخرين كانوا مع الضحية في سيارته[290]. وبالرغم من اصدار القضاء الامريكي (June 2011) حكما بحبسهم لمدة سنتين ونصف, لكن ما اثار انتباهي في هذه القضية هو ان هولاء المقاولين الامنيين كانوا قد **خرجوا من** قاعدتهم العسكرية **بدون أذن** !! تشابه هذه الحادثة بطريقة حصول حادثة مقتل مرتزقة بلاكووتر الاربعة في الفلوجة وكيفية مخالفتهم النصائح بعدم دخول المدينة في ذلك اليوم يثير العديد من التساؤلات. حوادث مخالفة ضوابط الامن والسلامة تشير الى احد أمرين, اما حالة الاستهتار في العمل لديهم او وجود مهام سرية.

4. 7. تاريخ المرتزقة وفرق الموت عالمياً

تاريخ المرتزقة قد ارتبط دائماً مع مجازر وحروب ابادة شاملة لا تقل عن خطر واذى أسلحة الدمار الشامل التي تترك أثارا لفترات طويلة. فالمرتزقة يقومون باي عمل كان قد تطلبه منهم الجهات التي تدفع أجورهم ومهما كانت النتائج الاجرامية والقانونية. ومن تلك الامثلة, وجودهم في الحرب الاهلية في كولومبيا في بداية الثمانينات مع نتائج كارثية لهذا البلد تتمثل في 30000 ثلاثون الف قتيل سنويا و75 اعدام سياسي اسبوعياً وعشرات المختطفين يومياً. وهذه الجرائم ساعدت واعطت عذراً للولايات المتحدة ووكالة استخباراتها المركزية على التدخل في سيادة تلك الدولة بحجة مساعدتها[26].

المخابرات المركزية الامريكية CIA هي التي نظمت مجاميع فرق الموت الحكومية في **غواتيمالا** (1953-1990s) والتي ذهب ضحيتها 200000 مئتي الف ضحية[9]. الولايات المتحدة هي التي دعمت المؤسسة العسكرية في شيلي والتي ساعدت في انجاح انقلاب الجنرال بينوشيه على السلطة المدنية للرئيس اليساري Salvador Allende ومن ثم حكم البلاد عبر دكتاتورية اجرامية قادت البلاد الى اعدام 3000 مع اختفاء الالاف من المدنيين وتعذيب عشرات الالاف الاخرين[24]. وبالتالي قادت القضاء الدولي الى اصدار حكم القاء القبض على هذا الدكتاتور بسبب ارتكابه جرائم ضد الانسانية. بالاضافة الى ان الخزانة الامريكية هي التي صرفت 6 بيليون دولار على مساعدة الحرب الاهلية في السلفادور مع بعثات صغيرة من المدربين والاستشاريين العسكريين مع عملاء المخابرات المركزية الامريكية فكانت نتيجة الحرب الاهلية (1980-1992) ما لا يقل عن 75000 خمسة وسبعون الف قتيل بين المدنيين مع ظهور حفنة من الاثرياء جدا (تجار الحروب) يحكمون اقتصاد البلاد وطبقة كبيرة من الفقراء[28].

وفي نيكاراغوا, قامت ال CIA بمساعدة مليشيات الكونترا (Contras) وهي من بقايا الحرس الخاص بالدكتاتور النيكاراغوي السابق سوموزا ديبايل (Anastasio Somoza Debayle) والذي اطيح به في ثورة شعبية في (July) 1979. هذه المليشيات حاربت قوات الجبهة الساندينية للتحرير الوطني للحكومة النيكاراغوية (FSLN Sandinista National Liberation Front). مليشيات الكونترا سببت انتهاكات جسيمة لحقوق الانسان دفعت الحكومة النيكاراغوية الى تقديم شكوى الى محكمة العدل الدولية في لاهاي (ICJ) ضد حكومة الولايات المتحدة الامريكية بسبب انتهاكها القانون الدولي بسبب دعمها لمليشيا الكونترا في تمردهم ضد الحكومة النيكاراغوية. وفعلا حكمت محكمة العدل الدولية في صالح الحكومة النيكاراغوية واعتبرت ان الحكومة الامريكية قد ارتكبت جرماً دوليا بعد ان وجدت هذه المحكمة بان حكومة الولايات المتحدة الامريكية وبواسطة جهاز مخابراتها المركزية قد شجعت الافعال التي تتعارض مع المبادئ العامة للقانون الانساني مثل:

1. إنتاج دليل العمليات النفسية في حرب العصابات (Psychological Operations in Guerrilla Warfare) ونشرها هذا الدليل على مقاتلي مليشيا الكونترا.

2. تقديم نصائح حول كيفية ترشيد عمليات قتل المدنيين

3. توصيتها باستئجار قتلة محترفين للقيام بمهام محددة انتقائية[224]

قتل خلال هذا النزاع اكثر من 50000 مدني من رجال ونساء واطفال والذي نتج بسبب مساعدة الولايات المتحدة عبر جهاز مخابراتها المركزية في دعم مليشيا الكونترا. بل ان الولايات المتحدة تحمي على اراضيها احد كبار قادة فرق الموت في السلفادور وهو قائد القوات المسلحة السلفادورية السابق الجنرال جوزيه جوليرمو كارجيا (Jose Guillermo Garcia) والمتهم بقتل الالاف من الناس عبر فرق الموت التي كانت مرتبطة بقواته. هذا الجنرال يعيش في ولاية فلوريدا الامريكية بعد ان دخلها بصورة غير شرعية منذ عام 1990. دائرة الهجرة الامريكية تجري مشاورات قضائية حول احتمالية ابعاده من الولايات المتحدة لدخوله الغير شرعي للبلاد !!!.

لهذا فليس من المستغرب ان تعلن مجموعة عمل الامم المتحدة حول أستعمال المرتزقة لعام 2011 ان ((العراق يعتبر في العقد الحالي هو المسرح الاكبر لعمليات الشركات الامنية والعسكرية الخاصة, سلسلة حوادث كبيرة كانت متصلة بهذه الشركات مثل حادث اطلاق النار في ساحة النسور لعام 2007, قد ركزت الانتباه على الحالة السلبية لانشطتهم على حقوق الانسان. مثل هذه الحوادث كان لها جهود ضاغطة للتاكيد بان الشركات الامنية وافرادها هم مسؤولون على انتهاكات حقوق الانسان))[177].

بقي ان نذكر مفارقة مهمة, ان القوات الامريكية كانت قد قدرت عدد المقاتلين العرب ضمن المجاميع المسلحة التي قاتلتهم ما بين 5-10% من مجموع المقاتلين الكلي[343] . بينما تبين كافة المعلومات والارقام السابقة حقيقة الجيش الثاني (المرتزقة) الذي ينافس عدد الجيش الامريكي المحتل في العراق!!

الفصل الخامس

جريمة التعذيب الوحشي والاساءة للمعتقلين العراقيين

5. 1. التعذيب والسياسة الدولية الامريكية

هناك أدلة منشورة من منظمات معروفة بإساءة معاملة المعتقلين أصبحت مفيدة في تعقب مرتكبي جرائم التعذيب دوليا. فقد ظهر دليلين للاستجواب من قبل وكالة المخابرات المركزية في عام 1997, بعد حصول صحيفة بالتيمور صن The Baltimore Sun الامريكية على نسخة منها طبقا لقانون حرية المعلومات (FOIA). حيث تشير الصور من العراق وغوانتانامو إلى أن النصائح في هذه الكراسات لا يزال يجري تطبيقها:[533]

الاول يرجع تاريخ كتابته إلى عام 1983، وقد كتب من اجل الاستخدام في الهندوراس. وهو بعنوان " دليل تدريب واستغلال الموارد الإنسانية Human Resource Exploitation Training Manual"[534], والذي ينص: "إن الغرض من جميع التقنيات القسرية هو للحث على الانحدار النفسي في هذا الموضوع عن طريق جلب قوة خارجية متفوقة للتأثير على إرادته في مقاومة الانحدار " يقول الرقيب فريدريك Sgt Frederick في سجن أبو غريب, انه يبقى المعتقلين في عزلة لمدة تصل إلى ثلاثة أيام في غرف بلا نوافذ. ووفقا لدليل CIA، "إحساس الشخص لهويته يعتمد على الاستمرارية في محيطه، والعادات، والمظهر، والعلاقات مع الآخرين ... تخطيط الاحتجاز ينبغي ان يعزز مشاعر المعتقل بانقطاعه عن الاشياء المعروفة والمطمئنة". وفقا لدليل CIA، تهديده مع الصعق الكهربائي قد يكون أفضل من الشيء الحقيقي: "إن التهديد بالإكراه عادة ما يضعف أو يدمر المقاومة بشكل أكثر فعالية من الإكراه نفسه"[533].

بينما التقرير الثاني الذي يرجع تاريخه الى 1963 ويسمى باستجواب مكافحة التجسس Counterintelligence Interrogation او دليل KUBARK الذي يعتمد على تعذيب السجين جنسياً sexually humiliating, عبر استخدام التقنيات التي تنشىء قلقاً دائماً لتعطيل الجوانب العاطفية والنفسية المألوفة بشكل جذري, لاجل احداث صدمة نفسية او شلل لكي تتأثر المقاومة الداخلية بشكل كبير [534]. لقد كانت فضيحة التعذيب في سجون ابو غريب هي من العوامل المساعدة في استمرار المقاومة ومنع الكثير من المقاومين العراقيين من تسليم سلاحه بسبب امكانية تعرضه لنفس ما تعرض له السجناء من تعذيب في سجن ابو غريب[230].

5. 2. بدء سياسة التعذيب والاعتقال العشوائي

في خطابه لمناسبة اليوم العالمي للامم المتحدة في مساعدة ضحايا التعذيب, قال الرئيس الامريكي الاسبق بوش الابن بتاريخ 26 حزيران (يونيو) 2004 بان (الولايات المتحدة لا تزال ملتزمة بثبات أيضا في دعم اتفاقيات جنيف، والتي كانت حجر الأساس للحماية في حالات النزاع المسلح منذ أكثر من 50 عاما. هذه الاتفاقيات توفر الحماية المهمة التي تهدف للحد من المعاناة الإنسانية في النزاعات المسلحة .نحن نتوقع من الدول الأخرى ستعامل افراد جيشنا ومدنيينا وفقا لاتفاقيات جنيف. وتلتزم قواتنا

المسلحة إلى الامتثال بها، ومحاسبة افراد جيشنا الذين لا يلتزمون بها)[141]. وكعادة الساسة الامريكيين في التضليل, كانت عمليات تعذيب المعتقلين العراقيين وخصوصا في المناطق الزاخرة بمقاومة الاحتلال, تصدر من اعلى الجهات وبأساليب تفضح الوحشية والسادية التي أرغم عليها قادة الاحتلال في محاولة من اجل وقف المقاومة[137]. فبعد فضيحة سجن ابو غريب, صرح مدير مكتب حقوق الانسان في بعثة الامم المتحدة في العراق (يونامي) الى وكالة رويترز قائلاً "أولئك الذين وجدوا في سجن أبو غريب كانوا من بين ما يقدر بنحو 14000 شخص سجنوا في انتهاك لقرار مجلس الأمن التابع للأمم المتحدة 1546".

تقرير اللجنة الدولية للصليب الأحمر (2004) بشأن معاملة قوات الاحتلال لأسرى الحرب وغيرهم من الأشخاص المحميين بموجب اتفاقيات جنيف في العراق أثناء الاعتقال والاحتجاز والاستجواب, أظهر انتهاكات خطيرة لاتفاقيات جنيف عبر استخدام تقنيات تنتهك هذه الاتفاقيات وتشمل ما يلي:"أوضاع مجهدة "الاستجواب 20 ساعة، والتجريد من الملابس، واللعب على المخاوف المرضية للمحتجز من اجل الحث على الإجهاد (من خلال استخدام الكلاب)، والخداع لجعل المعتقل يعتقد ان المحقق هو من بلد ذو سمعة كبيرة في التعذيب, واستخدام وثائق وتقارير مزورة، والعزلة لمدة تصل إلى 30 يوما، مع الحرمان الحسي)[134].

بينما أكد التحقيق الحكومي الامريكي (تحقيق فاي جونز Fay-Jones)[136] الى وجود سوء السلوك والمعاملة من قبل لواء الاستخبارات العسكرية الامريكي 205, الذي كان مسؤولاً عن سجن ابو غريب في بغداد. التحقيق وجدّ نفس التقنيات والاساليب التحقيقية التي طورت واستخدمت في غوانتانامو لتستخدم ايضا في العراق وافغانستان وبحسب اعتراف الجنرال كاربنسكي Gen Karpinski. حيث زارّ فريق من المحقيين العاملين في معتقل غوانتانامو الى سجن ابو غريب لنقل تقنياتهم وخبراتهم للمحققين في سجن ابو غريب[533]. وتشمل هذه الاساليب التحقيقية على:

1. أستخدام تكييف النوم (sleep adjustment), وهو أسلوب عكس مواعيد النوم من الليل الى النهار.
2. التعري القسري (Forced nudity), واستخدام (اعادة لبسها بصورة مقلوبة) كحافز لاجبار المعتقل على التعاون.
3. اساءة معاملة المعتقلين باستخدام الكلاب.
4. العزلة (Isolation).

5. الحرمان الحسي (Sensory deprivation), وضع المحتجز في زنازين باردة أو ساخنة بشكل مفرط مع محدودية الضوء والتهوية[136].

6. كما ثبت سماح ادارة بوش في استخدام الحشرات اثناء التعذيب[653].

وبحسب تقارير رسمية حكومية أمريكية فقد بدأ وزير الدفاع دونالد رامسفيلد وغيره من كبار القادة العسكريين على التخلي عن الحظر المطلق ضد التعذيب في عام 2001[135]. وفي 16 نيسان (أبريل) 2003 وافق الوزير رامسفيلد شخصياً على أستخدام 24 تقنية او أسلوب من أساليب التحقيق الموصى بها من قبل لجنة العمل كان قد شكلها في 15 كانون الثاني (يناير) 2003 لاختيار تقنيات التحقيق[144]. وفي 14 أيلول (سبتمبر) 2003 أعطى الجنرال سانشيز (Gen. Ricardo Sanchez) الموافقة باستخدام هذه التقنيات في اثناء التحقيقات [137]. بعض التسريبات من الملف التحقيقي لانتهاكات سجن ابو غريب والتي اجراها الجنرال أنطونيو تاغوبا Major General Antonio Taguba، قال فيها ان الاستخبارات العسكرية، وموظفي وكالة المخابرات المركزية ومقاولين من القطاع الخاص "طلب الحراس في السجن وباستمرار بان يجلس الشهود في ظروف نفسية وجسمية تلائم الاستجواب ومن المفترض أن ترغم المعتقلين على الاستجابة لاسئلة التحقيق[533]. ووفقاً لتقرير اعادة التحقيقات التي اجراها مكتب نائب المفتش العام لشؤون الاستخبارات (Deputy Inspector General for Intelligence) في وزارة الدفاع الامريكية والصادر بتاريخ 25 أب (أغسطس) 2006, أظهرت النتائج التالية:

1. يزعم التقرير بعدم توثيق حالات التعذيب والاساءة ضد المعتقليين في التقارير المرفوعة للقيادات العسكرية, مما جعل هذه القيادات العليا في وحدات الجيش الامريكي ليست على علم بهذه الانتهاكات, ودعا الى اصدار منشورات تحدد المسؤوليات اثناء التحقيقات الاستخبارية!!

2. يدعي التقرير الى ان التحقيقات المساعدة في العراق كانت تفتقر الى وحدة قيادة وتوحيد للجهود. فالعديد من تشكيلات وزارة الدفاع الامريكية قد خططت ونفذت عمليات الاستجواب المتنوعة من دون علاقة واضحة المعالم والاهداف المشتركة, والفهم المشترك في توجيه الاستجواب. وهذا يؤكد ما جاء به الجنرال سانشيز في مذكراته[36], من ان اشتداد المقاومة التي لم يتوقعوها هي التي دفعته الى أنشاء معتقلات كبيرة في تلك المناطق لتحجيم تلك المقاومة الرافضة لوجود الاحتلال.

3. يعترف بأن أساليب الاستجواب لمكافحة المقاومة (Counterresistance interrogation techniques) نقلت الى العراق لاسباب عديدة, منها لان أفراد العمليات الاستجوابية يعتقدون بأن أساليب الاستجواب التقليدية لم تعد فعالة مع جميع المعتقليين,

بالاضافة الى أن سياسة الاشراف على عمليات الاستجواب غير فعالة. ونتيجة لذلك تم تجاوز الحدود المقررة لاساليب الاستجواب المنصوص عليها في دليل الجيش للاستجواب الاستخباري (52-34) والصادر بتاريخ 28 أيلول (سبتمبر) 1992. ويطالب التقرير من القيادات المشتركة وضع وتنفيذ سياسات للحيلولة دون: هروب المقاومة (escape resistance) ومنح الحياة (introducing survival) وتقنيات التهرب (evasion .(techniques

ومع أزدياد عمليات المقاومة المسلحة ضد الاحتلال الامريكي – البريطاني خلال عام 2003, بدءت قوات الاحتلال الامريكي بأعتقال واستهداف الصحفيين لمنع انتشار اخبار المقاومة الشعبية المتزايدة ضدهم. حيث أعتقلت قرب الفلوجة في 2 كانون الثاني 2004 كادر وكالة رويترز Reuters وهم مصور كاميرا سالم عريبي والمصور احمد محمد حسين البدراني, والسائق ستار جبار البدراني, جنباً الى جنب مع مصور القناة الفضائية أن بي سي NBC علي محمد حسين البدراني, وكانوا يحاولون تصوير طائرة هليكوبتر امريكية أسقطت قرب الفلوجة في ذلك اليوم. وبعد ثلاثة ايام من الاعتقال والتعذيب على ايدي القوات الامريكية من الفرقة (US 82nd Airborne Division) في قاعدة العمليات الامامية Volturno فقد تم اطلاق سراحهم من قاعدة العمليات المسماة ب St. Mere [130].

ومن الحوادث الشهيرة لتعذيب القوات البريطانية لمعتقلين عراقيين مدنيين, هو حادثة اعتقال ثمانية شبان عراقيين في البصرة والاعتداء عليهم بالتعذيب من قبل الجنود البريطانيين، مما ادى الى وفاة احدهم (بهاء موسى) في الحجز البريطاني، ووفقا للسجلات العسكرية والطبية التي اطلعت عليها صحيفة الاندبندنت. وقد احتجت منظمة العفو الدولية مباشرة إلى توني بلير رئيس الوزراء حينها حول وفاة بهاء موسى، والمطالبة بإجراء تحقيق محايد ومستقل حول التعذيب للسجناء في البصرة. وقال متحدث رئيسي في المستشفى الميداني 33 خارج المدينة العراقية الجنوبية أن واحدا من الناجين يعانون من "فشل كلوي حاد" بعد "أنه تعرض لاعتداء مع ظهور كدمات شديدة للجزء العلوي من البطن، والجانب الأيمن من الصدر والذراعين الأيمن والأيسر العلوي[515].

بالنسبة لمسألة وفاة المعتقليين العراقيين في سجون الاحتلال الامريكي, فقد كشفت احد وثائق الجيش الامريكي بان التعليمات الصادرة من الجنرال باتريك ويليامز (LTC Patrick W. Williams) لكافة أدارات السجون التابعة للاحتلال بتاريخ 19 شباط 2007, تلزم بان يكون اصدار وثائق موت المعتقليين يتضمن فيما اذا كان سوء السلوك للمعتقل هو سبب الوفاة ام لا. ضمن فقرة ظروف وفاة نتيجة اسباب خارجية مع منع غسل الجثة من قبل زملائه في المعتقل الى حين تسليمه الى عائلته, ومن دون الاشارة الى الانتهاكات وسوء وضع المعتقلات وفقدانها لابسط معايير حقوق الانسان!![188].

ووفقا لوزارة حقوق الإنسان، بلغ عدد المعتقلين للبلد بأسره لغاية 31 ديسمبر 2006 هو 30, 842 (ثلاثون الف وثمانمائة واثنا واربعون), منهم 14, 534 (اربعة عشر الف وخمسمائة واربع وثلاثون) في مرافق الاحتجاز لدى قوات الاحتلال المتعددة الجنسيات [687].

5. 3. تأثيرات جريمة التعذيب على الضحايا والمجتمع

الجريمة الاكثر وحشية في نطاق التعذيب والاعتقال التعسفي هي انشاء السجون والمعتقلات السرية الغير معلن عنها. فالتقييم القانوني للاحتجاز السري هو متناقض irreconcilably وفيه انتهاك القانون الدولي لحقوق الانسان, بما في ذلك اثناء حصول حالات الطوارئ والنزاعات المسلحة. يشكل انتهاكاً للقانون الانساني الدولي خلال اي شكل من اشكال النزاع المسلح.

الاعتقال السري ينتهك الكثير من حقوق الانسان مثل:

1. الحق في الحرية الشخصية وحظر الاعتقال أو الاحتجاز التعسفي.

2. ليس لها اختصاص بحيث تسمح للأفراد ليكونوا محرومين من حريتهم في سرية لفترات يحتمل أن تكون لأجل غير مسمى.

3. تعقد خارج نطاق القانون، دون إمكانية اللجوء إلى الإجراءات القانونية، بما في ذلك المثول أمام القضاء. وعادة ما يتم حرمان المعتقلين سرا من حقهم في محاكمة عادلة عندما سلطات الدولة لا تنوي توجيه تهمة أو محاكمتهم.

4. حتى لو وجد عذر جنائي، فالسرية وانعدام الأمن الناجم عن الحرمان من الاتصال بالعالم الخارجي، وحقيقة أن أفراد العائلة ليس لديهم معرفة مكان وجودهم ومصيرهم تنتهك قرينة البراءة وتؤدي إلى الاعترافات المنتزعة تحت وطأة التعذيب أو غيره من أشكال سوء المعاملة.

5. اذا كانت حالات الاختفاء القسري بصورة شبه منهجية او دائمية orsystematic وعلى نطاق واسع، فان الاعتقال السري قد وصل إلى عتبة جريمة ضد الإنسانية crime against humanity.

6. المعاناة التي يتعرض لها أفراد عائلة الشخص المحتجز سرا (أي اختفى) قد ترقى أيضا إلى التعذيب أو أي شكل آخر من سوء المعاملة، وفي الوقت نفسه انتهاكا للحق في حماية الحياة الأسرية [516].

سيمور هيرش (Seymour Hersh)، الصحفي الذي نشر قصة أبو غريب - واحد الصحفيين القلائل في أمريكا ممن يعرف بحياديته. يقول هيرش في محاضرة "بعض من أسوأ الأشياء التي حدثت أن كنت لا تعرف عن الفيديو الذي عرض ان هناك نساء في سجن أبو غريب, قد يكون البعض منكم قد قرأ, أنهم كانوا يمررون رسائل، او اتصالات إلى رجالهم ... وكانت النساء تريد في رسائلهن قائلين من فضلك تعال واقتلني بسبب ما حدث. وأساسا ما حدث هو أن هؤلاء النساء الذين اعتقلوا مع الأولاد الصغار الأطفال، في كثير من الحالات التي تم تسجيلها، كان يتم اللواط بالأولاد، مع كاميرات المتداول، وقبل كل شيء أسوأ منهم هو الصوت من صياح الأولاد ... ". ومما هو معروف ان هذه الافلام تم عرضها في جلسة سرية على اعضاء الكونغرس الامريكي ولم يسمح بعرضها على الراي العام(505).

قوات الاحتلال ادارت عمليات سرية واسعة النطاق, مع استخدام الالاف من القوات الخاصة مثل جيش رينجرز (Rangers), قوات البحرية (Navy Seals), وقوات دلتا (Delta Force), بالاضافة الى خدمات القوة الجوية الخاصة البريطانية(452). بالإضافة إلى ذلك كانت هناك وحدات من الاستخبارات المركزية الامريكية (CIA) و (MI6)، بالاضافة الى مجموعات خاصة من الاستخبارات العسكرية وقوات "اوبس السوداء black ops". وبحجة البحث عن صدام حسين وملاحقة الإرهابيين، قامت هذه القوات الغامضة بالعديد من العمليات السرية العسكرية من نوع ضبط المشتبه فيهم والتحقيق الوحشي للغاية في معسكرات سرية(453). ومع استخدام مرتزقة المقاولين الامنيين, بدء الاعتماد عليهم ايضا كمحققين في سجون الاحتلال(454).

للاسف فان تشجيع الجيش الامريكي لاستخدام العنف (violence) والعدوان (aggression) في سجن ابو غريب قد حولّ الجنود الامريكيين من مجرد بشر عاديين الى معذبين بحسب دراسة علمية نشرتها مجلة العدوان والعنف عام 2009. فبالرغم من محاولة الايحاء بكون فضيحة تعذيب سجن ابو غريب هي من قبل مجموعة فاسدة, لكن تقارير مماثلة لجرائم الحرب في جمع انحاء العراق لا تزال تطفو على السطح. فهذه الدراسة تشير الى ان الجيش الامريكي قد قام بتحويل الجنود العاديين الى حراس ذوي وحشية قاسية في سجن ابو غريب عبر استخدام اساسيات تجنيد واستراتيجيات تدريب مع تراخيص عامة لتزيد العدوان والعنف بعد احداث 9/11. التراخيص المحددة للاستجواب هي اكثر عدوانية مع معدل للضغوط والحماية, بالاضافة الى تجريد الانسانية (dehumanization) من السجناء(220).

وقد وثقت بعض حالات التعذيب ضد ضحايا مدنيين في الفلوجة من قبل القوات الامريكية, والتي سلمتها ضمن تقرير خاص للمقرر الخاص للامم المتحدة لمناهضة التعذيب وكافة اساليب المعاملة اللانسانية السيد مارك نواه (Mark Noah) في مكتب يونامي بالعاصمة عمان في عام 2005(552). حيث قضى كثير منهم فترات تراوحت ما بين أسابيع الى عدة

سنوات. وجميع هذه الحالات كانت تؤكد على وجود سياسة ثابتة لدى سلطات الاحتلال تنتهج القمع والعنف والترهيب اليومي ضد المدنيين ضمن خطة منهجية.

4.5. فضيحة سجن الجادرية

في 14 نوفمبر 2005, قامت القوات الامريكية بتفتيش منطقة الجادرية في بغداد, حيث وجدوا 168 الموقوفين الذين تتراوح أعمارهم بين مجموعة ما بين 15 سنة - 60 عاما. وقال العديد من المعتقلين بأن الملجأ كان تحت مسؤولية لواء بدر 9 ، في حين قال آخرون إنهم اعتقلوا من قبل أشخاص يرتدون الزي العسكري ، في الوقت نفسه أكد معظمهم أنهم اعتقلوا في نقاط التفتيش، و عدد قليل عدد منهم وقال انه تم القبض على أنهم لابتزاز شخص ثالث. كشفت الفحوص الطبية أن 101 من أصل 186 سجينا يتعرضون لسوء المعاملة، وعلامات الضرب والصدمات الكهربائية و طعن تظهر على أجسادهم. وفقا ل قصص من الموقوفين و السجناء توفي 18 أو قتلوا أثناء التحقيق معهم ، و الوثائق المقدمة من الشهود المذكورة أكدت وفاة 14 سجينا من هذه المجموعة. من ناحية أخرى ، ألقي القبض على 95 عملا بأمر قضائي ، وجميع ما ذكر تم توثيقها. كما ألقي القبض على 71 أدينوا بموجب أمر قضائي ولكن شهاداتهم للحكم أمام القضاء. 7 كان المحقق قد وثق شهاداتهم لكنها لم تقدم أوراقهم إلى القضاء حتى الآن.

مكتب حقوق الإنسان " التابع للبعثة التي تم جمعها أشارت المعلومات إلى أن وزير الداخلية وكبار الموظفين في الوزارة على علم بأن هذا المرفق يستخدم كمركز احتجاز غير قانوني. وذكرت مزاعم أخرى أن القوات الأمريكية عرفت عن هذه المرافق والانتهاكات و زاروا الملجأ قبل 13 نوفمبر 2005 لعلاج الأشخاص الذين قبض عليهم .

يعتقد كثير من الناس أن الهيئات القضائية تعرف أيضا عن الاحتجاز و ظروف المعتقلين. وينتمي بعض القضاة إلى مديرية التحقيقات الخاصة التي تشرف على المأوى نيابة عن وزارة الداخلية. في يونيو 2005 تم إنشاء إدارة التحقيقات الخاصة تحت سيطرة نائب رئيس الوزراء للشؤون دائرة المخابرات العامة. تم توظيف حوالي 26 ضابطا في إدارة التحقيقات الخاصة التي تستقبل الموقوفين من مكاتب الشرطة ، دوريات ، بالإضافة إلى قوات خاصة ودائرة المخابرات العامة، والشرطة المحافظات.

وفي 15 نوفمبر 2005, أعلنت الحكومة أنها فتحت تحقيقاً في قضية الجادرية, وان التقرير سيكون جاهزا في غضون اسبوع. وفي 18 نوفمبر 2005 شكلت لجنة قضائية للتحقيق في مدى قانونية اجراءات الاحتجاز التي تم اتباعها في قضية الاشخاص الذين وجدوا في مركز الجادرية, والتأكد فيما اذا كان هولاء المحتجزون قد تعرضوا لسوء معاملة. وشكلت الحكومة لجنة ثالثة للنظر بشكل عام في مسألة الاحتجاز في البلاد وكان من المتوقع أن تصدر اللجنة

تقريرها مع نهاية العام. وبعد عملية التفتيش التي جرت في 14 نوفمبر, تم تحديد وتفتيش أماكن احتجاز أخرى بواسطة مسؤولين حكوميين تساندهم القوات الامريكية وعثر على 625 محتجزاً على الاقل في 8 ديسمبر 2005 في مركز احتجاز أخر تديره وزارة الداخلية في بغداد. وافادت التقارير ان العديد من هولاء المعتقلين كانوا في حالة صحية سيئة بسبب سوء المعاملة وتظهر على الكثير منهم أثار التعذيب [(650)]. ورغم لقاءات ممثل الامين العام في العراق السيد أشرف القاضي مع رئيس الحكومة أبراهيم الجعفري ورئيس الجمهورية الطالباني في محاولة اشراك الامم المتحدة في التحقيقات حول سوء المعاملة الا ان جميع الجهود قد فشلت. حتى الآن، رفضت حكومات الجعفري والمالكي أن تعلن نتائج التحقيقات في هذه الجريمة، على الرغم من العديد من النداءات من الأمم المتحدة والتي يمكن وصفها بأنها تحديا واضحا وخطراً على المجتمع الوطني إلى جانب التستر على جرائم فرق الموت التي ارتكبت في إطار منظومة الأمن في العراق.

5 .5. التعذيب كعامل مساعد لاستمرار العنف والانتقام

يذكر الضابط الاسترالي الذي عمل مع القوات الامريكية في العراق ما بين 2005 – 2008 كمستشار حول مكافحة التمرد, فذكرّ في كتابه بان عام 2007 والذي شهد ارتفاع خطير للقتل الطائفي بعد تفجير مراقد الائمة في سامراء, وانتشار القتل الطائفي من قبل المليشيات الشيعية التي اخترقت اجهزة الحكومة. مما جعل 70% من المشاركين في اعمال العنف هم ممن كانوا معتقلين ولا يجدون من طريق اخر للدفاع عن انفسهم ضد البيئة الارهابية والوحشية التي تهدد مجتمعهم او مناطقهم[(498)].

هذه الاساليب الوحشية للتعذيب والقمع من قبل قوات الاحتلال بقيت حتى بعد رحيلها من العراق في 31 كانون الاول 2011, ليستعمل التعذيب اثناء التحقيق مع المعتقلين في السجون العراقية, في ظل انتشار الفساد والرشوة والتهديد بالقتل[(316)]. حتى أصبحت سياسة الاعتقال العشوائي المبني على الاشتباه (suspicion) وكانها سياسة أعتيادية[(317)]. وبالرغم من الاعتراف الامريكي بوجود التعذيب بدايةً في ملجأ الجادرية التابع لاول وزارة داخلية مشكلة في انتخابات تحت ظل الاحتلال. ان تستر الاحتلال على المجرمين الذين اعطوا اوامر التعذيب واستمرارهم في دعم هذه التشكيلات والمليشيات الطائفية الاجرامية داخل وزارة الداخلية العراقية هو دليل واضح على خطتهم بأحلال هذه المليشيات الاجرامية لتحل محلهم في معاقبة كل من يرفض وجود الاحتلال[(357)].

في عام 2006 درست لجنة مناهضة التعذيب (Committee Against Torture "CAT) التابعة للامم المتحدة, ملف الولايات المتحدة حول احتجاز وممارسة الاستجواب المستخدمة ضد المعتقليين ضمن ما يسمى بالحرب على الارهاب. ولاحظت اللجنة أن ممارسات الولايات

المتحدة بما في ذلك الاذلال الجنسي (sexual humiliation), محاكاة الغرق (waterboarding), التقييد القصير (short shackling), واستخدام الكلاب في الترويع (using dogs to induce fear) هي أساليب تنتهك أتفاقية مناهضة التعذيب[142].

واعترف تقرير مكتب حقوق الانسان في بعثة الامم المتحدة لمساعدة العراق والخاص بالشهرين الاولين من عام 2006, بوجود العديد من الموقوفين من غير توجيه تهمة ولا زالوا منذ عام 2004 يقبعون في سجون الاحتلال والحكومة العراقية الجديدة[649].

في سبتمبر 2010 حذرت منظمة العفو الدولية في تقرير بعنوان النظام الجديد والإساءات نفسها؛ من ان الاحتجاز غير القانوني والتعذيب في العراق نتجً 30000 سجينا لا يزالون محتجزين بدون حقوق وغالبا ما يتعرضون للتعذيب أو سوء المعاملة. مالكوم سمارت عن منظمة العفو للشرق الأوسط وشمال أفريقيا قال أن "قوات الأمن العراقية كانت مسؤولة عن انتهاكات منهجية لحقوق المعتقلين والتي كان مسموح بها. السلطات الأمريكية سلمت الآن ما يزيد على الآلاف من الناس الذين اعتقلتهم القوات الامريكية لمواجهة هذا العنف والاعتداء الحكومي المنظم للتنصل من أي مسؤولية لحقوقهم الإنسانية[525].

يوم 22 أكتوبر 2010 بعض وثائق الحرب اعلنتها ويكيليكس حول كيفية فشل السلطات الأمريكية في التحقيق في مئات التقارير عن سوء المعاملة والتعذيب والاغتصاب وجرائم القتل من قبل الشرطة والجنود العراقيين الذين كان سلوكهم يبدو ذو طبيعة منهجية في العقاب عادة, وان القوات الامريكية اساءت معاملة السجناء لسنوات حتى بعد فضيحة ابو غريب[526]. ولتوضيح حقيقة الفساد في تعامل الولايات المتحدة مع ملف انشاء الشرطة الجديدة والسجون في العراق. الحكومة الامريكية احالت عقدا لإعادة تأسيس بنايات الشرطة والسجون في العراق إلى شركة متورطة في فضيحة متاجرة بالعاهرات في البوسنة. فقد ذكرت صحيفة 'الأوبزيرفر' البريطانية أن واشنطن تعاقدت مع شركة دينكورب (DynCorp) لإنشاء جهاز شرطة لحفظ الأمن في العراق والإشراف على تأسيس مرافقه. هذه الشركة سبق وتبرعت باكثر من 100 الف جنيه استرليني الى الحزب الجمهوري الامريكي. محكمة العمل البريطانية (British employment tribunal) سبق ان حكمت بتعويض من الشركة وقدره 110 الف جنيه استرليني الى ضباط من قوة الامم المتحدة التي عمل مع الشركة في البوسنة وفصلوا من العمل بسبب ابلاغهم الصحافة حول خروقات الشركة الجنسية والعمل اللاأخلاقي. وقد انتقد وزير الدفاع العمالي السابق بيتر كيلفويل (Peter Kilfoyle) مثل هذا العطاء لهذه الشركة قائلاً (أجد من الصعب أن نصدق ان في الوقت الذي نسعى الى فرض القانون والنظام في العراق ونحتاج إلى التعامل معها بدقة وحساسية, ويعهد بهذه المهمة الى شركة أمريكية خاصة مثل شركة دينكورب الغير موثوق بها لمثل هذا العمل)[520].

تقارير مكتب حقوق الانسان في بعثة الامم المتحدة استمرت في الاشارة الى استمرارية التعذيب في السجون ومراكز الاعتقال التابعة لحكومة المالكي[651].

6.5. برنامج التسليم السري

من الامور التي ساعدت على تهميش سيادة القانون الدولي واحترام حقوق الانسان هي البرامج السرية للاعتقال والتعذيب, والتي تعتبر من ضمن أوجه مخالفة أبسط حقوق الاعتقال القانوني. وهنا يبرز دور السياسة الأميركية في هذا المجال عبر نقل المشتبه بهم من بلد إلى آخر ومن دون أي جلسة محكمة أو عملية التسليم (والذي هو من عمليات الاختطاف). قد بدأت في عهد الرئيس الامريكي الاسبق ريغان. حيث ان الفريق المشترك بين CIA ومكتب التحقيقات الفدرالي FBI يجلب تجار المخدرات والارهابيين المشتبه بهم إلى الولايات المتحدة. ويقرأ عليهم حقوقهم ويعين محامين لهم ايضا ليتم تقديمهم للمحاكمة. لكن في أعقاب الهجوم شاحنة مفخخة عام 1993 في مركز التجارة العالمي، تم استبدال هذه الاعتقالات، والمعروفة باسم "الترحيل السري renditions "، إلى عملية اوسع تسمى سياسة "التسليم الاستثنائي extraordinary rendition" مع المشتبه بهم ونقلهم الى بلد ثالث. حيث قرر ضباط CIA أن مكافحة الإرهاب الإسلامي توجب الابقاء على بعض المشتبه بهم خارج محاكم الولايات المتحدة، خوفا من تعريض مصادرهم، ولحماية مسؤولي المخابرات من دول أخرى في أن يتم استدعاؤهم كشهود[532]. ومن المعلوم ان الرئيس الامريكي بوش الابن هو من أعطى الاوامر الى جهاز المخابرات المركزية الامريكية CIA من اجل انشاء سجون سرية في خارج الولايات المتحدة[147].

وختاماً نذكر ما قالته صحيفة التايم الامريكية عام 2009 للمقارنة بين العراق وامريكا, ففي حين أفرج البيت الابيض عن مذكرات التعذيب لادارة حكومة بوش السابقة كخطوة أخرى نحو اغلاق في ما وصفه الرئيس أوباما "فصل مظلم ومؤلم في تاريخنا" ولكن في العراق، التعذيب ليس شيئا من الماضي، وفقا ل نتائج دراسة جديدة حول الضحايا المدنيين[651].

الفصل السادس

المذبحة الاولى في الفلوجة

4 نيسان 2004

6. 1. فترة ما قبل المعركة

لم تكن الفلوجة هي المدينة الوحيدة التي بدءت تظهر فيها بوادر الرفض الشعبي لوجود الاحتلال, بل ادرك اغلب الشعب العراقي حقيقة اكذوبة التحرير مع تصاعد عمليات السرقة وغياب الامن وانعدام فرص العمل وغيرها من الاكاذيب التي كان الاحتلال يوعد فيها من يساعده. وقبل ذكر تفاصيل تلك الفترة, علينا الانتباه اولا الى الخطأ الاعلامي الذي ارتكبه الكثير من وسائل الاعلام التي كانت تردد ما يقوله الاحتلال حول اطلاق سمة **المتمردين** على **المقاومين في** الفلوجة خصوصا والعراق عموماً. العراق كان وقتها تحت احتلال رسمي معترف به دولياً, ولم تكن هناك اي حكومة عراقية منتخبة او ذات سيادة كاملة حتى يمكن اطلاق تسمية المتمردين. وهو ما اعترف به واكد خطأءه ايضا وزير الدفاع الامريكي الاسبق رامسفيلد(13).

مجريات الاحداث القادمة اثبتت ان المجزرة الامريكية الاولى ضد اهالي مدينة الفلوجة كانت بقرار امريكي صرف ومعلن, مع اشتراك ودعم وتنسيق بريطاني كاملين ضمن القيادة المشتركة لقوات الاحتلال المسماة (قيادة قوات التحالف الدولية). وبالتالي هي تدخل ضمن اطار النزاع الدولي بين قيادة مشتركة لقوات الاحتلال الامريكي – البريطاني وشعب العراق المحتل الذي يدافع عن نفسه في ظل غياب الحماية الدولية مع تاكيد منهجية العنف ومنهج القوة ضد من يرفض الاحتلال واجندته. وحاول بعض السياسيين العراقيين المتعاونين مع الاحتلال التغاضي عن الحديث عن هذه المعركة والتحدث فقط ن المعركة الثانية بسبب الاختلاف القانوني بين المعركتين والذي يدين الاحتلال بالمسوؤلية الكاملة.

في يوم الخميس 15 كانون الثاني (يناير) 2004 تم اسقاط طائرة هليكوبتر امريكية قرب الفلوجة في ثالث عملية لاسقاط هليكوبتر عسكرية امريكية في اقل من أسبوعين, بينما فتحت القوات الامريكية النار في حادثتين منفصلتين في نفس اليوم لتقتل اربعة مدنيين(**51**). قوات البحرية الامريكية المارينز بدءت بالوصول الى محافظة الانبار في منتصف شهر شباط (فبرايو) 2004 وبدءت عملها رسمياً في محافظة الانبار يوم 4 أذار (مارس) 2004 الى حين انتقال كامل مسؤولية التي انتقلت اليها من فوج الفرسان المدرع الثالث (3rd Armored Cavalr Regiment "Brave Rifles") بتاريخ 14 أذار 2004(50).

في يوم 24 اذار (مارس) 2004 وصلت قوات المارينز بقيادة الكولونيل جرجيج اولسون (Col. Gregg P. Olson) قائد الكتيبة الثانية من مشاة البحرية الامريكية (2nd Battalion, 1st Marines) الى الفلوجة لتأخذ مكان لواء المظليين في المسؤولية العسكرية على مدينة الفلوجة وهي تريد أظهار القوة واستخدامها من اجل اجبار الاهالي على قبول اوامر الاحتلال. وهذا ما اكدته لاحقاً تصريحاتهم للصحافة الامريكية في 28 اذار 2004 بانهم جاءوا لعمل ما كانت قوات الجيش (المظليين) تخاف من ان تعمله!! وبعد يومين من وصولهم,

حدثت اولى الاشتباكات المسلحة بينهم وبين مقاتلين محليين في الحي العسكري كانت نتيجتها مقتل جندي امريكي واصابة سبعة جنود اخرين مع قتل 15 شخصا من العراقيين كان من بينهم مصور قناة (ABC News) الامريكية وطفل بعمر سنتين فقط بحسب نفس الصحيفة الامريكية[(414) (13 من 7(371))]. هذه الحادثة التي قتل فيها ابرياء مدنيين دفعت الاهالي الى الغليان لان هذه الاستراتيجية الجديدة للمارينز كانت تعني بكل وضوح مبدأ القوة والعقاب بدل الحوار والاحترام ولهذا فان الامور ستتجه الى زيادة العنف لان العنف يولد العنف.

الكراهية بدءت تزداد عند الاهالي ضد الاحتلال, وازدادت اكثر مع جريمة جديدة في فلسطين عندما تم اطلاق صاروخ من طائرة هليكوبتر اسرائيلية ضد الزعيم الروحي لحركة المقاومة الاسلامية حماس (الشيخ ياسين) وقتله مع من كان معه بعد صلاة الفجر بتاريخ 22 اذار 2004, مما ولّد غضبا عارماً لدى المسلمين في العالم ومن ضمنها الفلوجة. لهذا كان قدوم قوات المارينز في توقيت خاطئ مع محاولتهم اظهار مبدأ القوة مع جريمة اسرائيل الجديدة في قتل رجل مقعد يعطي دلالة واضحة للاهالي في كون الاثنين يعملان بعقلية واحدة ضد المسلمين. وللاسف فان هذه السياسة الخاطئة لم تدركها القيادة الامريكية الا بعد فشلها في معركة الفلوجة الاولى لتبدء بعدها في محاولة حوار الاهالي.

ولتاكيد سياسة المارينز العدوانية الجديدة تجاه الاهالي بدءت القوات الامريكية بحملة اعتقالات عشوائية رافقتها انتشار الدبابات والمدرعات على الطرق مع حفر خنادق على اطراف المدينة. ثم جاءت نشاطات البحرية الامريكية ببيان عسكري يوم 27 اذار 2004 قائلين فيه (انهم يقومون بعمليات هجومية لتعزيز وتامين بيئة مستقرة للشعب, وان الذين اختاروا القتال ضدهم قد اختاروا مصيرهم وسيجري الاشتباك معهم وتدميرهم)[(18 من 7(371))]. ومع انتشار العربات الامريكية في شوارع الفلوجة وهي تنادي عبر مكبرات الصوت بان الفلوجة ستكون ساحة معركة اذا لم يترك الارهابيين السلاح, مما ادى الى بدء بعض الاهالي في الخروج من المدينة. كانت المحلات تغلق في ساعات مبكرة والكمائن والسيطرات الامريكية تنتشر بصورة مفاجئة بين الحين والاخر. هذه الاجراءات دفعت الجنرال مارك كيميت (Brig. Gen. Mark Kimmitt) نائب قائد العمليات العسكرية في العراق الى التصريح للصحفيين يوم 30 اذار 2004 حول سعادته من نجاح تعامل قوات المارينز في الفلوجة وتقدمهم في العمل قائلاً (ان قوات مشاة البحرية سعداء حول كيفية سريان مجرى الامور في الفلوجة, وينظرون الى استمرارية التقدم في انشاء بيئة أمنة ومستقرة واعادة بناء تلك المقاطعة من العراق)[(23 من 7(371))]. لم يكن يدرك الجنرال كيميت ان انتهاكات سياسة المارينز في الفلوجة ستقود الى نتائج عكسية وكارثية عليهم نتيجة ازدياد الكراهية والسعي للثأر منهم من قبل كل من تعرض للظلم على ايدي قواتهم من دون ذنب او جريرة. هذا الوضع دفع المدينة واجبرها لتكون مدينة مقاومة مسلحة ولتصبح رمز يحتذى به في المقاومة الوطنية ضد الاحتلال الاجنبي. ومع هذا

عاد الجنرال كيميت بعد يوم من مقتل المقاولين الامريكين الاربعة ليقول (ان ما حدث هو مجزرة صغيرة)[506].

6. 2. حقيقة دور بلاك ووتر في الفلوجة

في منتصف شهر شباط 2004 كنت مدعواً الى أجتماع في القاعدة الامريكية قرب الفلوجة مع احد أعضاء المجلس البلدي لمدينة الفلوجة وهو الاستاذ المهندس فوزي محمد المضعن. وتم ابلاغنا تحديدا لان الجانب الامريكي يدعونا فقط نحن الاثنين بحجة اننا من حملة الشهادات العلمية الى لقاءهم مع ممثل مدني مهم وصل من الادارة الامريكية لمناقشة خطط تنمية جديدة للمدينة. وعند وصولنا الى خيمة الاجتماع تفاجاءنا بوجود نفس ممثل بريمر وهو من عناصر السي اي ايه اصلا وكان يحضر الاجتماعات عادة مع الجانب العسكري. وحضر ايضا ضابط من المارينز لم يقدم لنا نفسه, وعندها شعرنا بان مناقشة المشاريع الجديدة ووجود شخصية مهمة من الادارة الامريكية هي مجرد ادعاءات لعقد هذا الاجتماع. سرعان ما عرفنا سبب الاجتماع, فقد حضرّ لاحقاً مقاوليين امنيين من شركة بلاكووتر وهم يلبسون ملابس مدنية بهيئة عراقية مع غطاء عربي للراس (كوفيه) حتى ظننا ان بعضهم عراقيين. وزاد من دهشتنا عندما قدموا الينا بانهم اعضاء سابقين من جهاز المخابرات السي اي ايه الامريكية بسبب تشابه ملامح بعضهم مع الملامح العربية مما ادهشنا فعلاً في بادئ الامر. كان المتحدث الينا منهم هو الاضخم جسما وعضلات ويضع وشم على ذراعيه الاثنين ولديه شارب اصفر كبير يشبه كثيراً رجال رعاة البقر الكاوبوي , وجلس خلفه ثلاثة من زملائه الذين لديهم ايضا شوارب واحدهم لديه لحية خفيفة.

بدءوا الحديث معنا حول قرارهم فصل 50 فردا عراقياً من شرطة حماية المنشات بحجة عدم الحاجة لهم باعتبارهم عمالة فائضة. فكان ردنا عليهم بان هولاء يعيلون 50 عائلة في الفلوجة وقطع رواتبهم سيقطع مصدر الرزق الوحيد للعائلة في هذا الظرف الصعب. وبعد نقاش مطول, قدم ممثل بلاك ووتر مقترح ان يتم ارجاع هولاء الشرطة بشرط استخدامهم بمهمة جواسيس لمعرفة من يقوم باستهداف القوات الامريكية. رفضنا المقترح بسبب محاولتهم استخدام الظرف الاقتصادي الصعب للشركة من اجل ان يحموا القوات الامريكية, بينما العكس هو ما يجب ان يكون, لان القوات المحتلة ملزمة في حماية الشعب المحتل. اتجه سير الاجتماع الى المشادة الكلامية بيننا. حاول ممثل بريمر ان يخيفنا بان طلب منا ان نبلغ اهالي الفلوجة بان قوات المظليين ستذهب من الفلوجة وستحل محلها قوات المارينز وهي اشد ردا على اي اعتداء عليها. وهنا حاولت ان انصحهم بالاستفادة من اخطاء قوات المظليين وعدم تكرار الجرائم والانتهاكات التي حدثت معهم مع محاولة فهم ثقافة وتقاليد الفلوجة وخصوصا في مسالة العدالة وضرورة الثأر في غياب العدالة باسترجاع الحقوق. وهنا حاولت ان اعطي مثالاً للتوضيح الا انهم فهموا المثال كتهديد مني لقواتهم. اعطيتهم مثال حول مسالة القتل حسب التقاليد العشائرية، لان من الحق اهل الضحية المقتول ان يثأروا من عائلة القاتل عن

طريق اكثر من واحد، في حال لا توجد العدالة القضائية ضد القاتل. وكنت اقصد غياب دور المحاكم العراقية بسبب قرارات بريمر باعطاء حصانة للجنود الامريكان امام القضاء العراقي مهما اقترفوا من جرائم وانتهاكات. واردت توضيح ضرورة تجنب العنف لتجنب العنف المضاد كرد فعل طبيعي للدفاع عن النفس.

وهنا استشاط ممثل بريمر غضبا وقال (لا احد يجرأ على تهديد المارينز), ثم مسك رقبة قميصه وقال مع تباهي سخيف (أبلغوا أهل الفلوجة ان القوات الحالية هم المارينز وليسوا المظليين وسنرد على قتل اي جندي امريكي واحد بقتل عشر مدنيين منكم). دفعنا هذا الكلام الى رفع صوتنا عاليا لشجب هذا المنطق. وتدخل هنا زميلي المهندس فوزي متسائلاً (انتم تريدون بحر من الدماء ؟؟ لقد جئنا هنا من اجل الحوار لمساعدة الفلوجة ولا نقبل باسلوب التهديد). فما كان من الجانب الامريكي الا ان انهوا الاجتماع بحجة انتهاء الوقت المحدد وضرورة ذهابهم لاجتماع اخر.

المفاجأة الاهم كانت عند خروجنا من خيمة الاجتماع, حيث لفت نظري وجود سيارات مدنية عراقية حديثة واحداها كانت سيارة BMW تحت تصرف واستخدام المقاولين الامنيين لبلاك ووتر. مما جعلني اتاكد اكثر بكون السيارة الارهابية التي أطلقت النار ليلة 2003/9/11 على بناية الحكومة المحلية والقائممقامية في الفلوجة وهربت الى داخل القاعدة الامريكية قد كانت من طرفهم. وهذا يدفعنا للسؤال حول ماهو حقيقة الدور الذي يلعبه مرتزقة شركة بلاك ووتر في ذلك الوقت؟؟ وماذا كان غرضهم من هذا التصرف العدواني؟؟

6. 3. حادثة مقتل مرتزقة بلاك ووتر

بعد أربعة ايام من نقل السلطات في محافظة الانبار الى قوات المارينز (MEF) من مظليي الفرقة 82 المحمولة جواً (82nd Airborne division)[230]. وفي يوم 31 اذار من عام 2004, سيارات المقاولين الاربعة لشركة بلاكووتر غادرت مقرهم في قاعدة المزرعة غرب الفلوجة وهم متجهين باتجاه مدينة الحبانية وعبر مدينة الفلوجة. لكن الغريب انهم سلكوا الطريق الذي يمر داخل مدينة الفلوجة وليس الطريق المحاذي لها على الخط السريع كما طلب منهم. الغريب ان الكثير من الجهات الدولية وحتى الامريكية لم تطالب بالتحقيق المستقل لمعرفة اسباب هذه الحادثة وخصوصا ان اهالي المدينة لم يقاوموا قوات الاحتلال الامريكية بعد سقوط بغداد في 9 أبريل 2003 وليس من تقاليدهم واخلاقهم التمثيل بجثث اعدائهم. فما الذي ادى الى هذه الحادثة ؟ للاجابة على هذا السؤال, علينا اولا معرفة جانبين مهمين. الاول يتعلق بدور ومهام هذه الشركة الامنية في الفلوجة وأثاره في نفوس المدنيين. والثاني هو طبيعة التقاليد في الفلوجة بصورة خاصة والشعب العراقي بصورة عامة تجاه الاحتلال والدفاع عن النفس.

القصة الامريكية تدعي ان الاربعة مقاولين من بلاك ووتر كانوا في مهام الانسانية في تقديم الغذاء والمساعدات الانسانية في تلك المنطقة, كما صرح بذلك المتحدث باسم قوات المارينز وقتها الجنرال مارك كيميت. ثم اعاد هذه الادعاء أحد كبار ضباط وزارة الدفاع الامريكية *جون بيلارد* John R. Ballard في كتابه '*القتال من اجل الفلوجة*'. لكن كل الحقائق تشير الى انهم كانوا الجيش الثاني في العراق بعد الجيش الرسمي الامريكي من حيث العدد والتسليح وطبيعة المهام العسكرية (أنظر الفصل الرابع). ويكفي الاشارة الى تمرد شركة بلاك ووتر في تاخير الاجابة على اسئلة وطلبات لجنة التحقيق الامريكية (Committee's inquiry) واستخدام اساليب مثل الادعاء بحدوث خطأ في تصنيف الوثائق المتعلقة بحادثة الفلوجة, او تبحث الحصول على تصنيف باثر رجعي من وزارة الدفاع الامريكية للوثائق الغير مصنفة. هذا التلاعب اكد الشكوك حول امتيازاتها القانونية وسرية عملياتها الغير انسانية[239]. بالاضافة الى حادثة اجتماعنا معهم وانكشاف دورهم الاستخباري في الفلوجة.

بحسب ضابط من مشاة البحرية الامريكية في قاعدتهم قرب الفلوجة قال بان مرتزقة بلاك ووتر رفضوا ابلاغ قادته او اي شخص في القاعدة عن طبيعة مهمتهم[45 من 7(371)]. تحقيق الكونغرس الامريكي حول الحادثة في 2007 كشف العديد من الحقائق. فان العديد من التحذيرات قد ابلغت لهم بعدم دخول المدينة لخطورة الوضع وكان رد رجال بلاك ووتر بانهم اكدوا انهم لن يدخلوا المدينة. لكنهم دخلوها في ردة فعل يفسرها البعض انها كانت اهمال[47 من 7(371)]. فهناك مقاولين امنيين كانوا قد حذروهم قبل ليلة من الحادث بعدم المرور في داخل الفلوجة بسبب عدم تجهيزهم بالكثير من المستلزمات الضرورية كالخرائط الكافية للمنطقة والمدينة, وافتقاد الاسلحة الكافية او المراكب المدرعة من اجل حماية الشاحنات. المقاولين الاربعة وصلوا قبل ليلة من الحادثة الى القاعدة العسكرية الخطأ قرب الفلوجة, واجبروا على المبيت لاسباب امنية قبل ان ينطلقوا في اليوم التالي على عجل ومن دون تحضيرات كافية[239].

مقاولي بلاكووتر الاربعة كان قد بدءوا مهمتهم قبل بدء العقود الرسمية لشركتهم, وبالرغم من كل الانذارات مع عدد قليل في كل سيارة التي كان يجب ان تحتوي على شخصين في الخلف لتوفير حماية من الخلف, حيث بقي اثنان من زملائهم في مقر الشركة لاداء واجبات ادارية واكمال المهمة بعدد اقل (اربعة اشخاص) ليضع علامة استفهام كبيرة[221]. وللعلم فان الشركة البريطانية الامنية مجموعة مراقبة المخاطر(Control Risks Group) (التي كانت تقوم بهذا العمل قرب الفلوجة قبل مجيء شركة بلاك ووتر) قد رفضت القيام بهذا العمل ولمرتين متتالية متعذرة بكونها تحمل مخاطر غير مقبولة, لهذا قبلت شركة بلاك ووتر بالمهمة دون الاكتراث لتحذيرات الشركة البريطانية[239].

ومن المهم ان اذكر بعض المعلومات التي ذكرها مؤلف كتاب بلاك ووتر جيرمي سكاهيل لاهميتها في تتابع الاحداث[371]. المتحدث باسم الاحتلال (الناطق باسم بريمر) دان سينور

(Dan Senor) اكد بان لديهم الثقة الكاملة في رجال بلاك ووتر الذين يحمون السيد بريمر ويوفرون الامن في كل العراق!![41 من 8(371)]. اذا المهمة الرئيسية لهم كانت هي أمنية وليست انسانية كما ادعوا بعد الحادث. وبدءت دعوات صريحة الى جعل الفلوجة حمام دم من قبل بعض النقاد السياسيين. فهذا بيل اوريالي Bill O'Reilly من خلال شبكة فوكس نيوز Fox News يقول (انا لا يهمني شعب الفلوجة, انت لن تكسب قلوبهم وعقولهم, هولاء سيقتلونك حتى النهاية, لذا دعونا نضرب المكان باستمرار)[17 من 8(371)]. في حين صرح الى MSNBC المرشح الديمقراطي الرئاسي السابق الجنرال ويسلي كلارك قائلا (ان المقاومة ليست بانخفاض في الفلوجة, وبقدر ما استطيع التحديد فانها بناء متزايد ونحن لا نسطيع ان نسمح لهذا التحدي مع سلطتنا)[20 من 8(371)]. البعض الاخر حاول خلط الاوراق بين ان تكون مستهدف في بيتك وبين ان تكون محتل وتقتل من تشاء من دون ان تقبل رد فعل من اي طرفا كان. Tucker Carlson يقول في برنامج (Crossfire host) من على قناة السي ان ان الامريكية (اعتقد اننا يجب ان نقتل كل شخص مسؤول عن مقتل اولئك الامريكيين, هذه هي علامة على الضعف, وهذا هو ما اوصلنا الى حادثة 11 سبتمبر. بسبب اننا سمحنا للاشياء ان تذهب هكذا بدون رد)[24 من 8(371)].

وبالرغم من تنديد كافة الجهات الدينية والرسمية والاجتماعية بعملية التمثيل بالجثث (mutilations), الا ان الوضع استمر بالتدهور[235]. ففي اول اجتماع لمجلس الحكم في الفلوجة مع الجانب الامريكي في القاعدة الامريكية قرب الفلوجة, بدء الممثل المدني ل بريمر في محافظة الانبار يتكلم هائجاً ونار الانتقام تتطاير من عيونه التي كانت حمراء بسبب شدة بكاءه. وكان يقف بجانبه قائد قوات المارينز الجديد الذي كان في اول رؤيتي له في هذا الاجتماع. ثم تلى بعد ذلك نائب رئيس المجلس الحكم المحلي الشيخ محمد حامد الشيحان بيان المجلس حول حادثة قتل المقاولين الامنيين الاربعة. حيث ندد المجلس بعملية التمثيل بالجثث باعتبارها مخالفاً لاحكام الشريعة الاسلامية ولتقاليد العراقيين. وهنا ردّ قائد قوات المارينز في الفلوجة قائلاً (ونبينا داود ايضا حرم علينا التمثيل بالجثث) في اشارة منه الى ديانته اليهودية. ثم اضاف ممثل بريمر في الفلوجة قائلا (لقد كانوا اصدقائي وزملائي وسوف ننتقم من القتلة جميعا). والملفت للانتباه انه كان يلبس السترة الواقية من الرصاص اثناء الاجتماع معنا بالرغم من اننا نجتمع في القاعدة الامريكية قرب الفلوجة وقد تم تفتيشنا جيدا. بينما هو لم يكن يلبسها حتى خلال الاجتماعات الاخيرة قبل الحادث وخصوصا التي عقدت في قاعة مركز الشباب في الفلوجة.

6. 4. التهيئة لاقتحام الفلوجة وجريمة العقاب الشامل

كانت هذه الحادثة برمتها فرصة جيدة للسياسيين الامريكين وخصوصا الرئيس بوش الابن الذي كان قد بدء حملته الانتخابية وصرح وقتها بان هولاء الارهابيين لن يرهبوا الولايات

المتحدة ولن يثنوا ارادتها. وهذا ما جعلهم يتخذون من الحادثة مسمار جحا في اظهار ارادتهم نحو محاربة الارهاب لكي لا يصل هذا الارهاب الى امريكا واستمرارية كذبة محاربة الارهاب من اجل احتلال العراق.

هذا الدفع السياسي من اجل الانتقام هو الذي اجبر قوات المارينز على اتخاذ قرار الرد السريع والشامل بعد ان كانوا ياملون بعمل اكبر بعد فترة اعداد اكثر (مذكرات سانشيز). ولهذ توعد بول بريمر في اول تعليق له على مقتل الاربعة في اثناء تخرج دفعة اولى من المتدربين في كلية الشرطة في بغداد قائلاً (ان قتل رجال بلاكووتر لن تمر دون عقاب)[202]. بينما قتل خمسة جنود تابعين للمارينز في نفس اليوم (31 أذار) قرب الحبانية (تبعد عن الفلوجة مسافة 20 ميل), ولكن الاعلام لم يركز عليهم ولم يهدد قادة الاحتلال بالثأر لهم[193]. في حين أنفجرت في نفس اليوم سيارة مفخخة على قافلة للشرطة العراقية الجديدة واوقعت بينهم 15 ضحية [506].

بعد اتخاذ الرئيس الامريكي لقرار اجتياح الفلوجة, وقبل الشروع بالعمل العسكري فقد تم ارسال جيم ستيل Jim Steele الى داخل الفلوجة مع فريق امريكي – عراقي. وهذا الرجل يعمل مساعد لبريمر (وهو الشخصية البارزة في تاريخ الحروب القذرة للولايات المتحدة في بعض دول امريكا اللاتينية. وهو الذي كان مفتاح انشاء التمرد الرسمي في حرب الولايات المتحدة الدموية في السلفادور, من خلال اشرافه على تدريب فرق الموت السلفادورية. تحقيق للكونغرس فضح له دورا في تزويد السلاح الى فرق الموت في نيكاراغوا. وعمل على تدريب الشرطة البنمية بعد ان اطاحت الولايات المتحدة بالرئيس البنمي حينها[57و56و55 من 8(371)])). ولهذا بدء الجميع يقتنع بتطبيق خطة فرق الموت السلفادورية في العراق[61 من 8(371)]. فقد كان ستيل مشهورا بكيفية تنظيم التمرد المسلح وقيادته من قبل القوات المحلية[62 من 8(371)]. وبعد رجوعه من مهمته داخل الفلوجة ادعى بان مهمته كانت من اجل استرجاع اجساد الرجال الاربعة لبلاكووتر (وتقييم وضع العدو داخلياً)[63 من 8(371)]. بينما الحقيقة كانت ان شرطة الفلوجة هي من نقلت الجثث بسيارات الشرطة الى داخل القاعدة الامريكية. وفعلا كان الغرض هو عمل استخباري لتقييم الوضع الداخلي قبل الشروع بالهجوم. حيث صرح ستيل (في الفلوجة فان سياسة اليد الغليظة هي التي تعطي معنى, وهذا هو الشيء الوحيد الذي يفهمه هولاء الشباب, لاننا لا نستطيع ان نظهر كضعفاء والا فان هذه الحالة ستنتشر في بقية المناطق)[64 من 8(371)].

الدور العسكري لشركات المرتزقة تصاعد مع قيادتهم جنود المارينز مع جنود سلفادوريين كانوا يحمون مقر سلطة الاحتلال في النجف (Camp Golf) وبدءوا مواجهات مسلحة في مدينة النجف ضد انصار مقتدى الصدر في نفس يوم الهجوم على الفلوجة بتاريخ 4 ابريل 2004. بتاريخ 28 اذار 2004 بول بريمر امرّ باغلاق جريدة الحوزة التابعة لمقتدى ومن ثم اعتقال رجل الدين البارز اليعقوبي والتي اجحت تظاهرة عارمة تعارض بقاء الاحتلال

وتطالبه بالرحيل. لقد كان رجال بلاك ووتر هم من يعطون الامر باطلاق النار لجنود المارينز وقادوا الاشتباك الذي حصل يوم 4 -4 – 2004 في النجف. وهذا يؤكد الدور القتالي لهم بالاضافة الى الامني. (انظر الفصل التاسع).

حكومة الاحتلال بعد انتهاء المعركة الاولى وفشلهم في احتلال المدينة نشرت ادعاءات حول وجود المقاتلين العرب في الفلوجة. وهنا نذكر بعض الحقائق التالية التي تدين القادة الامريكان وفيها اعترافاتهم. حيث اعترف القائد الامريكي الاعلى في العراق اللواء ريكاردو سانشيز[36] قائلاً: (في تموز 2003, كانت هناك ثلاث حروب مختلفة تجري في العراق. أولا، كان مجاميع غير منظمة للنظام السابق، كانت مهمته الرئيسية هي القتال والتمرد اللامركزي ضد قوات التحالف. الثانية، وكانوا متطرفون من السّنة، في بعض الأحيان ، ترتفع وتهاجم أي وجود أجنبي في أحيائهم. وهذا خصوصا في الجزء الغربي من بغداد بالقرب من الفلوجة). كما أكدت وثيقة مركز الاستخبارات الارضية الوطني NGIC [1] الصادرة بعد انتهاء المعركة الاولى, والتي لم تشر الى وجود اي مجاميع غير عراقية وكما سياتي ذكرها لاحقاً وبالتفصيل.

6. 5. بدء عملية حصار الفلوجة

6. 5. 1. الاجتماع الاخير مع المارينز

في يوم 2004/4/4 كان لدينا كاعضاء في المجلس المحلي اجتماعاً مقرراً مع قائد قوات المارينز الامريكية في الفلوجة. وكان هذا هو الاجتماع الثاني لنا معهم بعد مقتل المرتزقة الامنيين لشركة بلاكووتر. وقد حضرّ الى بناية المجلس البلدي اعضاء المجلس الساكنين فقط في داخل المدينة بسبب تعذر دخول بقية الاعضاء الساكنين خارج المدينة وهم اغلبية الاربعين عضواً في المجلس وقتها. رئيس المجلس البلدي د.محمد حسن البلوة كان خارج المدينة بسبب ظرف عائلي, فاصبح الوفد يتكون من نائب رئيس المجلس البلدي سعدالله الراوي والمهندس فوزي محمد المضعن وشيخ عشيرة الروايين تقي الراوي وعالم الدين الشيخ احمد الجنابي مع مدير ادارة المجلس حازم الجميلي وانا معهم.

في صباح هذا اليوم (الذي صادف ايضا ذكرى مقتل الملك العراقي المرحوم غازي فيصل عام 1939) تفاجأ الجميع بقيام القوات الامريكية بغلق جميع منافذ عبور السيارات والمشاة المؤدية من والى المدينة والبالغ عددها 14 معبر او طريق. فتقدمنا الى النقطة العسكرية التي تغلق الطريق الرئيسي الى المعسكر الامريكي وابلغناهم بان لدينا اجتماع مع قيادتهم العسكرية. وبعد ساعة من الاتصال بقيادتهم العسكرية, سمحوا لنا بالمرور وبمرافقة دورية عربات امريكية. لدى دخولنا الى خيمة الاجتماع وجدنا قائد المارينز (Lt. Gen. James T. Conway) بانتظارنا وهو يمسك بورقة رسالة قدمت لنا وابلغنا بضرورة

توزيعها على اهالي الفلوجة لانهم سوف يقومون بعمل عسكري ضد المسلحين الذين قتلوا المقاولين الاربعة. وكانت الورقة عبارة عن تعليمات من القوات الامريكية تطلب من الاهالي ووفقاً لاتفاقيات جنيف!! بعدم الخروج من المدينة, وفي حالة الضرورة والحاجة فعلى الاهالي ان يرفعوا العلم الابيض امام الجنود الامريكان لطلب الغذاء او الدواء فقط. اي انهم قرروا مسبقاً جعل المدينة مثل السجن الكبير ومنع دخول الغذاء والدواء الا عن طريق قواتهم, وهذه كان اول مخالفة لاتفاقية جنيف قبل بدء المعركة. والغريب عندما قراءت دراسة عسكرية امريكية يدعون فيها بانهم شجعوا اهالي الفلوجة على الخروج من المدينة قبل بدء المعركة[55], بينما تؤكد منظمات الاغاثة الدولية منع المدنيين في الفلوجة من الخروج او الدخول واستهدفت العديد منهم بالقنص العشوائي[219].

وفي الاجتماع حاولنا مناقشة قائد قوات المارينز حول مبررات العملية وانه لا يملك الحق في معاقبة مدينة بكاملها خصوصا وان بامكانه القبض على من قتل المقاولين الاربعة. حيث كانت تصريحاتهم تشير بانهم يعرفون الفاعلين الذين ظهروا على شاشات التلفزة, ومع امتلاكهم العديد من الجواسيس في الداخل فان بامكانهم الدخول باي وقت واعتقالهم. خصوصا ان المارينز يدخول المدينة ليلاً ونهاراً لاعتقال من يريدون ويقتلون من يرغبون فلماذا هذا العقاب الجماعي؟؟ اجابنا القائد الامريكي بطريقة تهرب وهو يحاول الذهاب قائلا, هذه اوامر البنتاغون حصراً وليس له صلاحية مناقشتها بل تطبيقها فقط. وقبل مغادرتنا الخيمة بادر الى القول (ليطمئن اهالي الفلوجة ولا يفزعوا اذا شاهدوا جنودنا بملابس غير التي اعتادوا ان يشاهدوها عليهم, لاننا سنقوم بعمليات نوعية ضد الارهابيين!!!) استغرب وفدنا من هذا الكلام, وفسرناه كتهديد يدخل في اطار الحرب النفسية سواء كانوا فعلا سيستخدمون قوات نوعية مختلفة او ربما مقاتلي مرتزقة؟؟

6. 5. 2. نداء أغاثة الفلوجة

رجع وفد المجلس المحلي للفلوجة وبدءنا التفكير في أثار هذه الخطوة العسكرية للعقاب الشامل, وخرجنا باجماع بان هذا يعني عقاب سيصل في اثاره الى مستوى الابادة او القتل العشوائي. وقررناّ اطلاق مناشدة عبر الفضائيات من اجل انقاذ المدينة من جريمة الاستباحة والدمار التي تنتظرها. وبدء الاستاذ فوزي المضعن بالاشتراك مع السيد سعدالله الراوي باعداد خطاب الاستغاثة لنجدة الفلوجة. وصل مراسلي قناة العربية في الفلوجة (عبدالقادر البندقجي ومحمد الزوبعي) وتبعه بعد فترة قصيرة مراسل قناة الجزيرة (حسين دلي) من اجل تسجيل نداء الاستغاثة وبثه فوراً. وعند بث النداء كان صوت السيد سعدالله الراوي مملوء بالالم ومشاعر الخوف على مصير المدنيين, وطالب كافة العراقيين في نجدة الفلوجة بعد ان القرار الامريكي في العقاب الشامل للمدينة. النداء انتشر عبر الفضائيات العربية والعالمية

وبدءت معه حملة تضامن لم نكن نتوقعها. ونجحت خطة النداء في كسب المعركة الاعلامية في هذه النزاع مع النشاط الكبير لقناة الجزيرة ومن بعدها قناة العربية. وكان التضامن الشعبي من قبل مختلف الفئات والشرائح العراقية هو اكثر شيء قد أفرح قلوبنا واحسسنا عندها ان المعركة لن تكون ضمن نطاق الفلوجة فقط.

العالم كله كان يستمع الى جهة واحدة في الاعلام وخصوصا صور جثث الامريكين المقاولين الاربعة. لهذا فان النداء الذي وجهناه وبعدها كانت تنشر صور عشرات الضحايا المدنيين العراقيين بسبب القصف والقنص الامريكي ساعد في قلب موازين المعركة واظهرللعالم حقيقة من يدافع عن نفسه ومن هو الذي يرتكب الجرائم والانتهاكات

وفي يومي 4 و5 نيسان (ابريل) بدء مراسل قناة الجزيرة في الفلوجة بالحديث عن وقوع ضحايا مدنيين وحدوث كارثة انسانية (humanitarian disaster), مما اشعل موجة غضب عارمة. حيث حذّر الحزب الاسلامي بالانسحاب من مجلس الحكم الذي شكله الحاكم المدني للاحتلال مالم يتوقف هذا الوضع[230].

في الايام الاولى للمذبحة الامريكية (6 او 7 ابريل 2004) وصل الى الوحدة الطبية المستحدثة قرب جامع الحضرة المحمدية شهيد في العشرينيات من العمر وقد اصابته رصاصة قناص في الرأس ووجهه كان مبتسماً وتفوح منه رائحة المسك. ويوجد خمسة شهداء في الطابق الاول للوحدة الطبية بانتظار ان نجد مكان لدفنهم بعد ان تعذر علينا دفنهم في المقبرة الجديدة بسبب وجودها ضمن مدى نيران القناص والاسلحة الخفيفة للجنود الامريكان. في هذا الاثناء وصل الى جامع الحضرة المحمدية وفد من التيار الصدري برئاسة الشيخ عقيل على ما اذكر, ومعه قافلة مساعدات غذائية. كان في استقبالهم بعض وجهاء الفلوجة مع بعض زملائي في المجلس البلدي, حيث ابلغوا وجهاء الفلوجة بتحيات مقتدى الصدر وتضامن التيار الصدري وجيش المهدي مع اهل الفلوجة. في نهاية اللقاء قدم وجهاء الفلوجة الشكر الى وفد الصدر على تضامنهم ومشاعرهم بان يكونوا اول الواصلين لنجدتنا. وقبل مغادرة الوفد, طلبوا رؤية جثث الشهداء وكنا مستغربين من الامر للوهلة الاولى لكننا ذهبنا معهم الى غرفة الجثث. وعند وصولهم غرفة الجثث كانت رائحة المسك تملئ المكان فبدأت اصوات التكبيرات وبعضهم بدء يبكي فوق جثث الشهداء. فقرر بعضهم البقاء وقالوا (نحن معكم على النصر او الشهادة). واثناء تفريغ حمولة سيارة المواد الغذائية لاحظت كيس صغير من الدقيق (الطحين) لا يتجاوز الخمس كيلوغرامات. استغربت وسالت سائق السيارة (وهو رجل في الاربعينيات من العمر) ما هذه ؟ رغم علمي انها مادة طحين. فاجابني بان سيدة عجوز من منطقة النصر والسلام كانت تحاول اللحاق بسيارته من اجل ان تتبرع بهذه الطحين لانها لا تملك غيره!! ومع هذه المشاعر الوطنية بدءت قوافل التضامن والمساعدات الانسانية والطبية تصل الفلوجة. وازدادت حملات التبرع بالغذاء والدواء والاموال والحلي الذهبية وحتى التبرع بالدم دعماً لاهالي الفلوجة. عندها اصبحنا على يقين من ان النصر من الله سياتي بعد ان جمع

الله قلوب العراقيين ضد الاحتلال وجرائمه. لقد كانت لحظات تختلط فيها المشاعر ما بين مشاهد القتل العشوائي وبين وصول مختلف وفود مناطق العراق وطوائفه رغم خطورة الوضع الامني في الفلوجة. لهذا كان من الطبيعي أعتراف مراسلي الصحف الامريكية في كون التعاون الاخوي والتأزر بين التيار الصدري وأهالي الفلوجة والتاييد الكامل بينهم للانتفاضة الموحدة ضد الاحتلال كانت من اعظم الازمات التي واجهت الاحتلال[105]. لم نخطط كل هذا, لكننا رفعنا صوتنا بصدق فكسبنا المعركة الاعلامية والتضامن الشعبي منذ بداية المعركة.

6. 6. بدء المعركة الاولى في الفلوجة

الجانب الامريكي ادعى بانهم طلبوا من الاهالي بان يرفعوا ايديهم قبل التحدث مع الجنود الامريكان بعد ان تم اكمال حصار الفلوجة [(8 من 10(371))]. وهذا غير صحيح, لانهم بدءوا باطلاق النار على الكثير من المدنيين الذين ارادوا النجاة بارواحهم من هذه المجزرة. كما ان قوات المارينز أقامت معسكرات اعتقال قبل بدء هجومها على المدينة[(1 من 10(371))]. في يوم 5 – 4 – 2004 بدءت العمليات العسكرية على مدينة الفلوجة[64], واستمرت لغاية 30 من نفس الشهر[231]. حيث ارسلت قوة خاصة أمريكية لتضرب اهداف محددة داخل المدينة, فدخلت ثلاث كتائب من مشاة البحرية الامريكية التي تدعمها الدبابات الحديثة. لكن سرعان ما بدءوا يطلبون الدعم بمزيد من الجنود بعد بدء المواجهة مع المقاومة المسلحة في الداخل[(9 من 10(371))].

وفي يوم 8 نيسان (ابريل) 2004 بدءت الطائرات الحربية الامريكية بقذف قنابلها على مدينة الفلوجة[64]. أحداها كانت ما قامت به طائرة حربية امريكية من نوع اف 16 بالقاء قنبلة زنة 500 باوند على مجمع مسجد داخل الفلوجة [(12 من 10(371))]. وبالرغم من انه انتهاك صارخ لاتفاقيات جنيف التي تمنع استهداف مراكز ودور العبادة, الا ان الجانب الامريكي ادعى انها كانت مركزا للمقاتلين مما يعني انها موقع عسكري الان!! [(13 من 10(371))].

قوات المارينز الامريكية استولت على المستشفى العام للمدينة ومنعوا الجرحى من التداوي فيه [(15 من 10(371))]. قصفت القوات الامريكية محطة توليد الكهرباء للمدينة في بداية هجومها. [(16 من 10(371))], في حين توعد احد ضباط المارينز ويدعى العقيد برنان بيرن (Marine commander Lt. Col. Brennan Byrne) بان من سيقاوم سوف نكسر ظهره [(19 من 10(371))].

الجرائم التي ارتكبت في الايام الاولى والتي انتشرت للعالم عبر قناة الجزيرة الفضائية القطرية, دفعت الى مظاهرات وحملة واسعة وكبيرة للتنديد بالجريمة وجمع التبرعات

الانسانية لارسالها الى الفلوجة, ناهيك عن قوافل المساعدات والمتطوعين الذين وصلوا المدينة. بينما صرح موظف في مستشفى الفلوجة بان اكثر من 280 مدني قد قتلوا وجرح اكثر من 400 اخرين[(25 من 10(371))], وبالرغم من انكار القوات الامريكية باستهداف المدنيين الا ان الميجور لاري كايفش (Maj. Larry Kaifesh) اعترف بصعوبة تحديد المقاتلين من المدنيين اثناء المعارك[(27 من 10(371))]. بالرغم من ان وزير الدفاع الامريكي رامسفيلد كان يدعي في بداية العمليات (مشاة البحرية كانوا يتحركون بشكل منهجي في المدينة, بحثاً عن اهداف محددة ولديهم صور لهذه الاهداف, لهذا فهم يعرفون من يريدون وماذا يريدون ولماذا سيعتقلون هذا الشخص او ذلك)[(52)].

6. 7. جرائم أخرى لقوات الاحتلال خلال المعركة

وبسبب استمرار الحصار والمعارك في منطقة حضرية وسكنية, مع منع سيارات الاسعاف من أنقاذ الجرحى او نقل الجثث, مما أدى الى تكدس جثث المدنيين في الشوارع وبدءت رائحة الموت تنتشر في الفلوجة. العيادات الطبية المؤقتة والتي انشئت خلال المعركة بسبب منع المصابين من الذهاب للمستشفى العام كانت تفتقر لابسط الشروط الصحية. كان من بين اشهر الصحفيين الذين دخلوا المدينة مع قوافل المساعدات الانسانية وشهدوا على المأسي التي اصابت المدنيين وخصوصا النساء والاطفال جراء القنص الامريكي الذي أستهدف الجميع, هو الصحفي الامريكي ظاهر جمايل (Dahr Jamail) مع زميله Rahul Mahajan.[(32 من 10(371))]. والذي توطدت علاقتي به منذ تلك المعركة وبدء ينشر الكثير من المقالات والاخبار التي يزودها به اهالي الفلوجة ليكون صوت حر لهم في داخل الولايات المتحدة والخارج. بينما ذكر Rahul Mahajan بان الطائرات الامريكية الشبح اس – 130 اسقطت قنابل زنة 500 ,1000 و2000 باوند على احياء الفلوجة. لدى تواجده في عيادة طبية, Rahul شاهد ايضا وصول اكثر من 20 مدني مصابين برصاص القناص بالرغم من بعضهم كانت نساء واطفال صغار بعضهم لا يتجاوز 10 سنوات من العمر مما يدلل على انتشار كثيف للقناصة الامريكان داخل احياء الفلوجة وضربهم لاي مدني مهما كان عمره او جنسه !!! بل ان سيارات الاسعاف ايضا لم تسلم من استهداف القناصة الامريكان لها[(35 من 10(371))]. هذا الماسي كانت السبب في قرار الاهالي في تحويل ملعب كرة القدم داخل المدينة الى مقبرة جديدة لشهدائها.

وبالرغم من اعلان القوات الامريكية وقف اطلاق النار لكن طائراتهم كانت مستمرة في قصف احياء الفلوجة والتي فضحتها عدسة مصور وكادر قناة الجزيرة القطرية والذي كان متواجدا فيها في ذلك الوقت[(40 من 10(371))], حيث دخل الصحفي احمد منصور مع كادره منذ يوم 3 ابريل, اي قبل يوم من الحصار وبدء العمليات العسكرية. كانت الصور المعبرة عن حقيقة المجزرة داخل الفلوجة مع الادلة الرقمية التي اعطاها الكادر الطبي والانساني عن

طبيعة الوضع الماسأوي في الداخل واضحة ولا تحتاج الى تعليق. لهذا لم تكن التصريحات الغاضبة من قبل الناطق باسن المارينز (كيميت) والناطق باسم بول بريمر (دان سينور) مفاجـأة في تهجمهما على قناة الجزيرة القطرية وقناة العربية السعودية ثم تلاها تصريح دونالد رامسفيلد وزير الدفاع الذي وصف تغطية قناة الجزيرة للمجزرة بانه (شريرة وغير دقيقة وغير مبررة)[(49 من 10(371))] . ثم جاء ما هو اكثر صدمة عندما اعلنت لاحقا جريدة الدايلي ميرور البريطانية (Daily Mirror) نقلا عن وثيقة سرية من مكتب رئيس الوزراء البريطاني السابق توني بلير من ان بوش اعلمه بنيته ضرب قناة الجزيرة في قطر وبقية مكاتبها !!![(50 من 10(371))] . مما يؤكد العقلية النازية والاجرامية لدى رئيس يحكم دولة متقدمة ومتحضرة بمثل الولايات المتحدة الامريكية.

ومع هذا أستمر الرئيس الامريكي بوش في مسلسل الكذب على شعبه, حيث قال في حديثه الاسبوعي على التلفزيون الوطني الامريكي بتاريخ 13 نيسان 2004 (الارهابيين من اقطار اخرى دخلوا العراق وبدءوا يحرضون وينظمون الهجمات,والعنف الذي رايناه هو قوة الاستيلاء على السلطة من قبل متطرفين قاسين, انها ليست انتفاضة شعبية)[(55 من 10(371))]!! فاذا لم يكن هذا التلاحم بين العراقيين هو انتفاضة شعبية فماذا تعني بالنسبة للعقلية الامريكية؟؟ وهل التهجير الداخلي لاكثر من 200000 مدني من الفلوجة مع عقاب شامل هو استرتيجية انسانية تستحق هذا الثأر والانتقام من اجل مقتل اربعة مرتزقة

شاهدت الكثير من المدنين المصابين واغلبهم أصيب باطلاقات القناصة الامريكان أضافة الى الاصابة مع شظايا القنابل العنقودية. وقد جمعت بعض الشهادات الخطية من ضحايا هذه المعركة بعد توقفها مباشرة. لا زالت اتذكر الكثير من صور المدنيين الذين قتلوا امامي, وخصوصا النساء والاطفال الذين اصيبوا في مناطق قاتلة من الجسم خصوص برؤوسهم او صدورهم. بعض هذه الحوادث الماساوية بحيث يصعب نسيانهاو لكن المميز منها كانت اربع حالات مميزة.

الاولى كانت لرجل كبير في السن يتجاوز الخمسين من العمر ومعه ابنه الذي يقارب 11 سنة من العمر. وكانوا ينتظرون الدور لاستلام كيس الطحين امام سيارة نقل المواد الغذائية امام جامع الحضرة فأصابت رصاصة قناص امريكي في راس الاب وقتلته. وحاول الجميع الاختباء بين جدران البنايات القريبة بينما بقي ابنه الطفل يبكي فوقه ويحاول ايقاضه رغم انه فارق الحياة والدماء تسيل من رأسه. فسارع بعض الرجال الى انقاذه وسحب جثة الاب بسرعة الى مستوصف قريب.

الحادثة الثانية كانت لاحد السيارات المدنية العائلية وفيها عائلتين. حيث حاولت الخروج عبر احد الطرق الترابية على اطراف الفلوجة, فاطلق عليهم الجنود الامريكان النار بكثافة جعلت السيارة تكون اشبه بالشبكة من الثقوب او ما نسميه باللغة العامية (المنخل). السيارة وصلت

الى مستوصف الحضرة وهي مملوءة بالدماء واغلب الضحايا كانوا نساء واطفال ورجل واحد كان يقود السيارة ومصابة ذراعه.

الحادثة الثالثة كانت بتاريخ 13-4-2004 عند اشتداد القصف الجوي واستخدام القنابل العنقودية. رن جرس الهاتف الارضي لمستوصف الحضرة باتصال من قبل عائلة في حي الشرطة سقطت قنابل عنقودية قرب بيتهم ويسمعون صراخ لجرحى ولا يستطيعون الخروج لانقاذهم. الرعب من الخروج ليلا كان ليس بسبب استهداف القناصة فقط, بل بسبب كثافة القصف بالقنابل العنقودية (القنابل العنقودية تتميز من الصوت, حيث تصاحب انفلاقها صوتين طويلين يكون متعاكسي القوة). خرجت مع الحاج محمود الزوبعي والحاج قاسم محمد الجميلي من اجل جلب المصابين مع سيارة الاسعاف. كانت صدمة مروعة لاشاهد المنطقة وقد شهدت حفرة بمساحة مترين مع شظايا ملاءت المكان. وجدنا جثث مقطعة مع رائحة الاجساد المحترقة ورائحة انفجار. كانت اول جثة قد حاولت نقلها مع الحاج قاسم عبارة عن جسم صبي بدون قمة الراس مع قدم مبتورة.

الرابعة كانت في احد الليالي عندما كنت ذاهباً مع شابين لايصال مساعدات انسانية لاحد البيوت القريبة من المعارك حيث توجد عائلة من زوجين وابنتهم وابنان صغيران في حي الضباط. وبعد تسليمنا المساعدات الغذائية صعدنا الى سطح احد البيوت لنعرف حقيقة الامر حولنا. وكانت المفاجاة عندما وجدنا ان المارينز وضعوا مكبرات صوت تصدح بالاغاني الامريكية لرفع معنويات جنوده الذين كنت اسمع بكاء احدهم في تلك اللحظة. حالة انهيار المعنويات هذه هي من دفعت الى اعمال انتقامية باستهداف سيارات الاسعاف او المدنيين العزل.

6. 8. بدء مرحلة المفاوضات

في 9 ابريل 2004 امر بريمر بوقف مؤقت للعمليات الهجومية (temporary halt to offensive operations), لتنهي عملية (VIGILANT RESOLVE) بفشل كبير, ولتنطلق مفاوضات على مستوى عالي في 13 ابريل لتتوصل في 22 ابريل الى اتفاق رسمي لوقف اطلاق النار[64]. هذا القرار لوقف اطلاق النار قد تم اتخاذه من قبل سلطة الاحتلال المؤقت (CPA) بعد اجتماع ضم السفيرين الامريكي والبريطاني بالاضافة الى بريمر والقائد ريكاروا سانشيز, لكن هذا القرار كان محل اعتراض قائد قوات المارينز في العراق اللفتنانت جنرال جيمس كونواي (Lt. Gen. James Conway) الذي لم يوقف اعتراضه تنفيذ هذا القرار[230].

منذ بداية العمليات العسكرية, جرت محاولات عديدة من قبل وجهاء الفلوجة وشيوخ عشائرها من اجل اقناع مجلس الحكم الذي شكله بريمر من اجل وقف المعارك. لكن الردود كانت سلبية بسبب عدم السعي لاغلبهم باستثناء ممثلي السّنة في المجلس. لكن المفاوضات الحقيقية بدات حينما زار الفلوجة وفد برئاسة الشيخ محمد بن الشيخ عجيل الياور (الشيخ عجيل الياور كان يشغل وقتها الرئيس الدوري لمجلس الحكم في بغداد). الشيخ الياور اعلن رفضه للعمليات العسكرية ضد الفلوجة وهدد بريمر بالانسحاب من العملية السياسية. وكان الوفد على اتصال مستمر مع طرفي النزاع, وانضم له لاحقا اعضاء من الحزب الاسلامي العراقي مثل حاجم الحسني وعلاء مكي. سمعنا ان الكثير من المظاهرات السلمية التي خرجت مؤيدةً للفلوجة قد قمعت في بعض المناطق التي تسيطر عليها مليشيات الاحزاب الموالية للاحتلال, بحسب اقوال قوافل المساعدات التي كانت تصلنا من مناطق مختلفة من العراق تضامناً مع اهل الفلوجة. لم نكن نعلم ان الوضع هو اشبه بثورة شعبية عارمة وصلت الى درجة ان تقطع الامدادات على قوات المارينز في بعض اطراف الفلوجة. وهذا مما ساعد على اعلان وقف اطلاق النار من جانب واحد مع الدعوة الى تفاوض. كنا نتمنى وقف اطلاق النار لحماية المدنيين, لكن المشكلة الرئيسية كانت في عدم ثقتنا بالوعود الامريكية التي تعودنا عليها من اجل كسب الوقت فقط.

في هذا الاثناء تدخلت بعض الجهات الدولية من اجل التوسط بين الطرفين. وطلب من الفلوجة ارسال وفد ثاني يمثل الفلوجة الى العاصمة الاردنية عمان للقاء الامم المتحدة والمنظمات الدولية العاملة في العراق. اغلب المنظمات الدولية كانت قد نقلت مقراتها الى عمان بعد تفجيرات مقر الامم المتحدة في بغداد. اختار وجهاء الفلوجة تشكيل الوفد من اربعة اشخاص وكنت احدهم.. غادرنا الفلوجة في يوم 17 ابريل 2004 (انا والحاج قاسم محمد عبدالستار الجميلي والسيد محمد عبداللطيف الشمري) بينما كان الشخص الرابع وهو الشيخ محمد حامد المحمدي ينتظرنا في مدينة الرمادي. كان الطريق الوحيد المتاح لنا من جهة الغرب هو عبور نهر الفرات من منطقة على اطراف حي الشهداء.

وجدنا قارب واحد وفيه العديد من الثقوب والناس تحاول الهرب بواسطته الى الضفة الاخرى بواسطة جر الحبل الممتد بين جهتي النهر ذهاباً واياباً. دخلنا القارب مع مدنيين اخرين وكان الجميع منحني الراس الى الاسفل لتجنب اطلاقات القناص الامريكي التي كانت اطلاقاته تسمع من فوقنا وقد قتل بعض المدنيين. وصلنا الضفة الاخرى ولكننا مشينا في ارض طينية رطبة سوداء ومتعفنة. وبدءنا نغوص في الوحل الذي وصل الى مستوى احزمتنا ونحن رافعين الحقائب على رؤوسنا ونخطو بصعوبة كبيرة. بعدها وجدنا احد الاصدقاء ينتظرنا من اجل اخذنا الى بيته في قرية البوعلوان القريبة. وفي فجر اليوم الثاني سافرنا فجرا الى مدينة الرمادي لنجد الشيخ محمد الشيحان في انتظارنا, ومن ثم انطلقنا سوية باتجاه الاردن التي

وصلنا عاصمتها ليلة 18 ابريل. وبدءنا فوراً نخطط ونعدّ برنامج اللقاءات مع المنظمات الدولية والانسانية وعلى راسها وكالات الامم المتحدة.

كان لقائنا الاول مع موظفي الامم المتحدة وبخاصة مكتب حقوق الانسان الذي صدم من المعلومات التي جلبناها حول الوضع في داخل المدينة. ابرز مباحثاتنا مع احد الجهات الدولية التي طلبت الوساطة بيننا وبين الجانب الامريكي كانت عندما قدمنا لهم شروط الفلوجة لوقف اطلاق النار. الشروط كانت تشمل ان تتدخل الامم المتحدة باعتبارها طرف وسيط وضامن للمفاوضات ولمراقبة اتفاق وقف اطلاق النار بيننا. بالاضافة الى تحويل اعضاء المستشفى العسكري الاردني المتواجد قرب الفلوجة الى قوة امنية تابعة للامم المتحدة, ويتركز عملها على مراقبة وقف اطلاق النار على اطراف الفلوجة. بعد ايام قليلة وافق الجانب الامريكي على شروطنا وابلغنا بان اجتماعا مع الجانب الامريكي سيعقد خلال الثلاث ايام القادمة. استغربنا في بداية الامر من طلبهم الثلاث ايام قبل اللقاء. وكان زملاءنا في الوفد الاول في بغداد قد وصلوا الى طريق مسدود مع الجانب الامريكي هناك. وقبل انقضاء مهلة الثلاثة ايام, توصل الوفد الاول من زملاءنا الى اتفاق سلام مع القيادة الامريكية في بغداد من دون التنسيق معنا ومن دون ضمانات دولية كما طلبنا نحن. ادركنا وقتها سبب الثلاث ايام انتظارا قبل الجلوس, تخدير الانتفاضة بحجة المفاوضات.لقد كانوا يسعون لافضل الحلول لتجنب فضيحة الهزيمة ومنع استمرار الثورة الشعبية.

6. 9. أتفاق وقف اطلاق النار

في يوم 21 نيسان قدمت خطة انشاء قوة حماية من ابناء الفلوجة (لواء الفلوجة) لتولي مسؤولية ألامن في الفلوجة وحمايتها بقيادة الجنرال العراقي السابق (اللواء جاسم محمد صالح المحمدي). وافق الجانب الامريكي على الاقتراح وتوصل شيوخ الفلوجة (عبر الوفد التفاوضي الاول) الى اتفاق وقف اطلاق النار مع القوات الامريكية وليس اتفاق سلام دائمي. بدءت هذه القوة في الانتشار داخل الفلوجة وعلى اطرافها وقامت قوات المارينز بالانسحاب بعد ان كانت تسيطر على ربع المدينة فقط طوال شهر من القتال والحصار. اضافة الى الانسحاب الامريكي, كان من المفترض ان تبدء عملية اعادة الاعمار في المدينة التي دمرت مرافقها الرئيسية مع البدء في تعويض الضحايا [19]. لكن هذا لم يعمل بصورة حقيقية, لان الهدف الرئيسي للامريكان كان تهدئة كافة المناطق التي انتفضت وليس فقط محافظة الانبار.

الكولونيل كواتيس (Colonel Coates) كان المسؤول عن التنسيق مع لواء الفلوجة الجديد حول اجراءات وقف اطلاق النار وتوزيع المهام الامنية, علما انه يمتلك خبرة جيدة من عمله السابق في السلفادور. في يوم 30 نيسان تم ابلاغ الامريكان بوصول اول كتيبة من 300 رجل من لواء الفلوجة لتستلم مهامها حول المدينة, على ان يتم التحاق المئات من المتطوعين خلال

الايام القليلة القادمة [19]. رجع وفدنا التفاوضي الثاني الى الفلوجة في نهاية ابريل (نيسان) 2004, لكن بالرغم من فرحة الكثيرين بالنصر وبهزيمة قوات المارينز وانشاء لواء عسكري من ابناء المدينة لحمايتها, الا انني كنت متوجساً من ديمومة او فائدة هذا الشكل من الاتفاق لاسباب كثيرة لعل ابرزها:

1. عدم احترام الجانب الامريكي للوعود السابقة مع المجلس المحلي للمدينة قبل المعركة, خصوصا مع وجود اطراف عراقية طائفية داخل مجلس الحكم تدفع الامريكان دائما للتأزيم مع المناطق السنية للحيلولة دون استقرارها وبسط مخططاتهم.

2. عدم وجود طرف دولي ضامن ووسيط في المفاوضات مما سيعطي الامريكان حرية القصف واعادة العمليات العسكرية وتحت اي حجة كانت. لان الوسيط الدولي وقوات اممية كانت ستراقب اي عمل عسكري وتحقق في مسبباته. وبالتالي يكون المواطنون تحت الحماية الدولية ومراقبة اتفاقيات جنيف التي تنظم وضع المدنيين والاسرى تحت الاحتلال.

3. ان قوة تفاوض اهل الفلوجة كانت تعتمد على دعم وتضامن وانتفاضات المناطق الاخرى. لهذا كان من الخطأ للوفد التفاوضي الاول ان تحصر المفاوضات حول الفلوجة فقط, مما يفقد الانتفاضة قوتها الحقيقية ويعزل اهل الفلوجة لوحدهم. عدم حماية المناطق التي انتفضت من اجل الفلوجة وتضررت أيضا كان بداية تحول لصالح الاحتلال.

6. 10. دور التغطية الاعلامية

كنا نتواصل عبر أجهزة الموبايل عند وجود تغطية جيدة لشبكة الاتصالات, بالاضافة الى البريد الالكتروني في الاوقات التي يوجد فيها التيار الكهربائي من بعض مولدات الكهرباء الصغيرة. مما سمح لنا بامكانية الاتصال مع المنظمات الدولية للاغاثة والصحافة العالمية. ومع وجود كادر كبير لقناة الجزيرة, الا اننا استطعنا ايضا التواصل مع صحفيين اجانب وامريكان وارسلنا تقرير اولي عن الانتهاكات الحاصلة الى احد المنظمات الدولية لينشر في اجتماعات لجنة حقوق الانسان للامم المتحدة (وهي مجلس حقوق الانسان الان) في جنيف.

ما جرى خلال المعركة كان مرعباً ليس فقط للمدنيين, بل حتي لدى الصحفيين الغربيين المتواجدين مع قوات المارينز. احد متطوعي الاغاثة والناشط البريطاني Jo Wilding الذي كان متواجدا قرب الفلوجة وقتها وكتب مشاهداته في مقالة الى صحيفة النيويورك تايمز بتاريخ 21 نيسان (ابريل) 2004, فاضحاً ما شاهده من طريقة العقاب الشامل والاستهداف المشترك لكلا المقاتلين والمدنيين على حدا سواء. حيث ذكرّ في رسالته بتاريخ 11 أبريل

2004 قائلاً: (أن القناصة الامريكان كانوا يطلقون النار على سيارات الاسعاف وعلى أمراءة عجوز, وعلى عامل أغاثة كان يحمل مساعدات طبية وهو يمشي على قدميه)[554,555].

جرائم العقاب الشامل من قبل قوات المارينز أكد نهجها ايضا الصحفية الامريكية (Pamela Constable) والتي تعمل مع صحيفة الواشنطن بوست الامريكية. حينما ذكرت باميلا في مقالتها بتاريخ 15 ابريل 2004 الى تعرض قافلة امريكية الى كمين بين عدة بنايات وتعرضها الى اطلاق نار كثيف استمر لمدة ثلاث ساعات ادى الى جرح بعض المارينز. مما دفع المارينز الى التدخل بقوة اكبر من اجل تخليص القافلة العسكرية. وهذا التدخل كان عبارة عن عقاب جماعي للمنطقة تلك من قبل قواتهم. الصحفية باميلا وصفت الرد بالاتي (قبل قدوم الفجر, شنت الطائرات الامريكية المسماة الشبح غارة مدمرة عقابية على مساحة ستة كتل محيطة بالمكان الذي تعرضت فيه القافلة لاطلاق النار, مع اطلاق عشرات القذائف المدفعية التي هزت المدينة وأضاءت سمائها, ضباط المارينز اكدوا انهم دمروا تقريبا المنطقة وليس هنالك اي نشاط يلاحظ للمقاتلين فيها !!). من دون اي اشارة الى حجم الاضرار والضحايا بين المدنيين في تلك المناطق[25].

هذه الحادثة بالذات اشار لها مجموعة من الباحثين الامريكيين (Richard Jackson, Scott Poynting ,Eamon Murphy) في مقدمة كتابهم (ارهاب الدولة المعاصرة, Contemporary State Terrorism, 2010). ذكرً المولفون مثال الفلوجة وما جرى في هذه الحادثة بالذات كدليل على ارهاب جيش دولة متمدنة ومتقدمة كالولايات المتحدة الامريكية [143]. وعلى الرغم من ان قضية الفلوجة لم تكن ضمن الحالات المدروسة بتفصيل في تحليل الكثير من التنظيمات في كتابهم المهم هذا. الا انهم اعترفوا واعتبروا هذه الجريمة بمثابة عقاب جماعي وشكل من اشكال الارهاب الذي تقوده دولة من اجل تحذير المدنيين في الفلوجة من مساعدة المقاتلين.

6. 11. الجانب الصحي

خلال الخمسة ايام الاولى قتل اكثر من 300 شخص في الفلوجة, وازدادت فظاعة القصف الهمجي مع استخدم القنابل الثقيلة 300- 500 كغم اضافة الى القنابل العنقودية التي ادت الى تدمير مئات المنازل وقتل ما يزيد على 600 شخص, بحسب مدير المستشفى د. رافع حياد العيساوي[302] اغلب الضحايا مدنيين من نساء واطفال وكبار سن مع جرح ما لا يقل عن 2000 شخص فقط ممن تم علاجهم في مراكز الفلوجة الطبية, بينما لم يتم احصاء عدد الضحايا من قتلى وجرحى نقلوا الى مستشفيات بغداد والرمادي وبقية المدن القريبة.

لم تقم القوات الامريكية بعمل اي احصاء للقتلى او الجرحى في الفلوجة, ولم يتم الاعلان رسمياً من قبل الجهات داخل الفلوجة عن أرقام الضحايا بسبب الخشية من رد الفعل الشعبي الامريكي والحكومي تجاهها. لكن الاحصائيات من قبل الجهات الصحية في المدينة أشارت الى مقتل اكثر من 731 مدني وجرح 2847 اخرين, 25% من الضحايا كانوا نساء واطفال, مع عدم شمول هذا الرقم للضحايا الذين نقلوا الى مستشفيات بغداد والرمادي[17].

من الجانب الامريكي, حاول اللفتنانت كولونيل برينان بيرن (Lt Col Brennan Byrne) التقليل من فداحة الخسائر البشرية بين المدنيين في الفلوجة قائلاً (ما أعتقده أنك سوف تجد 95٪ من هؤلاء الذكور في السن العسكري للمشاركة في القتال)[302]. في حين قدرت الجهات الامريكية مقتل 600 شخص من الفلوجة لغاية يوم 13 نيسان (ابريل) 2004 بينما قتل من قوات المارينز 39 جندي[22]. بينما أشار مصدر بريطاني الى مقتل اكثر من 1000 مدني من اهالي الفلوجة بسبب استخدام الامريكيين لاساليب قمعية (Heavy Handed) بحسب وصف احد المسؤولين البريطانيين[238]. في حين قدرت احدى وكالات تنسيق جهود المساعدات الانسانية التابعة للامم المتحدة (UN Office for the Coordination of Humanitarian Affairs) بان عدد القتلى المدنيين من غير المسلحين وصل الى 500 ضحية حتى يوم 15 نيسان 2004, من دون ذكر العديد من الجرحى الذين كانوا يعالجون في مستشفيات بغداد وقسم منهم توفوا نتيجة الاصابة ولم يتم احصائهم[483].

عملية منع مرور الاشخاص على الجسرين على نهر الفرات ادى الى منع المدنيين من الوصول الى المستشفى, مع استهداف المراكز الصحية داخل المدينة من اجل منع المدنيين في الحصول على اي مساعدة طبية يؤكد جريمة الحرب وفقا لاتفاقيات جنيف. كما ادى تدمير الالاف البيوت الى دفع الالاف المدنيين للسكن في المدارس وهياكل البنايات الغير مكتملة فاصبحوا لاجئين داخلياً. والاكثر صدمة هو منع الوصول الى المقبرة خارج المدينة من اجل دفن القتلى في الفلوجة مما دفع الاهالي الى تحويل الملعب الرياضي في وسط المدينة الى مقبرة جديدة لتبقى شاهد على هذه المجزرة.

الصحفية البريطانية ناومي كلين (Naomi Klein) [474], أشارت الى ان معلومات سقوط المئات من الضحايا والقتلى المدنيين قد جاءت من ثلاث مصادر مختلفة وهي:

1. **الاطباء.** حيث أشارت صحيفة امريكا اليوم (USA TODAY) الصادرة في 11 ابريل من نفس السنة الى ان الاحصائيات واسماء الضحايا المدنيين الذين قتلوا خلال المعركة الاولى كانت قد جمعت من 4 مراكز صحية بالاضافة الى المستشفى العام في الفلوجة.

2. **صحفيي القنوات العربية.** أفاد الأطباء عن أعداد القتلى وكانت كلاً من قناة الجزيرة وقناة العربية قد وضعت وجها إنسانيا على هذه الإحصاءات, مع وجود العديد من

المصورين في الفلوجة. كلا الشبكتين التلفزيونية عملت على بث لقطات حول النساء والأطفال المشوهين والجرحى الى جميع أنحاء العراق والعالم الناطقة باللغة العربية ومنها انتشرت الى وسائل الاعلام الدولي.

3. **رجال الدين.** التقارير القادمة من الصحفيين والأطباء عن مقتل مئات المدنيين وصلت الى رجال الدين البارزين في العراق. وألقى العديد منهم الخطب النارية في إدانة الهجوم، وتحول المصلين ضد القوات الامريكية مما إشعلت الانتفاضة التي أجبرت القوات الامريكية على الانسحاب.

السلطات الأمريكية انكرت مقتل مئات المدنيين خلال حصار ومعارك أبريل 2004 ووجهوا انتقادات لمصادر هذه التقارير. احد الضباط الامريكيين قال الى صحيفة نيويورك تايمز في نوفمبر 2004، حيث وصفّ مستشفى الفلوجة العام "بمركزا للدعاية centre of propaganda". ولكن أقوى الكلمات ضد شبكات التلفزة العربية, كانت عندما سئل دونالد رامسفيلد (Donald Rumsfeld)، وزير الدفاع الأمريكي الاسبق عن تقارير قناة الجزيرة وقناة العربية حول ان المئات من المدنيين قد قتلوا في الفلوجة، أجاب بأن "ما تقوم به قناة الجزيرة هي اعمال مفرغة (vicious)، غير دقيقة (inaccurate) وغير مبررة (inexcusable) ...". علما ان وسائل الاعلام في العالم تناقلت مشاهد فيديو لاحدى تلك المجازر عندما قامت طائرة اف 16 امريكية بقصف عوائل مدنية يتراوح عددها بين 25-30 شخص من مختلف الاعمار وهم يرفعون العلم الابيض ويحاولون الخروج من المدينة. وبسبب هذه الفديو اعلن البنتاغون الامريكي عن فتح تحقيق لم يعلن عن نتائجه[510]. علماً ان القاصفة الامريكية العملاقة اس - 130 قد استخدمت بكثافة في قصف الفلوجة اضافة الى طائرات اف – 15 وطائرات الهليكوبتر.

6. 12. جريمة أستخدام سلاح الفسفور الابيض

استخدام الفسفور الابيض كاحد الاسلحة في هذه المعركة هو جريمة لم تكن معلنة رسميا لحد الان كما اعترفت قوات المارينز باستعماله في المذبحة الثانية بعد ظهور ادلة دامغة. لكن ظهرّ دليلين لا يسمحان للشك على جريمة استخدام الفسفور الابيض كسلاح ضد الاشخاص في معركة الفلوجة الاولى وهما:

• الدليل الاول كشفه المراسل الحربي الامريكي Darrin Mortenson مع المصور الحربي الامريكي Hayne Palmour اثناء تغطيتهم ما جرى اثناء المعركة في مقالتهم المؤرخة 11 نيسان 2004[16]. حيث نقل هولاء الصحفيين تصريح العريف نيكولاس بوجيرت Nicholas Bogert (البالغ من العمر 22 سنة ويسكن في نيويورك وهو قائد

فريق سلاح الهاون) وكان قد أمر جنوده باطلاق رميات من خليط القذائف الشديدة الانفجار مع قذائف الفسفور الابيض ضد المدينة يومي الجمعة والسبت ضمن ما تسمى بعملية (رجّ وخبز shake and bake). وهذا معناه انهم يستخدمون هذا النوعين من القذائف بصورة متوازية لتكون كمثل مبدأ صنع الخبز, حيث تعمل قذائف الفسفور الابيض على اختناق المقاتلين لدفعهم للخروج خارج المخابيء ثم ياتي دور القذائف الشديدة الانفجار لتقتلهم. واعترف هذا العريف بانه لم يكن يعرف ما هي نوع الاهداف التي ضربها او ما هو حجم الخسائر التي سببها, بحسب ما ذكره الصحفيين في مقالتهم[16]. أضاف الصحفي (القصف استمر مراراً وتكراراً وارسل مزيج من الفسفور الابيض الحارق والمواد شديدة الانفجار باتجاه مجموعة المباني التي تحصن بها المتمردون طوال الاسبوع). ومن الجدير بالذكر ان هولاء الصحفيين قد أشارا في نفس الوقت باسقاط الطائرات الامريكية 500 رطل من المتفجرات على بنايات الفلوجة في اليوم الثالث فقط!!.

وفي رده على سؤال بواسطة رسالة البريد الالكتروني من قبل صحيفة الاندبندت الانكليزية, أكدا المراسل الحربي الامريكي طبيعة القتال الذي جرى في مقالته اعلاه, قائلاً (أن قذائف الفسفور الابيض كانت قد استعملت لتكون قوة نارية ضد بستان نخيل ومباني خرسانية كانت تستخدم كغطاء للقناصة العراقيين الذين اطلقوا النار من رشاشات ثقيلة على طائرات الهليوكوبتر الامريكية)[306,303].

- اما الدليل الثاني فكان صور لضحايا مدنيين وقد احترقت اجسادهم بشكل فظيع. هذه الصور اظهرها مدير الكادر الطبي لمستشفى الفلوجة في الفلم الوثائقي (Fallujah, April 2004) للصحفي الياباني توشيكوني دوي Toshikuni Doi[17].

وعلى العكس من هذا الواقع, صرح الجنرال الامريكي ريتشارد مايرز (Richard B. Myers) باستهزاء اكثر عندما قال (بانه لم يكن هناك اكثر من هكذا عمليات انسانية ... وهذا ينطبق على العمليات في الفلوجة) [اذاعة البي بي سي, 15 ابريل 2004].

وفي نهاية معركة الفلوجة الاولى (30 نيسان (ابريل)) تعرضت قافلة لجنود البحرية الامريكية الى كمين بالعبوات الشديدة الانفجار في محافظة الانبار مما ادى الى مقتل جنديين بحريين (جاسون دويلي وكريستوف ديكرسون)[240]. وفي 2 أيار قتل خمسة جنود اخرون (مايكل اندرسون, تراس دوست, رونالد كينثا, روبرت جينكينز, وسكوت ماكهيو), وجميعهم من كتيبتي البناء المتنقلة 5 و74 لفرقة مشاة البحرية الاولى [24].

قوات المارينز (الفرقة الاولى the 1st Marine Division) التي ارتكبت مذبحة الفلوجة الاولى (والتي سميت باسم Operation Vigilant Resolve) في شهر نيسان 2004 كانت

بقيادة اللواء جيمس ماتيس (Maj. Gen. James N. Mattis). وهو نفسه الذي لعب دوراً في مفاوضات وقف اطلاق النار أثناء المعركة الاولى, ومن بعدها التحضير للعمليات العسكرية في المذبحة الثانية التي جرت في شهر نوفمبر 2004, والتي سماها الجيش الامريكي لاحقا باسم عملية الفجر الجديد Operation Phantom Fury. وقد اعترف هذا الجنرال لاحقا في لقاء تلفزيوني مع شبكة السي ان ان الامريكية حول حقيقة العقلية التي كانت تقوده في اثناء خدمته في افغانستان والعراق حين قال (في الواقع كانت ممتعة للغاية محاربتهم، كما تعلمون .صحيح انها كانت جحيم" ، مضيفا "لكنها متعة لاطلاق النار على بعض الناس. انا احب الشجار)!![24].

احد الدراسات العسكرية الامريكية اعترفت بان دفع قوات المارينز داخل الفلوجة كان فيه عدم التزام (انتهاك) للمبادئ التوجيهية الامريكية التي يجب اتباعها في دليل القتال في المناطق الحضرية (urban warfare manual) والمسماة عسكرياً (MCWP 3-35.3)[23]. حيث تدعوا هذه المبادئ الى عزل المدن المحيطة بأي مدينة يتم اقتحامها لمنع اي مساعدة او دعم من المناطق الاخرى, لكن تجاهل هذه التعليمات قد يكون بسبب الغرور والثقة المفرطة بالنصر المحتوم لقوات المارينز المجهزة والمدعمة باحدث الاسلحة مع ضرورة الرد السريع من اجل عقاب المدينة على مقتل مرتزقة بلاك ووتر الاربعة. فعلى الرغم من ان هذا الدليل يشير الى ضرورة استخدام فرقة من الجيش مقابل كل منطقة تحوي مئة الف نسمة (والفرقة عادة تتكون من ثلاث افواج للمشاة مع وحدات اسناد)[30], وبما ان الفلوجة تحوي على ثلاثة مئة الف نسمة فهذا يعني ضرورة استخدام 3 فرق عسكرية في الهجوم, بينما القوة التي هاجمت في المعركة الاولى كانت بحجم فقط كتيبتين (two battalions) من الجيش وهي قوة قتالية غير كافية بحسب رأيهم!!. من خلال هذه الوثائق نرى ان قوات الاحتلال اعتبرت جميع اهالي الفلوجة بموقع العدو. وهذا ليس بمستغرب, لكن المثير للفخر أن من المعروف عسكرياً أن 1000-1500 مقاتل يمكنهم الدفاع عن مدينة تحوي 100,000 نسمة[119], لكن مقاتلي الفلوجة لم يتجاوزوا 600 مقاتل كأقصى حد في مدينة يقطنها 300,000 نسمة.

6. 13. التحليل الامريكي لاسباب هزيمتهم

اعترف تقرير استخباري عسكري امريكي ظهر ضمن الوثائق التي كشفتها شبكة ويكليكس كان قد اصدره مركز الاستخبارات الارضية الوطني NGIC [1] ورقم التقرير (SECRET//NOFORN//20310306) حيث احتوى على الكثير من الحقائق التي حاول الاحتلال اخفائها. فقد كشفت الوثيقة طبيعة الاشخاص الذين قاتلوا قوات المارينز في معركة الفلوجة الاولى قائلاً:

1. ان المجاميع التي قاتلتهم كانت مشتتة وغير مترابطة فيما بينها وتعتمد على الكر والفر في هجماتها.

2. ان مجاميع المقاتلين كانت تربطهم نوع من العلاقات الاجتماعية والعشائرية وغيرها من الروابط الطبيعية بين ابناء اي منطقة او مدينة في العراق, ويؤكد هذا شرح طبيعة النسيج الاجتماعي القوي والمترابط بين عشائر ومناطق الفلوجة جميعها.

3. اعترف التقرير ان هذه المجاميع التي قاتلته لم تكن تربط بينها قيادة موحدة قبل المعركة بل مجاميع صغيرة .

4. أشار التقرير الى هروب نسبة كبيرة من الحرس الوطني العراقي الذي دربه الامريكان بسبب رفضهم القتال ضد ابناء بلدهم. وهو ما أكدته الدراسات العسكرية الامريكية [181].

التقرير حاول ان يبرر ضرب المساجد والمدارس وبقية المناطق الحساسة بحجة استخدامها من قبل المقاتلين. لكن الجميع يعرف مكان دور العبادة في توحيد صفوف الشعب امام الاحتلال. ولو فرضنا ان العراقيين هم من يحتلون امريكا لتجمع الامريكان في الكنائس لحث الشعب الامريكي على مقاتلة العراقيين. افلام هوليوود الامريكية تبين دائما لجوء المدنيين الى الكنائس في حال اي اعصار او امر طارئ يضرب مدنهم، فكيف لو كان احتلالا؟؟. اما اذا كانت هذه الاماكن قد استخدمت كمستشفيات للجرحى فهذا بسبب قيام قوات المارينز الامريكية باحتلال المستشفى الوحيد للمدينة والواقع خارج المدينة ومنع اي مدني من الوصول اليه كنوع من العقاب الجماعي للمدنيين. بل الاكثر غرابة هو تصريح استخبارات قوات المارينز من انهم وجدوا دلائل تثبت طبيعة المقاتلين الذين يقاتلونهم في الفلوجة من خلال عثورهم على مستمسكات لعسكريين سابقين في اثناء تفتيشهم لبيوت بعض المدنيين على اطراف المدينة, او عثورهم على صور الرئيس العراقي السابق معلقة في احد البيوت مما يجعلهم يعتقدون ان هولاء العوائل هم من البعثيين او العسكريين ممن يقاتلهم الان!!![300].

اعتراف التقرير ايضا حول ان معركة الفلوجة كانت معركة سياسية واعلامية مع ذهاب قوات المارينز للمعركة وهم مغرورين بالنصر المسبق. ونسوا انهم محتلون وان اهل المدينة هم اهل الارض وسيدافعون بشراسة عن ارضهم وحياتهم وحريتهم. كلمات التقرير كانت ذو دلائل صريحة في كيفية خسارة المعركة السياسية والاعلامية بسبب التغطية الاعلامية (مثال ذلك ما اعلنته قناة الجزيرة الفضائية عن مقتل 600 مدني من قبل القوات الامريكية, معززة اخبارها بصور الضحايا من شهداء وجرحى انتشرت سريعا في ارجاء العالم). مما ساعد في خسارتهم الحرب الاعلامية مقدما في هذه المعركة[63].

ولهذا جاء اعتراف الخبراء بانه بعد عام 2006 فان معركة حل اليقظة (VIGILANT RESOLVE) في الفلوجة كانت اكبر مثال على خسارة وسائل الاعلام اثناء الحرب[237]. في عام 2006 ثوماس اودوم (Thomas P. Odom) المحلل العسكري اعترف بان

العمليات الصحفية هي جزء مهم من ضمن العمليات المعلوماتية للجيش الامريكي. فالعلاقات الصحفية هي أداة قتال حربي مهم في مساعدة القرار العملياتي, ويضيف بأنهم في عام 2006 قد اعتبروا الصحافة جزء من ساحة المعركة لان الحرب في القرن الواحد والعشرين هي قتال في اربعة ابعاد, وهذا ما يجب ان يفهمه ويتدرب عليه اثناء القتال كلاً من القادة الكبار والقادة الميدانيين والجنود. الكابتن دافيد كونولي (CPT David Connolly) من مركز التكتيات العسكرية في كلية الاركان (Command and General Staff College, Center for Army Tactics) أضاف بان الصحافة في ساحة المعركة هي من النيران الغير قاتلة او الاستهداف الغير حركي (nonkinetic targeting) والتي تؤثر في اكمال المهمة [184].

كما جاء في التقرير اعلاه[1], حول العمليات المعلوماتية للعدو (ويقصدون هنا التصريحات والحقائق التي صدرت من الاهالي والاطباء وممثلي المدينة عبر الصحافة والفضائيات, واظهروا الحقائق التي لم يكن الامريكان يتوقعون ظهورها بهذه السرعة, سواء من نتائج القتل والتدمير او من تصميم الاهالي على الدفاع عن مدينتهم). التقرير اضاف بأن هشاشة الوضع السياسي التي أمرت بفرض وقف العمليات العسكرية (وهنا قد لا اتفق كلياً مع هذه النقطة). فعندما بدءت العمليات العسكرية واعلن 3 اعضاء في مجلس الحكم انسحابهم من المجلس وهدد 5 اخرين بالانسحاب من المجلس[87], لكن الجانب الامريكي لم يهتم كثيراً. فالعملية السياسية التي انشئت بموافقتهم ورعايتهم لم تزل في بدايتها ومن السهل تغيير الوجوه. لكن المشكلة الرئيسية بنظري كانت عاملين اخرين, الاول هو انطلاق الانتفاضة الشعبية في مناطق مختلفة من العراق, والدعم الشعبي والسياسي والاعلامي الدولي الذي وضع الفلوجة كرمز للمقاومة في عناوين الصحف والمجلات. ولهذا اصبح الامريكان في موضع المحتل المعتدي في حال استمروا في المعركة ضد من يدافع عن نفسه بعد ان اعترفوا ان المقاتلين كانوا يدافعون عن الفلوجة ضد جريمة عقاب شامل. لهذا لم يكن غريباً ان يعترفوا بأن شهر أيار من عام 2004 كان الاسوء على قواتهم ووضعهم الامني[87]. فالقوات الامريكية قد ارتكبت جريمة حرب عبر اعتبارها جميع ساكني مدينة الفلوجة هم بمثابة المقاتلين ويجب عقابهم جميعاً ومنع الذكور بعمر سن القتال من المغادرة او ترك المدينة[196]. العديد من الاطفال والنساء بقوا في المدينة, حيث قدر مراسل صحيفة الاوبزرفر البريطانية (Observer's) عدد المواطنين الباقيين في المدينة بين 30000 -50000 مدني اغلبهم نساء واطفال[197].

لقد اعترفوا بنفس التقرير[1], كما اعترف رامسفيلد في مذكراته[13] من ان جيش المهدي بقيادة مقتدى الصدر ومجاميع (اسموها سنية) في مناطق مختلفة في الانبار وبغداد بدءت تقاتلهم بعد اندلاع معركة الفلوجة الاولى. والاكثر صدقاً كان اعتراف رامسفيلد بان بول بريمر يخشى من ان استمرار العمليات العسكرية في الفلوجة ستؤدي الى انتفاضات (uprisings) ستنتشر في العراق[13].

أتباع التيار الصدري كانوا يقودون انتفاضة اخرى في مدن النجف وكربلاء والكوت بالاضافة الى مدينة الصدر بعد قيام قوات الاحتلال بعدة خطوات, منها اغلاقهم يوم 28 أذار لجريدة الحوزة الناطقة باسم التيار الصدري وبامر مباشر من بول بريمر بحجة تشجيعها العنف, بالاضافة الى اعتقال المسؤول العسكري للتيار الصدري (مصطفى اليعقوبي Mustafa al-Yacoubi) بتهمة قتل اية الله عبد المجيد الخوئي (Ayatollah Abdul Majid al-Khoei) في 10 نيسان (أبريل) 2003 في النجف, مع اصدار مذكرة اعتقال ضد مقتدى الصدر تحت نفس التهمة لكن لم تنفذ لاسباب دينية[230]. مما يؤكد انها كانت بمجملها انتفاضة شعبية ضد الاحتلال واعوانه. وهذا ما اكده اعضاء مجلس الحكم اثناء لقاءهم مع بريمر باشارتهم الى خروج المظاهرات الشاملة في مناطق العراق ضد هذه العملية العسكرية. كل هذه الاسباب هي التي جعلت السفير بول بريمر يوعز الى قائد القوات الامريكية في العراق الجنرال جون ابي زيد بايقاف اطلاق النار من جانب القوات الامريكية (ولو شكليا) يوم 9 ابريل (نيسان) 2004 مع استمرار الحصار على المدينة لمدة ثلاث اسابيع ثم توقف القتال رسميا يوم 30 ابريل بعد التوصل الى تفاهمات نتج عنها تشكيل لواء الفلوجة[19]. بينما يشير رامسفيلد بان الرئيس بوش في 10 نيسان (ابريل) لم يصدر قرار بوقف العمليات او استمرارها بل ترك ذلك رهن بتقدير الضباط العسكرين في ارض المعركة, لكنه عاد ليعترف بانها كانت هزيمة مما دفع حتى حلفائهم البريطانيين الى ان يطالبوهم بوقف العمليات العسكرية بسبب الصور الفظيعة التي كانت تنقلها الفضائيات من قصف للمستشفيات والمساجد وظهور المناظر المؤلمة لاجساد المدنيين القتلى والجرحى منهم[13].

تقرير NGIC[1] يقدر سكان الفلوجة بمئتين وخمس وثمانون الف (285000) نسمة, ثم يشيرون في نفس التقرير انهم سمحوا لاكثر من ستين الفاً بالخروج دون الاشارة الى مصير 225000 وهو بقية العدد من السكان المدنيين !!. كذلك ادعوا بتدمير 75 بناية من ضمنها مسجدين خلال 150 طلعة جوية بالرغم من اعترافهم بنفس التقرير ان عدد الغارات الجوية كانت اكثر من 1000!! وللعلم فلم يتم اجراء اي تقدير رسمي لتقدير الاضرار من اجل تعويض الضحايا. ومن المعروف ان القوات الامريكية لم تسمح بخروج فقط الاطفال والنساء وكبار السن من الرجال كما ادعى التقرير. بدليل وصول العديد منهم الى المراكز الصحية ما بين قتيل او جريح او مصدوم من هول الاطلاقات النارية او انفجارات القذائف الساقطة عليهم اثناء محاولة الخروج من المدينة.

يشير التقرير كذلك الى ان قرار المذبحة والعقاب الشامل كان قد صدر من وزير الدفاع الاسبق رامسفيلد والجنرال ابو زيد والسفير الامريكي والحاكم المدني للاحتلال بول بريمر. بينما تشير مذكرات القائد الامريكي ريكاردو سانشيز الى امر مباشر من الرئيس الامريكي بوش الابن بعد الاجتماع مع معاونيه مثل كولن باول ورامسفيلد ليقرروا سياسة العقاب الشامل. وهذا مما يجعل هولاء الاشخاص جميعهم مطلوبين دولياً لارتكابهم جرائم حرب.

بينما اشار مصدر عسكري امريكي اخر الى ان قرار ضرب الفلوجة في 4 نيسان (ابريل) كان قد صدرّ من اللواء جيمس كونواي (Lt. Gen. James T. Conway)[52]. بينما كان رئيس الوزراء البريطاني السابق توني بلير (Tony Blair) يزيد مسلسل أكاذيبه على شعبه حين دافع عن هذه المجزرة قائلاً (ان القوات الامريكية كانت تعمل نيابة عن غالبية المواطنين العراقيين العاديين !!!)[107]. توماس ريكس Thomas Ricks مراسل صحيفة واشنطن بوست لخص المعركة بقوله (المتمردون فاجأوا جنود الولايات المتحدة بتنسيق هجماتهم, واستخدام النيران غير المباشرة, فقد ناور العدو على نحو فعال, ووقف, ثم قاتل)(30و29 من 10(371)).

6. 14. من هي القوات الاجنبية التي أشتركت مع المارينز في المعركة الاولى

6. 14. 1. الدور البريطاني:

خلال المعركة الاولى في الفلوجة, اعترف الجنرال الامريكي ريكاردوا سانشيز (القائد العام لقوات الاحتلال (التحالف) المشتركة من الفترة حزيران (يونيو) 2003 ولغاية حزيران 2004) في مذكرات كتابه (WISER IN BATTLE, A Soldier's Story) حول دور واشتراك الضباط البريطانيين وقادة قوات التحالف الاخرى في معركة المجزرة الاولى في الفلوجة من خلال الاشتراك بالتخطيط بعد مرور الايام الاولى من المعركة, قائلاً في الفصل العشرين وفي صفحة 389 (بالإضافة إلى بريمر، كانت الدول الأعضاء في الائتلاف تضع ضغط هائل علينا لوقف القتال. في الأيام الأولى لهجوم الفلوجة، أصبح من الواضح جدا ان الحكومة الامريكية قد لا تسمح بالمشاركة في قرار شن الهجوم مع القيادات السياسية لدول التحالف. ولهذا غضب قادة هذه الدول حول هذا الموضوع. نائبي الجنرال البريطاني (نائب قائد قوات التحالف) بدء يشارك في كل التخطيط الداخلي، وجميع قادة قوات التحالف كانوا شركاء كاملين في تنفيذ خطتنا الهجومية. الجنرال البريطاني ذو الثلاث نجمات والمشارك ضمن كادر(CJTF-7) قد شارك في جميع مراحل تخطيطنا وابلغ نوايانا إلى لندن بشكل يومي. وباستمرار، اعربت حكومته عن قلقها إزاء الهجوم المخطط له من قبلنا، وأنا على يقين من أن مناقشات حالية حدثت بين البيت الأبيض و 10 داوننغ ستريت. لندن كانت تعتقد بأننا بعيدين جداً عن تحقيق اهدافنا بسبب استخدامنا لتكتيكات قمعية (heavy handed) ,لكن الرئيس بوش لا يزال يعطينا الامر بالهجوم[36]. وهنا يؤكد ريكاردوا سانشيز في مذكراته بان الضغط الدولي من قبل حلفاء امريكا في التحالف الدولي من اجل وقف العملية العسكرية ضد الفلوجة قد كشف ان قرار الحكومة الامريكية كان فرديا وبدون اي تشاور مع هذه الدول, ولهذا فانه بدء يشرك مساعده الجنرال البريطاني في كل التخطيط الداخلي التي تخص العملية في الفلوجة والتي ادت الى وقف الهجوم بسبب الاختلاف بينهم.

6. 14. 2. الدور البولندي:

بحسب المصادر العسكرية الامريكية, فقد أشتركت قوة امريكية جديدة خاصة (Marine Corps Special Operations Command Detachment One)[21] في عملية اسناد قوات المارينز في الفلوجة. وهذه القوة بعد ان جمدت سابقاً, فقد تم تفعيلها مجددا بتاريخ 19 June, 2003 وتم ايقاف نشاطها عام 2006 وهي بقيادة الكولونيل روبرت كواتيس (Col. Robert J. Coates) وكان يشغل منصب القائد لقوة استطلاع خاصة (First Force Reconnaissance Company)[20]. وقد تم اسناد وتدعيم عمل هذه القوة ايضا بتزويدها بقوة عسكرية من المهام الخاصة البولندية (Operational Mobile Response Group) والمعروفة باللغة البولندية (Grupa Reagowania Operacyjno Mobilnego) من اجل مطاردة مجاميع المقاومة التي بدءت تثور ضد الاحتلال في محافظة الانبار مع بدء حصار وهجوم المارينز على الفلوجة [19]. ومن ثم تحول عملها بعد 28 (May) 2004 فقط من اجل حماية الشخصيات المهمة في مجلس الحكم المؤقت. وهذا الدليل الامريكي على اشتراك القوات البولندية في العمليات العسكرية في الفلوجة واطرافها يضع بولندا من ضمن المتورطين في جرائم الحرب التي جرت في الفلوجة الاولى ويستدعي التحقيق القضائي الاوربي فيه لانتهاكه اتفاقية حقوق الانسان الاوربية.

6. 15. الدروس المستخلصة من المعركة الاولى

بالرغم ان القرار الامريكي في معاقبة المدينة ضمن عقاب جماعي وشامل جاء من طرف واحد في بداية الصراع, الا ان صراعات حدثت بين مجلس الحكم العراقي (IGC) وسلطة الاحتلال (التحالف) المؤقتة (CPA). وشعر المجلس بأنه لم يبلغ بالقرارات التي تخص الفلوجة. وخصوصاً فيما يتعلق بالمحاولات الفاشلة لاستخدام القوات العراقية الجديدة للمساعدة في السيطرة على الفلوجة. باستثناء كتيبة مغاوير 36 التي بقيت تقاتل في حين رفض العسكريين في كتيبتين 505 و506 من قوات الدفاع المدني العراقي (Iraqi Civil Defense Corps (ICDC) القتال في الفلوجة لارتباط بعلاقات اسرية او صداقة مع عوائل الفلوجة. بالإضافة إلى ذلك، تم نصب كمين للكتيبة الثانية من اللواء الاول خلال شهر أذار (مارس) في اثناء توجهها من منطقة التاجي ببغداد إلى الفلوجة. مليشيات التيار الصدري في منطقة الشعلة اطلقت النار عليها لمنعهم من الذهاب للفلوجة ,فرفضت الكتيبة من ان تستمر بعد الكمين, بينما بعض الجنود كانوا قد انضموا إلى جانب مقاتلي الفلوجة [230].

ان حقائق نصر الفلوجة يمكن مشاهدتها من تصريحات المسؤولين الامريكيين. نائب قائد القوات الامريكية في العراق ونائب سانشيز العميد مارك كيميت (Brigadier General Mark Kimmitt) كان قد وعدّ برد ساحق على مقتل مرتزقة بلاك ووتر قائلاً (سوف

نهدىء (pacify) هذه المدينة), بينما عاد بعد فشلهم في دخول المدينة وطلبهم للتفاوض قائلا (وقف الاعمال العدائية هو من اجل السماح للمسار السياسي والمناقشة من ان تمضي قدماً). بينما اعترف الرئيس الامريكي بوش يوم الاحد 11 نيسان بان احداث الاسبوع كانت الاصعب (tough), وان من الصعب معرفة ما إذا كان أسوأ الاشتباكات قد انتهت[302]. كما واعترف رامسفيلد في مذكراته ان اهتمامه بعد مقتل مرتزقة بلاكووتر في الفلوجة ليس فقط القبض على من قام بذلك, بل ارسال رسالة عبر البلاد ان اي شخص يشارك في اعمال مقاومة سيواجه جبروت الولايات المتحدة العسكرية[13]. القيادة الامريكية خططت هذه المذبحة كعقاب شامل لغرض تخويف وارهاب المدن الاخرى, لكن رامسفيلد عاد واعترف بان المعركة الاولى وتسميتها لم تكن لا حلاً ولا حزماً كما تم تسميتها. قرار حصار الفلوجة وضربها عشوائيا اصبح بداية الانتفاضة الشعبية العراقية الاولى ضد الاحتلال وأصبحت مثالا للمقاومة في الشرق الاوسط ضد رمز الشر الذي يمثله الاحتلال[105]. وهذا ما دفع الامين العام لجامعة الدول العربية عمر موسى (Amr Moussa) الى ان يقول (القتال الأخير في الفلوجة أنه غير مقبول وخطير للغاية)[302].

تقرير أمريكي لمكتب الاحصاء العام في تقريره الى الكونغرس الامريكي (2006,GAO), أعترف بأن سلسلة من الهجمات ضد قوات الاحتلال (التحالف) قد بدءت تنتشر منذ شهر نيسان (أبريل) 2004 في المناطق الغربية والوسطى والجنوبية من العراق. المقاتلين المحليين هاجموا قوات الاحتلال في الفلوجة وبغداد والرمادي وسامراء وتكريت, في حين هاجمهم مقاتلي التيار الصدري بدءً من بغداد ولغاية البصرة جنوباً. كما يضيف التقرير بان القوات العراقية المدربة من قبل الامريكيين وتقاتل معهم, يعترف بانهم كثيراً ما كانوا يساعدون المقاتلين العراقيين[118]. وبالتزامن مع حصار الفلوجة والعمل العسكري ضدها, كانت هنالك معارك ضارية تجري ايضا في ابو غريب كان منها اسقاط طائرة اباتشي (AH-64 Apache) امريكية ومقتل طياريها الاثنين. كما رفضت كتيبة عراقية أن تذهب إلى الفلوجة على أساس أن أعضاءها لم توقع على التعهد بمقاتلة العراقيين, مما يعني رفضهم القتال ضد أبناء بلدهم[302]. وللعلم فان هذه القوات العراقية الجديدة كانت تحت السيطرة الكاملة للجانب الامريكي من حيث الاعداد والتدريب وتعيين القيادات او تغييرهم او توجيههم الى ما بعد المعركة الثانية في الفلوجة[230], مما يعني عدم اتباعها لاي جهة رسمية عراقية.

انطلاق انتفاضات في مناطق سنية وشيعية كان هزيمة للسياسيين الجدد والذين حاولوا كسب قواعد شعبية على أسس طائفية. فقد كشفت معركة الفلوجة الاولى عن كون كافة الجهات العراقية السياسية والعسكرية هي مجرد هيئات استشارية وتاخذ اوامرها من سلطة الاحتلال المؤقت (CPA)[230].

لهذا لم يكن التلاحم الشعبي بين مختلف طوائف الشعب العراقي في دعم الفلوجة محل ترحيب حتى لبعض الجهات الدولية التي كانت تريد زيادة الفتن بين العراقيين لابعاد سيناريو الاحتلال

عن بلادهم. لهذا سعت العديد من الجهات الدولية الى تجنيد عصابات تنشر فتن طائفية وتضرب الوحدة الوطنية وبعلم الاحتلال. ومن جهة اخرى, جرت محاولة التسييس الاعلامي لتقارير الاحتلال التي بدءت بعد هذه المعركة الاولى في أطلاق صفة التمرد او الاضطرابات (unrest) على حركات المقاومة في المناطق السنية وخصوصاً في الفلوجة بينما تشير الى صفة الانتفاضة (uprisings) على حركة المقاومة التي قادها التيار الصدري[87,13]. مما يؤكد بداية الاحتلال في خيار التفرقة الطائفية عبر البدء في نظرية فرق تسد ومن ثم تطبيق المثال السلفادوري لفرق الموت في العراق. الفتنة الطائفية لا تزال الاخطر تهديد ضد العراقيين, وهذا يفسر سبب أستمرار التفجيرات والاغتيالات اليومية (انظر الفصل الحادي عشر).

رغم ان الكثير يعتبر النتيجة كانت نصر على الاحتلال بجهود كل من انتفض ضد جريمة العقاب الشامل, الا ان الواقع كان مذبحة وجريمة ضد الانسانية ومن الطراز الاول راح ضحيتها اكثر من 700 شهيداً واكثر من 2500 جريحاً اغلبهم كانوا من المدنيين [17]. بينما اعترف وزير بريطاني انها خلفت اكثر من 1000 ضحية بين المدنيين. بول بريمر قال بعد يوم من مقتل رجال بلاك ووتر الاربعة بان (احداث الامس في الفلوجة هي مثال ساطع للصراع الدائر بين الكرامة الانسانية والهمجية), لكن بعد انتهاء معركة الفلوجة الاولى فان العالم باسره قد عرف الان من هو الذي كان يدافع عن كرامته ومن هو الذي جاء بالاجندة الهمجية.

الفصل السابع

الجريمة السياسية في منع السلام والتسبب في جريمة حرب ثانية في الفلوجة

7. 1. وضع المدينة بعد المعركة الاولى

بعد انتهاء المعركة الاولى وبداية اتفاق وقف اطلاق النار ما بين اهالي الفلوجة والقوات الامريكية مع تشكيل لواء الفلوجة. فقد تشكلّ في داخل المدينة مجلس شورى المجاهدين والذي يضم الفصائل التي قاومت قوات المارينز خلال المعركة الاولى. واغلب هذه الفصائل لم يكن بينها اتصال تنسيقي مسبق بل تجمعت جميعها كابناء لمدينة الفلوجة بعد قرار العقاب الجماعي للمدينة من قبل المارينز. وهذا ما اكدته وثيقة الاستخبارات العسكرية الامريكية بعد المعركة [1]. بحسب مركز دراسات امريكي, فان الفلوجة خلال صيف وخريف 2004 أصبحت رمزا للمقاومة واحراجا للحكومة العراقية المؤقتة الجديدة (IIG) التي تم تشكيلها في 28 حزيران 2004, فبدت قواتهم عاجزة عن عمل أي شيء حيال ذلك[62].

بعد انسحاب القوات الامريكية الى خارج مدينة الفلوجة وانتشار افراد قوة لواء الفلوجة على اطراف المدينة وداخلها. الا ان عمليات القصف الجوي الامريكي على المدينة استمرت دون توقف. وقد اكدّ الجنرال ريتشارد مايرز (Gen. Richard B. Myers) قائد هيئة الاركان المشتركة قائلا (تستمر طائراتAC-130, والطائرات ذات الجناح الثابت (fixed-wing aircraft) في مهاجمة اهداف محددة في المدينة, وقد قتلنا العديد من الاعداء (المقاتلين))[52]. ومع كل غارة جوية امريكية على المدينة, كان هنالك ضحايا مدنيين عراقيين باعتراف ضباطهم[193]. قائد قوات المارينز التي هاجمت الفلوجة ثانية في نوفمبر بررّ ما جرى بحجة ان اتفاق وقف اطلاق النار بعد المعركة الاولى في الفلوجة كان يتضمن تسليم الاسلحة الثقيلة لمقاتلي الفلوجة, واستمرار التحقيقات لمعرفة من قتل المقاولين الامريكيين الاربعة في 31 أذار 2004[232]. سؤالين يبرزان هنا, هل احترم المحتل وعوده واوقف جرائمه حتى يمكن الوثوق به؟ وهو الذي لا يقبل بادخال الامم المتحدة كطرف مراقب في اي اتفاق, ثم كيف يطالب بالتحقيق في مقتل المقاولين الامريكيين دون الحديث عن مقتل الاكثر من الف مدني ضحايا معركة العقاب الشامل في الفلوجة !!

في أيار (مايو) 2004, اصدر الرئيس الامريكي توجيهاً رئاسياً للامن القومي ينص على انه بعد انتقال السلطة الى الحكومة العراقية، فان وزارة الدفاع الامريكية (DoD) ستكون مسؤولة عن أمن الولايات المتحدة والأنشطة المتعلقة بالعمليات العسكرية, وانشاء القيادة المركزية (CENTCOM) التي ستدير كل الجهود المزعومة للحكومة الأميركية في تنظيم وتجهيز وتدريب قوات الامن العراقية. في صيف 2004 تطورت خطط واستراتيجيات عمل القوات المتعددة الجنسيات وبالتعاون مع السفارة الامريكية في بغداد واصدروا خطة جديدة في انتقال المسؤولية الامنية من قواتهم الى حكومة وقوات الامن العراقية[118]. وفي 10 أيار دخلت الى الفلوجة اول دورية مشتركة للقوات الامريكية مع جنود قوات الدفاع المدني العراقي (Iraqi Civil Defense Corps soldiers) وشرطة الفلوجة, ووصلت الى مركز

المدينة سلميا من دون التعرض لهم من قبل الاهالي او اطلاق النار عليهم من قبل اي شخص مسلح. واعلن بعض قادة القوات الامريكية عن استعدادهم للمواجهة مجدداً في حال تم اطلاق النار عليهم. حيث صرح لمراسل صحيفة المارينز الرقيب ارثر (Master Sgt. Arthur Trader Jr), قائلاً "الجميع لديه انطباع سيكون لدينا معركة لأنه لم يتم تطهير المدينة", واضاف "نحن لم يكن لدينا مفاجأة الاشتباك مع العدو لأن الجيش العراقي كان الوحيد في المدينة منذ فترة قصيرة.". وتجدر الاشارة الى ان عشر مركبات فقط من القوات الامريكية قد دخلت المدينة ضمن الدورية المشتركة, بينما بقيت الاليات الاخرى للكتيبة الامريكية خارج بوابة دخول مدينة الفلوجة. وكان الهدف الامريكي من ذلك بحسب تصريح الضابط التنفيذي للكتيبة الثالثة الميجر اندرو J. بيتروتشي (Maj. Andrew J. Petrucci) لنفس الصحيفة قائلاً "هدفنا هو إظهار قابلية العمل بين قوات التحالف ولواء الفلوجة" و "الإظهار امام مواطني الفلوجة، بأن لوائهم يستطيع توفير بيئة أمنة لكلا من المواطنين وقوات التحالف."(299). وانتهت اول دورية بتوديع الاهالي لها مع رفع الاحذية بوجوه قواتهم وهي تغادر المدينة للتعبير عن استهجان الاهالي للجرائم التي ارتكبت من قبل قوات الاحتلال خلال المعركة الاولى.

حيث التقى قائد الشعبة البحرية الاولى (1st Marine Division) الجنرال جيمس ماتيس (General, Maj. Gen. James N. Mattis) مع الجنرال العراقي محمد لطيف قائد لواء الفلوجة. وقد صرح ماتيس ان الاجتماع كان خطوة أولى لتنمية العلاقات من أجل السلام وإعادة تطوير المناطق التي تضررت من المعركة في جميع أنحاء المدينة. واضاف ماتيس قائلاً "اننا صنعنا تاريخ جيد لأنه لم يتحول إلى معركة - نحن لم نأت إلى هنا للقتال، نحن بحاجة إلى الاستمرار في بناء قدرات يوم واحد من السلام، وإعادة بناء منزل هنا أو إصلاح أضرار هناك ونتصافح مع العراقيين"(299).

7. 2. بدء الاستعدادات للمعركة الثانية

التحول الجديد كان في 1 تموز (جولي) من عام 2004, حين عين الجنرال جورج كيسي (General George Casey) قائداً عاماً لما يسمى بالقوات المتعددة الجنسيات (MNF-I) بدلاً من الجنرال ريكاردو سانشيز الذي كان قائداً لقوة (CJTF-7) خلال وبعد المرحلة الاولية من العمليات العسكرية لاحتلال العراق. واصبح مساعداً لكيسي هو الجنرال ثوماس ميتز (Lieutenant General Thomas Metz) وكلاهما كانا يعملان تحت امرة الجنرال ابو زيد عندما كان قائداً للقيادة المركزية الامريكية في تامبا بولاية فلوريدا(Tampa, Florida). واصبح يطلق على القوات المتحالفة (coalition) في العراق بالقوات المتعددة الجنسيات في العراق (Multinational Force-Iraq).

هذا التحول كان احد الاستعدادات في مواجهة اي انتفاضة او مقاومة وطنية مسلحة, عبر اعادة تشكيل وضعية الاحتلال الى وضعية شبه دولية تحاول التستر بقرارات مجلس الامن الجديدة لمنع اي مسأءلة قانونية مستقبلية رغم انها تخالف القانون الدولي.

وبعد ان اعادت القيادة الامريكية ترتيب وحداتها وخططها التي تقطعت وتبعثرت بسبب الثورة الشعبية الاولى ضد الاحتلال, قامت بخلق المبررات لقصف الفلوجة بين الحين والاخر بحجة خرق اتفاق وقف اطلاق النار. وبدلاً من تعزيز قدرة الاهالي على ادارة مدينتهم, اعترفوا باستغلال لواء الفلوجة ليكون منفذ لجمع معلومات استخبارية ومعرفة افضل التكتيكات الممكنة لاي عملية عسكرية قريبة على الفلوجة. وهذا يؤكد النية المبيتة لضرب المدينة وتدميرها مجدداً. فقد حاولوا مع جهات عميلة من ان يشوهوا صورة لواء الفلوجة باعتباره من مكونات الجيش العراقي السابق. كما اعترف القائد الامريكي Colonel Robert J. Coates بوجود خطة غير معلنة من قبلهم باستغلال الانقسامات بين المقاتلين في المدينة ومساعدة وحدة او قوة عراقية جديدة من ان تقاتلهم[19]. خلال هذه الفترة نشر الامريكان بعض العناصر الاستخبارية العراقية كمصادر لجمع المعلومات عن مقاتلي الفلوجة وكانت هذه العناصر تحت قيادة الكولونيل رون ماكوتا (Colonel Ron Makuta)[193]. بينما كان الجنرال كريج هاربين (Lt. Col. Greg Harbin) احد ضباط السيطرة الارضية المخططين للهجمات الجوية خلال المعركتين والذي قد اعترف بان الدرس الكبير من معارك الفلوجة المهمة هو ان التخطيط المسبق سيقلل سلسلة القتل, واضاف (اننا نعرف ازقة شوارعهم بافضل مما فعلوا)[52]. بينما حاول قادة قوات الاحتلال خلق المبررات في أطار الاستعدادات لضرب الفلوجة مجدداً, فهذا الجنرال جون ابي زيد (Gen. John P. Abizaid) يقول بان هنالك امور لن نتسامح بها مثل وجود المقاتلين الاجانب في الفلوجة[52]. وبالرغم من انهم قد اعترفوا في تقاريرهم بان من قاتلهم في المعركة الاولى كانوا من اهل الفلوجة[1,36]. فهل وجود بعض المقاتلين العرب هو الشيء الاخطر لقوات الاحتلال بينما وجود احتلال اجنبي عدواني ناهيك عن التغلغل الايراني فهو يجب ان يكون امر معقول ومقبول جدا !! انها مجرد اعذار من اجل الاعداد لعمل اجرامي اكبر من نطاق الفلوجة والنجف (انظر فصل الخيار السلفادوري).

مدير جهاز المخابرات العراقي في تلك المرحلة محمد عبد الله الشهواني (GEN Mohammed Abdullah al-Shawani) قال أن قوات الاحتلال (التحالف) والحكومة العراقية لم تعط الفرصة الكافية للواء الفلوجة لإثبات أنفسهم. واضاف (أن لواء الفلوجة كان ناجح الى غاية ايقاف مرتبات منتسبي لواء الفلوجة, فقد استطاعوا من تأمين المدينة لمدة خمسة أشهر بدون اطلاق رصاصة واحدة, ولم تحصل اي جريمة قتل في الفلوجة، ولم يتم اطلاق رصاصة واحدة على القوات الأمريكية. وهذا الوضع هو بالضد من اجندة الحكومة العراقية, كما ان الايرانيين كانوا يساعدون استمرار الصراع في الانبار[230].

موفق الربيعي (Mowafak al-Rubai) المعين من قبل بريمر كمستشار للامن الوطني حينها, كان قد اعترف بان انسحاب المارينز من الفلوجة بعد المعركة الاولى, وتشكيل لواء الفلوجة الذي استلم مسؤولية الامن في المدينة هي نقطة تحول كبيرة في الحرب ولاسباب عديدة هي:

1. كونها اعطت انطباع بقدرة المقاتليين المحليين في صد هجمات قوات الاحتلال.
2. اعطت مصداقية اكثر للواء الفلوجة في حفظ الامن في المدينة, وهو المتكون من منتسبي الجيش السابق ومقاتليي الفلوجة.
3. اصبحت الفلوجة رمز للمقاومة ليس فقط في العراق بل حتى في العالم العربي[230].

بسبب اتساع دائرة المقاومة المسلحة والرفض الشعبي لوجود قوات الاحتلال, شكلّ الاحتلال حكومة انتقالية عراقية مؤقتة غير منتخبة برئاسة د. اياد علاوي مع بقاء الملف الامني والعسكري بيد القوات المحتلة. لم تحظى هذه الحكومة بالرضا من قبل الجهات المعارضة لوجود الاحتلال. فقد أعلن التيار الصدري وزعيمه مقتدى الصدر معارضتهم لهذه الحكومة ودعى اتباعه في شهر أب 2004 الى الثورة الشعبية. وصول قوات المارينز لمدينة النجف وحصول مصادمات في 2 أب مما دفع المارينز لاستعمال قوات الرد السريع الالية (mechanized quick reaction force). ورغم دعوة الصدر الى وقف اطلاق النار كما هو الحال بعد معركة الفلوجة الاولى, لكن محافظ النجف عدنان الزريفي رفض نداء الصدر. مما زاد من حدة المواجهات المسلحة التي انتهت باخراج عناصر جيش المهدي التابع للصدر من مدينة النجف ومقبرتها الضخمة. زادت المواجهات المسلحة التي انتهت باخراج عناصر جيش المهدي التابع للصدر من مدينة النجف ومقبرتها الضخمة. بعدها بدءت جولة من مفاوضات السلام بين قوات المارينز بقيادة نائب القائد العام لقوات المارينز العميد دينيس هيجليك (Brigadier General Dennis J. Hejlik) وممثلي الحكومة العراقية المؤقتة من جهة, مع مسؤولي جيش المهدي من جهة ثانية. لكن المعارك استمرت وتم الهجوم على بيت الصدر والحصول على وثائق ومعلومات كثيرة حول تورط السيد مقتدى وقادته بانشطة سيئة بحسب العقيد جون بالارد (Colonel John R. Ballard). ثم توقفت الاعمال الحربية مؤقتاً بامر قائد المارينز الجنرال ماتيس (General Metz) يوم الجمعة 13 أب, لكن المعارك عادت لتندلع بقوة الى غاية يوم 26 أب مع اعلان القائد العام للمارينز وقف العمليات لاعطاء فرصة اخرى للحوار السلمي بين السياسيين العراقيين ومسؤولي جيش المهدي. هذا الحوار انتهى مع تسليم مكتب السيستاني مفاتيح ضريح الامام علي ابن ابي طالب (كرم الله وجه) من قبل مقتدر الصدر لتنهي معركة النجف مع استشهاد 1500 عراقي من مقاتلي جيش المهدي[193].

الملاحظ هنا في طبيعة معركة النجف انها كانت تشبه الكر والفر بين الطرفين عسكريا وسياسيا, خلال فترات القتال المتقطعة, رافقتها ترك الباب مفتوح لاجراء مفاوضات سلام عراقية من اجل وقف المعركة. وجود اطراف شيعية منافسة للتيار الصدري كانت قد ساعدت قوات الاحتلال في تقليل الدعم الشعبي لانتفاضة الصدر وقاتلت ضده. وهنا يكمن السؤال الجوهري, لماذا لم تسعى حكومة اياد علاوي التي تدعي العلمانية ورفض الطائفية الى اتخاذ نفس السياسة مع مدينة الفلوجة بدلاً من اقتحامها بشكل عدواني وتدميري احرق الاخضر واليابس ومنع فرصة السلام؟؟ حكومة اياد علاوي والدور الذي لعبه موفق الربيعي تفضح الوجه الطائفي في التعامل. فقد توصلوا الى اتفاق مع مليشيا جيش المهدي تقضي بتسليم الاخير لاسلحته وترك مدينة النجف, وان لا يعودوا اليها كمليشيا مسلحة, بينما تحول قضية الامر الصادر بالقاء القبض على السيد مقتدى الصدر بتهمة قتل اية الله الخوئي الى المحاكم العراقية واعطاءه الوقت الكافي هناك (تجميد القضية). تبعها بعد ذلك لقاء اياد علاوي مع رجال الدين الصدريين في مدينة الصدر وتم الاتفاق على شراء اسلحتهم (حتى القديمة منها) مقابل 12 مليون دولار امريكي[230]. واذكر ان احد وفود التيار الصدري برئاسة الشيخ فاضل زارت الفلوجة بعد المعركة الاولى وقبل معركة النجف, طالبين المساعدة باعطائهم المزيد من التجهيزات الطبية ووافق المسؤولين المحليين في المدينة على تزويدهم بما يحتاجون. وعند سؤال الشيخ فاضل حول سبب بيعهم سلاحهم والعراق لازال محتلا, اجاب الشيخ بانها اسلحة قديمة والاموال التي دفعت مقابلها قد استخدمت في شراء اسلحة احدث من ايران (هذا الحديث جرى أمامي).

في هذا الاثناء تزايدت مع الوقت الطلعات الجوية الامريكية مع أستخدام طائرات بي 52 في القصف الليلي على أحياء الفلوجة بحجة مطاردة المقاتلين. واعادوا استخدام القصف بالاسلحة العنقودية على بعض المناطق أضافة الى القنابل زنة 500 كغم التي حولت في احدى غاراتها ليلا ثلاث بيوت متجاورة في حي المهندسين لتؤدي الى حفرة كبيرة وقتل ثلاث عوائل. وبينما تزداد الغارات, كانت أحد الصحف البريطانية تبرر الهجوم الجوي الهائل والغارات في منتصف تشرين الاول (اكتوبر) 2004 بانها انتقام من القتلة الذين ذبحوا الرهينة البريطاني كين بيغلي (Ken Bigley), متناسية وجود الكثير من الضحايا المدنيين الابرياء تحت هذا القصف, ومن دون ذكر لعدد القتلى[108].

استهدفت الهجمات الجوية على تليين الدفاعات في المدينة التي تفخر على تحدي الاحتلال الذي قادته الولايات المتحدة في كل منعطف "الفلوجة مهمة للغاية", بحسب تصريح الجنرال المتقاعد من فيلق مشاة البحرية (Greg Newbold)[778].

وفي 8 سبتمبر (ايلول) 2004 قامت مجموعة مسلحة باختطاف مجموعة ايطالية – عراقية تعمل ضمن منظمة انسانية مناهضة للحرب على العراق تسمى جسر الى بغداد (A Bridge to Baghdad) من وسط العاصمة بغداد, وهم ثلاث نساء ورجل واحد, سيمونا تورتا

(Simona Torretta), سيمونا باري (Simona Pari), موهناز بسام (Mahnouz Bassam), ورعد علي عبدالعزيز (Raad Ali Abdul Azziz). حيث هجمّ على مقر المنظمة المحاط بالكتل الكونكريتية حوالي عشرون مسلحاً, وبحسب صحيفة النيوزويك (Newsweek) فبعد 15 دقيقة من الاختطاف مرت بالقرب من المقر قافلة عربات همفي (Humvee) امريكية. واعترفت وزارة الداخلية العراقية بان الخاطفين يرتدون زي عسكري وبدلات واقية للرصاص مما يبعد احتمالية قيام المقاومة باختطافهم. هذه المنظمة كان لها دور انساني كبير في اثناء المعركة الاولى في الفلوجة. وبعد حصار النجف الذي سبق المعركة الثانية في الفلوجة وقبل يوم من الاختطاف, ابلغت تورتا وباري زملائهم العراقيين بانهم ينوون القيام بمهمة انسانية كبيرة بالرغم من الوضع الخطر في الفلوجة, وهو ما لن تسمح به القوات الامريكية من وجود شهود ثانية في ساحة عملياتها العسكرية[476].

7. 3. بدء المفاوضات واسباب فشلها مع حكومة اياد علاوي

بدءت تلوح في الافق ملامح العمل العسكري الجديد ضد الفلوجة عبر تزايد القصف الجوي ضد الفلوجة وارتفاع نبرة التهديد. وبدءت مفاوضات مع حكومة اياد علاوي الانتقالية التي مثلها السيد حازم الشعلان وزير الدفاع في وقتها, بينما ضم وفد الفلوجة برئاسة الشيخ خالد حمود الجميلي مع بعض الوجهاء والشخصيات من الفلوجة كان من بينهم الدكتور رافع حياد العيساوي وقائد لواء الفلوجة. المفاوضات استمرت زهاء الشهرين وانتهت بالتوصل الى اتفاق سلام كان ابرز نقاطه يقضي بسحب الاسلحة الثقيلة من المدينة، وان يتعهد اهل الفلوجة باخراج عشرات المقاتلين العرب كانوا متمركزين في اطراف المدينة بعد المعركة الاولى. حازم الشعلان طلب مهلة 3 ايام قبل توقيع الاتفاق من اجل عرضه على مجلس الوزراء. الا انه طلب لقاء رئيس وفد الفلوجة بعد يومين فقط وقبل انتهاء المهلة التي طلبها. الشعلان ابلغ الشيخ خالد الجميلي بعدم االقدرة على توقيع الاتفاق بسبب رفضه من قبل الامريكان, وعلى اهل الفلوجة الضغط على الامريكان ليوقفوا العمل العسكري القادم. وهذه تتناقض مع رواية اياد علاوي التي ادلى بها في نشرة عسكرية امريكية مدعياً محاولته اتخاذ كل سبل التفاوض حتى اخر لحظة[230].

رئيس الحكومة الانتقالية د. اياد علاوي في اثناء مؤتمر صحفي ليطلب من اهل الفلوجة تسليم الزرقاوي وهو شرط لم يكن اصلا موجود اثناء المفاوضات أدى الى افشالها، على الرغم من ان علاوي يعرف بعجز الامريكان على مسكه فكيف يطلب ذلك من اهل الفلوجة!! ثم لماذا لم يطرح هذا الشرط اثناء المفاوضات ويطرحه عبر وسائل الاعلام وبصيغة التهديد؟؟ في هذا الاثناء تم اعتقال رئيس الوفد المفاوض لبعض الايام في محاولة لوقف نشاطه وتحركاته التي تحاول ايجاد منفذ سلمي يجنب المدينة والمدنيين اي عمل عسكري. لحد هذه اللحظة وفوج

الفلوجة يقوم بواجبه في حفظ الامن داخل الفلوجة وبمساعدة شرطة الفلوجة, ولم يكن قد فشل في مهمته كما ادعت الجهات الامريكية والبريطانية [231]. مما يعني ان كل الحقائق كانت تشير الى النية المبيتة في ضرب المدينة.

من خلال حديث وفد الفلوجة المفاوض وما بدء يظهر من حقائق الان, تتبين روايتين مختلفتين, فالرواية الاولى تبين ان حكومة علاوي ارادت التوصل لاتفاق سلمي لتجنب تدمير المدينة ومعاناة الاهالي كما حصل في المعركة الاولى. بينما الرواية الثانية بحسب مذكرات قائد قوات الاحتلال ريكاردوا سانشيز[36] فقد كانت عملية التفاوض مع أهالي الفلوجة هي بأمر أمريكي من اجل كسب الوقت فقط للاعداد جيداً لاقتحام المدينة من دون وجود نية حقيقية في التوصل لاتفاق يجنب الجميع مأسي الحرب وخسائرها، اي ان العقلية الامريكية كانت فقط من اجل تجنب العواقب الكثيرة التي ادت الى فشل عمليتهم العسكرية الاولى في شهر نيسان (ابريل) 2004..

4.7. طلب وساطة الامم المتحدة

بعد اطلاق سراح رئيس وفد الفلوجة التفاوضي (الشيخ خالد الجميلي) الذي اعتقلته قوات المارينز. ذهبت مع صحفيين اثنين من اجل لقاءه ومعرفة الحقائق وما جرى. الشيخ الجميلي اخبرنا بنفسه حول المحادثات اثناء المفاوضات والذي اشرنا اليه. وبسبب هذا الوضع جاءت فكرة التوسط ثانية لدى الامم المتحدة لاجل التدخل الدولي السياسي لوقف الجريمة القادمة. قمنا بالاتصال بمكتب حقوق الانسان التابع لبعثة الامم المتحدة في العراق من اجل طلب المساعدة في اجراء لقاء بين وفد الفلوجة وممثل الامين العام للامم المتحدة في العراق السيد اشرف القاضي. وفعلا تم ترتيب اللقاء في اليوم الثاني واخذت وفد الفلوجة المفاوض برئاسة الشيخ خالد حمود وعضوية د. رافع العيساوي (مدير مستشفى الفلوجة حينها) وقائد لواء الفلوجة (ابو عبدالله) مع بعض الوجهاء. وحضره من جانب الامم المتحدة بالاضافة الى السيد اشرف قاضي كلا من كبير موظفي مكتب حقوق الانسان في بعثة مساعدة العراق للامم المتحدة السيد اليو طمبوري. وفد الفلوجة بدء الحديث حول المفاوضات مع الحكومة العراقية وكيف توصلوا لاتفاق سلام رفض من قبل الامريكان, وعلى هذا الاساس ناشد وفد الفلوجة ممثل الامين العام للامم المتحدة بالتدخل وطلب وقف العملية العسكرية القادمة لاتاحة الفرصة لمزيد من الحوار السلمي تحت اشراف الامم المتحدة.

رد السيد اشرف القاضي بانه سيعمل كل ما يستطيع لمنع اراقة الدماء القادمة من موقعه كمسلم قبل ان يكون موظف اممي ووعد بارسال برقية عاجلة في نفس اليوم الى الامين العام للامم المتحدة السيد كوفي عنان. وبالفعل فقد اوفى الرجل بوعده وبعث برسالة جعلت الامين العام للامم المتحدة يبعث برسالة مفتوحة نشرت وقتها عبر وسائل الاعلام وموجهة الى كلا من

الرئيس الامريكي السابق دبليو بوش ورئيس الوزراء البريطاني السابق توني بلير ورئيس الوزراء العراقي السابق اياد علاوي يطلب منهم وقف العمل العسكري القادم لتجنيب المدنيين المزيد من اراقة الدماء والمعاناة مع اعطاء فرصة للحوار السلمي برعاية الامم المتحدة. وبعد خروجنا من الاجتماع, التفت الي أحد أعضاء الوفد ممن يشغل منصب وزاري في حكومة المالكي قائلاً (الان وقد التقينا مع صديقكم, فلنرى اذا كان بأمكانه فعل شيء). كان جوابي حينها (مهما تكن النتيجة فهذا طريق يجب سلوكه ولا يجب ان نضيعه لاننا يجب ان نطرق كل سبل الحوار والدعم الدولي لانقاذ المدينة). الان وبعد مرور هذه الفترة من الاحداث, أستطيع القول (المساءلة جاء وقتها بعد افتضاح كامل الجريمة, ولم تذهب جهود وفد الفلوجة سدى لانها دليل على نية الفلوجة لاجل الحل السلمي الذي منعته دول الاحتلال لاستكمال الجريمة، التي أثبتت وجود النية المبيتة للعقاب الشامل للمدينة واهلها وارتكاب جرائم حرب وابادة).

ردود القادة الثلاثة كانت رافضة للحلول السلمية للامم المتحدة ومصممة على العمل العسكري مع استخدام كل وسائل الكذب المتاح لديهم. فرئيس الوزراء البريطاني استخدم الكذب في مجلس اللوردات البريطاني مدعياً (ان اهل الفلوجة يرفضون نزع السلاح ويرفضون السلام ويجب اخذ السلاح منهم بالقوة). وتسببت كذبته هذه بالسماح بنقل 5000 جندي بريطاني من البصرة الى اطراف بغداد والطريق السريع حول الفلوجة ليتورطوا ويشاركوا في المذبحة الثانية التي تعرضت لها الفلوجة في شهر تشرين الثاني (نوفمبر) 2004. على الرغم من ان بلير قد حذر قبل بدء المعركة الثانية من ان القوات البريطانية قد تواجه رد فعل خطيرة إذا انتهت محاولات الولايات المتحدة للاستيلاء على معقل المسلحين في الفلوجة باراقة دماء شاملة(238,297). الموقف القانوني في امكانية محاكمة توني بلير متاحة بسبب ارتكاب جريمة الكذب من قبل موظف حكومي أدت الى ارتكاب جريمة حرب دولية (أقرا فقرة المحاكم البريطانية في الفصل الثاني عشر).

رسالة السلام وتشجيع الحوار التي بعثها السيد عنان جوبهت ايضا بالرفض القاطع من قبل حكومتي الامريكية والعراقية برئاسة رئيس الوزراء المنصب علاوي, حيث وصف الاخير المبادرة الاممية بانها رسالة مشوشة (confused), وأضاف ساخراً (اذا كان السيد عنان يعتقد بانه يستطيع منع مقاتلي (متمردي) الفلوجة من الحاق الضرر, فانه مرحب به) [101].

7. 5. أنكشاف النية المبيتة للعدوان

قبل الشروع في اقتحام الفلوجة, قوات الاحتلال هاجمت مدينة النجف التي اصبحت معقل ثاني للمقاومة الشعبية الرافضة للاحتلال بعد الفلوجة. وطبقا لسياسة فرق تسد, حاول الاحتلال

خداع العالم بأن الفلوجة هي المدينة الوحيدة التي تتمرد, بينما يعترفون في نفس الوقت بانهم خاضوا معارك شرسة في النجف قبل الهجوم على الفلوجة [64].

وحصل ما كنا نخشى منه, فخلال الفترة ما بين المعركتين قامت القوات الامريكية بحجة مطاردة المسلحين بقصف مستمر على مناطق سكنية وصناعية وبقنابل ضخمة زنة 500 كغم وبعض الاحيان بالاسلحة العنقودية والتي رايت أستخدامها بنفسي. عملية اجبار الاهالي على ترك المدينة هي من ضمن تخطيط ما قبل الهجوم بحجة تقليل الاصابات بين المدنيين اثناء الهجوم ومنع تكرار الضغط الدولي والمحلي من اجل وقف الهجوم كما حصل في نيسان 2004. الامريكيين تعلموا الدرس وعرفوا مدى قوة الضغط الدولي والردود السلبية لصور المدنيين الجرحى خلال حرب مدن في العصر الحديث [193].

أن أصرار قوات الاحتلال على حرب المدن من اجل قمع الرفض الشعبي لوجودهم كان يدفعه الانتقام وضرورة العقاب الشامل قبل المعركة الاولى في الفلوجة. لكنهم أدركوا بعد فشلهم ذاك أن كسب المعركة في المناطق الحضرية المأهولة بالسكان تعتمد على عوامل كثيرة, أهمها هو مدى الدعم الشعبي لها, واستعداد قواتهم للتضحية[119]. لهذا تبين لاحقاً ان القوات الامريكية خلال الفترة ما بين المعركتين كانت تنفذ أستراتيجية عسكرية بحتة منذ أجبارها على اتخاذ قرار وقف أطلاق النار, هذه الاستراتيجية توضحت صورها لاحقاً والتي تعتمد على العقيدة الامريكية المعروفة في حرب المدن[120,119], وتشمل:

1. الاستطلاع الجوي والارضي, عبر أستخدام الكشافة (scouts), والقوات الخاصة (special forces), والقناصة (snipers), وعناصر أستخبارية بشرية (Human intelligence (HUMINT) agents), لرسم خريطة التضاريس وبالتفصيل وبثلاثة أبعاد. مع تحديد مواقع العدو ومعداته ونواياه, مع النظر لرأي الناس في تلك المناطق وبدء العمليات النفسية في هذه المرحلة لدفع المدنيين على الهروب.

2. المناطق الحضرية المراد مهاجمتها يجب ان تكون محاصرة ومعزولة كلياً حتى يمكن للدرع المحمل بالجنود في الهجوم بسرعة والضرب بقوة..

3. هجوم الاسلحة المشتركة على طول محور الاختراق, وكسب موطئ قدم في المدينة لاقامة رأس جسر لانتشار القوات.

4. أخيراً, وحدات الاسلحة المشتركة تدخل المدينة وتبدء أزالة منتظمة لمصادر المقاومة التي تواجهها.

هذه الاستراتيجية العسكرية الجديدة هي مكملة للاستراتيجية التي كانت متبعة في الفلوجة والتي كانت تعتمد على الاسترتيجية المطورة لمشاة البحرية الامريكية في النصف الثاني من عام 1990. حينما بلوروا رؤية ساحة المعركة في المناطق الحضرية او السكنية عبر مفهوم

حرب القطاعات الثلاث (Three Block War). والتي تشمل التدريب المعتمد على سيناريو الهجوم، والقدرة على الانتقال بين عمليات عالية ومنخفضة الكثافة مع وجود وسائل الإعلام المشترك، لتتكامل في النهاية مع مفهوم الحرب المعلوماتية المركزية (Network Centric Warfare)[235].

ان توقيت العمل العسكري الثاني ضد الفلوجة مع كل جرائم الحرب التي تخللته لم يكن اعتباطياً. فبالرغم من ان الخطة الاولية التي اعدها الجنرال كيسي مع حكومة اياد علاوي كان مقرراً للهجوم ان يكون في شهر ديسمبر 2004[314]. لكن العامل السياسي الذي يدعم قادة الاحتلال كان السبب الرئيسي في دفع التوقيت اكثر مبكراً. فالانتخابات الرئاسية الامريكية في مطلع نوفمبر 2004 كان اهم من توقيت اول انتخابات عراقية تحت ظل الاحتلال جرت بعدها في كانون الثاني (يناير)2005. الرئيس الامريكي دبليو بوش كان يبحث عن نصر يجدد ولايته الرئاسية وباي ثمن كان من دماء العراقيين. والادلة التي بدءت تظهر تؤكد بان القوات الامريكية كانت تخطط لاعادة اقتحام الفلوجة منذ انتهاء عملية حل اليقظة (VIGILANT RESOLVE) وكانت الجهة المسؤولة عن العمليات التخطيطية هو فريق الفوج القتالي الاول (Regimental Combat Team-1 (RCT-1))[230].

انا واثق من ان التصميم على تدمير كبرى مدن محافظة الانبار وأعادة ماسي الحرب بصورة أكبر وأشمل، لم تكن فقط لرد الاعتبار لسمعة الجيش الامريكي الذي فشل في دخول المدينة خلال المعركة الاولى. بل ان هنالك جهات سياسية طائفية عراقية تقف وراءها أجندة أقليمية كانت ترفض التلاحم الوطني في رفض الاحتلال والذي بدء ينتشر بين طوائف العراق سنة وشيعة. وهذا التلاحم يهدد وجودهم السياسي الطائفي الذي أسسه بول بريمر. لهذا فأن كشف الخيوط الحقيقية التي دفعت باتجاه الحرب ومنع الحل السلمي سيكشف ايضا من هو الذي يقف وراء جرائم القتل الطائفي الذي بدء 2005 وتسبب بقتل وجرح عشرات الالاف سنويا على مدى اعوام 2005 , 2006 و2007 (احصائيات الامم المتحدة).

الملاحظة المهمة التي وجدتها في هذه الفترة ما بين معركتي الفلوجة، هي سياسة الاحتلال في محاولة جعل المقاومة الوطنية المسلحة هي عبارة عن متمردين يعملون ضد الشعب العراقي من اجل تبرير قانونية الجرائم المعارك و التي اقترفوها امام شعوبهم على الاقل. هذه السياسة بدءت عبر فصل المناطق الشيعية وتسييسها عبر مساومات واعتبار انشطتها السابقة كالتفاصات لكي تشترك بالعملية السياسية للاحتلال. بينما المناطق السنية فيجب ان تظهر كارهابيين ومتمردين مع استمرار المثلث السني المقاوم، وهنا كان لايران وسوريا ادوار كبيرة في هذا الاتجاه عبر دعم مجاميع القاعدة في هذه المناطق.

الفصل الثامن

المذبحة الثانية في الفلوجة

7 نوفمبر 2004

8. 1. التهيئة الامريكية قبل المعركة

أعترف رامسفيلد بانه كان واثقا بعد وقف اطلاق النار في معركة الفلوجة الاولى بانهم سيعودون عاجلا ام اجلاً, وانهم كانوا يواجهون مقاومتين (تمردين) في ربيع 2004. الاول في الفلوجة وغرب العراق, والاخر في الجنوب مع التيار الصدري لمقتدى[13]. رامسفيلد عاد ليؤكد في مؤتمر صحفي في البنتاغون بحظور الجنرال ريتشارد مايرز (Gen. Richard B. Myers) رئيس هيئة الاركان المشتركة (لا يمكن ان نسمح بأن تبقى الفلوجة مركزاً للمقاومة في العراق)[107]. لذلك وقبل الهجوم على الفلوجة قاموا بالهجوم على النجف لانها كانت الاسهل لديهم ولاعطاء زخم معنوي لقواتهم قبل انتقال المعركة الى الفلوجة. لكن العمل كان مختلفاً لان جهتي القتال والحلول السياسية كانت تعمل في نفس الوقت, ولاجل خلق الفتنة بين العراقيين بدءوا يطلقون تسمية الانتفاضة على المصادمات مع التيار الصدري بينما صفة التمرد على مقاومي الفلوجة والمناطق السنية[105].

لقد استقدمت الولايات المتحدة لاجل هذه المعركة خيرة خبراتها ومعداتها لحرب المدن والشوارع. باحث في معهد واشنطن لسياسة الشرق الأدنى (Washington Institute for Near East Policy) والذي كان يعمل لوكالة الاستخبارات الدفاعية في البنتاغون (Pentagon's Defense Intelligence Agency) لأكثر من 30 عاما, جيفري وايت (Jeffrey White) قال (يجب أن نفوز في المعركة في أيام قليلة لانها اذا استمرت لمدة أسابيع، ويتم بث الصور التلفزيونية الى جميع أنحاء العالم عن المذبحة المعاصرة مع وفيات المدنيين، فان الولايات المتحدة ستفقد الدعم من الحكومة العراقية المؤقتة والأصدقاء والحلفاء الآخرين. السرعة هي جوهر المسألة" ثم يضيف وايت. "إذا نحن دخلنا في معركة طويلة الأمد، ستفقد الحكومة إرادتها السياسية، والمتمردين يسجلون انتصارا جديدا." ويضيف (يمكنك الفوز في المدينة، ولكن إذا كانت الصورة العالمية هي وفيات النساء والأطفال المدنيين الأبرياء ... فلديك مشكلة بين يديك)[778].

لواء الفلوجة كان حازماً في عمله من اجل منع اي مشاكل او احتكاك مع قوات المارينز لابقاء المدينة بعيدة عن الذكريات الاليمة التي تركتها قوات المارينز في الفلوجة. الضابط الامريكي (Col Larry K. Brown) من قوة MEF G-3 اشار بالانضباط العالي لهذا اللواء حين قال كلمة حق يراد بها باطل (كانوا يفعلون ما يوعدون به, انها المرة الاولى التي ارى فيها عراقياً يفعل اي شيء وعدّ به في الوقت المحدد دون تاخير). قائد قوات المارينز في العراق (والقائد العام لقوات التحالف الجنرال ريكاردو سانشيز) أجاب الرئيس الامريكي السابق دبليو بوش عند سؤاله حول تشكيل لواء الفلوجة (انه يبدو غير جيد لحد الان ولكنه افضل خيار متاح لحد هذه اللحظة)[36]. وبسبب المؤامرات والتخطيط المسبق في ضرب الفلوجة مجدداً, تم حل لواء الفلوجة في 12 ايلول 2004, بعد ان تبين ان الابقاء على لواء الفلوجة والتاخير في اقتحام

المدينة هو بسبب البحث عن افضل السبل في القتال مع ادنى الخسائر[19]. اياد علاوي اعترف بقيامه ببعض المهام قبل بدء الهجوم الثاني عبر تفكيكه (dismantled) لواء الفلوجة, تعزيزه المعلومات الاستخبارية ومشاركة العراقيين فيها, وتعيينه قائد عراقي من اهالي الفلوجة على القوات العراقية المشتركة بالهجوم, صاحبتها حملة اعلامية, ومن ثم اجرى لقاءات مع اشخاص على صلة مقربة من مقاتلي الفلوجة[230].

العمليات العسكرية الامريكية ضد الفلوجة لم تتوقف كما اتفق في وقف اطلاق النار. المصادر الامريكية تعترف بانهم منذ شهر تموز (July) 2004 بدءوا في جمع الصور الملتقطة من قبل طائراتهم المختلفة الانواع بالاضافة الى الاقمار الصناعية من اجل تحديد اهداف لمقاتلي الفلوجة لضربها ضمن حملة الاعداد قبل اقتحام المدينة. بل انهم جمعوا بيانات لكل شوارع الفلوجة وبناياتها التي قدرت بحوالي 800 بناية, ومن ثم ارسلت هذه البيانات بين مختلف الطواقم الارضية والجوية العسكرية بالاضافة الى المخططين للضربات الجوية. لهذا كان بامكان اي عسكري امريكي على الارض ان يطلب بسهولة من الطائرات ان تقصف البناية التي تعترض نيرانها من تقدمه في الفلوجة[52,67]. وقبل بدء الهجوم على الفلوجة, اكملت قوات المارينز التخطيط لقياسات السيطرة الجوية فوق الفلوجة. تم انشاء ساحة العمليات العسكرية الجوية فوق الفلوجة والمسماة عسكرياً بالمنطقة الجوية عالية الكثافة (HIDACZ) والتي حددت من خلال منطقة قطرها 30 ميل بحري (55,56 كم) وارتفاعها 30000 قدم (ثلاثون الف قدم). بالاضافة الى وجود طيران على مسافة 5 اميال بحرية حول الفلوجة ايضا لتقديم الدعم والاسناد للطيران المتواجد بكثافة فوق منطقة ساحة العمليات من اجل الرد السريع لاي متطلبات في ضرب مقاومة مقاتلي الفلوجة [68].

وعلى الرغم من مهامها المتعددة على مستوى داخل وخارج العراق, فقد أشتركت في قصف الفلوجة ايضا الطائرات التابعة لحاملة الطائرات الامريكية جون كينيدي (JOHN F. ABOARD USS KENNEDY) المتواجدة في الخليج العربي, حيث أشتركت طائرات (CVW-17) في دعم القطعات الارضية الامريكية في الفلوجة وضرب الاهداف الرئيسية وبمعدل 38 مهمة يومياً, بالاشتراك مع طائرات سلاح الجو الامريكي وسلاح البحرية الامريكية. قائد حاملة الطائرات الكابتن دينيس فيتزباتريك (Capt. Dennis FitzPatrick) اعلن بوضوح بان نجاحهم في الفلوجة يرجع للكفاءة المهنية للمجموعة القاصفة!! [191]. لكن هذا القائد نسي من دون ان يخجل من ان هذا الكم الهائل من طواقم القوة الجوية يكفي لمواجهة جيش نظامي لدولة وليس ضد مدينة صغيرة كالفلوجة!!. وفي نفس الوقت كانت هناك عملية عسكرية ضد مدينة سامراء (تبعد 125 كم عن العاصمة بغداد) والتي استمرت ما بين 1-4 تشرين الاول (اكتوبر) 2004 وسماها الامريكيين (Baton Rouge)[230].

تم تقسيم الفلوجة الى عدة قطاعات طولية بحيث تبدء القوات الامريكية أقتحام هذه القطاعات من جهتها الشمالية والجنوبية ((في عملية مشابهة لعملية اقتحام برلين من قبل الجيش

السوفيتي, حيث تسابق المارشال (Zhukov) والمارشال (Konev) حول فيمن سيصل قبلاً الى ضفة نهر (Spree), حيث أخذ أحدهم جهة شمال برلين بينما أخذ الاخر جنوبها)). بالاضافة الى أعتماد قوات الاحتلال في هجومها على الفلوجة على نفس أستراتيجية السوفيت حينها في التدمير الهائل للمدينة من اجل تقليل خسائرهم من خلال أستراتيجية الارض المحروقة (scorched-earth strategy)[119].

8. 2. جنون الهجمات الجوية الامريكية

قبل بدء المعركة الثانية, كانت الغارات الامريكية قد استمرت لاشهر بالرغم من الضعف الاستخباري قبل استهداف الاهداف داخل المدينة[193]. القصف كان هو السبب الحقيقي في خروج اغلب المدنيين من المدينة ليصبحوا لاجئين داخلياً لانقاذ ارواحهم. وهو على العكس من ادعاء الامريكين من ان حملة الهمس (Whisper Campaign) واسقاط المنشورات فوق المدينة هي التي دعت الاهالي الى الخروج من المدينة[230]. حيث طالبت المنشورات من سكان الفلوجة ال 300.000 مغادرة المدينة اذا كانوا يريدون تجنب الحرب. بينما صرح اللفتنانت كولونيل مايكل راموس (Lt. Col. Michael Ramos) قائد الكتيبة الاولى من فرقة مشاة البحرية الثالثة" هذه هي مدينة هوي Hue من جيلنا", تلك المدينة الفيتنامية الجنوبية في عام 1968، فاقت بشكل كبير المكاسب التي حققها مشاة البحرية مع الفيتناميين الشماليين، فاستعادوا المدينة كتلة بعد كتلة في خلال اربعة اسابيع من القتال الذي أسفر عن مقتل أكثر من 142 من مشاة البحرية [478].

لقد كان واضحاً اتباع سياسة الارض المحروقة قبل الهجوم البري على الفلوجة وكانت أشد غاراتها خلال شهري أب وايلول. في 13 من شهر (ايلول) أعلنت وكالة الاسوشيتدت برس (Associated Press) بان على الاقل 5 سلاسل من الغارات الجوية قد نفذت على الفلوجة على مدى الاسبوع الماضي بحجة قتل الزرقاوي[52]. لكن كالمعتاد فقد هرب في اللحظات الاخيرة. لهذا السبب بدء الاحتلال وحكومة علاوي تروج أشاعة منذ اللحظات الاولى لهجومهم حول هروب قادة المقاتلين في الفلوجة وعلى رأسهم ابو مصعب الزرقاوي[104]. واكد هذا الهروب الجنرال كايسي (General George Casey) حيث ادعى هروب الزرقاوي يوم 9 نوفمبر من الفلوجة[303]. من اجل تهيئة الرأي العام لعدم ايجاد قادة المقاتلين وبالتالي تبرير الجرائم بعد المذبحة. والسؤال المهم الاخر, اذا كانوا يعرفون بهروب قادة مقاتلي الفلوجة قبل بدء الهجوم الشامل واثناءه, فلماذا أستخدموا هذه القوة التدميرية الهائلة ضد من بقي في المدينة بالرغم من علمهم بوجود الكثير من المدنيين؟؟ على الرغم من ان قوات العمليات الخاصة ((Special Operations Forces(SOF) قد لعبت دوراً مهما في جمع المعلومات الاستخبارية خلال الشهرين الذين سبقوا الهجوم[231].

وقائع القصف الجوي وحجم الدمار واعداد الضحايا من المدنيين خلال القصف الذي بدء منذ شهر أب ووصل الى ذروته في خلال شهر تشرين الاول (اوكتوبر) كشفت استخدام اخطر نوعين من الاسلحة التي تلفت الانتباه. الاول كان القنابل العنقودية التي اصبح حتى الطفل يعرفها من جراء الصوتين الطويليين الشهيرين المتتاليين عند انفجارهما. بينما كان النوع الثاني هو المدفع المحمول جواً على طائرة قاصفة تبين لاحقا انها اس – 130 والتي تحوي على مدفع عيار 155ملم. فمنذ اللحظات الاولى لاستخدامهم هذه الاسلحة ادركنا جميعا ان القصد من القصف ليس قتل المقاتلين في المدينة بقدر ما هي أستمرارية لسياسة الصدمة والترويع التي بدءت منذ اليوم الاول من احتلالهم.

تصميم القصف المكثف على الفلوجة, أكدت على سياسة ترويع المدنيين (terrorise the city's population) سواء قبل الهجوم او خلاله, مما حدا باكثر من 200000 من سكانها الى الهروب خارجها[193,100]. تقرير امريكي يعترف ببقاء ما لا يقل عن 5000 مدني في المدينة اثناء الهجوم عليها [230], بينما أشار مصدر اخر الى هروب ما بين 70-90% من السكان ليبحثوا عن ملجأ في المدن المجاورة [304]. وقبل يومين من بدء الهجوم, قامت الطائرات الامريكية بتدمير مستشفى صغير في حي نزال (Nazzal Emergency Hospital) وتحويله الى أنقاض, من دون معرفة عدد ضحايا هذا القصف. وكما أشارت أذاعة البي بي سي البريطانية فأن التدمير المتعمد للمستشفى هذا مؤشراً واضحاً أن الجيش الأمريكي يريد ضمان عدم جلب سكان الفلوجة القتلى أو الجرحى الى مستشفيات المدينة - وذلك لإخفاء حجم الخسائر في صفوف المدنيين, وبالتالي منع غضب العراقيين الذين نجحت أنتفاضتهم وتضامنهم مع أهالي الفلوجة خلال المعركة الاولى في أجبار القوات الامريكية لاتخاذ قرار وقف اطلاق النار[101]. وللاسف فأن عقلية القتل (homicidal mentality) كانت منتشرة بين جنود الاحتلال ولخصها العريف البالغ 20 سنة من العمر يوسف بومان (Lance Corporal Joseph Bowman) يوم 7 تشرين الثاني (نوفمبر) 2004 في حديثه مع وكالة انباء أسوشيتد برس (Associated Press) حين وصف مهمته قائلا (اريد أن أذهب وأقتل الناس, حينها استطيع العودة للوطن, هذا كل ما نستطيع أن نفعله)[100].

في يوم 2 تشرين الاول (أكتوبر) من عام 2004, أصدرت ما تسمى بقوات الائتلاف الدولي في العراق MNC-I أمراً تحذيراياً برقم 15 حول عملية اقتحام الفلوجة المسماة (Phantom Fury) وتكليف وحدات البحرية الامريكية ال 31 (31s Marine Expeditionary Unit) من اجل ان تساعد العملية كونها من القوات الاستراتيجية الاحتياطية خارج العراق. وفي 3 تشرين الاول, أصدرت قوات المتعددة الجنسيات في العراق MNF-I (Multinational Forces - Iraq) تعليماتها المطلوبة حول الشروط المسبقة للعمليات في الفلوجة (Preconditions for Operations in Fallujah) والتي كلفت القوات الاساسية للعملية وحددت معلومات اكثر تفصيلاً للهجوم. وفي 21 تشرين الاول, أصدرت فرقة المارينز

الاولى(1st Marine Division) الامر المرقم (04-363) والذي حددّ فيه ساعة وتاريخ الهجوم الذي اتفق ان يكون الهجوم الرئيسي فيه يوم 8 تشرين الثاني, على ان تسبقه بدء العمليات باربع وعشرين ساعة (اي ان موعد بدء الهجوم سيكون 7 تشرين الثاني). وتبعه بعد يومين أصدار MNC-I أمراً برقم 891 ليؤكد المهمة ويعزز دور الحكومة الانتقالية المؤقتة فيها. قبل نهاية شهر تشرين الاول, أنفجرت سيارة فاخرة على قافلة عربات الكتيبة الاولى (st 1Battalion) من مشاة البحرية الثالثة (3rd Marines) التي كانت قد وصلت على اطراف قاعدة الفلوجة لتنضم للقوات التي تستعد للهجوم, فاسفر التفجير عن قتل ثمانية من جنود المارينز وجرح العديد منهم ليكون يوم حزين في قاعدة الاحتلال قرب الفلوجة[193].

المفكر والاديب الامريكي العالمي نعوم جومنسكي وصف بشاعة الهجمات الجوية على الفلوجة قائلاً (حرب الفلوجة التي تشبه إلى حد كبير سربرنيتشا (المدينة الصربية) - التي أدينت عالميا بأنها ابادة جماعية ..... مع الفلوجة، الولايات المتحدة لم تخرج النساء والأطفال من المدينة، بل قصفتهم. كان هناك حوالي شهر من القصف للخروج من المدينة، كان بإمكانهم الخروج بطريقة ما، فرّ مئتي الف من الناس، أو على نحو ما خرج، وبقي الرجال فيها, ونحن لا نعرف ماذا حدث بعد ذلك، ولا توجد تقديرات للاصابات التي نحن مسؤولون عنها!!)[662].

8. 3. توقيت المعركة

ان الاكثر انتهاكاً لحرمة المسلمين وشعائرهم كان هو توقيتهم هذه المعركة مع بداية شهر رمضان المقدس لدى المسلمين جميعا. ربما اعتقد الجانب الامريكي ان اهل الفلوجة سيؤدون شعائر الصوم في هذا الوقت اكثر من قبل طلباً في مساعدة الله عزّ وجل في مثل هذه الظروف الصعبة. وهذا يعني للاحتلال اضعاف القابليات البدنية وبالتالي اضعاف القابلية القتالية لمقاتلي الفلوجة ضد اي هجوم تقوم به قواتهم في المدينة.

قبل بدء العمليات العسكرية زار القاعدة الامريكية قرب الفلوجة مرشح الرئاسة الامريكية السابق عن الحزب الديمقراطي السيناتور جون كيري (John Kerry), والتقى حينها مع عضو المجلس المحلي السابق لمدينة الفلوجة المهندس فوزي المضعن ليساله فيما اذا كان أهالي الفلوجة مهتمين بالمشاركة في الانتخابات المزمع عقدها في 2005. فرد عليه السيد فوزي ب (نعم نرغب بالمشاركة بالانتخابات لكنكم اذا استمريتم بالعملية العسكرية القادمة فان الفلوجة مع الكثير من المناطق الرافضة للاحتلال سوف تمتنع عن المشاركة بالانتخابات, لهذا يجب ان توقفوا المذبحة القادمة لافساح المجال للناس لتشارك بحرية, خصوصاً وان ماسي الحرب سوف تمنع الكثيرين من المشاركة). تفاجأ السيناتور الامريكي بالرد لكون الانطباع الذي كونته ادارة بوش الابن لدى الشعب الامريكي كان معاكساً تماماً من اجل تبرير المذبحة القادمة للمدينة. وفعلاً تاكدت هذه الحقائق بعد المعركة الثانية, عندما اعلن كايل ويستون

(Karel Weston) ممثل وزارة الخارجية الامريكية في الفلوجة بان توقيت المعركة قبل فترة قليلة جدا من التصويت في الانتخابات قد منع الالاف من التصويت. حيث قال (لو كانت المعركة قد جرت في 15 تشرين الاول (اكتوبر) بعد فتوى أئمة الفلوجة في المشاركة بالانتخابات, فاننا سنرى اكثر من مئة وثمانون الف (180.000) مواطن في الفلوجة يصوت في الانتخابات(230).

في يوم 25 ايلول (سبتمبر) 2004, اعلنت قيادة قوات الاحتلال (الائتلاف) المشتركة (MNF-I) قراراً برقم 306 والذي يحمل عنوان العمليات المتكاملة قبل شهر رمضان (Integrated Operations Prior to Ramadan). وكان ينص على ان قواتهم وبالتنسيق مع قوات الامن العراقية سوف تبدء عمليات مكافحة التمرد بصورة كاملة لمواجهة وتحييد الشبكات الارهابية الاجنبية, مما يعني جعل الفلوجة هدفاً واتخاذ اجراءات حاسمة قبل نهاية شهر تشرين الثاني (نوفمبر), ولهذا توجه الجنرال ساتلر على الفور الى بغداد لاطلاع الجنرال ماتيس (General Metz) عن المرحلتين الثانية والثالثة من العملية واتفقوا على تسميتها (Phantom Fury). ومع نهاية شهر سبتمبر, كانت كل الجهود تركز على التحضيرات للهجوم على الفلوجة على الرغم من وجود عمليات اصغر حجماً في غرب العراق ضمن محافظة الانبار(حيث قتل 4 جنود مارينز في غرب العراق يوم 3 سبتمبر, بينما يوم 6 سبتمبر على اطراف الفلوجة قتل 7 من أفراد قوات المارينز, تبعه يوم 8 سبتمبر مقتل جندي من الجيش الامريكي كان قد الحق مع المارينز ويدعى جاسون سباركس (Army Private First Class Jason L. Sparks), وقتل اثنين اخرين من المارينز يوم 12 سبتمبر كان احدهما الليفتنانت اول اليكسندر ويثربي (First Lieutenant Alexander Wetherbee), ثم مقتل جنديين من المارينز يوم 13 سبتمبر, بينما اخترقت قذائف مقاتلي الفلوجة مقر قيادة في معسكر الفلوجة لتصيب بجروح الكولونيل لاري نيكلسون (Colonel Larry Nicholson) بينما قتل ضابط الاتصالات اللفتنانت كولونيل كيفن شيا (Lieutenant Colonel Kevin M. Shea) ليكون شهر سبتمبر من اكثر الشهور دموية على قوات المارينز مع مقتل 17 منهم) (193). لكن اسم العملية قد تم تغيير تسميتها من قبل اياد علاوي بعملية الفجر (New Dawn)(231).

بدءت العمليات العسكرية في المعركة بواسطة القصف المدفعي وهجمات الطائرات كانت بعد الموافقة الشخصية الصادرة من قبل القائد الاعلى للقوات الامريكية في العراق الجنرال جورج كيسي (General George Casey) بعد حصول موافقة وزير الدفاع رامسفيلد, وكما اعترف بذلك احد كبار ضباطهم جون بالرد (John R. Ballard) (193). ومع القصف الجوي الكبير الذي كان فيه الدور الرئيسي للطائرات القاصفة العملاقة اس- 130 (AC-130). وفعلاً ما كنا نتخوف منه قد حصل, فقد قامت الطائرات الامريكية بقصف اغلب مناطق الفلوجة بشكل عشوائي ووحشي. القصف بدءته بقنابل وصواريخ اعتيادية في الايام الاولى, ثم

الحقته باستخدام قنابل زنة 300-500 كغم والقنابل العنقودية المحرمة دولياً والتي قتلت وأصابت الالاف من المدنيين وشردت الالاف اخرى, ناهيك عن تدمير المئات من المنازل والممتلكات العامة. لم يتوقع الامريكان ان يرد اهل الفلوجة ضد جريمة العقاب الشامل, لكنهم فوجئوا بمقاومة شرسة عند دخول قواتهم. اللفتنانت جوشوا جاميسون (Lt. Joshua Jamison) من مشاة البحرية الثانية (Marine Corps 2nd) والذي كان من بين أول الداخلين الى الفلوجة قال (لم اكن اتوقع انني سانادي في طلب الدعم بقذائف الهاون والغارات الجوية, وكل هذا اثناء الدخول!!) [52].

4.8. أنطلاق مجزرة الفلوجة الثانية

بدءت المعركة الثانية على الفلوجة في نهاية ايلول بقصف جوي عشوائي شامل قبل دخول القوات البرية الذي بدء في شهر تشرين الثاني 2004, وكنت وقتها في بغداد مع عائلتي ولم استطع الوصول لاطراف المدينة لمعرفة الاوضاع الانسانية, بسبب كثافة الحواجز العسكرية التي منعت وكالات الاغاثة والمساعدات الانسانية والصحافة المستقلة من الوصول الى منطقة العمليات. مع علمي المسبق قبل المعركة ببقاء اكثر العوائل فقراً في داخل المدينة بسبب نفاذ مدخراتهم اثناء النزوح في المعركة الاولى. وهذه العوائل المتعففة كانت هي الضحية الاولى في هذه المعركة من بين المدنيين. الاف العوائل التي نزحت الى القرى والقصبات المحيطة بالفلوجة كانت تعاني من وضع ماساوي وانساني خطير جداً بسبب نقص الغذاء والماء والدواء أضافة للوقود في هذه الفترة من الشتاء القارص وفي شهر رمضان الكريم.

في يوم 7 تشرين الثاني (نوفمبر) 2004, تم عزل الفلوجة من جهة الجنوب الشرقي عبر هجوم الكتروني (dynamic cordon) بواسطة احدى وحدات قسم الخيالة الاولى (2BCT of the 1st Cav Division), بينما احتلوا المستشفى العام خارج المدينة من جهتها الغربية ليتم تحجيم دورها الانساني كمخالفة صريحة لاتفاقيات جنيف, بينما سيطرت كتيبة الاستطلاع المدرعة الثالثة ((3rd Light Armored Reconnaissance Battalion (3rd LAR) على جسري الفلوجة[230]. والمثير للسخرية هنا, ادعاء اياد علاوي بمقتل 38 شخصاً اثناء عملية السيطرة على المستشفى العام بينما اعلن الجيش الامريكي عدم سقوط اي ضحية وان الامر تم بسرعة وبسهولة, بينما اعلن لاحقاً المتحدث العسكري الرقيب ستيفن فالي (st. Sgt. 1Steven Valley) عن مقتل 47 شخصاً في مناطق مختلفة من المدينة, في حين اعلن الاطباء ان قصف ليلة واحدة ادى الى سقوط 10 قتلى واصيب 11 اخرين من جراء هذا القصف العشوائي[478].

في 30 تشرين الاول (اكتوبر), بدءت الطائرات والمدفعية في قصف أهداف محددة في الفلوجة كتحذير, واعقبها في 5 تشرين الثاني (نوفمبر) قطع التيار الكهربائي وامدادات الماء

الصالح للشرب عن المدينة بالرغم من بقاء ما يقارب ال 50000 مدني بحسب تقدير تقرير أممي[197]. طائرات الاحتلال قامت بالقاء منشورات تحذيرية فوق المدينة تطلب من المدنيين بعدم الخروج من بيوتهم وعدم استخدام سياراتهم, بينما اعلنت حكومة علاوي المؤقتة يوم 7 تشرين الثاني عن حالة الطوارئ في العراق (باستثناء منطقة كردستان العراق) لمدة 60 يوم. هذه الاجراءات دفعت 75 – 90% من الاهالي الى الفرار خارج المدينة بحسب مصدر عسكري امريكي[62]. بينما قامت القوات الامريكية وبالتعاون مع حكومة اياد علاوي المؤقتة بغلق تام للحدود السورية العراقية لمنع اي امدادات او مساعدات محتملة ممكن ان تساعد مقاتلي الفلوجة[231].

بينما يشير مصدر عسكري اخر الى ان العمليات العسكرية لعملية فانتوم الغضب بدءت يوم 2 تشرين الثاني [193], على الرغم من انهم اعلنوا الهجوم رسمياً على الفلوجة وللمرة الثانية يوم 7 نوفمبر (تشرين الثاني) 2004, بمشاركة 15000 (خمسة عشر الف) جندي مارينز امريكي وبريطاني مع الفين جندي عراقي[13]. حيث شملت هذه القوات على كتيبة واحدة من الجيش البريطاني, وثلاث كتائب من الجيش العراقي الذي دربه الاحتلال الامريكي, وستة كتائب من مشاة البحرية الامريكية وثلاث كتائب من جيش الولايات المتحدة الامريكية[88,353]. والجدير بالذكر هو حصول أنشقاقات في أحد الكتائب العراقية الرافضة للمشاركة في الهجوم قبل بدءه, بسبب رفض الجنود العراقيين القتال ضد أبناء بلدهم[106].

كان التخطيط والاشراف للهجوم من قبل الجنرال توم ماتيس (Lieutenant General Tom Metz) قائد الفيلق الثالث للمارينز, بينما كانت القيادة المباشرة الفعلية للهجوم بقيادة قائد قوات المارينز الجنرال ساتلر (MEF commander General Sattler) يساعده العقيد هيجليك (Brigadier General Hejlik), بينما يدير قسم العمليات G3 (General Staff, Operation) لكادر فيلق مشاة البحرية الاول هو الكولونيل مايك ريغنر (Colonel Mike Regner), في حين كان مسؤول كادر القيادة (chief of staff) هو الكولونيل جون كوليمان (Colonel John Coleman) ومدير الاستخبارات هو الكولونيل ماكوتا (Colonel Makuta), ومدير العمليات (director of operations) هو الكولونيل ريجنر (Colonel Regner)[193]. الكولونيل كرايج توكير (Col Craig Tucker) قائد (RCT-7) كان المسؤول عن الهجوم من جهة الشرق[230].

تحت القيادة العامة لفرقة المارينز الاولى (1st Marine Division) والتي كان يقودها الميجر جنرال ريتشارد ناتونسكي (Major General Richard Natonski), توجد اربع كتائب من مشاة البحرية الامريكية, وكتيبتين من الجيش الامريكي وهما قوة مشاة المهام الخاصة (Task Forces 2-2) وقوة الخيالة (2-7 Cavalry), الذين اندفعوا في شوارع الفلوجة. بينما قام اللواء العسكري الثاني (Army's 2d Brigade) وفرقة الخيالة الاولى (1st Cavalry Division) بتطويق المدينة اثناء الهجوم[62].

أفاد مراسل البي بي سي البريطانية باول وود (Paul Wood) والذي كان مرافقاً للقوات الامريكية خارج الفلوجة بان رتل من العربات المدرعة وسيارات الجيب همفي قامت بضرب ضواحي الفلوجة من اجل أستكشاف مواقع مقاتلي الفلوجة وسحبهم للرد عليهم ليكونوا أهداف واضحة للقصف الجوي والمدفعية الميدانية قبل بدء الهجوم الشامل. أحد قادة المارينز أدعى بأنهم ينتظرون الامر من رئيس الوزراء العراقي (المعين من قبل مجلس الحكم العراقي الذي أنشاءه الاحتلال) اياد علاوي لبدء الهجوم الشامل!!![101].

القصف العنيف بالقنابل الضخمة واستخدام القوة المفرطة ادى الى انتهاك أسس الحرب بمخالفة النسبة والتناسب مع القوات المهاجمة وحجم التدمير المطلوب. ففي يوم 8 تشرين الثاني 2004 قذفت طائرات البحرية الامريكية 8 قنابل زنة الواحدة منها 2000 رطل على الساتر الترابي المحاذي لمحطة القطار في الغرب من الفلوجة, من اجل ابادة اي وجود بشري قبل تقدم قواتهم لاحتلال المحطة [194].

أشار مراسل النيويورك تايمز (New York Times) ديكستر فليكنز (Dexter Filkins) في 9 تشرين الثاني (نوفمبر) 2004, الى ان المسؤولين العسكريين الامريكيين قد قدروا نسبة 70 - 90% من أهالي الفلوجة قد خرجوا من المدينة أثناء بدء العمليات العسكرية بالرغم من شهادة العديد من الصحفيين الذي يؤكد بقاء الالاف من المدنيين[165]. الجانب الامريكي ادعى بانهم تجنبوا ضرب المساجد في هجومهم[103], بينما كل الحقائق والارقام والصور التي جمعتها لجنة اعمار الفلوجة أثبتت التدمير الهائل الذي أصاب المساجد وكافة الابنية العامة والخاصة في الفلوجة. سياسة ازدواجية المعايير في اوامر اياد علاوي فضحه تقرير عسكري امريكي, حيث صرح علاوي بانه احتراماً لاتفاقيات جنيف التي تلزم باحترام وعدم استهداف دور العبادة والاثار التاريخية اثناء المعارك ما لم يتم استخدامها لاغراض عسكرية, فقد أمرّ بان يدخل فقط الجنود العراقيين الى المراقد المقدسة اثناء المعارك في مدينتي النجف وسامراء (2004)[230]. بينما ترك مساجد الفلوجة دون قدسية ودون احترام لاتفاقيات جنيف لتصبح محطة استراحة لجنود الاحتلال بعد ان ارتكبوا فيها افضع الجرائم التي نقلتها وسائل الاعلام. الصحفي الامريكي فليكنز اشار ايضا الى أشتداد المعارك قرب الحي السكني لسكة الحديد في شمال المدينة, حيث كانت طائرات (F-18) تقوم باطلاق 3000 طلقة في الدقيقة, بينما كانت طائرات AC-130 تطلق من مدافعها (155mm) أطلاقات خلفت أصوات هائلة بعد أن حددت أهدافها. وكانت تكبيرات الجهاد من المساجد تشكل كابوساً للجنود الامريكيين في الحرب النفسية, مما دعى الامريكيين الى نصب مكبرات الصوت قرب قواتهم المهاجمة وهي تصدح بالاغاني ألامريكية مثل (sonar ping, the cavalry charge) من اجل رفع معنويات جنودهم[103].

في الجانب الجنوبي للمدينة, كانت هناك قوة المهام خاصة والمعروفة باسم (TF2-2IN) وهي اختصار لكلاً من كتيبة المهام الخاصة الثانية (Task Force 2nd Battalion)

والمشاة الثانية (2nd Infantry's). وكانت من ضمن القوات الخمسة عشر الف التي اشتركت في المعركة تحت أشراف فيلق مشاة البحرية الاولى (Marine Expeditionary Force I)، والتي قسمت الفلوجة الى ستة مناطق او قواطع للقتال. اعترفت هذه القوة بوجود مدنيين في جنوب الفلوجة عند اقتحامها بعد ان كانت اشد مناطق المقاومة هي حي الشهداء[34]. وهذا الحي من المناطق الفقيرة والتي اجبر سكانها على البقاء بسبب عدم قدرتهم على دفع تكاليف العيش خارج المدينة بعد ان صرفوا مدخراتهم في اثناء النزوح الاول في المعركة الاولى (نيسان 2004)، ولهذا أثروا البقاء في بيوتهم البسيطة وتحت خطر الموت افضل لديهم ولكرامتهم من النزوح كلاجئين داخلياً وطلبهم المساعدة من الاخرين.

8. 5. أحتلال المستشفى ومنع دخول المساعدات الطبية والانسانية

الكاتب والمفكر الامريكي نعوم جومنسكي وصف جريمة أحتلال مستشفى الفلوجة قائلاً (ولكن ما كان فعلا دراميا حول الفلوجة ولم يكن سرا. هو ما شاهدناه على الصفحة الأولى من صحيفة نيويورك تايمز، صورة كبيرة لأول خطوة في الهجوم، وهي الاستيلاء على المستشفى العام في الفلوجة. وهناك صورة لشخص ملقى على الأرض، جندي يحرسه، ثم هناك القصة التي تروي أن المرضى والأطباء أعتقلوا - فالمرضى اخذت من أسرتهم، واضطر المرضى والأطباء على الاستلقاء على الأرض، ومصفدة ايديهم تحت الحراسة، ووصف الصورة عليه !!! رئيس الولايات المتحدة يخضع لعقوبة الإعدام بموجب قانون الولايات المتحدة عن تلك الجريمة - وحدها. أعني هذا خرقا خطيرا لاتفاقيات جنيف التي تقول بصراحة وبشكل لا لبس فيه أن المستشفيات يجب أن تكون محمية والمستشفيات والطواقم الطبية والمرضى يجب أن تكون محمية من قبل جميع المقاتلين في أي صراع. لا يمكن أن يكون خرقا أكثر جسامة لاتفاقيات جنيف من ذلك)[662].

الكادر الطبي للمستشفى الرئيسي منع من دخول المدينة بحسب مدير المستشفى د. رافع حياد (Dr. Rafe Chiad)، وأكدّ رفض السلطات الامريكية كل طلباتهم في دخول المدينة لمساعدة الجرحى والمرضى. بل ان الاكثر أجراماً وفقاً لكل القوانين الانسانية والسماوية كان قصفهم لمركز او مستوصف صحي في حي نزال في الساعة 5 والنصف فجر يوم 9 تشرين الثاني (نوفمبر) وكان يحوي 35 جريحاً ومريضاً من بينهم فتاتين وثلاث اطفال تحت سن العاشرة من العمر، بالاضافة الى 15 مسعف (medics) واربعة ممرضيين (nurses) وخمسة من المعاونين الطبيين، كان من ضمنهم الشهداء سامي عمر وعمر محمود والممرضيين علي امين وعمر احمد، والاطباء محمد عباس وحامد ربيع وسلوان الكبيسي ومصطفى شريف. بالرغم من ان هذا المركز الصحي يقدم ايضا الغذاء والماء للمدنيين، وكما جاء في شهادة الدكتور سامي الجميلي. مراسل وكالة رويترز والبي بي سي د. فاضل البدراني قدرّ بان 40

من الشهداء والجرحى والمرضى الراقدين في المستوصف مع 15 من الكادر الطبي ومساعديه. ويصف الدكتور ايمن العاني الذي يعمل في المستشفى الرئيسي للمدينة والذي وصل مكان الجريمة قائلاً (مدخل المستوصف كان قد أنهار تماماً على المرضى), بينما أدان جيمس روس (James Ross) من منظمة مراقبة حقوق الانسان(HRW) الامريكية قائلاً (المسؤولية تقع على عاتق الحكومة الامريكية الان في ان تبرهن ان هذا المركز يستخدم لاغراض عسكرية وان هذا الرد كان متناسباً, وحتى اذا كان هنالك قناصين على سطحه فهذا لا يبرر مطلقاً تدمير المستشفى). بينما ابلغ حامد سلمان (Hamid Salaman) من مستشفى الفلوجة الرئيسي مراسل وكالة الاسيوشيدت برس بان خمسة مرضى في سيارة أسعاف قد قتلوا من جراء القصف الامريكي. بينما أكد الطبيب سامي الجميلي موت ثلاث اطفال بسبب الجفاف لعدم تمكن والدهم من العثور على ماء صالح للشرب اثناء فترة المعركة [166].

احد قادة المارينز (John R. Ballard) كان يصف كادر مستشفى الفلوجة العام بالكادر المساعد للارهابيين بسبب اعلانهم عن اعداد الضحايا مباشرة بغض النظر عن سبب أصابته من قبل نيران الهجوم الامريكي!! والاكثر من ذلك انه كشف ايضا ان أمر استهداف سيارات الاسعاف الطبية كان من قبل قائد المارينز الجنرال ساتلر بحجة نقلها لاسلحة ومقاتلين. مع اعترافه ايضا بوجود ضحايا مدنيين بسبب قصف قواتهم. بل الاكثر سخرية هو تفاخرهم من جهة بالاسلحة الذكية الموجهة بالليزر والدقة العالية في الاصابة ضد أهداف لمقاتليين في الفلوجة بعد مراقبتهم لايام عبر الاقمار الصناعية, لكن من جهة اخرى يشكك هذه القدرات ومصداقية معلوماتهم عندما يتحدثون عن ضعف معلوماتهم الاستخبارية فيما اذا كان هنالك مدنيين باقيين في المدينة, او صعوبة ضرب اهدافهم من دون حصول اصابات بين المدنيين, مما يبين التناقض الواضح في مصداقيتهم[193]. وقد شهدّ العديد من الاطباء وموظفي الاغاثة في المنظمات الانسانية الدولية بقيام القوات الامريكية بمهاجمة سيارات الاسعاف وضرب المراكز الصحية الطبية[482].

وكالات الغوث اعلنت تحذيراً من أن يتم ترك المدنيين في داخل المدينة من دون طعام ولا مياه للشرب, بينما تفوح من المدينة روائح المتفجرات واللحم المتحلل[153]. رائحة الجثث أصبحت لا تطاق مع انتشار روائح الدخان مع موت العديد بسبب الجوع او نتيجة جروحهم مع أنعدام المساعدة الطبية او الانسانية مما دفع العديد من العوائل الى دفن جثث شهدائها في حدائق منازلهم[154]. حتى ان قوافل المساعدات الانسانية لمنظمات دولية كالصليب الاحمر والهلال الاحمر الدوليين قد منعت من دخول المدينة[219]. احد موظفي وكالة الغوث الاسلامية (Muslim relief agency) في الفلوجة صرح حول خشيتهم بان ثلث سكان الفلوجة البالغ تعدادها 300000 ساكن من الذين بقوا فيها عند بدء الاقتحام, قد يعانون الان من الجوع ونقص الاحتياجات الطبية, بسبب منع وفود الاغاثة من دخول المدينة, بينما أكدّ احمد ناصر من الهلال الاحمر العراقي بأنهم لا يزالون محتجزين في المستشفى من دون أعطائهم الاذن

بدخول المدينة لتوزيع الاحتياجات الانسانية على من بقي فيها, بينما أعترف وزير الصحة العراقي وقتها علاء الدين عبد الصاحب عدوان بسقوط القليل من الجرحى المدنيين في الفلوجة[99]. بينما صرح الطبيب صالح العيساوي مدير مستشفى الفلوجة لوكالة أنباء جنوب افريقيا (South African Press Association) بان مشاة البحرية الامريكية منعت مرة اخرى سيارات الاسعاف من نقل وايصال المرضى الى وحدة الطوارىء[100]. والمعروف دولياً ان كثرة الصعوبات في تنسيق المساعدات الانسانية خلال النزاعات ستؤدي الى مضاعفة الخسائر الفادحة أثناء حصار وقتال المدن, ولهذا السبب كان هنالك أجماع ضمني في المجتمع الدولي من أجل تجنب قتال المدن[119].

وبالرغم من كذب احد صحف قوات المارينز الرسمية Marine Corps Gazette حول عدم وجود مدنيين الا انها اعترفت باستخدام اسلحة فتاكة قائلة (بان غياب المدنيين في مدينة الفلوجة يتيح لجنود المارينز باستخدام اسلحة انفجارية (blast) قبل دخولهم تلك البيوت التي اصبحت كصناديق قرصية pillboxes)[198]. وللاسف فلم يسمح بدخول قوافل المساعدات الانسانية الا لقافلة واحدة دخلت يوم 5 كانون الاول (ديسمبر) اي بعد شهر من بدء المعركة والتي كانت متاخرة جداً للجرحى والمدنيين الذين يعانون في الداخل[219]. علما ان التقديرات العسكرية الامريكية تؤكد بقاء على الاقل 50.000 مدني في المدينة[778].

8. 6. شهادات على جرائم الحرب والابادة

وكالة هيئة الاذاعة البريطانية شهدّ مراسلها د. فاضل البدراني حول مشاهدته جثث النساء والاطفال ملقاة في شوارع الفلوجة[154]. وهو ما أكده لي ايضا أحد اقاربي الذي دخل الى المدينة بعد شهر من توقف المعركة اثناء جمع الجثث من الشوارع والبيوت (وهو واحد من الكثير من الاهالي الذين شهدوا هذه الجثث عند جمعها), حيث شاهد جثث مدنيين من عوائل بعض جيرانه والذين كانوا نساءً واطفالاً وكبار في السن وكان يبكي وهو يقوم بدفنهم وبقي عدة ايام لا يستطيع الاكل من شدة الالم والصدمة على ما شاهده.

كما التقيت مع العديد من العوائل التي فقدت ابناءها, والذين لا يعرف مصيرهم لحد الان ويقدر عددهم رسمياً بحسب مصادر محلية باكثر من 1400 شخص مفقود. واحد اشهر الامثلة على مفقودين كانوا مسجلين في سجون القوات الامريكية ثم فقدوا داخل هذه السجون دون معرفة اذا كانوا قد قتلوا او توفوا او نقلوا لمكان سري اخر, الا وهو رجل طاعن في السن ويدعى شاكر عبد الله حمدان آل فياض الكبيسي الذي فقدّ في اثناء اعتقاله الوحشي في احد السجون الاميركية في البصرة (بحسب شهادة ابنه الشيخ عبد المنعم شاكر الكبيسي). بينما يعترف قائد الهجوم الامريكي (John F Sattler) طبقا لاحصائياتهم بان اكثر من 500 مدني كان قد بقي في المدينة اثناء المعارك وقسم قليل منهم قد جرح[199].

جرائم قتل الاسرى المدنيين او المقاتلين في الفلوجة من قبل قوات الاحتلال في الفلوجة لم تكن قليلة. فبالرغم من محاكمة رقيب المارينز السابق جوزيه نازاريو (Jose L. Nazario Jr) بسبب اشتراكه ضمن فرقة (Camp Pendleton squad) الذين قتلوا اربعة من اسرى مقاتلي الفلوجة في اليوم الثاني من المعركة. حيث قتل نازاريو لوحده أسيرين بينما قُتل أسيرُ ثالث على يد الرقيب جيرمين نيلسون (Jermaine Nelson), بينما لم يعلن لحد الان من هو قاتل الاسير الرابع ضمن هذه الفرقة[72]. مع العلم ان نازاريو كان يقود فرقة من 13 فرداً من قوة المارينز(Kilo Company, 3rd Battalion, 1st Marine Regiment)[92].

بينما أظهر لنا مراسل القناة الامريكية (NBC) الصحفي كيفن سايت (Kevin Sites) لقطات قيام أحد جنود المارينز بأطلاق النار على رجل كبير في السن كان جريحاً في أحد المساجد ليعدمه بدم بارد[109]. بينما اظهرت قناة ال CNN الامريكية لقطات قالت انها بعد المعركة الثانية وهي تبين جريح عراقي على الارض ومن ثم قيام جنود المارينز باطلاق النار عليه وقتله والتباهي بالجريمه[102].

ومع هذا فان العديد من الشهود على جرائم قتل مجموعة من المدنيين العزل داخل منازلهم وفي المساجد كانت تنتشر. ومن هذه الامثلة، حامد عبد الرزاق سلطان، وهو مواطن من مدينة الفلوجة، شهدّ مقتل زوجته الحامل جنبا إلى جنب مع أبناء الاربعة خلال هجوم اميركي في يوم 9 نوفمبر 2004. حيث وصف مصدر عسكري امريكي شدة القتال في هذا اليوم بانه لا يمكن تصوره (unimaginable) من براعة التكتيكات التي استخدمت في هذا اليوم ليكون اشد الايام خلال هذه المعركة[230]. والمثال الاخر على قتل المدنيين كان قتل أربعة أفراد من عائلة فوزي سلمان حسين العيساوي, حيث ذبحوا حتى الموت على يد القوات الأمريكية أمام أنظار ابنتهما الطفلة هدى.

وفي 11 نوفمبر, استمر اختراق ودخول جنوب الفلوجة من قبل القوات الامريكية المسماة (RCT-1 and RCT-7), حتى جاء يوم 13 نوفمبر لتبدء خطة المرحلة الثالثة (Phase III-B) التي تشمل البحث والهجوم, مع اعلان علاوي على ارجاع المدينة وتامينها, بينما انسحبت قوات (RCT-7) في منتصف كانون الاول (ديسمبر) من الفلوجة لتبدء مرحلة مطاردة المقاتلين في محيط مدينة النصر والسلام في شرق الفلوجة, بينما استمرت القوات الامريكية (BCT of the 1st Cav Division) في عملياتها على اطراف الفلوجة لغاية منتصف كانون الاول[230]. وقد اعترف احد ضباط المارينز لاذاعة البي بي سي ويدعى جاريث براندل (Marine Lt Col Gareth Brandl) قائلاً (الفلوجيين كانوا تحت الاستهداف, وعلى الاقل ليس جميعهم من سوريا والاردن كما يريدنا رامسفيلد ان نعتقد)[477].

بقيت جثث المئات من المدنيين والمقاتلين في شوارع الفلوجة او داخل البيوت المحطمة لفترة تزيد على الشهر والكلاب السائبة تاكل فيها. وفي منتصف شهر ديسمبر (كانون الاول) 2004

وافقت قوات المارينز وبناءً على طلب من الاهالي خارج المدينة بالسماح لفرق متطوعين بدخول المدينة لجمع الجثث ودفنها. فقد أظهر تقرير القناة البريطانية (Channel 4) شهادات للعديد من الذين فقدوا او شاهدوا مدنيين من اطفال ونساء وكبار سن قتلوا في داخل المدينة[173]. بينما تركت القوات الامريكية في داخل المدينة بعض القناصة الذين كانوا يستهدفون ليلاً كل من يعتقدون انه مقاتل ليقتلوه على الاشتباه فقط[153].

من اجل منع الهزيمة الاعلامية في هذه المعركة والتي اعدت خططها بصورة دقيقة لمنع التغطية الصحفية المستقلة وبالتالي تفادي اخطاء المعركة الاولى[231,1,63,]. لهذا فقد منع العديد من صحفيي الوكالات المستقلة خصوصا طاقم قناتي الجزيرة والعربية من دخول المدينة اثناء المعارك. بينما كان مع قوات الهجوم الامريكي 91 صحفي يمثلون 60 وكالة او صحيفة اخبارية, وقد منعوا من نشر اخبار العمليات العسكرية التي فيها تهديد للحياة (Jeopardize lives) فقط بحسب القائد ساتلر[231]. بينما قتل قبل هذه المعركة وبتاريخ 26 أب (أغسطس) 2004 الصحفي الايطالي المستقل انزو بالدوني (Enzo Baldoni), والذي كان يجمع المعلومات من اجل أصدار كتاب جديد ولاول مرة عن المقاومة العراقية. حيث كان متوجهاً في طريقه مع قافلة المساعدات الانسانية للصليب الاحمر الايطالي الى مدينة النجف التي كانت تستعد ايضا لخوض معركتها الثانية. وقد زارّ هذا الصحفي الفلوجة قبل المعركة الثانية وطلب منا المساعدة في البقاء داخل الفلوجة ليكمل جزء من كتابه حول المقاومة هنا, لكننا أعتذرنا ونصحناه بالرجوع فوراً الى بغداد خوفاً على سلامته وقتها, بسبب أضطراب الاوضاع الامنية داخل المدينة.

بينما خطفت الصحفية الايطالية جوليانا سكرينا في يوم 4 شباط (فبرايو) بعد أن أجرت لقاءات وحصلت على معلومات مأساوية مع لاجئيين من الفلوجة في احد مناطق بغداد والتابعة لسيطرة أحد مليشيات الاحزاب السياسية, ومن ثم اطلق سراحها بتاريخ 5 اذار (مارس) 2005. ولكن دبابة امريكية واقفة على طريق مطار بغداد الدولي فتحت النيران تجاه سيارة المجموعة الاستخبارية الايطالية التي ساعدت على أطلاق سراحها, حيث جرحت هي وضابط ايطالي بينما قتل ضابط أستخبارات أيطالي برتبة لواء (نيكولا كاليباري Major General Nicola Calipari). ويذكر ان الصحفية سكرينا كانت قد أشارت خلال لقاءها مع بعض عوائل الفلوجة النازحين الى بغداد بسبب المعركة الثانية, حيث أكدت لها النساء الذين قابلتهم (بانهم حاولوا دخول منازلهم في الفلوجة, فوجدوا أتربة فوق كل أنحاء البيت, وحين حاولوا غسلها نصحهم الجنود الامريكيون باستخدام مواد منظفة لان هذه الاتربة من مواد خطرة)[127]. بينما بقي صحفيين محليين قلائل داخل المدينة وكان ابرزهم الدكتور فاضل البدراني الذي زودّ بتقاريره الى بعض وكالات الانباء العالمية مثل وكالة رويتر وهيئة الاذاعة البريطانية البي بي سي [154].

المراسل الامريكي ديكستر فيلكنز (Dexter Filkins) الذي روى مشاهداته اثناء دخوله مع قوات المارينز في كتابه حرب للابد (Forever War), والذي اعترف باستعمال الفسفور الابيض (WP) كسلاح ضد الاشخاص في المذبحة عبر كتابه وليس ضمن عمود المقال الذي كان يكتبه في صحيفته (New York Times) في تلك الايام!!!. فقد سقطت عليه نيران بيضاء عندما كان بصحبة جنود للمارينز فصرخوا في وجهه انه الفسفور. قام احد جنود المارينز بدفع الصحفي على الارض وطلب منه خلع سترته فورا ومعها كيس النوم الخاص به على ظهره. بينما صرخ جندي اخر من المارينز محذراً اياه من ان يصل الى عظامه. فسارع الصحفي الى رمي حقيبته فتناثرت كالريش الابيض بسبب الاحتراق من قطعة لهب الفسفور الابيض الذي اصابه. ومع انه كان من الصحفيين القلائل الذين دخلوا المدينة الا انه لم يكتب الا القليل في كتابه, وفي مناطق شهدت معارك ما قبل النهاية بدليل مشاهدته لجثث مقتولين ومذبوحين عراقيين وذكره لمناطق وسط الفلوجة دون ذكر المعارك التي سبقت الوصول لهذه المناطق مما يؤكد انه جاء بعد انتهاء المعركة الرئيسية وشهد المعارك الثانوية التي تزيل بقايا المقاتلين. وبالرغم من مرافقة مصور استرالي معه فهو لم يتجرأ على نشر صورة واحدة للفلوجة في كتابه هذا سوى لشارع تم تنظيفه من الجثث والاليات المحطمة. والشيء المثير الاخر في روايته هو مشاهدته لاربعة رجال يقاتلون مع قواتهم لكنهم لم يكونوا من المارينز, وكانوا يرتدون السترات الواقية ويرتدون احذية التنس الرياضية وكانهم جلادين على حد وصفه, ويرتدون نظارات شمسية عاكسة ويتحركون بخفة في الظل. وكان دورهم الذي شهد به الصحفي هو قتلهم القناصين المحليين بحسب أدعائه, مما يؤكد انهم قتلة محترفين وهذا هو دليل دامغ على استخدام قوات المارينز لمرتزقة الشركات الامنية او العسكرية الخاصة مثل بلاك ووتر في مذبحة الفلوجة للانتقام من اهالي الفلوجة على حادثة مقتل مرتزقة (المقاوليين الامنيين الاربعة) لبلاك ووتر قبل المعركة الاولى[372].

لكن بدلا من ان ينقل هذا الصحفي الحقائق كاملة مع صحيفته, راح ينسج فلم هوليوودي حينما وصف تصاعد الروح المعنوية لجنود المارينز حالما ازدادت نغمات اغنية (أجراس الجحيم Hells Bells) من خلال مكبرات الصوت, ووصفه مصاحبة الاغنية مع هدير قصف الطائرات الامريكية وتحطيمها لبيوت كانت امامهم, مقابل ترديد اصوات تكبير ترتجف لمقاتلي الفلوجة من المساجد!!!. هذا الوصف اراد ان يعطي صورة وقصة عن معركة بين حضارتين او ديانتين بنفس النسق الذي حاوله الرئيس بوش في ان يبرر جريمة حربه العدوانية بين عقول الشعب الامريكي. وللاسف فان مثل هذا الوصف اللاأخلاقي يشابه الحالة التي كان الاعلام الامريكي يستخدمها في تخدير الشعب الامريكي خلال حرب فيتنام عندما كان الطياريون الامريكيون يستمعون للموسيقى الصاخبة وهم يقذفون بكثافة قنابل النابالم الحارقة على القرى الفيتنامية المدنية الامنة ليس الا بسبب مساندتها للمقاومة الوطنية الفيتنامية حينها.

شدة المعارك في مذبحة الفلوجة الثانية يمكن تصورها بالاضافة الى ما جاء في شهادة الصحفي ديكستر حول الدور المؤثر والقوي لقناصي الفلوجة. حيث فضحها بكامل حقيقتها الكولونيل مايكل مكارثي (Col. Michael McCarthy), الذي وصف القصة الحقيقة للقناص والتي غيبها للاسف الصحفي ديكستر من اجل انجاح قصته الهوليودية. حيث فضح مكارثي أنتهاك الجيش الامريكي لقواعد الحرب في استخدام النسبة والتناسب في أستخدام القوة, حين اشارا الى ان احد قناصي الفلوجة كان متحصن في بناية من ثلاث طوابق. وبالرغم من ان قوات المارينز ردت عليه مع نيران البنادق والمدافع الرشاشة ثم القنابل والمدفعية, لكن القناص استمر في اطلاق النار. ثم اسقطت الطائرات الامريكية قنبلتين زنة 2000 باوند و500 باوند على المبنى الذي يتحصن فيه القناص, لكنهم لم يفلحوا في قتله الى ان استطاعت دبابة نوع M-1 مع 10 اطلاقات من مدفعها ذو 120 ملم من ان توقف نيران القناص في النهاية. لكن الصدمة الكبيرة بدت على وجوه جنود المارينز وهم يشاهدون القناص يخرج من الجزء الخلفي للبناية ليبتعد عن المكان بواسطة دراجة هوائية[75].

في كل صباح تبدء لما لا يقل عن 20 دقيقة مع عملية النيران الممهدة عبر مختلف قذائف الهاون والمدفعية والقنابل والقذائف والصواريخ التي كانت ترسل كمية هائلة من جحيم الذخائر على مواقع يعتقد انها لمقاتلين[245].

توبي هارندن (Toby Harnden) صحفي بريطاني يعمل لصحيفة الديلي تلغراف (Telegraph) أشارّ ايضا في مقالته المكتوبة بتاريخ 9 نوفمبر والمنشورة بتاريخ 20 نوفمبر 2004 الى استعمال سلاح الفسفور الابيض. حيث وصفها قائلاً (قذائف الفسفور الابيض اضاءت السماء والدروع في الطريق وارسلت مواد مشتعلة لتطارد المتمردين) ثم اضاف (يتوقع المارينز حصول خسائر كبيرة لهم وخصوصا في منطقة الجولان)[69]. بينما أكدت هيئة الاذاعة البريطانية حصول معارك ضارية وخصوصا في حي الجولان, الذي فرضت ضيق شوارع احياءه أنعدام أهمية سيطرة القوات الامريكية على سطوح بعض البنايات العالية في الحي, مما دفع جنودهم الى القتال من داخل دباباتهم وناقلاتهم المدرعة مع الاعتماد على المساعدة الجوية القريبة والمستمرة على مدار 24 ساعة[154]. وبعد انتهاء المعركة الثانية بشهر (كانون الاول, ديسمبر 2004), أستهزأت وزارة الدفاع الامريكية (US state department) من الاحاديث التي بدءت تتداول بعد المعركة مباشرة حول استخدام اسلحة محرمة في الفلوجة, قائلة ان هذه الاقاويل هي خرافات على نطاق واسع (widespread myths), مؤكدةً بان قذائف الفسفور الابيض ليست محظورة الاستخدام, وانهم استخدموها باعتدال (sparingly) في الفلوجة لاغراض الانارة, وتم اطلاقها في الهواء لانارة مواقع المقاتلين في المساء, **وليس ضد مقاتلي العدو!!** [245].

8. 7. أستخدام الاسلحة الكيماوية والحارقة

الاعتراف الامريكي الرسمي حول جريمة أستخدام قوات المارينز للفسفور الابيض كسلاح ضد الاشخاص في هذه المعركة جاء بعد انكار استمر لسنة كاملة, صاحبه تجاهل وانكار كامليين من قبل الصحافة الامريكية والغربية في حالة تاكيد واضحة للسيطرة السياسية على هذا الاعلام (وصدقت المقولة الرائعة في قرار محكمة نورمبرغ .. ان الحرب تحتوي في داخلها على الشر المتراكم للكل).

لكن ارادة الله جاءت لتفضح الجريمة عبر الفلم الوثائقي الذي عرضته القناة الفضائية الايطالية راي نيوز 24 (RAI News24) في يوم 8 نوفمبر (تشرين الثاني) 2005[90], وبعد يوم واحد من وصول الرئيس العراقي جلال الطالباني الى ايطاليا في زيارة رسمية تستغرق 5 ايام[245]. فافاق العالم اجمع على فضيحة جديدة توازي فضيحة استخدام السلاح الكيمياوي في فيتنام. حيث أكد الفلم استخدام مادة تشبه النابالم او الفسفور الابيض مع لقطات الصور المؤلمة لجثث النساء والاطفال الذين احترقوا وهم أحياء مع مقارنتها للشبه الكبير مع جثث ضحايا قصف مدينتي هامبورغ (Hamburg) ودريسدن (Dresden) الالمانيتين خلال الحرب العالمية الثانية والتي قصفتها الولايات المتحدة بالاسلحة الكيمياوية الحارقة بشكل كثيف ومخزي جدا[535]. كما ان صحيفة الواشنطن بوست الامريكية قد نشرت بتاريخ 10 نوفمبر تقريرها من الفلوجة قائلة (بعض فوهات المدفعية اطلقت قذائف الفوسفور الأبيض التي كونت واجهة من النار التي لا يمكن ازالتها بالماء. والمسلحون ذكروا انهم تعرضوا لهجوم بمادة تسبب ذوبان جلدهم وهو فعل يتساوى مع الفوسفور الأبيض. طبيب في مستشفى محلي في الفلوجة ذكرَ للصحيفة ان جثث المسلحين كانت محترقة وبعضها كانت ذائبة (متأكلة,melted))[308].

الكثير من الاهالي المدنيين في الفلوجة كانوا قد أكدوا مشاهدة استعمال الاسلحة الكيمياوية والحارقة على المدينة[481]. الطبيب كمال الحديثي يعمل في احد المراكز الصحية في الفلوجة افادّ للصحيفة الامريكية سان فرانشيسكو كرونيكل (San Francisco Chronicle) بأن

(جثث المجاهدين كانت محترقة وبعضها كان ذائباً)[480]. واعاد هذه الشهادات والتأكيدات الدكتور محمد جزاع حديد ومنسق شؤون الهلال الاحمر العراقي في الفلوجة السيد محمد عواد, حول ان العديد من جثث القتلى في المدينة كانت متفحمة[482].

وبالرغم من أعلان الحكومة المؤقتة لاياد علاوي عن إجراء تحقيق في موضوع استخدام اسلحة محرمة في معركة الفلوجة الثانية، بينما أعربت متحدثة باسم الأمم المتحدة عن قلقها[252]. لكن المسؤولين الامريكان استمروا بالنفي والتكذيب مباشرةً بعد عرض هذا الفلم, فنفى بشكل قاطع المتحدث باسم البنتاغون (Todd Vician) استخدام اي اسلحة كيميائية في العراق, مدعياً ان الناس تحاول تشويه سمعة بلده باختراع اتهامات كاذبة حول استخدم بلاده هذا النوع من الاسلحة. وأعاد هذا الانكار الليفتانت كولونيل ستيف بويلان (Lt. Col. Steve Boylan) مدير مركز المعلومات الصحفية للبنتاغون في بغداد (Pentagon's Combined Press Information Center in Baghdad) في لقاءه مع البرنامج الامريكي المشهور الديمقراطية الان (Democracy Now) في 8 تشرين الثاني(نوفمبر) 2005, حيث **أنكرّ** ما جاء من أدلة واعترافات في الفلم الوثائقي الايطالي (المذبحة الخفية) حول استخدام الفسفور الابيض كسلاح في أستهداف العراقيين[127], ثم عاد بويلان في مؤتمر صحفي يوم 18 نوفمبر ليعترف ((بأن الفسفور الابيض هو ذخيرة (munition) ويمكن استخدامها لاجبار الناس على الخروج من المواقع التي يختبئون فيها بسبب الحرارة والدخان التي تسببها. نحن دائما نطلقها ضد الاهداف العسكرية, وفي الفلوجة كان هنالك هدف عسكري, لقد كان ضد الارهابيين والمتمردين))[259,260].

بتاريخ 15 نوفمبر 2005 كتب السفير الامريكي في لندن (Robert Holmes Tuttle) رسالة الى صحيفة الغارديان البريطانية جاء فيها (القوات الأمريكية المشاركة في عملية حرية العراق تواصل استخدام اسلحة شرعية ومشروعة ضد الأهداف المشروعة .القوات الامريكية **لا تستخدم** النابالم او الفسفور كسلاح)[204,14]. لكن كذبة السفير الامريكي **لم تدم الا يوماً واحداً.** فعلى الرغم من التصريح بنفس اليوم 16 نوفمبر 2005 من قبل الجنرال دونالد الستون (Brig. Gen. Donald Alston) من القوات الجوية الأمريكية، ونائب رئيس الأركان للاتصالات الاستراتيجية، والناطق الرسمي للقوات المتعددة الجنسيات في (بغداد) ومن خلال قناة CNN: "نحن لم نغير موقفنا في الواقع أننا لم نستخدم الفسفور الأبيض ضد المدنيين في الفلوجة خلال عملية الفجر (al-Fajr)"[248]. الا ان لقاء وكالة الانباء البريطانية BBC مع الليفتانت كولونيل باري فينابلز (Lieutenant-Colonel Barry Venable) الناطق باسم البنتاغون الامريكي في نفس اليوم قد قاد لاعترافه الساحق والذي الحق العار بسياسيي بلده واجهزتها الدعائية قبل قواتها '*بانهم استخدموا فعلا الفسفور الابيض كسلاح حارق لكن ربما استعمل ضد الاعداء المقاتلين. وهو ليس بسلاح كيمياوي*!!!*[259;89;307]. فعاد السفير الامريكي في لندن (Robert Holmes Tuttle) ليحاول الاعتذار من خلال صحيفة

لندن تايمز (London Times) قائلاً (لقد فعلنا افضل ما نستطيع مع المعلومات المتوفرة لنا, ونحن نأسف لانها لم تكن دقيقة كلياً)[261].

تصريحات المسؤولين الامريكان هنا بدءت تتناقل بين العديد من الصحفيين الغربيين كمثال للسخرية والنكته بينهم. لان هذا النوع من السلاح معروف عنه ايضا بتكوين دخان خانق لعدة اميال ويقتل اي كائنات حية في المنطقة التي يصيبها ناهيك عن الحروق التي تذيب اللحم, وبالتالي فان هذا السلاح لا يفرق بين مقاتل او مدني اعزل او حتى حيوان او نبات. حيث أعلن بريان ويتمان (Bryan Whitman) نائب مساعد وزير الدفاع الامريكي للشؤون العامة للصحفيين قائلاً (ليس لديه اي علم بوقوع ضحايا مدنيين بسبب هجمات الفسفور الابيض في الفلوجة)[262]. وفي المؤتمر الصحفي لوزارة الدفاع الامريكية بحظور وزير الدفاع رامسفيلد (Donald Rumsfeld) والجنرال بيتر بيس (Peter Pace) رئيس هيئة الاركان المشتركة الذي قال (أن الفسفور الأبيض "هو أداة مشروعة للجيش"، و يمكن استخدامها للإنارة، وللدخان، ولأغراض حارقة)[263], وبشكل لا يصدق، نشرت وزارة الدفاع إضافة إلى المؤتمر الصحفي توضيح أنه لم يتم استخدام الفسفور الأبيض كسلاح حارق[264]. ووفقا ل بيس "كان جيدا في قانون الحرب استخدام الفسفور الأبيض. . . لوضع العلامات والفرز."[263]. وكان هذا هو البيان الأخير الرسمي عن الفسفور الأبيض. لم تناقش مشروعية المادة الكيميائية كسلاح مضاد للأفراد في قوانين الحرب أو اتفاقية الأسلحة الكيميائية. على الرغم من كل الاعترافات والشهادات لعسكريين امريكيين ومدنيين عراقيين حول استخدام الفسفور الابيض كسلاح ضد المدنيين والمقاتليين في منطقة مأهولة بالسكان (urban areas)[248].

بينما رفضت وزارة الخارجية الامريكية التعليق على هذه الفضيحة واصفتاً الاعترافات بانها فشل في العلاقات العامة (public relations failure)[252]. وللعلم فأن وزارة الخارجية الامريكية كانت قد نشرت على موقعها الرسمي على الانترنت بتاريخ 8 ديسمبر (2004) بياناً دحضت ونفت التقارير الاخبارية التي انتشرت بعد المعركة أن الولايات المتحدة قد استخدمت بصورة غير قانونية اسلحة النابالم والغاز السام، والفسفور مثل (Mark-77) في الفلوجة, مدعيتاً بأن القانون الدولي لا يحظر استخدام اسلحة حارقة مثل النابالم او الشبيهه بها ضد قوات العدو وهو ما تم استخدامه اثناء عمليات احتلال العراق 2003[254,95]. متناسية ان هذا الشرط يتطلب عدم أستهداف العدو في مناطق مأهولة بالسكان المدنيين وهو ما كان موجود في معركة الفلوجة. انها الفضيحة الكبرى في استخدام اسلحة حارقة في مناطق مدنية مأهولة بالسكان من قبل دول عظمى ضد مقاتلي مدينة بينهم الالاف من المدنيين الابرياء. الموقع الالكتروني لوزارة الدفاع الامريكية سبق واعترف باستخدام قنابل مارك 77 في العراق من دون الاشارة الى اسم او طبيعة المناطق التي ضربت بها[225,227].

وعادت القيادة الامريكية لتصرّ على ادعائها باستخدامها الفسفور الابيض بصورة مقتصدة جدا (very sparingly) لاغراض الانارة لمواقع المقاتلين وليس ضد مقاتلي الفلوجة, خصوصاً

مع تصريح وزارة الصحة العراقية بامتلاكها الادلة على وجود ضحايا من المدنيين بسبب هذه الاسلحة[252]. ونتيجة هذه الفضيحة, طالب الخبير الامريكي داريل كمبل (.Daryl G Kimball) مدير هيئة مراقبة التسلح (the Arms Control Association) ان تقوم وزارة الدفاع الامريكية، وربما هيئة مستقلة، ينبغي أن تستعرض ما إذا كان الاستخدام الأمريكي للفسفور الأبيض كانت متماشية مع الاتفاقيات الدولية للأسلحة ام لا؟[252].

لقد كان هذا الاعتراف بحسب الصحفي بول وود Paul Wood (مراسل شؤون الدفاع في اذاعة BBC) بمثابة كارثة في العلاقات العامة للولايات المتحدة الامريكية أمام العالم لانه جاء بعد سنة كاملة من الانكار والنفي المتكرر[89]. بل ان الفلم الايطالي والاعترافات الامريكية هي التي دفعت بعضاً من الدول الى سحب قواتها من العراق او البدء ببرمجة انسحابها بعد شعورهم بارتكاب جرائم حرب من دون علمهم او اشتراكهم بها بصورة غير مباشرة.

توقيت عرض الفلم الايطالي في الذكرى السنوية الاولى للمعركة الثانية كان صدمة كبيرة لوزارة الدفاع الامريكية وادارة البيت الابيض لانها جاءت بالرغم من كل التعتيم والقوة في اخفاء الجريمة لكنها ظهرت وبادلة دامغة كشفت كذبهم, ومن دون الحاجة الى الانتظار لمدة 30 سنة من حدوث الجريمة من اجل رفع السرية عن الوثائق الحكومية الامريكية لمعرفة الجرائم كما حصل في حرب فيتنام. الادلة التي ظهرت في الفلم[90] كانت تؤكد الكثير من الحقائق, لكن أهم حقيقتين فيها وعززتها دلائل اخرى فكانت:

1. استخدام الفسفور الابيض او ما يسمى بقنابل مارك 77 وهي نوع مطور من قنابل النابالم (والمتداول اسمه عسكرياً Whiskey Pete) ومنها ليلة 8 من تشرين الثاني (نوفمبر)2004, وهذا ما اكدته احد الوثائق العسكرية الامريكية[34]. والتي كتبت من قبل 3 عسكريين من صنف المدفعية الامريكي وأشارت الى استخدامه كعتاد حربي (Munitions). بالاضافة الى اعتراف جيف انكلهارت (Jeff Englehart) أحد جنود المارينز الذين أشتركوا في المعركة[245].

2. أعطاء أمر عسكري لجنود الاحتلال بضرب وأستهداف أي شخص يتجاوز عمر العشر سنوات واعتباره متمرد مهما كان جنسه, ويجب قتله خلال الهجوم[90], وهذا ما اكده ايضا اعتراف احد اشهر القناصين في تاريخ الجيش الامريكي ويدعى كريس كيلا (Chris Kyle) وهو من الذين اشتركوا في المعركة الثانية وقتل العشرات في معركة الفلوجة وبعدها كما جاء في شهادات جرائمه التي ذكرها من خلال كتابه القناص الامريكي (American Sniper)[373].

وحاول بعض القادة الامريكان تبرير أستخدام ذخيرة الفسفور الابيض في هذه المعركة. ففي حوار اجرته قناة البي بي سي (BBC) البريطانية مع أحد كبار قادة الجيش الامريكي وهو

الجنرال بيتر بيس (Gen Peter Pace) فدافع عن أستخدام هذا السلاح المحرم أستعمال خواصه الكيمياوية القاتلة قائلاً (أنها أداة مشروعة للجيش في القاء الضوء وتكوين سحابات من الدخان, الفسفور الابيض مادة كيمياوية تحترق عند تعرضها الى الاوكسجين, فتنتج الضوء الساطع لانارة ساحة المعركة مع سحابات من الدخان الابيض لاخفاء تحركات القوات, انها ليست سلاح كيمياوي **بل سلاح حارق** incendiary)!! [151]. وهذا يتطابق مع أعتراف جندي المارينز جيف انكلهارت الذي كان دامغاً حين قال (الجثث كانت محترقة، نساء محترقة، واطفال محترقين لان سلاح الفوسفور الأبيض يقتل بلا تمييز, فعندما يلامس الجلد فلا رجعة عن ضرره على الاطلاق, حيث يحرق اللحم وصولاً الى العظام)[90].

أحتاجت قوات الاحتلال الى حوالي 7 أسابيع للسيطرة الاولية على المدينة, لكن القتال المتفرق مع نيران قاتلة كان قد استمر في بعض المناطق الى غاية نهاية شهر كانون الاول (ديسمبر) 2004[212,353]. بل وصل الامر في شهر ديسمبر الى طلب المساعدة الجوية العاجلة عبر القصف الجوي ضد مقاتلين في الفلوجة, ولاسناد قوات المارينز التي خسرت العشرات في مواجهة معارك شرسة خصوصا في الجزء الشمالي للمدينة كما جاء بشهادة الضابط الامريكي ريكس (Lieutenant Rex McIntosh) من الكتيبة الثالثة من قوات المارينز الخامسة [313].

8.8. مرحلة ما بعد توقف المعارك

في 3 كانون الاول (ديسمبر) 2004 كانت بداية المرحلة الانتقالية مع وصول لواء حفظ النظام (Public Order Brigade) بقيادة العقيد مهدي هاشم الغراوي (MG Mehdi Sabih Hashem al-Garawi) الذي وصف يوم دخوله المدينة كاصعب يوم في حياته. حيث رفض العديد من جنوده دخول المدينة مع تمرد 14 من ضباطه, مما اضطره الى ان يقوم بمشاركتهم العمل طوال الوقت وحتى خلال فترات الاكل والنوم ليحافظ على السيطرة عليهم, في حين اعترف بعدم ثقة اهالي الفلوجة بالجنود العراقيين. وزارة الدخلية عملت على تاخير انشاء شرطة جديدة في المدينة والابقاء على لواء حفظ النظام لفترة اطول, حتى ايلول (سبتمبر) عام 2007 حيث انسحبت الكتيبة الثانية للجيش العراقي لتسلم مسؤولية الامن في الفلوجة الى الشرطة المحلية[230]. مما يعني ابقاء مدينة الفلوجة طوال الفترة من 23 كانون الاول (ديسمبر) 2004 (تاريخ السماح لاهالي الفلوجة بالرجوع لبيوتهم) ولغاية ايلول 2007 عبارة عن سجن كبير ومنطقة عسكرية يحكمها نظام الاحكام العرفية لمدة 3 سنوات.

في بداية شهر كانون الثاني 2005 كنت ادخل الى المدينة كمرافق لصحفي عراقي (د. علي فاضل) يعمل مراسلاً مع القناة البريطانية الرابعة (Channel 4). جمعنا توثيق لاكثر من 25 ساعة مصورة والتي أكدت الكثير من الانتهاكات وموجودة لدى القناة البريطانية الرابعة [173].

الصحفي العراقي كان شاهداً على رؤية بعض الجثث التي كانت مقطوعة الراس قرب جامع الراوي, بينما الجسم كان موضوعاً بشكل يشبه صلب السيد المسيح عليه السلام. مما يفرض أمكانية عملية اعدام عن طريق قطع الرأس بعد امساك الذراعين والارجل من قبل عدة اشخاص اثناء عملية الاعدام ذبحاً. وللاسف فان القناة لم تظهر حادثة الجثث هذه, علما ان الكاتب الامريكي فيلكنز اشار ايضا الى وجود جثث مقطوعة الراس على هيئة صلب المسيح وجدت في شارع الثرثار!!. استلمت نسخة من التقرير الفلمي المصور للقناة البريطانية الرابعة في وقتها بعد اسبوع من عرضه من قبل القناة. ذهبت لاعرض التقرير البريطاني المصور في اجتماع خاص في مكتب منظمة الصحة العالمية في عمان, وبحظور كلا من:

1. ممثل الامين العام للامم المتحدة في العراق السيد اشرف القاضي (Ashraf Jehangir Qazi)
2. السيد اليو طمبوري (Elio Tamburi) من مكتب حقوق الانسان التابع لبعثة الامم المتحدة,
3. الدكتورة نعيمة الجاسر (Naima Algasseer) (من البحرين) مديرة مكتب العراق في منظمة الصحة العالمية,
4. الناطق الصحفي للبعثة الاممية في العراق السيد أيمن الصفدي (Ayman Al-Safadi) (من الاردن وقد عمل فيما بعد مستشاراً اعلامياً للملك الاردني عبدالله الثاني)
5. الدكتور العراقي أحمد حردان المحمدي الممثل الفني لمنظمة الصحة العالمية في بغداد والذي قدّم شرح مفصل عن الوضع الانساني والصحي السيء في المدينة.

عرضت عليهم الفلم الوثائقي حول الواقع الحقيقي للمدينة بعد المعركة, اوعزّ السيد اشرف القاضي بالاسراع في كتابة طلبين منفصلين الى القوات الامريكية لكي تسمح بدخول فريقين الى الفلوجة, أحدهما من منظمة الصحة العالمية والاخر من مكتب حقوق الانسان التابع لبعثة الامم المتحدة للتحقيق في الانتهاكات الموجودة في الفلم. القوات الامريكية وكعادتها رفضت بحجة سوء الوضع الامني لمنع اي تحقيق يكشف الحقائق. الشيء الذي أدهشني في هذا الاجتماع هو صدمة السيد أشرف القاضي مما جاء في الفلم وهو يردد (كيف يحصل هذا والامريكيون اخبرونا بعدم حصول مثل هذا!!), وكانت الصدمة والصمت على وجوه بقية الحاضرين. القوات الامريكية في وقتها نفت تدمير البنية التحتية للمدينة, حيث صرحوا بان التصوير المرافق مع قوات المارينز التي هاجمت كانت تؤكد عدم تدمير المدينة وبنيتها التحتية [30]. لكن تقارير فرق وزارة الصناعة التي احصت الاضرار تؤكد العكس, وهو ما يفسر سبب الرفض الامريكي من دخول فرق الامم المتحدة للتحقيق.

8. 9. خسائر الطرفين

التعتيم الاعلامي منع حقيقة خسائر الطرفين اثناء المعارك وجعل هناك تضارب في الانباء عن حجم الخسائر. صحيفة (McClatchy Newspapers) الامريكية ذكرت انه قد قتل 95 جندي امريكي خلال هذه المجزرة, بينما قتل 200 مقاتل و6000 مدني من الفلوجة(76). بينما اشارت قناة (ABC NEWS ONLINE) الى مقتل 71 امريكي ومقتل 1200-1600 مقاتل مع 2000 مدني من أهالي الفلوجة(305), وجرح 275 عسكري امريكي(304). وأشار تقرير صحفي لمجلة المارينز (MARINES Magazine) الى ان عدد القتلى الامريكيين كان 95 قتيل, بينما جرح من جنودهم 560 اخرين, في حين قتلوا 1350 من مقاتلي الفلوجة واعتقال 1500 اخرين(353). بينما قدرت اذاعة البي بي سي (BBC) البريطانية قتل اكثر من 2000 شخص من الفلوجة (536). بينما أشار مصدر امريكي اخر الى مقتل 70 عسكرياً من الولايات المتحدة, وجرح 609 من جنودهم. واعترف القائد الامريكي ساتلر (John F Sattler) بان عدد مقاتلي الفلوجة قبل المعركة كان يقدر بحوالي 3000 مقاتل وهو رقم قريب جدا ما بين من وقع بالاسر او قتل خلال المعركة, علماً انهم استخدموا بناية المخازن المبردة للبطاطا على طرف الفلوجة الشرقي ليحفظوا فيها جثث المقاتلين والمدنيين وخصوصا منها المشوهة او المصابه بأسلحة غير تقليدية(231).

اختلفت احصائيات ضحايا الجيش الامريكي, فبحسب احد التقارير الامريكية(32) فقد قتل من جانب القوات الامريكية 51 وجرح 425 منهم, بينما قدروا قتلى مقاتلي الفلوجة 1200 شهيداً, بالرغم من ان تقرير للكونغرس الامريكي كان قد قدّر عدد مقاتلي الفلوجة باكثر من 500 مقاتل(87). بينما أشار ضابط امريكي أخر الى مقتل 70 عسكري امريكي وجرح 600 عسكري اخرين (194). بينما اعترف مراسل حربي امريكي (Richard S. Lowry) بان خسائر القوات الامريكية في هذه المعركة كانت 95 قتيلاً و1000 جريحا, بينما أستشهد من مقاتلي الفلوجة 1400 شخصاً(213). في حين ان القائد الامريكي الذي قاد الهجوم الجنرال جون ساتلر قد أكدّ مقتل 50 جندي فقط من المارينز وجرح 400 أخرين(536). ومن هذا التضارب بين مختلف المصادر العسكرية الامريكية تتبين لنا حقيقة محاولتهم اخفاء الارقام الحقيقية للخسائر من اجل تجنب الفضيحة.

وبعد تسع سنوات من المعركة, اتهم الشيخ خالد حمود الجميلي (رئيس الوفد المفاوض لاهالي الفلوجة مع حكومة اياد علاوي السابقة قبل المعركة الثانية) الجيش العراقي بانه متورط في بتصفية 480 شخصاً من أهالي الفلوجة بعد المعركة الثانية. واوضح الشيخ خالد في تصريح نشرته وكالة أصوات العراق, بان ملف متكامل قد رفع الى حكومة المالكي والبرلمان العراقي, لكن لم يتم التحقيق بالامر وتم التغطية على المتورطين وحمايتهم(9A).

الجنرال ريتشارد ناتونسكي (Major General Richard Natonski) صرحّ بان 1200 من الثوار قد قتلوا في المعركة[99]. والملاحظ ان القوات الامريكية تجنبت أعطاء أحصائيات رسمية دقيقة عن عدد القتلى في الفلوجة باستثناء ضحاياهم, لان أعلان ارقام أحصائية واضحة ودقيقة قد يضعهم أمام ضرورة أبراز جميع الجثث المعلن عنها. وهذا قد يؤدي الى الكشف عن طبيعة الاسلحة التي أستخدمت او على الاقل أثارة اسئلة الصحافة العالمية حول ماهية الاسلحة المستخدمة. لهذا صرح قائد القوات البرية الامريكية في العراق الجنرال ثوماس ميتز(Lt. Gen. Thomas Metz) في بغداد (لقد أوقعنا خسائر كبيرة بين صفوف العدو باكثر مما كنا نتوقع, لكن الجيش لا يحتفظ بحصيلة رسمية لضحايا العدو)[104]. هذا الكلام تبين عدم دقته بعد 11 عاما عندما كشفت صحيفة الواشنطن بوست وجود سجل للجثث التي جمعهم المارينز في مخازن البطاطا وكانت تحوي جثث مقاتلين ومدنيين على حدا سواء. الصحيفة أكدت وجود جثث عديدة للمدنيين بالاضافة للمقاتلين, وكانت تسجل في سجل بحسب هويتها سواء كان مدني غير معروف (civilian unidentified) او مقاتل غير معروف (insurgent unidentified) او غير مكتمل الجثة (unassociated portion). كان لديهم توريد ل 900 كيسا أسود للجثث، أكثر من نصفها كانوا قد أستخدموها[689]. والشيء الذي يعرفه قلة من الناس في الفلوجة, ان قوات المارينز قد جلبت نسخة من صور الجثث التي جمعتها بعد المعركة, وقامت بتسليمها داخل أقراص مدمجة (CD) الى ادارة مستشفى الفلوجة العام (المستشفى القديم قرب النهر) من اجل مساعدة عوائل الضحايا في التعرف على جثث أبنائهم لاحقا. لكن المارينز عادوا بعد ايام قليلة لاخذ الصور وحتى الكمبيوترات خوفا من استخدامها لاحقا كدليل على جريمتهم هذه. لكن مجيئهم كان متاخرا, حيث تم استنساخ الصور وتوزيعها, وحصلنا على نسخة كاملة من تلك الصور (كما مبين بعضها في الصور التالية).

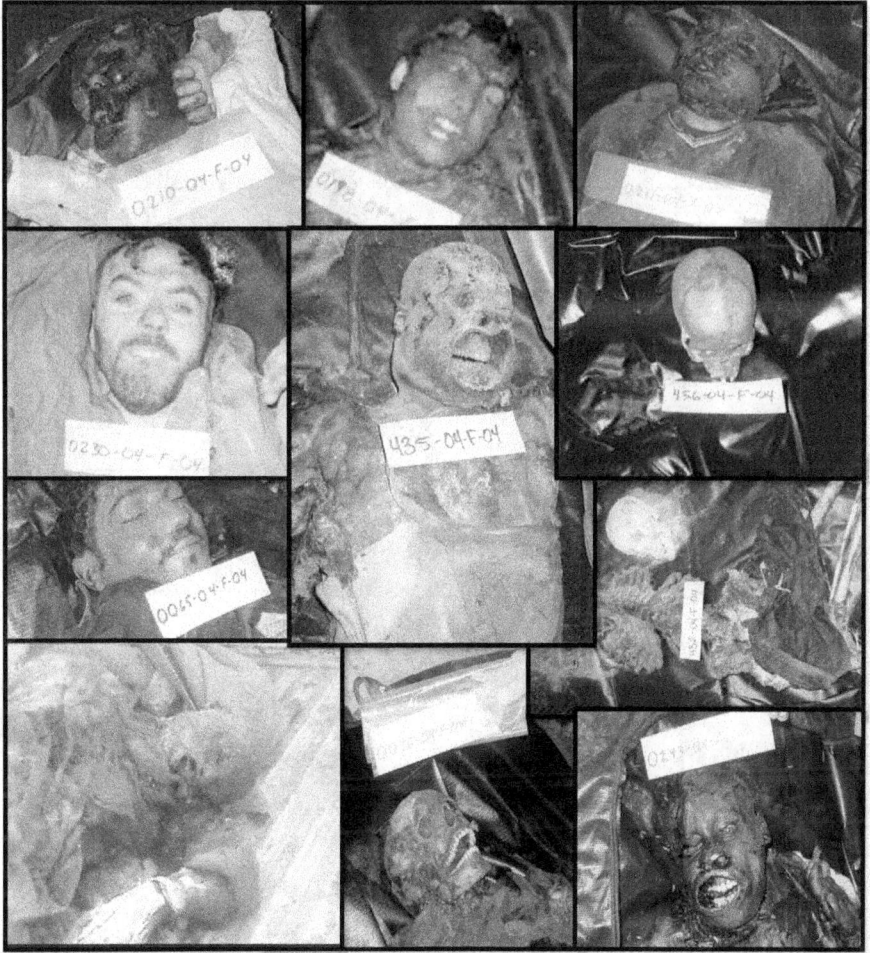

ضباط الاستخبارات الامريكية كانوا متخوفين من أن تقود الخسائر الجسيمة بين المدنيين الى خسارة ليس فقط العرب السنة في العراق بل الكثير من الجهات العراقية الرافضة للاحتلال, مما يعني معارك في مناطق اخرى غير الفلوجة. وهذا ما عبر عنه والتر لانك (Walter P. Lang) الرئيس السابق لقسم تحليل الشرق الاوسط في وكالة الاستخبارات الدفاعية (Defense Intelligence Agency) حين قال (سنرى اذا كان هذا مجرد تمرد صغير يمكن أزالته بالاسلحة فقط, لكن اذا استمر معه التاييد الشعبي فهو شيء سيء لنا)[106].

على العموم, القادة الامريكان يفتخرون بان خسائرهم كانت تاريخياً قليلة جدا عبر تجنبهم الخسائر الكارثية التي واجهت القوات السوفيتية في مدينة غروزني (Grozny) الشيشانية, او التي تكبدتها قوات الاحتلال الاسرائيلي في مدينة جنين الفلسطينية عام 2002. على الرغم من

ان القوات الامريكية قد اعتبرت معركة الفلوجة الثانية بانها من اشد معارك حرب المدن شراسة منذ معركة هيو (Hue) في فيتنام عام 1968[34]. وعلى الرغم من التشويش المعلوماتي منذ انتهاء المعركة, فقد جاءت اعترافاتهم الان بانهم فضلوا التقتيل عن بعد ضد مقاتلي الفلوجة عبر استخدام كامل تقنيات الاستشعار عن بعد ومن ثم استخدام القوة التدميرية الهائلة عبر مختلف الاسلحة العالية الدقة في الاصابة بدلا من المواجهة العسكرية وجهاً لوجه[67]. أنها فعلا الحرب القذرة للتكنولوجيا المدمرة عن بعد, لا حرب الفرسان الذين تقودهم شجاعتهم للقتال وجهاً لوجه.

بالنسبة للاضرار العامة دمرت او تضررت 18000 مبنى من مجموع 39000 في المدينة[88]. بينما أشار مصدر اخر الى تدمير 36000 منزلاً, واختفت بسبب التدمير اكثر من 9000 متجراً, وتدمير 65 مسجدا وجامعاً, و60 مدرسة بالاضافة الى تدمير محطتي كهرباء وثلاث محطات لمعالجة المياه, بالاضافة الى تدمير كامل نظام الصرف الصحي وشبكة الاتصالات وقتل المئات من الاطفال والنساء[182]. وفي منتصف شهر كانون الثاني 2004 سمح للعوائل المدنية بالرجوع الى داخل المدينة, لكن القليل منهم رجعوا وبقي اكثر من 220.000 اخرين لاجئيين داخليا في المناطق المحيطة بالمدينة وفي مدن بغداد والرمادي[219]. تقرير للامم المتحدة (Emergency Working Group - 2004 Fallujah Crisis) نشرته احد الصحف الاسترالية وقتها (ABC News) قائلاً بان 210600 شخص (35000 عائلة) فروا من الفلوجة قبل الهجوم الأمريكي لم يعودوا والعديد من هم في حاجة ماسة للمساعدات، مع درجات الحرارة منخفضة جدا في العراق تتجه نحو التجمد، معلنة حالة طوارئ جديدة للامم المتحدة[312].

8. 10. جريمة أبادة الشهود على جرائم الحرب

الصحفية البريطانية ناومي كلين (Naomi Klein) كانت قد كشفت عن حقيقة ان احصائيات سقوط مئات القتلى المدنيين خلال الهجوم الامريكي الاول على المدينة يدل على عن حقيقة ان القوات الأمريكية وشركائها لم يعد يكلفوا انفسهم عناءً لإخفاء الهجمات على أهداف مدنية محددة, من اجل ان يتم القضاء على أي شخص علناً في المعركة الثانية, كالأطباء ورجال الدين والصحفيين ممن يعملون على احصاء الضحايا ايتم اعتبارهم كمصدر قلق خاص وتم "القضاء eliminating"عليهم. جاء هذا في معرض ردها على رسالة السفير الامريكي في لندن والتي نشرتها جريدة الغارديان. حيث أشارت الصحفية بحسب ادلتها الى التالي:

1. ***القضاء على الاطباء***. كانت أول عملية كبيرة من قبل مشاة البحرية الامريكية والجنود العراقيين هي الاستيلاء على مستشفى الفلوجة العام واعتقال الأطباء ووضع هذا المرفق تحت السيطرة العسكرية. وقد ذكرت صحيفة نيويورك تايمز أن "تم اختيار مستشفى

كهدف في وقت مبكر لأن الجيش الأمريكي يعتقد أنه كان مصدر المعلومات حول تقديرات الخسائر الثقيلة"، مشيرا إلى أن "هذه المرة، ينوي الجيش الأمريكي قتال حربه المعلوماتية الخاصة ، ومواجهة أو إسكات ما كان واحدا من أقوى أسلحة "المقاومين". ونقلت صحيفة لوس انجليس تايمز عن احد الاطباء قوله ان الجنود "سرقوا الهواتف المحمولة" في المستشفى, لمنع الأطباء من التواصل مع العالم الخارجي. ولكن هذا لم يكن أسوأ من الهجمات على العاملين في مجال الصحة. فقبل يومين، تم تفجير عيادة الصحة للحالات الطارئة وحولت إلى أنقاض، فضلا عن مستوصف الإمدادات الطبية المجاور له. يقول الدكتور سامي الجميلي، الذي كان يعمل في العيادة، قنابل القصف حصدت حياة 15 مسعفاً، وأربع ممرضات و35 مريضا. وذكرت صحيفة لوس أنجلوس تايمز نقلا عن مدير مستشفى الفلوجة العام "كان قد حدد للجنرال الأمريكي موقع المركز الطبي المؤقت وسط المدينة قبل قصفها. وسواء كان القوات الامريكية قد استهدفت العيادة أو دمرتها بطريق الخطأ، كان التأثير نفسه وهو القضاء على كثير من الأطباء في الفلوجة في منطقة الحرب. وكما قال الدكتور الجميلي لصحيفة الاندبندت البريطانية في 14 نوفمبر(تشرين الثاني): "لا يوجد جراح واحد الان في الفلوجة." وعندما انتقل القتال إلى الموصل، تم استخدام تكتيك مماثل في اثناء دخول المدينة، حيث ان القوات الأمريكية والعراقية سيطرت على مستشفى الزهراوي فورا.

2. ***القضاء على الصحفيين.*** جاءت الصور من الحصار الثاني على الفلوجة على وجه الحصر تقريبا من صحفيين كانوا مرافقين مع القوات الامريكية. وذلك لأن الصحفيين العرب الذين غطوا حصار ابريل ونقلوا منظور المدنيين قد تم القضاء عليهم بنحو فعال. لم يكن لقناة الجزيرة اي كاميرات على أرض الواقع لأنه قد تم حظرها من القيام باي تقارير في العراق إلى أجل غير مسمى. قناة العربية لديها مراسل غير مرافق للقوات الامريكية ولكنه بقي في الفلوجة وهو عبد القادر السعدي ولكن في 11 نوفمبر (تشرين الثاني) 2004 اعتقلته القوات الأمريكية واحتجزته طوال مدة الحصار. وقد أدان اعتقال السعدي كلاً من منظمة مراسلون بلا حدود (Reporters Without Borders) والاتحاد الدولي للصحفيين (the International Federation of Journalists). وهذه الاخيرة صرحت "اننا لا يمكن ان نتجاهل احتمالية ترويعه لمجرد محاولته القيام بعمله". هذه لم تكن المرة الاولى التي يواجه الصحفيين في العراق مثل هذا النوع من الترهيب. فعندما غزت القوات الأمريكية بغداد في أبريل 2003، حثت القيادة المركزية الأمريكية جميع الصحفيين الغير مرافقين للقوات الامريكية على مغادرة المدينة. أصر بعض الغير مرافقين لتلك القوات على البقاء فكانت النتيجه ان ثلاثة على الأقل دفعوا حياتهم ثمناً لهذا البقاء. في 8 أبريل، طائرة أمريكية قصفت مكاتب قناة الجزيرة في بغداد، مما أسفر عن مقتل المراسل طارق أيوب. قناة الجزيرة لديها وثائق تثبت أنها أعطت إحداثيات موقعها الى القوات الامريكية. وفي اليوم نفسه، أطلقت دبابة أمريكية

قذيفة على فندق فلسطين، مما أسفر عن مقتل خوسيه كوسو (José Couso)، لشبكة تيليسينكو الاسبانية Spanish network Telecinco ، وتاراس بروتسيوك (Taras Protsiuk) من وكالة رويترز. ويواجه ثلاثة جنود أمريكيين دعوى جنائية من عائلة كوسو، التي تقول أن القوات الأمريكية كانت تدرك جيدا أن الصحفيين كانوا في فندق فلسطين، وأنها ارتكبت جريمة حرب.

3. ***القضاء على رجال الدين.*** تماما كما تم استهداف الأطباء والصحفيين، فقد تم ايضا استهداف العديد من رجال الدين الذين تكلموا علنا وبقوة ضد جرائم القتل في حصار الفلوجة. ففي 11 تشرين الثاني، اعتقل الشيخ مهدي الصميدعي، رئيس جمعية العليا للتوجيه والدعوة. وفقا لوكالة الأسوشيتد برس (Associated Press)، "ودعا الصميدعي المناطق السنية في البلاد لإطلاق حملة عصيان مدني اذا لم توقف الحكومة العراقية الهجوم على الفلوجة". وفي يوم 19 نوفمبر ذكرت (AP) ان القوات الامريكية والعراقية اقتحمت مسجد سني بارز، وأبو حنيفة، في الاعظمية، مما أسفر عن مقتل ثلاثة أشخاص واعتقال 40، بينهم رئيس رجل الدين (معارض آخر للحصار على الفلوجة). وفي اليوم نفسه، ذكرت فوكس نيوز (Fox News) أن " القوات الامريكية داهمت أيضا مسجدا سنيا في القائم، قرب الحدود السورية". ووصف التقرير الاعتقالات بأنها "انتقاما لمعارضة الهجوم على الفلوجة". كما تم القبض على اثنين من رجال الدين الشيعة المرتبطة مع مقتدى الصدر في الأسابيع الأخيرة، وفقا لAP، "على حد سواء رفعوا أصواتهم ضد هجوم على الفلوجة". الجنرال تومي فرانكس (Gen. Tommy Franks) من القيادة المركزية الأمريكية صرح "اننا لا نحصي الاجسام (We don't do body counts). والسؤال هو: ماذا يحدث للناس الذين يصرون على عد الجثث؟ فالأطباء الذين يجب أن يتحدثوا عن مرضاهم قد قتلوا، والصحفيين الذين يوثقون تم خسارتهم، ورجال الدين الذين يدينونهم. في العراق أدلة متزايدة على أن هذه الأصوات يتم إسكاتها بشكل منهجي من خلال مجموعة متنوعة من الوسائل، من الاعتقالات الجماعية، إلى الغارات على المستشفيات، وحظر وسائل الإعلام، والاعتداءات الجسدية العلنية وغير المبررة. وتختتم الصحفية البريطانية ناومي كلين ردها بالقول (السيد السفير، أعتقد أن حكومتكم وأتباعها من العراقيين تشن حربين في العراق. حرب واحدة ضد الشعب العراقي، حيث ان ما يقدر بنحو مئة الف 100.000 شخص قد قتلوا. والآخرى هي الحرب على الشهود)[474].

8. 11. تسجيل أفلام هوليوود

كنت قد التقيت مع العديد من الاهالي والاصدقاء الذين دخلوا في الايام الاولى من سماح قوات المارينز بدخول المدنيين ثانية الى المدينة لمجرد فقط رؤية بيوتهم واخذ اي اغراض

يحتاجونها على ان لا يخرجوا قبل الظلام. العجيب انني سمعت منهم ان الامريكان يصورون فلم حربي بالداخل وهذا هو سبب سماع اصوات الانفجارات والاطلاقات النارية الحالية. واكد لي صديق احتفظ باسمه بانه زار بيته الكبير فوجده محطم الابواب والشبابيك مع تدمير الاثاث (كنا نعتبر مثل هكذا تدمير بانه محظوظ ليعود ويجد جدران تاويه مع اهله), لكنه في الزيارة الثالثة للبيت وجده محطم كلياً فتوجه لاحد ضباط المارينز من اجل سؤالهم, فكان الرد بانهم وجدوا جثث زملاء لهم مقتولين فيه ففجروا البيت!!! علما ان صديقي لم يجد اي جثة خلال زيارته للبيت ولمرتين قبلها. وبعد فترة وجدت على اليوتيوب اجزاء من برنامج عسكري وثائقي امريكي يتحدث عن بطولات الجنود الامريكان على طريقة افلام هوليود (Military Channel Podcast: Fight For Fallujah: Fallujah Origins). الشي الصادم في هذا البرنامج عندما شاهدت التمثيل داخل الفلوجة من قبل جنودهم وهم يرمون باسلحتهم الحية وبصورة أستعراضية ضد مقاتلين وهميين. وبالرغم من ان تمثيلهم في هذا الفلم مع استخدام الاسلحة الحية في القصف قد أضاف تدمير جديد للمدينة التي شردَ اهلها الاكثر من ربع مليون, لكن الشيء الوحيد الذي وجدته صادقاً في هذا الفلم هو اعتراف جنودهم بوجود مدنيين ارعبتهم اصوات التدمير الهائل والقتل اليومي الذي عاشوه اثناء الهجوم على مناطقهم.

8. 12. أنعكاسات مجزرة الفلوجة محلياً ودولياً

اعترف القادة العسكريين الامريكيين بحدوث مشاكل صعبة لهم خلال المعركة الاولى في الفلوجة (نيسان 2004) ادت الى اعلانهم وقف مؤقت للعمليات العسكرية وانسحابهم من المدينة. لكن أغلب هذه المشاكل تم تجاوزها لاحقا أثناء التخطيط للمعركة الثانية والتي كان من اهمها هو ادارة المعلومات (Employment of information operations). وادعوا من ضمن حملة الاكاذيب بانهم نجحوا في الفصل بين مجاميع المقاتلين والمدنيين (230,64). حيث ان الحقيقة في نجاح ادارتهم للمعلومات عبر منع وسائل الاعلام المحايدة من دخول المدينة باستثناء وكالات الانباء الامريكية والغربية الموالية لهم. بعد ان ادى نجاح قناة الجزيرة في التغطية الاعلامية للمعركة الاولى في فضح جرائمهم وترجيح كفة النصر للعراقيين والتي ساعدت في بدء الانتفاضة الاولى ضد الاحتلال الامريكي - البريطاني. الا ان الاهتمام الاعلامي الدولي بدء يهتم اكثر بوفاة الرئيس الفلسطيني ياسر عرفات الذي توفي (11 نوفمبر 2004) بعد اربعة ايام من بدء معركة الفلوجة الثانية ليقلل من الاهتمام الدولي بما يجري في الفلوجة. واعترف الامريكيين بان خبر اعلان قناة الجزيرة الفضائية عن نبأ اقتحام مستشفى الفلوجة واعتقال كادرها مع ظهور فلم مصور كان مفاجأة لهم وخارج نطاق سيطرتهم من قبل هذه القناة التي يتهموها بانها لم تساعد الحكومة العراقية الجديدة. والجدير بالذكر ان تخطيط ادارة عمليات المعلومات (Information operations) من قبل القوات الامريكية كانت تتم

بالتعاون والتنسيق مع مكتب الشؤون العامة Public Affairs Office (PAO) وقسم العمليات النفسية Psychological Operations (PSYOP)[230].

بعد هذه الانتهاكات الخطيرة لحقوق الانسان من قبل القوات الامريكية في معارك الفلوجة وما تلتها من فضائح التعذيب في ابو غريب, تبلور اتجاه شعبي اقوى من قبل بضرورة خروج قوات الاحتلال الامريكي – البريطاني من العراق[33]. لهذا أنسحب الحزب الاسلامي العراقي من الحكومة المؤقتة لاياد علاوي بعد هذه المعركة مباشرةً لكونه لا يريد ان يتحمل اي مسؤولية عن سفك الدم العراقي من دون عذر مشروع (كما صرح بذلك السيد أياد السامرائي Iyad al Samurraie)[100]. لكن الحزب بقي رغم ذلك مشاركاً في الانتخابات التي تلت الهجوم على الفلوجة. بينما قال مقتدى الصدر بان هذا الهجوم هو هجوم على كل الشعب العراقي, وان على العراقيين عدم مساعدة هذا الغزو[105]. سياسياً كان الحزب الاسلامي والرئيس العراق السابق الشيخ غازي الياور من المعارضين للهجوم الثاني ومشجعين لمزيد من المفاوضات, بينما اشار موفق الربيعي الى امكانية تاجيل الهجوم الى ما بعد الانتخابات العراقية المزمع اجراءها في كانون الثاني 2005 لاعطاء مزيد من المفاوضات وهو ما كان يشجعه الحزب الاسلامي ايضا[230]. بريطانيا كان لديها بعض التحفظات في بادىء الامر على مشاركة قواتها بجانب القوات الامريكية في اقتحام الفلوجة لخصها وزير الخارجية البريطانية روبن كوك (Robin Cook) لعدة اسباب:

1. عدم تحلي القوات الامريكية بسياسة ضبط النفس (restraint) التي اشتهرت بها القوات البريطانية.

2. إن الخطر الحقيقي على إرسال كتيبة بريطانية في قطاع تواجد جيش الولايات المتحدة هو أن قواتهم قد تصبح مرتبطة في أذهان العراقيين مع أساليب الولايات المتحدة. فآخر مرة هاجمت القوات الامريكية الفلوجة تركوا 1000 مدني قتيل مع الضجة الكبيرة في أنحاء العراق بسبب التكتيكات الخرقاء الخاصة بهم.

3. هناك خطر من أن بريطانيا إذا افسحت المجال للقوات الامريكية من اجل الهجوم المقبل فقد نكون متساويين بالمسؤولية مع الامريكيين امام العراقيين عما سيحدث لسكان الفلوجة[297,238].

علًى المستوى المحلي الامريكي, نجد ان أعتراف القوات الامريكية باستخدام السلاح الكيمياوي بعد سنة من ارتكابهم الجريمة, وانكشاف مسلسل الكذب على مدار عاماً كامل قد أدى الى تراجع المؤيدين للحرب وأزدياد الاصوات المعارضة لها, ونذكر منها البرنامج الامريكي (Democracy Now الديمقراطية الان). حيث زادت البراهن والتاكيدات على تلك الجريمة الدولية [652]. علما ان وزير الدفاع الامريكي رامسفيلد مع الجنرال ريتشارد

مايرز في مؤتمر اخبار البنتاغون الامريكي قبل المعركة الثانية في الفلوجة, قد صرح بان (لن نسمح للفلوجة لتبقى مركزاً للمقاومة في العراق)(107)

لقد كان قرار قوات الاحتلال بالسماح لاهالي الفلوجة بالرجوع (بعد شهرين ونصف من المعارك) الى مدينتهم وهي ملوثة بالكثير من مخلفات الاسلحة الهائلة (أنظر الفصل التاسع). هذا الرجوع هو بمثابة جريمة حرب أضافية تؤكد كذب قائد القوات الامريكية في العراق الجنرال جورج كيسي حين اطلق تصريحات انسانية قبل أنتهاء العمليات العسكرية قائلاً (أن الاغاثة الطبية والمساعدة في اعادة الاعمار سيصل فوراً بعد الهجوم)(106). اياد علاوي اعلن في يوم 9 كانون الاول (ديسمبر)2004 بانه سيكون بامكان اهالي الفلوجة الرجوع داخل مدينتهم اعتباراً من يوم 23 كانون الاول (ديسمبر) مع تعيين السيد هاشم الحسني (عضو الحزب الاسلامي ووزير الصناعة) منسقاً على ادارة الفلوجة واعادة اعمارها(230). وبالرغم من ملاحظة الدبلوماسيين والعسكريين الامريكيين بان الحكومة العراقية لا يجب ان تتسرع في اعادة المدنيين الى المدينة, وهذا ما أكده مدير مركز العمليات المدنية العسكرية (CMOC) في قلب الفلوجة اللفتنانت كولونيل سكوت بالارد (Lieutenant Colonel Scot Ballard) قائلاً (يبدو أن الحكومة العراقية مطمئنة مع احتمال عودة المدنيين في غضون ايام وليس اسابيع, ولكن كل الخطط لا تزال رهينة بالحالة الأمنية,.... فقبل 5 ايام واجهنا معارك نشطة مع 50 مسلحاً وقتلناهم)(310). في حين اكد الكثيرين انهم وجدوا المدينة في وضع مأساوي,''القتال لا يزال يحدث، لا يوجد طعام ولا مأوى، ولقد نهبت جميع منازلنا'', بحسب الكثير من المدنيين العائدين(311).

ومن الاسئلة الاخرى التي لم يتم اجابتها لحد الان بعد هذه المجزرة, هي حقيقة من كان يخطف ويقتل الرهائن الاجانب. فقد كانت حكومة اياد علاوي تصرح بمقاتلتها للشر في الفلوجة وبعض المدن الاخرى لاستباحة هذه المدن من اجل اعادة الامن وفرض القانون. ولماذا لم يقدم اي دليل على من قتل الرهينة الايرلندية - الانكليزية الحاملة لجواز سفر عراقي السيدة مارغريت حسن (Margaret Hassan) ومن هو المستفيد من قتل شخصية مساندة للشعب العراقي (504). استخدام العملاء المزدوجين والتصريح بارتكاب مجازر وانتهاكات كبيرة للتغطية على العملاء المزدوجين هو احد الاساليب المعروفة رسميا للاستخبارات الامريكية والبريطانية (انظر الفصل الحادي عشر حول فرق الموت في العراق).

الاديب والمفكر الامريكي المعروف نعوم جومنسكي يقول عن هذه المعركة (غزو الفلوجة، والتي هي واحدة من - جرائم الحرب الكبرى، تشبه الى حد بعيد الدمار الروسي لمدينة غروزني قبل 10 أعوام، وهي مدينة لها نفس الحجم تقريبا، وقصفت إلى ان اصبحت ركام، وطردوا الناس منها)(662). ختام هذا الفصل بما اعترف به تقرير معهد التحليلات الدفاعية الامريكي (Institute For Defense Analysis) حول اهم نتائج سيطرتهم على المدينة

ونصرهم عبر استخدام مختلف الاسلحة, واعتبروا الذي جرى هو بمثابة تحذير لكل المدن التي ستخرج عن سيطرتهم كمدن متمردة (renegade) فانها ستواجه نفس مصير الفلوجة (Fallujah-like fate)(230). انها دليل اخر ولا يقبل الشك على سياسة ارهاب دولة عظمى ضد شعب محتل.

من جانب أخر وبعد 11 سنة من المعركة, وصف بعض القساوسة العسكريين في قوات المارينز حقيقة أثار تلك المعارك حينها. حيث قال العقيد ويلارد أ بوهل (.Col. Willard A Buhl)، قائد لمشاة مجموعة تدريب العمليات من فرقة مشاة البحرية "أنا لم أتحدث عن معركة الفلوجة بالكاد على الإطلاق خلال السنوات ال 11 الماضية؛ كان حدث مفجع ومروع للغاية والتي أخذت تؤثر سلبا على نفسي وزملائي رجال الدين والديرة", واضاف بوهل "وأستطيع أن أقول لكم الآن أنه كان هناك لا شيء، لا شيء على الإطلاق أن يقارن إلى دمار قواتنا (the devastation our forces) التي شهدت في السنوات ال 11 الماضية مقارنة مع تلك المعركة". بينما اوضح اللفتنانت كوماندر رون كينيدي (Lt. Cmdr. Ron Kennedy)، قسيس فوج البحرية ST1، حول تجربته الشخصية خلال المعركة ودوره كمقدم رعاية والمرشد الديني لمشاة البحرية الجرحى قائلا "كنت أعرف ما هو آت من تقارير وقصص سمعت من تلك المنطقة من العراق. وعندما وصلنا إلى هناك كانت صدمة"، واضاف كينيدي "الكثير من مشاة البحرية قد شوه وتمزق بحيث أنني كنت اجد صعوبة في أن أدفع كل ذلك جانبا واركز على إرشادهم إلى مكان للسلام الروحي"(700).

الفصل التاسع

طبيعة الأسلحة المستخدمة وخصوصا المحرمة منها ضد مدينة الفلوجة

9. 1. المعركة الاولى

لم تكن المعلومات متاحة كثيراً حتى وقت قريب حول طبيعة الاسلحة التي استخدمتها قوات المارينز في أثناء المعركة الاولى بالرغم من وجود تغطية اعلامية غربية اكبر مع هذه القوات وظهور جزء صغير من الحقائق من قبل بعض الصحفيين او ناشطي السلام او الاغاثة الغربيين قرب ساحة المعركة. لكن الجزء الاكبر كان مع ظهور وثائق مركز الاستخبارات الارضية الوطنية الامريكية (NGIC)[1].

ذكر التقرير ان حجم قوات المارينز المهاجمة (من غير المساندة من خارج المدينة) كان 2000 جندي مسلحين باحدث أسلحة القتال الامريكي من رشاشات وقاذفات يدوية. تساندهم 10 دبابات من نوع (M1A1) و24 مدرعة برمائية (AAVP-7) وبطارية مدافع هاوتزر (M198). تقرير (NGIC) شرح أنواع الاسلحة التي استخدمتها قوات الاحتلال خلال المعركة الاولى في ابريل 2004. كان الاسناد الجوي يشتمل على نوعين من الطائرات هما: الطائرات العمودية نوعي كوبرا (AH-1W Cobra) وهيوي (UH-1N Huey gunships) اللتين استخدمتا صواريخ: Hellfire (وهذه الصواريخ كانت قد استخدمت ايضا في معركة النجف ضد جيش المهدي في أب 2004), TOW (اللذين يعتبرا من القذائف الحديثة والغير معروفة التركيب للمادة المتفجرة فيها, واكد استخدامه ايضا تقرير لصحيفة المارينز[301]), صواريخ شديدة الانفجار 2.75 (HE, 2.75 high-explosive) وقذائف مسمارية عنقودية (rockets flechette), بالاضافة الى قذائف عيار (20-mm, .50-cal and 7.62-mm). والطائرات المقاتلة (الثابتة الجناح) كانت هي طائرات (F-15E), (F-16CG), (F-16C+), (AC-130U), (F-18C) و(F-14B). والطائرات المقاتلة نفذت اكثر من الف (1000) طلعة جوية قاصفة قذفت من خلالها 70 قذيفة من نوع (GBU-12's), وقذيفتين من نوع (GBU-31's) (وهذه القنابل كانت قد استخدمت ايضا في معركة النجف ضد جيش المهدي في أب 2004), وقذيفة واحدة من نوع (AGM-65H), مع العديد من قذائف (20-mm, 105-mm, 40-mm, and 25-mm). وكذلك اشتركت الطائرات القاصفة الشبح نوع (AC-130U), التي ساندتها الطائرات بدون طيار المعروفة باسم (UAVs) والتي قدمت الاحداثيات لمواقع المقاتلين كمهام استطلاعية بالاضافة الى المهام القتالية.

كل هذه القوات والاسلحة المدعمة باحدث تكنولوجيا العصر كانت تقاتل مقاتلي الفلوجة الذين قدرّ عددهم التقرير بين 500 الى 1000 بينما اكد لي الكثير من الاهالي ممن التقيتهم اثناء القتال في الداخل انهم لا يتجاوزون 500 شخص بقي منهم لحد اخر يوم المعركة ما لا يقل عن 250 مقاتل فقط يقاتلون باسلحة خفيفة وبسيطة مقارنة بتسليح الجندي الامريكي. لكن السلاح الاقوى الذي امتلكه هولاء المقاتلين كان قوة وصلابة ايمانهم بانهم يدافعون عن

ارضهم وشرفهم وكرامتهم ومستقبلهم ضد احتلال اثبتت الايام انه جاء لتحطيم بلادهم وسرقتها.

ولو نظرنا الى خواص الاسلحة التي استخدمت في المعركة الاولى فقط وبحسب هذا التقرير فاننا سندرك التاثير التراكمي للاسلحة المستخدمة وكيفية بدء التلوث البيئي والصحي من هذه الاسلحة في الفلوجة وبشقيه النوعي (وهذه تم ذكرها في التقرير اعلاه من دون الاشارة الى نوع محتوياتها الحقيقية من معادن ثقيلة او حتى الكمية التي قذفت منها خلال المعركة الاولى بل مجرد ذكر كلمة (العديد) وهذه عبارة مفتوحة الكمية), والشق الكمي للاسلحة المستخدمة (وهذه ذكرت نوعاً وكميةً في التقرير اعلاه).

- صواريخ نار جهنم (Hellfire): وتوجد منها انواع مختلفة سواء التي تطلق من الكتف او جو- ارض التي تستهدف الدروع المضادة لطائرات الهليكوبتر. القدرة التدميرية فيها تعود لمركبات غير معروفة لحد الان, وممكن ان يتم توجيهها ليزرياً بعد تغذيتها بمعلومات الرصد الارضي (observers ground)(385).

- صواريخ (TOW):

- صواريخ شديدة الانفجار (2.75 high-explosive):

- القنابل العنقودية (rockets flechette): وهي سلاح على هيئة حاوية تنشر ذخائر صغيرة (او قنابل اصغر حجماً) متفجرة منها (تزن كل منها اقل من 20 كغم) والتي صممت لتنفجر خلال انتشارها او بعد انتشارها, اعتماداً على النموذج, حيث تحتوي الذخائر العنقودية ما بين عدة عشرات الى اكثر من 600 قنبلة صغيرة. بينما القنابل التي تحوي اقل من وحدات اصغر من القنابل ويمكن الكشف عنها ومجهزة بالية تدمير ذاتي الكتروني فانها غير محظورة ولكن ينظم استخدامها من قبل القانون الدولي الانساني (45). وكانت مصادر دولية اخرى قد اكدت استخدم الاسلحة العنقودية من قبل قوات الاحتلال(469).

- قذائف GBU-12:

- قذائف GBU-31:

- قذائف AGM-65H:

- قذائف 20 ملم، 0.50 كال، و7.62 ملم:

- قذائف 20 ملم و 105 ملم، 40 ملم، و 25 ملم:

ولو نظرنا الى طبيعة تسليح الطائرات والعدد الضخم من الغارات الجوية التي تجاوز الالف غارة جوية فاننا سوف نعرف من ان هذا التقرير لم يذكر كامل الحقائق.

بالرغم من وجود هذه الادلة التي تشير الى ضخامة ونوعية الاسلحة التي استخدمت, لكن المثير للضحك هو حديث قائد عسكري امريكي عزا خسارتهم للمعركة الاولى في الفلوجة بسبب ضعف الغطاء الجوي والمدفعي لهم مع قلة قواتهم مقارنة بتعداد سكان الفلوجة [30]. وهذا يؤكد بأنهم قد اعتبروا كل سكان الفلوجة هم أعداءهم خصوصا مع اعترافهم بمساندة الاهالي للمقاومة في حماية المدينة من جريمة التدمير والعقاب الشامل[61].

9.2. المعركة الثانية

المعركة الثانية جاءت مختلفة من ناحية الاسلحة والاستراتيجيات من خلال الاستهداف الشامل دون تمييز خلال المعركة التي استمرت ما بين 7 – 30 تشرين الثاني (نوفمبر) 2004. وبالرغم من تفاخر القادة الامريكان بقلة خسائرهم في هذه المعركة [32], الا ان حقيقة استخدام الاسلحة المتطورة والفتاكة وبكميات ضخمة من اجل منع تعرض قواتهم الى المواجهة الحقيقة خلال المعركة والاعتماد عن بعد على القدرة التدميرية لاسلحتهم المختلفة في قتل كل من يتواجد في ساحة العمليات قبل التقدم فيها. مما يعني سياسة الابادة باقل ادلة ممكنة, فالمدرعات والدبابات الثقيلة قد استخدمت اشد الاعتدة فتكاً, بينما القصف الجوي والمدفعي كان اكثر تحرراً من الاذن المسبق قبل القصف [30]. المعركة الثانية كانت باعترافهم فرصة من اجل اختبار واظهار تاثير تكنولوجيا منصات الاطلاق او الاستشعار الجديدة عندما تتكامل مع قوى اخرى في عمليات مشتركة لانه لم تسمح لهم الفرصة باختبارها في اثناء عملية احتلال بغداد[52]. لكن بالرغم من تباهي احد كبار قادة الاحتلال باستخدامهم فقط الذخائر والقنابل الذكية في معركة الفلوجة الثانية, الا ان الدراسات العسكرية الامريكية الاخيرة اثبتت قلة فاعلية هذه الاسلحة الدقيقة في قتالها بالمناطق الحضرية المدنية[75].

العقيد الامريكي دافيد ستافين (Lt. Col. David Staven) قائد السرب التاسع من قوة الدعم الجوي الاستطلاعي في القوة الجوية الامريكية (USAF, Commander 9th Expeditionary Air Support Operations Squadron) في تقريره المنشور بتاريخ 12 تشرين الثاني (نوفمبر) 2004 اشار (بان ما لا يقل عن 20 نوع من الطائرات الحربية كانت قد اشتركت في معركة الفلوجة الثانية, منها 10 انواع لطائرات ثابتة الجناح و3 انواع من طائرات الهليكوبتر بالاضافة الى 7 انواع من الطائرات بدون طيار. وكان هناك عشرة مجاميع من افراد السيطرات الارضية التي تتحرك داخل المدينة مع مقاتلي البحرية والجيش الامريكيين, من اجل ان تقود هذه الطائرات الى المناطق التي يجب قصفها. حيث كانوا يعطون الاوامر للطائرات والمدفعية بقصف البنايات والمنازل التي تعترض تقدمهم مع بقاء

هذا الغطاء الجوي على مدار 24 ساعة في اليوم[67]. ومن بين الطائرات المقاتلة ثابتة الجناح كانت (AV-8B Harrier, AC-130, F-14, F-15, F-16, F/A-18). وصفّ احد ضباط المارينز قوة التدمير لطائرة AC-130 قائلاً (كانت هذه الطائرة تقدم المساعدة المباشرة لكتيبتي اثناء التقدم, وتعمل اشكال ثمانية 8 طوال الوقت بانتظار فرصتها لتضرب, كانوا يضربون استناداً للمواقع التي تستهدفها قذائف الهاون ومدفعية 155ملم, وخلال اربع دقائق فان جميع انظمة الاسلحة فيها تعمل وكانها لعبة نارية). جندي اخر يصف تاثير اسلحة هذا الطائرة القاصفة بالتزامن مع قذائف الهاون المتساقطة سويةً قائلاً بفرح (اضاءت انفجاراتهم مع قذائف المدفعية سماء الليل, هذا القصف المدفعي قطعّ الاحياء الجنوبية من الفلوجة, حتى انك تستطيع ان تشاهد من فوق سطح المنازل تلك الكرات النارية البرتقالية المنتشرة من الانفجارات الهائلة)[67].

تم استدعاء الدبابات الامريكية من نوع برادلي (Bradleys) للمشاركة في هذه المعركة الى جانب دبابات (M1) التي اشتركت سابقاً في المعركة الاولى في الفلوجة, واستخدمت ايضا قذائف (AT4) مع صواريخ الرمح (Javelin)[212].

مصدر أمريكي أشار الى أن هذه العملية العسكرية (معركة الفلوجة الثانية) قد تضمنت 540 ضربات جوية, مع أطلاق 14000 من قذائف الهاون والمدفعية, بينما أطلقت الدبابات 2500 قنبلة من مدافعها[88,87].

كما استخدمت نيران غير مباشرة بواسطة القصف المدفعي لمدافع 155 ملم المتمركزة على مسافة اقل من 5 كلم شرق الفلوجة ضمن معسكر الاحتلال هناك (المزرعة الرئاسية سابقاً), وعلى أساس قصف يومي مستمر قبل وخلال وبعد فترة القتال الضارية التي جرت[64]. فقط في الفترة ما بين7- 10 تشرين الثاني قذفت بطاريات المدفعية الامريكية باكثر من 800 قذيفة باتجاه المدينة ومركزها, بينما كان عدد الطلعات الجوية في اليوم الاول منها فقط 24 طلعة جوية, من ضمنها تم اسقاط اربع قنابل ضخمة زنة 500 رطل[31]. وبالاضافة الى مجمل أطلاق 2000 قذيفة مدفع وهاون مع اكثر من 10 أطنان من ذخائر دقيقة الاصابة للقوة الجوية (precision Air Force munitions). بينما قامت المساعدة الجوية القريبة (close air support (CAS) بالقاء اكثر من 15 وحدة قنابل موجهة (GBU-12s) والتي هي قنابل زنة 500 رطل (pound) وموجهة ليزرياً (وهذه القنابل كانت قد استخدمت ايضا في معركة النجف ضد جيش المهدي في أب 2004). كما واستخدمت اربع قنابل زنة 2000 رطل المسماة (JDAMs) وهي ذخيرة الهجوم المباشر المشترك (GBU-29 Joint Direct Attack Munition), مع صاروخ واحد نوع (Maverick), بالاضافة الى ستة ساعات طيران قتالي قاصف للطائرة العملاقة الشبح (AC-130 Specter gunship support)[34]. لكن احد التقارير العسكرية الامريكية أشار الى ان الاسلحة الاكثر تفضيلاً القاءها من الجو خلال المعركة الثانية كانت صواريخ (Hellfire) وذخائر الضرب المباشر

والموجه عبر GPS زنة 500 رطل المسماة (JDAM) والمعروفة ايضا باسم (-GBU 38)[67]. والتي تعتبر بحسب مصدر عسكرية امريكي بانها من احدث ما تحويه الترسانة البحرية الامريكية من ذخائر, حيث تسمح بدقة عالية في الاصابة مع قدرة تدمير هائلة, لكن الغريب انهم يشيرون الى فائدتها في تقليل الاصابات بين المدنيين الابرياء بينما يتناسون القدرة التدميرية الكبيرة لها[191].

يعتبر صاروخ Maverick من طراز صواريخ جو- ارض عالي الدقة ومتعدد الرؤوس الحربية ويوجد منه 9 نماذج مختلفة ويستخدم ضد الاهداف الكبيرة والصغيرة سواء المتحركة منها ام الثابتة, اضافة للاهداف عالية القيمة مثل السفن ومراكز الاتصالات... الخ. يتراوح وزنه بحسب نوعه بين 207-365 كغم ويحمل مواد متفجرة على نوعين من الكمية (57 و 135 كغم). وقد استخدم خلال حرب الخليج الاولى 1991 واصاب 85% من الاهداف (مما يعني ان لديه نسبة خطأ 15%) ويمكنه اصابة الهدف من على بعد مسافة تصل الى 13 ميل بحري[66].

التكتيك الرئيسي لتقدم القوات الامريكي داخل مدينة الفلوجة كان يشتمل على دفع جنود مشاة البحرية في مباني محددة بينما تطلق قنابل موجهة بالليزر والمدفعية وقذائف الدبابات على البنايات المجاورة[64]. لان الاستراتيجية الامريكية لعمل طوق اثناء هجوم عسكري تعتمد على السيطرة على عامل الزمن لتقليل الخسائر بين جنوده, وهذه تتطلب استخدام دقة قوة النيران وتكنولوجيا الاستشعار لهزيمة الخصم باقل التضحيات[65]. وهذا يعني الاستخدام المطلق لكل انواع الاعتدة الكفيلة بابادة مقاتلي الفلوجة ومنع المواجهة القريبة من اجل تقليل الخسائر[75]. فالاهداف المتحصنة داخل بنايات وبيوت الفلوجة تم تدميرها عبر الصواريخ الدقيقة الاصابة والقصف المدفعي لمنع الحاجة من ذهاب الجنود بانفسهم للتاكد من موت الاشخاص في كل غرفة داخل البناية او البيت[67]. هذا يفسر التدمير الشامل للمدينة بعد هذه المعركة التي تجنب فيها الجيش الامريكي المواجهة التقليدية كرجل لرجل بالرغم من تفوقهم العددي الكبير مقارنة مع من كانوا في الداخل.

في 3 أذار (مارس) 2005 عقد مدير قسم في وزارة الصحة د. خالد الشيخلي مؤتمراُ صحفياً في بغداد, عقب 4 اشهر من انتهاء معركة الفلوجة الثانية ليصرح علناً باستخدام الجيش الامريكي سلاحاُ كيمياوياُ محرماُ يشمل غاز الاعصاب اثناء اقتحامه مدينة الفلوجة. ونقلاً عن شبكة الجزيرة الفضائية الاخبارية, صرح الدكتور خالد (أن الأبحاث التي أعدها الفريق الطبي المعالج، تثبت أن قوات الاحتلال الأمريكية تستخدم مواد محظورة دوليا، بما فيها غاز الخردل وغاز الأعصاب وغيرها من المواد الكيميائية الحارقة في هجماتهم على المدينة التي مزقتها الحرب). وقال الشيخلي انه خلال هجوم شنته القوات الامريكية، وصف السكان الفارين "رؤية الجثث التي قد ذابت، والتي تشير إلى أن القوات الأميركية استخدمت قنابل غاز النابالم ، وهو مركب سام من وقود الطائرات البوليسترين والتي تذيب الهيئة البشرية". وقال أيضا أن

الباحثين معه وجدوا أدلة على استخدام غاز الخردل وغاز الاعصاب. "وجدنا عشرات، إن لم نقل المئات، من الكلاب الضالة والقطط والطيور التي قد لقوا حتفهم نتيجة لتلك الغازات"، وقال في المؤتمر الصحفي الذي عقد في مبنى وزارة الصحة في بغداد وحضره أضافة الى قناة الجزيرة أكثر من 20 من شبكات وسائل الإعلام العراقية والأجنبية، بما في ذلك شبكة التلفزيون العراقي الشرقية وصحيفة الصباح العراقية، صحيفة واشنطن بوست الامريكية (US Washington Post) وخدمة نايت ريدر (Knight-Ridder service)[226].

ومع ذلك، كان الخبر في الولايات المتحدة محدود الانتشار, حيث ذكرّ هذا المؤتمر الصحفي في موقع صحيفة كريستيان ساينس مونيتور, بالاضافة الى تقرير وزارة الخارجية الامريكية السنوي عن سجل للدول الأخرى لحقوق الإنسان في 7 آذار من نفس العام. ذكرت صحيفة كريستيان ساينس مونيتور ومقرها بوسطن ان "ونقلاً عن قناة الجزيرة أن الدكتور خالد الرماد الشيخلي وهو مسؤول في وزارة الصحة العراقية، قد قال في مؤتمر صحافي في بغداد أن وزارته حققت في الصراع الدائر في الفلوجة ووجدت ان القوات الاميركية قد استخدمت "الأسلحة المحرمة دوليا" خلال هجوم شهر نوفمبر الأخير، بما في ذلك قنابل النابالم مع وقود الطائرات. ان الولايات المتحدة لم توقع على المعاهدة التي تحظر استخدام قنابل النابالم ضد المدنيين.

وعلى الرغم من ان القليل ممن انتبهوا في وقتها, كان هنالك مقال عسكري نشرته مجلة مدفعية الميدان (Field Artillery Magazine) الامريكية الدورية في عددها الشهري الصادر في اذار/ نيسان 2005 وفي مقال اسمه ‘‘القتال لاجل الفلوجة’’[34] وصفاً لعملية استخدام الفسفور الابيض كسلاح اثناء المعركة الثانية (تشرين الثاني 2004) في الفلوجة. حيث وصف استخدام هذا السلاح بالاتي (أثبت سلاح WP ليكون ذخيرة فعالة ومتعددة الاستخدامات. اعتدنا استخدامه في عمليات الانارة ولاحقا استخدمناه في القتال كسلاح نفسي قوي ضد المتمردين في الخنادق وجحور العنكبوت التي لم نستطع التاثير عليها باستخدام المواد الشديدة الانفجار (high explosive,HE). حيث بدئنا بعمليات الاهتزاز والتخبيز (shake and bake) ضد المتمردين. فباستخدام WP تم طردهم من مواضعهم وباستخدام HE تم معالجتهم (قتلهم)[16,14,34]. ثم اضافت نفس المقالة (كان من الممكن استخدام انواع اخرى من ذخائر الدخان وابقاء ذخائر WP للمهام القاتلة)!!. من هذا الاعتراف الذي يضاف لاعترافات اخرى فانه يؤكد ان السلاح الكيمياوي للفسفور الابيض تم استخدامه كسلاح قاتل.

ان القنابل الفسفورية والتي هي قنبلة محورة من قنابل النابالم وفيها وعاء رقيق يحوي مسحوق للوقود يشتعل مباشرة عند ملامسته للهواء وينشر مادة جيلاتينية لزجة وحارقة ضمن مساحة واسعة بمجرد ملامسته الاوكسجين. وقد تطور هلام الوقود على مرّ السنين, حيث استخدم خلال الحرب العالمية الثانية (البنزين مع مادة naphthenic واحماض البالمتيك palmitic acids), بينما تطورت في حرب فيتنام وكوريا لتشمل (الكاز والبنزين والبوليسترين

(polystyrene)، ثم وصل تطورها في اثناء حرب احتلال العراق لتنتج قنابل (MK-77) التي تحوي وقود الطائرات (الكيروسين) بالاضافة الى البوليسترين polystyrene)، بالاضافة الى احتوائها على عامل مؤكسد يجعل من الصعب اخماد حرائقها. وهذا النوع من القنابل قد طورّ من الانواع (M-47 و M-74) وتتميز حاوياته الالومنيوم الخفيفة بافتقارها الى زعانف تساعدها على الاستقرار مما يجعلها بعيدة من ان تكون من الاسلحة الدقيقة التصويب[54,225]. قنبلة (MK-77) وهي من الاسلحة الحارقة الرئيسية التي يستخدمها جيش الولايات المتحدة الامريكية، وتزن 340 كغم (750 باوند) وتحوي 110 غالون من خليط الوقود الهلامي الذي هو من المخاليط الحديثة لقنابل النابالم، وهو يحوي على عامل مؤكسد (oxidizing agent) لكي يمنع اخماد نيرانه، بالاضافة الى احتوائه ايضا على الفسفور الابيض (white phosphorus)[94]. كما استخدمت قوات المارينز اسلحة مجهزة برؤوس تحتوي على نسبة 35% مواد حرارية متفجرة جديدة (thermobaric novel explosive (NE) بالاضافة الى 65% مواد متفجرة قياسية (standard high explosive)، وقد استخدموها من اجل التسبب في انهيار السقف وقتل مقاتلي الفلوجة المتحصنين داخل الغرف الداخلية، وكانت تستخدم مرارا وتكرارا من اجل تطهير المنازل بشكل هائل[200]. وهذا النوع من الاسلحة كانت قد استخدمته القوات الروسية في معارك مدينة غروزني (Grozny) الشيشانية باعتراف صحيفة المارينز الامريكي (The Marine Corps Gazette) في عددها الصادر في أب 2000، حول الاسلحة الحرارية او المعروفة ايضا باسم اسلحة الهواء- الوقود (fuel-air). حيث تبين الصحيفة العسكرية الامريكية طبيعة هذه الاسلحة قائلة (انها تشكل سحابة من الغازات المتطايرة او المسحوق الناعم المتطاير، هذه السحابة سوف تشتعل وتقذف بكرات نارية في المنطقة المحيطة بينما تستهلك الاوكسجين في المنطقة، نقص الاوكسجين يؤدي الى ضغط زائد (overpressure) بصورة هائلة مما يؤدي الى قتل جميع البشر تحت هذه السحابة، بينما خارج منطقة هذه السحابة فان موجة الانفجار تصل الى مسافة 3000 متراً في الثانية الواحدة مما يجعل هذا النوع من المتفجرات لها تاثير سلاح نووي تكتيكي من دون أثار أشعاعية. فالاصابات الناتجة من القصف الجوي الاعتيادي قد تكون حروق وكسور في العظام وربما الاصابة بالعمى، يضاف اليها تاثير الضغط الزائد الذي سينتج انسداد الهواء (air embolism) ضمن الاوعية الدموية، مع ارتجاج (concussions)، ونزيف (hemorrhages) داخلي متعدد في الكبد والطحال مع انهيار الرئتين، تصاحبها تمزق طبلة الاذن وأزاحة العيون من مكانها)[201]. لهذا فمن الصعب تصديق اعترف الليفتانت كولونيل باري فينابلز حول استخدام هذه الاسلحة من دون قتل المدنيين!!!

ومن الجدير بالذكر ان وزارة الدفاع البريطانية قد اعترفت باستخدام قوات المارينز الامريكية لثلاثين قنبلة (MK-77) اثناء تقدمها لاحتلال بغداد خلال الفترة من 22 أذار (مارس) ولغاية 2 نيسان(ابريل) من عام 2003[96]. كما وأعترف في وقتها الكولونيل جيمس أليس (.Col James Alles) قائد المجموعة 11 لسلاح الجو المارينز المتمركزة في

ميرامار(Miramar), باسقاط عشرات القنابل الحارقة قرب الجسور الممتدة على قناة صدام (Saddam Canal) ونهر دجلة (Tigris River), وأضاف (لقد كنت اشاهد من خلال فديو قمرة القيادة, العديد من الناس المتواجدين في هذه المناطق قبل ضربها, كانوا جنود عراقيين هناك, انها ليست طريقة مناسبة للموت). لقد ساعدت حملة القصف بهذه الاسلحة على أزالة جيوب المقاومة من مسار السباق لمشاة البحرية الامريكية للوصول الى العاصمة بغداد. وأعترف الميجر جنرال عاموس جيم (Maj. Gen. Jim Amos) قائد سلاح جو المارينز الثالث (3rd Marine Air Wing) باستخدامهم قنابل النابالم في عدة مرات خلال تقدمهم باتجاه بغداد, وخصوصاً قرب الجسر العابر الى مدينة النعمانية (Numaniyah) التي تبعد 40 كم من العاصمة بغداد[95].

وبالرغم من عدم اعتراف الجانب الامريكي بكمية القذائف واعدادها, الا انهم اعترفوا ايضا باستخدام الانواع التالية من الاسلحة والاعتدة الحربية في المعركة الثانية في الفلوجة (اعتدة شديد الانفجار (HE) M107 (short-range) 155-mm highexplosive)), قذائف طويلة المدى (M795), اعتدة الفسفور الابيض والانارة (WP، M110 وM825), مع صمامات (fuzes) تفجير ((point-detonating (PD)) بانواع مختلفة التوقيتات, قذائف هاون من عيار 120 ملم, والتي حملت مع اعتدة الفسفور الابيض والاعتدة شديدة الانفجار (HE), والانارة, مع صمامات (fuzes) مختلفة الانواع, وذخائر من عيار 81 ملم) [34].

كما أعترفت احدى المصادر العسكرية باستخدام مهندسي المارينز 20 رطل من المادة المتفجرة والخطرة جداً والمسماة C4 في اثناء عملهم ثقوب في الجدران الخرسانية التي اعترضت تقدمهم في احد مناطق حي الجولان [194].

بالاضافة الى استخدام الطائرات المسيرة من دون طيار (UAVs) and Tactical UAVs (TUAVS)) وهذه الطائرات استخدمت بانواع كثيرة (Predator, Shadow, Hunter and Pioneer) من اجل ان تقوم باستهداف دقيق جدا بالاضافة الى دورها الاستخباري للاماكن المحصنة جيداً في عمق المعركة. وكان اكثرها كفاءة المعروفة باسم المفترس (Predator), وتتميز بقدرتها على حمل صواريخ مختلفة ومتعددة مع كاميرا دقيقة جدا ذات حركة كاملة في مقدمتها لتساعد في قيادتها من قبل حاسوب في قاعدة ارضية. وقد أسقطت في الفلوجة طائرتين بدون طيار UAVs على الاقل تابعتين للكتيبة الالية الثقيلة المسماة TF 2-2 [194]. كما استخدم الجيش الامريكي قذائف زنة 500 باوند من نوع GBU-38 JDAM والتي اعتبروها الاقل من حيث الاضرار الجانبية المرتبطة بالقنابل الموجهة بالليزر, بالاضافة الى قذائف (Hellfire) غير معروفة العدد, وذخائر ضرب مباشرة وموجهة من قبل الاقمار الصناعية[52]. بينما أستخدمت القنابل زنة 2000 رطل منذ الايام الاولى [194].

في نهاية المعركة الثانية كانت الحصيلة العسكرية للدعم الجوي والمدفعي, وجود 76 نداء لطلب الدعم من قبل القوات البرية الامريكية داخل الفلوجة عبر الاسناد بواسطة القصف الجوي والمدفعي المختلف التسليح, نتج عنها 135 مهمة اسناد جوي قريب جدا (close air support), ورمي 1898 قنبلة من ذخيرة المدفعية (artillery shells) و218000 رطل من الذخيرة (ordnance)[68].

9. 2. 1. أستخدام الاسلحة الكيمياوية (الفسفور الابيض)

الفسفور الابيض هو مادة صلبة بيضاء او صفراء اللون وذو رائحة تشبه الثوم. تشتعل عند ملامستها للاوكسجين وتسبب حروق كبيرة للجسم ولا تتوقف هذه الحروق او الاشتعال الا بتوقف وجود الاوكسجين[128]. ويستخدم لاغراض التنوير (signaling), او عمل غطاء دخاني (smokescreening) او الحرق (incendiary) وله تسمية ثانية يعرف بها ويلي بيت (Willie Pete) واختصاراً "WP". وهو يستخدم ضد الاهداف البشرية كمثل استخدام قنابل النابالم[318].

بأعتراف احد أفراد الجيش الامريكي المشارك في المعركة الثانية (Jeff Englehart) فان غازات الفسفور الابيض تنتشر في الجو, لكن بمجرد الاتصال مع الجلد فان ضرره لا يمكن ايقافه من حيث حرق الجسد الى غاية العظام. ليس بالضرورة ان يحرق الملابس, لكنه سيحرق الجلد تحت الملابس, ولهذا السبب لا تساعد الاقنعة الواقية ضد هذا السلاح الحارق الذي سيحرق حتى المطاط المكون للقناع. واذا استنشقه شخص فانه سيسبب تقرح الحلق والرئتين حتى الاختناق التام ثم سيحرق داخل الجسم وهو يتفاعل عادة مع الجلد والاوكسجين والماء[90,127].

الفسفور الابيض يحترق بسهولة فوق 10- 15 درجة مئوية حرارية فوق درجة حرارة الغرفة, ويستخدم في تصنيع المواد الكيميائية وذخائر الدخان. وبسبب خاصية الاشتعال التلقائي عند التعرض للهواء فانه يتسبب بحروق وتهيج الكبد والكلى والقلب والرئة, أو تلف العظام، والموت[128]. مما يفسر عدم احتراق كامل الالبسة مع كثير من جثث الشهداء بينما احترق كامل الجسم المكشوف للهواء.

9. 2. 2. دلائل أستخدام الاسلحة النووية

اظهرت تحاليل علمية طبية حديثة وجود ادلة على استخدام الاسلحة النووية في الفلوجة[5], بالاضافة الى المسح الذي أجرته لجنة وزارية مشتركة (أنظر الفصل العاشر). بينما كانت الولايات المتحدة الامريكية تنكر استخدام اسلحة اليورانيوم المنضب خلال المعركة الثانية في الفلوجة (Phantom Fury), لكنها اشارت في الوقت نفسه الى عدم امتلاكها لاي سجلات حول استخدام اعتدة اليورانيوم المنضب قبل حزيران 2004, مما يعني انها لو كانت قد استخدمت هذه الاعتدة خلال المعركة الاولى فانه لن يمكن التحقق من ذلك. وقد جاء هذا الرد بناءً على سؤال وجه لوزارة الدفاع الامريكية من قبل مجموعة ناشطة بريطانية (International Coalition to Ban Uranium Weapons) تحت قانون حرية المعلومات (The Freedom of Information Act (FOIA)[378]. ومن المعروف ان جيوش الاحتلال كانت قد استخدمت قبل معارك الفلوجة ايضا اسلحة اليورانيوم المنضب ضد العراق[468].

في مقالة كتبت بواسطة الصحفي كريستوفر بولين (Christopher Bolleyn) لوكالة الصحافة الامريكية الحرة AFP في 2 ديسمبر (كانون الاول) 2004, قال فيها:

لقد رأينا ما حدث من على قناة السي ان ان الامريكية ويظهر كانه قذائف يورانيوم منضب أطلقت على بناية في الفلوجة خلال الاسبوع الاول من القتال, وكالة الصحافة توجهت بالسؤال للبنتاغون (وزارة الدفاع الامريكية) فيما اذا كانت اسلحة اليورانيوم المنضب قد أستخدمت في الفلوجة. فكانت الاجابة (نعم) واضافوا (اليورانيوم المنضب هو قذائف قياسية للدبابة ابرامز أم-1). ونظرا لوجود المارينز الامريكي في الفلوجة وبالقرب من الغازات السامة الناتجة من انفجار قذائف اليورانيوم المنضب, وكالة الصحافة الامريكية الحرة سالت البنتاغون اذا ما كانت هناك اجراءات قد عملت لحماية القطعات من تسمم اليورانيوم المنضب. البنتاغون يبدو انه لا يكترث لمخاطر التعرض من استعمال اليورانيوم المنضب. العالم النووي المتقاعد ماريون فولك (Marion Fulk) من مختبر ليفرمور الوطني (Livermore National Lab) اخبر وكالة الصحافة بان "المارينو تعرضوا لليورانيوم المنضب في الفلوجة, وفي مكان اخر واجهوا زيادة كبيرة في مخاطر الاصابة بالسرطان, الاطفال المشوهين, ومشاكل صحية اخرى في المستقبل".[705]

لكن على الاقل نموذجين من الاسلحة التي يمكنها اطلاق قذائف اليورانيوم المنضب كانت قد استخدمت في معركة الفلوجة الثانية وهما الدبابة ابرامز (Abrams) والدبابة برادلي (Bradley AFV). على الرغم من الشكوك حول جدوى استخدام اعتدة اليورانيوم المنضب (120mm APFSDS) من قبل دبابات ابرامز في قتال الشوارع ضد قوات غير نظامية!!![379]. ورغم كل هذه المعلومات التي تؤكد ضخامة العمليات العسكرية ضد مدينة الفلوجة وكانهم يواجهون جيش متطور, الا ان الجنرالات الامريكان حاولوا الادعاء بسهولة

دخولهم المدينة بعد المعركة الثانية(480), وهو ما نفته الحقائق المعروضة هنا من ضخامة الاسلحة والقوات المشتركة في هذه المعركة.

بينما الاسلحة المحرمة دولياً والغير معروفة لحد الان هي التي احتوت على معادن ثقيلة غير معروفة التركيب ولا التاثير لكن الثابت هو تلك الاثار التدميرية التي احدثتها سواء اثناء المعارك, او بعد انتهاءها من خلال النتائج المرعبة للولادات اليومية المشوهة والامراض السرطانية الكثيرة (انظر الفصل العاشر).

من خلال ما تقدم, نرى ان مجموع الاسلحة التي قذفت على المدينة كانت خطورتها على الصحة العامة والبيئة تكمن في جانبين مهمين, **اولهما** الجانب النوعي والذي يشمل على اسلحة تدميرية جديدة, ومن غير المعروف طبيعة التركيب المتفجر فيها. **وثانياً** هو الكمية الهائلة لهذه المتفجرات والقذائف بمختلف انواعها وما سببته من تلوث تراكمي كبير ظهرت نتائجه سريعا بانتشار الامراض الخطيرة والتشوهات الجنينية اليومية.

الفصل العاشر

الكارثة الصحية والتلوث البيئي

10. 1. التلوث الصحي والبيئي قبل معارك الفلوجة

في يوم 23 ديسمبر 2004 وبعد ستة أسابيع من القتال بين الجيش الامريكي ومقاتلي الفلوجة, عشرات الأشخاص المدنيين تجمعوا خارج مدينة الفلوجة, من اجل العودة إلى ديارهم ما بين الانقاض[310]. عملية العودة لمدينة ملوثة ومنكوبة كانت بداية الكارثة الصحية التي بدءت تفتك بالمدنيين تباعاً. الفلوجة بقيت كمدينة منكوبة وتحت السيطرة الامريكية المغلقة والكاملة في الدخول والخروج الى غاية شهر ايلول (سبتمبر) 2008 عندما نقلت الصلاحيات الامنية فيها الى الحكومة العراقية[353].

الإحصاءات الرسمية للحكومة العراقية تبين أن فترة قبل اندلاع حرب الخليج الأولى في عام 1991، فإن معدل حالات السرطان في العراق كان 40 لكل 100,000 شخص. ومع حلول عام 1995، فقد زادت إلى 800 من 100,000 شخص، وبحلول عام 2005، فإن هذا الرقم قد تضاعف على الأقل الى 1600 من كل 100,000 شخص. علما ان التقديرات الحالية تظهر استمرار الاتجاه بالتزايد[384].

ومن اجل تسليط الضوء على حقيقة التاثير الصحي للاسلحة الكيميائية والفسفور الابيض منها على وجه التحديد, بسبب كثرة الادلة والاعترافات على أستخدامه كاحد أنواع الاسلحة الفتاكة في معارك الفلوجة. فقد أظهر تقرير أمريكي (2004,GAO) عن حرب الخليج الاولى 1991 تزايد الحالات المرضية الغير معروفة بين الجنود الامريكيين العائدين الى بلدهم من هذه الحرب, فبحسب وزارة الدفاع الامريكية بلغ عددهم 700000 مريض بأمراض لم يتم تشخيصها لكن نسبت الى التعرض للحرب الكيميائية (chemical warfare (CW). بسبب عناصر من أعمدة الدخان القادمة من مواقع عراقية قصفت من قبلهم, بحسب أفتراض وزارة الدفاع الامريكية[117].

10. 2. الفسفور الابيض

وهو احد الاسلحة المحرمة والرئيسية في معركتي الفلوجة واحد مسببات التدهور الصحي في المدينة. فوفقاً للوكالة الأميركية لحماية البيئة (U.S. Environmental Protection Agency) التي وصفته بانه (سام للغاية للانسان)[309]. بينما وكالة المواد السامة وتسجيل الامراض (Agency for Toxic Substances and Disease Registry) التابعة لوزراة الصحة الامريكية, أصدرت معلومات اكثر تفصيلاً في ايلول (سبتمبر)1997 وبينت

ان احد طرق دخول الفسفور الابيض ضمن البيئة في حال تم أستخدامه من قبل الجيش, فان من مزاياه السامة والخطرة جدا على الحياة البشرية هي[128]:

1. أمكانية ترسب الفسفور الابيض في الماء وقاع الانهار القريبة من مكان استعماله او انتشاره, ويتفاعل مع الماء في حال وجدّ اوكسجين اقل لينتج مركب كيمياوي شديد السمية هو الفوسفين (Phosphine), والذي يتبخر عادة الى الهواء لينتج مواد اقل ضرراً. بينما يمكن للفسفور الابيض ان يبقى في التربة لسنين عديدة دون تغيير.

2. توجد نسبة طفيفة منه في جسم الاسماك التي تعيش في الانهار الملوثة مع الفسفور الابيض. ولهذا فان التعرض للفسفور الابيض قد يكون عن طريق اكل الاسماك الملوثة بالفسفور, او حتى الشرب او السباحة في الانهار الملوثة به, او ملامسة التربة الملوثة به.

3. يعترف التقرير بعدم توفر معلومات كافية فيما اذا كان التعرض الى الفسفور الابيض يؤثر على القدرة على الانجاب او الولادات المشوهة مع عدم وجود دراسات وقتها تشير الى تاثيره المؤدي الى السرطانات. وكذلك عدم وجود اختبار طبي يبين التعرض للفسفور الابيض.

4. ضمن وكالة حماية البيئة (EPA) الامريكية, تم أدراج الفسفور الابيض كأحد ملوثات الهواء الخطرة التي يجب الابلاغ عنها في حالة تسربها او انتشارها في البيئة.

المعروف عن مواد (phyophobic) أنه قابل للاشتعال تلقائيا عند التعرض للهواء، حيث يتأكسد خامس أكسيد الفوسفور ليتشكل خلال هذه العملية، يتم تحرير الحرارة الهائلة في شكل لهب مشرقة مع دخان أبيض كثيف. تستمر هذه العملية الى ان جميع الفوسفور سوف يتأكسد أو حتى يتم حرمانه (deprived) من الأوكسجين. عندما تحترق جزيئاته وتتلامس مع الجلد يمكن أن يسبب التعرض الى حروق خطيرة من الدرجة الثانية والثالثة. حيث اختراق الجلد يكون سريعا مسبباً حروق عميقة ومؤلمة.[309,318]

محاولة اطفاء الجسم المحترق بالماء فانه اشتعال الفسفور يتجدد بمجرد جفاف الماء وملامسة الفسفور للاوكسجين بسبب اختراقه وتمركزه تحت الجلد. مما يؤخر قليلا الاشتعال او الموت, وفي كلتا الحالتين سيتم تدمير القلب والكبد والكليتين, وفي حال تم فقط استنشاق جزيئات الفسفور الأبيض في الدخان فانها تسبب أيضا أضرارا خطيرة على الرئتين والحنجرة[128]. كما ان دخان الفسفور الابيض له أثار فسلجية على جسم الانسان, فالدخان الأبيض لجزيئات الفسفور يتكون من خامس أكسيد الفوسفور (phosphorus pentoxide)، الذي يتفاعل مع الرطوبة في الهواء أو الجسم لتشكيل حمض الفوسفوريك (phosphoric acid). هذا الحمض، اعتمادا على تركيزه ومدة التعرض، قد تنتج مجموعة متنوعة من إصابات او الجروح الموضعية والتهيجة (topically irritative injuries) للضحية[318].

التعرض لدخان الفسفور الأبيض بتراكيز قليلة (خامس أكسيد الفوسفور188,ملغم/ م^3) ولمدة خمس دقائق ادت الى ان نصف الناس تحت الاختبار (المتطوعين) يعانون من ضيق التنفس (respiratory distress)، والسعال (coughing)، واحتقان (congestion) وتهيج الحلق (throat irritation). بينما التراكيز العالية (خامس أكسيد الفوسفور514, ملغم/ م^3) ولمدة خمسة عشر دقيقة أسفرت عن تعرض جميع الناس تحت الاختبار الى ضيق الصدر(tightness of chest) والسعال وتهيج الأنف (nose irritation)، وصعوبة في الكلام. بينما نتجّ عن التعرض لخامس أكسيد الفوسفور ولمدة 3.5 دقيقة وبتركيز 592 ملغم/ م^3, مما أدى إلى تهيج مماثل للجهاز التنفسي من ضيق الصدر والسعال وصعوبة التنفس. بعد هذه التجربة، رفض المتطوعون أن يتعرضوا إلى تركيز أعلى، لاعتقادهم أنه سيكون من المستحيل، من دون آثار أكثر خطورة، لأداء أي عمل أو ممارسة الرياضة البدنية في تلك التركيز. بينما تعرض احد المتطوعين الى التهاب شعبي حاد(acute bronchitis) خلال هذه التجربة[319]. ومن هذه الدلائل يتبين ان الفسفور الابيض هو مادة كيميائية متطايرة وبمكن ان تسبب حروق خطيرة مع تهيج الجهاز التنفسي والأغشية المخاطية وتحت هذه الاثار يعتبر الفسفور الابيض كسلاح حارق او كيميائي.

10. 3. وكالات الامم المتحدة

الوكالات المختصة منها في مثل هذه الكارثة الصحية وللاسف لم تكن بحجم المسؤولية الدولية الملقاة على عاتقها وفقاً لنظامها الداخلي تجاه هكذا وضع صحي خطير حيث أكدت الادلة السابقة بما لا يقبل الشك حول أستخدام أسلحة كيمياوية وأعتدة ذات مواصفات فتاكة ضمن مساحة مدينة الفلوجة الصغيرة. ولو نظرنا الى تقارير ومواقف منظمة الصحة العالمية (WHO) خلال معارك الفلوجة سنجد تقريرها الدوري حول نشاطها في الازمات الدولية خلال منتصف شهر نيسان (ابريل) 2004 يذكر مجرد حصول نزوح صغير الحجم من مدينة الفلوجة[255]!!! بالرغم من ان التقارير الاعلامية والرسمية أكدت نزوح اغلب سكان المدينة البالغ عددهم 300000 نسمة خلال المعركة الاولى, ولا اعرف على اي مقياس سمي هذا النزوح الاجباري بصغير الحجم!! مما يؤكد التسييس المتعمد في اخفاء الحقائق. والاكتفاء بالاشارة الى المساعدات الطبية التي أرسلت الى وزارة الصحة العراقية والهلال الاحمر العراقي. بينما جاء تقريرها الدوري بعد انتهاء المعركة الثانية في الفلوجة بالاشارة فقط الى تقديمها المساعدات الانسانية والصحية من خلال الهلال الاحمر العراقي الى النازحين داخلياً من اهل الفلوجة, مع أعدادها مسودة خطة عمل للاغاثة البيئية (environmental relief) لنازحي الفلوجة[256]. وبعد شهرين من المعركة الثانية, أشار تقريرها للشهر الاول (كانون الثاني) من عام 2005 الى انعقاد أجتماع لمجموعة عمل الطوارئ في الفلوجة من دون اعطاء اي تفاصيل اخرى[257].

وطبقاً لتقرير الهيئة الملكية البريطانية (The Royal Society) فان اهم الطرق المتبعة في تحديد العوامل الكيميائية والبيولوجيه ومنع التلوث في المملكة المتحدة هي تعريف (recognising) وتشخيص (diagnosing) اثار الحالات الغير طبيعية(351). وكلما تعمقت اكثر حول كيفية الاستعدادات وطبيعة المهام المشتركة بين الحكومة وكافة اجهزتها الرسمية والشعبية حيال اي تلوث كيميائي او بيولوجي, فأنني ادرك اكثر حجم الجريمة التي أشتركوا بها ضد العراق شعباً وحاضراً ومستقبلاً, وكيف حاولوا اخفاء حقائق التلوث بالرغم من ظهور كل ما يؤكدها من ادلة طبية واحصاءات موثقة.

4.10. التقارير العلمية

بعد سنتين من المذبحة الثانية ونتيجة تفاقم الوضع الصحي والبيئي السيء, فقد قمنا من خلال منظماتنا المدنية وبالتعاون مع أدارة مستشفى الفلوجة وعلى مدار عامي 2007/2006, بجمع الاحصائيات الرسمية للامراض الخطيرة منها بالذات. من اجل اصدار اول تقرير علمي وطبي عام يظهر حقيقة الوضع الصحي للمدينة وبعد ثلاث سنوات من انتهاء المعارك لجذب انتباه الراي العام العالمي حول هذه الكارثة الانسانية ونتائجها الاجرامية ضد المدنيين. فكان التقرير الذي حملّ عنوان ازمة الاسلحة المحرمة في الفلوجة (Prohibited weapons cresis in Fallujah. CCERF-MHRI, 2008) والذي قدمّ الى الجلسة السابعة لمجلس حقوق الانسان للامم المتحدة للفترة من 3 – 28 اذار 2008. حيث اظهر التقرير النتائج التي احصاها الكادر الطبي في مستشفى الفلوجة عن وجود 5928 حالة مرضية خطيرة في عام 2006 (التهاب السحايا Meningitis, الثلاسيميا Thalassemia, شذوذ الحبل الشوكي الخلقية Congenital Spinal cord abnormalities, التشوهات الكلوية الخلقية Congenital Renal abnormalities, وحالات من دون تشخيص undiagnosed cases). 70% من هذه الامراض السرطانية والتشوهات الخلقية كانت تصيب الفئة العمرية بين 1 يوم – 12 سنة. بينما كانت الامراض الغير معروفة والخطيرة في النصف الاول من عام 2007 هي 2447 حالة شملت منها 50% على فئات الاطفال.

انتشر هذا التقرير لدى العديد من الجهات الدولية الا ان اغلب الصحافة التي اتصلنا بها لم تشر اليه باستثناء قناة الجزيرة الناطقة باللغة الانكليزية ومن خلال برنامجها رزكهان شو (Riz Khan show)(174). ومع هذا, وبمساعدة ناشطي سلام ومعارضين للحرب في امريكا, تم ارسال التقرير الى سكرتارية بعض اعضاء الكونغرس الامريكي. فقام عضوين منهم (نعتقد بان احدهم كان Dennis Kucinich وهو ممثل ولاية Ohio والذي أبدى مكتبه تعاطفاً مع التقرير) مصحوبين بقائد قوات المارينز للمنطقة الغربية من العراق بزيارة الفلوجة في شهر أب من عام 2008. فكان أول مكان يزورونه في زيارة خاطفة ومستفزة الى مستشفى الفلوجة

العام من اجل التاكد من المعلومات الواردة في تقريرنا. طريقة المجيء الى المستشفى مع قوة عسكرية كبيرة زرعت الرعب بين كوادر مستشفى الفلوجة والمرضى على حداً سواء. وللاسف لم يحاول الوفد ايجاد حلول للكارثة بعد ان تاكد منها بل قام فقط بعقد لقاء مع اعضاء المجلس البلدي في مدينة الفلوجة مع تقديم وعود بتسهيل صرف المنحة الاخيرة من التعويضات حول اضرار المذبحة الثانية والتي كانت تخص المنطقة الصناعية فقط والتي كانت تواجه عراقيل في صرفها من قبل وزير المالية السابق وقتها (بيان جبر صولاغ).

وابتداءً من عام 2009 بدءت وسائل الاعلام العالمية في جلب الاهتمام العالمي عبر نشر تقارير ذات مصداقية عالية تتحدث عن ارتفاع معدلات العيوب الخلقية في مدينة الفلوجة. حيث يشير الباحثون الى وجود صلة محتملة بين مخلفات الحرب والمشاكل الصحية حيث وصلت معدل الولادات المشوهة الى 15% من مجموع الولادات وخصوصا نسبة الاعلى بين تشوهات القلب الجنينية (heart defects) وعيوب الانبوب العصبي (neural tube defects)(375,376,377).

ثم بدءت تظهر تباعاً الدراسات التي تؤكد ما جاء في تقريرنا, فذكرت أحد دراسات المسح الوبائي في منتصف عام 2010 والتي نشرت كدراسة دولية بحثية لفريق باحثين بريطاني – عراقي عن طريق اجراء استبيان معلوماتي شمل 711 منزلاً (4843 شخصاً) حول انتشار امراض السرطان والتشوهات الولادية ومعدل وفيات الرضع خلال فترة من بداية 2005 ولغاية موعد اجراء هذه الدراسة في شهري كانون الثاني – شباط (Jan/Feb) 2010. حيث اثبتوا زيادة بحجم اربع اضعاف لمعدلات وفيات الرضع, مع اختلال النسبة الجنسية بين ولادات الذكور والاناث لتقلل نسبة ولادة الذكور, وتزايد معدلات الوفيات بسبب السرطان، وخصوصاً سرطان الدم في أعقاب معارك الفلوجة (2004). وتم مقارنة النتائج مع مثيلاتها في دول اخرى كمصر والاردن, فوجدوا حصول 62 حالة سرطان خبيث بين هذه المجموعة (منها 16 حالة سرطان بين الاطفال بعمر 0 – 4 سنوات), 20 حالة لسرطان الدم (تكسر كريات الدم) المسماة باللوكيميا (تنتشر بين اعمار ما بين 0 – 34 سنة), و8 حالات لسرطان الغدد اللمفاوية (تنتشر بين اعمار ما بين 0 – 34 سنة), و12 حالة لسرطان الثدي عند الاناث (بعمر 0 – 44 سنة), و4 حالات لسرطان الدماغ بين مختلف الاعمار (7,206).

بينما كان معدل وفيات الاطفال الرضع بحسب احصائيات الولادات بين عامي 2006 – 2009 هو بحدود 1/6th مضافا الى الاحصائيات اعلاه. كانت هنالك 34 حالة موت لاطفال رضع بين اعمار 0 – 4 سنوات, وهذه تعطي نسبة 80 حالة من 1000 بينما النسبة في مصر والاردن والكويت هي 19.8, 17 و9.7 من 1000. بالاضافة الى وجود دلائل على التدمير الاجهادي الوراثي الذي سببّ خللاً في النسبة الجنسية بين الذكور والاناث.

أظهر بحث علمي منشور في مجلة دولية في بداية عام 2011 لفريق باحثين امريكي – ايطالي – عراقي وجود زيادة بنسبة 15% في التشوهات الخلقية للاطفال حديثي الولادة, حيث تصدرت عيوب القلب الولادية (Congenital heart defects) المرتبة الاولى, ثم تلتها عيوب الحبل الشوكي (neural tube defects). لكن بالرغم من تشابه نسبة هذه الحالات مع نفس نسبة الحالات في المناطق الملوثة اثناء الحرب, ووفقاً لاستبيان اجري ايضا بين الحالات المدروسة تبين ارتفاع الولادات المشوهة من بعد عام 2003, لكن المسبب الرئيسي لهذا الزيادات بقي مجهولاً وتحتاج دراسة بصورة اوسع[6].

اثارت التقارير الاخيرة هذه الانتباه الى الزيادات الحاصلة في التشوهات الولادية الشاذة والسرطان في الفلوجة والتي القت اللوم على الخلل الوراثي والاجهادات الوراثية الناجمة عن التلوث باليورانيوم المنضب والاسلحة الكيمياوية في اعقاب المعارك التي شهدتها المدينة في عام 2004. وبدء السؤال المهم يدور بين مختلف الباحثين حول طبيعة الاسلحة التي استخدمت في معارك الفلوجة وماذا كانت محتوياتها وطبيعتها التدميرية على المستويين القصيرة ام البعيدة المدى؟؟

لهذا قام فريق باحثين بريطاني – عراقي في عام 2011[5] باجراء دراسة تحليل عينات من شعر 25 زوج من الاباء والامهات لاطفال ولدوا مشوهين باستخدام جهاز (Inductively Coupled plasma Mass Spectrometry) لمعرفة فيما اذا وجدّ يورانيوم مع 51 عنصر اخر ثقيل. ومن تحليل كامل طول الشعرة يمكن الحصول على معلومات التعرض الاشعاعي بحسب الوقت الذي تعرضت له. بالاضافة الى تحليل عينات من الماء والتربة لمعرفة وجودية نظائر اليورانيوم.

بين الامهات كانت نسب العناصر Ca, Mg, Co, Fe, Mn, V, Zn, Sr, Al, Ba, Bi, Ga, Pb, Hg, Pd و U مرتفعة معنوياً عن نسبها الطبيعية مقارنة مع متوسط المستويات للنساء في السويد على سبيل المثال. والزيادة العالية كانت في نسب Ca, Mg, Sr, Al, Bi و Hg. واعتبر عنصر Hg هو المسبب الوحيد للتشوهات الولادية (Congenital anomaly). مستويات اليورانيوم المرتفعة كانت في الامهات اعلى مما في الاباء. لكن الصدمة الكبيرة في هذا البحث العلمي كانت نوع اليورانيوم المكتشف في العينات هو اليورانيوم المشع (وهو اخطر كثيراً) وليس اليورانيوم المنضب كما كان متوقعاً. لهذا عزا الباحثين وجود اليورانيوم المشع كسبب رئيسي او متصل بانتشار الولادات المشوهة والامراض السرطانية. هذه النتائج الاخيرة كانت صدمة للكثيرين من الجهات المؤيدة للاحتلال, لهذا بدءوا بشن حملة تشكيك في عمل الباحث وبروفيسور الفيزياء النووية البريطاني الجنسية كريستوفر باسبي (Christopher Busby).

لكن هذه النتائج الاخيرة تم تاكيدها في 10 شباط (.Feb) 2012 عندما قام فريق مكون من عدة جهات علمية ورسمية عراقية (الهيئة العراقية للسيطرة على الاشعاع, وزارة العلوم والتكنولوجيا, وزارة البيئة, مجلس محافظة الانبار, اللجنة الاعلامية في مستشفى الفلوجة) باجراء مسح شامل على مناطق مختلفة من الفلوجة بهدف قياس نسب الاشعاع. فوجدوا نسبة عالية جدا من النشاط الاشعاعي في منطقتين في الحي الصناعي في الفلوجة والقريبة من المستشفى الجديد فيها. فتم جمع مخلفات الحرب المشعة وارسالها الى مختبرات منظمة الطاقة الذرية العراقية في بغداد بحسب ما صدرّ عن عضو مجلس محافظة الانبار وما نشرته صفحة اللجنة الاعلامية في مستشفى الفلوجة مدعماً بالصور ادناه (تاكيد الدكتور طالب حماد مسؤول القسم البيئي في مجلس محافظة الانبار).

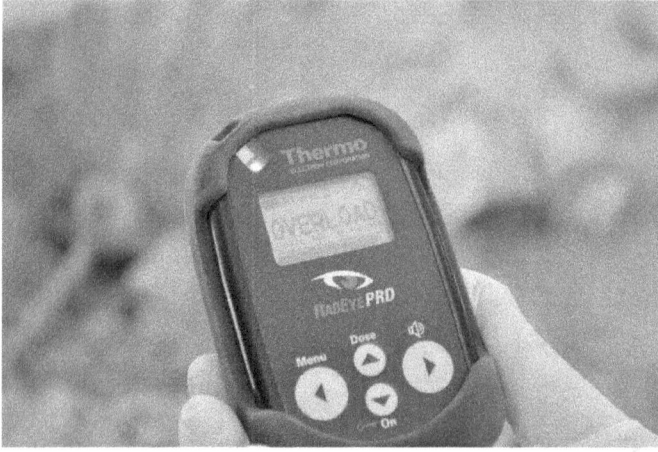

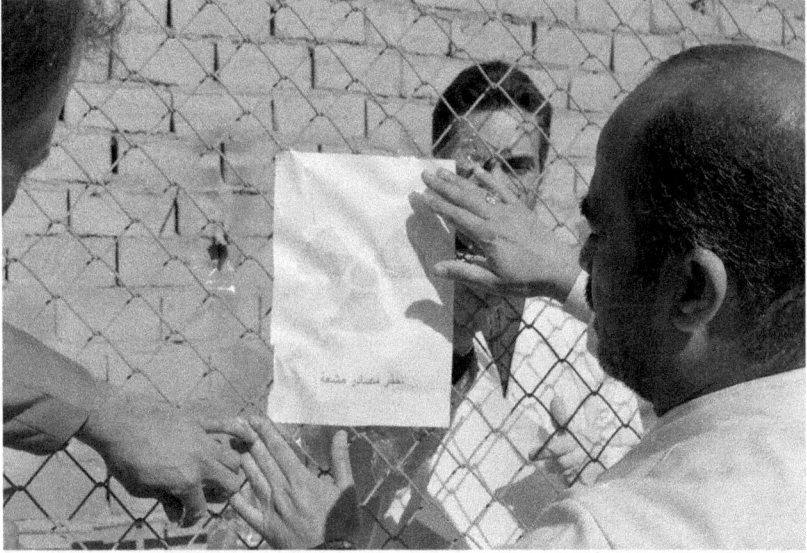

الصور منقولة عن موقع مستشفى الفلوجة العام على الفيسبوك (العيوب الخلقية في مستشفى الفلوجة
Birth defects in FGH).

فريق بحثي من مستشفى الفلوجة العام أكد زيادة معدلات سرطانات الثدي، الرئة,المعدة ,القولون والمستقيم للاعمار فوق العشر سنوات وأنها أعلى نسبة من مناطق أخرى في العراق ودول أخرى في الشرق الأوسط، بحسب أحصائيات عام 2011 التي نشرتها مجلة الصحة الدولية (Health) في عام 2012 (699). حيث وجدت الدراسة معدل السرطان في مركز مدينة الفلوجة قد ارتفع الى 96 حالة لكل 100000 نسمة، بينما كانت قبل وقوع الاحتلال في عام 2002 حوالي 34.5 حالة سرطان لكل 100000 نسمة, بزيادة مقدارها ثلاث اضعاف النسبة السابقة.

لكن ماذا عن تاثيرات الاسلحة الكيمياوية التي استخدمت خلال معركتي الفلوجة الاولى والثانية (نيسان وتشرين الثاني, 2004)؟ كما يعرف الجميع فان الجيش الاسرائيلي كان قد أستخدم سلاح الفسفور الابيض ايضا ضد مدينة غزة الفلسطينية خلال العمليات العسكرية في عامي 2008-2009, والذي نتج عنه زيادة 28% في نسبة الولادات المشوهة (Birth defects) بحسب دراسة بحثية لمجموعة علماء وباحثين ايطاليين وفلسطينين ونشرت في المجلة الدولية لابحاث البيئة والصحة العامة. ولعل هذه هي الدراسة العلمية الوحيدة التي اثبتت علمياً وجود علاقة كبيرة بين تعرض الابوين او احدهما لتاثير الفسفور الابيض او بقاياه على احداث تغيير جيني في أطفالهم الجدد(192).

تاثيرات الاسلحة العنقودية التي استخدمت بكثافة وخصوصا في معركة الفلوجة الاولى, تعتمد على نسبة كبيرة من الذخائر الصغيرة المنفجرة القاتلة تبقى تاثيراتها ملوثة للبيئة التي اصابتها. وكما هو الحال عند أحتلال العراق عام 2003 جلبت قوات ضخمة مع معدات هائلة توزعت على اكثر من 300 قاعدة عسكرية في داخل العراق. وخلال السنوات العشرة من بقاءها في العراق, فانها تركت الكثير من المخلفات ورائها من دون مسائلة من اي جهة, فتركت الذخائر غير المنفجرة، ومحاليل التنظيف والزيوت والمخلفات النفطية، وقذائف اليورانيوم المنضب المشعة. وللاسف لا توجد سياسة رسمية تتعلق بتنظيف البيئة بعد العمليات العسكرية. إذا واقع الأمر، لا توجد قوانين قائمة، ولا في قانون الولايات المتحدة، ولا في القانون الدولي، أو غير ذلك، مما يمكن ان يتحكم بإدارة النفايات الخطرة في عمليات الطوارئ مثل الحرب على العراق. ففي هذه الحرب، فان الاعتبارات البيئية، ليست ذات أولوية عليا للجيش. وفقا لمبادئ توجيهية من القيادة المركزية الأميركية، "فخلال العمليات القتالية، فان الاعتبارات البيئية تكون تابعة لإنجاز المهمة والحفاظ على الحياة البشرية"(208). ولو نظرنا للاتفاقية الامنية التي عقدت بين امريكا والعراق عام 2008, سنجد انها تتضمن فقرة قصيرة عامة حول المسؤوليات البيئية على الولايات المتحدة تقول فيها (على الطرفين تنفيذ هذا الاتفاق بطريقة تنسجم مع حماية البيئة الطبيعية وصحة الإنسان وسلامته). في حين قدمت دول جوار العراق بعد حرب الخليج الاولى لعام 1991 شكاوى ضد العراق مطالبين بتعويض عن الأضرار البيئية التي لحقت بسبب هذه الحرب إلى لجنة التعويضات للامم المتحدة بقيمة تصل الى اكثر

من 80 مليار دولار, الا ان الأمم المتحدة في وقت لاحق منحتهم التعويضات البيئية بمبلغ قيمته بأكثر من 5 مليارات جنيه استرليني[209]. ومن الجدير بالذكر هو اعتراف القوات الامريكية والبريطانية بالقاءها اكثر من 350 طن متري من اليورانيوم المنضب على مناطق القتال خلال حرب الخليج الاولى 1991[354,255], بينما اعترفت وزارة الدفاع البريطانية باستخدامها 1.9 طن متري من اليورانيوم المنضب ضد القوات العراقية خلال عمليات احتلال العراق عام 2003 وهو ما يعادل ضعف ما استخدموه خلال حرب 1991[355,356].

ونقلاً عن كوادر طبية في مستشفى الفلوجة العام, ذكرت هيئة الاذاعة البريطانية وقناة الجزيرة الناطقة باللغة الانكليزية ان معدلات حصول تشوهات القلب الولادي (heart defects) في الفلوجة هو 13 مرة ضعف ما يحصل في اوربا. حيث تشهد المدينة حصول 2-3 حالات تشوه ولادي يومياً, النسبة الاكبر منها تشوهات القلب الولادي, مقارنة مع حصول حالة واحدة كل شهرين في عام 2003[385,325]. وطبقا لهيئة الإذاعة البريطانية (BBC), فقد طلبت وزارة الصحة العراقية من منظمة الصحة العالمية ومكاتبها القطرية بتقديم الدعم التقني والخبرات, وبالرغم من تنظيم ورش عمل مع المراكز الدولية العاملة مع منظمة الصحة العالمية مثل ICBDSR و CDC, الا ان الانشطة تركزت بحسب ادعاء الاذاعة على مساعدة وزارة الصحة العراقية على وضع نظام مراقبة في المناطق التي يحتمل ان تتأثر في العراق مع التدريب في مجال رصد العيوب الخلقية[349]. هذه الانشطة كانت من دون علم او مشاركة اي من المراكز الصحية او البيئية في الفلوجة !!!

وفي الوقت الذي ازدادت فيه نسب التشوهات الخلقية في الفلوجة فان مستشفى الفلوجة تفتقر الى الأمكانيات اللازمة لتشخيص ومعالجة الكثير من الحالات, كأجهزة السونار الخاصة بالكشف المبكر عن التشوهات الخلقية الجنينية والاجهزة المطلوبة للفحوصات الكروموسومية DNA أضافة الى النقص الحاد في الكثير من الادوية والمستلزمات الصحية. وينتظر الان الاعلان عن تقرير لمنظمة الصحة العالمية بالاشتراك مع وزارة الصحة العراقية اللذين شكلا فريق بحثي عن الموضوع وجمع العديد من العينات من مناطق محتلفة من ضمنها الفلوجة, وكان من المؤمل اصدارهم لتقرير في بداية عام 2013 والذي لم يصدر لحد الان[403].

10.5. اعترافات التلوث في مناطق مشابهة للفلوجة

ان كارثة التلوث البيئي بعد معارك الفلوجة لم تتوقف عند حدود مدينة الفلوجة فقط, بل تجاوزته الى مدن الانبار الاخرى كالرمادي والقائم اللتين شهدتا ايضا معارك طاحنة مع قوات المارينز الامريكية بعد معركة الفلوجة الثانية. ففي احصائية صدرت من مركز غرب العراق لتسجيل ومراقبة التشوهات الخلقية في المستشفى التعليمي للاطفال والامومة في الرمادي[10], أظهرت وجود 744 حالة تشوهات ولادية في أقل من شهرين وللفترة من (2011/1/10) حتى (2011/2/28).

واذا اردنا النظر الى الكوارث البيئية والصحية للاحتلال خارج محافظة الانبار فسنجد محافظة النجف الاشرف مثلاً تعاني من اثار التلوث باسلحة اليورانيوم المنضب التي استخدمت من قبل القوات الامريكية والبريطانية خلال حربي 1991 و2003. على الرغم من ابتعاد منطقة القتال الملوثة باسلحة اليورانيوم المنضب حوالي 180 ميلاً عن مدينة النجف الا ان تصاعد الامراض السرطانية كان ملحوظاً بمعدل 28.21 لكل 100000 شخص في عام 2006 في حين ان النسبة الطبيعية يجب ان تكون 8-12 حالة لكل 100000 شخص[8]. واشار فريق علمي اخر الى ازدياد نسب العيوب الخلقية في الفلوجة والبصرة بنسب عالية[381]. وقد اثبتت الدراسات الامريكية الحديثة انتقال الضرر الوراثي من الاباء (الذين تعرضوا لتاثيرات اسلحة اليورانيوم المنضب) الى الابناء او النسل الجديد لهم, وكما حدث مع جنودهم الذين لم يكونوا المستهدفين من تلك الذخائر خلال حرب الخليج 1991[393]. فالتقارير العلمية قد أثبتت وجود الانحراف الصبغي او الجيني (Chromosome Alterations) في الخلايا اللمفية لدى قدامى المحاربين الذين اشتركوا في حرب الخليج 1991 وحرب البلقان 1994[396]. بينما أشار تقرير برنامج البيئة للامم المتحدة في تقريره لعام 2007 بان القوات الامريكية اطلقت خلال حرب الخليج 1991 بحوالي 50 طن متري (metric tonnes) خلال معارك الدبابات و250 طن متري اخر في اجواء المعارك الارضية. بينما اشارّ نفس التقرير الى كون الكمية التي استخدمت خلال حرب احتلال العراق 2003 كانت تتراوح ما بين 170 – 1700 طن متري[397].

تقرير رسمي بريطاني صادر عن الهيئة الملكية البريطانية اعتراف ايضا بأن 340 طن من اسلحة اليورانيوم المنضب قد استخدمت في حرب الخليج الاولى عام 1991, ومن نسبة 70- 80% من العتاد والمعدات الملوثة باسلحة اليورانيوم قد دفنت في ارض المعركة. وبالرغم من الاعتراف بان من مخاطر هذه الاسلحة هو حدوث التشوهات الخلقية للولادات الحديثة والسرطانات, الا انهم ادعوا ان الدراسات الوبائية (epidemiological) عن الصحة الانجابية للجنود الذين شاركوا في حرب الخليج الاولى عام 1991 بالاضافة الى المدنيين العراقيين لم تظهر تاثيرات لحد كتابة التقرير عام 2002, بالرغم من ان توصية التقرير تدعوا الى المزيد من التحقيقات في حال ظهور مثل هذه الاثار بحسب أدعاء التقرير!!!![352]. وللعلم فان قدرة نشاط اليورانيوم المنضب هو اقل ب 40% عن اليورانيوم المشع[354], لكنه يزداد الى 80% من معدل نشاط اليورانيوم المشع بعد انتاجه باشهر, لكن يبقى بنفس المستوى من التاثير الكيميائي السام لنظائرها المشعة[374]. وكذلك أكد هذا الاعتراف تقرير صادر عن برنامج الامم المتحدة للبيئة (UNEP) بتاريخ 2003 بأن القوات الامريكية كانت قد استخدمت 290 متر مربع من قذائف اليورانيوم المنضب (DU projectiles) مقارنة مع استخدام 9 اطنان في حرب كوسوفو و3 أطنان في حرب البوسنة والهرسك, علماً ان هذه الكمية من اليورانيوم المنضب قد استخدمت في العراق من قبل الصنوف العسكرية الامريكية بنسب مختلفة, حيث اطلقت دبابات الجيش الامريكي والمارينز (دبابات نوعي M60 و M1A1

Abrams) حوالي 16%, بينما اطلقت طائرات القوة الجوية الامريكية من نوع ثندربولت الثانية (A-10 Thunderbolt II) او المسماة بالخنزير او الدبابة المغفلة (‘ warthog’ or ‘‘tank buster’) بحوالي 81%, وقذفت طائرات المارينز نوع هارير (AV-8 Harrier) بحوالي 3%[363]. بينما أشار مصدر اخر الى استخدام الولايات المتحدة لاكثر من 440000 كغم من اليورانيوم المنضب خلال حروب 1991 و2003, بعد ان كانت قد جربتها ضمن تدريبات عسكرية مشتركة في مصر قبل حرب 1991[374,395,388]. بينما أشار مصدر امريكي اخر الى اطلاق جيوش الولايات المتحدة الامريكية لحوالي 900000 قذيفة (rounds) يورانيوم منضب خلال حرب الخليج 1991[395]. برنامج الامم المتحدة للبيئة (UNEP) كان قد قدرّ كمية ما تم القاءه على العراق من اسلحة نووية بناءً على صور الاقمار الصناعية بعد انتهاء العمليات العسكرية عام 2003 بنحو 1000 الى 2000 طن متري[380,390].

وأشار تقرير لبحث علمي دولي نشرّ في مجلة (Bull Environ Contam Toxicol) عام 2012, الى حصول زيادة بنسبة سبعة أضعاف في عدد العيوب الخلقية للولادات الحديثة في مدينة البصرة بين عامي 1994 و 2003. حيث كان هنالك 23 حالة تشوه جنيني من كل 1000 ولادة حية. كما ان تركيز الرصاص (lead) في ألاسنان اللبنية عند الأطفال المرضى في البصرة ما يقرب من ثلاثة أضعاف ما كانت عليه القيم في المناطق مماثلة والتي لم يحدث فيها قتال. وتستخلص الدراسة انه لم يحدث من قبل مثل هذا المعدل المرتفع من عيوب الأنبوب العصبي neural tube defects ("الظهر المفتوح open back") تم تسجيلها في الأطفال كما هو الحال في البصرة، وهذا المعدل في ارتفاع مستمر. عدد حالات استسقاء الرأس hydrocephalus ("المياه على الدماغ water on the brain") بين الأطفال حديثي الولادة هي ستة أضعاف في البصرة عما هو عليه الحال في الولايات المتحدة[514].

ووفقاً لمصادر رسمية امريكية (US General Accounting Office) فقد اطلقت القوات الامريكية في العراق وللفترة ما بين 2002-2005 بحوالي ستة ملايين اطلاقة (bullets) (6000000000)[384]. بالاضافة الى الامثلة الاخرى على تلوث العراق بمخلفات الجيش الامريكي, نذكر هنا ما اعلنته صحيفة التايمز الامريكية (The Times), فعلى الطرق الرئيسية المرتبطة مع بغداد والفلوجة والموصل, حيث كان القتال على اشده, كانت تنتشر براميل النفايات الخطرة مع فلاتر زيت وبخاخات وبراميل النفايات السائلة الغير معلمة والغير معروفة, بينما شكى بعض المقاوليين الذين عينهم الجيش الامريكي للتخلص من نفايات خطرة مخلوطة مع خردة معدنية يتم توزيعها على تجار عراقيين, حيث شكى عمال ساحة الخردة العراقيين من امراض كالسعال (coughing) والطفح الجلدي (rashes) وامراض اخرى بعد التعامل مع الخردة الامريكية الملوثة بالنفايات الخطرة. كما وتقدر كمية النفايات الخطرة التي ولدتها القوات الامريكية بحسب نفس الصحيفة حوالي 11 مليون رطل من النفايات الخطرة,

بينما يقدر المسؤول الامريكي عن اعادة اعمار البنية التحتية في العراق, العميد كيندال كوكس (Brigadier General Kendall Cox) بان اكثر من 30 مليون رطل من التربة العراقية قد تلوثت بالنفط. وكلا هذين الرقمين لا يشملان الذخائر الغير منفجرة او الذخائر المستخدمة سابقاً والتي تحوي اليورانيوم المنضب[210].

وبحسب فريق طبي امريكي – عراقي, ففي مستشفى الامومة في البصرة كانت نسبة التشوهات الجنينية في العراق بين 1994-1995 هي 1.37 لكل الف طفل مولود, وارتفع هذا المعدل في عام 2003 ليصل الى 23 لكل الف طفل مولود, ليؤكد ارتفاعاً قدره 17 ضعفاً. وفي نفس الوقت هناك نسبة عالية للمعادن الثقيلة كالرصاص في عينات الشعر، واضافر، والأسنان للاطفال الذين يسكنون في البصرة تقارب الثلاث اضعاف مقارنة مع سكان المناطق الغير ملوثة (unimpacted areas)[350]. بينما ارتفعت معدلات سرطان الدم في مرحلة الطفولة في البصرة إلى أكثر من الضعف بين عامي 1993 و 2007. ففي عام 1993، كان المعدل السنوي لسرطان الدم (leukemia) في مرحلة الطفولة هو 2.6 لكل الفا وبحلول عام 2006 كان قد بلغ 12.2 لكل الفاً[389].

ومن المعلوم ايضا فان التاثيرات النفسية تبقى مع السكان لفترة طويلة, احد الدراسات العالمية التي أجراها فريق العالم Jonathan Dworkin (2008) على سكان مدينة حلبجة العراقية والتي ضربت بالاسلحة الكيمياوية ايضا عام 1998, حيث تشير الدراسة وبعد 18 عاماً من الحادثة الى أن الحرب وانتهاكات حقوق الانسان تساهم في زيادة أنتشار أضطرابات ما بعد الصدمة PTS (posttraumatic stress) وأنخفاض الاداء الاجتماعي بين السكان وبقاء هذه النسب مرتفعة بين مختلف الاعمار وللجنسين حتى بعد عقود من حادثة الحرب وانتهاكات حقوق الانسان[492].

وبحسب تقرير توثيقي مصور من قناة روسيا اليوم, يؤكد الاطباء والباحثون ارتفاع نسبة امراض السرطان في مدينة البصرة جنوب العراق بنسب مخيفة في السنوات الاخيرة، ويعتبر الخبراء تلك الظاهرة بمثابة حرب جديدة على الشعب العراقي خلفتها الحروب التي شنت على العراق، ومنذرة بمستقبل مرعب لثاني اكبر مدن العراق من حيث الكثافة السكانية. وما يزيد المشكلة ان الاسعار الباهظة لعلاج هذه الامراض وضعف الدعم الحكومي وعدم وجود مراكز متخصصة لعلاج السرطان تقف دون السيطرة عليه ، ناهيك عن وجود أشكال جديدة من امراض السرطان جاءت نتيجة لاستخدام اسلحة ضد العراق كانت تحتوي على مواد مشعة وسامة [12A].

وفي مدينة الحويجة العراقية, تبين ان مستويات التيتانيوم مرتفعة في الأطفال العراقيين الذين يعانون من اضطرابات النمو العصبي مقارنة مع الاطفال الايرانيين الذين يعيشون قرب الحدود. هذه النتائج ربطت مع وجود غبار هذه العناصر في رئة جنود الاحتلال, على الرغم من ان هذه المدينة تشهد نسبة أقل مما توجد في مدينتي الفلوجة والبصرة, وفقا لفريق بحث

عراقي – أمريكي نشرت نتائجه عام 2015 في مجلة رصد وتقييم البيئة (Environmental Monitoring and Assessment)[698].

6.10. التستر الدولي حول جريمة التلوث

فقد وصف الكيميائي كريس باسبي، الذي قال إن الأزمة الصحية في الفلوجة تمثل "أعلى نسبة من الضرر الوراثي في أية مجموعة من السكان درست من أي وقت مضى". باسبي هو المؤلف المشارك لدراستين حول هذا الموضوع. ومع ذلك، فإنه من الصعب تحديد بدقة سبب العيوب. ويمكن أيضا أن يتسبب بتشوه الوتر الشوكي Spinal chord من نقص حامض الفوليك folic في بداية الحمل، على سبيل المثال. وعلاوة على ذلك، قليل جدا من العراقيين من يقوم باختبارات الحمل العادية على عكس ما يحدث عادة في أوروبا أو الولايات المتحدة. فولفغانغ هوفمان Wolfgang Hoffmann، خبير علم الاوبئة في جامعة غرايفسفالد Greifswald في شمال شرق ألمانيا، وقد قام بالتعاون مع زملائه العلماء في البصرة لسنوات. فيقول "العيوب الخلقية غالبا ما تبدو مزعجة جدا عند مشاهدتها في الصور, لكن لكل حالة ظروفها وليست بالضرورة ان تكون الصور محددة للمسببات , كما ان نقص البيانات الشاملة والاسئلة الوبائية الموثوقة تؤثر ايضا. مع ذلك، ينبغي اتخاذ مؤشرات تزايد معدلات الإصابة بالسرطان في البصرة على محمل الجد، لكون بيانات البصرة هو أكثر موثوقية reliable[513]. التستر الدولي حول هذه المسألة كان فاضحاً. في الولايات المتحدة، لم تنشر اي من كبريات الصحف حتى الآن حول الاضطرابات الوراثية في الفلوجة, باستثناء قناة الجزيرة انكليزي. الجارديان البريطانية انتقدت صمت "الغرب" واصفةً ذلك بإنه فشل أخلاقي.

وفي دراسة تقيمية من قبل مجموعة الامم المتحدة الانمائية (UNDG) حول العيوب الخلقية في ستة محافظات عراقية هي بغداد ,الانبار, البصرة, ذي قار, السليمانية وديالى. حيث ذكرت ان هنالك مسح قد اجري عام 2006 للعيوب الخلقية الجنينية (congenital birth defects) قد بيّن أن 20٪ من الأطفال دون سن 5 سنوات من العمر لديها بعض أشكال الإعاقة؛ وقد نسبت بعض هذه الحالات إلى تشوهات خلقية. مما يعني الحاجة إلى وضع برنامج شامل لفهم أفضل للتوزيع والاتجاهات وحجم العيوب الخلقية في العراق[382].

وثائق ويكلكس كشفت ايضا عن دور مخلفات القواعد الامريكية (أكثر من 500 قاعدة عسكرية اغلبيتها تقع بالقرب من الطرق الرئيسية بغداد-الموصل وبغداد-الانبار) في أضافة نوع اخر من التلوث المباشر للبيئة العراقية عبر حرق القوات الامريكية لمواد خطرة وملوثة للبيئة, اغلبها مواد كيميائية خطرة يتم دفنها بعد الحرق في الاراضي العراقية لتضيف نوع اخر من التلوث[186]. في حين حدّد برنامج الأمم المتحدة للبيئة 311 موقعاً ملوّثاً يحتاج تطهيرها إلى عدّة عقود خصوصا ما يتعلق باستخدامات اليورانيوم المنضّب والفسفور الابيض في حربهم على العراق عامي 1991 و2003. حيث صرح مدير البرنامج في العراق مورال ثوماروكودي (Mural Thummarukudy) بان مئات وربما الالاف المواقع الملوثة

تحتاج الى تقييم (There are hundreds, probably thousands of other sites with the need of assessment) [553].

وثيقة سرية امريكية أشارت حول تفجير ذخائر شديدة الانفجار وقذائف الفسفور الابيض بواسطة فريق امريكي ينفذ عمليات التعامل مع الذخائر غير المنفلقة Unexploded Ordnance (UXO Operations), ومنها التفجير الذي كشفته احد الوثائق والذي اجري خارج قاعدة بيجي (NAD Bayjis) بتاريخ 4 أذار 2008 والذي شمل 5 تفجيرات تحوي 124 قذيفة مضادة للدروع (Armor Piercing), وتفجير واحد منها كان يحوي على 59 قذيفة شديدة الانفجار (High Explosive) وقذائف مضادة للدروع (High Explosive Anti-Tank), بينما تفجير موقع اخر كان يحوي على مقذوفة من ذخيرة الفسفور الابيض 105MM (White Phosphorus (WP) Projectile). ومع سوء أجراءات الامان, فقد أدى الانفجار الغير مقصود لمقذوفة الفسفور الابيض الى أصابة المشرف على هذا المشروع (John Carter) عبر الحروق التي سببها الفسفور الابيض على كلتا يديه والعينين مع تمزق قرنية العين اليسرى[189].

وفي احدث دراسة عن واقع أثار استخدام اليورانيوم المنضب في العراق, فقد اصدرت منظمة هولندية (IKV Pax Christi) وبتمويل من وزارة الخارجية النرويجية تقريرا يحمل عنوان (In a state of uncertainty)[374], كشف عن الحقائق التالية:

1. عدم وجود شفافية في تقديم المعلومات من قوات الاحتلال (التحالف) خلال حربي 1991 و2003, وخصوصا حول احداثيات اطلاق هذه القذائف وكمية اطلاقها ونوع الاعتدة التي استخدمت. فقدان هذه المعلومات المهمة يجعل من الصعوبة القيام باي جهود حقيقية لتنظيف المواقع الملوثة من هذه المواد وتقييم المخاطر وتنفيذ اعمال الاصلاح.
2. أستخدام اعتدة اليورانيوم المنضب في المناطق المأهولة بالسكان ضد اهداف مسلحة وغير مسلحة, وعادة تدافع الدول التي تستخدم هذه الاسلحة انها استخدمته للدفاع ضد عربات مصفحة ومسلحة, لكن استخدامه في العراق كان على نطاق واسع في مناطق مأهولة بالسكان مما يسبب مشكلة كبيرة جدا بسبب الطبيعة العشوائية (indiscriminate) لغبار اليورانيوم المنضب.
3. صعوبة تقييم وادارة التلوث باليورانيوم المنضب, فالادارة الفعالة والمؤثرة للمناطق المدمرة تحتاج تعاون كبير بين العديد من الخبراء الامم المتحدة وخصوصا من برنامج الامم المتحدة للبيئة, ومنظمة الطاقة الذرية الدولية ومنظمة الصحة العالمية. اكثر من 300 موقع ملوثة لا تزال في طور التقييم والتطهير.
4. التاثير على الصحة والبيئة المدنية, حيث اشرت العديد من التقارير والبحوث المنشورة الى زيادة خطيرة في التشوهات الخلقية.

ومن المفارقات ان اول حكومة عراقية أنشأءها الاحتلال عام 2004 قد اعترفت امام اجتماع المفوضية السامية للامم المتحدة لحقوق الانسان, بزيادة نسبة الاسقاطات والتشوهات الخلقية بين الاطفال حديثي الولادة, لكنها لم تجروء على التطرق الى موضوع التلوث نتيجة استخدام الاسلحة المحرمة ضد الشعب العراقي منذ حرب الخليج 1991 ولغاية انتهاء عمليات احتلال العراق العسكرية 2003(A7).

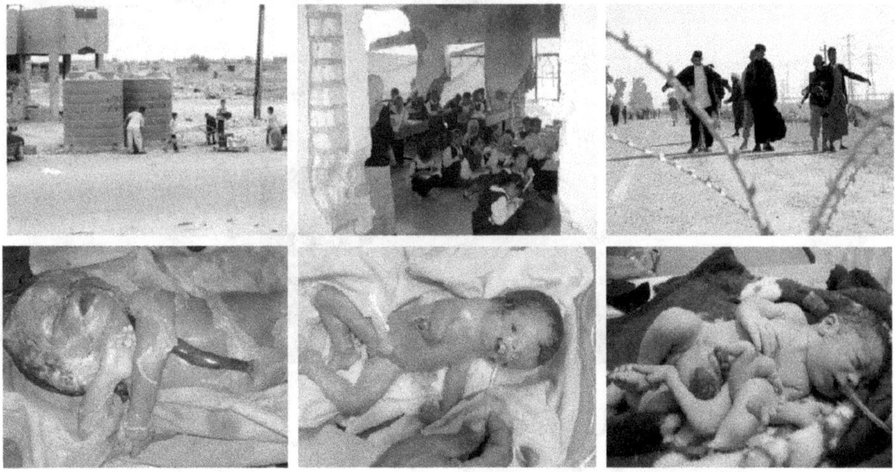

المسبب البيئي لعيوب السرطان والولادة في الفلوجة

البروفيسور كريستوفر باسبي

في الفصل 10 من هذا الكتاب تقرأ العديد من الأدلة على زيادات هائلة وكبيرة في حالات السرطان والتشوهات الخلقية في الفلوجة بعد معارك 2004. والآثار في الفلوجة وثقت بتقارير مع اخرى من جميع أنحاء العراق في المناطق التي كان هناك قتال في عامي 1991 و في 2003. لقد طلب مني المؤلف، محمد الدراجي التعليق على التقارير الحادة والمحيرة في بعض الأحيان والتي ظهرت بشأن هذه المسألة.

دخلت في هذا المجال عام 1998 نتيجة لبحثي في الآثار الصحية لليورانيوم المنضب DU. لقد زرت العراق في عام 2000 مع قناة الجزيرة وذهب إلى مستشفيات التي تعالج من السرطان وإلى ساحات القتال الجنوبية ومقابر الدبابات، مع أجهزة قياس إشعاع متطورة. كما زرت كوسوفو مع تلفزيون نيبون (Nippon TV)، وقدمت أدلة للجمعية الملكية في وقت لاحق. لقد أصبحت منذ ذلك الحين شيئا ضمن سلطة دولية حول الآثار الصحية لليورانيوم وكان من قبل مجلس الرقابة حكومة المملكة المتحدة حول اليورانيوم المنضب. اليورانيوم يرتبط مع DNA ويوفر الضرر الوراثي من خلال التضخيم من الخلفية الإشعاعية الطبيعية نتيجة الانبعاثات الضوئية.

اليورانيوم المنضب له بصمة خاص جدا: نسبة النظائر لها. وهذه يمكن قياسها مع الأجهزة العلمية المتطورة، وحساسية هذه الآلات ICPMS زادت إلى مستوى غير عادي في 20 عاما منذ ان تم نشر مادة DU في العراق في عام 1991. ولكن مع قدرة الكشف قد تغيرت، فان

طبيعة ونوع سلاح اليورانيوم قد تغيرت أيضا بعد التغطية العسكرية لمساراتها. لقد وجدنا اليورانيوم الطبيعي أو المخصب قليلا في ميادين القتال. ويجري عادة نشر اليورانيوم في الصواريخ والأسلحة الثيرموباريك (thermobaric, هو نوع من المتفجرات التي تستخدم الأوكسجين من الهواء المحيط لتوليد انفجار مكثف مع ارتفاع في درجة الحرارة، وبصور تطبيقية فان موجة الانفجار تنتج عادة عن طريق مثل هذا السلاح هو لمدة أطول بكثير من المتفجرات التقليدية المختصرة. قنبلة الوقود والهواء هي واحدة من أكثر الانواع المعروفة من الأسلحة الثيرموباريك). هناك أسلحة جديدة من نوع جديد تماما، التي يعتقد أنها تستخدم اليورانيوم والهيدروجين الثقيل، الديوتريوم (Deuterium) والتريتيوم (Tritium)، لخلق قنبلة نووية باردة الانصهار. وبطبيعة الحال، هناك القليل من المعلومات حول هذا: ولكن هناك آثار تركت عند استخدام هذا السلاح، وقمنا بقياس هذه الآثار في لبنان، في غزة وفي الفلوجة، في الشعر من أمهات الأطفال الذين يعانون من تشوهات خلقية. وكانت هذه مواقع الاختبار لهذه.

أولا يجب أن أقول إنني لا أعتقد أن سلاح الفسفور الأبيض (WP) هو سبب الضرر الوراثي والسرطان والعيوب الخلقية في الفلوجة. أن الفسفور الابيض هو سلاح رهيب حقا، وينبغي عدم استخدامه، ولكن الفوسفور هو مادة طبيعية التي تستخدم من قبل الجسم، والفوسفور الأبيض يحرق إلى خامس أكسيد (pentoxide). ليس هناك أي دليل من أولئك الذين يعملون مع الفوسفور في أي السمية الوراثية (genotoxicity) التي من شأنها أن تؤدي إلى أنواع من السرطان ويزيد من آثار الولادة غير العادية المنظورة في الفلوجة. محاولات الترويج للفسفور الابيض كسبب هي، في رأيي عبارة عن ستار من الدخان لتحويل الانتباه عن اليورانيوم. ومن الاسباب آلاخرى المحتملة هو الزئبق، التي وجدناها أيضا في شعر الأمهات، يمكن أن يسبب تأثيرات ماسخة والتشوهات الخلقية بعد التعرض له. لكننا نشهد في الفلوجة الآثار التي لا تزال قائمة. وهذا مع نسبة الجنس (sex ratio) نقطة تشير بوضوح إلى التأثير الوراثي أو الجيني. والمادة الوحيدة التي وجدنا أن بامكانها أن تسبب ذلك هو اليورانيوم أو الإشعاع. أو بعض الأسلحة الكيميائية: ولكن هذه الأسلحة الكيماوية مثل اللويزيت (Lewisite) وغاز الخردل (mustard)، التي من السهل الكشف عنها بواسطة البثور (blisters) ألتي تسببها؛ ولم يوثق شيء من هذا القبيل.

مؤلف هذا الكتاب مع غيره ممن سبقوه، قدموا مستويات تاريخية عن حالات السرطان والعيوب الخلقية الحالية وتشير إلى مزيد من القياسات الحالية التي تبين زيادات كبيرة. وكان هذا النهج في وقت مبكر من بدايات عام 2000s الذي أدى إلى دخولي هذا المجال. ليس هناك شك حول الزيادات الكبيرة في السرطان. ولكن الحقيقة هي انه من الصعب جدا الحصول على أرقام دقيقة أو تصديق لمعدلات الإصابة بالسرطان والأمراض الخلقية في بلد من بلدان العالم الثالث التي قد تعرضت للضرب من قبل الحروب بحيث ان البيانات السكانية من الصعب تجميعها. في الحرب، الناس تبتعد وتهرب. لا أحد يجمع أرقام التعداد السكاني. في حال وفاة

طفل بعد فترة قصيرة من الولادة، فليس هناك وقت أو تكنولوجيا لمعرفة ما إذا كان ذلك يعود إلى عيب خلقي في القلب، أو لبعض الاسباب غير المرئية الآخرى. الطفل مجرد أن يفشل بالنمو، مع الكثير من السعال ثم يموت. خصوصا في كثير من الأحيان في المناطق التي لا يوجد فيها مستشفى ولا أي طبيب. لهذا السبب, دراسة الاستبيان الأخيرة من قبل فرع منظمة الصحة العالمية في العراق هو أمر مثير للسخرية. وفكرة أن نسبة السرطان قبل الحرب منخفضة من 8 أو 28 لكل 100,000 صحيح هي أيضا مستحيلة. في الغرب، حيث توجد سجلات جيدة للسرطان، ومعدل السرطان الخام حوالي 400 لكل 100,000. في الخمسينيات كانت النسبة أقل، ولكنها لم تكن أبدا 28 أو 8 لكل 100,000. لا يمكن مقارنة معدلات الإصابة بالسرطان الخام دون سكان السيطرة (control population) على نفس الأصل العرقي والتوحيد بالنسبة للعمر. لذلك هذا هو ما فعلناه في الدراسة الشهيرة في أستبيان عام 2010 التي نشرت في المجلة الدولية لأبحاث البيئة والصحة العامة (International Journal of Environmental Research and Public Health). مقارنة العمر مع العمر والجنس مع الجنس لسكان العينة في الفلوجة مع السكان في مصر. وكانت هذه هي البداية، ومازالت الدراسة الوحيدة التي أجريت بهذه الطريقة. وأظهرت (كما سوف تقرأ في الفصل 10) أعلى مستويات السرطان في أية مجموعة من السكان ومن أي وقت مضى درست في أي مكان. وعلى وجه الخصوص، في ألاهمية الكبيرة لبحوث سرطان الطفولة (childhood cancer) وسرطان الدم (leukaemia)، التي أظهرت مستويات هذه الأمراض قد تقطع شوطا طويلا لتحديد سبب سرطان الدم الطفولي في الشعوب الأخرى. على سبيل المثال، أولئك الذين يعيشون بالقرب من المواقع النووية مثل سيلافيلد في بريطانيا.

وفي اعتقادي أن سبب كل هذه الآثار هو اليورانيوم، في شكل الجسيمات النانوية، التي تنتجها أسلحة اليورانيوم الجديدة. إنه ليس من الفسفور الأبيض: الاقتراح هو سخيف. كما إنه ليس من الزئبق. وجدنا اليورانيوم بكميات فائضة وكبيرة في شعر الأمهات. وجدنا اليورانيوم المخصب في حفرة لا تزال موجودة وفلتر الهواء لسيارة إسعاف في لبنان. كما وجدنا اليورانيوم المخصب في عينات من فلتر الهواء في غزة. وقد وجدت بعض النشاط الإشعاعي في الفلوجة وفقا للمؤلف، لكني لم أطلع على أي تفاصيل للقياسات أو هوية النظائر المشعة.

ما فعلناه للسرطان في دراسة استبيان 2010, نحن فعلناه ايضا مع الدكتور سميرة العاني حول التشوهات الخلقية. ونشرت النتائج في مجلة الجمعية الطبية الإسلامية لأمريكا الشمالية (Journal of the Islamic Medical Association of North America) في عام 2012. تم سرد مستويات عيوب ولادية عن طريق النوع هناك: رأس القائمة هو عيوب خلقية في القلب. هذه لا يمكن إلا أن يكون تشخيص بالموجات فوق الصوتية، وبواسطة خبراء. الطفل في القرية ومن دون القدرة على الوصول إلى المستشفى حتما سيموت فقط. لا أحد سيكتب "عيب في القلب" على شهادة الوفاة، على افتراض وجود هذه الشهادة اصلا.

ومن رأيي أننا قد غطينا كل ما نحتاجه للتغطية في هذا المجال. قدمنا دراسات علم الأوبئة عن السرطان، والعيوب الخلقية، والنسبة بين الجنسين. قمنا بقياس اليورانيوم على الأرض وفي شعر الاباء. وقمنا بوضع نتائجنا في مقالات استعراض مقارن (peer-review literature). لقد قدم لهم في مجلس حقوق الإنسان للامم المتحدة في جنيف ولمرتين. ومن الخطأ القول بان أحدا لم يضع أي نتائج في مقالات استعراض مقارن يظهر الاشياء هذه. أنهم فقط قد تجاهلوا هذا، أو انتقدوا من على الهامش وكتبوا إلى محرري المجلات والجامعات من اجل أن يلقى بي خارجا. تقرير منظمة الصحة في العراق الذي لم يكن فيه استعراض جماعي وليس فيه مقالات استعراض مقارن. وبالتالي فإن التحدي قائما: ما الذي يجري للقيام به حيال ذلك لحد الان؟ لا شي!!

ولكن شيئا ما قد تم القيام به ضدي. لقد هوجمت كثيرا وسخر من قبل أولئك الذين بلا شك يعملون في الصناعة النووية والعسكرية بطريقة أو بأخرى. ولكن كما كتب جوزيف كونراد (Joseph Conrad): **بعد كل الصراخ قد انتهت، ويبقى الصمت الكئيب من الحقائق**. والحقائق هي في الواقع قاتمة. الآثار السامة للجينات في الفلوجة في العراق، في جميع الأماكن التي استخدمت فيها هذه الأسلحة اليورانيوم جديدة تتحدث عن نفسها. كما تم العثور على آثار مماثلة في قدامى المحاربين: هناك تقارير في مقالات تتحدث عن العيوب الخلقية في قدامى المحاربين في الولايات المتحدة. لقد اتصلت بالعديد من المحاربين القدامى في حرب الخليج من المصابين بالسرطان وسرطان الدم. ولكن في المملكة المتحدة، المحكمة العليا قد أقنعت من قبل وزارة الدفاع البريطانية أنني لا يمكن أن اكون بمثابة الشاهد الخبير مجددا في هذه الحالات لأن أنا "ناشط". لهذا, أنا أكتب الاشياء عن هذه الآثار الجهنمية في المجلات وعلى الانترنت في أشرطة الفيديو واظهر على قنوات مثل روسيا اليوم و آلجزيرة والصحف.

وأعتقد أن الحقيقة سوف تظهر في نهاية المطاف. ولكن فقط إذا واصلنا خوض هذه الحرب من اجل البشرية، واحدى هذه المعارك هي معركة الفلوجة، التي لا تزال تدور رحاها بفضل مثابرة وشجاعة المؤلف وأصدقائه.

كريستوفر بوسبي

مدينة ريغا، جمهورية لاتفيا

16 أكتوبر 2015

الفصل الحادي عشر

أنشاء فرق الموت والخيار السلفادوري لاشعال الفتنة الطائفية في العراق

11. 1. مسببات اللجوء للخيار السلفادوري

الغزو الغربي على العراق فتح الباب الى العديد من الحروب الخفية الاخرى, فبعد ان كان وزير الدفاع الامريكي الاسبق رامسفيلد متفائلاً بوجود بصمة ضوء "light footprint" من خلال وجود اكثر من 140 الفاً من جنودهم. لكن الامر تحول في النهاية الى فوضى عارمة دفعته الى تقديم استقالته في 2006. فجاء من بعده الجنرال ديفيد بيترايوس ليطلب المزيد من القوات في حربه وخططه ضمن استراتيجية مكافحة التمرد في العراق. وبسبب حصول تقدم امني بسيط, قام الرئيس اوباما بنقل هذه الاستراتيجية في مكافحة التمرد الى افغانستان لكنها اثبتت فشل ذريع هناك. هذا الفشل هو الذي فتح الطريق نحو حروب الظل الجديدة مثل هجمات الطائرات بدون طيار ضد المشتبه بهم والمتشددين في أفغانستان وباكستان واليمن[521].

ان العنف الذي بدء في العراق منذ عام 2003 يعود الى 3 انواع من الصراعات. اولها الصراع والقتال العسكري الذي بدءه الاحتلال وساعد استمرار هذا الصراع بقاء قواته في العراق, ثانياً نشوء حركة رفض شعبي مسلح تحاول أخراج الاحتلال الامريكي من العراق. وثالثا القتل الطائفي الذي تم تصويره كحرب اهلية اجتاحت العراق في عام 2005 واستمرت حتى عام 2007. وهذا ما أكده تحليل أستاذ العلوم السياسية الدولية في جامعة (Queen Mary) د. توبي دودج (Dr. Toby Dodge), حيث اعترف ان تصرفات قوات الاحتلال (التحالف) الذي قادته امريكا ساعدت اما بصورة مباشرة في زيادة العنف, او تصاعد العنف عبر القرارات السياسية التي فرضوها[342].

اتفقت العديد من الجهات العراقية السياسية التي جاءت مع الاحتلال الاجنبي في العراق, والذين التقت بهم احدى المجاميع البحثية العسكرية الامريكية[230], على ان اهم اسباب انعدام الامن بعد دخول قوات الاحتلال كانت:

1. قرار حل الجيش العراقي السابق من قبل سلطة التحالف المؤقتة بالامر رقم 2 (CPA Order #2).

2. قرار اجتثاث البعث De-Ba‘athification من قبل سلطة التحالف المؤقتة بالامر رقم 1(CPA Order #1).

3. رؤية الولايات المتحدة الامريكية كقوات احتلال occupiers وليس كمحررين liberators.

4. انتشار عمليات النهب والخروج عن القانون.

5. العجز في السيطرة على مخزونات الاسلحة والذخيرة.

6. أطلاق النار على المتظاهريين السلميين في الفلوجة.

المسؤولين العسكريين العراقيين انفسهم في عام 2004 كانوا يعترفون بان القوات الامريكية كانت تغض النظر عن جرائم السرقة وخصوصا لمخازن الاسلحة والذخائر مع عمليات الخروج عن القانون التي كانت تحدث امامهم[230]. يضاف اليها ترك الحدود مفتوحة للدخول الحر, مما يؤكد نيتهم المسبقة بجعل العراق ساحة حرب مفتوحة عبر فتح الساحة لمعارضي الاحتلال والسياسة الامريكية. فاصبح العراق متاحاً أمامهم, مع سهولة توفر الاسلحة ايضا. مما جعل هذه السياسة الخاطئة تقودهم الى مأسي ومأزق على كافة الاصعدة وأكثرها تاثيراً هو المأزق العسكري.

المقاتلين المحليين يقاتلون كحرب عصابات بسبب الوجود الاجنبي على أراضيهم وليس لانهم يرغبون باحتلال اجنبي, اي انهم يتبعون منهج مقاومة الاحتلال الاجنبي ضمن استراتيجية حرب العصابات, وهو ما اعترف به مسؤول عسكري أسترالي متخصص بمكافحة الارهاب وحرب العصابات واشترك بانشطة دولية مشتركة ويدعى ديفيد كيلكولين (David Kilcullen) كانت قد استعارته وزارة الدفاع الامريكية من نظيرتها الاسترالية لخبرته العالية في مكافحة التمرد والارهاب[498].

11 .1 .1. المأزق العسكري

ولمعرفة حقيقة المأزق العسكري الامريكي في العراق والذي حاولوا التغطية عليه منذ اندلاع المقاومة الوطنية في العراق, فعلينا النظر على سبيل المثال الى احصائيات الجيش الامريكي الطبية تشير الى ان اعداد جرحاهم الذين عولجوا في المستشفى الميداني 31 (st Combat 31Support Hospital) في بغداد فقط قد تجاوز 3,426 جريح وللفترة من كانون الاول (ديسمبر) 2003 ولغاية معركة الفلوجة في تشرين الثاني (نوفمبر) 2004[214]. بينما وصلت ضحاياهم بعد الخمس سنوات الاولى من الاحتلال الى 33000, منها 29000 جريح واكثر من 4000 قتيل[215]. ولهذا فقد تم تقليص عدد القوات العسكرية مع زيادة وتيرة العمليات واستخدام نظم الاسلحة الاكثر تعقيداً ولتجنب القيود العسكرية مع توافر المهارات الاساسية كل هذه العوامل قد دفعت الى توظيف المرتزقة (المقاولبين) بدلاً من أفراد القوات المسلحة, بحسب تقرير مكتب الاحصاء العام الامريكي (US General Accounting Office) في 5 حزيران (June)2003[115].

اعترف الجنرال كيسي في أذار (مارس) 2005 ان المسلحين يعملون انطلاقا من المناطق السنية ولديهم ما يكفي من القوى العاملة، والأسلحة والذخائر والمال لإطلاق ما بين 50 و 60 هجوما في اليوم[53]. بينما وصفّ الجنرال ريكاروا سانشيز عند تقسيمه سكان بغداد طائفياً, ان السّنة هم الاشد معارضة لاحتلال القوات الامريكية والتحالف[36]. امريكا اشتهرت

بصنع فرق الموت في امريكا اللاتينية والترويج لها بحجة التحرر والديمقراطية, فلا نستبعد من ان تلفق اكاذيب لقمع المقاومة في المناطق السنية التي سميت بالمثلث السني. تقرير حقوق الانسان في بعثة الامم المتحدة يونامي في بداية عام 2006 اعترف بان العمليات العسكرية الامريكية التي بدءت خصوصا في محافظة الانبار تثير القلق ازاء أوضاع حقوق الانسان وخصوصا في مدينتي الرمادي والفلوجة من فرض قيود على حرية الحركة او الاستعمال المفرط للقوة واساءة المعاملة وعمليات السرقة خلال الاغارة على البيوت [649]. وهذا يؤكد مدى شروع سياسة الانتقام من المدنيين في تلك المدن بعد المعارك السابقة معها.

في الوقت الذي يعترف تقرير للكونغرس الامريكي وتقرير لوزارة الخارجية الامريكية بقوة مقاومة (تمرد) التيار السني فانه أعترف بنمو متزايد للمليشيات الشيعية في عام 2006, وفقاً لقائد القيادة المركزية الأمريكية، وذلك اعتبارا من مطلع أغسطس 2006 وهذه الميليشيات هي من أكبر المساهمين في العنف الطائفي في العراق .كما ذكرت وزارة الدفاع في آب 2006، بان التهديد الذي تشكله الميليشيات الشيعية يتزايد ويمثل تحديا كبيرا للحكومة العراقية .الميليشيات الشيعية التي تؤثر على الوضع الأمني في معظم الأحيان هي جيش المهدي ومنظمة بدر[118]. وشخصياً انا اعتقد ان هذه المعلومات هي محاولة لخلط الاوراق بين مجاميع كانت تقاوم الاحتلال ووضعها مع مجاميع على النقيض منها في التوجه والاهداف.

بعد مقتل المقاوليين الامنيين الاربعة في الفلوجة يوم 31 أذار 2004, اعلن نائب قائد العمليات العسكرية في العراق الجنرال كيميت وصفاً ساخراً حول الفرق بين الارهابيين والمتمردين قائلاً (ان المتمردين قد يكونوا من عناصر النظام السابق وقد يكونوا قد حصلوا على تدريب في الجيش العراقي السابق ايضا, وهم من يهاجمون جنودنا ومراكز الشرطة في الفلوجة, بينما الارهابيين هم الذين يقومون بهجمات انتحارية مذهلة تستهدف ثكنات الجيش العراقي والفنادق والمساجد والاحتفالات الدينية في كربلاء وبغداد, وهذه بمشاركة القاعدة وابو مصعب الزرقاوي). والحقيقة تشير ان الوحدات العسكرية الامريكية لم تسجل او تلاحظ تواجد اي مقاتل اجنبي في تلك المناطق, ويعتقد الجيش الامريكي ان الهجمات تنبع من تنظيمات مسلحة داخلية, بحسب الصحفي روبرت فيسك Robert Fisk [506]. لهذا فأن خيار حرب العصابات وانشاء فرق الموت ما هو الا قتال حروب صغيرة ضمن واحدة كبيرة, كما وصفها خبير الارهاب الدولي والضابط الاسترالي ديفيد كيكولن David Kilcullen[498].

11. 1. 2. تأثير فشل المرتزقة الاجانب في العراق

فرق الموت (Death squads) او عصابات القتل (Murder gangs) هي عبارة عن استراتيجية ارهابية للقتل الجماعي, وتسمى احيانا بالخيار السلفادوري لكون بداية تنفيذها من قبل الولايات المتحدة قد تم في السلفادور. فقد دعمت الولايات المتحدة مليشيات دكتاتور السلفادور ونتج عنها سلسلة جرائم قتل وصل عدد ضحاياها الى 75000 قتيل. دعم واسناد فرق الموت كانت احدى سمات السياسة الأمريكية في امريكا اللاتينية من اجل وقف المد

الشيوعي فيها. الأرجنتين في 1970s وغواتيمالا في 1980s، والجنود يرتدون زي غير رسمي ويستعملون سيارات غير معروفة ليلا لخطف واغتيال معارضي النظام أو المشتبه بهم كمتعاطفين معهم.

ديفيد أيزنبرغ (David Isenburg) كتبّ في أيلول (سبتمبر) 2004 الى مجلس الامن المعلوماتي البريطاني-الامريكي (British-American Security Information Council) يبين لهم أن اعتماد البنتاغون على المقاولين الامنيين PSPs في العراق كان حلاً سيء التخطيط نتجّ من فشل عملية الادارة في تناسبها مع الموارد الكافية ضد المتطلبات القانونية الدولية لقوة احتلال وتفاقم الوضع الامني, وتجنب قيود (محددات) القوات المسلحة, وتوافر المهارات الرئيسية لدى المقاوليين كأسباب دافعة في توظيف المقاوليين بدلاً من أفراد القوات المسلحة[70].

أيجاد فرق الموت وأنفجار الوضع الامني هو افضل بيئة ممكنة لتحجيم ومنع اي مصادر صحفية او معلوماتية من العمل بحرية في رصد الانتهاكات والجرائم اليومية. وبالتالي يسهل معاقبة المناطق المؤيدة للمقاومة الوطنية المعارضة لوجود الاحتلال. ضابط العلاقات العامة جايمس هوتون (LTC James E. Hutton) من الكتيبة الثالثة (III Corps and Fort Hood) يعترف بأن العامل الوحيد في أنحراف التغطية الاعلامية في العراق عن ما تتمناه أدارته كان وجود العديد من المنظمات التي تحقق وتجمع الاحصائيات اليومية للضحايا مع الكثير من الصور والافلام التي نشرتها مكاتب صحفية [184]. ولهذا السبب لا زال يتعرض الصحفيين في العراق الى قتل مستمر مما دفع العراق ليكون في مقدمة دول العراق الخطرة على حياة الصحفيين.

2.11. الدور الامريكي

إصرار إدارة بوش على أن السلطة السياسية في تشكيل الحكومة العراقية الجديدة بعد حكم بريمر يجب ان تكون على أساس طائفي وعرقي, كان خطأً جسيماً. وهذا هو بالضبط الصيغة التي أثبتت أثاراً كارثية كما حصل في لبنان، البلد الذي بقي نحو عقدين غارقاً في حرب أهلية دامية [324].

الدليل التطبيقي للجيش الامريكي المرقم FM 31-20-3 حول تقنيات التكتيكات الدفاعية الداخلية في الخارج واجراءات القوات الخاصة (Foreign Internal Defense Tactics Techniques and Procedures for Special Forces) لعام 2004, يشير الى السياسة التطبيقية لفرق الموت ودعم الحكومات الفاسدة في امريكا اللاتينية ضمن المنهج. فهذه هي سياسة القوات الخاصة الامريكية [187]. ولو رجعنا الى الوراء فسنجد ان دور السي اي ايه في

انشاء القاعدة وتبعها نداء الرئيس الامريكي كارتر للمسلمين من اجل الجهاد في افغانستان اثناء الاحتلال السوفيتي لافغانستان الذي بدء في شهر كانون الاول (ديسمبر) 1979 وحتى انسحابها منها كاملا عام 1989. حيث كان الدعم والتعاون الامريكي للمقاتلين الافغان والعرب ينمو بشكل متزايد. مستشار الامن القومي للرئيس الامريكي الاسبق كارتر والمدعو (Zbigniew Brzezinski) كان قد اعترف وأيد ما صرح به مدير جهاز المخابرات الامريكية السابق روبرت غيتس (Robert Gates) في مذكراته المسماة من الظلال (From the Shadows), حول قيام الرئيس الامريكي الاسبق جيمي كارتر (Jimmy Carter) قد وقع على قانون يجيز قيام جهاز المخابرات الامريكية بمساعدة المجاهدين في افغانستان منذ فترة تسبق 6 أشهر من التدخل السوفيتي في افغانستان, وان مساعدتهم هذه قد ساعدت على نشوء التدخل الروسي في افغانستان, من اجل ان تعطي للاتحاد السوفيتي حرب فيتنام جديدة لرد الصاع لهم بعد الهزيمة الامريكية في فيتنام. فالمهم لديهم هو تحطيم الامبراطورية السوفيتية وتحرير وسط اوربا وانهاء الحرب الباردة, مقابل القبول بثمن دعم وبروز حركة طالبان[180].

وعبرّ عن تعاطفه مع هذه السياسة الامريكية في مساعدة المجاهدين في افغانستان ايضا النائب عن ولاية تكساس تشارلز ويلسون (Charles Wilson) الذي قال (كان هنالك 58000 قتيل امريكي في افغانستان, ونحن مدينون للروس بواحده, ولدي احساس بان على السوفيت ان يحصلوا على جرعة مماثله, لقد كان في رأيي بان هذه الاموال المصروفة في افغانستان هي افضل شيء استخدمت في ايذاء خصومنا من ابواب الصرف الاخرى في وزارة الدفاع)[431]. وهذا ما دفع الكاتب الامريكي ويليام بلوم (William Blum) مؤلف كتاب قتل الامل (Killing the hope) والذي وصف التدخل الامريكي في افعانستان (1979-1992) بانه الجهاد على الطريقة الامريكية[426].

من المعروف ان سلطات الاحتلال كانت ترعى مليشيات أجرامية وفرق موت قبل وبعد احتلال العراق, ومن هذه القوات المعروفة بالعقارب (Scorpions) والتي عملت منذ بداية الاحتلال بصورة سرية جداً, وكانت مهامها قبل الحرب هو التغلغل في المدن العراقية وزرع البلبلة والقيام باعمال تخريبية لاجل مساعدة الغزو. ويقال ان هذه الوحدات دخلت مدن بغداد والفلوجة والقائم, لكن سرعة هجوم الغزو واحتلال العراق جعل الاستغناء سريعا لخدمات هذه القوة[455]. ثم عاد وسلط الضوء على هذه القوة مع ظهور التعذيب الوحشي الذي كان يفضي عادة الموت، مع احد المعتقلين العراقيين في احد السجون الامريكية في تشرين الثاني (نوفمبر)2003 وهو الجنرال السابق عبدالحميد مهاوش (Abed Hamed Mowhoush)[456]. وفي نهاية عام 2003, واشنطن اختارت سياسة الحرب القذرة, حيث مولت قانون مقترح جديد من البنتاغون كان قد وافق عليه الكونغرس الامريكي في نوفمبر ليرصد 3 مليارات دولار من الاموال لاجل المليشيات العراقية[457]. ففي مدينة الفلوجة وبعد المعركة الثانية فيها, وجهت اتهامات بالاختطاف والاعتقال والقتل للابرياء من قبل الجيش

العراقي وقوة حفظ النظام التابعة لوزارة الداخليه والتي ادخلت بعد المعركة الثانية وتحت أشراف القوات الامريكية [9A].

وبعد منتصف 2004, قوات الاحتلال زادت من اعتمادها على القوات العراقية الغير نظامية, وكذلك وحدات خاصة شكلت بموجب السيطرة الشكلية لوزارة الداخلية العراقية. تحدثت مصادر البنتاجون للصحفيين وأنباء عن هذه السياسة بأنها "الخيار السلفادوري" في اشارة الى تكتيكات الولايات المتحدة في مكافحة التمرد في أمريكا الوسطى في بداية الثمانينات[458]. الوحدات الغير نظامية الجديدة أنشئت في صيف وخريف 2004, وتتضمن فريق سوات الحلة (Hilla SWAT Team), وحرس الحرية العراقية (Freedom Guard Iraqi), ولواء العمارة (Amarah Brigade), وشرطة المغاوير الخاصة التي يشار اليها احيانا بلواء الذئب (Wolf Brigade)[460]. فالعديد من المليشيات كانت تدرب وتسلح من قبل قوات الاحتلال[461].

العديد من المليشيات تعمل كفرق الموت وتنفيذ الاغتيالات المستهدفة. حيث كان العديد من القادة العراقيين والضباط السابقين عرضة للتصفية او الاستهداف، خصوصا بعد حملات التطهير تحت مسمى اجتثاث البعث (de-Baathification purges) [462]. ومن جانب اخر, الصحفيين الغربيين قبل المعركة الثانية في الفلوجة كانوا يشمئزون من الحديث عن وجود جواسيس خوفا من كونها نظريات المؤامرة (conspiracy theorists). ولكن الجواسيس والعمليات السرية ليست مؤامرة في العراق، بل هو واقع يومي. فوفقا لنائب مدير وكالة المخابرات المركزية جيمس بافيت (James L Pavitt)، "بغداد تعد موطنا لأكبر محطة CIA منذ حرب فيتنام"، مع وجود 500-600 من وكلاءهم على أرض الواقع. علاوي نفسه وطوال حياته كان يتحدث عن العمل مع MI6 ووكالة المخابرات المركزية والمخابرات العراقية[476].

في التقرير السنوي حول العراق لوزارة الخارجية الامريكية (US Department of State) لعام 2006[229], يتضح حجم التناقض الذي يكشف الاجندة الحقيقية للسياسة الامريكية في بداية حقبة الاحتقان الطائفي الذي أنشئته. فالتقرير من جهة يقول ان المجاميع التي تختلف في نوعية اعضائها وتعارض بقوة الحكومة الانتقالية العراقية في أيار 2004 وهي القاعدة, مجاميع حزب البعث المتفرقة, والمسلحين السنّة الذين يشنون حرب عصابات (guerrilla warfare). بينما تصف العنف الطائفي والاجرامي من قبل عناصر من قوى الامن والمليشيات الطائفية وكانها مجرد تصرفات فردية وفي كثير من الاحيان بشكل مستقل عن السلطة الحكومية. وكانها تريد القول بان المتمردين ضد الحكومة يقومون بجرائم لكن جرائم المليشيات هي مجرد افعال طائفية تعيق عمل الحكومة في مجال حقوق الانسان كعلامة ضوء اخضر يساعد في استمرار جرائمها. ثم يتحدثون بنفس التقرير بشكل مفصل في فقرة الحرمان التعسفي او الغير قانوني للحياة (Arbitrary or Unlawful Deprivation of Life) عن

انشطة اجرامية لمليشيات طائفية تعمل خارج نطاق سيطرة الحكومة من دون تسميتها بالوصف القانوني كمليشيات اجرامية. ويقسمها التقرير الى قسمين, فيلق بدر (الجناح العسكري للمجلس الاعلى للثورة الاسلامية والقريب من ايران), وجيش المهدي التابع للتيار الصدري والذي انشأ بعد دخول الاحتلال.

الدور الامريكي الرسمي حتى في دعم حركات التحرر يعتمد دائماً على مصلحة الولايات المتحدة الامريكية بالدرجة الرئيسية وليس وفقاً لمعايير حق الدفاع عن النفس وحق المقاومة المسلحة ضد الاحتلال الاجنبي ضمن ابسط حقوق الانسان المعترف بها دولياً. فدور السي اي ايه في علاقاتها مع القاعدة في افغانستان اثناء الاحتلال السوفيتي لافغانستان هو خير دليل على ذلك. وقبل التعرف على جرائم فرق الموت, علينا ان نعرف ابرز اللاعبيين الاساسيين والذين برزوا على الساحة كداعمين لفرق الموت في العراق وكالاتي:

11. 2. 1. جون نيغروبونتي (John Dimitri Negroponte)

وهو مولود في بريطانيا من ابوين يونانيين والحاصل على الجنسية الامريكية والذي يتحدث 5 لغات (الانكليزية ,الاسبانية ,اليونانية, الفيتنامية, والفرنسية). يمكن ابراز اكثر النقاط المهمة التي توضح حياته ودوره المخادع والقذر هي:

1. كان من المعروف عنه خلال منصبه كسفير امريكي لدى الهندوراس (1981-1985) قد ساعد على نمو المساعدات العسكرية للهندوراس من 4 ملايين دولار إلى 77.4 مليون دولار سنويا. الولايات المتحدة بدأت في الإبقاء على وجود عسكري كبير هناك، وذلك بهدف توفير حصنا ضد الحكومة الساندينية (Sandinista) الثورية في نيكاراغوا، وهو حزب يساري يناضل لطرد الديكتاتور سوموزا(Somoza). وبالرغم من ان السفير الامريكي الاسبق لدى الهندوراس جاك بينز (Jack Binns) (الذي عينه الرئيس جيمي كارتر) كان قد أشار الى شكاوى عديدة حول انتهاكات حقوق الإنسان من قبل الجيش الهندوراسي في ظل حكومة بوليكاربو باز غارسيا (Policarpo Paz García). لكن بعد تنصيب الرئيس الامريكي رونالد ريجان، تم استبدال بينز من قبل نيغروبونتي، الذي عمل على نفى معرفته بوجود ارتكاب أي انتهاكات مخالفة من قبل القوات العسكرية للهندوراس. وبالرغم من التحقيقات اللاحقة حول هذه الانتهاكات ورضوخ نغربونتي للاعتراف بها, الا انه لم يطالب بوقف المساعدات العسكرية لحكومة الهندوراس[332]. أدلة قوية ظهرت في وقت لاحق لدعم الادعاء بأن نيغروبونتي كان على علم ان عمليات انتهاكات خطيرة لحقوق الإنسان من قبل الحكومة هندوراس، ولكن على الرغم من هذا لم يوصي بإنهاء المساعدات العسكرية الأمريكية إلى هذه الدولة. وفي وقت مبكر من الثمانينات, إدارة الرئيس ريغان (Reagan) مولت وساعدت على تدريب مليشيا الكونترا (Nicaraguan contras) في نيكاراغوا ومقرها في الهندوراس بهدف الإطاحة بنظام ساندينيستا (Sandinista) في نيكاراجوا. دعمت الولايات المتحدة مليشيا الكونترا باستخدام المال الغير قانوني من مبيعات الأسلحة الأميركية إلى إيران،

وهي فضيحة ايران غيت التي أطاحت لاحقاً بالرئيس ريغان. السناتور الامريكي كريستوفر دود (Christopher Dodd) من ولاية كونيكتيكت Connecticut، في 14 سبتمبر 2001، كما ورد في سجلات الكونغرس، عرض اعتراضه وشكوكه على ترشيح نيغروبونتي لمنصب سفير امريكا في الأمم المتحدة[333]. حيث اعترض الديمقراطيين على تعيينه بسبب دوره في التستر ودعم العصابات المتهمة بانتهاكات فظيعة لحقوق الانسان في الهندوراس ونيكاراغوا والابتعاد عن دوره في انتهاج السياسة الهادئة التي كان يجب ان ينفذها كسفير. وسرعان ما وافق الكونغرس الامريكي على تعيينة وبعد اربعة ايام من هجمات 11 سبتمبر 2001. الصحفي الامريكي ستيفن كينزر (Stephen Kinzer) أشار الى ان تعيين نيغروبونتي كانت رسالة أهانة للامم المتحدة, حيث نقلّ عن مسؤول بوزارة الخارجية الامريكية قوله إن "مما أتاح لنيغروبونتي هذا المنصب هو كونه وسيلة لإخبار الأمم المتحدة " نحن نكرهكم"[334].

2. في اثناء عمله كسفير في الأمم المتحدة، كان له دور أساسي في الحصول على موافقة مجلس الأمن بالاجماع على قرار يطالب صدام حسين بالامتثال لقرارات الامم المتحدة ونزع السلاح[336]. لكن الحقائق الدامغة والمعلنة بعد احتلال العراق 2003 قد دحضت كل الاكاذيب الاستخبارية حول استمرار العراق في امتلاك اسلحة محرمة, وتسببت هذه الاكاذيب في كارثة تدمير العراق وقتل مئات الالاف من شعبه وتشريد الملايين وتهجيرهم خارجيا وداخليا.

3. في 19 أبريل 2004، رشح الرئيس الامريكي جورج بوش نيغروبونتي ليكون سفير الولايات المتحدة الى العراق بعد 30 حزيران موعد تسليم السيادة المزعومة. وصادقّ على تعيينه من قبل مجلس الشيوخ يوم 6 مايو، 2004، بتصويت شبه كلي من 95 إلى 3!! واستبدل بول بريمر ليكون أعلى موظف مدني أمريكي في العراق. كانت نصائحه المعلنة لإدارة بوش أن الأمن يحتاج الى إعادة الإعمار في العراق، وتنظيم انتخابات سلمية، وأعطى نصيحة لم يكن مرحب بها من قبل رامسفيلد والديمقراطيين في الكونغرس، بأن هنالك حاجة إلى التزام وجود عسكري في العراق لمدة خمس سنوات[335]. لم يكن من المستغرب بدء انشطة فرق الموت في العراق مع تاريخ مجيء السفير الامريكي نغروبونتي الى العراق بسبب خبرة هذا الرجل في هذا النوع من العمليات الاجرامية, حيث يؤكد البروفيسور مايكل جوزودفسكي (Michel Chossudovsky) من جامعة اوتاوا (Ottawa) الامريكية بان (تعيين نغربونتي سفيراً للعراق عام 2004 بعد ان كان مديراً لجهاز المخابرات الامريكية, كان مصحوبا مع مهمة محددة وهي تنفيذ الخيار السلفادوري في العراق)[326]. وفي 10 يناير (كانون الثاني) 2005 تسربت اخبار من داخل وزارة الدفاع الامريكية الى مجلة نيوزويك (Newsweek) مفادها (أنها تدرس تشكيل فرق القتل من الاكراد والشيعة لاجل استهداف قادة التمرد العراقي ضمن الاستراتيجية المأخوذة من النضال الامريكي ضد الثوار اليساريين في امريكا الوسطى قبل 20 عاماً)[337]. عمل نيغروبونتي ومساعده في العراق روبرت فورد (Robert S. Ford) على هذا المشروع وهو يجيد اللغتين العربية والتركية، وبمساعدة اشخاص اخرين ضمن فريقهم لهذا المشروع، وهم مساعد فورد المدعو هنري انشر(Henry Ensher) وهو اصغر موظف في القسم السياسي للسفارة,

بالاضافة الى جيفري بيالز (Jeffrey Beals) الذي لعب دوراً مهماً في الفريق عبر تحدثه واتصالاته مع العديد من المتطرفين العراقيين. و جيمس جيفري (James Franklin Jeffrey) سفير امريكا السابق في البانيا (2002-2004), والتحق بهذا الفريق العميد المتقاعد جيمس ستيل (Colonel James Steele) وهو احد مساعدي نيغربونتي خلال ذروة القتل الجماعي في الهندوراس 1980, وتم تعيينه من قبل نيغروبونتي كمستشار لقوات الأمن العراقية الجديدة فأشرف على اختيار وتدريب أعضاء من منظمة بدر وبعض من خلايا جيش المهدي، وهما أكبر الميليشيات الشيعية في العراق، من أجل استهداف شبكات القيادة والدعم للمقاومة السّنية المبتدئة. وسواء كان مخطط لها أم لا، فأن فرق الموت هذه تصاعدت بسرعة وخرجت عن نطاق السيطرة لتصبح السبب الرئيسي للقتل والوفاة في العراق. وبدءت عشرات الجثث المشوهة بالتعذيب تصل بدورها يومياً الى شوارع بغداد من قبل فرق الموت التي حفزها نيغروبونتي. فهذا هو العنف الطائفي الذي تدعمه الولايات المتحدة والذي أدى الى حد كبير في الوصول الى جحيم الكوارث في العراق اليوم بحسب الصحفي الامريكي ظاهر جمايل[338]. كما تواجد الكولونيل روبرتوا كواتيس في تدريب القوى الامنية العراقية وهو قائد قوة الاستطلاع الخاصة سابقاً والذي يحمل خبرة كبيرة من مشاركته بالسلفادور اثناء فترة الحرب الاهلية[19]. فتحت بداية قيادة نيغروبنتي للسفارة الامريكية في بغداد, بأن أطلقت العنان لموجة من عمليات قتل المدنيين السرية والاغتيالات المستهدفة. كما تم استهداف المهندسين والأطباء والعلماء والمثقفين. كان الهدف هو خلق انقسامات بين فصائل السنة والأكراد والشيعة والمسيحيين، وكذلك التخلص من الدعم المدني للمقاومة العراقية. وكان المجتمع المسيحي واحدا من الأهداف الرئيسية لبرنامج الاغتيال. هدف البنتاغون يتألف أيضا في تدريب الجيش العراقي والشرطة وقوات الأمن، التي من شأنها القيام بإجراءات محلية من اجل "مكافحة التمرد" برنامج (بشكل غير رسمي) نيابة عن الولايات المتحدة[337].

نغروبونتي كان يشرف على مجموعة خبراء او مستشاريين امريكيين في كل وزارة عراقية, وكان الجيش العراقي الجديد يتبع وتحت سيطرة الجيش الامريكي, بينما كانت المخابرات العراقية الجديدة تاخذ اوامرها وروواتبها من المخابرات المركزية الامريكية[463].

احد مقترحات البنتاغون الاولية كانت ربما بإرسال فرق من القوات الخاصة لتقديم المشورة والدعم والتدريب لفرق موت عراقية، لاستهداف المتمردين السنة والمتعاطفين معهم، حتى عبر الحدود إلى سوريا، وفقا لعاملون في الجيش الامريكي. لكن لم يكن من الواضح فيما اذا كانت العمليات التي ستقودها الفرق الخاصة الامريكية وتنفذها مليشيات شبه عسكرية عراقية ستتضمن عمليات اغتيال ام انتزاع (snatch) من أراضي خارجية بحسب ما أشارت اليه صحيفة النيوزويك (Newsweek) في 8 يناير 2005[337]. هذه الخطة القذرة كانت بحجة دعم ومساعدة حكومة أياد علاوي, وبالرغم من رفض وزارة الدفاع الامريكية من التعليق على الموضوع, الا ان احد موظفيهم صرح للنيوزويك "ما يتفق عليه الجميع هو أننا لا يمكن ان نستمر فقط على ما نحن عليه الان. علينا أن نجد وسيلة لاتخاذ الهجوم ضد المتمردين. الآن نحن نلعب كدفاع ونحن نخسر..."

وللعلم فقد كانت الادارة الامريكية والحكومة العراقية تتهم مرارا وتكراراً للدور السوري والايراني في ازدياد العنف وتدفق المقاتلين والاسلحة الى العراق. وحاول الامريكين التوصل الى اتفاق تعاون مع نظام سوريا لوقف هذا التدخل, في مقابل تقديم تنازلات تتعلق بعدم الضغط او ايقاف الاتهامات فيما يتعلق بقضية التحقيق الدولي حول مقتل رئيس الوزراء اللبناني السابق رفيق الحريري[503].

هذه العمليات والنجاحات من منظور بعض السياسيين الامريكيين هي التي قادت نيغروبونتي ليكون اول مرشح من قبل الرئيس جورج بوش في 17 أذار (مارس) 2005 ليتولى منصب رئيس الاستخبارات الوطنية (DNI). هذا المنصب الجديد الذي أقترحه الرئيس الامريكي على مجلس الشيوخ والذي سيقود المجتمع الاستخباري الامريكي ويجمع كافة تقارير الوكالات والاجهزة الاستخبارية الامريكية واعطاء تقارير موحدة الى الرئيس الامريكي ومجلس الشيوخ ومجلس النواب الامريكيين. ومن اهم الاجهزة والوكالات الاستخبارية التي تتبع لهذا المنصب الجديد على سبيل المثال هي وكالة الاستخبارات المركزية (CIA), الوكالات الاستخبارية المتعددة في وزارة الدفاع الامريكية, وكالة الامن القومي (the National Security Agency (NSA), مكتب الاتصالات الوطنية (the National Reconnaissance Office (NRO), وكالة الجغرافية المكانية الوطنية (-the National Geospatial Agency (NGA)[339].

11. 2. 2. الجنرال ديفيد بتريوس (General David Petraeus)

من كبار قادة البنتاغون الخبراء في مكافحة المقاومة او ما يسمونه التمرد, ولهذا السبب ارسل الى العراق في منتصف عام 2004 بحجة تدريب قوات الامن والجيش العراقيين. فقد أنشئت في يونيو 2004 في العراق قيادة القوات متعددة الجنسيات الانتقالية الامنية "Multi-National Security Transition Command Iraq" (MNSTC) والتي يرأسها الجنرال بترايوس في فترة وجود السفير نيغروبونتي. وكانت MNSTC جزءا لا يتجزأ من "عملية سلفادور العراق" لوزارة الدفاع الأمريكية وتحت رئاسة السفير جون نيغروبونتي. وتم تصنيفها باعتبارها ممارسة او تدريب في مكافحة التمرد (exercise in counterinsurgency). بترايوس مشهور بتأليفه كتاب منهجي للجيش الامريكي على كيفية التعامل مع المقاومة المسلحة في أراضي العدو.

وفي نهاية فترة بترايوس، كانت MNSTC قد دربت حوالي 100,000 من قوات الأمن العراقية والشرطة وغيرها، التي تشكل مجموعة من الأفراد العسكريين المحلية لاستخدامها لاستهداف المقاومة العراقية وكذلك مؤيديها المدنيين[337]. وبينما يعترف بترايوس ان مهمته كانت تشمل ايضا مكافحة التمرد (counterinsurgency) ومحاولاً انكار وجود وحدات فرق الموت بقدر كونها جرائم لافراد. وبعد شهرين من خروج بترايوس من العراق, تم العثور على ملجأ الجادرية (Jadiriyah bunker) الذي عثّر فيه على 169 سجيناً وعليهم أثار التعذيب واغلبهم من السنّة[360]. ويعترف الجنرال الامريكي كارل هورست الذي عثّر على هذا الملجأ بان تشكيلات وزارة الداخلية العراقية ومنذ 2005 كانت مخترقة من قبل المليشيات الطائفية

وعلى جميع المستويات[357]. هذا الاختلاف والتباين في التصريحات يبين حقيقة محاولة بترايوس التستر على فرق الموت التي نشطت خلال وجوده.

11. 2. 3. الكولونيل جيمس ستيل (Colonel James Steele)

وهو من الضباط المعروفين اثناء الحرب الامريكية القذرة لمكافحة المقاومة (التمرد) في امريكا اللاتينينة في الثمانينات, وقد عين مستشاراً في السفارة الامريكية بعد الاحتلال وكان يشرف ويقدم المشورة للوحدات الخاصة من المليشيات التي انشائتها قوات الاحتلال [459]. قناة البي بي سي البريطانية وبالتعاون مع جريدة الغارديان البريطانية وعلى مدار 15 شهر من التحقيقات مع مسؤولين وشهود أمريكيين وعراقيين بالاضافة الى الضحايا, فقد توصلت الى حقائق غاية في الاهمية حول دور البنتاغون الامريكي في دمج مليشيات مسلحة ضمن وحدات امنية جديدة وتدريبها على الانتهاكات لحقوق الانسان وخاصة طرق التعذيب والتستر على فرق الموت في داخلها, حيث كشفت التحقيقات بالاتي:

- وجود دور واضح للجنرال ديفيد بترايوس وضابط استخباري امريكي مشهور في تدريب فرق الموت والاشتراك في الحروب القذرة يدعى الكولونيل جيمس ستيل (Colonel James Steele) في خطة تشكيل هذه الوحدات التي ساهمت بشكل كبير في القتل والتعذيب الطائفي خلال فترة 2006-2008. مما يؤكد تمويل واشراف الحكومة الامريكية على هذه الجرائم.
- الكولونيل المتقاعد جيمس هوفمان مع ستيل كانا متواجدين دائماً في مراكز الاعتقال السرية التي أُنشئت بملايين الدولارات الأميركية. وكان هوفمان مسؤولاً أمام الجنرال ديفيد بترايوس مباشرة بعد إرسال الجنرال إلى العراق في حزيران (يونيو) 2004 لتنظيم قوى الأمن العراقية الجديدة وتدريبها. بينما كان ستيل الذي عمل في العراق من 2003 إلى 2005 وعاد مرة اخرى في عام 2006 مسؤولا امام وزير الدفاع رامسفيلد مباشرة.
- وبعد أن قرر البنتاغون إلغاء الحظر على انضمام افراد الميليشيات الشيعية إلى قوى الأمن اصبح عناصر كوماندو الشرطة العراقية يُجندون بصورة متزايدة من جماعات شيعية مسلحة مثل فيلق بدر.
- وتوجه أقوال شهود أميركيين وعراقيين تحدثوا في اطار التحقيق اصابع الاتهام لأول مرة إلى مستشارين أميركيين بالتورط في انتهاكات حقوق الانسان التي ارتكبتها قوات الشرطة الخاصة العراقية
- كل مركز اعتقال كانت له لجنة تحقيق خاصة به. وكل لجنة كانت تضم ضابط استخبارات وثمانية محققين. وكانت هذه اللجنة تستخدم كل وسائل التعذيب لإجبار المعتقل على الاعتراف، مثل استخدام الكهرباء أو تعليقه من ساقيه أو قلع اظفاره وضربه على المناطق الحساسة من جسمه".
- والتقى المصور جيليس بيريس المستشار ستيل عندما كان في مهمة لصحيفة نيويورك تايمز خلال زيارة احد المراكز التابعة لقوات الشرطة الخاصة العراقية في المكتبة نفسها في مدينة سامراء. وقال بيريس "كنا داخل غرفة في المكتبة نجري مقابلة مع ستيل ونظرتُ حولي فرأيتُ دماً في كل مكان".

- الصحافي بيتر ماس حاضرا ايضا لإعداد تقرير مع المصور بيريس. "وفيما كانت المقابلة تجري مع جهادي سعودي بوجود ستيل ايضا في الغرفة، كانت هناك صرخات مريعة، وكان أحدهم يصيح "الله، الله، الله!" لكنها لم تكن صيحات وجد ديني أو شيئا من هذا القبيل بل كانت صرخات ألم ورعب". ويعد النمط الذي شهده العراق من هذه الممارسات نسخة موازية من الانتهاكات الموثقة التي ارتكبتها فرق تعذيب بمستشارين وتمويل من الولايات المتحدة في أميركا الوسطى إبان الثمانينات. وكان ستيل رئيس فريق أميركي من المستشارين الخاصين قام بتدريب قوى الأمن السلفادورية على مكافحة الحركات المسلحة. وزار بترايوس السلفادور في عام 1986 خلال وجود ستيل هناك واصبح من اكبر دعاة اساليب مكافحة الحركات المسلحة.
- وقبل فترة من مغادرة بترايوس وستيل العراق, عُين باقر جبر صولاغ وزيرا جديدا للداخلية. وتصاعدت في زمن صولاغ الذي كان يرتبط بميليشيا فيلق بدر العنيفة، الاتهامات الموجهة إلى كوماندو الشرطة العراقية بممارسة التعذيب واستخدام اساليب وحشية. وكان يُعتقد على نطاق واسع ان هذه الوحدات تحولت إلى فرق موت ايضا. وعلمت صحيفة الغارديان أن بترايوس تلقى تحذيرات مسؤولين عراقيين عملوا مع الأميركيين بعد الغزو من عواقب تعيين صولاغ وزيرا للداخلية ولكن تحذيراتهم لم تلق اذنا صاغية. واسفر تمويل وتسليح هذه القوات الخاصة عن اطلاق ميليشيا طائفية قاتلة ارهبت السنة وساعدت في اشعال حرب اهلية اوقعت عشرات آلاف القتلى، كما لاحظت صحيفة الغارديان مشيرة إلى انه في ذروة هذا النزاع الطائفي كانت 3000 جثة تفرش شوارع العراق كل شهر.
- وجاء تحقيق الغارديان والبي بي سي العربية هذا بعد نشر وثائق عسكرية أميركية مصنفة على موقع ويكيليكس تسجل بالتفصيل مئات الحوادث عن ممارسة التعذيب بحضور جنود أميركيين في شبكة المعتقلات التابعة لقوات الشرطة الخاصة العراقية في انحاء البلاد(408,409,410).

11. 2. 4. حقائق روبرت فيسك (Robert Fisk)

بينما يكشف الصحفي البريطاني المشهور روبرت فيسك حقائق اخرى تؤكد التورط الامريكي في القتل اليومي وتفخيخ السيارات وقتل المدنيين الابرياء. ففي مقالته التي جاءت بعد لقاءاته مع بعض العراقيين الفارين من العراق وتحدثوا له عن حقائق مخيفة لا يعرفها العالم من قبل, حيث اخبره احد المنتمين للشرطة العراقية الجديدة والذي تدربّ على يد الامريكان للعمل كشرطي في بغداد, حيث قضى 70% من وقته في تعلم قيادة السيارة و30% على كيفية استعمال السلاح. بعدها قالوا له ارجع الينا بعد اسبوع, وعندما رجع بعد اسبوع, اعطوه تلفوناً خلوياً وطلبوا منه أن يسوق سيارته إلى منطقة مكتظة بالسكان قرب أحد الجوامع على أن يتصل بهم من هناك .. ذهب الشرطي إلى المكان المحدد له .. إلا أنه لم يتمكن من الاتصال بسهولة وذلك بسبب ضعف الإشارة الهاتفية .. فترك سيارته إلى مكان آخر ليتمكن من تحقيق اتصال هاتفي أفضل, وعند أتصاله بالامريكيين أنفجرت سيارته. وهناك حادثة لشرطي آخر تدرّب على أيدي الأمريكيين .. وأيضاً طُلب منه التوجّه إلى موقع مكتظ بالناس .. ولربما كانوا مشاركين في تظاهرة ما .. وطلب الأمريكان منه أن يتصل بهم من هناك وموافاتهم عن ما يجري في المظاهرة .. وبعد وصوله إلى المكان المُعيّن .. حاول الاتصال بهم .. إلا أن تلفونه الخلوي لم يعمل بصورة صحيحة .. فغادر سيارته ليتصل معهم عن طريق تلفون عادي

ليخبرهم أني قد وصلت إلى المكان الذي أرسلتموني إليه وسأخبركم عن الذي يجري هنا ..وفي تلك اللحظة انفجرت سيارته[499]. وفي حادث اخر, قال مقيمون في حي الغزالية بغرب بغداد قدس برس Quds Press أن الناس قد اعتقلت امريكيين بينما كانوا يغادرون سيارة كابريس Caprice تقلهم بالقرب من حي سكني في حي الغزالية بعد ظهر يوم الثلاثاء (11 أكتوبر (تشرين الاول) 2005). ان سكان محليين شاهدوهم وهم في ملامح مشبوهة فقامت باحتجازهم قبل أن يتمكنوا من الهرب, وخصوصا عندما اكتشفوا أنهم أمريكيون فاستدعوا الشرطة العراقية"[507].

وفي حديث تلفزيوني اخر مع القناة الاسترالية (ABC) اوضح الصحفي البريطاني روبرت فيسك ان المجتمع العراقي ليس مجتمع طائفي بل قد يكون نوعا ما مجتمع قبلي, لكن هنالك من يريد اشعال الحرب الاهلية بينهم. من هم هؤلاء الناس الذين يحاولون إثارة الحرب الأهلية؟ الآن الشعب الأمريكي سيقولون انها تنظيم القاعدة، انها المتمردين السنة. او فرق الموت الشيعية. لكن العديد من فرق الموت تعمل لصالح وزارة الداخلية. لكن من الذي يدير وزارة الداخلية في بغداد؟ من الذي يدفع الاموال الى وزارة الداخلية؟ من الذي يدفع الاموال الى رجال الميليشيات الذين يشكلون فرق الموت؟ الجواب, نحن نفعل، سلطات الاحتلال "[503].

11. 3. الدور البريطاني

قبل الحديث عن دور البريطاني, لا بد لنا من ذكر بعض الحقائق حول استخدام الحكومة البريطانية للاساليب الاجرامية المشابهة في حالات سبقت الوضع في العراق. فعلى سبيل المثال, يتذكر الجمهور البريطاني الصدمة التي استقبلها نتيجة معرفته أن أحد أعضاء وحدة الجيش الجمهوري الايرلندي الحقيقي الذي قام بالتفجير في منطقة أوماغ (Omagh) في 15 أغسطس 1998 وقتل تسعة وعشرين مدنيا كان عميلا مزدوجا، وهو اصلاً جندي في الجيش البريطاني. الحقائق حول استخدام مثل هولاء العملاء المزدوجين بدءت تظهر جلياً وكشفت عن السماح لهولاء العملاء المزدوجين بالقيام باعمال ارهابية واجرامية للتغطية على وجودهم داخل حزب الجمهوري الايرلندي السري, وخصوصا مع كثرة الادلة التي ظهرت عام 2002 حول أن الجيش البريطاني قد تم استخدام وكلاء مزدوجين في المنظمات الإرهابية "لتنفيذ اغتيالات بالنيابة عن الدولة البريطانية"[502].

وهذا الدور لم يكن بأقل عن الدور الامريكي الا من ناحية ان نشاطهم اقتصر على مناطق تواجدهم, خصوصاً في محافظة البصرة وبعض المناطق الاخرى, وفي نفس توقيت بدء القوات الامريكية لنفس الاستراتيجية لتؤكد الاتفاق على هذه السياسة الاجرامية. ففي 19 سبتمبر (ايلول) 2005 نشرت وكالة الاسيوشيد برس خبراً موثقاً بالصور حول اعتقال جنديين بريطانيين من قوات النخبة وهما يحملان اسلحة وذخائر مختلفة ويلبسون الملابس العربية. وفي 20 سبتمبر 2005 نشرت البي بي سي البريطانية تقريراً عن هجوم قوات بريطانية على مركز شرطة عراقي في مدينة البصرة من اجل تخليص جنديين كانا قد اعتقلا وهم يحملون اسلحة مختلفة ومتخفين بملابس مدنية عراقية. بينما أعلن محافظ البصرة حينها محمد الوائلي بان توقيف الجنديين المتخفيين جاء بعد تبادل اطلاق نار بينهم وبين الشرطة العراقية وادت الى قتل شرطي عراقي واصابة اخر بجروح, وبسبب هذا الاعتداء تعرضت المركبات العسكرية البريطانية الى الرمي بالحجارة من قبل المدنيين. في حين أدعى المتحدث باسم

وزارة الدفاع البريطانية (Brigadier John Lorimer) بان سبب اقتحامهم لمركز الشرطة هو وصول معلومات تؤكد النية لدى مركز الشرطة بتسليم هولاء الجنديين الى مليشيا شيعية مسلحة, مما اضطرهم للتدخل من اجل انقاذهم, ومدعيا ان القانون العراقي يوجب تسليمهم الى سلطات الاحتلال وهو مالم يجري, حيث وجدوا خارج مركز الشرطة في بيت تابع لمليشيا وهو امر غير مقبول. في حين نفى المتحدث باسم وزارة الدفاع البريطانية ما قاله عراقيين لوكالة الاشيوشيتدبرس بان اكثر من 150 سجين قد هرب من مركز الشرطة اثناء الهجوم البريطاني عليه. لكن المسؤوليين البريطانيين لم يوضحان طبيعة المهمة التي كان الجنديين يقومان بها وهم متخفيين في ملابس محلية, علما انهما كانا من مغاوير القوات الخاصة (special forces commandos) او ما تسمى بوحدة القوات الخاصة النخبة، المارينز مشاة البحرية الملكية (SAS). وفي نفس تلك الفترة, اعلن عن مقتل حرس أمني دبلوماسي امريكي مع ثلاثة مقاولين خاصين امريكيين في انفجار سيارة في الموصل, في حين قتل اربعة من جنودها المارينز قرب مدينة الرمادي[500].

ويذكر ان هذين العميلين السريين من قوة SAS البريطانية، والذين كانا متخفين في زي الملابس العربية المحلية، قد كانوا يخططون لوضع قنابل في الساحة الرئيسية في مدينة البصرة، وبالتزامن مع حدث ديني هناك وتم اعتقالهم بتهمة السعي للقيام بأعمال التخريب وإثارة الفتنة بين سكان المدينة. الحكومة البريطانية قد اعتذرت رسميا للعراق خلال أحداث البصرة الأخيرة. فقد قال بيان صادر عن القنصلية البريطانية في البصرة ان حكومة لندن تعتذر للشعب العراقي والحكومة العراقية، ولسكان البصرة والمدينة ومجالس المحافظة وقوات الشرطة على الأخطاء التي ارتكبت من قبل البريطانيين, وكما جاء في البيان الذي اذاعته قناة العالم الايرانية الفضائية وتناقلته قناة البي بي سي[507]. ويذكر ان السيد فتاح الشيخ (ممثل منطقة البصرة في الجمعية الوطنية العراقية التي شكلها الاحتلال لوضع الدستور الجديد) قد اتهم القوات البريطانية بالقيام باعمال ارهابية ضد اهالي البصرة خلال لقاءه مع قناة الجزيرة القطرية يوم 20 سبتمبر (ايلول) 2005 [502,508].

بعدها قتل في ظروف غامضة الكابتن كين ماستير (Captain Ken Masters) كبير محققي الشرطة البريطانية في البصرة, ووفقا لمتحدث باسم وزارة الدفاع، فقد كانت وفاته "ليس نتيجة لعمل عدائي" ولا لأسباب طبيعية!!!. الكابتن كين كان ضابط القيادة لفرع التحقيقات الخاصة التابع للشرطة العسكرية الملكية. وقيل انه "المسؤول عن التحقيق في جميع الحوادث الخطيرة في مسرح العمليات، بالإضافة إلى التحقيقات التي أجرتها الواجبات العامة لعنصر الشرطة التابعة لفريق التحقيق المسرحي." (بيان من وزارة الدفاع البريطانية، و، 16 أكتوبر 2005). وبهذه الصفة، كان الكابتن كين مسؤولاً عن التحقيق في ملابسات اعتقال اثنين من المستعربين من رجال النخبة SAS، والمرتدين الملابس العربية، من قبل الشرطة العراقية في البصرة. في 19 سبتمبر (لندن تايمز (17 أكتوبر 2005) .. "رفضت وزارة الدفاع الكشف عن تفاصيل عمله لكن يعتقد أنه كان متورطا في التحقيق في عملية انقاذ مثيرة لاثنين من الجنود SAS التي جرت في سجن في البصرة." (ديلي ميل، 16 أكتوبر 2005). وهما "جنود" بريطانيين مستعربين، الذين كانوا يقودون سيارة محملة بالاسلحة والذخائر، تم في وقت لاحق تم "انقاذهم" من قبل القوات البريطانية، في هجوم عسكري كبير على المبنى حيث يجري احتجازهم من قبل المليشيات المدعومة من قبل الشرطة العراقية[501].

11. 4. التعاون الايراني – الامريكي وأثره على نشر فرق الموت والقتل الطائفي في العراق

لو شئنا أن نناقش دعم إيران للإرهاب فيجدر بنا القول إنه يتضمن رعاية الجماعات الإرهابية الشرق أوسطية (وغيرها) فضلاً عن أعمال الإرهاب التي تنفذها "قوة القدس" - الفرع النخبوي من "فيلق الحرس الثوري الإسلامي" في إيران" بحسب ماثيو ليفيت (هو زميل أقدم ومدير برنامج ستاين لمكافحة الإرهاب والاستخبارات في معهد واشنطن) (866). وأضاف ليفيت "تعتمد قابلية طهران على تنفيذ هجمات إرهابية عالمية على قدرتها في استدعاء مجموعة من الجماعات الإرهابية الموجودة في الشرق الأوسط المستعدة للعمل بإيعاز من إيران. وسيتم بالتأكيد استدعاء هذه الشبكة لتنفيذ ذلك النوع من الهجمات الإرهابية غير المتماثلة التي يمكن تنفيذها مع قدرة معقولة على إنكار المسؤولية مما يجعل الرد المستهدَف أكثر صعوبة, يحتل متطرفو الشيعة العراقيون مكانة كبيرة بين ترسانة وكلاء إيران في المنطقة. ليفيت أعطى بعض الأمثلة حول الدور الارهابي للنظام الايراني:

1. الميول الإيرانية في رعاية الهجمات في الخارج قد أحبطت بعضها، بما في ذلك مؤامراتها في تايلاند وبلغاريا وسنغافورة وكينيا وقبرص وأذربيجان. ونجح البعض الآخر منها، بما في ذلك التفجيرات في الهند وجورجيا. أجريت بعض هذه العمليات من قبل عملاء إيرانيين، والبعض الآخر عن طريق وكيل إيران الرئيسي، حزب الله.

2. المؤامرة في تركيا التي تنطوي على قيام أربعة من أعضاء قوة القدس باستهداف البعثات الدبلوماسية في اسطنبول بحسب ما ورد قد أحبطتها السلطات الأمنية التركية مارس 2012.

3. مؤامرتها في أذربيجان، والعلاقات الايرانية مع الشبكات الإجرامية المحلية لتنفيذ الهجوم.

4. الأكثر جرأة، وغرابة، هي مؤامرة أكتوبر 2011 لاغتيال السفير السعودي في واشنطن من قبل قوة القدس، كما أكدها المدير العام لل MI5 جوناثان إيفانز أمام حشد في يونيو 2012.

5. سجل إيران في دعم الهجمات الإرهابية التي شملت تفجيرات عامي 1983 و1984 التي أستهدفت القوات الامريكية والفرنسية في بيروت.

6. في يونيو 1996 قُصف المجمع السكني لأبراج الخبر التي كانت مسكنا لاشخاص من أمريكا والسعودية وفرنسا، وأعضاء القوات المسلحة البريطانية في المنطقة الشرقية بالمملكة العربية السعودية. وفقا لشهادة مسؤول سابق في وكالة المخابرات المركزية، بدأت الترتيبات لهجوم أبراج الخبر في حوالي عام 1994، بما في ذلك اجتماعات التخطيط المرجح عقده في طهران والاجتماعات التنفيذية الذي عقد في السفارة الإيرانية

في دمشق، سورية. في عام 1994، وفقا لهذا الاعتبار، فأن المرشد الأعلى لإيران، آية الله علي خامنئي، أعطى الأمر للهجوم على مجمع أبراج الخبر.

7. هجمات ضد المصالح الإسرائيلية في الأرجنتين 1994 وجاءت تحقيقات السلطات في تفجير عام 1994 لمركز الجالية اليهودية AMIA في بوينس آيرس. استنادا إلى شهادة منشق الاستخبارات الإيراني أبو القاسم مصباحي، من بين أمور أخرى، فإن النيابة العامة تختتم في نهاية المطاف أن المجلس الأعلى للأمن القومي الإيراني عقد اجتماعا في مدينة مشهد في يوم السبت 14 أغسطس، 1993، حيث وافق كبار القادة الإيرانيين على مؤامرة التفجير واختيار مبنى مكاتب الطائفة اليهودية كهدف. في الاجتماع الذي ترأسه آنذاك الرئيس أكبر هاشمي رفسنجاني. وفقا لمكتب التحقيقات الفدرالي، في وقت قريب من هذا الاجتماع أغسطس، أشارت تقارير المخابرات ان حزب الله "يخطط نوعا من الفعل مذهلة ضد المصالح الغربية، وربما الإسرائيلية ولكن ربما ضد الولايات المتحدة.

8. الحكومة الأمريكية بتصنيف قوة القدس كجماعة ارهابية في عام 2007 لتقديم دعم مادي لطالبان والمتشددين الشيعة العراقيين، والمنظمات الإرهابية الأخرى.

9. معظم الخبراء في مكافحة الإرهاب، يتوقع أن أعمال إرهابية إيرانية في المستقبل يمكن أن تحدث في أماكن مثل أوروبا، حيث عملاء ايرانيين معارضين استقروا لفترة طويلة. وليس في الولايات المتحدة، لان تنفيذ هجوم سيخاطر بردود امريكية شديدة، بما في ذلك إمكانية الهجوم الانتقامي العسكري اذا نجح ونسبت المؤامرة إلى إيران.

وقبل الدخول في دلائل التورط الايراني في القتل الطائفي وفرق الموت في العراق, فعلينا اولاً قراءة أسس التعاون الايراني – الامريكي الذي كان خفياً وغير معلن قبل الغزو الغربي على العراق.

11 .4. 1. التعاون خلال الثمانينات

التعاون الاستراتيجي الايراني مع الولايات المتحدة الامريكية لم يبتدئ فقط بعد بدء الاحتلال الامريكي – البريطاني. بل له جذور أعمق, فالتعاون العسكري بين ايران والولايات المتحدة كان قبل الحرب العراقية – الايرانية. حيث كشفت فضيحة ايران - كونترا بعض الدلائل على هذا التعاون, فقد وافقت ادارة الرئيس الامريكي رونالد ريغان (Ronald Reagan) عام 1980 على بيع وتزويد ايران وعن طريق اسرائيل باسلحة متطورة اثناء حربها مع العراق (على الرغم من وجود حصار رسمي على توريد الاسلحة) مقابل اطلاقها لسراح خمسة امريكيين محتجزين مع المليشيات الايرانية في لبنان. فقد عقد جورج بوش الأب (George H. W. Bush) عندما كان نائباً للرئيس رونالد ريغان (1981-1989))، هذا الاتفاق تم عند اجتماعه برئيس الوزراء الإيراني الاسبق أبو الحسن بني صدر (-Abolhassan Bani Sadr) في باريس، اللقاء الذي حضره أيضاً المندوب عن المخابرات الإسرائيلي الخارجية "الموساد" "آري بن ميناشيا" (Ari Ben-Menashe)، الذي كان له دور رئيسي في نقل تلك

الأسلحة من إسرائيل إلى إيران. هذا التعاون لم يكن وليد صدفة بل تم عبر اتفاق مسبق بين الايرانيين والاسرائيلين من جهة وفريق المرشح الرئاسي الامريكي ريغان قبل الانتخابات التي فاز فيها الاخير. حيث اتفقوا على عدم اطلاق سراح هولاء المخطوفين الامريكيين الا قبل شهر من الانتخابات الرئاسية نهاية نوفمبر 1980, وهو ما سمي بمفاجأة أكتوبر (October Surprise) لتكون اول انجاز الرئيس الجديد وتمنع تجديد انتخاب الرئيس السابق جيمي كارتر (Jimmy Carter) بالاضافة الى تجهيز ايران بمعدات عسكرية عبر اسرائيل وبقيمة 40 مليون دولار امريكي في حال تم انتخاب ريغان[(489)].

11. 4. 2. التعاون التمهيدي للاحتلال الاجنبي

كشف السفير العراقي السابق في ايران للفترة ما قبل الاحتلال د. عبدالستار الراوي العديد من الحقائق في مقالته الصحفية بعنوان (وثائق الادوار الايرانية في الحرب الامريكية على العراق)[(13A)]. ولاهمية المعلومات والتوثيق التاريخي, نبين هنا ابرز النقاط الواردة في هذه الوثيقة المهمة حول بدايات الدور الايراني في الحرب العدوانية للاحتلال:

1. قبل وقوع الاحتلال, حاولت ايران إجراء مقايضة مع العراق، تقوم على حل الملفات العالقة وإجراء تسوية شاملة تفضي إلى سلام دائم واستقرار بين البلدين، في مقابل تخلي العراق عن عروبة الخليج وعربستان (امارة الاحواز المحتلة)، لكن رفض العراق دفع المسؤولون الإيرانيون الى ركوب موجة التهديدات الأمريكية، ولوحوا بها سراً وعلانية: مرة عبر اللغة الدبلوماسية الناعمة وأخرى عن طريق الضغط السياسي عبر قيام الأحزاب الموالية لها بعمليات إرهابية لترويع المدنيين. وكان رد العراق النهائي حاسماً وغاضباً، من خلال وزير خارجية العراق الدكتور ناجي صبري في لقاء سبتمبر 2002 مع الجانب الايراني. وفي 2003/2/16 نشرت صحيفة سياست روز (السياسة اليوم) الايرانية، وبسبب رفض العراق التفريط بعروبة الخليج والجزر الإماراتية الثلاث مما ادى الى رفع ايران سقف مطالبهم الابتزازية, ومن بين ما نشرته (إعلان رفسنجاني في خطاب له بمدينة مشهد أن على العراق أن يدفع ألف مليار دولار كتعويض لخسائر الحرب، ثم تراجعوا في اليوم التالي لتعلن الخارجية الإيرانية أن المبلغ المطلوب سداده هو مائة مليون دولار)، مع الاشارة الى شروط تعجيزية لاقامة السلام الدائم مع العراق.

2. ايران حاولت بعد الرفض العراقي ان تفتح ابواب التعاون مع امريكا لاسقاط الحكومة في العراق, ومنه عبر وسيط سويسري, فرفض نائب الرئيس الأمريكي ديك تشيني ووزير الدفاع آنذاك دونالد رامسفيلد، العرض الإيراني لكون "الإدارة الأمريكية ترفض التحدث إلى محور الشر"، بل أن هذه الإدارة وبخت الوسيط السويسري الذي نقل الرسالة. هاشمي رفسنجاني قائد حرب الثماني سنوات معروف بكونه من أشد الغلاة في عدائه للعراق، تمكن هذا الثعلب الماكر من إقناع المرشد الاعلى للثورة الاسلامية في ايران علي خامنئي الذي كان متردداً بين (نعم) و (لا)، بأن الحرب على العراق قادمة حتماً وعدم تعاوننا مع أمريكا يعني أن نعطيها الذرائع كلها كي تشن حرباً علينا بعد العراق، لكن التعاون مع أمريكا ضد العراق يوصل أمريكا إلى أهدافها بأقل خسارة

وتكون مدينة لنا في الوقت نفسه، وبعد ذلك مباشرة ستكون هناك فرصة لتطبيع علاقاتنا معها. لكن بما أن الحرب الأمريكية على العراق ستغضب الرأي العام العربي فكما فعلنا بالنسبة لأفغانستان يجب أن يستمر القائد في خطاباته النقدية، ولا يجب أن يكون تعاوناً علنياً.

3. الخطوط الرئيسية للصفقة الجديدة كانت موضوعاً متداولاً في مجتمع السلك الدبلوماسي العامل في طهران، وكانت ذروتها يوم افتتاح أحمد الجلبي مكتباً له باسم المؤتمر الوطني العراقي في قلب العاصمة الإيرانية. وتحول المكتب بمرور الأيام إلى غرفة عمليات للتنسيق بين أحزاب المعارضة شرقاً وغرباً وبين جهاز إطلاعات، وبواسطة أحمد الجلبي تم تمويل قوات فيلق بدر وإعادة تجهيزها بالدولارات الأمريكية المخصصة لـ(تحرير العراق!!) بموجب القانون الذي شرعه الكونغرس الأمريكي في العام 1999. أنكرت الخارجية الإيرانية وجود مثل هذا المكتب في ردها على مذكرة احتجاج العراق التي حملها السفير د. عبدالستار الراوي، وحين قدمت السفارة العراقية كافة البراهين والبيانات على وجود المكتب وعرضت كشفاً بأسماء العاملين فيه والمترددين عليه، لاذت الخارجية الايرانية بالصمت !!

4. في السابع والعشرين من سبتمبر 2003 نشرت أسبوعية دبكا نت - Debka- net Weekly الإسرائيلية تقريراً معلوماتياً أشارت فيه المجلة المعنية بالشؤون العسكرية والاستخبارية إلى أن وفداً أمريكياً التقى وفداً إيرانياً برئاسة عباس ملكي مستشار المرشد الأعلى للعلاقات الدولية (عضو دفتر مشاورت مقام معظم رهبري در أمور بين المللي) وبعد أشهر من المفاوضات الصعبة، توصل الطرفان إلى الاتفاق الآتي: إن التعاون ضد العراق سيكون قائماً بين الطرفين الإيراني والأمريكي كما كان تماماً ضد طالبان والقاعدة وأنصار الإسلام. التفاوض جرى بين وفد من المجلس الوطني الأمريكي ومندوب مرشد الثورة عباس ملكي، ومفاوضه الأمريكي شخص يحمل اسماً مستعاراً (توم سركيس) واسمه الحقيقي (جوناتان اسميت جي آر)، وعرف نفسه أنه من السلك الدبلوماسي الأمريكي في الكويت. وتم توقيع اتفاقيات سرية يلتزم بها الجانبان ويعملان كلٌ من طرفه على الوفاء بمضمونها على وفق المحددات الآتية:

A. من جهة الولايات المتحدة الأمريكية تقرر:

1. إن القوات الإيرانية غير النظامية سيقبل وجودها الفعلي في القسم الشمالي للعراق الواقع تحت سيطرة أمريكا وتركيا وستشارك هذه القوات في العمليات ضد حكومة بغداد.

2. إن أمريكا وإيران ستتعاونان في الميدان السياسي لتشكيل دولة بديلة عن صدام حسين، وإن المجلس الأعلى للثورة الإسلامية في العراق سيشارك في تركيبة المعارضة والدولة المقبلة. المجلس الوطني المؤقت يعقد جلسة في أربيل ويعلن المجلس الوطني العراقي، ثم يعلن هذا المجلس انحلال النظام العراقي وحزب البعث، وسيستدعي هذا المجلس او يطلب من أمريكا وإنكلترا مساعدة الشعب العراقي وانقاذه من الاستبداد،

وسوف تشكل أمريكا مظلة حماية للشيعة في الجنوب، وإن الشيعة في الجنوب كما في الشمال سيشاركون في الحكومة الفدرالية العراقية المقبلة.

3. إن أمريكا ستقدم الحماية لإيران في حال تعرضت أراضيها لأي هجمات من العراق سواء بأسلحة تقليدية أو كيماوية أو بيولوجية.

B. في مقابل ذلك قدم الوفد الإيراني لنظيره الأمريكي التعهدات الآتية:

1. إن القوات النظامية الإيرانية لن تدخل لا قبل الحرب ولا بعدها إلى الأراضي العراقية.
2. إن إيران لن تقوم بأي أضرار لمخازن البترول والمنشآت البترولية.
3. إن القوى الإيرانية لن تستقر في مناطق الشيعة ولن تعلن مخالفتها لأمريكا في مناطق الشيعة, لا في وقت الحرب ولا بعدها.
4. لن تتدخل إيران بعد ذلك في الشأن الداخلي العراقي.
5. تستطيع القوات الأمريكية الخاصة دخول الأراضي الإيرانية بمشاركة الضباط الإيرانيين لتتمكن من تعقب عناصر القاعدة في الحدود الأفغانية.

6 ولتنفيذ هذا الاتفاق دخل فريق من فيلق بدر وعناصر من الحرس الثوري المتخصصة ضد الإرهاب إلى شمال العراق برفقة فريق من القوات الأمريكية الخاصة والقوات التركية عبر مدينة السليمانية العراقية إلى المواقع المخصصة.

7 وقبيل الحرب بشهر واحد فقط، أزاح الكساندر شوايه الستار عن واحد من أهم جوانب الاتفاق السري بين واشنطن وإيران، ففي مقاله الذي نشرته دير شبيغل في 2003/3/9 بعنوان (مع الشيطان الأكبر ضد صدام حسين) ذكر الكاتب: إن الإيرانيين التقوا الأمريكيين في 28 يناير 2003 في لندن وأيد هذه المعلومة نائب وزير خارجية الولايات المتحدة الأمريكية ريتشارد أرميتاج، ويبدو أن الأمريكان ضغطوا في هذا اللقاء السري على الإيرانيين ليتعهدوا أن لا يمانعوا في إسقاط صدام حسين، واتفق الطرفان على التعهدات المتبادلة الآتية:

C. أولاً ـ تعهدات الجمهورية الإسلامية: 1. تأمين الحماية اللازمة للطيارين الأمريكيين بالحفاظ على حياتهم، في حال اضطرارهم للهبوط في أراضيها. 2. لن تسمح إيران لصدام حسين بالهروب عبر الأراضي الإيرانية. 3. لن تقبل بوجود أية معارضة للنظام المستقبلي في أراضيها. .

D. ثانيا ـ تعهدات الولايات المتحدة الأمريكية: 1. أن لا تجعل عراق المستقبل مقراً للعمل ضد إيران. 2. أن تعطي للمعارضة الشيعية الموجودة في إيران دوراً في عراق المستقبل بعد صدام حسين.

من هو الارهابي؟؟

1. من معطيات التعهدات الإيرانية ونتائجها: **1** ـ في خطبة الجمعة وبتاريخ 2003/1/31 وبعد مرور أربعة أيام فقط على الاجتماع السري، أعلن الشيخ هاشمي رفسنجاني: (إننا نوافق على خلع أسلحة النظام العراقي ولا نوافق على دخول جيوش أمريكا إلى المنطقة)!! **2** ـ فيما أعلن وزير الخارجية الايراني كمال خرازي: إن إيران لن ترفض الهجوم على العراق إذا كان ضمن نطاق منظمة الأمم المتحدة!! **3** ـ أبدت الجمهورية الإسلامية تعاوناً كبيراً مع مفتشي الأمم المتحدة، وحقق محمد البرادعي لمدينة نطنز زيارة ناجحة من دون أية مشكلة تذكر. **4** ـ أوردت صحيفة اطلاعات استراجيك- في 2003/1/28 اعتراف بيان جبر صولاغ أحد قادة المجلس الأعلى بأن وحدات من فيلق بدر المجهزة بأسلحة ثقيلة اجتازت الحدود الإيرانية، واستقرت هذه الوحدات في كردستان العراقية، في مقرات (كانيتشار) في شمال العراق في حدود 35 ميلاً جنوب السليمانية وفي مقرين آخرين تحت سيطرة الاتحاد الوطني الكردستاني. وأكدت هذا الخبر جريدة "انقلاب إسلامي" في (10 مارس 2003)، وذكرت: إن خمسة آلاف من قوات الحكيم (بدر) دخلت من إيران إلى العراق، واستقرت في معسكرات تابعة للاتحاد الوطني الكردستاني الذي يتزعمه جلال الطالباني. **5** ـ حضور ممثلي ولاية الفقيه لقاء واشنطن التشاوري، ومؤتمر لندن، ومن العاصمة البريطانية طاروا إلى صلاح الدين، لحضور مؤتمر المعارضة تحت إشراف زلماي خليل زاد بوصفه ممثل الرئيس جورج بوش وبرفقته مسؤولون من " CIA" ومندوبون عن وزارتي الخارجية والدفاع، وهنا قررت الجمهورية الإسلامية عدم الاكتفاء بوكلائها من الأحزاب الموالية، فأقدمت على المشاركة الرسمية وعلى أعلى مستوى، فأرسلت وفداً برئاسة العميد محمد جعفري من قيادة مجلس الأمن القومي في إيران وهو على علاقة حميمة بأحزاب المعارضة وبالأكراد أيضاً. وأكدت طهران مجدداً شراكتها لواشنطن في السعي العدواني المشترك عندما استقبلت على أراضيها المعارضين الذين عقدوا مؤتمرهم تحت علم الجمهورية الإسلامية، وفي عاصمة ولاية الفقيه، إذ جرى توزيع الأدوار بين الأحزاب المشاركة كما تم وضع اللمسات النهائية لشكل الحكم المقبل في العراق وماهيته، وضم المؤتمر: (مسعود بارزاني محمد باقر الحكيم وكوسرت رسول ممثلاً عن جلال طالباني، أحمد الجلبي، كنعان مكية، قادة حزب "الدعوة" و«منظمة العمل الإسلامي"). كان البرنامج السياسي للمؤتمر يمثل أعلى مستويات التعاون والشراكة بين طهران والبيت الأبيض.

2. **الكعكة المرتقبة**: على صفحات جريدة همبستكي (التضامن) الايرانية نشرت بتاريخ 2003 /2/16 وبكلمة صريحة, يطالب الكاتب سيد حسين مير فضلي الحكومة الإيرانية أن تضمن حصتها من الكعكة العراقية النفطية، أيضاً يجب على إيران أن تكون داخل هذه (السلة) وأن تعمد إلى المطالبة بتعويضات كبيرة جراء الخسائر الإيرانية الفادحة التي تسبب بها نظام صدام حسين خلال الحرب 1980-1988. أما سعيد حجاريان أحد ممثلي التيار الإصلاحي فينشغل بدراسة مطولة تنشرها "إيران نيوز بيبر" بعدد 8 مارس 2003 للحديث عن سيناريوهات الحرب على العراق، ترتكز رؤيته على ما سمّاه بـ(سياسة الخطوتين المنفصلتين) والتي لا يكفيه جزء من الكعكة العراقية، بل يسعى بسيناريوهاته إلى قضم العراق كله. **الخطوة الأولى**: تحتمها مصالح الجمهورية الإسلامية، وهي البقاء على الحياد بصفة كاملة قبل الحرب وخلالها، ويرى أن نهج المنطق الدبلوماسي مع العراق يتعين أن يقوم على الثقة في هذا الوقت القصير السابق

على حل الأزمة العراقية، وحسب هذا المنظور لم يكن فقط صواباً أن نرحب بـ(ناجي صبري)، وبالمثل فأن من الخطأ أن نستقبل معارضين سياسيين أو تأييدهم، بأي شكل من الأشكال، ما لم نكتشف أن صدام حسين لا يستطيع استخدام الصواريخ البيولوجية والكيماوية ضدنا. **الخطوة الثانية**: تظهر في البنية الأساسية لنفوذ إيران في العراق مثل (علاقة إيران بالشيعة العراقيين وبالأكراد ووجود قيادة شيعية في النجف والمعرفة المسبقة بالمجتمع وبالثقافة العراقية). لذلك فإن أهم عامل في تشكيل الدور الإيراني في النظام العراقي المنتظر ليس التعاون مع الولايات المتحدة قبل الحرب أو خلالها لكن وجود البنية الأساس الضرورية للنفوذ في العراق سوف يجبر إدارة البيت الأبيض على قبول الدور السياسي الإيراني هناك.. ويبدو عبر سياسة الخطوتين تلك تستطيع طهران أن تحمي مصالحها في ظل الظروف الراهنة بأقل قدر من المخاطر.[13A]

ولهذا فليس من المستغرب ان اعلن نائب الرئيس الايراني خاتمي (علي ابطحي) في ختام اعمال مؤتمر عقد في أبو ظبي في الامارات قائلاً (ان بلاده قدمت الكثير من العون للامريكيين فى حربيهم ضد افغانستان والعراق، واشار ابطحى الى انه لولا التعاون الايرانى لما سقطت كابول وبغداد بهذه السهولة)[18A].

11. 4. 3. الدور العسكري الايراني في مساعدة الاحتلال الغربي 2003

ان اعترافات السفير الامريكي الاسبق في العراق خليل زلماده حول وجود اتفاق رسمي سري أبرم مع الحكومة الايرانية قبيل الاحتلال الامريكي البريطاني للعراق, لم تكن شيء غير معروف بقدر ما كانت حقيقة على ارض الواقع تحتاج الى براهين رسمية تؤكد أشتراك ايران في الحرب العدوانية التي احتل من خلالها العراق عام 2003. فبحسب كتاب (المبعوث) للسفير زلمادة والذي اعترف فيه بموافقة ايران على عدم اعتراض الطائرات الامريكية التي ستخترق الاجواء الايرانية اثناء العمليات العسكرية لقوات الغزو الغربي, وعدم اطلاق النار عليها. الا ان مصادر رسمية عراقية في وقتها كانت قد أشارت الى حقائق تؤكد أشتراك الحرس الثوري الايراني في تلك العمليات العسكرية.

فقد وردت معلومات للقيادة العراقية من قبل المراصد العسكرية المتقدمة على الحدود مع ايران من جهة محافظة ميسان (العمارة), بان طائرات عسكرية مروحية من نوع شينوك كانت قد أنزلت مجاميع مدنية مسلحة تغلغلت مشيا على الاقدام داخل الاراضي العراقية. ثم جاءت معلومات استخبارية من الداخل لتؤكد ان هذه المجاميع هم من العراقيين الفارين سابقا الى ايران والمنتمين ضمن تشكيلات مسلحة تابعة للحرس الثوري الايراني. وقد عملت هذه المجاميع في الداخل على أثارة الفتنة الطائفية من اجل السيطرة على تلك المناطق كما حدث في أحداث فترة الغدر والخيانة التي اعقبت انسحاب الجيش العراقي من الكويت 1991. حيث قامت هذه المجاميع باستهداف الوحدات العسكرية والامنية والحزبية ودوائر الدولة الرسمية عبر اعمال مسلحة لتوهم الجميع بانها انتفاضة داخلية, ولكي تدفع كافة العسكريين وموظفي

بقية الاجهزة الامنية والحكومية من سكنة المحافظات السنية على الهرب خوفا من قتلهم لاسباب طائفية وكما حدث في 1991 من قتل على الهوية للعسكريين والموظفين السنة في المناطق التي اجتاحتها مجاميع القتل والتخريب الايرانية حينها ( ).

والسؤال هنا, ما الذي دفع القوات الامريكية للاستعانة بمليشيات الحرس الثوري الايراني من عملائها العراقيين؟؟

السبب كان بحسب مصادر عراقية رسمية, هو فشل ثلاث انزالات عسكرية امريكية في محافظة ميسان ووقوع العديد من قواتهم في الاسر بينهم رتب عسكرية كبيرة مع اسلحة ثقيلة. حيث كانت محاولات الانزال تواجه من قبل قوات مشتركة من جيش وحزب وعشائر المنطقة بقيادة عضو القيادة القطرية لحزب البعث عزيز صالح النومان والدور الكبير الذي لعبته عشيرته مع بقية العشائر المتحالفة معها في مواجهة تلك العمليات العسكرية وافشالها. وبدلا من صنع نصب يخلد بطولات هولاء الشجعان, تم محاكمة السيد عزيز صالح النومان وحبسه من قبل الحكومات التي نصبها الاحتلال.

11. 4. 3. علاقة أيران مع تنظيم القاعدة

الرئيس الامريكي جورج بوش (George W Bush) كان قد وصف ايران من ضمن دول محور الشر "Axis of evil" بسبب علاقتها مع القاعدة[633]. لكن قد يكون من الصعب للبعض أن يصدق أن هناك تحالفا بين إيران وتنظيم القاعدة وحركة طالبان. الجانبين ينظرون الى بعضهم البعض باعتبارها أعداء, بالرغم من عدم نكران علاقة ايران مع حركة حماس السنية الفلسطينية. ولكن كل الدلائل تشير إلى أختراق ايران للقاعدة جاء عبر وجود عدد من كبار الشخصيات من تنظيم القاعدة في إيران - وإن كانوا تحت الإقامة الجبرية أو على الأقل بعض من أشكال القيود على تحركاتهم. قصتهم تعود إلى عام 2001, ففي الأشهر الأخيرة من ذلك العام، عندما كانت القوات الأمريكية وحلفاؤها الافغان في تحالف الشمال، متجهين نحو كابول للإطاحة بحكومة طالبان. في ظل دعم الحكومة الإيرانية للرئيس محمد خاتمي الى تحالف الشمال. ولكن الزعيم الاعلى الايراني علي خامنئي كان قلق حول وجود القوات الأميركية على عتبة بلاده - على حدودها الشرقية. فبعث مبعوثين إلى قندهار، معقل طالبان، لفتح خط اتصال وتقديم بعض المساعدة. ولكن كان قد فات الأوان. فطالبان لا تحتاج الأسلحة أو المال الان، بل بحاجة إلى وسيلة آمنة للخروج من أفغانستان. فوافقت إيران على توفير ذلك. في نوفمبر 2001 كشفت مراسلة تلفزيونية لشبكة CNN، لدى قيامها بزيارة مخيم للاجئين الأفغان في الأراضي الخالية من البشر لما وراء الحدود الايرانية مع افغانستان داخل ايران. خلال هذه الفترة، سمحت إيران للمئات من كبار الشخصيات من حركة طالبان - بمن فيهم أفراد عائلة أسامة بن لادن. وشملت عائلة واحدة من زوجاته على الأقل ، واثنين من أولاده - خالد، الذي قتل مع بن لادن في عام 2011 في غارة الولايات المتحدة على أبوت آباد، وسعد، الذي قتل في عام 2009 - وابنة واحدة، هي إيمان.

الشخصيات الاخرى البارزة من القاعدة من الذين دخلوا إيران بحسب المراسلة الصحفية الامريكية هم:

- سليمان أبو غيث، وهو مواطن كويتي وابنه في القانون بن لادن، الذين فروا إلى تركيا لاحقا.
- سيف العدل، وهو مواطن مصري ورئيس اللجنة الأمنية لتنظيم القاعدة.
- محمد المصري، الذي يقال إنه العقل المدبر وراء تفجير عام 1998 ضد سفارتي الولايات المتحدة في شرق أفريقيا.

لكنهم جميعا وجدوا أنفسهم رهائن من الحكومة الإيرانية، التي قررت وضع أهم الوافدين تحت الإقامة الجبرية، وغيرهم في السجون في جنوب ايران. إيران قد تغيرت لهجتها وكان يبحث في رهائنها كورقة مساومة. حسب كل الروايات، واصلت احتجاز الرهائن حتى يومنا هذا، على الرغم من أن العديد من الرهائن تم تسليمهم إما إلى بلدانهم الأصلية أو سمح ببساطة لمغادرة البلاد. في عام 2003، أفيد أن إيران عرضت صفقة على الادارة الامريكية: انها مستعدة وقال التقرير، لتبادل بعض من هذه الأرقام بارز في تنظيم القاعدة للقادة المسجونين من جماعة المعارضة المسلحة الإيرانية في العراق، في منظمة مجاهدي خلق (مجاهدي خلق). وفي عام 2010 هربت ابنة في سن المراهقة لابن لادن من الاقامة الجبرية لها في طهران إلى اللجوء إلى السفارة السعودية. سمح لها في النهاية إلى مغادرة إيران - ولكن ليس قبل اطلاق سراح الدبلوماسي الإيراني حشمت الله اتارزاده نياكي Heshmatullah Attar-zadeh Niaki الذي اختطف في باكستان. حسب كل الروايات، لا يزال هناك عدد من كبار الشخصيات في تنظيم القاعدة في إيران اليوم[511]. ووفقاً للولايات المتحدة، فان سيف العدل (مصطفى حامد)، هو الرابط بين تنظيم القاعدة والحكومة الإيرانية بعد سقوط حركة طالبان[512].

تعود بداية علاقات التعاون بين ايران والقاعدة مع بداية الحرب التي تقودها الولايات المتحدة في أفغانستان, حيث توفرت لدى الادارة الامريكية معلومات حول تعاون ايراني واسع مع تنظيم القاعدة وحركة طالبان لايجاد موطئ قدم لها. وفقا لصحيفة نيويورك تايمز، القوات الخاصة الأميركية حول هيرات Herat لاحظوا أن عملاء إيرانيين قد هددوا أو قدموا رشوة الى زعماء القبائل لتقويض البرامج التي تدعمها الولايات المتحدة. وهذا ما جعل الرئيس الامريكي جورج بوش يحذر ايران في بداية كانون الثاني (يناير) ,2002 من زعزعة الاستقرار في أفغانستان. وقال أيضا واشنطن تتوقع من طهران تسليم أي من أعضاء شبكة القاعدة الذين ربما يكونون قد فروا عبر الحدود من أفغانستان[524].

فقام الموفد الامريكي الى افغانستان السفير زلماي خليل زاد Zalmay Khalilzad في شهر شباط (فبرايو) 2002 بتقديم الادلة الامريكية على هذا التعاون قائلاً (لقد قدمنا لهم المعلومات التي لدينا فيما يتعلق ما نعتقد أنه يحدث، وخاصة فيما يتعلق جود لتنظيم القاعدة في إيران والحركة عبر ايران). وأضاف السيد خليل زاد انه يعتقد أن بعض عناصر الحرس الثوري كان له علاقة طويلة الأمد نسبيا مع القاعدة وساعد عضوا في هروب مجموعة من أفغانستان

إلى إيران. بعض أعضاء تنظيم القاعدة، على حد زعمه، قد سمح لهم بالسفر إلى وجهات أخرى. وأضاف أن واشنطن واثقة إلى حد ما أن مسؤوليي طالبان تلقوا المساعدة أيضا في عبور الحدود إلى إيران[523].

وفي شهر أب 2002 أعلن المتحدث باسم وزارة الخارجية الايرانية حميد رضا أصفي (Hamid Reza Asefi) بان بلاده قد قامت بتسليم 16 من المشتبه بهم كدليل على تعاون بلاده مع حملة الأمم المتحدة ضد الإرهاب، وأضاف أن المشتبه بهم الاخرين قد تم تسليمهم إلى بلدان أخرى. الرجال 16 هم جميعا من المواطنين السعوديين، وقد لجأوا إلى إيران في أعقاب العمليات العسكرية الامريكية في أفغانستان. بينما اتهم سيناتور امريكي فريد تومسون Fred Thompson من لجنة الاستخبارات في مجلس الشيوخ في برنامج تلفزيوني في الولايات المتحدة, ان ايران قد ساعدت تنظيم القاعدة في الماضي, وهو ما دفع ادارة الرئيس بوش الى اعتبار ايران كجزء من محور الشر بالاضافة الى كوريا الشمالية والعراق[522].

مسؤولون كنديون قالوا في ابريل (نيسان) 2013 بانهم أحبطوا هجوماً كان مقرراً بدعم من عناصر القاعدة في إيران, بالرغم من النفي الايراني لأي صلة بالرجلين الاثنين الذين اعتقلوا في كندا للاشتباه في تخطيطهم لهجوم على قطار. حيث قالت شرطة الخيالة الملكية الكندية ان الرجلين، الذين لم يكونوا مواطنين كنديين، خططا لعرقلة قطار يتم تشغيلها بواسطة شركة السكك الحديدية VIA وبالتالي "قتل وإيذاء الناس". وقال رئيس شرطة الخيالة الملكية الكندية المشرف جنيفر ستراكان (Jennifer Strachan) ان الهجوم كان "بالتأكيد في مرحلة التخطيط ولكن ليس وشيكا". علماً انه تم احباط هذه العملية بالتعاون والتنسيق مع FBI الامريكية[512]. في سبتمبر 2012 قطعت كندا كافة العلاقات الدبلوماسية مع إيران، وإغلاق سفارتها في طهران وطرد جميع الدبلوماسيين الإيرانيين المتبقية من كندا. في وقت زير الخارجية جون بيرد (John Baird) قال ان كندا تعتبر إيران "باعتبارها أهم تهديدا للسلام والأمن العالميين في العالم اليوم", وأشار الوزير الكندي، الى دعم إيران لنظام بشار الأسد، وبرنامجها النووي المثير للجدل واستمرار انتهاكات حقوق الإنسان كأسباب وراء قرار بلاده بقطع العلاقات الدبلوماسية مع طهران[519].

هذه الحقائق تؤكد ما ذكره احد السياسيين العراقيين سابقا, وهو عدنان الدليمي (زعيم كتلة التوافق البرلمانية) في تصريحات صحفية سابقة, حول ان القاعدة الموجودة في العراق هي ثلاث مجاميع مستقلة وغير مرتبطة, اولها ما يرتبط مع تنظيم القاعدة الدولي, والثاني يرتبط بايران, والثالث يرتبط بالولايات المتحدة.

11. 4. 4. دلائل الحرب العدوانية الايرانية على الشعب العراقي (2003 - 2013)

التحرك الايراني لبسط النفوذ الايراني في العراق والشرق الاوسط لم ينتهي بعد حرب الثماني سنوات وتكلفتها الكارثية, بل كانت بداية المشروع على مدى ثلاثة عقود لبناء المجال الذي يوسع نفوذها[633]. الدور الايراني في العراق اثناء الاحتلال المريكي – البريطاني كان يعتمد على سياسة الباب المفتوح, فهي تدعم مجاميع من المقاومة لكي تصل الى مفاتيح ممكن ان

تفاوض الامريكان والغرب عليها وتسليمها متى ما ارادت[635]. في فبراير 2004، كتب جون بيري (John Berry) من سلطة أدارة الاحتلال المدني CPA في العراق تحليلاً محذراً من التورط الإيراني، بحجة أن إيران حريصة على تقسيم العراق إلى ثلاث مناطق تتمتع بحكم شبه ذاتي والتي بدورها تضعف عدوها القديم العراق، وتضمن سيطرتها على المدينتين المقدستين، مع الدخل المتحقق من الحجاج، ووجود هيبة لهم مرة أخرى في نفس المدار قم. ففي أذار (مارس) أفاد مايك كفويلر (Mike Gfoeller) من المنطقة الوسطى الجنوبية لسلطة CPA أن "الإيرانيين وعلى وجه الخصوص الحرس الثوري (IRGC) ووزارة الاستخبارات (MOIS) الايرانيين، تعملان مع ثلاث مجموعات معارضة فقط هي المجلس الأعلى، وحزب الدعوة، ومنظمة مقتدى الصدر, بينما نحن نسعى لمساعدة العراقيين على تحقيق مستقبل ديمقراطي"[236]. الحرس الثوري الايراني متهم ايضا بانه كان خلف عملية خطف البريطانيين الاربعة في 1 أيار(مايو) 2007, حيث كان خبير الكمبيوتر البريطاني (Peter Moore) يعمل بوجود 3 حراس شخصيين معه على نصب برنامج من شأنه أن يبين كيف يتم تحويل كمية هائلة من المساعدات الدولية لميليشيات ايران في العراق, علما ان هذه العملية تمت بالتنسيق بين مليشيا عصائب اهل الحق المنشقة عن جيش المهدي والتي يقودها (قيس الخزعلي) وقوة فيلق القدس التابعة للحرس الثوري الايراني. عملية الخطف كشفت بحسب تحقيق صحيفة الغارديان البريطانية عن ان سبب تنصيب هذا النظام الرقابي المالي هو اختفاء 18 بليون (مليار) دولار امريكي في عداد المفقودات[406].

الدور الايراني في تدريب المليشيات والعصابات على عمل التفجيرات والمفخخات كان موثقاً ضمن التقارير الاستخبارية الامريكية[183]. في عام 2008 اعترف قائد القوات الامريكية والمتحالفة معها في العراق (Multi-National Force–Iraq) الجنرال بترايوس (General David H. Petraeus) في تقريره للجنة الكونغرس الامريكي, بان ما يهدد الامن في العراق هما تنظيم القاعدة ومجاميع سماها بالعناصر المتطرفة (extremist elements), والتي لعبت إيران دوراً هداماً من خلال التمويل وتسليح وتدريب وتوجيه هذه المجموعات وخصوصا ما يسمى بالمجموعات الخاصة (Special Groups), وهذه المجموعات الخاصة تشكل أكبر تهديد على المدى الطويل لبقاء عراق ديمقراطي. ويضيف, اذا نظرنا الى تنظيم القاعدة, فسنجد ان دوره تم تحجيمه كثيراً في العراق واضمحل بعد قتالهم من قبل مجالس الصحوات (بالرغم من اعترافه بالدور السوري الكبير في مساعدة القاعدة). وبقيت المجاميع الاخرى المتطرفة وخصوصا هذه المجاميع الخاصة التي اوجدتها حكومة ايران عبر انشطة فيلق القدس الايراني (Iran’s Qods Force) التي يديرها ويدربها ويمولها وبمساعدة من حزب الله اللبناني, حيث تعمل هذه المجاميع الخاصة كخلايا نائمة تنشط عند الضرورة او بحسب الاجندة المعدة للجهات الداعمة لها, حتى وصل ان اعترف بترايوس مجبراً على ان (ايران غذت العنف في العراق بطريقة تدميرية damaging way)[323].

في يناير 2007 القي القبض على خمسة من قيادات الحرس الثوري الايراني في مدينة السليمانية. حيث اعترف الناطق الرسمي باسم القوات الامريكية في العراق الجنرال كيفن بيرجنر (Maj. Gen. Kevin Bergner) (أن من بين العناصر الخمسة للحرس الثوري هو محمود فرهادي قائد قوة ظفر Zafr وهي أحد الثلاث مقرات (subordinate) لفيلق رمضان (Ramazan Corps) التابع للحرس الثوري في العراق, وكان مسؤولاً عن كل عمليات قوة

القدس في شمال ووسط العراق والتي شملت نقل الاسلحة والاشخاص والاموال عبر الحدود, له تاريخ طويل في العمليات داخل العراق, ومصادر متعددة تثبت تورط فرهادي في توفير الاسلحة لعناصر إجرامية عراقية وعملائها من إيران, ونحن نعلم أيضا أنه لأكثر من عقد من الزمن، كان متورطا في عمليات الاستخبارات الإيرانية في العراق). بينما أضاف الكولونيل ديفيد بيكون (Colonel David Bacon) رئيس الخطط والاتصالات الاستراتيجية في القوات الامريكية في العراق (فرهادي هو احد أكثر الضباط الكبار في قوة القدس الايرانية ممن اعتقلوا في العراق) واعترف باكون بأن الاسلحة المصنعة حديثاً والادلة التي عثر عليها من القاء القبض على قوة القدس وحزب الله اللبناني والفرق الخاصة العراقية تدعم تورط إيران المباشر في دعم شبكات الإرهاب الشيعة داخل العراق[656].

ودليل اخر برز على دعم ايران لفرق الموت الشيعية وتنظيم القاعدة في نهاية شهر ديسمبر 2006, عندما القت القوات الامريكية القبض على أثنين من العملاء الايرانيين من قوة القدس في مجمع تابع للمجلس الاعلى في بغداد. كانت الحكومة العراقية غاضبة بسبب الاعتقالات، والإيرانيون كانوا جزءا من وفد التمثيل الدبلوماسي في العراق، وقد أفرج عنهم لاحقا وتم ترحيلهم الى ايران [657]. صحيفة واشنطن بوست (Washington Post) ذكرت أن هذين العميلين للمخابرات الإيرانية يمتلكان قوائم بالأسلحة والوثائق المتعلقة بشحنات الأسلحة إلى العراق، والمخططات التنظيمية، وسجلات الهاتف والخرائط والمعلومات بين الاستخبارات الحساسة الأخرى ... [و] المعلومات حول الاستيرادات الحديثة، وخصوصا العبوات الناسفة في العراق". احد هذين المعتقلين كان هو ثالث أعلى مسؤول في قوة القدس التابعة للحرس الثوري الإيراني[658]. بينما وصفت صحيفة أمريكية أخرى وهي نيويورك صن (New York Sun) الوثائق التي وجدت مع هذين الضابطين للحرس الثوري بأنها "تبين كيف ان قوة القدس - ذراع الحرس الثوري الإيراني الذي يدعم حزب الله الشيعية وحماس السنية، وفرق الموت الشيعية - تعمل ايضا مع الأفراد التابعة لتنظيم القاعدة في العراق وأنصار السنة" بحسب مسؤول الاستخبارات الذي أبلغ الصحيفة[659].

وفي 4 فبراير 2009 قال اللفتنانت جنرال لويد اوستن (Lieutenant General Lloyd Austin)، نائب قائد القوات الامريكية في العراق أن إيران تواصل تسليح وتمويل و تدريب المجموعات الخاصة، ولا تزال الذخائر المصنعة في ايران يتم اكتشافها في العراق, مما يقودنا إلى الاعتقاد بأن نشاط الدعم الإيراني مستمراً"[661].

11. 4. 5. دور الحرس الثوري الايراني والجنرال قاسم سليماني

الحكومة العراقية والجيش الامريكي ذكروا عدة مرات من ان ايران دعمت مختلف الجماعات الارهابية الشيعية داخل العراق، بما في ذلك عناصر من جيش المهدي. وبالرغم من ان الحكومة الإيرانية قد نفت هذه الاتهامات، الا ان القوات العراقية والامريكية اعتقلت العشرات من ضباط وعناصر قوة القدس الإيرانية، كما القت القبض على العديد من القادة الإرهابيين الشيعة تحت القيادة الإيرانية، ووجدت كذلك وثائق عديدة تؤكد تزويدهم بأسلحة ايرانية الصنع من قبل إيران[661].

الجنرال قاسم سليماني أنظم الى الحرس الثوري الايراني عام 1979, وعيينّ قائداً لفيلق القدس التابع للحرس الثوري الايراني قبل اشهر من احتلال العراق وأصبح مسؤولاً عن الملف العراقي بتفويض من قبل المرشد الاعلى الايراني خامنئي. وكما جاء في صحيفة الهيرالدتربيون (Int. Herald Tribune) الامريكية. فهو يعد العقل المدبر وراء توسيع النفوذ الايراني في الشؤون السياسية العراقية وتوفير الدعم الدعم العسكري للنظام السوري لبشار الاسد. وقد أطلع القائد الامريكي الجنرال بترايوس خلال عمله في العراق على نفوذ سليماني عن كثب, ووصفه في رسائله الى وزير الدفاع الامريكي في وقتها (روبرت غيتس) بانه (شخص شرير حقاً, وان تدخله المباشر في المؤامرات السياسية العراقية هو واسع النطاق). بينما يرى السفير الامريكي السابق (رايان كروكر) قائلاً بأن الحرب العراقية الايرانية 1980 - 1988 شكلت موقف سليماني من العراق, فهذه الحرب لم تنتهي بالنسبة له. وكان هدفه الاستراتيجي هو تحقيق نصر تام على العراق, واذا لم يكن هذا ممكناً, فيجب خلق عراق ضعيف وممارسة النفوذ الايراني عليه. بينما يرى باحث أيراني ان فيلق القدس قد رأى ان فرصته الذهبية تمثلت في استمرار انشغال الامريكيين بالعراق عن طريق خلق الفوضى فيه قدر الامكان. بينما ينقل جلال الطالباني عن قاسم سليماني قوله ان له مئات العملاء في العراق. وحين كان فيلق القدس يسلح المليشيات الشيعية ويدربها, كان في الوقت نفسه يتعامل بدبلوماسية مع السياسيين العراقيين. كان سليماني يؤجج العنف ويقوم بعدها بالتدخل والتوسط لانهاء الصراع, جاعلا من نفسه شخصا لا غنى عنه للجميع[631].

وبعد أن أصبح الجنرال بترايوس مديرا لجهاز المخابرات المركزية الامريكية تحدث عن قصة حدثت مع سليماني, ففي اوائل عام 2008 وخلال معارك بين الجيش الامريكي والعراقي من جهة ضد احدى المليشيات الشيعية, فقد أستلم بترايوس رسالة نصية على الهاتف من سليماني وقراءها له جنرال عراقي قائلاً (الجنرال بترايوس, انا قاسم سليماني المسؤول عن سياسة ايران مع ملفات العراق, لبنات, غزة, وافغانستان, بالاضافة الى ان السفير (الايراني) في بغداد هو عضو في فيلق القدس والشخص الذي سوف يستبدل بدله ايضا هو عضو في فيلق القدس). لكن على الرغم من اعتراف بترايوس بان سليماني هو من قام بصنع المشاكل والقتال بين المليشيات الشيعية والقوات الامريكية, الا انه لم يعلن حقائق الجرائم التي تؤكد وجود جريمة حرب عدوانية يقوم بها فيلق القدس الايراني. وكما جاء, فان سليماني له علاقات قوية مع العديد من السياسيين الشيعة والذين يرفضون ضمن نقاشات البرلمان العراقي بالاعتراف بوجود اي دور ايراني في النزاع العراقي !!! [632] بينما اعترف موفق الربيعي الى جريدة الشرق الاوسط بان "سليماني هو أقوى رجل في العراق من دون منازع. لا شيء ينجز من دونه" [19A]. واعاد مقتدى الصدر تاكيد قوة سيطرة سليماني على القرار في العراق عبر تصريحه لصحيفة الحياة اللبنانية قائلاً بان (قاسم سليماني قائد الحرس الأيراني هو الرجـــل الأقـــوى في العـــراق)[20A].

خلال الحرب العراقية – الايرانية, كان مسؤولاً في الحرس الثوري الايراني عن التنسيق مع المليشيات العراقية التي كانت تقاتل مع الجيش الايراني ضد بلدها العراق, وخصوصا مع مليشيا فيلق بدر, وكان المنسق للتدخل الايراني مع هذه المليشيات اثناء حرب الخليج 1991 من اجل حرق وتدمير الدوائر الحكومية وقتل واعدام افراد الجيش العراقي المنسحب من الكويت. وكان من بين الضباط الذين كانوا يعملون رسميا معه بصفة ضباط في الحرس

الثوري الايراني هما عضوا مجلس النواب العراقي, الاول عن حزب المالكي (الدعوة) وهو ابو مهدي المهندس والثاني هو وزير النقل السابق عن منظمة بدر (فيلق بدر) وهو هادي العامري[638]. هذا التغلغل القديم بين هولاء السياسيين واحزابهم ومليشياتهم المدعومة من ايران هو من سمح له بالتحكم بمقاليد الامور في العراق حتى في ظل التواجد الامريكي الكبير.

خلال الاقتتال الطائفي بعد تفجيرات سامراء 2006, فقد زار سليماني العراق سراً وكان يسير حول المعسكرات الخاصة بمضيفيه الأساسيين من دون حراسة شخصية. ولم يعلم الأميركيون أنه كان في العاصمة سوى بعدما عاد لإيران، وشعروا بغضب شديد لدى علمهم أن عدوهم اللدود كان بينهم. وقال مسؤول أميركي رفيع المستوى هذا الأسبوع «لا أحد يعلم عن ماضيه وأنه نفس الشخص، إنه في كل مكان ولا يوجد في مكان محدد«. وعلى الرغم من وصف سليماني كشخصية مشابهة لشخصية كيسير سوزي الشريرة من قبل مسؤول امريكي " He is indeed like Keyser Söze" لكنهم سمحوا له بالتحكم في الملف السياسي العراقي. فقد اعترف سياسي عراقي بارز وهو النائب الثاني لرئيس الوزراء المالكي, ان سليماني كان حاضرا في اجتماع عقد في دمشق والذي شكلّ الحكومة العراقية (الولاية الثانية للمالكي)، وكان في الاجتماع قادة من سوريا وتركيا وإيران وحزب الله "وأجبروهم جميعا على تغيير رأيهم والموافقة على تعيين المالكي كزعيم لولاية ثانية"[632].

دور قاسم سليماني لم يقتصر على التدخل هندسيا في تكوين الحكومة الائتلافية العراقية (حكومة المالكي الثانية). بل ان دوره أصبح اكثر في قيادة الدعم الكبير لبقاء نظام بشار الاسد في سوريا وهو ما كشفه ايضا رئيس الوزراء السوري السابق رياض حجاب[635]. وهذا الدور هو ما دفع الصحفي الامريكي ديكستر فليكنز (Dexter Filkins) الى ان يصفه بانه العامل الايراني الذي يعيد تشكيل الشرق الاوسط, وهو من يوجه حرب الاسد في سوريا. حيث يصف سياسته في إعادة تشكيل منطقة الشرق الأوسط لصالح إيران، عبر العمل كوسيط السلطة وكقوة عسكرية وبكل الوسائل: اغتيال خصومه، تسليح حلفائها، ولمدة عقد من الزمن، فهو يوجه شبكة من الجماعات المتشددة التي قتلت مئات من الأميركيين في العراق. بينما تعترف وزارة الخزانة الأمريكية لدور سليماني في دعم نظام الأسد، و التحريض على الإرهاب. وقال عنه احد ضباط المخابرات الامريكية جون مكوير (John Maguire) واصفاً بانه "سليماني هو العامل الاكثر قوة في الشرق الأوسط اليوم"[633]. ومن شهادات قوته وقيادته للمليشيات الشيعية في العراق هو تدخله الشخصي في ترتيب وقف لإطلاق النار بين قوات المالكي وجيش المهدي التابع لمقتدى الصدر في مارس 2008[634]. والتي جعلت مقتدى يعلن حل جيش المهدي والدخول بالعملية السياسية, مما دفع احد الفصائل (عصائب اهل الحق) الى الانفصال والاستقلال عن قراره واستمرار الدعم الايراني لها على كافة المستويات[661].

ونتيجة لدوره الكبير مع قائديين اثنين من الحرس الثوري الايراني في تقديم الدعم بالمعدات والدعم لمساعدة النظام السوري في قمع الاحتجاجات في سوريا فقد وضع في قائمة العقوبات الاوربية بتاريخ 24 حزيران 2011 [636]. وتم تأكيد وتشديد الحصار والمنع ضد سليماني ايضا من قبل الحكومة السويسرية في سبتمبر 2011 بسبب نفس الأسباب التي ذكرها الاتحاد الأوروبي سابقاً[637]. وبالرغم ان الولايات المتحدة تعتبره ارهابياً وتحظر مواطنيها من العامل معه[639]. الا ان الدور الكبير الذي يلعبه في العراق تؤكد على تواطئ امريكي في السماح في

توسيع النفوذ الايراني في العراق وسوريا, رغم ان امريكا وضعت الحرس الثوري الايراني في قائمة المنظمات الارهابية منذ عام 2007.[686]

11. 4. 5. 1. الفرق الخاصة وتورط مليشيا حزب الله اللبناني

المجموعات العراقية مثل "حزب الدعوة" العراقي انخرطت إلى «حزب الله» في الإرهاب والعنف السياسي دعماً لمصالحهم والمصالح الإيرانية، وقد قاموا بذلك بمبادرتهم وبالتعاون أيضاً مع "قوة القدس". وفي الواقع «حزب الله» كوَّن شكلاً جديداً من التنظيم وهو "الوحدة 3800" المخصصة لمساعدة التمرد الشيعي في العراق. فقد أصبح العراق هو القضية الجوهرية لـ «حزب الله» ليس لأن لها أية علاقة بلبنان وإنما لأن كسب النفوذ على العراق والهيمنة في المنطقة أمر بالغ الأهمية للرعاة الإيرانيين لـ «حزب الله».[686]

في مايو (أيار) 2005 سافر موسى داقوق (قائد وحدة العمليات الخاصة في حزب الله والمشرف على الاجراءات الامنية لحماية زعيم الحزب حسن نصرالله) مع يوسف هاشم (رئيس عمليات حزب الله اللبناني في العراق) إلى طهران للاجتماع مع نائب قائد فرع العمليات الخارجية قوة القدس الايرانية (نخبة مجموعة العمليات الخاصة الايرانية المكلفة بنشر الثيوقراطية الإيرانية إلى البلدان المجاورة). دقدوق قام أيضا بأربع رحلات إلى العراق في عام 2006، حيث شهد شخصيا عمليات المجموعات الخاصة التي كلا من المجموعات الخاصة من جيش المهدي، و عصائب أهل الحق (وهي فصيل تمرد على جيش المهدي)، وكتائب حزب الله العراقي. ولدى عودته من ايران, تم تكليفه بتنظيم قالب المجموعات الخاصة بنفس تنظيم مليشيا حزب الله. في مؤتمر صحفي يوليو 2007 وقال العميد كيفن بيرغنر (Brigadier General Keven Bergne) حول تنظيم المجموعات الخاصة. واوضح ان داقوق بدء تدريب العراقيين داخل إيران لتنفيذ هجمات ارهابية في بلادهم. تم تدريب مجموعات من 20 إلى 60 من المجندين على استخدام القنابل المتفجرة الخارقة للدروع وقذائف المورتر والصواريخ وبنادق قنص، وتعليمات حول كيفية إجراء العمليات الاستخباراتية والخطف. واضاف بيرغنر "هذه المجموعات الخاصة هي مليشيات متطرفة، بتمويل وتدريب وتسليح من مصادر خارجية، وتحديدا من قبل عناصر فيلق فيلق القدس التابع للحرس الثوري الإيراني, وبدون هذا الدعم، فإن هذه المجموعات الخاصة من الصعب عليها إجراء عملياتهم في العراق"[654].

أبرز المجاميع الاجرامية في العراق والتي قامت قوة القدس الايرانية بتدربها وتمويلها واشرفت على عملياتها كانت عصائب أهل الحق التي دمجت معها المجاميع الخاصة (والاثنين هما منشقين من جيش المهدي التابع لمقتدى الصدر). يقود مليشيا العصائب قيس الخزعلي, والذي اعتقل في 20 أذار (مارس) 2007 من قبل القوات الامريكية في مدينة البصرة في العراق مع أحد القادة الكبار في مليشيا حزب الله اللبناني التابع لايران وهو علي موسى داقوق (Ali Musa Daqduq) بالاضافة الى أخوه ليث الخزعلي). الثلاثة عند أعتقالهم كانوا متهمين بالمشاركة في عملية خطف وقتل 5 جنود أمريكيين في كربلاء يناير (كانون الثاني) عام 2007. أطلق سراح قيس الخزعلي واخوه ليث في ديسمبر 2009 مقابل اطلاق سراح

الرهينة البريطاني بيتر مور (Peter Moore) الذي أختطفته مليشيا العصائب, كما صرح ضباط جيش ومخابرات امريكيين الى صحيفة (The Long war Journal). بينما اضاف أحد ضباط الجيش الامريكي لدى أطلاق سراح الخزعلي (نحن ندع رجل خطير جدا يذهب وايديه ملطخة بدماء العراقيين والامريكيين)، واضاف (اننا ذاهبون لدفع ثمن ذلك في المستقبل). ورغم ان حكومة المالكي قد صرحت أن أطلاق سراح هولاء قد جاء ضمن خطة المصالحة الوطنية, وقال مسؤول في الاستخبارات العسكرية الامريكية "ان الاعلان الرسمي كان هو الافراج عن الخزعلي من اجل المصالحة الوطنية، ولكن في الواقع كان هذا تبادل للأسرى" وقد حذروا من أن المجموعة ستعود إلى الإرهاب. عملية الخطف كانت لخبير الانظمة المعلوماتية البريطاني مور مع أربعة من حراسه الشخصيين اثناء عملهم في وزارة المالية في بغداد في مايو ايار عام 2007. وقد أعدمت مليشيا العصائب الاربعة حراس, بينما سلمت الخبير البريطاني مقابل اطلاق الخزعلي واخوه التي قال عنها ضابط امريكي (لقد كانت صفقة مختومة وموقعة بالدماء البريطانية والامريكية, لقد اطلقنا سراح قادتهم واعضاء منظمتهم, وهم قتلوا الرهائن وارسلوا جثثهم في أكياس الجثث, ويفترض بنا ان نكون سعيدين بذلك!!)[655]. اعتبارا من منتصف أكتوبر 2007، الولايات المتحدة أفرجت عن أكثر من 100 من أفراد مليشيا العصائب. وبعد اكثر من شهر من اطلاق سراح الخزعلي واخوه ليث ومعهم العديد من اتباعه. وفي يناير 2010 قامت مليشيا العصائب باختطاف مقاول مدني امريكي عيسى سالومي (Issa T. Salomi) يعمل في العراق. واعتبر الامريكيين اختطاف المقاول هذا كدليل على ان عصائب أهل الحق لا يوجد لديها نوايا المصالحة الحقيقية كما ادعت, وسوف تستمر في استخدام العنف لتحقيق غاياتهم[661].

الناطق باسم القوات الامريكية في العراق العميد كيفن بيرجنر (Maj. Gen. Kevin Bergner), كان قد ذكرّ أن 27 من قادة الرتب العليا في الخلايا السرية او المجموعات الخاصة الشيعية الارهابية التي تقاتل في شوارع العراق, قد تم القاء القبض على اغلبيتهم وقتل 3 منهم. وأضاف بان العديد من الوثائق التي ضبطت معهم، بما في ذلك وثيقة من 22 صفحة تبين التخطيط لعلي دقدوق اللبناني وبقية العناصر الأخرى, جنبا إلى جنب مع الاستجوابات تؤكده تفاصيل شبكات فيلق القدس والدور في أنشاء خلايا إرهابية شيعية داخل العراق. وقال "ما تعلمناه من علي موسى دقدوق وقيس الخزعلي وغيره من أعضاء الجماعات الخاصة في الحجز لدينا يوسع فهمنا لكيفية قيام عملاء فيلق القدس الإيراني بتدريب وتمويل و تسليح المجموعات الخاصة العراقية, انه يظهر كيف المنطق الايراني في استخدام بدائل حزب الله اللبناني في صنع مثل هذه القدرات". وكشف العميد بيرغنر بانه قد تم تحديد ثلاثة معسكرات تدريب ل " المجموعات الخاصة " داخل إيران . وحددت استطلاعات الأقمار الصناعية الأمريكية نموذج بالحجم الطبيعي لمقر قواتهم المسماة اختصاراً بال PJCC في كربلاء موجودا داخل إيران!! وتم استخدام هذا المرفق لتدريب شبكة الخزعلي للهجوم في كربلاء. وقال العميد بيرغنر كان القيادة الإيرانية العليا على علم بأنشطة قوة القدس داخل العراق "لدينا المعلومات الاستخباراتية تكشف أن القيادة العليا في إيران هي على بينة من هذا النشاط". وأوضح العميد بيرغنر المزيد من ذلك "سيكون من الصعب أن نتصور" أن آية الله علي خامنئي، المرشد الأعلى في إيران، لن يكون على بينة من دور فيلق القدس في العنف في العراق. فيلق القدس يقدم تقاريره مباشرة إلى آية الله علي خامنئي. وبينّ بيرجنر بانه تم استهداف هذه" المجموعات الخاصة" و"الخلايا السرية" بشكل كبير منذ مؤتمر الجنرال ديفيد

بترايوس عن شبكات الخزعلي والشيباني في 26 ابريل نيسان 2007. وان القوات الامريكية قتلت 91 على الأقل من أعضاء هذه الشبكة والخلايا السرية والقت القبض على 113 منذ 27 أبريل 2007[660].

أطلاق سراح هولاء المجرمين, بدءً من داقوق, الخزعلي وغيرهم, يثبت حجم التواطئ الامريكي مع فرق الموت هذه. فقد نقلت القوات الامريكية داقوق الى سجون حكومة المالكي، ثم عادت الولايات المتحدة وطلبت من العراق بتسليم دقدوق حتى يتسنى محاكمته في محكمة اتحادية أمريكية. لكن محكمة عراقية منعت تسليمه إلى الولايات المتحدة. فقد كانت وزارة العدل الأمريكية تعتزم مقاضاة دقدوق أمام محكمة أمريكية، ولكن أعضاء مجلس الشيوخ الجمهوريين عارضوا نقل هذا الإرهابي إلى الأراضي الأميركية لمحاكمته. بينما أراد بعضهم أن يحاكم داقوق أمام محكمة عسكرية في غوانتانامو، لكن إدارة أوباما رفضت السماح بنقل الإرهابيين إلى السجن وبدلا من أدعت انها تسعى الى إغلاق هذا السجن!! كما أطلقت الولايات المتحدة أيضا سراح عدد من كبار ضباط قوة القدس الايرانية، بما في ذلك محمود فرهادي، قائد قوة ظفر (Zafr), أحدى الثلاث وحدات التابعة لفيلق رمضان المسؤولة والمتواجدة في العراق والتابعة لقوة القدس الايراني. وكان فرهادي بين خمسة ايرانيين سلموا لحكومة المالكي التي سلمتهم الى ايران في تموز (يوليو) 2007[656].

المليشيات الشيعية المسلحة كجيش المهدي الذي يعد قوامه 50 الف مقاتل ويستلم افراده راتب اسبوعي يقدر ب 300 دولار[346]. وبالرغم من ان قائد هذه المليشيا مقتدى الصدر قد قام بطرد العديد من قادة جيشه بسبب مخالفة اوامره او ارتكابهم لانتهاكات, الا ان بعض هولاء القادة المطرودين قد اخذوا معهم مجاميعهم القتالية التي تبعتهم ولم تعد تتبع لسيطرة مقتدى[347]. بعد رفض مقتدى الصدر للاتفاقية الامنية بين العراق والولايات المتحدة, أنشأ مقتدى مليشيا سرية سميت باليوم الموعود (The Promise Day Brigade). ووفقا لمصادر المخابرات الامريكية والعراقية، كتائب اليوم الموعود (PDB) هي منظمة إرهابية ترعاها إيران, بالاضافة الى كتائب حزب الله، التي نشطت في بغداد وحولها منذ عام 2007[661]. وبالرغم من أن مقتدى الصدر قد أطلق العديد من دعوات التهدئة, الا ان اغلبية اعمال العنف والقتل في بغداد واطرافها كانت تنسب له[348].

11. 5. بعض أهم أنشطة فرق الموت المؤثرة:

11. 5. 1. أغتيال د. مجبل الشيخ عيسى (عضو لجنة كتابة الدستور)

وهو من ابرز الجرائم التي نفذتها فرق الموت وكان لها وقع خاص في الاحداث السياسية في العراق والتاثير على شكل الدستور الجديد الذي كتب تحت الاحتلال. ففي يوم 19 يوليو (July) 2005 قام مسلحين ملثمين يستقلون سيارة مدنية بالترجل امام مطعم في شارع قريب من قصر المؤتمرات ببغداد والمحاذي للمنطقة الخضراء. وقاموا بقتل عضوين من لجنة كتابة الدستور الجديد والممثلين عن السنّة في العراق وهما د. مجبل الشيخ عيسى (Dr. Majbel Al- Sheik Essa) والسيد كامل عبيد (Mr. Kamel Ubaidi), بالاضافة الى شخص ثالث

مرافق للضحايا وهو ابن اخت د. مجبل. كنت انا قد التقيت مع المرحوم د. مجبل قبل ايام معدودة من استشهاده, وكان يقود المجموعة التي ترفض فكرة كتابة فقرة الفيدرالية ضمن الدستور الجديد لخوفه من ان تكون بداية تقسيم العراق لاحقاً. وابلغني أمام شخص أخر على أنه استلم تهديد شفوي بالقتل من قبل مجموعتين سياسيتين كبيرتين اذا لم يتنازل عن معارضته للفيدرالية. وقد أبلغ الشهيد كلا من بعثة الامم المتحدة وبعض المقربين بهذه التهديدات بحسب ما اخبرني في لقاءنا الاخير. والمثير للشك ان الشارع الذي يقع فيه المطعم الذي أغتيل فيه المرحوم, كانت توجد فيه سيطرتين أمنيتين عراقيتين من كلا جانبي الشارع ولم تتدخل أي منهم للرد على الارهابيين المنفذين لهذه الجريمة. وبالرغم من مطالبة الامم المتحدة بالتحقيق في هذه الجريمة الا ان حكومة الجعفري لم تعر للامر أهمية ولم تعلن سوى أسفها لما حدث, حالها كحال السفارة الامريكية تجاه هذا الاغتيال والتصفية السياسية. هذا الاغتيال كان بمثابة الارهاب الموجه لاي جهة ترفض الاجندة المعدة للعراق الجديد سلفاً تحت الوصاية الامريكية – البريطانية - الايرانية. أهمية تاثير هذه الجريمة هو ليس فقط تصفية معارضين سياسيين بقدر ما كنت جزء من خطة تمرير الدستور الجديد وبما يتوافق مع اجندة الاحتلال وبعض الجهات السياسية المتورطة معه.

11. 5. 2. تفجيرات سامراء وجريمة الابادة الطائفية الايرانية في العراق

أشارت تصريحات وزير الداخلية العراقي في وقتها (بيان جبر صولاغ) بأن مقاتلين من تنظيم القاعدة قد أقتحموا مراقد الائمة في سامراء واحتجزت الحراس بعد توثيقهم واخذ أسلحتهم ومن ثم القيام بزرع العبوات داخل الاضرحة للقيام بتفجيرها صباحا بعد الساعة التاسعة من يوم الثاني والعشرين من شباط عام 2006 ـ ثم فجروا المرقدين . شهود عيان كثيرين ممن يسكنون قرب الاضرحة قد شهدوا بأن القوات الامريكية مع اشخاص عراقيين كانوا قد طوقوا الاضرحة منذ منتصف الليل وحتى الساعة السادسة صباحاً ومن ثم أنسحبت من المكان. واضاف شهود عيان وثقت شهادتهم في وقتها بأن القوات الامريكية اثناء تواجدها كانت تطلق النار فوق كل من يحاول النظر الى قواتهم اثناء تواجدهم في مكان المراقد. وقد جاء في نتائج التحقيقات للجنة الحكومية التي شكلت بعد هذه الحادثة بأن عملية تفخيخ المرقدين تحتاج الى ما لا يقل عن 20 ساعة, وهذا ينفي شهادة وزير الداخلية صولاغ من ان يتمكن مقاتلي القاعدة من اكمال التفخيخ باقل من 3 ساعات!!

بعد حدوث التفجيرات بدءت التصريحات الدينية المحرضة على العنف والانتقام الطائفي من عدة شخصيات دينية أدانت هذه الجريمة. إستمرت الحرب الأهلية لأكثر من عام وحصدت عشرات الإلوف من الناس الإبرياء الذين قتلوا على الهوية وكان للجيش والشرطة العراقية موقفا مشينا من خلال تراصفهم مع المليشيات الإجرامية بدلا من أن يقوموا بواجبهم الوطني بحماية الأرواح من كل الأطراف وفرض الأمن والقانون على الجميع. وتقدر المفوضية العليا للاجئين أن العنف الطائفي قد شرد نحو 730000 شخص في الفترة ما بين فبراير 2006 ومارس 2007 [630]. وبسبب اتساع جرائم فرق الموت بعد هذه التفجيرات فقد وصل عدد

العراقيين اللاجئين او النازحين في خارج العراق الى اكثر من 4 مليون لاجئي, مع اكثر من 2 مليون عراقي لاجيء داخلياً (UNHCR September 2007).

اعترافات مساعد سابق للجنرال بترايوس (مستشار حول مكافحة التمرد في تلك الفترة) الاسترالي ديفيد (David Kilcullen) (498) حيث يذكر في كتابه العديد من الاعترافات والحقائق (بالرغم من تغاضيه عن ذكر تفاصيل كيفية وقوع حادثة تفجيرات سامراء, او الاشارة للدور الايراني رغم اعتراف الجنرال كيسي لاحقاً) التي أوجز أهمها بالاتي:

1. التفجيرات حدثت في الفترة الاخيرة من حكم الحكومة الانتقالية لابراهيم الجعفري, وأن التفجيرات قد دفعت مجاميع شيعية الى قتل مدنيين من اهل السنّة (640). ففي خلال فترة شهر (ما بين 22 شباط ونهاية شهر أذار 2005, وجدت 600 جثة لمدنيين سنّة في شوارع بغداد فقط ومعظمهم كانوا أطفال ويافعين, تظهر عليهم أثار التعذيب الوحشي (brutally tortured) قبل أعدامهم(641).

2. على الرغم من ان الموظفين العراقيين في السفارة الامريكية في المنطقة الخضراء كانوا جدا مرعوبين من الذهاب الى بيوتهم خشية القتل الطائفي (642), الا ان موظفي وضباط مقرات القوات المتعددة الجنسيات (MNF-I) لم يكن تصورهم للامر بهذا السوء!! (498) وهذا دليل ليس عدم الاهتمام بل بدء الخيار السلفادوري.

3. في نهاية شهر شباط 2006 حصل اجتماع دوري لضباط امريكيين مع مكتب موفق الربيعي وضباط وكالة الامن الوطني العراقي, مستشار بترايوس وصف الاجتماع في كتابه بانه كان مثل حوار الطرشان (dialogue of the deaf). حيث كان الامريكان يعرضون نسب تقدم الامن والاعمار, بينما يطرح موظفي وكالة الامن الوطني العراقي سؤالاً حول أسبقية أمن المواطنين وحماية الشيعة من الارهاب السني!!! مما جعل الامريكان يقتنعون بان الاجتماع كان مملاً بسبب انتقائية (ويقصدون طائفيتهم) الموظفين العراقيين وليس استقامتهم مع الجميع (643).

4. اعترافات وتحذيرات السياسيين العراقيين للقادة الامريكيين بان تفجيرات سامراء كانت كارثية وأنها تغيير لا رجعة فيه في طبيعة الحرب (644), لم تؤخذ بجدية وخصوصا اثناء العرض اليومي المسماة بتحليل ساحة المعركة (battlefield update analysis) الذي كان يعطي يوميا لقائد (MNF-I) والذي كان الجنرال جورج كيسي وقتها, وعلى مدار اربعة اشهر ونصف (من يوم تفجير سامراء ولغاية منتصف حزيران (يونيو) 2006). حيث لم تكن ضمن الاستعراض اليومي اي أشارة اثناء المناقشات اليومية الى وجود حرب أهلية بحسب ما ذكره على الرغم من ان ضباط عراقيين قد اخبروه بعدها بان هذه المخاوف لدى كل العراقيين. واقتصار هذا العرض اليومي على المداولات

الرسمية لاهم الاسبقيات والاولويات لقواتهم وما تفكر به السفارة الامريكية تحت قيادة السفير خليل زلماده (Zalmay Khalilzad)[645].

5. السياسة الامريكية في ذلك الوقت وحتى نهاية عام 2007 كانت تتركز على مبدأ حل المشاكل من الاعلى الى الاسفل (top-down model) والبدء من كيفية تشكيل حكومة المالكي الحديثة من اجل تخفيض العنف الاهلي, وارسلت طاقم سياسي مرموق للمساعدة بقيادة توم واريك (Tom Warrick) الذي كان يعارض الكاتب في اشراك مجلس الوزراء الجديد. لكنهم وبعد اكثر من 5 أشهر عادوا للاقتناع بان تشكيل الحكومة الجديدة لن يساعد في خفض العنف.

6. أزدياد اعداد القتل اليومي بشدة خلال تلك الفترة ومع مجيء قيادة جديدة عسكرية تحت قيادة بترايوس والسفير الامريكي كروكر (Crocker),مما دفعت السفارة الامريكية الى تغيير سياستها لتكون على مبدأ حل المشاكل من الاسفل الى الاعلى (bottom-up policy) وتامين المجمعات السكنية اولاً ومن ثم كسر دائرة العنف في مناطق انطلاقها بدل من انتظار مساعدة السياسيين العراقيين.

لكن الحقيقة التي جاءت في كتابه والتي تبين فوائد هذا العنف الاهلي للقوات الامريكية, هو كيفية تحول سياسة القوات الامريكية من قوات منبوذة او غير مرغوب بها من قبل المواطنين وتنظر الى كافة العراقيين المدنيين كتهديد الى سياسة جديدة تتطلب التقرب من المدنيين العراقيين ومحاولة حمايتهم من المتمردين!!!

ويؤكد ذلك اعتراف الكاتب ان زيادة عدد القوات الامريكية بعد خطاب الرئيس بوش في 10 كانون الثاني (يناير) 2007 عبر ارسال 28500 جندي امريكي قد رافقه تغيير في طبيعة المهام. حيث أصبحت تعمل مع الشرطة والجيش في كل منطقة من اجل وقف العنف!![646].

7. بعد تفجيرات سامراء بدء أستخدام مصطلحات تزيد الفتنة الطائفية في العراق. المجاميع التي تقتل المدنيين السنة كانت تسمى بمليشيات المجتمعية الشيعية (Shi'a communitarian militia), بينما من يقتل المدنيين الشيعة فهم القاعدة والمتمردين السنّة (AQI and Sunni insurgents). فالاول كان يقتل بالهجمات الارهابية للثاني, بينما مواطني الثاني يقتلون انتقاما من قبل مليشيات الاول!!

8. بين أيلول (سبتمبر) 2006 الى كانون الثاني (يناير) 2007 فقد كان معدل المدنيين الذين يقتلون شهرياً ما بين (2700 - 3800), ووصل أسوء شهر فيه كان هو في ديسمبر (كانون الاول) 2006 وبمعدل 125 ضحية مدنية في الليلة الواحدة, اكثر من نصفهم كان في مدينة بغداد فقط[647].

9. الاعتراف المهم لهذا الضابط الاسترالي والذي يرجح سبب زيادة هذا القتل اليومي, هو بسبب الاختراق الشديد في مؤسسات الحكومة من قبل المتطرفين الطائفيين الشيعة (Shi'a sectarian extremists) وانتشارهم في اغلب السيطرات الامنية في شوارع العاصمة بغداد. ويضيف بأن سياستهم الحالية تغيرت بعد ان كانت تحاول جعل مسألة حماية المواطنين العراقيين في يد حكومة العراقية, لكنها وفقاً لمعطيات الصراع فقد تغيرت بسبب كون الحكومة العراقية قد أصبحت مقاتل طائفي (Combatant) في الحرب الاهلية وليس وسيط نزيه (honest broker) وتهتم لجميع مواطنيها بالتساوي (648).

10. ألاهتمام الامريكي كان منصبا حول العملية الانتقالية وليس الاستقرارية للعراقيين, بدليل زيادة المساعدات لحكومة طائفية بحجة تسريع انتقال المسؤوليات مما زاد من العنف الطائفي. واعترافه الى ان الوضع كان يشبه دورة من الابادة المرعبة (horrific, near genocidal cycle of violance -) بسبب سوء احكام التداخل (ill - judge intervention).

11. أعترافه بتمركز 50% من القتال في العراق خلال عام 2006 في بغداد فقط, وهذا يؤكد حرية حركة المليشيات الاجرامية في العاصمة رغم التواجد العسكري الاجنبي والحكومي فيها.

ومما يذكر ان مراسلة قناة العربية أطوار بهجت السامرائي قد قتلت مع كادر فريقها الاعلامي وهروب شخص عامل معها بعد تواجدهم في مكان تفجيرات سامراء وتوثيقها عملية القاء القبض على ايرانيين تواجدوا قرب المرقدين اثناء التفجيرات. بينما تناقلت انباء عن ان الشخص الناجي الوحيد من فريق قناة العربية قد صرح لبعض المواقع بأن من قتل فريقه الاعلامي بطريقة الاعدام كانت سيطرة امنية عراقية قد لاحقتهم بعد توثيقهم للتورط الايراني في الحادث.

الموقف الأميركي حول المسألة تلخص برفض الرئيس جورج بوش رفضاً باتاً الإشارة إلى أن ما يحصل حربا أهلية وإنما هي محاولات لزعزعة الاستقرار. مؤكدا بأن تنظيم القاعدة هو الذي يقف وراءها! أما الجنرال ابو زيد فقد ذكر "بأن العراق بعيد جداً عن الحرب الأهلية". كذلك الجنرال مارك كيميت الذي فلسف الأمر بأن "الحرب الأهلية تبدأ حين ينقسم الجيش والحكومة على أسس عرقية أو طائفية، معتبراً ان ما يجري هوعنف طائفي". لكن الأمم المتحدة كانت لها نظرة تختلف عن النظرة الأميركية، وأكثر إنصافا كما ورد على لسان الأمين العام كوفي عنان بقوله "ما يحدث في العراق أسوأ من الحرب الأهلية بكثير".

المهم, أهملت الحرب الفعلية وحمام الدماء وإنشغل الجميع في توصيف الحدث ونزاع حول اختيار المصطلحات! فهذا ما كان يشغل تفكير الإدارة الأميركية حينها. ذكر المحلل السياسي ايلين كنيكماير (Ellen Knickmeyer) في مقال له نُشر في الواشنطن بوست "في الوقت الذي ينكر فيه الأمريكان الحرب الأهلية في العراق، فإن العديد من الخبراء والمحللين السياسيين وحتى الناس العاديين في الشرق الأوسط يعتبرون ان هذه الحرب قائمة فعلاً" (673).
اما جوست هيلترمان (Joost Hiltermann) الخبير في مجموعة الأزمات الدولية فأنه ذكر "إننا هنا لا نتحدث فقط عن حرب اهلية على نطاق واسع، بل عن دولة فاشلة، تنهمك المجموعات المتنوعة فيها في قتال شرس قد يمتد ويتحول الى صراع اقليمي في المنطقة كلها" (675). وقد أجرى الاعلامي (مات لويير) (Matt Lauer) في محطة أن بي سي مناقشات طويلة مع عدد من المختصين والاستراتيجيين والمحللين السياسيين والعسكريين ومنهم الخبير العسكري المعروف باري ماكفري بشأن: هل يصنف ما يحدث في العراق ضمن الحروب الأهلية أم لا؟ وأخيرا قررت المحطة أن تضرب برؤية الرئيس بوش عرض الحائط، وأطلقت على ما يجري في العراق مصطلح (الحرب الأهلية)(676) . وهو نفس المصطلح الذي تبنته صحيفة لوس انجلوس تايمز ومجلة نيوزويك ووكالة اسوشيتدبرس وغيرها. وتضيف البروفيسورة مونيكا توفت (Monica Duffy Toft) الأستاذة في جامعة هارفرد بأن "الحرب الأهلية واقعة فعلاً في العراق" مستعينة بمعيار يتألف من عدة درجات يبدأ بعدد القتلى وينتهي بدور الحكومة في هذه الحرب. وكالاتي:

1. هل التركيز في السيطرة على الحرب من قبل جماعة تحكمها وحدة سياسية؟

2. هل هناك اثنين على الأقل من مجموعات من المقاتلين المنظمة؟

3. هل الدولة هي احد جهتي المقاتلين؟

4. هل هناك في المتوسط ما لا يقل عن 1000 حالة وفاة معركة سنويا ؟

5. هل النسبة من مجموع الوفيات على الأقل 95 في المئة إلى 5 في المئة؟ وبعبارة أخرى، هل لدى الجانب الأقوى معاناة لا تقل عن 5 في المئة من الضحايا؟

6. هل تحدث الحرب داخل حدود دولة أو كيان معترف بها دوليا؟(674)

لعام 2006، فإن العدد الإجمالي للمدنيين الذين قتلوا بعنف هو 34, 452 (اربع وثلاثون الفا واربعمائة واثنان وخمسون: من معهد الطب العدلي في بغداد كان عدد المقتولين 16, 867 () (جثث مجهولة الهوية بعدد 17،585 (سبع عشرة الف وخمسمائة وخمس وثمانون) من مستشفيات (مراكز عمليات) في جميع أنحاء العراق. المتوسط السنوي هو قتل 94 مدنيا كل يوم. بينما أصيب 36685 مدنيا أيضا. في عام 2006، بما في ذلك 2222 من النساء و777 من الأطفال. كما ان هناك ما لا يقل عن 470, 094 (اربعمائة وسبعون الفا واربع وتسعون) شخصا على الأقل قد

نزحوا داخليا قسرا منذ تفجير مراقد سامراء في 22 شباط 2006. حصة بغداد لوحدها كان 38, 766 (ثمان وثلاثون الفا وسبعمائة وستة وستون) من الأفراد المشردين [687]. تقدر المفوضية السامية للأمم المتحدة لشؤون اللاجئين (UNHCR) أنه اعتبارا من ديسمبر 2006 كان هناك أكثر من 4.4 مليون نازح عراقي في جميع أنحاء العالم، بما في ذلك نحو 2.5 مليون داخل العراق، وحوالي 1.9 مليون في دول الجوار [688]. ووفقا للتقارير الدورية لبعثة الامم المتحدة في العراق, فقد امتنعت حكومة المالكي عن اعطاء أي احصائيات عن عدد الضحايا المدنيين لعام 2007, في حين اعلنت في نهاية عام 2008 بان العدد الاجمالي للقتلى المدنيين بلغ 6787 قتيلا بينما بلغ عدد الجرحى 20178 جريحا في مجمل عام 2008, ومن دون اعطاء تفاصيل عن اعداد النساء والاطفال بين الضحايا. في حين كان العدد الاجمالي للضحايا المدنيين في عام 2009 هو 4068 قتيلا بينما كان عدد الجرحى هو 15935.

11. 5. 2. 1. من هم أطراف الجريمة الإرهابية في تفجيرات مراقد سامراء؟

اللواء العراقي غازي خضير عزيزه (قائد العمليات في وزارة الداخلية ما بين الفترة 2003 الى 2008) أعترف في لقاءه مع برنامج الذاكرة السياسية لقناة العربية, بأنه تم القاء القبض عام 2005 على 22 ايرانيا في سامراء ومعهم متفجرات واعترفوا بان لديهم اوامر من ايران لتفجير المراقد الدينية في سامراء. هولاء المتهمون الايرانيون اطلق سراحهم بعد شهر وارجعوا الى ايران من دون محاكمة!! وفعلا تم تفجير المرقدين الدينين بعد سنة وفي نفس المكان [22A].

ووفقاً لاعترافات القائد العسكري الامريكي والقائد السابق للقوات الامريكية الجنرال جورج كيسي امام المؤتمر السنوي لمجلس المقاومة الايرانية (مجاهدي خلق) في فرنسا بتاريخ 23 حزيران 2013, قائلاً (أن مقتل الالاف من العراقيين تتحمله ايران وهي المسؤولة عن تفجير الامامين العسكريين في العراق من اجل تأجيج الصراع الطائفي فيه وصولا الى اضعافه وتدميره وانهائه كدولة. واخبرني المالكي وهو شريكهم بأن غالبية التفجيرات التي استهدفت المدنيين هي من مسؤولية الحرس الثوري الايراني وان المليشيات في العراق تلقت كل الدعم من الحرس الثوري الايراني)[487]. هذا الاعتراف أظهر حقيقة وضع الجريمة المنظمة للمليشيات التي نشأت تحت نظر وعلم القوات والحكومة الامريكية!!.

وطبقا لاعترافات الجنرال كيسي, فأن أطراف هذه الجريمة, هي كالاتي: الطرف الأول, الدور الإيراني الذي يتحمل الوزر الرئيسي بالتجهيز والدعم اللوجستي لمن قام بعملية التفجير او القتل الطائفي الواسع بعد هذه الجريمة. الطرف الثاني, هو الرئيس الأميركي بوش وأدارته بمن فيهم الجنرال كيسي بإعتبارهم على معرفة بالجاني وتستروا عليه. الطرف الثالث, تورط رئيس الحكومة نوري المالكي شخصيا. فقد ذكر كيسي بأنه كان قد أخبر المالكي بأن الادلة المتوفرة تشير الى تورط ايران والميليشيات الموالية لها وراء تفجيرات سامراء ومعظم التفجيرات في العراق , ومع هذا لم يجري التحقيقات الأصولية بنزاهة، فكان عنصرا مساهما

بالجريمة. الطرف الرابع, المحرضون، وخصوصا بعض رجال الدين الشيعة ومسؤولي المليشيات المعروفة بولائها لايران, مع كل من ساهم في التحريض على القتل والتخريب. الطرف الخامس, تنظيم القاعدة لأنه تبنى عملية إرهابية لم يقم بها أصلا. فخدم بفعلته المجرم الحقيقي وحوَّل الأنظار عنه.

11. 5. 2. 2. دلائل مخطط الابادة بعد تفجيرات سامراء في تقارير مكتب حقوق الانسان في يونامي (UNAMI)

تعتبر هذه التقارير ذات أهمية خاصة لانها تكشف جزء من الحقيقة ومن لسان جانب دولي مستقل عن أطراف النزاع, حيث تعترف بالحقائق التالية والمهمة عن طبيعة الجرائم ونشوء فرق الموت:

1. في التقرير الاخير لعام 2005 (شهري نوفمبر - ديسمبر), حمل ملامح الاستعدادات لتفجيرات سامراء والتمهيد للقتل الطائفي, حيث جاء فيه (وردت تقارير عن ازدياد عدد الاشخاص المختطفين في البصرة وبغداد والموصل واجزاء اخرى من العراق. وغالبا ما يكون مرتكبو هذه الاعمال أفراداً في مليشيات مسلحة, مرتبطون بفصائل سياسية أو عصابات اجرامية, أو مجرمون يرتدون أزياء رسمية ويتظاهرون بأنهم من قوات الامن) (استمرار حملات التفجير والقتل المتكررة التي تستهدف المدنيين ورجال الدين والمساجد بغرض اضعاف الروابط المجتمعية... وعلى الرغم من الزيادة الملحوظة في مثل هذه الهجمات خلال الشهور القليلة الماضية, الا انها تبدو محصورة في مناطق محددة.... فعلى سبيل المثال قتل رئيس عشيرة البطة السنية الشيخ كاظم سرهيد الهميم في بغداد بتاريخ 23 نوفمبر 2005 وقتل معه ثلاث من اولاده وصهره) واضافت (إن هنالك عمليات تهديد منظمة ضد المواطنين السنةّ في ابو الخصيب والزبير ذات الاغلبية السنيةّ). وفي نفس التقرير جاء فيه معلومات معهد الطب العدلي في بغداد عن استلام المعهد 886 جثة في نوفمبر 2005 (تبين ان 555 منها تحمل أثار طلقات نارية), كما سلمت الى المعهد في ديسمبر 787 (تحمل منها 479 اثار التعرض لاطلاقات نارية)[650].

2. في التقرير الشهري (يناير - شباط 2006) الاول بعد تفجيرات سامراء, ذكرّ في الفقرة 6 (ورداً على تفجيرات سامراء, تعرضت أعداد كبيرة من المساجد السنّية لاعتداءات وتدمير وتخريب, وكان العديد من أئمة المساجد من بين الذين تعرضوا للاغتيالات. ومن الواضح أن **هذه الاعتداءات لم تكن عشوائية, بل العكس, فقد كشفت عن وجود درجة عالية من التنظيم, وعن حقيقة أن لدى مرتكبي هذه الاعمال القدرة والامكانيات للحصول على الموارد والمعدات المستخدمة بسهولة!!**). وهذا اعتراف ليس فقط بتورط حكومة الجعفري بل حتى بتواطئ امريكي واضح خصوصا مع وجود عشرات الالاف من الجنود الامريكيين في بغداد

خاصة. وهذا ما أكدته احداث الفقرة 7 ايضا وجاء فيه (وفي الوقت الذي أستهدف فيه العنف في مراحله الاولى العرب السنةّ, بسبب علاقتهم المزعومة والتي لم تثبت صحتها بتدمير مرقد الامام العسكري, فقد تأثرت سلبا العديد من العناصر من مختلف مكونات المجتمع بموجة العنف وهجمات الثأر بالمثل. ***ولم تعد هناك أية وسائل متاحة لتقييم أعداد الجرحى او معرفة مصير المفقودين او أعداد الاشخاص الموقوفين بشكل دقيق***). وهنا يتبين حجم المخطط الارهابي في جريمة الابادة والتدمير ومحاولة اخفاء معالم الجريمة المستمرة وحجمها الرهيب عبر تغييب وسائل احصاء الضحايا.

3. من نفس التقرير جاءت الادلة على تورط اكبر للاجهزة الامنية الحكومية في عمليات الابادة المنهجية. فالفقرة 8 تؤكد على الابلاغ عن العديد من الانتهاكات الخطيرة في البصرة من بينها حوادث قتل واعتداءات على المساجد. ففي حادثة واحدة وقعت في 22 شباط (فبراير) 2006, تعرض المحتجزين بتهمة الارهاب للقتل بطريقة الاعدام من قبل مجموعة من 70 رجلا مسلحا يرتدون الدروع الواقية للرصاص, بعد ان تم فرز المعتقلين السنةّ عن الشيعة وقتل السنةّ خارج المكان. وتعرض مقر الحزب الاسلامي في البصرة لهجوم من قبل المليشيات وتم جرح اثنين ممن كانوا في المقر, لكن لدى علاجهم في المستشفى داهمتهم مليشيا مسلحة وقتلتهم. في الفقرة ,9 اعربت بعثة الامم المتحدة عن قلقها من تقارير تشير الى ان مليشيات وعناصر من وزارة الداخلية قد تورطت في العنف ضد المدنيين أو لم تقم بواجبها للحد من اراقة المزيد من الدماء. بينما اشارت الفقرة العاشرة الى معلومات أندماج عناصر المليشيات في قوات الامن وتشكيل هياكل سرية موازية مع الاحتفاظ بولائهم لاحزابهم. في حين كشف الجيش الامريكي دون اعلان رسمي عن وجود محتمل لفرق الموت على الاقل تنشط ضمن أطار وزارة الداخلية, فقد اعتقلوا 22 رجلا يرتدون الزي الخاص بمغاوير الداخلية خلال اقتيادهم احد الاشخاص الذي يبدو انه كان سيتم اعدامه. في حين اعلنت وزارة داخلية حكومة الجعفري انها ستحقق بهذه الحادثة. لكن مثل كل حادثة من دون اعلان نتائج تحقيقات وتذهب مع طي النسيان. الفقرة 17 من نفس التقرير وبحسب وزارة الدداخلية نفسها, تعترف بمقتل 249 شخصا للفترة فقط ما بين 22 – 25 شباط (فبراير), **وهو ما يدل على غياب الحماية الضرورية للحق في الحياة والذي يسود العراق**. الفقرة 18 أشارت الى استمرار تصفية وتهجير وتهديد الاقليات وخصوصا منهم الفلسطينين المقيمين في العراق والذين يعدون ضحية لانتهاكات حقوق الانسان, واشارت الفقرة 19 الى نفس التهديدات تجري على الاقلية المسيحية في العراق ومحاولة تهجيرهم ايضا.

4. يعترف التقرير بزيادة عمليات الاعتقال العشوائي وهو من الامور المثيرة للقلق في ظل تواجد اكثر من 29 الف معتقل في العراق واكثر من 14 الف منهم لدى سجون القوات الامريكية, بينما اكثر من 8 الالاف لدى وزارة العدل, وبحدود 500 حدثاً لدى وزارة الشؤون الاجتماعية, وبحدود ال 6 الالاف معتقل لدى وزارة الداخلية و460 لدى وزارة الدفاع الى

غاية 28 شباط 2006. وفي الفقرة 28, اشارت التقرير الى القلق من تاخير اعلان نتائج فضيحة التعذيب الوحشي في ملجأ الجادرية, حيث ارسل ممثل الامين العام للامم المتحدة في العراق رسالة يعبر عن القلق من تأخر اعلان نتائج التحقيق وضرورة احالة المسؤولين عن هذه الانتهاكات الى العدالة. وهو ما لم يتم لحد الان بعد 8 سنوات من تلك الجريمة في ظل تستر حكومات الجعفري والمالكي لتمنع نتائج التحقيق فيها.

11. 5. 2. 3. قتل العلماء والكفاءات الوطنية والمعارضة.

على الرغم من ان التقارير الدولية والمحلية قد أكدت بان الابادة المخططة للعلماء والكفاءات العراقية تقف خلفها اجهزة استخبارية دولية وأقليمية معادية للعراق, لكن المليشيات الارهابية لعبت دورا مهم في مساعدة هذه الاجندة. وهذا لربما يفسر بعض الشئ الدور المتنامي للمليشيات وتصاعدها لتكون احيانا صاحبة القرار الاول امام عجز السلطات الحكومية العسكرية والامنية.

ففي بداية عام 2005 صرح عصام الراوي (جيولوجي في جامعة بغداد ورئيس اتحاد الاساتذة الجامعيين) بان حوالي 300 أكاديمي ومدير جامعي قد أغتيلوا في موجة غامضة من القتل منذ بداية الاحتلال الامريكي للعراق في 2003. وهناك حوالي 2000 أخرين (خلال سنتين فقط) قد هربوا خارج البلاد خوفا على حياتهم. في وزارة التعليم العالي, وثقً السيد عبدالرحمن حميد الحسيني لحالات قتل وترهيب لاكاديميين. حيث قال بان "الابتزاز هو عامل أخر للعصابات الاجرامية لكي تخطف الاكاديميين ورجال أثرياء عراقيين لكي يدفعوا الفدية مع تهديد أخرين. لكن بعض عمليات القتل قد صممت لكي تضعف العراق عبر أجبار علمائه واكاديمييه على مغادرة البلاد.". وأضاف "نعتقد ان الدافع سياسيا لحملة القتل هو لاجل حرمان البلد من مفكريه المبدعين"[(701)].

مجلة الطبيعة الدولية (Nature) أكدت في بحث علمي عام 2006 بان العنف هو العملة الموحدة للجميع, لكن مجموعة واحدة من المجتمع خصتها بازدياد وهم الاكاديميين. في كل أسبوع تاتي تقارير من العراق حول اغتيال او خطف علماء, اكاديميين, ومفكريين, فيما يؤكد بانها جهود منتظمة لاهمال او نفي لمجموعة مصيرية لبناء البلد [(702)]. في كانون الثاني 2007, أذاعة البي بي سي أكدت أستهداف الاكاديميين العراقيين بواسكة المليشيات, حيث ان مئات من الاكاديميين والاطباء وبقية التخصصات قد قتلوا في العراق منذ الاحتلال الذي قادته الولايات المتحدة في 2003 [(703)]. أتحاد الاكاديميين العراقيين أوضح بان 500 أستاذ جامعي بدرجة بروفيسور قد قتلوا, وان الاعداد في تزايد [(704)]. الحكومة الاولى لنوري المالكي سعت الى تكريس الطائفية داخل العراق أقصاءً وقتلا, حيث أدارَ فرقا للقتل والاعتقال تطيع اوامره فقط, كما وانشأ العديد من السجون السرية التي تدار بواسطة المليشيات الشيعية التي تسببت

بمقتل 75 الفاً من ضمنهم 350 عالماً و80 طياراً بناءً على المعلومات التي زود بها المالكي كلا من جهاز الموساد الاسرائيلي والحرس الثوري الايراني [23A].

11. 5. 2. 4. جرائم القتل والابادة الطائفية بحجة مقاتلة الارهاب 2014

في 13 تموز (يوليو) 2014, أصدرت منظمة هيومن رايتس ووتش الامريكية تقريرا يؤكد قيام الميليشيات المدعومة من حكومة المالكي بعمليات خطف وقتل المدنيين السنة في محافظات بغداد وديالى والحلة في العراق على مدى خمسة أشهر, كعلامة تصعيد خطير في العنف الطائفي عبر عمليات القتل والاختطاف. هيومن رايتس ووتش وثقت مقتل 61 رجلا سنيا بين 1 حزيران (يونيو) و 9 تموز (يوليو) 2014، وقتل 48 على الأقل من الرجال السنة في شهري أذار (مارس) ونيسان (أبريل) في القرى والبلدات المحيطة بغداد، وهي منطقة معروفة باسم "حزام بغداد." وأكد الشهود ومصادر طبية وحكومية بان المليشيات كانت مسؤولة في كل الحالات. في كثير من الحالات، يشير الشهود الى ميليشيا عصائب أهل الحق. هيومن رايتس ووتش وجدت رئيس الوزراء نوري المالكي قد قام بتشكيل جهاز أمني جديد يتكون من ميليشيات العصائب وكتائب حزب الله، وفيلق بدر كجهاز لشرطة بغداد. مسؤول حكومي من مكتب نوري الماكي اخبر الهيومن رايتس ووتش أن مقاتلي العصائب "تأخذ الاوامر" من زعيمها قيس آلخزعلي وفي نهاية المطاف انهم موالين للمالكي، الذي يعطي ألاوامر الى قيس" [695].

في 14 أكتوبر 2014, منظمة العفو الدولية في تقريرها المسمى (الإفلات من العقاب المطلق: حكم الميليشيا في العراق) أكدت ان الميليشيات الشيعية، المدعومة والمسلحة من قبل الحكومة العراقية، قد اختطفوا وقتلوا عشرات المدنيين السنة في الأشهر الأخيرة والتمتع بالإفلات التام من العقاب عن جرائم الحرب هذه. التقرير يوفر تفاصيل مروعة من الهجمات الطائفية من قبل الميليشيات الشيعية القوية على نحو متزايد في بغداد وسامراء وكركوك، على ما يبدو انتقاما لهجمات من قبل مسلحي الدولة الإسلامية (IS). وقد تم اكتشاف عشرات الجثث مجهولة الهوية في جميع أنحاء البلاد مكبل اليدين ومصابة بأعيرة نارية في الرأس، مشيرا إلى وجود نمط من القتل بأسلوب الإعدام المتعمد. "من خلال منح موافقتها على الميليشيات الذين يرتكبون مثل هذه الانتهاكات المقيتة بشكل روتيني، الحكومة العراقية ومعاقبة جرائم الحرب وتؤجج حلقة خطيرة من العنف الطائفي الذي يمزق البلاد. وطالبت منظمة العفو من الحكومة العراقية وقف دعمها لحكم الميليشيات [696].

ومن المعروف الآن ان عدد المليشيات الشيعية بعد فتوى الجهاد الكفائي لرجل الدين علي السيستاني 2014 بحجة قتال تنظيم الدولة الاسلامية قد أرتفعت لتصل تقريبا الى خمسين مليشيا شيعية أغلبها تمول وتسلح من قبل أيران وتدين بالولاء لها. وقد نشرت العديد من الافلام التي توثق جرائم حرب وانتهاكات فظيعة وقتل تعسفي وقطع رؤوس من قبل عناصر تلك المليشيات ولاسباب طائفية, حتى وصلت فظاعة بعض الافلام الى حرق الاشخاص وتقطيعهم. وقال رئيس هيئة الأركان المشتركة الامريكي مارتن ديمبسي (Martin

(Dempsey) لقناة ايه بي سي نيوز (ABC) ، حذر مرارا وتكرارا القادة العراقيين بشأن سلوك كل من الجيش العراقي والمليشيات التي تقاتل إلى جانبهم. بينما قال المتحدث باسم وزارة الخارجية الامريكية جينيفر بساكي (Jen Psaki) حول رأيه في الصور إلى انها "مزاعم مقلقة وخطيرة". في حين أن السيناتور الامريكي باتريك ليهي (Patrick Leahy)، قد اتفق في الوصف جنبا إلى جنب مع دعاة حقوق الإنسان الدولي وخبراء عسكريين، ووصف الصور العراقية بانها دليل "جرائم حرب" (691). فيليب سميث (Philip Smyth) من معهد واشنطن أشار الى ان الادلة أكدت على صحة أحد هذه الافلام، موضحا أنه كان واحدا من مئات أشرطة الفيديو التي وزعتها الميليشيات، لتنافس بوحشيتها لقطات وزعتها الدولة الإسلامية (IS). أضاف سميث, بان فيديو نشر في وقت سابق من هذا العام (2015) يزعم بأظهار أعضاء ميليشيا وهم يقومون بتحميص رجل على قيد الحياة أكثر فوق حفرة مفتوحة. فديو آخر، ظهر في مارس اذار (2015)، وأظهر أفراد الميليشيا يقتلون بالرصاص طفل متهم بأنه مؤيد للIS، بينما تزعم صور أخرى أظهرت مدنيين من السنة مقطوعة الرأس. وأختتم سميث, بان "هناك اطنان من الافلام والصور لم تصل الى وسائل الاعلام, وهناك صور تنشر على مواقع المليشيات الشيعية الرسمية على الفيسبوك كاحد الاشياء السيئة حقا." (692). وانتقدت مجلة الشؤون الخارجية الامريكية جرائم الميليشيات الشيعية التي تقاتل مع حكومة العبادي "واصفة بانها ليست أفضل من تنظيم الدولة الإسلامية، لكونها ارتكبت جرائم التطهير الطائفي في المناطق السنية, منتقدة الحكومة الامريكية في توفيرها غطاء جوي لجرائم هذه المليشيات (693).

وقالت هيومن رايتس ووتش ان الميليشيات المدعومة من الحكومة العراقية قامت بعمليات تدمير واسع النطاق للمنازل والمحلات التجارية في جميع أنحاء مدينة تكريت في مارس وأبريل 2015 في انتهاك لقوانين الحرب. ميليشيات دمرت عمدا عدة مئات من المباني المدنية مع عدم وجود سبب عسكري واضح بعد انسحاب الجماعة المتطرفة المسلحة للدولة الإسلامية. التقرير ونقلا عن شهود في مدينة تكريت وبلدات البو 'عجيل ومحمد علام- وغطت الدور-أحياء بأكملها أكدت بان كتائب حزب الله وعصائب اهل الحق، وهما من اكبر اثنين من الميليشيات الموالية للحكومة الشيعية إلى حد كبير، قد اختطفت أكثر من 200 من السكان السنة، بما في ذلك الأطفال، قرب الدور، جنوب تكريت. ما لا يقل عن 160 من المختطفين لا زالوا في عداد المفقودين (694).

في 10 حزيران (يونيو) 2015, منظمة العفو الدولية كشفت في تقريرها على اثنين من المذابح التي نفذت في 26 كانون الثاني (يناير) 2015 على ما يبدو للانتقام هي جرائم: مجزرة لما لا يقل عن 56 من الرجال العرب السنة - ممكن أكثر من 70 - في بروانة، وهي قرية في محافظة ديالى، ارتكبت من قبل ميليشيات شيعية وقوات حكومية عبر عمليات القتل بأسلوب الإعدام التي ترقى إلى مستوى جرائم الحرب ، والمذبحة الثانية هي قتل 21 قرويا من العرب السنة في منطقة سنجار من قبل أفراد ميليشيا من الطائفة اليزيدية. دوناتيلا روفيرا (Donatella Rovera) كبير مستشاري الأزمات في منظمة العفو الدولية، التي أمضت معظم عام 2014 في العراق لاجل توثيق جرائم الحرب والانتهاكات الجسيمة الأخرى لحقوق الإنسان, قالت "مع الجناة من IS ومن الميليشيات الشيعية القوية في الغالب بعيدا عن متناول

القانون، المدنيين ليس لديهم أحد لينتقلوا اليهم للحماية, والضحايا لا يحصلون على العدالة"[697].

11. 6. فرق الموت داخل المؤسسات الحكومية

11. 6. 1. وزارة الداخلية

وهنا سيبرز أسم بيان جبر صولاغ وهو من اكبر قيادات مليشيا فيلق بدر التي شكلتها ايران من مجاميع العراقيين الهاربين الى ايران, وقد تقلد وزارات الداخلية ومن ثم المالية خلال الاحتلال, ويعتبر من اهم القيادات الميدانية لفرق الموت في العراق خلال حقبة القتل الطائفي بعد تفجيرات المراقد الدينية في سامراء بشهادة الكثير من المصادر الدولية. فهذا معهد السلام الامريكي (United States Institute of Peace) في تقريره الخاص حول أنشاء الشرطة الفيدرالية العراقية تحت ألاشراف الامريكي, ونقلاً عن مصادر رسمية وعسكرية أمريكية يعترف ايضا ان وزير الداخلية السابق في حكومة الجعفري (بيان جبر صولاغ) عام 2005 قد ساعدّ المليشيات التابعة له على الانخراط داخل وحدات مغاوير الشرطة الخاصة والاشتراك في عمليات خطف وتعذيب، وقتل السّنة في العراق. وتضيف ان محاولة من قبل القوات الامريكية, قد بدءت في أواخر عام 2006 عبر برنامج أصلاحي لوحدات الكوماندوز المتورطة في هذه الجرائم من اجل اعادة تأهيلها, ثم أعقبها في عام 2007 محاولات من وزير الداخلية جواد البولاني لتطهير سلك الشرطة من فرق الموت والقتل[340]. من دون ذكر تفاصيل حول محاكمة من اشترك او تورط بهذه الجرائم, ام تم الاكتفاء بالطرد او الاعفاء من الخدمة؟؟ يكفي الاشارة ايضا الى ان الجنرال الامريكي كارل هورست قد اعترف ان بيان جبر قام بتحويل وحدات مليشيا فيلق بدر لتكون كوحدات كاملة ضمن وزارة الداخلية لتنفذ اجندته[357].

الكثير من الادلة المهمة ايضا ذكرها السيد جون باشي (John P. Pace) رئيس مكتب حقوق الإنسان في بعثة الأمم المتحدة لمساعدة العراق (UNAMI), والذي شغل هذا المنصب من آب 2004 حتى شباط (فبرايو) 2006. حيث بينّ بعض الحقائق حول فرق الموت المتغلغلة في الاجهزة الامنية[46]. حيث ذكر جون باشي (ان فشل أدارة البلاد من قبل الحمعية الانتقالية وخاصة في مجال الأمن الذي انعكس على تدهور الاقتصاد وازدياد البطالة بسبب توسع العناصر الاجرامية. وزاد الامر سوءً قيام وزارة الداخلية باعطاء الصورة الحزبية في سلك الشرطة عبر ادخال عناصر المليشيات المسلحة التابعة للاحزاب المكونة لهذه الحكومة, ونسبت عدة هجمات خطيرة على المدنيين من قبل هذه الوحدات, بحيث كانت قوة الشرطة بدلاً من ان توفر الحماية, وكانها في مثل هذه الحالات تكون المرتكب للعنف ضد المدنيين الذين كان من المفترض انهم انشئوا لحمايتهم)[46].

لعدم وجود آليات المساءلة الداخلية في وزارة الداخلية (على الرغم من وجود مكتب يسمى إدارة حقوق الإنسان والمفتشية العامة) مما أعطى الحرية العلنية للانتهاكات والجرائم المستمرة من قبل عناصر المليشيات المتغلغلة بسبب سياسة دمج مليشيات بعض الاحزاب السياسية[46]. ومن المعروف في أواخر عام 2005، حيث داهمت القوات الامريكية على قبو تابع لوزارة الداخلية فوجدت نحو 169 معتقلاً اغلبهم من السنّة، وقد تعرضوا للتعذيب الوحشي. التحقيقات التي أعلن عن اجراءها رئيس الوزراء السابق ابراهيم الجعفري، فضلا عن تحقيقات لمواقع أخرى من الاحتجاز غير القانوني لآلاف آخرين تم الكشف عنها لاحقاً، فلا تزال هذه التحقيقات جميعها من دون أي نتيجة او أعلان لنتائجها لحد الان[357,345,46].

وبالرغم من ان الممثل الخاص للأمين العام، فضلا عن المفوضة السامية لحقوق الإنسان في الامم المتحدة قد عرضوا تقديم الدعم الدولي للحكومة العراقية من اجل إجراء مثل هذه التحقيقات لدعم الجهود الرامية إلى التصدي للاعتقال غير القانوني. الرأي الحكومي بانها كانت قادرة على تنفيذ الالتزام الأساسي في حماية مواطنيها ضد الاعتقال التعسفي والاحتجاز والتعذيب. لكن مستوى حماية الحق في الحياة قد غرقت مع التقارير المتزايدة للاعدامات الجماعية دون محاكمة. وفي الحقيقة فان وزير الداخلية (بيان جبر صولاغ, والذي كان هو نفسه قائد مليشيا) لم يقدم المساعدة المطلوبة. وفي هذا الوقت, كان العراق يشهد وجود فصامي حقيقي (schizoid existence) حيث من ناحية هنالك حوار سياسي مستمر، بينما من جهة اخرى كان الوضع في الشوارع مستمر في التدهور، مما اثار تكهنات حول وجود حرب أهلية (civil war)[46].

الصحفية البريطانية ديبورا ديفيز (Deborah Davies) استطاعت عبر فلم توثيقي مدعم بالادلة في عام 2007 من تأكيد تقارير الامم المتحدة والمنظمات المدنية حول عمل فرق الموت في وزارة الداخلية العراقية. التعذيب وذبح المدنيين العراقيين وصلت إلى مستويات غير مسبوقة مع تقديرات تصل إلى 655.000 قتيلا حتى بداية عام 2007. ليلة بعد ليلة, هيجان لفرق الموت من خلال المدن الرئيسية في العراق. ففي بغداد، ترمى مائة جثة يوميا في الشوارع. في كثير من الأحيان قد تعرضوا للتعذيب مع الثاقب الكهربائي (electric drills). وبينما هولاء يمارسون القتل اليومي فانهم يعملون القليل تجاه القاعدة والمسلحين السنّة. وتجرى غالبية عمليات القتل من قبل فرق الموت الشيعية الذين يريدون تحويل العراق إلى دولة شيعية تابعة لإيران. هذا الفيلم يحقق في الصلات بين فرق الموت والسياسيين الشيعة رفيعي المستوى. لقد كشفت الصحفية كيف أن الميليشيات الشيعية التي تحكم هولاء السياسيين قد تسللوا بصورة منهجية واستولوا على وحدات الشرطة ووزارات الحكومة كلها. الفلم التوثيقي يبين التحقيقات التي تربط ارتباطا وثيقا لهذه الوحدات مع فرق الموت، بل أنها غالبا ما تكون فرق الموت. والقتلة يفلتون من العقاب مع القليل من التحقيقات في أنشطتها[358,359].

مجلة هاربر (Harper's Magazine) نشرت تحقيقاً وفقاً لمصادر موثوقة في منتصف عام 2006 حول قيام مليشيات شيعية بقتل المئات من العراقيين باغلبية سنيّة والقاء جثثهم في شوارع بغداد. الضحايا كانوا معصوبي الاعين ومكبلي اليدين، وعلى جثثهم اثار تعذيب وكسر الجماجم، وعلامات حرق, ومحفورة العيون مع أثار حفر بماكنة الدريل (drill) الكهربائية, ووصل عدد هذه الجثث فقط في شهر اكتوبر (تشرين الاول) 2006 الى 500 جثة فقط في بغداد. وبعد شهر (نوفمبر 2006) اعترفت القوات الامريكية بالعثور على سجن سري لوزارة الداخلية العراقية وفيه 160 معتقل عليهم اثار ضرب وجلد، وتجويع السجناء، معظمهم من السنّة. ومنذ ذلك الحين، أصبحت الميليشيات الشيعية المدمجة في الأجهزة الأمنية في الحكومة العراقية تنظيم عملها في الاستهداف بصورة منهجية، ويشار عادة إلى أنهم في العراق (وفي وسائل الإعلام الأمريكية) بأسمائها الصحيحة كفرق الموت. وفرق الموت وسعت منطقة عملياتها من العاصمة الى معظم أنحاء البلاد، ليكون مسؤولا عن وفاة أكثر المدنيين في العراق. العراق في حالة حرب أهلية، وبعض المقاتلين الأكثر اجراماً ولا يحترمون القانون هم أعضاء في وحدة الحكومة الأمنية الخاصة. وبحسب المصادر الرسمية للمجلة الامريكية فأن صعود فرق الموت في العراق يتوافق بالضبط تقريبا إلى أبريل (نيسان) 2005 مع تعيين بيان جبر صولاغ وزيراً للداخلية في الحكومة العراقية الانتقالية والذي سرعان ما افتخر بطرده الموظفين السنّة من الوزارة وجلب افراد مليشياته المسماة فيلق بدر (Badr Brigade) ويعتبر صولاغ من اعضاء لجنة التنسيق لمؤتمر المعارضة العراقية (التي أنعقدت في لندن في شهر ديسمبر من عام 2002، قبل ثلاثة أشهر فقط من الغزو الأميركي-البريطاني) والتي دعمت الغزو وساندته. ونقلاً عن السفير الامريكي السابق في العراق زلماي خليل زاده (Zalmay Khalilzad) بان وزير الداخلية الذي سبق بيان جبر قد ابلغه ان بيان قد اصدر امراً باعتقال 16 رجلاً سنياً وبعد الاعتقال تم اعدامهم لاحقاً. ويعترف الضباط الامريكيين انهم سعوا الى اخراجه من وزارة الداخلية بسبب ارتباطه مع مليشيات فرق الموت. والادهى انه خلال عمله بمنصب كوزير للاسكان والتعمير اثناء فترة حكم بول بريمر, كان معروفاً عنه بين الموظفين الامريكيين وضباط المخابرات الامريكية بكونه مرتشي بشكل غير طبيعي (unusually corrupt) وقاطع طريق (thuggish), مما حدا ببريمر في نيسان (أبريل) 2004 الى فصله (dismissal) قبل شهرين من انتهاء سلطته وتشكيل اول حكومة عراقية انتقالية, بالرغم من شكوك بريمر حول تورط مليشيات بيان جبر في الاغتيالات السياسية حينها. اثنين من الوزراء الآخرين الذين خدموا مع فترة جبر واتهما ايضا بأعمال القتل الطائفي هما وزير الصحة السابق، عبد المطلب محمد علي ووزير النقل السابق سلام المالكي[324,344]. أنتشار الفساد في وزارة الداخلية العراقية بقيادة صولاغ كانت مشار اليها في تقرير الكونغرس الامريكي لعام 2006, حيث اعترف بوجود تحقيقات بقضايا متعلقة بالفساد وصلت الى 790 تحقيق فقط خلال عام 2005[341].

بينما يطرح الصحفي الامريكي المشهور روبرت فيسك تسأولات منطقية حول من يدير فرق الموت والمليشيات الاجرامية التي تقتل يوميا المئات وشهريا تقتل الالاف. فبالرغم من انه يتفق مع ما نشرته صحيفة الواشنطن بوست حول استمرار المجازر التي ترتكبها المليشيات المرتبطة بايران, لكنه يتسأل من يدير وزارة الداخلية؟ ومن هو الذي يدفع للمسلحين ذوي القماصل الجلدية السوداء والذين يعملون في وزارة الداخلية؟ فيجيب ان من يدفع لهم هي قوى الاحتلال والحكومة العراقية التي يديرها الاحتلال والتي لا تستطيع كتابة دستور او القيام باي عمل من دون حضور السفيرين الامريكي والبريطاني, وبالتالي لا يعقل ان تجري الامور نحو قتل طائفي يومي من دون موافقة او مساعدة من هذه الجهات, لان العراقيين وكما يعترف الصحفي هم شعب ليس بالانتحاري ليفجر نفسه ليقتل الاخرين[503].

11. 6. 2. دور حكومات حزب الدعوة (الجعفري والمالكي)

في 22 مايو (أيار) 2005 أصدر رئيس الوزراء السابق إبراهيم الجعفري المرسوم رقم (1)، (Q6 / 4214) الذي ينص على وقف كافة الإجراءات القانونية ضد جميع الايرانيين المعتقلين بتهمة ارتكاب مختلف الجرائم، والافراج عنهم في ذلك الوقت، وقال ان مبررات مثل هذا القرار هو أن تكون هناك بداية علاقات جديدة مع إيران!! لكن من متابعة الأحداث في وقت لاحق تبين ان القرار هو للسماح للتدخل الإيراني في العراق لا سيما أن معظم السجناء الإيرانيين كانوا ضباط مخابرات ايرانية وأرتكبوا أعمال ارهابية في العراق. وبعد حوالي السنة, وفي 10 مايو 2006، أصدر مكتب الرئيس العراقي جلال الطالباني بيان أشارّ فيه الى عدد القتلى من الناس نتيجة للقتل الطائفي، فقد كان هنالك 1091 مواطن من بغداد فقط قد قتلوا وللفترة ما بين 01-30 أبريل 2006، وفقا لتقرير رسمي من دائرة الطب العدلي (مشرحة بغداد.

في 15 يوليو 2006 قوات الشرطة التابعة لوزارة الداخلية والمرتبطة بالميليشيات بمهاجمة مقر اللجنة الاولمبية العراقية واختطاف أكثر من 50 من أعضاء من بينهم رئيس اللجنة "الدكتور أحمد عبد الغفور آلسامرائي"، هذه العملية استغرقت أكثر من ساعة، مع وجود سيارات الشرطة ونقاط التفتيش التابعة للجيش العراقي التي حاصرت مكان الحادث. في نوفمبر 2006، بعض الميليشيات التي ترتدي زي الشرطة العراقية ويستقلون سيارات حكومية, بخطف أكثر من 100 زائرا (مدني) من دائرة البعثات في وزارة التعليم العالي والبحث العلمي، حيث أخذوهم إلى الطريق المؤدي إلى مدينة الصدر. ووفقا لبعض الناس المختطفين الذين أطلق سراحهم لاحقا, تم تحديد ذلك اليوم لتلبية طلبات اوراق معاملات طلاب الدراسات العليا وأساتذة الجامعات من موظفي الجامعات المحافظات السنية في الانبار وصلاح الدين ونينوى. والتي تهدف الى ترتيب معاملات الحصول على المنح التعليمية في الخارج. وذكر بعض من أولئك الذين تم الإفراج عنهم من قبل ميليشيا جيش المهدي التي اطلقت سراحهم لكونهم من الشيعة، في حين أن البقية الذين بقوا مختطفين كانوا من السنةّ، ونقلوا إلى مدينة الصدر. كان شيء مؤلم في هذا الحادث ليس فقط المصير المجهول لأولئك

الموقوفين، الذين تم العثور عليهم قتلى وعليهم مختلف علامات تعذيب البعض منهم. لكن البيان الذي أدلى به رئيس الوزراء العراقي نور المالكي الذي وصف عملية الاختطاف قائلا " انها ليست الإرهاب، انها مجرد صراع بين الميليشيات" !!

في 17 ديسمبر 2006 قام مسلحين يرتدون زي الشرطة بخطف عشرات الأشخاص من مبنى مقر جمعية الهلال الأحمر العراقي في بغداد. وقال مسؤول هناك مع شهود اخرون بأن القوات المسلحة هاجمت مكتب في مدينة الكرادة باستخدام شاحنات. وقاموا بعزل الرجال عن النساء، وبعد ذلك اختطفوا ما يقارب 10-20 شخصا من الرجال ثم غادروا. بحسب شهود العيان. وبحسب وكالة رويترز تشهد بغداد حوادث خطف يوميا سواء كانت جنائية أو سياسية. مشاركة الشعب المسلح ضعيفة, اختطف نحو 30 شخصا من المنطقة الصناعية في وسط بغداد، ولكن أطلق سراح معظمهم بعد ساعات.

وفي ديسمبر 2006، قامت الميليشيات الارهابية التي تدعمها وحدات من الشرطة والجيش العراقي في جميع أنحاء منطقة الحرية الثالثة في بغداد, وتحت غطاء جوي أمريكي, بالهجوم على المنطقة مما تسبب في مقتل 23 من الرجال واغتصاب ثلاثة نساء، وتشريد أكثر من 140 عائلة من الذين فرا معظمهم إلى المدارس والمساجد بالقرب من حي العدل.

وفي خطوة شديدة التصعيد للحرب الطائفية من قبل حكومة المالكي، ففي ديسمبر 2006 وخلال مؤتمر عقد في بغداد للمصالحة الوطنية، دعا فيه المالكي قادة الجيش السابق للعودة في الجيش الجديد، وأعلن عن خطة جديدة لمنح رواتب التقاعد لجميع من يحمل رتبة عقيد فما فوق. لذلك، ذهب 20 ضابطاً من الرتب العالية الى أحد البنوك بالقرب من سكنهم في مدينة كاظمية لتلقي رواتبهم ومستحقاتهم السابقة. لكنهم فوجئوا بخطفهم من قبل الميليشيات وأفراد وزارة الداخلية بالتعاون مع بعض موظفي البنك, وفي اليوم التالي عثرّ على 18 جثة منهم مع علامات التعذيب عليهم قبل عملية إعدامهم.

في برنامج بث على التلفزيون البريطاني (بي بي سي)، في منتصف شهر سبتمبر 2005، حول اعتقال جنود بريطانيين من قبل الشرطة العراقية ومن ثم تسليمهم الى الميليشيات. مما دفع الجيش البريطاني الى الهجوم على هذا السجن وإطلاق سراح جنودهم بالقوة. وقال مستشار الأمن القومي في الحكومة العراقية وقتها موفق الربيعي أن القوات الأمنية العراقية تعرضت للاعتداء من قبل مسلحين!!! وأكد انه لا يعرف مدى خطورة هذه الانتهاكات، قائلاً " لا بد لي من الاعتراف بأن قوات الأمن العراقية بشكل عام وشرطة البصرة على وجه الخصوص، تم اختراقها من قبل المليشيا المسلحة حتى قبل ظهور الإرهابيين". كما انتقد الجيش البريطاني عندما استخدمت القوة بدلا من المفاوضات من احل تحرير الجنديين البريطانيين في البصرة. في حين صرح وزير الداخلية وقتها (بيان صولاغ) حول قصة متناقضة مع ما صرح به الجيش البريطاني في منتصف شهر سبتمبر 2005. "إن اثنين من المعتقلين البريطانيين في الشرطة العراقية في البصرة لا زالوا في السجن وأنهم لم يسلموا إلى الميليشيات ". بحسب تصريح صولاغ الى اذاعة ال بي بي سي.

تقرير اعلنته صحيفة "الغارديان" البريطانية في 2 مارس 2006 ، كشف النقاب عن أن مدير المشرحة في بغداد هرب من العراق لأن حياته كانت مهددة بعد أن قال مسؤول الأمم المتحدة

السابق عن حقوق الإنسان في العراق "جون بيس John Pace " أن فرق الموت قتلت أكثر من 7000 شخص في الأشهر الأخيرة من عام 2005 ، مع الأخذ في الاعتبار أن عام 2005 لوحظ وفاة أكثر من 15000 من الضحايا المدنيين من مختلف الأعمار. كما نشرت جريدة الصباح العراقية يوم 30 يونيو 2006 ، تصريحا للدكتور عادل محسن عبدالله المفتش العام في وزارة الصحة "ان (المشرحة تلقت 8000 جثة خلال النصف الأول من عام 2006. وأضاف " ثلاجة حفظ جثث لا يمكن أن تتضمن المزيد من الجثث وخصوصا في الأوقات التي تصاعدت فيها اعمال الإرهاب". "كان هناك أكثر من 100 جثة خارج الثلاجات. متوسط اعداد الجثث التي تلقتها مشرحة بغداد وبمعدل يومي ما بين 30-50 جثة, وأحيانا يصل العدد الى 150 جثة إذا كانت هناك عمليات مسلحة".

في 26 مارس 2006، قال مسؤولون عراقيون في وزارة الداخلية أن السلطات اعتقلت ضابطا في الشرطة يدعى أركان الباوي، الذي كان يعمل في ديالى, واتهم بمشاركته في ألوية متخصصة بالاغتيالات بقيادة شقيقه في مركز شرطة ديالى.

وفي يوم الاثنين 27 مارس 2006، هاجم افراد من قوات وزارة الداخلية على شركة (السعيد للاستيراد والتصدير) ومقرها في المنصور، بغداد. ورافقت هذه القوات مع ثلاث سيارات نوع "نيسان باترول" بالإضافة إلى ثلاث سيارات أخرى "شيفروليه" ، وعدد كبير من المسلحين يرتدون شارات وزارة الداخلية الرسمية وخطاب رسمي من وزارة الداخلية. وتم تحديد أنطلاقها من مركز الشرطة أمام مقر الشركة، حيث قدّم مركز الشرطة هذا الحماية للمهاجمين وتسهيل مهمتهم في خطف جميع الموظفين في هذه الشركة. وبعد يوم، تم تغيير كل منتسبي مركز الشرطة المرتبطة مع وزارة الداخلية بكادر جديد. عدد الاشخاص المخطوفين كان 18 موظفا يعملون في جميع المسائل التجارية المدنية. وفي وقت لاحق، أطلق سراح ستة منهم فقط لأنهم "شيعة". وأكدوا أن بقية السجناء ال 12، كانوا يتعرضون لسوء المعاملة مع جميع أنواع التعذيب الوحشية, فقط لأنهم كانوا مواطنين من الفلوجة وسامراء وغيرها من المدن السنية. كان الشيء الخطير أن وزارة الداخلية زعمت أن هؤلاء الموظفين قد اختطفوا من قبل جماعات مجهولة، في حين أكد كل شهود العيان بان القوات التي هاجمت الشركة هي مرتبطة مع وزارة الداخلية.

وفي نوفمبر 2006، وزير الداخلية العراقية جواد البولاني، أعلن عن طرد حوالي ثلاثة الآلاف من موظفي وزارته بعد التأكد من مشاركتهم في عمليات القتل الطائفي والفساد الإداري والنهب. لكن الغريب ان طرد هؤلاء الموظفين تم من دون عرضهم على المحاكم المتخصصة من أجل معاقبتهم. على الرغم من ان بعثة الامم المتحدة يونامي قد طالبت الوزير بشرح أسباب طرد مثل هذا العدد الكبير من الموظفين!!

في الاشهر الاولى من عام 2006, وفي خضم تزايد انتشار جرائم فرق الموت في العراق, فقد كانت الولايات المتحدة الامريكية تحذر من تغلغل المليشيات المسلحة المدعومة من ايران داخل وزارتي الدفاع والداخليه, وقيام ايران بنشر فرق الموت ضد السنةّ في العراق[412]. وفي نيسان (ابريل) 2006 سفير الولايات المتحدة في بغداد زلماي خليل زاد، صرح بعد مقتل

وخطف اكثر من 1000 شخص في شهر واحد (اغلبها نسبت الى مليشيات شيعية) ليقول (وجود الكثير من المليشيات المسلحة هي البنية التحتية للحرب الاهلية, مزيدا من العراقيين يموتون من عنف الميليشيات هو أكثر من عنف الإرهابيين)[413].

منذ تفجرّ الحرب الطائفية لفرق الموت الاجرامية, فقد فشلت حكومة نوري المالكي الاولى في اتخاذ الخطوات المناسبة ضد المليشيات الاجرامية, حيث أكد ضباط امريكيين (Lieut. Gen. Peter Chiarelli و Major Gen. James Thurman) في عام 2006 لصحيفة الغارديان: ان حكومة المالكي بسبب عدم رغبتها الحقيقية في انهاء العنف, فقد فشلت في اتخاذ الخطوات الجادة او السريعة في انهاء جرائم المليشيات الاجرامية او سيطرتها التي تنافس سيطرة الشرطة العراقية في الشوارع العامة. فقد وصل عدد الضحايا الى 7000 قتيل في خلال شهرين فقط[411].

مدير جهاز المخابرات العراقية السابق محمد الشهواني كان قد فضح دور المالكي في التغاضي عن المعلومات الامنية الاولية التي تحذر من وقوع التفجيرات ومنعه من اتخاذ الاجراءات المناسبة, وبالتالي المساعدة في التسبب بكوارث التفجيرات اليومية التي كان يشهدها العراق وراح ضحيتها الالاف ما بين قتيل وجريح من المدنيين العراقيين[16A].

حكومة المالكي منعت أعطاء احصائيات وزارة الصحة للضحايا المدنيين الشهرية من قتلى وجرحى الى مكتب الامم المتحدة في العراق والتي كانت تفضح حجم جريمة الابادة والفشل والتورط الحكومي. مما تسبب هذا الاجراء في غضب ممثل الامين العام للامم المتحدة في العراق (اشرف القاضي). وحاولت الأمم المتحدة عبر الضغط من اجل اعلان إحصاءات شاملة عن عدد القتلى المدنيين العراقيين. فمنذ أغسطس 2005 إلى مارس 2007، نشرت بعثة الأمم المتحدة في العراق (يونامي) سلسلة من تقارير فصلية عن حقوق الإنسان في العراق التي تضمنت أقساما عن سقوط ضحايا من المدنيين العراقيين. وفي 25 أبريل 2007، أعلنت الحكومة العراقية عزمها على التوقف عن تقديم أرقام الضحايا المدنيين لدى الأمم المتحدة. وذكرت إيفانا فوكو(Ivana Vuco)، من الامم المتحدة لشؤون حقوق الإنسان، " ان المسؤولين في الحكومة العراقية اوضحوا خلال المناقشات انهم يعتقدون ان الافصاح عن حقيقة ارقام الضحايا تجعل الأمر أكثر صعوبة في قمع الاضطرابات!!!"[327]. وأعرب تقرير بعثة الأمم المتحدة الأخير حول حقوق الإنسان (صدر في 11 أكتوبر، 2007)، بشأن الفترة بين ابريل الى يونيو 2007، عن أسفه أن "خلال هذه الفترة المشمولة بالتقرير، [يونامي] كانت مرة أخرى غير قادرة على إقناع الحكومة العراقية للافراج عن بيانات عدد الاصابات بين المدنيين والتي جمعتها وزارة الصحة ومؤسساتها الأخرى. وتواصل البعثة الضغط على ان تكون هذه البيانات العامة متاحة لتخدم المصلحة العامة[328].

ومع هذا التستر الحكومي على جرائم المليشيات, فقد وصل سيطرة ونفوذ هذه المليشيات وفرق الموت التابعة لها الى المستشفيات العراقية. القناة الامريكية (CBS) والتي زارت العراق, تؤكد بأن المستشفيات اصبحت مقر قيادة وسيطرة لجيش المهدي, والمرضى السنّة يتم

قتلهم او سحبهم من أسرتهم. حيث تقوم المليشيا باخذ الرهائن داخل بعض المستشفيات وتعذيبهم وقتلهم, حيث تستعمل المليشيات سيارات الاسعاف في نقل الرهائن مع استخدامهم لاسلحة غير مشروعة, وحتى في بعض الاحيان يتم مساعدتهم على الهرب من القوات الامريكية[361].

وفي مقابلة مع صحيفة بوسطن غلوب (Boston Globe)، قال الاميرال غريغوري سميث (Admiral Gregory Smith) المتحدث باسم الجيش الاميركي، بأن وزارة الصحة العراقية اشارت الى ارتفاع التقديرات من مستوى منخفض من 568 قتيل في ديسمبر 2007 و541 قتيل في يناير كانون الثاني 2008 الى 721 قتيل تقريبا في فبراير 2008 و1082 في مارس (أذار) 2008. "كان هذا يعني ان هنالك زيادة بنسبة 25 أو 30٪ في عدد الضحايا المدنيين عند النظر الى شهر أذار (مارس) مقارنة مع شهر شباط"، واضاف سميث، على الرغم من كل هذا فالأرقام لا تزال بعيدة كل البعد عن ما كانت عليه في الصيف الماضي[329]. صحيفة النيويورك تايمز الامريكية أشارت الى تقارير وزارة الصحة العراقية التي تسرد ان 865 حالة وفاة مدنية لشهر يوليو 2008 ووفاة 975 مدني اخر خلال شهر يونيو 2008[330]. إذن كانت حربا أهلية وفق كل الإعتبارات والمقاييس من حيث قوة التدمير وعدد الضحايا ومستوى التخريب.

ولو نظرنا الى خلفية الحزب الحاكم للمالكي (حزب الدعوة) وتورطه في العديد من التفجيرات والاغتيالات قبل الاحتلال الامريكي. اعمال العنف التي بدءت تنتشر بشكل واسع ومستمر لغاية الان كالسيارات المفخخة والتصفية الجسدية لها بعد تاريخي في حياته. ولعل ابرز تلك الجرائم هي:

1) تفجير سيارة مفخخة عند مستشفى إبن البيطار ببغداد في ربيع عام 1987 قام حزب الدعوه بتفجير سيارة صالون مفخخة كانت مركونة بجانب مستشفى إبن البيطار لعلاج القلب بالصالحية ببغداد، وأحدث خسائر بالأرواح والممتلكات

2) وفي يوم 1-5-1985 اغتيل معاون الملحق الثقافي العراقي في السفارة العرقية بالكويت، السيد هادي عواد سعيد وابنه البكر في منزلهما بالكويت، وقد اعتقل القاتل الذي استخدم مسدسا كاتما للصوت، وتبين أنه عضو في حزب الدعوة.

3) في حزيران 1982 أعلن حزب الدعوة عن قيامه بتفجير مبنى وزارة التخطيط في قلب بغداد بواسطة سيارة يقودها الانتحاري أبو بلال العضو في الخط العسكري لحزب الدعوة. وقد تسببت تلك العملية بمصرع عشرات الموظفين المدنيين من رجال ونساء..!

4) وفي 1981/1/15 قامت عناصر من حزب الدعوة بتفجير مبنى السفارة العراقية في بيروت بسيارة نقل مفخخة قادها انتحاري اقتحم بها مبنى السفارة مما ادى لانهيار المبني

بالكامل، وقتل عدد كبير من المراجعين والموظفين من بينهم السفير العراقي عبدالرزاق لفته والسيدة بلقيس الراوي قرينة الشاعر نزار قباني، فضلا عن تدمير المباني المجاورة للسفارة. وبعد أقلّ من شهر سرّبت أجهزة الأمن تفاصيل تلك العملية ومؤداها أن قيادة حزب الدعوة المتواجدة في وقتها في العاصمة السورية دمشق هي التي وفّرت الانتحاري الملقب- أبو مريم- وتولّت المخابرات الإيرانية تمويل العملية في حين تولت المخابرات السورية تأمين متطلباتها اللوجستية.

ولعل أبرز القيادات في حزب الدعوة والتي أشتهرت في خبرتها في هندسة اعمال التفجيرات والذي جعلهم يلقبونه بالمهندس, هو عضو البرلمان العراقي جمال جعفر محمد (أبو مهدي المهندس). وهو حامل للجنسية الإيرانية، ومتهم بالتورط في قضايا ارهاب عديدة، أثارت لغطا كبيرا داخل اروقة مجلس النواب. فقد أعلنت الولايات المتحدة أنها أدرجت إسم الأرهابي (أبو مهدي المهندس) على قائمة المطلوبين بتهمة الارهاب. فهو مستشار فيلق القدس التابع للحرس الثورى الإيرانى وفرضت عليهما عقوبات مالية لعلاقتهما مع حزب الله اللبنانى ولدورهما فى الهجمات الارهابية فى العراق. وصنفت وزارة الخارجية الأمريكية كتائب حزب الله بين «المنظمات الإرهابية الأجنبية» لأنها «ترتكب أو تشكل خطرا كبيرا بارتكاب أعمال إرهابية». وذكرت فى بيان لها: «أن المهندس وكتائب حزب الله نفذوا أعمال إرهابية عديدة في العراق وخارجه».

11. 6. 3. دعم الارهاب

أنتشار الجريمة المنظمة والفساد الحكومي بمستويات عالية جدا شجعت الارهاب سواء من قبل مؤسسات حكومية او محلية مدعومة من الحكومة. فقد كشفت حادثة هروب رئيس مفوضية النزاهة العراقية القاضي راضي الراضي الى الولايات المتحدة الامريكية والشهادة التي قدمها أمام مجلس النواب الامريكي عام 2007 والتي اعترف بها أن 31 من المحققين التابعين له قد تم أغتيالهم بعد أكتشافهم وأتهامهم لمسؤولين عراقيين بسرقة وتهريب مبلغ 18 مليار دولار. واضاف الراضي في شهادته كيف وجدّ والد أحد المحققين معدوما بحبل كلاب, كما وتعرضت عائلة الراضي الى هجوم بصواريخ الهاون, لكن الاخطر في شهادته هو الوثائق التي فيها الاوامر السرية الموقعة من قبل رئيس مكتب المالكي والتي تحظر التحقيق في جرائم المسؤولين الكبار ومنهم رئيس الوزراء. كما وشرح الراضي أدلة تخص وزارة الدفاع والكهرباء والعمل في مخططات لسرقة مئات الملايين من الدولارات. وأعترف الراضي ان وزارة النفط الآن هي من تمول الارهاب بشكل فعال, كما وان المالكي شخصيا أغلق تحقيقا ضد ابن عمه وزير النقل السابق (سلام المالكي)[(679)]. هذه الاعترافات والسكوت الامريكي عنها يفسر تورطهم في هذا الفساد المدعوم وعلاقته بالارهاب الذي وصل الى اعلى سلطة تنفيذية في العراق بعد الاحتلال.

كما ان من أبرز دلائل تورط حكومة المالكي في دعم الارهاب كان هو تورطها في تهريب السجناء الخطرين بحسب تصريحاتهم واعادة تشكيل خلايا ارهابية تخدم أهداف سياسية. وهذا ما دفع وزير العدل السابق حسن الشمري (عن حزب الفضيلة) في حكومة المالكي الى الاعتراف بان تهريب اكثر من 2000 من السجناء المتهمين بالارهاب من سجني التاجي وابو غريب بسبب خرق أمني من الخارج وتواطئ من داخل اجهزة حكومية عبر سحب القوات الامنية بحجم لواء وفوج من حماية السجن مما يؤكد وجود مؤامرة !! حيث ان هذا الحادث كان متزامنا مع قرب اصدار الكونغرس الامريكي لقرار ضرب نظام بشار الاسد وهو ما أوقف اصدار مثل هذه القرار بحجة تعاظم دور القاعدة في سوريا [680] !!!

11. 6. 4. تسليح المليشيات الشيعية:

بالاضافة الى الاعترافات السابقة في هذا الفصل عن الدور الايراني والامريكي في تسليح المليشيات العراقية, فان بدايات التسليح الحكومي للمليشيات كانت منذ تشكيل او حكومة مؤقتة برئاسة أياد علاوي. فقد كانت هناك صفقة قد تعاقدت بموجبها حكومة علاوي مع حكومة البوسنة وبترتيب وتنسيق عبر الولايات المتحدة، من اجل استيراد 200 الف من بنادق كلاشنيكوف مع عتادهم. وقد أكدت منظمة العفو الدولية في تقريرها الصادر في 12 مايو 2006 أن هذه الأسلحة قد فقدت أثناء الشحن الخاصة بهم من البوسنة إلى العراق. كان هذا هو ما زعمه ضباط الولايات المتحدة في العراق, ونفوا معرفتهم عن وجهة هذه الشحنة, بالرغم من أنهم الجهة المسؤولة عن تسليح الشرطة والجيش العراقي الجديدين. وفي 13 مايو 2006، صدرّ تصريح رسمي من قبل وزير الدفاع البوسني نيقولا رادوفانوفيك (Nicola Radovanovik) للرد على الاتهامات التي وجهها منظمة العفو الدولية ضد حكومته والتي اتهمت فيها الحكومة البوسنية باستخدام نهج السرية وعدم شفافة في الصفقة المشار إليها أعلاه ، وأن جزءا من تلك الأسلحة لم تصل قوات الأمن العراقية حسبما متفق عليه. الوزير البوسني قال ان كل الاسلحة المتفق عليها قد استلمتها الحكومة العراقية الجديدة (حكومة الجعفري)، وتسليم الأسلحة إلى العراق كان قانونياً. مع الأخذ في نظر الاعتبار أن تلك الأسلحة كان من المفروض تدميرها والقضاء عليه من قبل منظمة اوربية أنشأها الاتحاد الأوروبي للتخلص من أسلحة دول البلقان. أحزاب ذات صلة مع بعض الميليشيات كانت قد اتهمت وزير الدفاع في حكومة علاوي انه سرق تلك الأسلحة وباعها لمصلحته الخاصة .

أما الصفقة الثانية فكانت تخص تزويد الشرطة العراقية ب 20 الف من مسدسات نوع (بريتا Brita) والتي تم توفيرها من قبل المصنع البريطاني (بريستول Bristol). في الواقع، هذه الاسلحة البريطانية وصلت إلى أيدي الميليشيات عبر التابعين لها في اجهزة الشرطة العراقية. الكثير من الشباب وحتى كبار السن كانوا يحملونها في بعض المظاهرات مثل تلك التي عقدت في مدينة الصدر بعد اعدام الرئيس العراقي السابق صدام حسين.

في 9 اكتوبر (تشرين الاول) 2015 أعلن رئيس الوزراء ونائب رئيس الجمهورية سابقا أياد علاوي عن أختفاء 76 مدرعة نقلت جوا الى مطار بغداد بعد ان تبرعت بها دولة عربية

خليجية, لكنها أختفت فور وصولها. بينما رجحت مصادر عسكرية عراقية ان تكون احد المليشيات الشيعية في الحشد الشعبي قد أستولت عليها في المطار. علما ان وزير النقل هو بيام صولاغ من مليشيات بدر التابعة لايران. بينما اعلنت لجنة برلمانية فتحها تحقيقا في القضية لمعرفة المليشيات التي أستولت عليها في المطار!! [21A]

علما ان رئيس الوزراء العراقي السابق نوري المالكي قد أعترف في لقاء تلفازي بانه فتح مخازن السلاح عدة مرات لتجهيز المليشيات تحت حجة محاربة الارهاب, مما يؤكد تورطه في أنشاء مليشيات وفرق موت متورطة في جرائم حرب. ويذكر ان المليشيات الشيعية كانت تنظم أستعراضات عسكرية لمليشياتها في المناطق الشيعية ببغداد او البصرة او غيرها من مدن جنوب العراق مستعرضين مختلف الاسلحة ومنها الثقيلة كالمدافع والمدرعات والدبابات.

11. 6. 5. نتائج أرهاب المليشيات الشيعية:

1. يوجد 90% من النازحين في الشرق الاوسط وشمال افريقيا يعيشون في العراق وسوريا, ويعتبر العراق في المرتبة الثالثة عالميا طبقا الى أقوال السيد جان أيكلاند السكرتير العام لمركز مراقبة النزوح الداخلي (IDMC). وأضاف أيكلاند (الدبلوماسية العالمية, قرارات الامم المتحدة, محادثات السلام ووقف أطلاق النار جميعها قد خسرت المعركة ضد المليشيات المسلحة العديمة الرحمة والمدفوعة من قبل مصالح دينية وسياسية بدلا من الضروريات البشرية). هذا النداء يجب ان يكون دعوة كبيرة للاستيقاظ. نحن يجب ان نكسر هذا الاتجاه حيث ملايين الرجال والنساء والاطفال محاصرين في مناطق النزاع حول العالم [677].

2. الاغتيالات كانت احدى النتائج الكارثية النتائج الكارثية لجرائم فرق الموت في العراق, وهو ما نشرته صحيفة انكليزية عن طبيعة الضحايا المدنيين في العراق نقلاً عن الاحصائيات الرسمية. تقول صحيفة (New England Journal of Medicine) بان الفحص الدقيق لاسباب وفاة 60481 مدنيا عراقيا قتلوا في اعمال عنف خلال السنوات الخمس الاولى من الحرب على العراق, تبين عكس ما معلن حول ان اغلب هولاء الضحايا قد قتلوا في حوادث تفجير سيارات مفخخة. بينما بينت هذ الدراسة حقيقة ان معظمهم تم اعدامه بالاسلحة النارية وليس التفجيرات. فقد وجد الباحثون ان 33% من الضحايا قد قتلوا بطريقة الاعدام بعد القاء القبض عليهم او اختطافهم. و29% من هولاء الضحايا توجد على اجسادهم علامات التعذيب والحروق. بينما الذين قتلوا في عمليات انتحارية بالسيارات المفخخة او مشياً على الاقدام فكانوا بنسبة 14% فقط, في حين وجدت الدراسة ان اعداد القتلى بسبب الضربات الجوية الامريكية هي 4% من مجموع الضحايا[651].

3. تمويل عمليات المليشيات والمجاميع المسلحة هو من اخطر ما يهدد المجتمع بسبب وسائله التي تهدد الامن والاستقرار الداخلي بالاضافة الى الاقتصاد. وعلى الرغم من امتلاك هذه المنظمات والمليشيات الاجرامية لاجندات سياسية ومالية, الا ان أبرز الآليات في تمويل وتوفير الموارد الضرورية لها يشمل سرقة وتحويل وتهريب النفط, واختطاف الاشخاص وطلب الفدية او قتلهم بعد استلام الفدية, والابتزاز بالاضافة الى تهريب المخدرات والسطو على البنوك والآثار والنساء والسيارات، مع مخططات الفساد الحكومي بين الجريمة المنظمة والنخب السياسية. كل نوع من الجرائم تكون تبعا لاهدافها. فمثلا حرب الموارد بين الاحزاب الشيعية في البصرة للسيطرة على فرض الضرائي الغير مشروعة على تصدير النفط, علما ان احدى اللجان البرلمانية في عام 2011 قد كشفت عن عدم وجود عدادات او اجهزة احصاء لعدد البراميل المصدرة يوميا منذ بدء الاحتلال 2003, مما يتيح فرص سرقة النفط المصدر بحسب الاتفاقيات السياسية والجريمة المنظمة بين مليشيات تلك الاحزاب. كما تعتبر جريمة الخطف ذات أهداف مالية او طائفية كما فعل جيش المهدي في تهجير أهل السنة من مناطق متعددة في بغداد والبصرة وديالى [678].

4. السجون كحواضن للارهاب والجريمة. أدارة السجون في العراق أصبحت من قبل مليشيات الاحزاب الطائفية في ظل الفساد المستشري داخلها مما ساعد على جعل العديد من السجناء الابرياء لقمة سائغة بيد المتشددين او المجرمين او حتى الارهابيين المحكومين في داخل السجون. اغلبية السجناء فقدوا الثقة بالنظام القضائي والعدالة في العراق واصبحوا يأملون بالثأر لحقوقهم المغتصبة بسبب طائفية القضاء وفساده مما ساعد كثيرا في تشكيل خلايا متشددة او متعصبة للثأر ومستعدة للعنف والتعاون مع اي جهة من المليشيات والمجاميع المسلحة خارج السجون. مما ساعدً ان تكون السجون الحكومية حواضن لتنمية الاجرام بدلا من اصلاحه وتنمية الشعور بالانتقام بسبب التعذيب الطائفي الذي يمارس فيه وخصوصا ضد ألطائفة السنية. وكل هذه التنمية للاجرام أصبحت تدار من قبل اجهزة النظام الذي تسيطر عليه المليشيات.

5. التغيير الديموغرافي. أدت سيطرة المليشيات الاجرامية الشيعية على مناطق بغداد الى ترهيب وخطف وقتل الكثيرين من الطوائف الاخرى فيها وخصوصا السنة والمسيحيين. ارهاب المليشيات هذا ساعد على نشر التقسيم الطائفي بين مختلف المناطق المختلطة في العاصمة بغداد, مما نتجً عنه تهديد لوحدة المجتمع العراقي واضعاف امنه وسلامته.

الفصل الثاني عشر

دور القانون الدولي من جرائم الاحتلال

12. 1. احتلال العراق وجريمة العدوان

قبل التطرق للموقف القانوني من جرائم الاحتلال في الفلوجة والجرائم الاخرى المتصلة مع جرائم الاحتلال في مدينة الفلوجة, نعود للتذكير الى اعتراف الامين العام السابق للامم المتحدة كوفي عنان من (ان جريمة العدوان على دولة ذات سيادة كالعراق هو انتهاك لميثاق الامم المتحدة والقانون الدولي الانساني مما يوجب العقاب من قبل مجلس الامن). فوفقاً للفقرة الاولى من المادة الاولى من ميثاق الامم المتحدة تنص على مسوؤلية الامم المتحدة على حفظ السلم والأمن الدولي، وتحقيقاً لهذه الغاية تتخذ هيئة الامم المتحدة التدابير المشتركة الفعّالة لمنع الأسباب التي تهدد السلم او تزيله، وتقمع أعمال العدوان وغيرها من وجوه الإخلال بالسلم، وتتذرّع بالوسائل السلمية، وفقاً لمبادئ العدل والقانون الدولي، لحل المنازعات الدولية التي قد تؤدي إلى الإخلال بالسلم أو لتسويتها [8A]. وكما كتبت صحيفة ديرشبيغل الالمانية "ان هذه الحرب، أمريكا قد كسرت القانون الدولي، وشهرت بالحلفاء وجعلت الأمم المتحدة كائن من السخرية" ففضيحة التعذيب في سجن ابو غريب أضرت بالسمعة الاخلاقية للولايات المتحدة الفخورة بديمقراطيتها, والجنود الامريكيين الذين كانوا يعتقدون بانهم محررين اصبح ينظر اليهم كمحتلين, ناهيك عن ان هذه الحرب قد رمت العراق في الفوضى والحرب الاهلية التي كلفت مئات الالاف من الضحايا[521].

ان الضغوط السياسية وتبادل المصالح العليا بين الدول الخمس الدائمة العضوية في مجلس الامن قادت الى عدم أدانة الغزو والاعتراف فقط بوجود الاحتلال كامر واقع ومن ثم اصدار سلسلة قرارات لاحقة تحاول اضفاء نوع زائف من الشرعية الدولية لتواجد القوات الدولية بما فيه المحتلة لتجنب العقاب القانوني على جريمة الحرب العدوانية. وحتى لو نظرنا الى صيغة قرارات مجلس الامن بعد قرارها الاول بالاعتراف بوضع العراق تحت احتلال امريكا وبريطانيا, فاننا سنرى ان الولاية التي اعطاها مجلس الامن للقوات المتعددة الجنسيات المتحالفة مع القوات الامريكية تفرض عليها الالتزام بالقوانين الدولية واتفاقيات جنيف لانها لم تأذن لمثل هذه الحرب, لكن المجلس كأن يأمل بانهاء الاحتلال واحلال السلام وارجاع الشرعية الدولية مع اعطاء دور للامم المتحدة في هذه العملية وهو ما لم يحصل. لهذا فأن هذه القوات تتحمل المسؤولية القانونية خصوصاً مع ظهور الأدلة على انتهاكات القانون الدولي وضخامة المعاناة الإنسانية التي تسببوا بها للشعب العراقي.

مقالة البروفيسور الامريكي في القانون الدولي فرانشيس بويلا (FRANCIS A. BOYLE), كانت قد شكلت حافزا كبيرا ساعدني في فكرة كتابة هذا الكتاب. حيث أشار الى المادة 6 (ب) من ميثاق نورمبرغ 1945 وتعريف جريمة حرب نورمبرغ في الجزء الخاص المتعلق بها (....انه التدمير المتعمد للمدن والبلدات او القرى....) وعلى اساس هذا التعريف النهائي والذي حوكم واعدم بسببه قادة النازية بالرغم من عدم امتلاكهم لاسلحة الدمار الشامل, فليس هناك من شك في ان بوش الابن وتوني بلير هما مجرمي حرب بعد التدمير المتعمد للعراق وما جرى في الفلوجة هو أحد دلائلها [18]. السياسات الخارجية للرئيس الامريكي السابق بوش الابن ورئيس الوزراء البريطاني السابق توني بلير هي سياسات اجرامية وفقاً

لمبادئ القانون الدولي ولا سيما ميثاق نورمبرغ, وحكم نورمبرغ, ومبادئ نورمبرغ, لهذا لم يكن غريباً محاولات الاحتلال وعملائه في طمس جرائم الحرب في الفلوجة[18].

وبالرغم من نداء البروفيسور بويلا من اجل اعتبار أدارة بوش تشكل مؤامرة جنائية مستمرة تحت طائلة القانون الجنائي الدولي من خلال انتهاكه لميثاق وحكم ومبادئ نورمبرغ وتسببه بالحرب العدوانية التي هي اقرب من الناحية القانونية لتلك التي ارتكبها النظام النازي. ومن هنا تاتي اهمية الضغط الدولي من اجل محاكمة هولاء السياسيين المذنبين لتفعيل دور القانون الدولي الذي أسسه العالم المتحضر, ولارجاع ابسط الحقوق لضحايا الحرب, بالاضافة الى درء مخاطر نشوب حرب عالمية ثالثة قد يقودها من يتخذ هولاء المجرمين قدوة له ويحاول السير على نهجهم.

ومما سيجعل اي قارئ حر يتفق مع البروفيسور بويلر هو ان نتيجة هذه الحكومات المتهورة بدماء الابرياء في العراق المحتل بدء يظهر الان مع ما كشفته الايام من جرائم قتل لاجل التسلية اعترف بها حتى كبار قادتهم مثل (ماتيس), ووصلت الى حد استباحة الدم العراقي من قبل حتى مرتزقتهم الامنيين[73]. النزاع المسلح وفقاً للقانون الدولي, وعلى وجه الخصوص في ذلك الجزء المتعلق بالاحتلال العسكري والذي ينطبق على حالة العراق, جاء الاعتراف فيه ايضا من قبل احدى تقارير الكونغرس الامريكي لعام 2005[86]. مما يوجب تطبيق اتفاقيات جنيف الاربعة 1949, وكذلك لوائح لاهاي وغيرها من الاتفاقيات الدولية التي تنظم وضع الاحتلال الاجنبي. ووفقاً لقواعد القانون الدولي فأن جريمة الحرب هي الجرائم التي يرتكبها الجنود ضد المدنيين وأسرى الحرب[387].

وقبل تقييم جريمة الفلوجة وفقاً لمبادئ القانون الدولي, فعلينا تذكر بعض الحقائق المتعلقة بوضعية الموقف الدولي تجاه محاسبة الغزو او الاحتلال. فالامين العام للامم المتحدة السيد كوفي عنان في حديثه لهيئة الاذاعة البريطانية بتاكيد حقيقة ان ميثاق الامم المتحدة قد انتهك وأنه لم يتم معاقبة هذا الغزو من قبل مجلس الأمن)[48]. بينما تؤكد جميع الادلة في الفصول السابقة على حجم كارثة الاحتلال وجرائم الحرب التي ارتكبت والى ضرورة محاكمة جورج بوش وتوني بلير بتهمة ارتكاب جرائم حرب وابادة وفقا للقانون الدولي[404]. وهو ما نسعى لتأكيده هنا وفقاً للادلة الدامغة على هذه الجرائم.

كما يجب ان نّذكر ببعض الجوانب القانونية حول فترة حدوث الجرائم في العراق تحت ظل الاحتلال الاجنبي, ومنها:

1. ان المحاكم العراقية قد منعت من ترويج اي معاملة شكوى ضد اي فرد من قوات الاحتلال بناءً على تعليمات الحاكم المدني للاحتلال واستنادا لقانون امريكي يحمي جنوده في المهمات القتالية خارج بلده. وأستمر هذا التشريع لحد الان خصوصا بعد توقيع معاهدة التعاون الامني والعسكري بين العراق وامريكا والمعروفة بمعاهدة صوفا.
2. ان منهجية القتل والعنف تؤكد على أحقية محاكمة المجرمين الكبار ممن اعطوا هذه الاوامر قبل المطالبة بمحاكمة الجندي الذي نفذّ هذه الاوامر المخالفة لقواعد اتفاقيات جنيف.

3. ان مزاعم عودة السيادة العراقية بعد خروج قوات الاحتلال تعني على الاقل الغاء القوانين والاوامر التي اصدرها الاحتلال والتي منعت ترويج مثل هذه القضايا والسماح بعودة سلطة القضاء العراقي على كافة الجرائم المرتكبة ضمن ادارة المحاكم العراقية.

ان معارك الفلوجة وحدها شهدت ارتكاب ما يفوق 70 انتهاكاً للقانون الدولي الانساني [35]. وكما بينّ تقرير مشترك مع المحامية الامريكية كارين باركر [246] فاذا نظرنا الى مجمل الانتهاكات لقواعد القانون الانساني الحديث الذي يحكم القواعد الاساسية في سير القتال, فسنجد انهم انتهكوا اغلب المحظورات في هذا القانون:

1. حظر شن الهجمات على السكان المدنيين العزل في مراكز السكن او البنايات او المدارس او المستشفيات ...

2. حظر استخدام تكتيكات ترويع السكان المدنيين واخذ الرهائن ومنع اوامر عدم ترك ناجين (عدم الابقاء على اي اشخاص احياء)

3. منع العمليات العسكرية التي تؤدي الى سقوط ضحايا من المدنيين لا مبرر له.

4. منع العمليات العسكرية على المنشأت التي قد تخلق خطراً على حياة السكان المدنيين مثل منشأت الطاقة او مصادر الغذاء والماء والكهرباء.

5. حظر الاساليب العسكرية العشوائية والانتقامية التي تستهدف المدنيين مثل تجويع المدنيين.

6. حظر منع المدنيين من الحصول على الغذاء والماء والدواء الضروريين لادامة حياتهم.

7. حظر استخدام الوسائل والطرق الحربية التي تؤثر على البيئة الطبيعية.

وقد بينّ البروفيسور الامريكي لاري ماي (Larry May) من جامعة واشنطن سانت لويس في كتابه "جرائم ضد الانسانية" ان ميثاق محكمة نورمبرغ 1945 حدد ثلاث فئات من الجرائم الدولية: **جرائم ضد السلام, جرائم الحرب, جرائم ضد الإنسانية**. وبعدها بحوالي 50 سنة, فقد حدد نظام روما الأساسي لعام 1998 للمحكمة الجنائية الدولية (ICC) قائمة بأربعة فئات للجريمة: **جريمة الإبادة الجماعية, جرائم ضد الإنسانية, جرائم الحرب, جريمة العدوان**. وبالرغم من ان "جرائم ضد السلام" لميثاق نورمبرغ هي الى حد كبير نفس مواصفات لـ"جريمة العدوان" في نظام معاهدة روما الأساسي, لكن تبقى جرائم الحرب والجرائم ضد الإنسانية هي الجرائم الرئيسية التي تهدد الامن والسلام الدوليين [387].

12. 2. المحكمة الجنائية الدولية ICC

حرب احتلال العراق تحمل كافة المواصفات الدولية كحرب عدوانية (Aggression war) مما يجعلها جريمة عدوان بسبب الاعتراف الصريح لمجلس الامن بالغزو الاجنبي, وهذا يعني انطباق اوصاف هذه الجريمة ضمن نطاق المحكمة الجنائية الدولية (ICC), لكن المحكمة للاسف لم تنظر لحد الان في هذا النوع من الجرائم بالرغم من وجوده ضمن بنود نظامه الاساسي. فعند اعلان اتفاقية روما للمحكمة الجنائية الدولية عام 1998 كانت هذه الجريمة ضمن فقرتها 1 من المادة 5 والتي توجب قبول اي دولة طرف في النظام الأساسي من ان تقبل اختصاص المحكمة في هذا النوع من الجرائم. لكن الخلاف على تعريف الجريمة وشروط المحكمة لممارسة اختصاصها جعل المشاركين في المؤتمر التأسيسي يضعون الفقرة 2 من المادة 5 والتي لا تسمح للمحكمة بممارسة هذا الاختصاص في هذا النوع من الجرائم حتى يتم حل هذه الخلافات. وفي المؤتمر الاستعراضي لعام 2010 (Review 2010 Conference), اتفق المشاركون عبر القرار المرقم (RC/Res.6) على تعريف هذه الجريمة واعتماد شروط ممارسة الاختصاص من قبل هذه المحكمة وفقاً للمادتين 121 و123. فاصبح للمحكمة حق الاختصاص على جريمة العدوان على الدولة التي صادقت بعد سنة من ايداع صك التصديق, على ان يدخل ذلك حيز التنفيذ بعد 1 كانون الثاني (يناير) 2017 بعد اتخاذ قرار المصادقة بنسبة ثلثين 2/3 لاعتماد التعديل!![416]. فجاء تعريف الجريمة في المادة 8 وكالاتي:

1. جريمة العدوان تعني التخطيط والإعداد والتنفيذ أو الشروع، من قبل شخص في وضع يتيح له أن يتحكم أو يوجه العمل السياسي أو العسكري للدولة، لعمل من أعمال العدوان التي، خطورته، والطابع والحجم، يشكل انتهاكا واضحا لميثاق الأمم المتحدة.
2. لغرض الفقرة 1، "عملا من أعمال العدوان" يعني استخدام القوة المسلحة من قبل دولة ما ضد سيادة وسلامة الأراضي أو الاستقلال السياسي لدولة أخرى، أو على أي وجه آخر لا يتفق وميثاق الأمم المتحدة. أي فعل من الأفعال التالية، بغض النظر عن إعلان الحرب، وفقا للأمم المتحدة قرار الجمعية العامة 3314 (XXIX) المؤرخ 14 ديسمبر 1974، وصفها بأنها عمل عدواني بما يلي:؛
(أ) الغزو أو الهجوم من قبل القوات المسلحة لدولة ما على أراضي دولة أخرى، أو أي احتلال عسكري، ولو كان مؤقتا، ينجم عن مثل هذا الغزو أو الهجوم، أو أي ضم عن طريق استخدام القوة لأراضي دولة أخرى أو جزء منها؛
(ب) قصف من قبل القوات المسلحة لدولة ضد أراضي دولة أخرى أو استخدام أية أسلحة من قبل دولة ضد أراضي دولة أخرى؛
(ج) ضرب حصار على موانئ أو سواحل دولة من قبل القوات المسلحة لدولة أخرى؛
(د) هجوم من قبل القوات المسلحة لدولة على القوات البرية أو البحرية أو الجوية أو الأسطولين البحري والجوي لدولة أخرى؛
(ه) استخدام القوات المسلحة لدولة واحدة والتي هي داخل إقليم دولة أخرى بموافقة الدولة المستقبلة، بما يتعارض مع الشروط المنصوص عليها في الاتفاق أو أي تمديد لوجودها في هذا الإقليم إلى ما بعد انتهاء الاتفاق؛

(و) قيام دولة السماح باستخدام أراضيها، التي وضعت تحت تصرف دولة أخرى، تلك الدولة الأخرى لارتكاب عمل عدواني ضد دولة ثالثة؛
(ز) إرسال بواسطة أو بالنيابة عن الدولة عصابات أو جماعات مسلحة غير نظامية أو مرتزقة، التي تحمل من أعمال القوة المسلحة ضد دولة أخرى من الخطورة بحيث تعادل الأعمال المذكورة أعلاه، أو اشتراك الدولة بدور ملموس فيها.

وطبقاً لهذا التعريف المفصل والشروط الواضحة, يتبين ان الدول التي قدمت تسهيلات لقيام غزو العراق هي متورطة ايضا بجريمة العدوان على دولة وشعب العراق.
بموجب النظام الأساسي، وشروط ممارسة الاختصاص ل"جريمة العدوان" من قبل المحكمة، يجوز للمحكمة أن تمارس ولايتها القضائية على "جريمة العدوان" في حالة: 1) الإحالة من قبل الدولة الطرف في الاتفاقية, او 2) الإحالة من قبل مجلس الأمن بموجب الفصل السابع من ميثاق الأمم المتحدة, 3) المدعي العام للمحكمة يبدء تحقيقا فيما يتعلق بجريمة من هذه الجرائم وفقا للمادة 15[415], علماً ان مكتب المدعي العام في المحكمة الجنائية الدولية يسمح له بالقيام بالتحقيقات في حال:

1. وجدّ أساسا معقولا للاعتقاد بأنه جرى ارتكاب جريمة تدخل في اختصاص المحكمة أو لا زال يجري ارتكابها
2. تحديد او تقرير مقبولية القضية (الجاذبية والتكامل gravity and complimentarily)
3. اعتبارات تدخل في مصلحة العدالة[418].

طريقة عمل او تعامل مكتب المدعي العام للمحكمة مع الشكاوي والمعلومات التي تدعي حصول جرائم والتي تدخل ضمن اختصاص المحكمة تشمل على:
الطريق صفقة مكتب المدعي العام للمحكمة الجنائية الدولية مع الشكاوى والمعلومات التي تدعي للجرائم التي تدخل في اختصاص المحكمة هي تشمل المراحل التالية

- المرحلة 1، حيث يجري المكتب تقييما أوليا للمعلومات عن كل الجرائم المزعومة الواردة بموجب المادة 15 ("المادة 15 الاتصالات")، لتصفية المعلومات عن الجرائم التي لا تدخل في اختصاص المحكمة.
- المرحلة 2، ويحلل كل المعلومات عن الجرائم المزعومة الواردة أو التي تم جمعها لتحديد ما إذا تم تلبية الشروط المسبقة لممارسة الولاية القضائية بموجب المادة 12 وما إذا كان هناك أساس معقول للاعتقاد بأن الجرائم المزعومة تقع ضمن اختصاص موضوع المحكمة.
- المرحلة 3، فإنه يحلل المقبولية من حيث التكامل والجاذبية.
- المرحلة 4، بعد أن خلص من دراسته الأولية أن القضية مقبولة، فإنه سيتم النظر في مصلحة العدالة. علماً ان التوصية بأن إجراء تحقيق سوف لن يخدم مصالح العدالة إلا في ظروف استثنائية للغاية[422].

وفي حالة كون الدولة التي تتعرض لجريمة العدوان ليست طرفا في هذا النظام الأساسي، يكون على المحكمة ألا تمارس اختصاصها فيما يتعلق بجريمة العدوان عندما يرتكبها

مواطنون من تلك الدولة أو على أراضيها. لكن في حال ان المدعي العام للمحكمة استنتج أن هناك أساسا معقولا للشروع في إجراء تحقيق فيما يتعلق بجريمة العدوان، وقال انه او انها يجب التأكد أولا ما إذا اصدر مجلس الأمن قرارا لتاكيدها كعمل من أعمال العدوان التي ارتكبتها الدولة المعنية. يقوم المدعي العام بإشعار الأمين العام للأمم المتحدة للحالة قبل المحاكمة، بما في ذلك أي معلومات والوثائق ذات الصلة. حيث ان اصدار مجلس الأمن مثل هذا القرار يساعد المدعي العام على المضي في التحقيق فيما يتعلق بجريمة العدوان. وإذا لم يصدر مثل هذا القرار في غضون ستة أشهر من تاريخ الإخطار، فيمكن للمدعي العام المضي بالتحقيق فيما يتعلق بجريمة العدوان، شريطة أن تقوم الشعبة التمهيدية (Pre-Trial Division) باعطاء الاذن بالبدء في التحقيق فيما يتعلق بجريمة العدوان وفقا للإجراءات الواردة في المادة 15، ومجلس الأمن لم يقرر خلاف ذلك وفقا للمادة 16[415].

الموقف الامريكي من النظام الاساسي لهذه المحكمة وطبقاً لهارولد كوه هونغ جو (Harold Hongju Koh)، المستشار القانوني بوزارة الخارجية الأميركية في عهد وزيرة الخارجية هيلاري كلينتون فقد صرح حول نتائج المؤتمر الاستعراضي للاتفاقية لعام 2010 قائلاً (تعتبر الولايات المتحدة تعريف العدوان معيباً، ولكن تم اعتماد عدد من الضمانات المهمة. اعتمدت تفاهمات لجعل تعريف أكثر دقة، لضمان أن يتم تطبيق الجريمة الوحيدة لظروف أفظع. وبينما نعتقد أن القرار النهائي يراعي عدم كفاية دور مجلس الأمن المخصصة لتعريف العدوان، رفضت الدول الأطراف الحلول التي قدمت لاختصاص المحكمة من دون موافقة مجلس الأمن أو اساس واضح. نأمل أن تتحسن هذه الجريمة في المستقبل، وسوف نستمر في التفاعل من اجل هذا الهدف حتى النهاية)[417]. الرئيس الامريكي السابق بيل كلينتون وقع اتفاقية المحكمة عام 2000. لكنه لم يصادق عليها, فجاء من بعده الرئيس دبليو بوش عام 2002 ليبلغ الامين العام للامم المتحدة بان بلاده لا ترغب ان تبقى طرف في الاتفاقية.

بريطانيا قد وقعت على اتفاقية المحكمة عام 1998 وصادقت عليها في اواخر عام 2001 , لكنها تحفظت ولم تصادق على جريمة العدوان, بينما كانت بولندا التي شاركت بقوات قليلة ايضا في جريمة الاحتلال قد وقعت على الاتفاقية عام 1999 وصادقت عليها عام 2001, ايضا. استراليا التي دعمت جريمة العدوان على العراق وشاركت ببعض القوات كانت قد وقعت الاتفاقية عام 1998 وصادقت عليها منتصف عام 2002[419]. بينما ان الدول التي وافقت وصادقت على التعديلات بشأن جريمة العدوان في نظام روما الأساسي للمحكمة الجنائية الدولية لحد الان هي خمس دول فقط (أستونيا Estonia, ليجتنستين Liechtenstein, لوكسمبورغ Luxembourg, ساموا Samoa, ترينيدا وتوباغوا Trinidad and Tobago).

فيما يخص الجرائم في العراق, فان المدعي العام للمحكمة الجنائية الدولية كان قد اعلن جواباً خطياً رداً على 240 شكوى وصلت اليه من افراد ومنظمات تخص وضع احتلال العراق والخسائر البشرية بسبب العمليات العسكرية في حينها. رسالة المدعي العام التي حملت تاريخ 9 شباط (فبرايو) 2006 شرحت مسؤوليته وامكانية بدءه التحقيق الاولي طبقا لصلاحيته في الفقرة 15 من نظام المحكمة الاساسي, وفي حال كون المعلومات الواصلة ذات مقدار كبير من

الكفاية التي تعطي قضية متكاملة ومعززة بالادلة من كافة الجوانب كما جاء في بنود الفقرة 1 من المادة 53 ((53(1) (a)-(c)). حيث أشار في رده الى عدة نقاط مهمة في طريق المطالبة بتحقيق جديد منها:

1. طبقا للمادة 12 من النظام الاساسي للمحكمة فلا يمكن القبول بالنظر بشكوى لمواطن من دولة لم توقع او تقبل بالولاية القضائية للمحكمة, الا في حال كون الشخص المتهم هو من جنسية احد البلدان المصدقة لنظام المحكمة الجنائية, وهنا ينطبق الحال في قضية الفلوجة على أشتراك الطرف البريطاني فيها.
2. صلاحية المحكمة قبل المؤتمر الاستعراضي لنظام المحكمة الذي عقد 2010, كان فقط فحص الادلة التي تؤكد وجود انتهاكات خلال الصراعات وليس حول من اتخذ قرار الحرب. لكن بعد هذا المؤتمر ووضع اسس تعريف جريمة العدوان, فمن المحتمل انه قد اصبح للمدعي العام الحق في التحقيق بجريمة العدوان.
3. عدم كفاية الادلة والمعلومات التي قدمت وقتها على تاكيد وجود جريمة الابادة (genocide) او جريمة ضد الانسانية (crimes against humanity) والتي تتطلب ادلة أكثر على أستهداف قوات الاحتلال بالتدمير الكلي او الجزئي لجماعة قومية او عرقية او لطائفة بحد ذاتها (المادة 6) من تعريف جريمة الابادة, ولم توجد ادلة على وجود أي هجوم واسع النطاق أو منهجي موجه ضد أية مجموعة من السكان المدنيين (المادة 7) من متطلبات جريمة ضد الانسانية. لكن الادلة التي لدينا هنا في اعتقادي تكفي الان لتأكيد هذا الجرائم.
4. بموجب القانون الدولي الانساني ونظام روما الاساسي, فان مقتل بعض المدنيين خلال النزاع العسكري لا يعتبر جريمة حرب لانها تسمح بهجمات متناسبة ضد الاهداف العسكرية حتى لو شملت سقوط ضحايا مدنيين, لكن جريمة الحرب ستكون محتملة لو كان هناك اعتداء متعمد ضد المدنيين (مبدأ التمييز) (المادة 8 (2) (ب) (ط)) أو في حال شن هجوم على هدف عسكري، مع العلم بأن الإصابات المدنية العارضة من شأنها أن تكون مفرطة بوضوح قياساً إلى الفائدة العسكرية المتوقعة (مبدأ التناسب) (المادة 8 (2) (ب) (رابعا), والتي تجرم: (تعمد شن هجوم مع العلم بأن هذا الهجوم سيسفر عن تبعات لخسائر في الأرواح أو عن إصابات بين المدنيين أو عن إلحاق أضرار بأهداف مدنية أو إحداث ضرر واسع النطاق وطويل الأجل وشديد للبيئة الطبيعية التي قد تكون مفرطة بوضوح فيما يتعلق تحقيق غاية عسكرية متوقعة. وتلفت المادة 8 (2) (ب) (رابعا) على المبادئ الواردة في المادة 51 (5) (ب) من البروتوكول الإضافي لعام 1977 الأول لاتفاقيات جنيف لعام 1949، ولكنه يقيد الحظر الجنائي على الحالات التي هي "بوضوح المفرطة".

تطبيق المادة 8 (2) (ب) (رابعا) يتطلب، جملة أمور من اجل التقييم, وهي:
(أ) الضرر المتوقع من تدمير المدنيين أو جرحهم
(ب) الميزة العسكرية المتوقعة
(ج) ماذا كان قد حصل (أ) هل "المفرطة" تتعلق بها (ب).

وبالإضافة إلى تلبية عناصر هذه جريمة، المعلومات يجب أن تبين تورط المطلوب من أحد مواطني الدولة الطرف في النظام الاساسي لجريمة تقع ضمن اختصاص المحكمة.

5. الذخائر العنقودية هي ليست ضمن قائمة الأسلحة التي يحظر استعمالها في حد ذاته (المادة 8 (2) (ب) (السابع عشر) - (XX) ((Article 8(2)(b)(xvii)-(xx)), لكن تحليل الادعاءات المتعلقة باستخدام الذخائر العنقودية يتم وفقاً للمادة 8 (2) (ب) (ط) و (رابعا) ((Article 8(2)(b)(i) and (iv)) (استهداف المدنيين أو الهجمات المفرطة والواضحة)

6. أن معظم الأنشطة العسكرية قد نفذت من قبل الدول غير الأطراف في نظام روما الاساسي, فالتقارير تشير إلى أن 94-96% من الطلعات الجوية نفذت من قبل الدول غير الأطراف. مما يدعي ان القوة الجوية البريطانية والاسترالية والبولندية تشكل فقط 8-4% من القوة الجوية المقاتلة خلال تلك الفترة!!!!

7. نسبة الاسلحة الدقيقة الاصابة او الموجهة بدقة (precision-guided weapons) التي استخدمت في العراق مقارنة مع مجمل الاسلحة الاخرى هو 66%, بينما اعلن وزير الدفاع البريطاني ان 85% من الاسلحة التي اطلقت من طائراتهم الحربية كانت قنابل موجهة بدقة, لاثبات جهود تقليل الخسائر بين المدنيين.

8. فيما يخص الادعاءات المتعلقة بالقتل العمد أو المعاملة اللاإنسانية للمدنيين, فقد خلص إلى أن هناك أساسا معقولا للاعتقاد بأن الجرائم التي تدخل في اختصاص المحكمة قد ارتكبت مثل القتل العمد والمعاملة اللاإنسانية. المعلومات المتوفرة في هذا الوقت تدعم أساسا معقولا لإجراء تحقيق يشمل ما بين 4-12 من ضحايا القتل العمد وعدد محدود من ضحايا المعاملة اللاإنسانية، بلغ مجموعها في جميع الأشخاص اقل من 20.

9. بالرغم من ان المادة 8 (1)، التي تنص على أن " يكون للمحكمة اختصاص فيما يتعلق بجرائم الحرب، ولا سيما عندما ترتكب في إطار خطة أو سياسة عامة أو في إطار عملية ارتكاب واسعة النطاق لهذه الجرائم ". الا ان اي قضية يعتقد فيها أساس معقول للاعتقاد بأن جريمة قد ارتكبت، وهذا ليس كافي للشروع في إجراء تحقيق من قبل المحكمة الجنائية الدولية, لان النظام الاساسي للمحكمة يتطلب المقبولية (Admissibility) امام المحكمة في ضوء خطورة الجرائم وتكامل النظم الوطنية (مثلا بدء المحاكم المحلية باجراء التحقيقات وهو ما لا يسمح بهذه في العراق حول هذا النوع من الجرائم). ولو تم توفر شروط المادة 8 (1) سيكون من الضروري النظر في شرط الجاذبية العامة (general gravity) بموجب المادة 53 (1) (ب). ومكتب المدعي العام يعتمد عوامل مختلفة في تقييم الجاذبية, واهم هذه العوامل هو عدد ضحايا الجرائم الخطيرة بشكل خاص(420).

من هذه المعلومات اعلاه يتبين لنا وبعد هذه الفترة الطويلة من انكشاف الكثير من الحقائق الجديدة والمهمة, ان بالامكان تقديم شكاوي جديدة للمدعي العام للمحكمة فيما يخص الجرائم التي تعتبر بريطانيا واستراليا وبولندا طرفاً فيها او مشتركة ولو حتى بالاشراف او المشاركة بالتخطيط. ومن اهم هذه الجرائم هي جريمة العدوان ومرورا بجرائم الحرب في معركتي الفلوجة الاولى والثانية وما تبعهما من جرائم مماثلة في مدن اخرى.

ومن الجدير بالذكر ان العراق في زمن حكومة اياد علاوي المؤقتة والتي شكلها الاحتلال, كان قد وقعّ في شهر شباط من عام 2005 على النظام الاساسي للمحكمة واعلن استعداده للمصادقة عليها ايضا ليكون طرفا في اتفاقية المحكمة الجنائية الدولية لبضعة ايام[423]. الا ان ضغوط الولايات المتحدة الامريكية على هذه الحكومة (وكما اكدها لي شخصياً احد كبار موظفي الامم المتحدة) جعلته يسحب التوقيع بعد 4 ايام فقط من توقيعه بحجة عدم وجود نظام قضائي قوي في العراق للدخول ضمن الاتفاقية والوفاء بالتزاماتها[424]. ولا زال هذا العذر لحد الان ليؤكد حقيقة كذب دعاءات سيادة القانون واحترام حقوق الانسان في كل الاجهزة والهيئات الحكومية التي شكلها الاحتلال ولحد الان.

12. 3. محكمة العدل الدولية

يجوز للمحكمة أن تقبل نوعين من الدعاوي القضائية: المنازعات القانونية التي تقدمها عادة احدى دولتين متنازعة (قضايا المنازعات) (contentious cases), او التي يطلب منها النظر فيها عبر تقديم رأي استشاري (advisory proceedings) بشأن المسائل القانونية المرجع أخطأ إليها هيئات الأمم المتحدة والوكالات المتخصصة. وبسبب عدم وجود حكومة وطنية عراقية مستقلة القرار وغير خاضعة لارادة الاحتلال الاجنبي, مما يجعل النوع الاول من الدعاوي شبه مستحيل في الوقت الحاضر من اجل قيام حكومة عراقية برفع دعوى ضد جريمة العدوان وما رافقته من مختلف جرائم الحرب وجرائم ضد البشرية وانتهاكات جسيمة ضد الشعب العراقي. لهذا يبقى الطريق الحالي في محاولة الحصول على رأي أستشاري من محكمة العدل الدولية يعترف بحصول جريمة الحرب العدوانية في العراق عام 2003 من قبل قوات الاحتلال. قد تبدو المحاولة للكثيرين ضرب من الخيال, لكن عملياً ووفقاً لصلاحيات هذه المحكمة وبعض الحالات التي حصلت سابقاً, فأنني على يقين من أمكانية النجاح بهذه الخطوة في حال اختيرت الجهات والادوات الدولية الصحيحة للبدء بالمطالبة.

ان الهدف يجب ان يكون هو الوصول عبر احد الجهات الدولية المخولة بوضع سؤالين لطلب الرأي من هذه المحكمة حول:

1. مدى انتهاك القانون الدولي في قرارات مجلس الامن التي فوضت القوات الدولية في العراق بالرغم من اعتراف المجلس بكون هذه القوات هي قوات احتلال؟؟
2. غزو العراق من قبل الولايات المتحدة والمملكة المتحدة الا يعتبر جريمة عدوان وجريمة ضد السلام على دولة ذات سيادة وانتهاك لميثاق الامم المتحدة؟؟ الا يحق للشعب العراقي ان يطالب بكامل التعويضات القانونية والمادية المناسبة جراء هذه العدوان؟؟

أن اي قرارات ستصدر وتؤكد هذه الحقائق والحقوق فانها ستعتبر صكوك دولية تساعد في مطالبات الشعب العراقي نحو استرداد حقوقه والتعويض عن كل الانتهاكات والجرائم.

12. 4. جرائم الاحتلال الاجنبي في الفلوجة
12. 4. 1. عمليات القصف الشامل والوحشي المتعمد للمناطق المدنية

قوات الاحتلال خلال القصف الجوي والبري المكثف ولفترات طويلة على هذه المدن، فتم تدمير آلاف المنازل والمحلات التجارية والمساجد والعيادات والمدارس، وبدون شك فانها أسفرت عن مقتل وإصابة العديد من المدنيين [564]. استراتيجية القصف العشوائية والواسعة النطاق، في وقت مبكر من هجمات برية، قد قلل من عدد ضحايا قوات الاحتلال، لكن بتكلفة فادحة في الأرواح والإصابات إلى ما تبقى من سكان المدن العراقية.

ذكرت صحيفة واشنطن بوست أن في الفلوجة، وصف المسؤول الذي تحدث شريطة عدم الكشف عن هويته،" أن 12 ساعة من الغارات بطائرات هليكوبتر أمريكية بين عشية وضحاها، مع قصف القاذفات المقاتلات والمدفعية الميدانية والدبابات كعملية (عمليات تشكيل shaping operations). استخدام القادة العسكريين المصطلح لاختزال الوقت في إعداد ساحة المعركة، العمليات القتالية تهدف على وجه التحديد لإزالة نقاط العدو القوية في وقت مبكر من الهجوم" [565]. وفي الهجوم الثاني على الفلوجة، بدأت الضربات الجوية في 15 أكتوبر (تشرين الاول)، وهو اليوم الأول من الشهر الكريم للمسلمين في رمضان، واستمر لمدة ثلاثة أسابيع قبل الهجوم في 7 نوفمبر 2004. وفي النجف، قصفت قوات مشاة البحرية الامريكية في مقبرة بالقرب من ضريح الإمام علي الشهيرة وكذلك الكثير من وسط المدينة، في هجوم واسع بدعم من الطائرات والدبابات. وفي الرمادي، نفذت القوات الامريكية القصف المكثف، استهداف محطات الطاقة في المدينة، ومرافق معالجة المياه، وأنابيب المياه، وترك العديد من المنازل مدمرة والخدمات المدنية لا تعمل[566].

دمر القصف الجيش الامريكي مناطق واسعة من المدن. وقد أكدت التقارير أن أحياء كاملة تم تجريف وغيرها من المباني فقط اعمدة المباني بقيت. وقد علقت صحيفة الاندبندنت اللندنية "اولئك الذين شهدوا طائرات أمريكية تطلق الصواريخ على مساكن معبأة بالبشر في مدينة الصدر، وشهدت نتيجة عن ذلك مذبحة، معالجة المطالبات (الضربات الدقيقة precision strikes) قوبلت بتشكيك عميق"[567].

الغارات الجوية والقصف المدفعي عادة ما تكون عشوائية. ووفقا لدراسة أعدها مجموعة احصاء العراق (Iraq Body Count) على أنواع مختلفة من الأسلحة، وهجمات الطائرات كانت مسؤولة عن أكبر نسبة من الأطفال الذين قتلوا[568]. بالإضافة إلى القصف الهائل مع مواد شديدة الانفجار، وهناك دليل واضح على استخدام الأسلحة العشوائية وخاصة الضارة، لا سيما الحارقة، في هذه الحملات العنيفة بلا هوادة[569].

12. 4. 2. الاعتداء الحضرية، وجرائم القناصة

قوات الاحتلال كانت تعمد الى قصف واسع النطاق في بعض المدن العراقية, بالاضافة الى اعمدة النار التي تطلقها الدبابات وغيرها من العربات المدرعة. الانفجارات الثقيلة بسبب نيران الدبابات هدمت العديد من الهياكل، ووسعت الخراب في المناطق الحضرية.

وكانت جريمة اعطاء اوامر للقناصين الامريكان من اجل ضرب اي جسم متحرك خلال معركتي الفلوجة هو دليل لا يقبل الشك ايضا على مخالفة التزام قوات الاحتلال حول ضرورة التمييز بين المدنيين والمقاتلين, وبالتالي تؤكد وقوع جريمة حرب اخرى.

القوات كانت تغتنم المباني المتبقية ومن ثم تقوم بعمليات تفتيش المنازل في تلك الهياكل الا يزال قائما. الجنود غالبا ما تستخدم الأساليب العنيفة للدخول إلى المنازل، مثل وضع متفجرات أو هدم جزءا من الجدار الأمامي مع عربة عسكرية[570]. وقد اعتمد الجيش الامريكي بشكل متزايد على القناصة لعمل حماية احتياطية من اجل دوريات المشاة. عادة ما يعطي القادة تصورا حول ان القناصة هي وسيلة اكثر دقة لتجنب سقوط ضحايا من المدنيين، ولكن في الواقع فرق القناصة تفتح النار على أي شخص غالبا ما يتحرك في الشوارع، في الحدائق أو حتى في داخل المباني. يتم التعامل مع الجميع في المدن المحاصرة كعدو. استخدام النظارات الليلية (night goggles) ونطاقات عالية الطاقة (special high-power scopes) فان القناصة يطلقون النار على أي جسم متحرك، والذي قد يكون مدنيا يخرج من اجل البحث اليائس عن الطعام أو الماء، او الحصول على الرعاية الطبية، او الهاربين من المبنى المنهار، أو يحاولون مغادرة المدينة. ففي أثناء حصار الفلوجة في أبريل 2004، ذكرت صحيفة الغارديان أن قناصة الولايات المتحدة فتحوا النار على سيارة الإسعاف، وامرأة عجوز تحمل راية بيضاء، وكذلك ضد أحد عمال الاغاثة وهو يحاول ايصال الامدادات الطبية سيرا على الأقدام[571]. وقد ذكرت الأمم المتحدة أنه في أغسطس 2006، فان القناصة في الرمادي قتلوا ثلاثة عشر مدنيا من الذين انتهكوا حظر التجول، مما أسفر عن مقتل ستة واصابة سبعة في حي واحد فقط من المدينة[572].

12. 4. 3. أستهداف المرافق الطبية ومنع المساعدات الانسانية

وهي من الجرائم التي ينطبق عليها تعريف جريمة الإبادة الجماعية التي تعني بأنها التدمير المقصود الكلي أو الجزئي لجماعة قومية أو عرقية أو عنصرية أو دينية. ولو نظرنا الى جريمة ضرب المراكز الصحية وسيارات الاسعاف المدنية خلال معارك الفلوجة من قبل القوات الامريكية سنجد انها ذات ثلاث صفات في مخالفة قانون الحرب, حيث ان استهداف والهجمات على وظائف طبية هو جزء من هجوم واسع النطاق على المدنيين, بعد عملية

احتلال العراق (نيسان 2003), اصبحت ازمة الفلوجة هي اول ازمة انسانية هائلة في منطقة حضرية في العراق وللاسف لم يكن احد مستعداً للاستجابة اليها[219].
لقد كانت هذه الهجمات على المدنيين من اجل تحقيق انجاز عسكري (military advantage), المهاجمين لم يحترموا الواجب الاخلاقي تجاه العاملين في مجال الصحة وتوفير الرعاية للمرضى. وهذا يعني ان منظمة الصحة العالمية بحاجة الى قيادة قوية مع التوثيق المنهجي لهذه الانتهاكات وضرورة اتخاذ المجتمع الطبي للخطوات اللازمة في تحسين الامتثال (compliance) والحماية (protection) والمسألة (accountability)[218].

أحتلال القوات الامريكية للمستشفى الرئيسي لمدينة الفلوجة والواقع خارج المدينة ومنع كوادره الطبية من تقديم العلاج للمرضى والجرحى في داخل المدينة هو مخالف لاتفاقيات جنيف, وكما بينّ منسق حقوق الانسان والصحة في منظمة العفو الدولية في لندن جيم ويلش (Jim Welsh) (لا يمكن منع الكوادر الطبية من تقديم المساعدة الصحية التي يعتقدونها من ضمن مسؤولياتهم)[166]. بينما تعتبر عملية قصف مستوصف طبي وقتل المرضى والجرحى والكادر الطبي فيه بمثابة جريمة حرب طالما لم تقدم الادلة التي تثبت أستخدامه لاغراض عسكرية.

وبالرغم من ان المستشفيات والمستوصفات الطبية تخضع لحماية القانون الدولي اثناء الحروب, الا ان قوات الاحتلال قامت باحتلال مستشفى الفلوجة العام الرئيسي والواقع خارج المدينة, ولم تسمح له بتقديم اي دور علاجي للمحتاجين للعلاج من كل الاطراف سواء المدنيين او غيرهم بعد ان قاموا باحتلال المستشفى واعتقال كل من فيه منذ اللحظات الاولى لاقتحام الفلوجة[230,219,101,100]. بل انهم قاموا بالاعتقال التعسفي لكل الذكور الذين تتراوح اعمارهم ما بين 18-50 سنة[219].

واستهدفت قوات الاحتلال المرافق الطبية خلال هجمات في المناطق الحضرية، و دمرت مرارا وصادرت سيارات الإسعاف ، مما يجعل من المستحيل تقريبا الرعاية في حالات الطوارئ . في الفلوجة، القوات الأمريكية "دمرت مستشفى مدني في غارة جوية ضخمة ، واستولت على المستشفى الرئيسي و يحظر استخدام سيارات الإسعاف" [573]. ألقي القبض على ألافراد العاملين في الخدمات الطبية والمرضى تم طردهم (removed) [574]. وبالمثل، قامت كذلك قوات الولايات المتحدة بشن هجوم كبير على النجف، ومستشفى الحكيم كانت "استولت عليه كقاعدة عسكرية لقواتها، واصبح خارج استعمال واستفادة المدنيين[475]".
في صيف عام 2006، وخلال هجوم ضد مدينة الرمادي، طوقت قوات الاحتلال المستشفى العام في المدينة، و اصبح تقديم الرعاية الصحية للمرضى مستحيلا[576]. طبقا للأمم المتحدة، القوات الامريكية احتلت مستشفى متخصص في المدينة في 5 تموز وبقيت تحتله لاكثر من أسبوع حتى 13 تموز (يوليو)، وبعد ذلك الوقت انسحبوا لكنها اقامة دورية خارجه[577].
تقارير أخرى للأمم المتحدة تحدثت عن ان قناصة القوات الامريكية المتمركزة على سطح مستشفى الرمادي العام، بالاضافة الى القوات إلمتواجدة في حديقة المستشفى، جعلتهم الاهالي

يتجنبون الذهاب الى المستشفى بسبب الخوف[578]. وفي تلعفر، أفادت الأمم المتحدة أن مستشفى المدينة كانت قد أصبحت "محتلة" من قبل قوات الاحتلال ولمدة ستة أشهر[579,650].

القوات الامريكية منعت قوافل الإغاثة الإنسانية والطبية من الوصول في محاولتها دخول المدن، وعرقلة عمل الوكالات الإنسانية في محاولة لتقييم الاحتياجات، وتقديم إمدادات الإغاثة وتقديم المساعدات العاجلة للسكان[580]. ففي سامراء في (أذار) مارس 2006، القوات الامريكية ارجعت قوافل المساعدات التابعة الى لجنة الهلال الأحمر العراقية، لتترك مئات العائلات، بما في ذلك الأطفال، من دون مساعدة طبية او من الضروريات الأساسية[581]. بينما ذكر أكبر مسؤول الصحة في النجف فلاح المهاني (Falah Al-Mahani) أن الهجوم سببّ "كارثة حقيقية" للخدمات الصحية المحلية"، و منعت سيارات الإسعاف من الوصول إلى الجرحى"، واضاف بان "فريق العمل لدينا ليس قادراً على الوصول إلى المستشفيات, نحن مصابين بالشلل"[582]. نتيجة لذلك، فقد ادت الى نسبة أعلى بكثير من المدنيين المتوفين او الجرحى المصابين بأضرار بدنية خطيرة مما لو كانت الرعاية الطبية متاحة، مما ساهمت في ارتفاع معدل الوفيات في العراق.

أن اتفاقية جنيف الرابعة تنص أن على "دولة الاحتلال واجب ضمان الإمدادات الغذائية والطبية للسكان", والبروتوكول الاضافي الاول جاء ليوسع نطاق هذا الحكم عن طريق إضافة التزام اكثر ليشمل أيضا "توفير الملابس والفراش ووسائل المأوى وغيرها من اللوازم الضرورية لبقاء السكان المدنيين في الأراضي المحتلة والأشياء اللازمة للعبادة الدينية"[367].

ورغم هذا النص الصريح في اتفاقية جنيف الا ان تكتيكات الحصار والسعي إلى معاقبة السكان بسبب أفتراض تعاطفهم مع المقاتلين المحليين، لاجبار هولاء المقاتلين على مغادرة المدينة، والضغط على المدنيين من اجل تسليم المقاتلين. وفي بعض الحالات، استخدمت قوات التحالف الحصار علنا كأداة للمساومة. ففي الرمادي، اعلنت القوات الأمريكية والعراقية بان السكان لن يحصلوا على المياه والكهرباء وخدمات الهاتف وغيرها من الخدمات مرة أخرى إلا اذا قاموا بتسليم من تصفهم ب"الارهابيين"[557]. ووفقا ل اللفتنانت كولونيل حسن ميدان (Lieutenant Colonel Hassan al-Medan)، المتحدث باسم القوات العراقية العاملة في النجف، كان قد صرح وقتها "إذا سمحنا بدخول الطعام والأدوية إلى مدينة فنحن مجرد نقدم طعام الى المتمردين" هذا على الرغم من وجود آلاف من المدنيين في المنطقة[558]. أما خلال معركة الفلوجة الثانية (نوفمبر 2004) فقد تم قطع الكهرباء والماء قبل بدء العمليات العسكرية على الرغم من وجود ما يقارب 50000 من المدنيين[197]. ويذكر ان المقرر الخاص للأمم المتحدة المعني بالحق في الغذاء، جان زيغلر (Jean Ziegler) قد ندد بمثل هذه الممارسات في تقريره السنوي إلى لجنة حقوق الإنسان في مارس 2005 [559]. وقال زيغلر في وقت لاحق في مؤتمر صحافي ان " قوات التحالف تستخدم الجوع والحرمان من الماء كسلاح حرب ضد السكان المدنيين"، واصفا هذه الافعال بانها "انتهاكا صارخا للقانون الإنساني الدولي"[560].

ومما يذكر ان قوات الاحتلال كانت تحبس وتمنع الصحفيين من تغطية الاحداث قبل الهجمات الكبرى, لاجل ابقاء تصورات الرأي العام الدولي حول ما يحدث في ساحة المعركة تحت

السيطرة الكاملة. ففي العمليات العسكرية الامريكية في النجف في أب 2004, قامت الشرطة العراقية بتطويق أحد الفنادق حيث يقيم الصحفيين، وطلب منهم مغادرة المدينة وتهديدهم باعتقال جميع الذين لن يغادروا [561]. في حين ادعت الشرطة أن الحظر استند إلى بواعث القلق بشأن سلامة الصحفيين، وقال ضباط الشرطة انهم سيصادرون جميع الهواتف المحمولة والكاميرات [562]. وفي الفلوجة، حظرّ الجيش الامريكي جميع الصحفيين غير المضمونين (non-embedded) من المدينة. وقد ذكرت التقارير أن الصحفيين و أطقم التصوير اعتقلوا و صودرت معداتهم، دون تفسير، قبل أن يطلق سراحه في وقت لاحق دون توجيه اتهامات [563]. منظمة مراسلون بلا حدود، وفي اشارة الى النجف، أدانت "المنع الغير مقبول على الإطلاق من حظرا على المعلومات" وأصرت على أن "وجود الصحفيين على الفور أمر لا غنى عنه ، كما تلتزم دائما أسوأ الفظائع في غياب الشهود" [564].

12. 4. 4. أستخدام الاسلحة المحرمة والتقليدية المفرطة

يخضع استخدام الأسلحة وفقا للقواعد العامة للقانون الدولي الإنساني المتعلق بسير العمليات العدائية. هذه القواعد تحد من حق أطراف النزاع في استخدام أساليب ووسائل الحرب التي يختارونها. وتشمل هذه القواعد الراسخة على التناسب، والتمييز الوقائي، فضلا عن حظر استخدام الأسلحة ووسائل وأساليب حربية يكون من طبيعتها أن تسبب إصابات مفرطة أو آلاما لا لزوم لها[401]. وبحسب دراسة اعدتها المحامية الامريكية كارين باركر فان القواعد الاساسية التي تحكم استخدام الاسلحة المحرمة هي: 1) ان لا تكون موجودة ضمن الميدان القانوني للمعركة, 2) لا يمكن ان تكون غير منشطة او غير مستعملة فقط عندما تضع الحرب اوزارها, 3) ان لا تسبب اضرارا او الاماً غير ضرورية, 4) ان لا تسبب ضررا لا مبرر له للبيئة الطبيعية. ومن الاسلحة الخاصة بهذا المواصفات هي الاسلحة النووية, البكتريولوجية , البيولوجية, الكيميائية, السامة, والاسلحة المفرطة والعشوائية الضرر. وعادة ما يشير الى قانون لاهاي (The Hague law) الذي يتحكم بسير القتال والاسلحة بسبب كثرة المعاهدات الدولية التي نظمت في هذا الاتجاه. بينما يشار الى القانون الدولي الانساني باسم قانون جنيف (Geneva law) نسبة الى اتفاقيات جنيف. وكلا القانونين يحكمان وضع الاحتلال العسكري الاجنبي كما حصل في العراق. القانون الدولي الانساني الذي يحكم استخدام الاسلحة يشمل على قوانين لاهاي, جنيف, والقانون الدولي العرفي (customary) والمعاهدات العديدة التي تحظر اسلحة محددة[256].

وتضيف المحامية الامريكية المشهورة بأن وفقاً لاتفاقيات جنيف ومعاهدة لاهاي والقانون الدولي الانساني العرفي فأنه يصبح تلقائيا كون جرائم الحرب تشمل: القتل العمد، التعذيب أو المعاملة اللاإنسانية، وتعمد إحداث آلام شديدة أو الإضرار الخطير بالسلامة البدنية أو الصحة أو من أسرى الحرب المدنيين؛ الاحتجاز غير القانوني والترحيل أو نقل مدني، والنقل الغير

المشروع لأسير الحرب، ومنع المدنيين أو الأسرى من حقوق المحاكمة العادلة؛ احتجاز الرهائن، والتدمير الوحشي للممتلكات والاستيلاء عليها[246].

اتفاقية جنيف 1925 اكدت على تحريم استخدام الغازات السامة والخانقة بالاضافة الى الاسلحة البكتريولوجية. كما ورد في المادة 35 (الفقرة 1) من البروتوكول الاضافي الاول لعام 1977 لاتفاقيات جنيف لعام 1949 فان (في اي نزاع مسلح, فان حق اطراف النزاع في اختيار اساليب ووسائل القتال ليست حقاً مطلقاً).

فالقسم الاول من الباب الرابع من البروتوكول الاضافي الاول يحدد اليات حماية السكان المدنيين من أثار القتال[205]. فالمادة 48 تلزم بضرورة التمييز بين الاهداف العسكرية والاماكن المدنية وبالتالي بعدم توجيه العمليات الا الى الاهداف العسكرية. بينما تحظر المادة 52 من الهجمات العشوائية. كما تحظر الفقرات 54 و55 من تجويع السكان المدنيين التابعين للخصم او تدمير الاماكن التي لا غنى عنها لبقائهم, او احداث اضرار بالغة وواسعة الانتشار وطويلة الامد للبيئة الطبيعية. وتحدد الفقرات 86 و 87 المسوؤلية المباشرة على عاتق القادة العسكريين للتاكد من الالتزام بهذه القواعد.

القانون الدولي العرفي تندرج تحته الاتفاقيات المتعلقة باستخدام الاسلحة الغازية والغازات, والاسلحة البايولوجية, والاسلحة الكيمياوية. اما القانون الدولي الانساني (International Humanitarian Law) يتعلق بأدارة شؤون النزاع المسلح ويسعى لتحقيق التوازن والحرص على المشاكل الإنسانية مع احترام متطلبات العمل العسكري[38]. وهذا ينطبق بالتساوي على جميع الاطراف في اي نزاع مسلح[11], وان هذا مستقل عن ما اذا كان استخدام القوة قانونياً ام لا في اطار القانون العام لاعلان الحرب العادلة. وكما جاء في اتفاقية جنيف 1949 والبروتوكوليين الاضافيين لعام 1977, التي تنظم الوضع اثناء النزاعات المسلحة تحت الاحتلال العسكري او النزاعات الدولية او المحلية. ولهذا تنطبق اتفاقيات جنيف الاربعة لعام 1949 باستثناء البروتوكول الاضافي الاول الذي لا يزال العراق والولايات المتحدة غير طرفين فيه. ومع هذا فان اتفاقيات جنيف الاربعة تركز على حماية الاشخاص في ايدي العدو. وان الضربات الجوية تخضع للقانون الدولي العرفي (Customary International law) والبرتوكول الاضافي الاول الذي ينص على مبدأ التمييز (المادة 48) ويشمل

1. يحرم الاستهداف المباشر على المدنيين والاهداف المدنية (المادة 51 الفقرة 2, والمادة 52 الفقرة 1).

2. تحريم الهجمات العشوائية, بما في ذلك تلك التي يمكن توقعها ان تسبب الافراط في سقوط ضحايا مدنيين واضرار عرضية (مبدأ التناسب) (المادة 51 الفقرة 4 و 5).

3. تحريم ضرب الممتلكات الضرورية لادامة حياة التجمعات السكانية (كمحطات تصفية المياه والكهرباء) (المادة 54).

4. تحريم ضرب الممتلكات الثقافية (المادة 53)

5. الالتزام باخذ الحذر اثناء الهجمات (المادة 57)

6. الالتزام باتخاذ الاجراءات الوقائية ضد الهجمات (المادة 58)

7. تحريم استخدام الدروع البشرية (المادة 51, الفقرة 7)

بالاضافة الى القواعد الواردة في لوائح اتفاقية لاهاي (Hague Regulations IV) 1907 والتي تعكس القانون العرفي للحرب على الارض وتنطبق جميعها على مواصفات الحرب التي جرت في العراق.

12. 4. 4. 1. استخدام الاسلحة النووية

ان تصرفات الدول في اوقات الحروب تحكمها لوائح القانون الدولي الذي يتغير مع استمرارية التقدم في تكنولوجيا الاسلحة. اتفاقيات جنيف، في عام 1949، حددت قواعد لحماية السكان خلال فترات النزاع المسلح. فهي تتطلب التمييز بين المدنيين والجنود، وتحظر أساليب العشوائي للهجوم الذي لا توجه إلى هدف عسكري محدد. مثل اتفاقيات حظر الأسلحة التي تسبب أيضا ضرر لا لزوم لها، وتلك التي تتسبب في أضرار بيئية طويلة الأمد وقاسية. كما أن استخدام اسلحة اليورانيوم المنضب في العدوان الامريكي على العراق ينتهك بوضوح القانون الإنساني الدولي فيما يتعلق بالنزاع المسلح.

وفق المادة 65 من الفقرة 1 من نظامها الأساسي, اصدرت **محكمة العدل الدولية** بتاريخ 8 تموز (يوليو) لعام 1996 **قرار رأي** (Advisory Opinion)[9] حول التهديد او استخدام الاسلحة النووية في النزاعات المسلحة, بناءً على طلب الراي المقدم من قبل الجمعية العمومية للامم المتحدة (الفقرة 4 من قرار K 49/75 في 15 كانون الاول (ديسمبر) 1994). فقد جاء في نص قرارها الاتي (الادراك بان استمرار وجود او تطوير أسلحة نووية تشكل خطراً كبيراً على الانسانية, واذ تضع في اعتبارها ان الدول **ملزمة بموجب ميثاق الامم المتحدة** بالامتناع عن التهديد باستخدام القوة أو استخدامها ضد سلامة الاراضي او الاستقلال السياسي لاية دولة). حيث أشارت المحكمة الى قرارات الجمعية العامة السابقة (القرار XVI 1653 في 24 تشرين الثاني (نوفمبر) 1961, القرار B 33/71 في 14 كانون الاول (ديسمبر) 1978, القرار G 34/83 في 11 كانون الاول (ديسمبر) 1979, القرار 351152D في 12 كانون

الاول (ديسمبر) 1980, القرار 361921 في 9 كانون الاول (ديسمبر) 1981, القرار 45/59 B في 4 كانون الاول (ديسمبر) 1990, القرار 46/37D في 6 كانون الاول (ديسمبر) 1991) والتي يعترف فيها أن استخدام الأسلحة النووية من شأنه أن **يشكل انتهاكا لميثاق الأمم المتحدة وجريمة ضد الإنسانية**. تأتي أهمية القرار هذا من الية عمل ميثاق الامم المتحدة في حفظ السلم والامن الدوليين بما في ذلك المبادئ المتعلقة بنزع السلاح وتنظيم التسلح والتطوير التدريجي للقانون الدولي. والاهم في هذا القرار الدولي هو أشارته الى الفقرة 25 من العهد الدولي الخاص بالحقوق المدنية والسياسية والتي تؤكد بأن هذه الحقوق لا تتوقف في أوقات الحرب. كما أدانت استخدام اسلحة اليورانيوم المنضب من قبل اللجنة الفرعية في الامم المتحدة لمنع التمييز وحماية الأقليات (UN Subcommission on prevention of discrimination and protection of minorities) عبر قرارها الذي يدين استخدام اليورانيوم المنضب وأسلحة أخرى معينة خلال دورتها 48 في أغسطس 1996، وأيدت لفرض حظر كامل على إنتاج وتسويق واستخدام مثل هذه الأسلحة، وحثت الدول التي لم تفعل ذلك بعد أن توقع وتصادق على اتفاقية الأسلحة التقليدية والبروتوكولات الملحقة بها[402].

دعاة نزع السلاح النووي يؤكدون استنادا لهذا الحكم الصادر عن محكمة العدل الدولية، أن التهديد باستخدام الأسلحة النووية ينتهك قانون الولايات المتحدة، فضلا عن القانون الدولي. المادة السادسة من دستور الولايات المتحدة الأمريكية تنص "جميع المعاهدات المعقودة أو التي يجب أن تقدم، تحت سلطة الولايات المتحدة، تكون القانون الأعلى للبلاد ". أن التهديد أو استخدام الأسلحة النووية يشكل انتهاكا للمعاهدات الدولية التي وقعتها الولايات المتحدة وصدقت عليها (على سبيل المثال، اتفاقية جنيف)، ثم استخدام أو التهديد باستخدام هذه الأسلحة يجب أن يكون غير قانوني.

وطبقاً للادلة الحديثة والمدعمة علميا من قبل الباحثين والجهات الرسمية, فقد أثبت استخدام الاسلحة المشعة باليورانيوم في معارك الفلوجة 2004 بعد العثور على مخلفات أسلحة تحوي مستوى عالي جدا من اليورانيوم المشع في بعض مناطق الفلوجة[5, 190]. بالاضافة الى استخدامها في معارك بداية احتلال العراق ايضا[468]. وهذا مما يؤكد ارتكاب حكومتي بوش الابن وتوني بلير جريمة ضد الانسانية وانتهاكاً لميثاق الامم المتحدة. وعليه فمن حق الضحايا رفع شكاوي جماعية الى محكمة العدل الدولية وعبر القنوات الرسمية للمطالبة بتعويضات تناسب حجم الضرر ولا تقل عن حجم التعويضات التي دفعها الشعب العراقي الى المتضررين المدنيين الامريكيين والكويتيين سابقاً.

ومن الجدير بالذكر, انه منذ أصدار قرار الرأي هذا من قبل محكمة العدل الدولية في عام 1996، اعترفت بعض المحاكم الدولية ببعض الاعمال لمعارضين من وجود منشأت نووية او حاملات لها تحت هذا القرار. ففي أكتوبر 1999، رفض قاض اسكتلندي دعوى ضد ثلاث

نساء كانوا قد تسببوا في أضرار في قاعدة، والتي كانت جزءا من برنامج الدفاع الغواصة النووية ترايدنت .وأشار القاضي الى رأي محكمة العدل الدولية، وادعى أن لها ما يبررها من النساء في أعمالهم لأنهم كانوا يحاولون احباط استخدام الأسلحة غير المشروعة .في يونيو 1999، وجدت هيئة محلفين في ولاية واشنطن أربعة ناشطين من تهمة اعاقة حركة المرور في غواصة ترايدنت قاعدة نووية .واعتمدت المحكمة على القانون الدولي، بما في ذلك رأي محكمة العدل الدولية.

2 .4 .4 .12. الذخائر العنقودية

في عام 1996 اصدر قرار من قبل اللجنة الفرعية للامم المتحدة لمنع التمييز وحماية الأقليات UN Sub-Commission on Prevention of Discrimination and Protection) of Minorities) والذي اعتبر بموجبه انتاج واستخدام القنابل العنقودية غير متوافقاً مع حقوق الانسان والقانون الانساني الدولي[43]. لان تاثير استخدامه في المناطق السكنية او المدنية لا يقتصر على النحو المسموح تدميره عسكرياً او مدنياً, كما جاء في مسألة (النسبة والتناسب) للفقرة 2 من المادة 51 من البرتوكول الاضافي الاول للقانون الدولي الانساني بل يتعداه الى الاستهداف العشوائي للاشخاص مع احتمالية نسب فشل عالية في انفلاق الذخائر الصغيرة بالاضافة الى عواقب طويلة المدى على الصحة البشرية والبيئة.

ان استخدام الذخائر العنقودية هو انتهاك للقانون الدولي الانساني بسبب التحريم للضربات العشوائية التي تنتج من انفجار هذه الاعتدة [38]. وبالرغم من ان الولايات المتحدة الامريكية والحكومة البريطانية كانت قد استخدمت ما يقارب 13 مليون وحدة من القنابل العنقودية خلال حرب الخليج الاولى 1991[38], لهذا فان خطر تلوثها يبقى كبيراً ويهدد حياة العراقيين في المناطق التي لم تنفجر فيها هذه الوحدات. بينما اعترفت القوات البريطانية باسقاط 70 قنبلة عنقودية من نوع (RBL 755) وخصوصا على اطراف مدينة بغداد, بينما اطلقت ما يقارب 2000 من القذائف العنقودية نوع (L20A1) على منطقة البصرة واطرافها[39]. بينما اعترفت القوات الامريكية باطلاق ما لا يقل عن 1200 من القنابل العنقودية تقسمت بالنحو الاتي: عدد 818 قنبلة من نوع المسماة (CBU-103s), 182 قنبلة من نوع (CBU-99s), 118 قنبلة من نوع (CBU-87s), و88 قنبلة من نوع (CBU-105s), بالاضافة الى استخدامهم مختلف القذائف المدفعية العنقودية بما فيها قذيفة (MLRS)[40].

البرلمان الاوربي كان قد اصدر قراراً في عام 2001 ينص على (الاعلان عن الوقف الفوري الى حين اجراء التفاوض على اتفاق دولي بشأن تنظيم أو تقييد أو حظر استخدام وانتاج ونقل الذخائر العنقودية ضمن اطار اتفاقية, بما في ذلك القنابل العنقودية التي تسقطها الطائرات الحربية او الوحدات الصغيرة التي تطلق عبر المدفعية او الصواريخ او الهاونات)[41].

المشكلة هنا ليس فقط في الاستخدام وتسبب الذخائر العنقودية في خسائر بشرية كبيرة بين المدنيين فقط, لكن في عدم اعطاء اي تقييم حقيقي للوضع الانساني بعد استخدامهم هذه الذخائر من حيث نسب الفشل في الانفجار بين الوحدات الصغيرة للذخائر والتي ستهدد حياة المدنيين لاحقاً. حيث ينص البرتوكول الثاني المعدل التزامات صارمة (ملومة) في تقديم نسب معدل الفشل من التدمير الذاتي للذخائر الصغيرة والالغام التي لم تنفلق اثناء القتال. فمثلاً اعتراف الحكومة البريطانية في ورقة العمل التي قدمتها لمجموعة اتفاقية تنظيم استخدام الاسلحة التقليدية (CCW) بان قنابلها العنقودية (BL755) (MLRS) التي اسقطتها طائراتها اثناء معارك كوسوفو نتجت بنسب فشل مرتفعة بشكل غير مقبول[38].

لقد كان مخزيا الصمت الدولي تجاه استخدام قوات الاحتلال لهذه الذخائر في هجماتها ضد الفلوجة من دون حتى مطالبة قوات الاحتلال باي تفاصيل او مطالبتها باحترام القانون الدولي الانساني. وهذا ما جرى بعد معارك الفلوجة وخصوصا بعد المعركة الاولى التي استخدمت فيها هذه الذخائر بشكل مكثف[42].

في عام 2008 اضيفت اتفاقية جديدة الى القانون الدولي الانساني والقانون الدولي الانساني العرفي والتي تنطبق على جميع الدول, وهي اتفاقية حظر استخدام الذخائر العنقودية (Convention on Cluster Munitions) والتي وقعتها 107 دولة ملزمة بموجب الاتفاقية على حظر استخدام وتطوير وانتاج وحيازة وتخزين او النقل لهذه الاسلحة[45]. فعلى اساس هذه الاتفاقية فان الذخائر العنقودية سوف تعتبر كمثل اسلحة الرصاص المتمدد والمتفجر, والاسلحة الكيمياوية والاسلحة البيولوجية, والالغام المضادة للافراد, والاسلحة التي تستخدم شظايا غير قابلة للكشف وأسلحة الليزر المسببة للعمى, باعتبارهم جميعاً اسلحة محظورة وفقاً للقانون الدولي الانساني. وقد اكدت مصادر اخرى دولية استخدام دول الاحتلال للقنابل العنقودية اثناء عملياتها العسكرية في العراق[469].

12. 4. 4. 3. أستخدام الاسلحة الكيميائية (الفسفور الابيض) والقنابل الحارقة (النابالم)

استخدام قنابل النابالم بدء مع الحرب العالمية الثانية, واستمرت الولايات المتحدة الامريكية باستخدامه على نطاق واسع خلال حرب فيتنام, مما ادى الى غضب شعبي ورفض دولي عارم لمثل هذه الاسلحة لما تسببه من اضرار قاسية (cruel) واصابة عشوائية (indiscriminate).
بينما شهدت الحرب العالمية الاولى (1914) بدايات استخدام الاسلحة الكيميائية, حيث بدءت القصة مع استخدام فرنسا خرطوش (اطلاقات) بندقية عيار 26 ملم يحتوي على 35 غم من الغاز المسيل للدموع (ethyl bromoacetate), الا ان تاثيره كان ضئيلاً ضد الجنود الالمان. بينما حاول الالمان زيادة تاثير قذائف التشظية (shrapnel shells) عيار 10.5 سم عبر اضافة مصدر ازعاج كيميائي يسمى (dianisidine chlorosulfonate) الذي لم يلاحظ تاثيره عند استخدامه ضد الجنود البريطانيين في اكتوبر (تشرين الاول 1914) في منطقة Neuve Chapelle. ثم طورّ الالمان قذائفهم لتؤثر بصورة اكبر عبر تزويدها

بالغازات المسيلة للدموع مثل بروميد البنزيل (benzyl bromide) او بروميد زايليل (xylyl bromide)[472].

القانون الامريكي لتنفيذ اتفاقية الاسلحة الكيميائية (Chemical Weapons Convention Implementation Act of 1998) والتي تسمى مختصراً (18 USC § 229F), حيث تحتوي على تعريف الاسلحة الكيميائية بالشكل الاتي[270]:

1. المواد الكيميائية السامة ومشتقاتها, تستثنى منها المواد المعدة لاغراض غير محظورة بموجب هذا الفصل طالما ان النوع والكمية تتفق مع هذا الغرض.
2. الذخيرة او الاجهزة المصممة خصيصا لاحداث الوفاة او غيرها من الاضرار عن طريق الخواص السامة للمواد الكيميائية السامة المحددة في الفقرة (1) اعلاه, الذي سوف يعمل كنتيجة لمثل هذا التوظيف لهكذا ذخيرة او اجهزة.
3. أي معدات مصممة خصيصا لاستعمال يتعلق مباشرة مع عمل هذه الذخائر أو النبائط المحددة في الفقرة الفرعية (2).

ومن اجل توضيح اكثر حول ماهية القوانين والاتفاقيات التي انتهكت من خلال استخدام السلاح الكيميائي في معارك الفلوجة, والتي كانت اغلبها تتحدث عن انتهاك المعاهدة الدولية للاسلحة الكيميائية والقانون العرفي. وبحسب الدراسة القانونية للباحث رومان ريحاني (Roman Reyhani) فان المادة 38 من الفقرة 1 من النظام الأساسي لمحكمة العدل الدولية توفر المصادر التي يمكن الاعتماد عليها والتي تثبت انتهاك الاتفاقية الدولية لحظر الاسلحة الكيميائية (CWC) والقانون العرفي (customary law) اللذين يحرمان استخدام الاسلحة الكيميائية[303].

ولفضح ازدواجية المعايير في السياسة الامريكية في هذا المجال, ففي يوم 5 شباط (فبراير) 2003 (في نفس اليوم الذي كان وزير الخارجية الامريكي كولن باول يتحدث أمام الأمم المتحدة منتقداً المخادعة العراقية في برنامج الأسلحة الكيميائية)[271], بدا وزير الدفاع دونالد رامسفيلد امام لجنة القوات المسلحة (House Arms Committee)، وقال إن غياب التخويل الرئاسي (presidential waiver)، فان القوات الامريكية لن تكون قادرا على استخدام عوامل التحكم بمكافحة الشغب(RCAs,Riot Control Agents) في القتال: "ففي الكثير من الحالات يسمح لقواتنا باطلاق النار على أحد وقتله، ولكنها غير مسموح لها باستخدام RCAs غير القاتلة بموجب القانون[272]. وفي نيسان (أبريل) 2003 سمح الرئيس الامريكي بوش للجيش الأمريكي باستخدام الغاز المسيل للدموع (tear gas) في العراق[273]. ولذلك اعتبارا من 30 أبريل 2003 بدء مسؤولو وزارة الدفاع الامريكية بتفسير اتفاقية الأسلحة الكيميائية على أنها تعني بالسماح باستخدام المواد الكيميائية للسيطرة على العراقيين "حفاظا على سلامتهم أو للدفاع عن القوات الأمريكية[274].

وكما بيّن الباحث القانوني الامريكي رومان ريحاني في مقالته الموسعة حول عدم قانونية استخدام الفسفور الابيض كسلاح في الفلوجة, واستناداً لكافة الادلة (انظر الفصلين 6 و 8) التي تؤكد استعمال هذا السلاح خلال المعركتين, فقد أشارّ الى ان الحقائق الثابتة الان هي[303]:

1. ثبوت استخدام سلاح الفسفور الابيض خلال معركتي الفلوجة 2004.

2. ثبوت أطلاق الفسفور الأبيض على مواقع المسلحين المشتبه بهم في الفلوجة من أجل طردهم منها وقتلهم بالمتفجرات الشديدة.
3. قوات مشاة البحرية في كثير من الأحيان لا يدركون ألاهداف التي يقصفونها، أو ما هو الضرر الذي يحصل بسببها
4. على الرغم من أنها لم تكن تستهدف غير المحاربين عمدا، لكن الصعوبة في تمييزها عن المقاتلين في المناطق الحضرية, وعدم السيطرة على الآثار العشوائية للفسفور الأبيض جعل غير المقاتلين من المدنيين يعانون من آثار الهجمات ويكونون عرضة لاثار تلك الاسلحة.

وتضيف هذه الدراسة المهمة ايضا ان المادة 1 من اتفاقية (CWC) ((اتفاقية حظر استحداث وإنتاج وتخزين واستعمال الأسلحة الكيميائية وتدمير تلك الأسلحة, وتشرف على تطبيقها منظمة حظر الأسلحة الكيميائية Organisation for the Prohibition of Chemical Weapons)) تتضمن تعهد الدول الاطراف بعدم استخدام اي اسلحة كيميائية وتحت اي ظرف من الظروف, وعدم تطوير وانتاج وحيازة وتخزين الأسلحة الكيميائية أو الاحتفاظ أو نقل مباشر أو غير مباشر لاي شخص, أو "مساعدة أو تشجيع أو حث، بأي شكل من الأشكال، أي شخص على المشاركة في أي نشاط محظور على أي دولة طرف بموجب هذه الاتفاقية, وان تدمر اي مخزون لديها من هذه الاسلحة الكيميائية او اي منشأت موجودة تنتج مكونات هذه الاسلحة[320]. ولو نظرنا الى صيغة التعهد فيها نجد مانعاً وملزماً قائلاً (never under any circumstances) بدون اي مجال للتأويل او التشكيك لاغراض ثانوية ممكن ان يستخدم فيها هذا النوع من السلاح. وجاءت الصياغة لتؤكد بعدم السماح باي تحفظات على بنودها, وتاكيدها على شموليتها في الصراعات الدولية والمحلية للدول الاطراف فيها, مع ضرورة وجود تشريع محلي لانفاذ هذه الاتفاقية وتوسيع نطاقها على جميع الاشخاص تحت سلطتها القانونية واراضيها[321]. وللعلم فقبل حدوث معارك الفلوجة فان الولايات المتحدة الامريكية وبريطانيا هما من الموقعيين والمصادقين على الاتفاقية الدولية لحظر استخدام الاسلحة الكيميائية.

ومن الجدير بالذكر بأن الجيش الامريكي كان قد أصدر دليل قتالي في عام 1999 جاء فيه التأكيد على ان (أستخدام الفسفور الابيض ضد أهداف شخصية هو مخالف لقانون الحرب البرية (law of land warfare) وينتهك القانون الدولي[195,127,179]. وفي عام 1980 وبعد نشر صور لفتاة عارية وجريحة في فيتنام خلال حرب فيتنام (1968) والتي احدثت صدمة كبيرة للعالم المتحضر مما ادى الى ان تحظر الأمم المتحدة استخدام سلاح النابالم ضد المدنيين. الولايات المتحدة لم تصادق على الاتفاقية، وهي من ضمن الدول القلائل في العالم التي لا تزال تستخدم هذا السلاح الفتاك. ففي عام 2012 اعترفت اربع دول رسمياً بامتلاكها الاسلحة الكيميائية وهي الولايات المتحدة وروسيا وكوريا الشمالية وسوريا[470].

اتفاقية حظر الأسلحة الكيميائية (CWC) بالاضافة الى القانون التنفيذي لاتفاقية الاسلحة الكيميائية (CWCIA) لعام 1998 تعطيان تعريف لا يقبل التأويل للأسلحة الكيميائية يشتمل على "المواد الكيميائية السامة ومشتقاتها (precursors)، فيما عدا المعدة منها لأغراض غير محظورة بموجب هذه الاتفاقية، طالما أن الأنواع والكميات متفقة مع هذه الأغراض. وفي

الفقرة 2 من المادة 2 من اتفاقية الاسلحة الكيمياوية تعرف الكيمياويات السامة بانها (أي مادة كيميائية يمكن من خلال مفعولها الكيميائي في العمليات الحيوية أن تحدث وفاة أو عجزا مؤقتا أو أضرارا دائمة للإنسان أو الحيوان. وهذا يشمل جميع هذه المواد الكيميائية، بغض النظر عن أصلهم أو طريقة إنتاجها، وبغض النظر عن عما إذا كانت تنتج في وسائل (facilities) أو ذخائر أو أي مكان آخر). بينما تنص الفقرة 9 من المادة 2 على قائمة الاغراض الغير محرمة والتي تشمل الاغراض العسكرية الغير مرتبطة مع استعمال أسلحة كيميائية ولا تعتمد على استخدام الخصائص السامة للمواد الكيميائية كوسيلة للحرب. وفي كلا الاتفاقيتين (CWC وCWCIA) فأنهم يميزون العلم والدراية (knowing) في استعمال الكيمياويات السامة كوسيلة من وسائل الحرب ضد الانسان بوصفه بالاستخدام الغير قانوني للسلاح الكيميائي.

ولو نظرنا الى دستور الولايات المتحدة الامريكية (United States Code) سنجد في قانون تنفيذ اتفاقية الاسلحة الكيميائية لعام 1998 (Chemical Weapons Convention Implementation Act of 1998), ففي الفقرة (C) (7) من القسم F229 للفصل 11ب (Chapter 11B) من الجزء الاول (Part I) للعنوان 18 (Title 18), حيث تحدد هذه الفقرة الأغراض غير المحظورة للولايات المتحدة في الاستخدام لأغراض عسكرية والتي لا تسمح باستعمال الأسلحة الكيميائية, أو استعمال الاسلحة التي لا تعتمد على استخدام الخصائص السامة او الخانقة كسلاح كيميائي من اجل إحداث الوفاة أو الأذى"[270].

وهذا يعني مخالفة الجيش الامريكي اثناء معارك الفلوجة (2004) حتى للقانون الامريكي نفسه باستخدامه الخواص القاتلة للفسفور الابيض. وبالرغم من انها الولايات المتحدة الامريكية قد انكرت استعمال قنابل النابالم خلال عمليات احتلال العراق 2003[58], الا ان البنتاغون عاد واعترف في شهر اغسطس (أب) 2003 باستخدام قنابل Mark-77 التي هي تطوير لقنابل النابالم[465]. وبالرغم ان الانكار الامريكي كان يعتمد على محاولة التفريق او الادعاء بعدم كون قنابل Mark-77 هي نوع من قنابل نابالم, حيث ان الاختلاف الوحيد بينهما هو نوع الوقود المستخدم داخلها لاحداث اللهب والاشتعال الهائل[473]. لكن في النهاية, اعترف البنتاغون بان كلا السلاحين هما متشابهين بشكل ملحوظ[465]. وتعتبر الولايات المتحدة الامريكية هي الاكثر دولة استخداماً لاسلحة النابالم في نزاعاتها المسلحة[95].
الولايات المتحدة لديها الولاية القضائية عندما يستخدم السلاح الكيماوي خارج الولايات المتحدة ويرتكب بواسطة احد مواطنيها فان العقوبة الجنائية تتضمن الغرامة او السجن, وفي حال نتج استعمال السلاح الكيمياوي عن وفاة شخص أخر فان العقوبة ستكون الاعدام او السجن مدى الحياة. ومثل هكذا عقوبة ستسمح ايضا للعقوبات المدنية على اثبات هذا الانتهاك عبر كثرة الادلة. وتحت القانون الفيدرالي الامريكي, فان اعضاء الجيش الامريكي خارج الولايات المتحدة غير معفيين وغير مسموح لهم باستخدام الاسلحة الكيمياوية او الكيمياويات السامة او الخانقة التي تسبب الوفاة او الضرر للانسان[248]. بينما بريطانيا كانت قد وقعت اتفاقية CWC في عام 1993 وصادقت عليه عام 1996[471].
وبالرغم من حظر الاسلحة الكيماوية كغاز الخردل وغاز الأعصاب وقنابل النابالم من قبل الاتفاقية الدولية منذ 1980s. الا ان المبرر الرئيسي الذي أدلت به الولايات المتحدة، والحكومتين البريطانية والاسترالية أذار (مارس) 2003 لغزوهم العراق تحت حجة أن

العراق يمتلك مخزونات من هذه الأسلحة المحظورة وكان يستعد لاستخدامها عبر شبكة القاعدة الإرهابية من اجل مهاجمتهم!!!. بل ان الاحداث المثيرة للسخرية والكذب هو ان أستخدام القوات الامريكية للاسلحة الكيمياوية ضد الشعب العراقي قبل وخلال وبعد معركتي الفلوجة, لم يمنع صدور تقرير امريكي استخباري ينذر بالتهديدات المحتملة والمختلفة ومنها الحرب الكيميائية والخوف من وقوع مكونات هذه الاسلحة بايدي مجاميع ارهابية وفقاً لتقرير أصدرّ بعد معارك الفلوجة من قبل قسم التوثيق الاستخباري الدفاعي (Department of Defense Intelligence Document) في عام 2005 وبالتعاون مع ثلاث جهات استخبارية امريكية متخصصة[185].

ومن اجل تحليل اعمق للآثار القانونية المترتبة على الأمثلة المذكورة لاستخدام الفسفور الأبيض من خلال النظر في:

12. 4. 4. 3. 1. المبادئ العامة للقانون الدولي الإنساني وضروريات الدفاع.

بعد معارك الفلوجة, المتحدث باسم البيت الابيض بينّ ان الفسفور الابيض هو ليس سلاح محرم, بينما تشير احد وثائق المخابرات الامريكية CIA السابقة والمتعلقة باستخدام هذا السلاح ضد الاكراد في شمال العراق الى اعتبار الفسفور الابيض كسلاح كيمياوي[178]. فالفسفور الابيض هو سلاح حارق وسام في نفس الوقت.

وبالرغم من اعتراف البنتاغون خلال حرب احتلال العراق بانها كانت قد اتلفت مخزونها من الاسلحة الحارقة في عام 2001, الا ان الناطق باسم قوات المارينز أكدّ مجدداً باستخدام القنابل الحارقة مارك 77 (Mark 77 firebombs), ولهذا أشار جون بايك (John Pike) المحلل الدفاعي مع المجموعة البحثية المسماة منظمة الامن الدولي (GlobalSecurity.org) بشأن تسمية هذه القنابل (Mark 77) قائلاً (يمكنك أن تسميه شيء اخر غير النابالم, لكنه يبقى نابالم). بينما قال روبرت موسيل (Robert Musil) المدير التنفيذي لمجموعة أطباء من أجل المسؤولية الاجتماعية والتي مقرها واشنطن وتعارض أستخدام أسلحة الدمار الشامل, حين سئل عن تمييز وزارة الدفاع الامريكية بين قنابل النابالم ومارك 77 فقال (هذا التمييز شائن (معيب للغاية) لان هذه الاسلحة الحارقة تنتج حروق من الصعب علاجها)[95]. بل ان الاعتراف الاكثر دقة في وصف هذا السلاح كاحد قنابل النابالم كان من قبل وزير الدفاع Adam Ingram وسكرتير شؤون الدولة الدفاعية John Reid البريطانيين عند سؤالهم من قبل البرلمان البريطاني (في يوم الثلاثاء 11 كانون الثاني (يناير) 2005) حول أستخدام هذا السلاح في العراق, حيث أفادوا (الولايات المتحدة أكدت لنا أنها لم تستخدم سلاح مارك 77, والذي هو أساساً قنابل نابالم)[98], لكنهم عادوا واعتذروا لاحقاً كونهم قدموا معلومات غير دقيقة بسبب كذب الولايات المتحدة في هذا الامر[97].

الفسفور الأبيض هو مثال على مادة كيميائية "ذات الاستخدام المزدوج". كما هو الحال مع معظم المواد الكيميائية ذات الاستخدام المزدوج، وهناك أغراض مشروعة ومحظورة. وهو

وخاصة من الناحية القانونية غير مستقرة بسبب وجود المواد الكيميائية على حد سواء المشروعة ويحتمل أن تكون غير لائق أغراض عسكرية[266].
بينما يصف جوزيف تيزير (Joseph D. Tessier) العسكري الامريكي السابق والمشارك في عملية احتلال العراق (Operation Iraqi Freedom II) والمتخرج من مدرسة فورت سيل الامريكية العسكرية – مدفعية الميدان (2002), عبر مقالة رائعة كتبها وبمساعدة خبراء قانونين امريكيين وبعنوان ''الهز والتخبيز, الكيمياويات المزدوجة الاستخدام والسياقات وعدم مشروعية الهجمات الامريكية بالفسفور الابيض في العراق''(Shake & Bake: Dual-Use Chemicals, Contexts, and the Illegality of American White Phosphorus Attacks in Iraq)[248]. حيث يصف مخالفة القوات الامريكية لمبادئ القانون الدولي الانساني عبر 3 مخالفات ثابتة لكلاً من: اولاً مبدأ التمييز الذي يتطلب ان تستخدم الاسلحة بطريقة تمييز بين المدنيين والمقاتليين, ثانياً ان الاسلحة لا يجب ان تستخدم بهكذا طريقة تسبب معاناة غير ضرورية, وثالثاً تحريم استخدام الاسلحة ذات المزايا الغازية او الخانقة. حيث تشير الفقرة 22 من النظام الاساسي المتعلقة بقوانين وأعراف الحرب البرية (Laws and Customs of War on Land) على (أن حق المتحاربين في اختيار وسائل إصابة العدو **ليست** غير محدودة (غير مطلقة)). كما تشير الفقرة 23 من نفس النظام الى تحريم استخدام الاسلحة الغازية او توظيف أسلحة او مواد قد تسبب ضرر او معاناة غير ضرورية.

كما يؤكد أعلان لاهاي للغازات (Hague Gas Declaration) لعام 1899 بالاعتراف أن استخدام المقذوفات التي تسبب غازات خانقة او ضارة سيكون غير قانوني بموجب القانون الدولي[249]. ولو كان التاثير مشتركاً بين الغازات والشظايا (shrapnel) فيجب ان يكون التأثير الاكبر للقذائف ناتجاً عن الشظايا ليحقق الاستخدام الشرعي.

وفي عام 1925 نص البروتوكول الدولي الجديد بالتحريم اثناء الحرب على استخدام كلاً من الاسلحة الغازية او الاسلحة الخانقة (asphyxiating, poisonous or other gases) او السوائل المحكمة او المواد والاجهزة القريبة من هذه المواصفات, فأن الرأي العام للعالم المتحضر يجب ان يكون مقبولاً لديها هذا التحريم باعتباره جزءً من القانون الدولي. حيث يلاحظ هنا تطور القانون الدولي بشمول اي مواد او اجهزة وليس فقط المقذوفات (projectiles). وقد صادق الرئيس الامريكي فورد (Ford) على هذه الاتفاقية في عام 1975[250].

فالغرض من استخدام السلاح هو الذي يحدد مشروعيته وفقا للمادة 36 من الملحق الاضافي لاتفاقيات جنيف (12 أب لعام 1949). والدليل الميداني للجيش الامريكي للقتال في المناطق الحضرية يحذر بوضوح من أن المواد الكيميائية المسموحة قانونياً (lawfully possessed)

مثل الأمونيا الكلور والكبريت، واحماض الفوسفوريك السامة قد تشكل تهديدا لكل من الجهات الفاعلة الحكومية وغير الحكومية في تلك الامكنة[269].

12. 4. 4. 3. 2. اتفاقية حظر الأسلحة الكيميائية والقانون التنفيذي لاتفاقية الأسلحة الكيميائية لسنة 1998.

الاسلحة الكيميائية وفقاً لتعريف الاتفاقية الدولية لحظر استخدام الاسلحة الكيميائية (CWC) هي (أ) المواد الكيميائية السامة ومشتقاتها ، فيما عدا المعدة منها لأغراض غير محظورة بموجب هذه الاتفاقية، طالما أن الأنواع والكميات متفقة مع هذه الأغراض؛ (ب) الذخائر المصممة خصيصا لإحداث الوفاة أو التي تضر من خلال الخصائص السامة للمواد الكيميائية السامة المحددة في الفقرة الفرعية (أ)، او التي ستنطلق كنتيجة عرضية لمثل هذه الذخائر؛ (ج) أي معدات مصممة خصيصا لاستعمال يتعلق مباشرة مع توظيف الذخائر المحددة في الفقرة الفرعية ب.

وكما تعطي هذه الاتفاقية تعريفاً واضحا للمواد الكيميائية الممنوع استخدامها اثناء النزاع الحربي, ففي الفقرة الثانية من المادة الثانية ((Article II(2)) أي مادة كيميائية يمكن من خلال مفعولها الكيميائي في العمليات الحيوية تحدث وفاة أو عجزا مؤقتا أو أضرارا دائمة للإنسان أو الحيوانات. وهذا يشمل جميع هذه المواد الكيميائية بغض النظر عن أصلهم أو على طريقة الإنتاج، بغض النظر عن ما إذا كان يتم إنتاجها في مرافق (facilities) أو ذخائر (munitions) أو أي مكان آخر.

ونتيجة هذه التعريفات اصبح من الممكن معرفة المواد التي يؤدي استعمالها الى القتل او الاصابة بالاضرار الدائمة او المؤقتة للانسان او الحيوان. لكن يجب الانتباه الى مسألتين مهمتين, اولاً تواجد النية باستخدام الخصائص السامة لهذا النوع من العتاد, بحيث تسبب القتل او العجز المؤقت "temporary incapacitation" او الاضرار الدائمة" permanent harm. ولهذا يعترف الباحث ريحاني بخرق الولايات المتحدة لالتزاماتها بموجب اتفاقية الأسلحة الكيميائية (CWC), ويضيف ان استخدام الخواص السامة للفسفور الابيض في الفلوجة هو مشابه للانتقادات السابقة من قبل المجتمع الدولي حيال قيام الولايات المتحدة باستخدام الغاز المسيل للدموع riot control agent (RCA) كوسيلة من وسائل الحرب (warfare) في فيتنام من اجل تضليل الفيتناميين وضربهم بعدها بالاسلحة القاتلة. حيث ان استخدام عوامل مكافحة الشغب (RCA) محرماً وفقاً الفقرة 5 من المادة 1 من اتفاقية (CWC), بسبب كون هذه العوامل RCA تسبب تهيج حسي (sensory irritation) أو تسبب اثار تعجيز جسمية, وبالتالي فانها تدخل في اطار تعريف الاتفاقية الدولية من خلال مفعولها الكيميائي في العمليات الحيوية لانها تسبب عجزا مؤقتا أو أضرارا دائمة للإنسان أو الحيوان. ومن المعروف ان من بين الفوارق بين هذه الاتفاقية الدولية واتفاقيات جنيف, ان اتفاقية CWC تحرم الاستخدام والتصنيع والتطوير والتخزين وكافة الاشكال التي تساعد بوجود هذا الشكل من الاسلحة, بينما اتفاقية جنيف تحرم فقط الاستخدام[303].

وأستخدام الفسفور الابيض كمادة للتمويه هو مسموح وفقاً للاتفاقيات الدولية. المادة 1 من البروتوكول الثالث من الاتفاقية المتعلقة بأسلحة تقليدية معينة يعرف السلاح الحارق بأنها "أي سلاح أو ذخيرة تهدف في المقام الأول لإشعال النار في الأشياء أو التسبب في حروق للأشخاص من خلال اللهب والحرارة، أو مزيج منها، ينتج عن تفاعل كيميائي من مادة توجه على الهدف ". نفس البروتوكول يحظر ايضا استخدام الأسلحة الحارقة ضد المدنيين (محظور بموجب اتفاقيات جنيف)، أو ضد أهداف عسكرية على مقربة من المدنيين أو الممتلكات المدنية. هذا البروتوكول هو ملزم فقط على اولئك الذين وقعوا عليه، والولايات المتحدة، لم توقع عليها في البروتوكول الثالث.

ومع ذلك، بغض النظر عن ما إذا كان أي بلد أو إقليم قد وقعت أو وافقت على الالتزام بالبروتوكول الثالث لـCCCW، فان استخدام الفسفور الأبيض كسلاح حارق ضد الأهداف العسكرية التي هي على مقربة من المدنيين أو الممتلكات المدنية هو غير **قانوني تماماً**.

البروتوكول الثالث من الاتفاقية الدولية المتعلقة بالاسلحة التقليدية يمنع استخدام الاسلحة الحارقة ضد اهداف مدنية او ضد مدنيين, حيث ينص (يحظر في جميع الظروف جعل أي هدف عسكري يقع داخل تجمع من المدنيين هدفا للهجوم بالأسلحة الحارقة التي تطلق من الجو). وعلى الرغم من ان الولايات المتحدة الامريكية ليست موقعة على هذا البروتوكول ولا توثر عليها قانونياً بهذه الاتفاقية, الا ان القوات البريطانية التي كانت تعمل ضمن قيادة مشتركة مع قيادة القوات الامريكية وقوات مشاركة اثناء هذه المجزرة تعتبر مسؤولة قانونيا كمرتكب لهذه الجريمة باعتبار بريطانيا موقعة ومصادقة على هذا البروتوكول. فبالرغم من ان وزير الدفاع البريطاني كان قد قدم معلومات مضللة اثناء الرد على سؤال برلماني بريطاني بتاريخ (6 December 2004) عند سؤاله حول استخدام قنابل النابالم, فرد الوزير بالنفي المطلق باستخدام هذه القنابل[54].

وللعلم فأن الرد الرسمي للولايات المتحدة الامريكية على البروتوكول الثالث (Protocol III) لمنع وتقييد استخدام الاسلحة الحارقة من اتفاقية تنظيم الاسلحة الاعتيادية (United Convention on Certain Conventional Weapons Nations) لعام 1980 قد جاء كالاتي (الولايات المتحدة الأمريكية، بالإشارة إلى المادة 2، الفقرتان 2 و 3 ، تحتفظ لنفسها بحق استخدام الأسلحة الحارقة ضد الأهداف العسكرية التي تقع في مناطق مأهولة بالسكان المدنيين، حيث يتم الحكم على مثل هذا الاستخدام بما يسبب عددا أقل من الضحايا و/أو أقل الأضرار الجانبية من الأسلحة البديلة، ولكن لن تستخدم ذلك مالم يتم اتخاذ جميع الاحتياطات الممكنة بغية الحد من آلاثار الحارقة على الهدف العسكري، لتجنب او تقليل الخسائر العرضية في أرواح المدنيين أو الإصابات في صفوف المدنيين والأضرار بالاماكن المدنية[96].

ان تحريم استخدام الفسفور الابيض كسلاح كيمياوي وفقاً لاتفاقية الاسلحة الكيمياوية (Chemical Weapons Convention) المعروفة اختصاراً باسم (CWC) هو عندما تستخدم

مزاياه السامة والمؤذية, وليس لاغراض تكوين الدخان او الانارة ليلاً في ساحة المعركة. فاي مواد كيمياوية ممكن ان تستخدم ضد الانسان او الحيوانات وتسبب اذى او موت بسبب مواصفاتها الكيمياوية السامة فتعتبر أسلحة كيمياوية ويحرم استخدامها.

فقد جاء في الفقرة (Article II.2) تعريف السلاح الكيمياوي بانه اي مواد كيمياوية يؤدي فعلها الكيمياوي على العمليات الحياتية الى احداث الموت. وهذا ما أكده بيتر كايسر (Peter Kaiser) من منظمة منع أستخدام الاسلحة الكيميائية (Organization for the Prohibition of Chemical Weapons), والذي أضاف (ان الفسفور الابيض غالباً ما يقارن بالنابالم لان كليهما يحترق مباشرة عند تعرضه للاوكسجين ومن ثم سيحرق الجسم بدءً من الجلد ولغاية العظام)[127]. وهذا يدحض الادعاءات الامريكية حول كون الفسفور الابيض ليس سلاح كيمياوي, بالرغم من ان وثائقهم الرسمية لعام 1991 تؤكد تصنيفه كسلاح كيمياوي[93]. فهذه الاتفاقية الدولية التي تحرم على الدول الاعضاء فيها من استخدام اي مواد كيمياوية ممكن ان تستخدم مزاياها القاتلة كاسلحة كيمياوية قاتلة وتحت اي ظرف من الظروف تمنع استخدامها كما جاء في الفقرة الاولى من المادة الاولى, بينما الفقرة 5 من المادة الاولى تحرم على الدول الاعضاء بالاتفاقية باستخدام عوامل مكافحة الشغب كوسيلة من وسائل الحرب[269]. وبخلاف قانون الحرب البرية, فان هذه الاتفاقية الدولية تحرم استخدامه تحريماً باتاً ولا تسمح مهما كانت الظروف وبدون اي استثناءات لضرورات عسكرية. وعلى هذا الاساس فان استخدام مادة كيميائية سامة كوسيلة من وسائل الحرب تعتبر محظورة بموجب معاهدة حتى وان يكون هناك دفاع ضروري بموجب قوانين الحرب.

وكما بينّ جوزيف تيزير فان الحقائق الثابتة في معركة الفلوجة هي[248]: 1) استخدام الفسفور الابيض ضمن استراتيجية الهز والتخبيز (Shake & Bake) لطرد مقاتلي الفلوجة من مواقعهم المحصنة وقتلهم بالاسلحة التقليدية[34], 2) الاستخدام المباشر لقذائف هاون الفسفور الابيض المضاءة ضد اهداف بشرية (human targets)[265], 3) أستخدام قنابل الفسفور الابيض المحسنة من اجل طرد المقاتليين من المباني[266].

استاذ القانون الامريكي دافيد فيدلر (David P. Fidler) كان قد كتب مقالة مهمة على موقع الجمعية الأمريكية للقانون الدولي (American Society of International Law) حول استخدام قوات بلاده لذخائر الفسفور الابيض في العراق, مطالباً بتحقيقات مستقلة حول استخدام هذه الاسلحة ومبيناً ان استخدام ذخائر الفسفور الابيض في الفلوجة قد انتهك العديد من المحظورات القانونية الدولية من خلال انتهاك القوانين التالية[253]:

1. حظر استخدام الأسلحة الكيميائية في النزاع المسلح

أن كلاً من بروتوكول جنيف لعام 1925 بشأن استخدام الغازات السامة والكيميائية واتفاقية الأسلحة الكيميائية لعام Chemical Weapons Convention 1993 (CWC) تحظر استخدام الأسلحة الكيميائية في النزاع المسلح[280], والولايات المتحدة وبريطانيا هما طرفين في كلاً من هذه المعاهدات. فوفقاً لاتفاقية CWC, ذخائر الفسفور

الابيض WP يسمح باستخداماتها لاغراض لا تعتمد على استخدام الخصائص السامة للمواد الكيميائية فيها كوسيلة للحرب وفقا للمادة المرقمة ((Article II.9(c)), وطالما كانت الأنواع والكميات المستخدمة منها متناسبة مع هذه الأغراض الغير قتالية ((Article II.1(a)). ولاثبات استخدام ذخائر WP بصورة محظورة وفقاً لاتفاقية الأسلحة الكيميائية، فإنه لا بد من إثبات اولاً ان ذخائر الفسفور الابيض قد استخدمت مزاياها الكيميائية السامة (toxic chemical properties) او احد مشتقاتها السامة, وثانياً اثبات استخدامها لأغراض (Purposes) محظورة من قبل اتفاقية حظر الأسلحة الكيميائية. ومن المعروف ان الولايات المتحدة الامريكية قد استخدمت في معاركها في العراق السلاح الكيمياوي المتمثل بالفسفور الابيض[467]. وقد استخدمت الفوسفور الأبيض ضد الأهداف الأرضية في المناطق المدنية المكتظة بالسكان[468].

2. حظر استخدام عوامل مكافحة الشغب كوسيلة للحرب

من الدلائل أيضاً على أن استخدام الولايات المتحدة لذخائر الفسفور الابيض ينتهك اتفاقية حظر الأسلحة الكيميائية يستند على ان الحظر المفروض يكون ايضاً على استخدام عوامل مكافحة الشغب (RCAs) كوسيلة من وسائل الحرب (المادة I.5). كيفية تطابق اتفاقية الأسلحة الكيميائية مع استخدام عوامل مكافحة الشغب RCAs كان مصدرا للخلاف بين الولايات المتحدة وغيرها من الأطراف الدولية في اتفاقية CWC. وقد ذكر العديد من المسؤولين الأميركيين أن RCAs ليست مواد كيميائية سامة بموجب اتفاقية الأسلحة الكيميائية (وبالتالي لا يمكن أن تكون اسلحة كيميائية) وتنظم من قبل حظر استخدام RCAs كوسيلة من وسائل الحرب. موقف الولايات المتحدة يعني أن الذخائر WP ستخضع لقواعد RCAs حتى لو WP ليس مادة كيميائية سامة كما حددتها اتفاقية الأسلحة الكيميائية.

العديد من الدول الأطراف المنضمة الى اتفاقية حظر الأسلحة الكيميائية تعتبر أن RCAs هي مواد كيميائية سامة على هذا النحو وتخضع لقواعد اتفاقية الأسلحة الكيميائية بشأن الأسلحة الكيميائية. مواد او عوامل RCA من المفروض أنها تسبب تهيجا او أثار عوق مؤقتة وتختفي بعد فترة من الزمن (المادة II.7). بينما في ذخائر WP ممكن ان يسبب اكثر من ذلك خصوصا اذا اطلقت في اماكن مغلقة وليست مفتوحة, كما كان هو الغرض الرئيسي في عملية الزعزعة والتخبيز.

3. حظر استخدام الأسلحة الحارقة ضد الأهداف العسكرية التي تقع داخل تجمع مدنيين

يعترف احد القادة العسكريين الامريكيين العقيد البحري راندولف اليس (US Marine Colonel Randolph Alles) قائد المجموعة الجوية 11 ضمن قوات المارينز بان لقنابل النابالم ايضا أثار نفسية جسيمة, حيث اعترف باستخدام قنابل النابالم عند قصف ضفتي الجسور على نهر قناة صدام (Saddam Canal) اثناء غزو العراق 2003 وأكد احراق الناس على جانبي الجسور بطريقة بشعة[465,58]. ومن المعروف ان الولايات المتحدة الامريكية قد استعملت احد انواع القنابل الحارقة والمحورة من قنابل النابالم والمسماة MK-77 [466].

لقد كان أستخدام ذخائر WP في الفلوجة باعتباره انتهاكا للبروتوكول الثالث لاتفاقية حظر أو تقييد استعمال أسلحة تقليدية معينة. البروتوكول الثالث يتناول حظر أو تقييد استعمال الأسلحة المحرقة. الولايات المتحدة، ومع ذلك، ليست طرفا في البروتوكول الثالث. وبالتالي، فإنه لا ينطبق هذه المخالفة على استخدام الولايات المتحدة للذخائر الفسفور الابيض، ما لم يمكن اعتبار القواعد العرفية في البروتوكول الثالث ملزمة ضمن القانون الدولي على الولايات المتحدة. لتنفيذ هذه الرؤية، يتم تطبيق كل من البروتوكول الثالث والقانون العرفي الدولي على استخدام الذخائر WP في الفلوجة.

البروتوكول الثالث يحظر في جميع الظروف: (1) جعل السكان المدنيين والأفراد المدنيين، والأهداف المدنية محلا للهجوم بأسلحة حارقة، و(2) أي هدف عسكري يقع داخل تجمع من المدنيين هدفا للهجوم عن طريق الجو بأسلحة حارقة (المواد 2.1 و 2.2).

وفقا للجنة الدولية للصليب الأحمر (ICRC): عندما يتم استخدام الأسلحة الحارقة "يجب اتخاذ عناية خاصة لتجنب، وعلى أي حال لتقليل، الخسائر العرضية في أرواح المدنيين، والاصابات في صفوف المدنيين والأضرار بالمنشآت المدنية".

4. حظر استخدام الأسلحة بشكل عشوائي في المناطق التي يتواجد فيها المدنيين

القانون الإنساني الدولي يحظر: (1) استخدام الأسلحة التي هي عشوائية بطبيعتها؛ و (2) الاستخدام العشوائي للأسلحة أخرى. البعض يرى ان استخدام الولايات المتحدة لذخائر الفسفور الابيض في الفلوجة يؤكد أن القوات العسكرية الأمريكية قد أستخدمت هذه الذخائر وغيرها من الأسلحة، بطرق عشوائية والتي أدت إلى وفاة على نطاق واسع للمدنيين مع المعاناة.

الضرر الواسع النطاق الناجم عن الهجوم الأمريكي على الفلوجة يثير تساؤلات، مع ذلك، حول كيفية الجيش الامريكي استخدمت مجموعة متنوعة من الأسلحة. من اجل استنتاج ما إذا كانت الولايات المتحدة انتهكت هذا الجانب من القانون الإنساني الدولي أثناء الهجوم على الفلوجة.

5. حظر استخدام الأسلحة التي تسبب إصابات مفرطة أو آلاماً لا لزوم لها

الفيلم الوثائقي التلفزيون الايطالي الذي عرض صور حرق ذخائر WP كأسلحة بغيضة بسبب الطريقة التي تحرق من خلالها الجلد والأنسجة في جسم الإنسان. وهذا تصوير يثير تساؤلات تحت حظر القانون الدولي الإنساني على استخدام الأسلحة التي تسبب آلاما زائدة أو لا لزوم لها.

المشكلة مع عرض استخدام الذخائر WP في الفلوجة وانتهاكات هذا الحظر هو أن استخدام مثل هذه الذخائر ماذا يسبب من آثار محتملة على جسم الإنسان. حظر استخدام السلاح بطريقة تنتج آلاما زائدة أو لا لزوم لها قد تنطبق أكثر مباشرة إذا تم استخدام الذخائر WP لغرض محدد هو قتل أو جرح مقاتل العدو.

الفسفور الابيض **لم يصنف كسلاح كيمياوي**, لكن المواد الكيمياوية تم شمولها بالبروتوكول الثالث من اتفاقية 1980 حول استخدام الاسلحة التقليدية, حيث يحرم البروتوكول الثالث

استخدام الاسلحة الحارقة ضد القوات العسكرية الموجودة ضمن مناطق مدنية ماهولة او يتركز فيها المدنيين(اي يعطي الحق في استخدامه ضد العسكريين ولا يحق استعماله ضد المدنيين). الولايات المتحدة هي طرف في الاتفاقية لكنها لم توقع البرتوكول الثالث, بعكس حليفتها بريطانيا (والتي شاركت في مذبحة الفلوجة الثانية) والتي وقعت وصادقت على الاتفاقية والبرتوكول الثالث. ومن هذا فان الحكومة البريطانية قد انتهكت البروتوكول الثالث واشتركت في جريمة حرب مع الولايات المتحدة الامريكية.

من كل هذه الحقائق والادلة يتبين ان تحريم استخدام القنابل الحارقة قد وردّ عبر تحريم استخدامها بالمناطق المأهولة بالسكان, حيث اكد ذلك البروتوكول الثالث من اتفاقية الامم المتحدة لاسلحة معينة (UN Convention on Certain Weapons 1980) بسبب كونها تسبب اصابات مفرطة (Excessively Injurious) وأثار عشوائية (Indiscriminate Effects). بالاضافة الى تحريم القانون الدولي العرفي لاي هجمات عشوائية ممكن ان تحدث اصابات لا مبرر لها او اصابات جسيمة. لذا فأن استخدام الفسفور الابيض كسلاح كيميائي يعتبر هو بمثابة انتهاك للقانون الانساني الدولي.

12. 4. 4. 3. 3. حالات دولية مشابهة

سلاح الفسفور الابيض كان قد حظر أستخدامه في الجيش الامريكي عام 1975 في عهد الرئيس الاسبق جيرالد فورد (Gerald Ford), حيث وافقت ادارته ضمن الامر التنفيذي المرقم (EO 11850) بعد فضائح أستخدام غاز CS في فيتنام, واعطي استثناء واحد فقط لاستخدام مقيد لغازات عوامل مكافحة الشغب (RCA) في حالة الدفاع لانقاذ الارواح فقط[303].

يوم 22 اذار (مارس) 2003 قامت قناة CNN الامريكية وصحيفة (Sydney Morning Herald)[54, 58] باعلان تقارير تشير الى أن القوات الأميركية قد استخدمت قنابل النابالم على مقربة من الحدود العراقية مع الكويت في منطقة تل صفوان, حيث اطلقت الطائرات المروحية صواريخ (Hellfire) بينما قامت مدافع (howitzers) من قطع البحرية الامريكية مع اسناد طائرات البحرية الامريكية فاسقطوا بحدود 40000 باوند من قنابل شديدة الانفجار والنابالم بحسب ضابط امريكي اخبر هذه الصحيفة. في البداية نفت الولايات المتحدة هذه المزاعم لكنها اعترفت لاحقا باستخدامها للقنابل الحارقة مارك-77. قنابل مارك-77 تختلف عن قنابل النابالم فقط باحتوائها على بانزين الطائرات بدل البنزين العادي في قنابل النابلم وكلاهما يسبب حروق فظيعة[54]. ومن الجدير بالذكر ان الولايات المتحدة كانت قد ادعت انها قد دمرت كل محتواها من قنابل النابالم على اساس ان مارك-77 ليس من ضمنها, لكنها في نفس الوقت تشير الى خواصه المشابه للنابالم, ومع هذا فقد ارسلت 2000 رطلاً للمشاركة في حرب

الخليج الاولى 1991[59]. بينما أشار مصدر امريكي أخر الى ان قصف منطقة صفوان فقط قد تم باستخدام 18 قنبلة موجهة بالاقمار الصناعية, تزن كل واحدة منها طن واحد(one-ton 18 satellite-guided bombs)[95].

أذا الدروس التاريخية مهمة جدا لانها توضح الحاجة الرئيسية لتقييم مشروعية الأسلحة أو أساليب الحرب في السياق الذي يجري تطبيقها وليس في انعزال عنها. تقييم الكيمياويات كسلاح تعتمد على ما تمتلكه من قدرات سامة او خانقة. وساورد هنا أمثلة تاريخية اخرى:

12. 4. 4. 3. 3. 1. قضية حامض الهيدروسيانيد (Zyklon B)[248]

اثناء الحرب العالمية الثانية, تم شحن كميات كبيرة من غاز زيكلون بي إلى معسكرات الاعتقال الألمانية لاغرض صحية تتضمن تطهير المباني وإبادة القمل في ملابس السجناء المعتقلين. فمن ناحية، كانت هذه المادة الكيميائية هي المادة الرئيسية السامة المتسببة في أبادة منهجية (systematically exterminat) لما يقدر بستة ملايين، منهم أبيد أربعة ونصف مليون عن طريق استخدام غاز زيكلون B في مخيم واحد فقط، والمعروف باسم أوشفيتز / بيركيناو (Auschwitz/Birkenau).

في قضية استخدام غاز زيكلون بي كجريمة وحشية، فقد اقدمت محكمة عسكرية بريطانية على اتهام ثلاثة رجال أعمال ألمان وهم برونو تيش (Bruno Tesch)، يواكيم دروسيهن (Joachim Drosihn)، وكارل وينباجر(Karl Weinbacher) بتهمة جريمة الحرب مدعيةً بانهم في مدينة همبورغ الالمانية قد استخدموا للفترة ما بين الاول من كانون الثاني (يناير)1941 ولغاية 31 أذار (مارس)1945 في انتهاك لقوانين الحرب والأعراف المتبعة في حالة لم تستخدم إمدادات الغاز السام لإبادة المواطنين للامم المتحالفة داخليا في معسكرات الاعتقال بشكل جيد مع علمهم بأن الغاز كان يستخدم لذلك. حيث قدّم الادعاء العام دليلاً حول طلب المتهم الاول (Bruno Tesch) من اجل أبادة اليهود بهذا الغاز في الاماكن المغلقة وكما تباد الحشرات, على الرغم من ان رجال الاعمال الثلاثة اعلنوا انهم غير مذنبين.

قام الدفاع عن برونو تيش بتقديم الدفوعات الاتية (1: ان برونو لم يكن على علم بقتل اناس بواسطة هذا الغاز,2: ان ارسال هذا الغاز كان فقط لاغراض الطبيعية كالتعقيم والاغراض الطبية, 3: ان بيع اجزاء من غرف الغاز كان لغرض ابادة الحشرات, 4: التراكيز والكميات التي حصلت عليها مخيمات الاعتقال كانت بصورة طبيعية نسبة الى عدد السكان فيها, 5: تم عقد دورات تدريبية فقط وفقا لقوانين واللوائح ذات الصلة حول كيفية ابادة الحشرات عبر استخدام هذا الغاز). بينما قام الدفاع عن الاثنين الباقيين (Weinbacher وDrosihn) بنفي علم موكليهم باستخدام هذا الغاز في قتل البشر حتى نهاية الحرب, ولم يكن لديهم اي مسبب للاعتقاد باستخدام هذا الغاز في مهام غير قتل الحشرات, واصروا على ان هذا الغاز لم يكن سلاحاً وليس لديهم علم حول السياق الذي يجري فيه استخدامه.

لكن القاضي جادل المحامين لتقديم الحكم ضد المتهمين فعلى المحكمة ان تتأكد من 3 حقائق, أولا ان شعوب دول الحلفاء كانوا قد سمموا بهذا الغاز, ثانياً ان يتم التأكد بكون هذا الغاز قد جهزّ من قبل المتهمين (StabenowوTesch), ثالثاً ان يكون المتهم على علم مسبق بكون هذ الغاز سوف يستخدم لقتل البشر. وبالرغم من هذا, وجدت المحكمة كلاً من تيش ووينباجر (Tesch وWeinbacher) مذنبين بالاعتماد على اختبار الحقائق الثلاث, بينما كان موقع دورسيهن (Drosihn) كمرؤوس ولم يكن لديه علم بالطريقة التي يستخدم فيها الغاز في هذه المعتقلات. فعلى الرغم من عدم امتلاك المحكمة لادلة تثبت علم وينباجر بالاستعمال الغير مشروع لهذا الغاز, الا ان المحكمة اعتقدت ان لديه السبب ليعلم (reason to know) بناءً على موقعه الوظيفي في الشركة المجهزة للغاز(267). الاستخدام المزدوج للمواد الكيميائية كان مجرد حيلة استخدمها الالمان لتفادي الانتقادات الدولية ومسؤولية جرائم الحرب. فبالرغم من اعتراف وزير التسلح الالماني البرت سبير (Albert Speer) بعد انتهاء الحرب العالمية الثانية وخلال محاكمات نورمبرغ بان السبب الرئيسي لعدم استخدام المانيا لمخزونها الهائل من الغازات السامة كالسارين (Sarin) والتابون (Tabun), ليس فقط لخوفها على ردة الفعل المقابلة ضد الشعب الالماني بعد خسارة الحرب, بل لعدم السماح بحدوث جرائم دولية ممكن ان يتهم فيها الشعب الالماني بعد خسارته الحرب. وبالرغم من حرص النازيين على عدم استخدام الكميات الهائلة من الاسلحة الكيميائية المعروفة, الا انهم استخدموا الغازات الكيمياوية المشروعة (lawful chemicals) مثل اول اوكسيد الكاربون (Death Vans) والمبيد الحشري (Zyklon B) في قتل البشر.

12. 4. 4. 3. 3. 2. قضية حلبجة

تعرضت مدينة حلبجة العراقية الى هجوم بالاسلحة الكيمياوية أثناء معركة طاحنة بين الجيشيين العراقي والايراني بتاريخ 16 مارس (أذار) من عام 1988 وفي واقعة مشابهة لما حدث في الفلوجة, والتي ذهب ضحيتها اكثر من 5000 شهيد ومن مختلف الاعمار, ناهيك عن 10000 ضحية ممن اصيبوا بالعمى والتشوهات الجسدية(493). وبالرغم من الادلة الواضحة والاعترافات الرسمية العسكرية الامريكية باستخدام السلاح الكيمياوي (الفسفور الابيض) وما ظهر من محاكمات لاحقة, الا ان العديد من المنظمات الدولية المفترض كونها محايدة لم تصدر اي بيان شجب او مطالبة بتحقيق دولي مماثل على ما جرى في الفلوجة. فهذه منظمة الهيومن رايت واتش الامريكية (Human Rights Watch). بالرغم من انها قد نشرت تقرير حول ما اسمتها هي نفسها بادعاءات (Allegations) حول استخدام الاسلحة الكيمياوية ضد مدنيين عراقيين اثناء عامي 1991-1992(57). لكنها من جهة اخرى غضت النظر ولم تحاول اصدار اي تقرير امام اعترافات العسكريين الامريكيين باستخدامهم السلاح الكيمياوي ضد المدنيين في الفلوجة (34) وقد شاهدنا جميعا محاكمات المحكمة الجنائية

العراقية لاركان وضباط الجيش العراقي ومسؤولي الحكومة العراقية ما قبل الاحتلال, وبالرغم من أن الروايات والادلة التي عرضت قد أبرزت وجهة نظر جهة واحدة وهي ما تريده أيران وألادارة الامريكية في هذا الوقت بالذات. بينما حجبت الكثير من الادلة للجانب المعارض لرأيهم. بالرغم من ان الرئيس الامريكي السابق بوش الابن استخدم في تبريره من اجل غزو العراق حجة استخدام الاسلحة الكيمياوية في مدينة حلبجة العراقية الكردية (اذار, 1988), الا ان الاكثر دهشةً هو عدم اكتراث اي من المنظمات الحقوقية الدولية المستقلة ولا حتى السياسيين الامريكيين المعارضين للحرب للمطالبة بالتحقيق حيال الاعترافات التي صدرت ومنها الحقائق التالية الذكر. ومن الوثائق والوقائع التالية هي:

1. الخبير والاستاذ الجامعي الامريكي ستيفن بيليتير (Stephen C. Pelletiere) وهو احد كبار ضباط جهاز المخابرات المركزية الامريكية (CIA). فقد اشار الى حقائق خطيرة بحكم عمله في منصب كبير المحللين السياسيين على الشأن العراقي خلال الحرب العراقية – الايرانية (Central Intelligence Agency's senior political analysis) أضافة الى عمله كأستاذ في كلية الحرب العسكرية الامريكية من عام 1988 ولغاية 2000. فخلال ترأوسه لجنة تحقيق عسكرية عام 1991 حول كيف يمكن ان يقاتل العراقيين في حرب ضد الولايات المتحدة. فقد اطلع كثيراً على تفاصيل معركة حلبجة التي اعترف فيها ان الجيش العراقي قد استخدم السلاح الكيمياوي ضد الجيش الايراني الذي احتل مدينة حلبجة انذاك والذي هو ايضا قد استخدم السلاح الكيمياوي. ولسوء الحظ فان المدنيين العراقيين الاكراد والمحاصرين في المدينة كانوا الضحية للتراشق بين الجيشين في هذا المعركة وليسوا الهدف الرئيسي للاستهداف من قبل الجيش العراقي. وأشار ضابط السي اي ايه الى قيام وكالة استخبارات وزارة الدفاع الامريكية (DIA) Defense Intelligence Agency باجراء تحقيق مباشر بعد المعركة ووزعت نسخ من نتائج التحقيق بين الكوادر المخابراتية الامريكية من اجل الاطلاع. الحقيقة المهمة التي جاءت في التقرير بحسب هذا المسؤول كانت تشير الى ان الغاز الايراني المستخدم في المعركة هو من قتل الاكراد العراقيين وليس الغاز المستخدم من قبل الجيش العراقي!!!!! فكلا الطرفين استخدموا السلاح الكيمياوي خلال معركتهم على اطراف مدينة حلبجة. فجثث المدنيين العراقيين الاكراد اشارت الى قتلها مع غاز يعمل بوجود عامل الدم (Blood Agent) وهو غاز السيانيد (Cyanide) والذي من المعروف استخدامه من قبل ايران خلال حربها مع العراق, ولان العراق معروف باستخدامه غاز الخردل (mustard) في تلك المعركة وليس من الممكن امتلاكه الغاز المسبب لعوامل الدم في ذلك الوقت بحسب الخبير الاستخباري الامريكي[56].

2. تقرير وكالة المخابرات المركزية الامريكية اعترف بالاتي (معظم الضحايا في حلبجة ماتت بسبب عامل السيانوجين كلوريد (cyanogen chloride). وهذا العامل لم

يستخدم من قبل العراق، لكن ايران كانت مهتمة به. ربما تكون إصابات غاز الخردل في البلدة بسبب الاسلحة العراقية لأنه لم يكن قد لوحظ استخدامها من قبل إيران)[495].

3. بينما اكد البروفيسور ستيفن (Stephen C. Pelletiere) ايضا وخلال ندوة جامعية, على أن معركة حلبجة كانت بين جيشين وليس الغرض منها هو تطهير عرقي ضد الاكراد كما أشيع من قبل, خصوصا ان المعلومات لدى الوكالات الامريكية تؤكد ان جماعة الطالباني قد ساعدت الايرانيين على دخول حلبجة قبل اخراجهم منها بواسطة الجيش العراقي[494].

هذه الحقائق تم طمسها من قبل حلفاء ايران في المنطقة أضافة للتعاون والتاثير الايراني هناك [175], وكذلك من قبل الادارة الامريكية في محاولة منها من اجل صنع المبررات لعمل عسكري قادم لاحتلال العراق مع قبول ايران بدور الشريك والمساعد فيه. ولو تعمقنا اكثر في قضية حلبجة فسنرى ان من حق ضحايا حلبجة وفقاً للقوانين الدولية امام هذه الحقائق ان تطالب ايران ايضا بالتعويضات, بالاضافة الى مطالبة الشركات الاجنبية التي زودت العراق وايران بهذه الاسلحة الكيمياوية, من اجل ان تدفع تعويضات اخرى للضحايا العراقيين الاكراد في مدينة حلبجة, وبصورة موازية للحالات الدولية المشابهة.

12. 4. 5. ابادة المدنيين

تسببت العمليات العسكرية التي تقودها الولايات المتحدة في المناطق المأهولة بسقوط العشرات من القتلى والجرحى المدنيين. المدنيين قتلوا بسبب انفجارات الذخائر، انهيار المباني، الحرائق، استهداف القناصة والعديد من الأسباب العنيفة الأخرى. بينما تدعي قوات الاحتلال أن معظم الذين قتلوا في الهجمات هم من الرجال في سن الخدمة العسكرية، وتشير تقارير موثوقة أن العديد، إن لم يكن أكثر الضحايا في هذه العمليات كانوا من غير المقاتلين. تقرير صادر عن بعثة الأمم المتحدة في عام 2005 خلص: "لقد كانت الأمم المتحدة غير قادرة على الحصول على أرقام دقيقة بشأن الخسائر المدنية بعد مثل هذه العمليات ولكن التقارير الواردة من منظمات المجتمع المدني، مصادر طبية وأجهزة حكومية أخرى تشير إلى أنها تشمل الكثير من النساء والأطفال" [583]. خلال الأسبوع الأول من الهجوم على الفلوجة في أبريل 2004، ذكر مدير المستشفى العام في المدينة د. رافع العيساوي أن أكثر من 600 شخص لقوا حتفهم، معظمهم من النساء والأطفال والمسنين [584]. وفي النجف أيضا، "كان عدد القتلى 570 مع 785 جريحا. وقد اتخذت هذه الإحصاءات من المستشفيات المحلية، ولم تشمل الجثث المدفونة في المنازل أو في أماكن أخرى أثناء القتال" [585]. عن طريق معلومات من زعماء القبائل، وأفراد الخدمات الطبية وشهود محليون، واشنطن بوست قدرت بأن "عملية الستار الفولاذي"، وهو الهجوم الأمريكي في نوفمبر 2005، وشملت التفجيرات التي

قتلت 97 مدنيا في حصيبة ، 80-90 في مدينة القائم، 18 طفلا في الرمادي، وكثير غيرهم من المدنيين في المدن والقرى الاخرى [586]. وقد أعربت منظمة العفو الدولية وغيرها من منظمات حقوق الإنسان عن قلقها إزاء العدد المتزايد من الضحايا المدنيين بسبب العمليات العنيفة جدا في مكافحة التمرد لقوات الولايات المتحدة [587]. الاستخدام المتزايد من الغارات الجوية، التي زادت خمسة أضعافها في عام 2005، مما زادت إلى حد كبير من احتمالية مقتل مدنيين أكثر في المعارك داخل المناطق الحضرية [588].

وبالرغم من محاولة القادة والمحاكم العسكرية الامريكية في وصف جرائم قتل فظيعة من قبل القوات الامريكية ضد المدنيين, بأنها كانت حالات فردية, لكن تكرارها وبوحشية اكبر يكشف حقيقة منهجية ثقافة العنف المفرط الى حد الاجرام والذي غالباً ما يتم التغاضي عنه من قبل القادة الميدانيين. ونذكر من هذه الجرائم:

1. مجزرة حديثة (Haditha massacre). في 19 نوفمبر عام 2005، ذهبت فرقة من مشاة البحرية الامريكية في حالة من الهياج بعد انفجار قنبلة مزروعة على الطريق قتلت واحدا من جماعتهم. قائد الفرقة قتل في البداية خمسة شبان غير مسلحين من الذين حدث تواجدهم على الساحة في سيارة أجرة. ثم داهمت قوات المارينز المنازل المجاورة وأطلقوا النار بحرية وقتلوا المدنيين، بمن فيهم النساء والأطفال. توفي أربعة وعشرين عراقيا في الحادث، بما في ذلك عشرة النساء والأطفال ورجل مسن على كرسي متحرك [610]. وأعلنت مشاة البحرية أنهم كانوا تحت هجمة منسقة من قبل المتمردين وقال محاميهم أن عملهم كان مبررا في استخدام القوة المميتة" [611]. ولكن تشير معظم الأدلة وشهادة المحكمة أن المدنيين لم يكونوا مسلحين وأن المارينز قتل العراقيين بدم بارد ثم حاولت القضاء على الأدلة الضارة، بما في ذلك المقر الرئيسي و سجل الفيديو من طائرة بدون طيار.

2. مجزرة المحمودية (Mahmoudiy*a* massacre). ففي 12 مارس 2006، كان أربعة جنود من الجيش الامريكي في حالة سكر في منطقة مهمتهم المتمركزة عند نقطة تفتيش جنوبي بغداد. ثم غيروا ملابسهم الى المدنية وسار الى منزل احد العراقيين الذي تسكنه عائلة الجنابي. حيث تركوا جندي واحد خارج البيت لحراسة الباب، و دخل آلبقية وقتلوا اثنين هما الاب والام وابنة تبلغ من العمر خمس سنوات. اثنان من الجنود قاموا باغتصاب فتاة عراقية تبلغ من العمر 14 عاما، وتسمى عبير قاسم الجنابي، ثم قتلوها. وعثر على جثة الفتاة عارية ومحترقة جزئيا، من أجل تدمير الأدلة الجنائية [603]. وبالرغم من ان الجناة كانوا اكثر من واحد, الا ان شخص واحد منهم اعترف بارتكاب هذه الجريمة وهو يدعى الجندي جيمس باركر (James Barker)، وبعد اعترف المدعى عليه كونه مذنبا, فقد حكم عليه بالسجن 90 عاما في السجن. وقال باركر للمحكمة : " أنا أحب أصدقائي، وزملائي الجنود وقادة بلدي، ولكن بدأت أكره أي

شخص آخر في العراق" [604,605]. (وقد انتحر الجندي جيمس بيكر في 20 فبراير / شباط 2014 في سجن ايرزونا حيث كان يمضي عقوبة السجن مدى الحياة).

3. مجزرة الاسحاقي (Ishhaqi massacre). وهذه المجزرة وقعت بعد ثلاثة أيام فقط من مجزرة المحمودية، ففي 15 مارس 2006. هاجم مشاة البحرية الامريكية مزرعة، ثمانية أميال إلى الشمال من مدينة بلد، ومن الواضح أن مسلحا كان في الداخل. أطلقت طائرات مروحية أمريكية قذائفها على المنزل من اجل دعم جنودها المهاجمين على هذا البيت. وفقا لتقرير صادر عن مركز التنسيق المشترك للشرطة العراقية، واستنادا إلى تقرير قدم بعد تحقيق الشرطة المحلية، دخلت القوات الامريكية الى المنزل "جمعوا أفراد الأسرة في غرفة واحدة وأعدم 11 شخصاً، بينهم خمسة أطفال وأربع نساء ورجلين، ثم قصفوا المنزل، وأحرقوا ثلاث سيارات وقتل حيواناتهم" [606]. وكان من بين الذين لقوا حتفهم امرأة 75 عاما وطفل يبلغ عمره ستة أشهر.

4. جريمة الحمدانية (*Hamdaniya* murder). ففي 26 أبريل 2006، فرقة من سبعة من مشاة البحرية الامريكية وبحار واحد على ما يبدو اعتدوا على الأبرياء، العزل والمعاق العراقي، هاشم ابراهيم عواد Hashim Ibrahim Awad في منزله، وربطوا يديه وقدميه، وأطلق النار عليه مرارا وتكرارا من مسافة قريبة [607]. الفرقة كانت في كمين لشخص آخر، وعندما لم يأتي هذا الشخص وضعوا خطة لقتل أي عراقي بدلا من ذلك [608]. ودخل الرجال الى منزل عواد، وجروه خارجا، وأطلقوا النار عليه مرارا وتكرارا في رأسه وصدره، ثم نظموا مكان الحادث لجعلها تبدو وكأن عواد قد هاجمه المسلحون. واتهم هولاء الرجال في 21 (حزيران) يونيو 2006 بالقتل العمد والخطف والتآمر والإدلاء بأقوال كاذبة للمحققين. أحد المشاركين وهو الضابط نيلسون باكوس (Petty Officer Nelson Bacos)، الذي شهد ضد الآخرين في المحاكمة قائلاً "لم أكن أعتقد أنهم سينفذوا خطة من هذا القبيل, لم يكن هناك أي مبرر, كنت أعرف ان ما كنا نفعله كان خطأ" [609].

هذه الحوادث أدت إلى الكشف عن الفظائع التي تبين أنها كانت جزءا من نمط العنف الشديد وغير المقيد الذي كان أكثر شيوعا بين قوات الاحتلال.

12. 4. 6. التدمير الشامل

القصف العنيف خلال العمليات العسكرية لقوات الاحتلال قد تسبب في تدمير كبير في المدن التي تعرضت للهجوم، بما في ذلك المواقع التاريخية والدينية، وكذلك المياه والكهرباء وشبكات الصرف الصحي. وقد قصفت القوات التي تقودها الولايات المتحدة وحتى تجريف

العديد من المباني، إما كجزء من الهجمات أو الانتقام ضد المدنيين الذين لم يعطي معلومات حول المتمردين [589].

في الفلوجة، تركت عملية فانتوم فيوري المدينة في حالة خراب، ووصفت بأنها "مدينة أشباح"، بينما تحدثت التقارير بأن الهجوم اسفر عن تدمير 70% من المباني والمنازل والمحلات التجارية[590]. وفي مؤتمر صحافي عن حجم الدمار في النجف، قال وزير الدولة قاسم داود " إنه لأمر فظيع وأنه من الصعب أن نعرف من أين نبدأ"[591]. وقال مسؤولون في النجف لوكالة إيرين (IRIN)، أن "ما مجموعه 72 من المحلات التجارية و 50 فندقا، و90 منزلاً، وثلاث مدارس وعشرات من السيارات دمرت في القتال"[592]. واضافوا "لقد كان هناك أيضا تدمير واسع النطاق من الجزء القديم التاريخي للمدينة، وبعضها من المستحيل إصلاحه"[593].

في العملية العسكرية ضد مدينة الرمادي لعام 2006 "بدلا من الاستمرار في القتال من أجل وسط المدينة، أو إعادة بنائه"، حسبما ذكرت صحيفة نيويورك تايمز، قوات الاحتلال تقول "نحن ذاهبون إلى التخلص منه، أو على الأقل جزء كبير جدا منه"[594]. صحيفة وزارة الدفاع الأمريكية (ستارز اند سترايبس Stars and Stripes) تفيد في تقاريرها بأن ما لا يقل عن ثمانية كتل من المباني قد دمرت "نحن معتادون على أخذ أسفل الجدران والأبواب والنوافذ، ولكن ثمانية أحياء سكنية هذا شيء جديد بالنسبة لنا"[595], بحسب اعترف ضابط مشاة البحرية اللفتنانت بن كلاى (Marine 1st Lieutenant Ben Klay) من الذين شاركوا في أعمال الهدم في الرمادي.

12. 4. 7. جريمة حرب أستخدام مرتزقة الشركات الامنية والعسكرية

أستخدام مرتزقة الشركات الامنية والعسكرية كان له دور كبير في الانتهاكات والاذى الذي أصاب العراقيين بصورة عامة وأهل الفلوجة بصورة خاصة, ولاجل اعطاء البعد القانوني الدولي في هذا الاتجاه سنرى ان المتعارف عليه دولياً حول تجريم أستخدام المرتزقة هو بسبب أستخدامهم كوسيلة لانتهاك حقوق الانسان واعاقة ممارسة حق الشعوب في تقرير المصير. ومن المعروف ان كل شخص يقع في قبضة العدو اثناء الحرب وبموجب القانون الدولي هو: أما ان يكون أسير حرب وتحميه اتفاقية جنيف الثالثة, او مدني وتحميهم اتفاقية جنيف الرابعة, او عضو في طاقم طبي للقوات المسلحة والذين تحميهم الاتفاقية الاولى. فليس هناك حالة وسطية, ولا يوجد احد في قبضة العدو يمكن ان يكون خارج نطاق هذا القانون[82].

وفقاً للباحثة السويسرية ليندسي كاميرون (Lindsey Cameron) من جامعة جنيف[79], فان المادة 47 (الفقرة 2) من البروتوكول الاضافي الاول (Article 47(2) of Protocol I) من القانون الدولي الانساني (IHL) يحدد المرتزق عبر من يحمل الصفات التالية

1. من تم تجنيده من الداخل او الخارج, من اجل المشاركة في نزاع مسلح
2. شارك بالفعل في اعمال عدائية مثل:

a. ان يكون دافعه الى المشاركة في الاعمال العدائية أساساً من الرغبة في تحقيق مكاسب شخصية, مع وعود من قبل او نيابة عن طرف في النزاع, مع تعويضات مادية أكبر بكثير من التي وعدت او منحت للمقاتليين من نفس الرتبة او الوظيفة في القوات المسلحة لذلك الطرف.

b. ليس مواطن من أي طرف في النزاع ولا من المقيمين في الاراضي التي يسيطر عليها طرفاً في النزاع.

c. ليس عضواً في القوات المسلحة لطرف في النزاع.

d. لم يتم ارساله الى النزاع من قبل دولة ليست طرفاً في الصراع في مهمة رسمية بوصفه عضواً في قواتها المسلحة.

وتوضح الباحثة ليندسي[79] انه بالرغم من ضرورة توفير المعايير أعلاه مجتمعة لاطلاق صفة المرتزق على الشخص, الا ان الكثير يرون ان هذا التعريف غير قابل للتطبيق (unworkable), لان اي شخص يمكن ان يطلق النار وبجانبه محاميه لينقذه بسبب عدم توفر كافة الشروط اعلاه!!! ففي الفقرة الاولى من المادة 47 تنص (لا يجوز للمرتزق ان يكون له الحق في أن يعد مقاتلا أو أسير حرب), ومع هذا فان البروتوكول الاول ينص على انه حتى لو شارك شخص ما من دون وجه حق في الاعمال العدائية ولم يكن يملك الحق في ان يكون أسير حرب فانه يستفيد من الحماية التي توفرها المادة 75 من البروتوكول الاول باعتبارها من الضمانات الرئيسية (fundamental guarantees).

ونظراً لكون البروتوكول الاضافي الاول ليس كافياً في هذا المجال, فقد استحدثت معاهدتين دوليتين تحرمان وتجرمان الارتزاق وهما اتفاقية الامم المتحدة المسماة باسم الاتفاقية الدولية لمناهضة تجنيد واستخدام وتمويل وتدريب المرتزقة (International Convention against the Recruitment, Use, Financing and Training of Mercenaries)[83], وأتفاقية القضاء على الارتزاق في افريقيا (Convention for the Elimination of Mercenarism in Africa)[84], والتي وضحت الاشخاص الذين يتم

تجريمهم بعد ان تنطبق على الشخص مواصفات تعريف المرتزق, سواء اشترك في الاعمال العدائية, او حتى حاول المشاركة في الاعمال العدائية بموجب الاتفاقية الامم المتحدة, لان الفقرة الثانية منه تعتبر الشخص الذي يجند ويستخدم ويمول ويدرب المرتزقة يرتكب **جرماً** حتى لو لم يكن متواجداً في مسرح الاعتداء. وعلى هذا الاساس فأن الموظفين من جنوب افريقيا الذين كانوا يعملون كحماية في مكتب بول بريمر تنطبق عليهم الفقرة 47 من البروتوكول الاول, فهم يتقاضون 1500 دولار امريكي في اليوم ولهم الحرية في اطلاق النار على المقاومة العراقية التي تستهدف بول بريمر. اتفاقية الاتحاد الافريقي تكرر حرفياً تعريف المادة 47 من البروتوكول الاول, بينما اتفاقية UN تترك الفقرة 2 (ب) من المادة 47 (Article 47(2)(b))[79].

اتفاقية الامم المتحدة هي محاولة لتحجيم أستخدام المرتزقة من خلال أعتبارها جرائم, مع أجراءات لتسليم المجرمين في حال ارتكابهم الانتهاكات, وخصوصاً المرتزقة الذين يتم تجنيدهم للمشاركة في الاطاحة بحكومة شرعية او تقويض سلطة الدولة[70]. اتفاقية الامم المتحدة لمناهضة المرتزقة دخلت حيز التنفيذ سنة 2001, ولكن صادقت عليها 28 دولة فقط حتى 7 ايلول (سبتمبر) 2006. بينما اتفاقية الاتحاد الافريقي دخلت حيز التنفيذ عام 1985 وصادقت عليها دولة واحدة فقط.

حاولت الولايات المتحدة التهرب من أحكام هذه الاتفاقية لمنع اعتبار متعاقديها بحكم المرتزقة عن طريق الادعاء بأن مهامهم هي ليست عدائية او للقتال (fight), بل فقط ضمن مهام توفير الامن الشخصي والجسدي وذو طبيعة دفاعية (defensive nature), لكن حقيقة الامر وكما أتفقت دراسة عسكرية امريكية (Kevin Collins ,2006) فان الولايات المتحدة تقوم بتعيين المقاوليين الامنيين والعسكريين بمواصفات وصلاحيات كمقاتلين (as combatants)[70,110] بالاضافة الى الطبيعة العدائية والوحشية والقمعية والمتعمدة في قتل الابرياء من قبل مرتزقة شركة بلاك ووتر وبحسب شكوى مركز الحريات الدستورية الامريكي[288]. لكن أستمرار أعلان الولايات المتحدة باعتبارهم غير مقاتلين يضعهم تحت حماية كأسرى حرب في أي نزاع مسلح. كما أن من أكبر مساوئ استخدام مقاولي الشركات العسكرية الخاصة, هو ان موظفيها لن يكونوا بنفس المسؤولية القانونية تجاه الاعمال او الانتهاكات التي يقومون بها مقارنة مع جنود الجيش النظامي[150].

رأي وتحليل المنظمات الدولية حول استخدام المرتزقة:

12. 4. 7. 1. الامم المتحدة

في بيان صحفي صدر في 27 تشرين 1 (أكتوبر),2003[126] أعلن المقرر الخاص حول منع استخدام المرتزقة السيد انريكي برنالس باليستيروس (Enrique Bernales Ballesteros) بأن على الامم المتحدة التصدي بشكل فعال لاستخدام المرتزقة في النزاعات المسلحة والاتجار غير المشروع وغيرها من الجرائم، عبر تعديل التعريف القانوني للمرتزقة لتشمل دول متواطئة في أنشطة المرتزقة، بسبب مشاركة المرتزقة في مجموعة واسعة من الأنشطة الإجرامية. وقال خلال أجتماع اللجنة الاجتماعية والانسانية والثقافية التي تنظر في حق الشعوب في تقرير المصير والقضاء على العنصرية والتمييز العنصري. وبيّن أن استخدام المرتزقة كعناصر أجرامية لا تمنع فقط حق الشعوب في تقرير مصيرها, لكنه ايضا كان وسيلة لانتهاك حقوق الانسان الاساسية, ***بسبب عدم وجود قوانين لمكافحة انشطة المرتزقة*** , وكثيراً ما كان المرتزقة بعيدين عن المحاكمة مما ساعدّ على الافلات من العقوبة.

وعلى هامش اجتماعات الامم المتحدة حول حقوق الانسان, وفي بيان صحفي صدر في 7 تشرين الثاني (نوفمبر) 2007, صرح فريق الامم المتحدة العامل المعني بمسألة استخدام المرتزقة بأن عدد وأساليب الشركات الامنية الخاصة العاملة في مناطق النزاع كالعراق وافغانستان هو شكل جديد من أشكال انشطة المرتزقة, محذراً من ان الدول التي توظفهم يمكن أن تكون مسؤولة عن أنتهاكات حقوق الانسان المرتكبة من قبل موظفيها[121]. وأوضح الفريق بأن أدعاء هذه الشركات بأن موظفيهم ليسوا مدنيين ولا مقاتلين, هي شكل جديد من أشكال الارتزاق (على غرار المقاتليين غير النظاميين) والذي هو في حد ذاته مفهوم غير واضح, ومحذرة الدول المصدرة لهولاء الموظفين على تجنب منحهم الحصانة من القضاء. وشكى الفريق بنفس الوقت من انعدام الشفافية والمساءلة فيما يتعلق بعمل هذه الشركات، وعدم وجود إطار رقابي دولي لرصد أنشطتها.

وفي تقريرها لعام 2011, أشار نفس الفريق الى الشعور بالقلق البالغ ازاء عدم المسألة القضائية عن الانتهاكات التي أرتكبت من قبل مرتزقة الشركات الامنية الخاصة في العراق بين عامي 2003 – 2009, حيث أن ضحايا هذه الانتهاكات وأسرهم لا يزالون ينتظرون العدالة. مع الاشارة الى أن اتفاقية وضعية القوات (Status of Forces Agreement) بين العراق ودولة الاحتلال (الولايات المتحدة) المسماة SOFA ليست واضحة فيما يخص رفع الحصانة عن المقاولين الامنيين اذا كان يشمل جميع أنواع المتعاقدين لدى الحكومة الامريكية, وعما أذا كان تطبيقها سيتم في المحاكم العراقية, واعتبار توضيح هذه المسألة ذات أولوية[122].

ومن الجدير بالذكر أن هذا الفريق في تقريره في 13 أيلول (سبتمبر) 2006 كشف شيء **مهم وخطير** في نفس الوقت[123]. حيث أشار الى ان الموظفين الامريكيين في الشركتين الامنية والعسكرية الخاصتين اللتين تورطتا في فضائع تعذيب سجن أبو غريب قد **خضعوا الى تحقيق داخلي فقط** من قبل شركاتهم ولم يتم التحقيق معهم من قبل أي جهة أخرى, وهذا هو بخلاف ما تعهدت به حكومة الولايات المتحدة. ففي تقرير المفوضة السامية لحقوق الانسان في الامم المتحدة حول الوضع في العراق (E/CN.4/2005/4), لفتت المفوضة السامية أنتباه الولايات المتحدة الامريكية الى حقيقة توظيفهم لاعداد كبيرة جدا من الشركات الامنية الخاصة, الامر الذي يثير تسأؤلات بشأن ماهية النظام القانوني الذي ينطبق عليهم وما هي واجباتهم, فكان رد حكومة الولايات المتحدة بأن هولاء الموظفين الامنيين الخاصيين هم تحت أشراف من قوات الاحتلال (التحالف) **ويخضعون للولاية القضائية الجنائية للمحاكم الاتحادية في الولايات المتحدة!!!!!** هذه الحادثة تبين أمريين أساسيين مهمين, الاول هو أعتراف الحكومة الامريكية بأشرافها المباشر على عمل مقاولي الشركات الامنية الخاصة (وهذا شرط مهم يساعد في أعتبار عمل هذه الشركات الامنية الخاصة كشركات مرتزقة مع مسؤولية الحكومة الامريكية على محاسبة أنتهاكاتهم). والشيء الثاني الذي أكدته هو كذب الحكومة الامريكية في خضوع انتهاكات موظفي الشركات الامنية الخاصة امام الولاية القضائية للمحاكم الاتحادية الامريكية, ليس فقط في قضية جرائم تعذيب سجن ابو غريب بل حتى في جرائم قتل المدنيين مثل جريمة قتل 17 مدني عراقي في ساحة النسور في بغداد 2007.

12. 4. 7. 2. اللجنة الدولية للصليب الاحمر الدولي International Committee of the Red Cross (ICRC)

قواعد اللجنة الدولية للصليب الاحمر الدولي في تفسير اتفاقية جنيف المتعلقة بالمرتزقة, تتطلب وجود قيادة الدولة للمرتزقة, وليس قيادتهم من قبل شركتهم, ولهذا تحاول الولايات المتحدة زاعمةً ان هولاء المرتزقة هم **خارج سلطات وأوامر الجيش الامريكي** لمنع مسؤولية الحكومة الامريكية على تصرفاتهم. لهذا نظمت الحكومة الامريكية مجموعة قوانين لكي تسمح بمزاولة عمل هذه الشركات الامنية, منها قانون الاتجار الدولي في تنظيم الاسلحة (International Traffic in Arms Regulations (ITAR) التي شرعت ضمن قانون مراقبة تصدير الاسلحة (Arms Export Control Act). علماً ان الشركات الامريكية الامنية التي تريد تسويق خدماتها خارج الولايات المتحدة, فعليها التسجيل لدى مكتب مراقبة الذخائر في وزارة الخارجية (State Department's Office of Munitions Control), مع تقديم تقارير سنوية عن مجمل نشاطاتهم والعوائد منها بما يتوافق مع القانون[111].

محاسبة انتهاكات مرتزقة الشركات الامنية والعسكرية الخاصة يتبع نوع الجهة المتعاقد معها, فاذا تعاقدت وزارة الدفاع الامريكية (DoD) على خدمات مجهزي الخدمات الامنية, فهذا يعني انهم سيكونون تحت طائلة قانون العدالة خارج الاراضي (MEJA) لعام 2000. ولهذا يحّمل هذا القانون المسؤولية الجنائية فقط على المتعاقدين المدنيين مع وزارة الدفاع في حال ارتكابهم انتهاك ضد منشأت جيش الولايات المتحدة في الخارج او ضمن سيطرة قادة الجيش الامريكي في حال لم يكن هنالك اتفاق بين هذه القوات. بينما لا يحاكم هذا القانون انتهاكات متعاقدي الخدمات الامنية مع وزارة الخارجية او وكالة المخابرات المركزية الامريكية. بالاضافة الى ان المشكلة الرئيسية تكمن في تطبيق الاجراءات القانونية حتى مع من ينطبق عليهم قانون ميجا, حيث يعمل في العراق اكثر من 20000 متعاقد مع وزارة الدفاع وعلى الرغم من وجود العديد من الحالات المثبتة من الانتهاكات, الا اننا لم نشهد محاكمة متعاقد واحد وفقاُ لهذا القانون.

ورغم الاهتمام المتزايد في الحاجة لخدمات هولاء المرتزقة وكما جاء في مشروع قانون المخصصات الدفاعية للعام المالي 2005, والذي ينص ايضا على ان وزارة الدفاع الامريكية ملزمة بتشديد القيود على مجهزي الخدمات الامنية (PSPs), لهذا شرع قانون رونالد ريغان للتفويض الدفاع الوطني (Ronald W. Reagan National Defense Authorization Act), حيث تشير اللغة في القانون لعدم الارتياح من قبل الكونغرس من الوضع القانوني المظلم من أستخدام PSPs العاملة في العراق, لهذا طلب الكونغرس من وزير الدفاع ان يقدم تقرير عن النقاط التالية فيما يخص المقاولين العاملين مع القوات العسكرية:

1. تقديم وصف لمجمل التسلسل القيادي وأليات الرقابة الموجودة هناك, لضمان القيادة والاشراف على موظفي المقاول في الاوقات الامنية الحرجة.
2. تقديم وصف للعقوبات التي تفرض على موظف مقاول فشل في الامتثال لقانون أو لائحة أو شارك في سوء السلوك.
3. تقديم وصف للاجراءات التأديبية والجنائية المرفوعة ضد موظف متعاقد خلال الفترة ما بين 1 أيار (مايو) 2003 ولغاية صدور القانون هذا.
4. تقديم تفسير عن الوضع القانوني للموظفين المتعاقدين والمشاركين في مهام أمنية في العراق بعد نقل السيادة المزعومة في 28 حزيران (يونيو) 2004[(112)].

بالاضافة الى المسائل القانونية, فقد طالب الكونغرس من وزير الدفاع أن يقدم تقرير عن عدد القتلى المقاوليين بسبب نيران معادية, وعدد الحوادث بنيران معادية, وأنواع المهمات التي يعمل فيها المقاولون المسلحون, وما هي الخطط التي وضعت لضمان معرفة القادة العسكريين بكامل المعلومات حول أنشطة المقاول.

لكن ما أستغربته من هذه المعلومات هو أمرين, الاول هو طلب الكونغرس ايضا من وزير

الدفاع ان يعمل على توفير متطلبات تخص عمل المقاولين, مما يدلل على أفتقارها او انعدامها سابقاً, او عدم تنسيقها بالشكل المطلوب قبل هذا القانون, حيث طلبوا الاتي:

1. توفير وسيلة سريعة لتحديد وتمييز افراد PSP من قبل أفراد القوات المسلحة.
2. توفير وسيلة لتبادل المعلومات ذات الصلة بتهديد افراد PSP.
3. تقديم المساعدة لافراد PSP في حال أشتبكوا مع القوات المعادية.
4. التحقيق في خلفية ومؤهلات العاملين في PSP.
5. وضع قواعد لاستخدام القوة من قبل PSP وضمان التدريب الملائم وفقاً لقواعد أستخدام القوة.
6. مهام الامن والمخابرات وانفاذ القانون ومهام العدالة الجنائية هي وظائف حكومية بطبيعتها, ولا ينبغي أن يؤديها الافراد المتعاقدين.
7. وضع أجراءات لتحديد اي المهام الامنية والقانونية والاستخبارية وانفاذ العدالة التي سيتم تنفيذها من قبل أفراد عسكريين واي منها التي سوف يتم تنفيذها من قبل شركة خاصة.
8. أستدعاء سلطته الدستورية كقائد أعلى للقوات المسلحة الى الاشراف على وحدوية السلطة التنفيذية

لكن الرئيس الامريكي بوش أعترض على العديد من هذه المتطلبات التي يفرضها قانون تفويض الدفاع لعام 2005, وهو الامر الثاني الذي استغربته, لكون الرئيس بوش يعلم جيداً من ان هذه المتطلبات ستعطي للحكومة الامريكية الاشراف المباشر على عمل المقاوليين وبالتالي سيساعد ذلك على أنطباق صفة المرتزقة على المقاوليين الامنيين والعسكريين الامريكيين.

في حزيران (مايو) 2005, قامت وزارة الدفاع الامريكية بنشر مجموعة جديدة من اللوائح للمقاوليين في ملحق تنظيم اكتساب الدفاع الفيدرالي (Defense Federal Acquisition Regulation Supplement). هذه اللوائح كشفت حقيقة وضعية عمل وسلوك المقاوليين والمشاكل المتداولة بينهم وبين الجيش الامريكي, لهذا فأن اللوائح تمثل محاولة لتحسين التنسيق بين المقاوليين من جهة والعسكريين من جهة أخرى, من خلال نشر وتشديد القيود المفروضة على أنشطة المقاول. حيث تطلب اللوائح من المقاوليين ألامتثال الى جميع قوانين الولايات المتحدة والدولة المضيفة والاوامر الصادرة عن القائد العسكري(combatant commander), والزام المقاول على أجراء الفحص الطبي والامني على موظفيه, ومنح الضابط المقاول (contracting officer) الصلاحية لازالة موظفي المتعاقد (contractor employees) الذين يعرضون قواتهم للخطر او يتداخلون مع انجاز المهمة, ومنع المقاوليين من أرتداء الزي العسكري مالم يأذن به القائد العسكري (وبشرط أن تكون موحدة وتميز بوضوح موظفي المقاول من الافراد العسكريين). كما تنص اللوائح على أن يقوم القائد العسكري بتوفير قوة حماية لجميع أفراد وتجهيزات المقاول (لكن اللوائح لا تتضمن توفير الحماية للمتعاقدين مع جهات خارج وزارة الدفاع)[70].

هذه اللوائح تدل بما لا يقبل الشك على ان العكس من هذه التعليمات هو ما كان سائداً قبل أصدار هذه اللوائح, مما يعني أن حوادث مرتزقة الشركات الامنية قبل المعركة الاولى وخلال

المعركة الثانية كانت فوضى شريعة الغاب في بلد محتل !!! حيث عدم الوضوح في العلاقة او المهام بين المقاوليين والعسكريين. مما يعني أن أفعالهم ولباسهم وصلاحياتهم او طريقة عملهم هي التي قادت لاستهدافهم كمقاتلين قبل معركة الفلوجة الاولى.

ومن جانب أخر يعترف Major Kevin Collins (2006) بان اللغة التمهيدية في اللوائح تخلط بين الوضع القانوني للمقاوليين وفشلها في توضيح مهمة العديد من PSPs التي تنص أنهم ليسوا مقاتلين ولا يتخذون اي مهمة من هذا القبيل مثل أستخدام القوة, أو تعريض وضعهم للخطر. خصوصاً أن اللوائح تمنع المقاوليين من المشاركة المباشرة في أي أعمال قد تسبب ضرر لقوات العدو المسلحة. يعني لغة اللوائح فشلت ليس فقط في الاعتراف بدور PSPs, ولكن ايضا تجاهل لطبيعة العدو في بيئة العمل المعاصرة. كما يعترف الضابط Collins بأن أتساع المشكلة الامنية بسبب ازدياد المقاومة هي التي دفعت سلطة الاحتلال بقيادة بول بريمر الى **زيادة اعتمادها على PSPs في تنفيذ المهام الامنية** !!!! لان مذكرة التفاهم بين وزارتي الدفاع والخارجية الامريكية تعطي السفير بول بريمر المسؤولية عن أمن جميع موظفي السلطة التنفيذية والعاملين في وزارة الدفاع, أو تقديم الدعم المباشر المخصص لوزارة الخارجية [70].

المشاكل التنسيقية في التعاون بين الهيئات العسكرية والمقاوليين المدنيين ولدت عداء عميق بينهم بسبب بعض الحوادث العدائية من قبل المقاوليين ضد اشخاص عسكريين, وحساسية فارق الرواتب بينهم, حيث يتقاضى موظف PSP راتباً قد يصل الى الفي دولار في اليوم مقارنة مع مختلف الرتب العسكرية التي تتقاضى ما بين 25 – 100 دولار في اليوم, وموظفي PSP يعملون ضمن فراغ قانوني بسبب عدم وضوح الولاية القضائية عليهم في حال ارتكبوا انتهاكات[116,70].

وبعد ان قامت عوائل المقاوليين الامريكيين الاربعة الذين قتلوا في الفلوجة (2004) برفع دعاوي في ولاية كارولينا الشمالية عن وفاة غير مشروعة ضد شركة بلاكووتر, ثم تناول الكونغرس الامريكي لهذه القضية ضمن مناقشاته, فصدر في عام 2007 قانون تفويض الدفاع الوطني (National Defense Authorization Act) الذي اعطى الحق في محاكمة الشركات الامنية الخاصة العاملة مع الولايات المتحدة ضمن عمليات الطوارىء الخارجية وفقاً للقانون الموحد للقضاء العسكري (Uniform Code of Military Justice)[216].

في 25 أب(أغسطس) من عام 2008 أعترف تقرير للكونغرس الامريكي[85] بوجود مخاوف عدة ومصدر قلق حول شفافية عمل المقاوليين الامنيين الامريكيين في العراق ومسألة نقص الاجراءات من اجل محاسبتهم حول اي انتهاك يرتكبوه بموجب القضاء الامريكي او حتى القضاء الاجنبي, مع عدم وجود معلومات كاملة عن شروط العقد بما يشمل تكاليفها والمعايير التي تحكم التوظيف والاداء مما يجعل من الصعب تقييم فعاليتها. وبالرغم من أشارة التقرير الى ان هولاء ليسوا مقاتلين(non –combatants) وليس لديهم حماية المقاتل بموجب القانون الدولي في حال شاركوا باعمال عدائية(hostilities), لكنهم يرجعون فيقولون ان القسم 552 من قانون جون وارنر لتفويض الدفاع الوطني(John Warner National

(P.L. 109-364) والمعروفة اختصاراً(Defense Authorization Act for FY2007) يجعل المتعاقدين العسكريين يتبعون سلطة المحاكم العسكرية. لكن بسبب المخاوف الدستورية, على ما يبدو من المرجح أن المقاولين الذين يرتكبون جرائم في العراق سيحاكمون بموجب القوانين الجنائية التي تنطبق خارج أراضيها أو داخل الولاية البحرية الاقليمية للولايات المتحدة الامريكية, أو عن طريق قانون الاختصاص القضائي الخارجي (ميجا). بينما يعترف نفس التقرير بعدم امتلاك المحاكم العراقية لاي سلطة او ولاية قضائية من اجل مقاضاة المقاوليين الامنيين من دون الحصول على اذن مسبق من البلد العضو ذات الصلة ضمن قوات التحالف المحتلة بسبب استمرار سريان أوامر سلطة بريمر الحاكم المدني للاحتلال المسمى (CPA) والتي تمنع اي ولاية القضائية للمحاكم العراقية (مما يعني ان الولاية الجنائية يجب ان تكون في البلد المرسل للمقاول المرتزقة, او البلد الاصلي له). والاشارة الاخطر في هذا التقرير هو ان بعض المقاولين بما فيهم العاملين مع وزارة الخارجية, ربما يبقون خارج سلطة القضاء الامريكي سواء كان المدني او العسكري من اجل التصرف الغير لائق (for improper conduct) في العراق!!!!, مع اعترافهم ان هذا التقرير لا يشمل المقاوليين الخاصيين الذين يعملون على جمع معلومات أستخبارية من السجناء بالرغم من انهم ايضا مقاوليين مسلحين. وفي اعتراف امريكي اخر بحسب تقرير مكتب الكونغرس الامريكي للميزانية (Congressional Budget Office) للفترة ما بين 2003-2007 فأن عدد المقاوليين الخاصيين للمقاولات الامريكية في العراق حتى بداية عام 2008 كانوا بحدود 190000 الف, منهم 40% من كوادر المقاوليين الخاصيين كانوا عراقيين و20% منهم كانوا امريكيي الجنسية, مما يعني ان 40% المتبقية هم من جنسية ثالثة (38,700 من حملة الجنسية الامريكية, و70,500 من الجنسية المحلية للبلد, 81,000 من جنسية ثالثة). ويكفي الاشارة الى ان هذا التقرير الحكومي قد أكد استخدام الحكومة الامريكية للمقاوليين الخاصيين في عملياتها العسكرية في العراق باكثر من 2.5 ضعف ما استخدموه سابقا وخصوصا في حرب البلقان الاخيرة 1990 (حيث استخدموا 20 الف عسكري مقابل 20 الف مقاول مدني, بينما في العراق كان 200 الف مقاتل مقابل 190 الف مقاول مدني)[287].

ان جرائم التعذيب من قبل هولاء المقاولين المرتزقة ضد المعتقليين المدنيين العراقيين هو انتهاك صريح لبنود اتفاقيات جنيف الاربعة لعام 1949 والمتعلقة بمعاملة أسرى الحرب والمدنيين والمحتجزين, كما ان لوائح لاهاي تحدد وضع المعتقلين, ومسؤولية الدولة في علاجهم. كذلك فان العهد(Covenant) الدولي الخاص بالحقوق المدنية والسياسية تمنع المعاملة القاسية (cruel) او اللاانسانية (inhuman), او المهينة (degrading). كما تنتهك حالات التعذيب هذه اعلان الامم المتحدة لحقوق الانسان (U.N. Declaration) واتفاقية الامم المتحدة لمناهضة التعذيب (U.N. Convention Against Torture) CAT. بالاضافة الى انتهاكها القانونين الفيدراليين الامريكيين لجرائم الحرب (War Crimes Act) لسنة 1996, ولحماية ضحايا التعذيب(Torture Victim Protection Act)[86].

لكن يبقى الاهم وهو غياب التطبيق ووجود أجراءات ولوائح بما يحول دون أقامة دعاوي ضد المقاوليين الامريكيين او افراد الجيش الامريكي الذين ارتكبوا جرائم التعذيب, مما يبقي الالاف من الضحايا العراقيين الذين تضرروا من جراء الاعتقال العشوائي ومن دون توجيه تهمة لهم, وأطلق سراحهم من دون اي تعويض مادي او حتى تأهيل نفسي يساعدهم على عبور أثار هذه الجرائم, مما يشكلّ ركن هام من اجل أقامة محكمة جنائية دولية حول الضحايا العراقيين من الاحتلال الامريكي.

لقد وسعت الولايات المتحدة الامريكية من مهام عمل المرتزقة المرافقين لقواتها المحتلة ليشمل مهام قتالية لجيش ثاني بما يخالف اتفاقيات جنيف لعام 1949. ولهذا نرى الاعترافات الامريكية في البحوث الاخيرة تؤكد على التنسيق المسبق لدور المقاوليين الامنيين مع قوات المهام المشتركة سيخفف من اعباء المهمات القتالية لجيش الولايات المتحدة[77,78]. ومن الدلائل الاخرى على مقدرة مرتزقة الشركات الامنية في الافلات من العقوبة, نرى ان التحقيق العسكري الامريكي قد أثبت بعد العثور على فديو يصور حالة اغتصاب لامراءة بوسنية من قبل المتعاقدين المدنيين لشركة (DynCorp) في احد القواعد العسكرية الامريكية في البوسنة سنة 1999, الا انهم استطاعوا الافلات من القضاء لعدم خضوعهم للمحاسبة من قبل القانون الموحد للقضاء العسكري (Uniform Code of Military Justice) وعدم امكانية اخضاعهم للقضاء البوسني المحلي المعطل كمثل حال القضاء العراقي الذي منع من النظر في مثل هذه القضايا. لكن الكونغرس الامريكي حاول اعطاء صورة جديدة فقام بتوسيع صلاحيات قانون (UCMJ) في خريف 2007 ضمن نطاق عمليات الطوارئ (contingency operations) او خلال فترة الحروب المعلنة. حيث ذكرت السيناتورة الامريكية التي حثت هذا التعديل (Sen. Lindsey Graham) وبان هذا التعديل سيعطي القادة العسكريين الامريكيين المزيد من العدالة والوسائل الكفيلة بجلب المقاوليين المدنيين امام المحاكم العسكرية [164].

ومن واجب الدول محاكمة مرتكبي جرائم الحرب في محاكمها, وتلتزم ايضا الدول بمعاقبة مرتكبي جرائم الحرب بغض النظر عن جنسيتهم او اين ارتكبت الجريمة. فبغض النظر عن مستوى المسؤولية الفردية, فان الدولة وسلطاتها تبقى مسؤولة قانونياً بموجب القانون الدولي من اجل محاكمتهم ومنع الافلات من العقوبة[71]. لقد خالفت الولايات المتحدة التزاماتها الدولية الملزمة بمعاملة السجناء بالصورة اللائقة خصوصاً مع عدم توجيه اي اتهام لهم طوال فترة اعتقالهم في سجون الاحتلال, مما يؤجب احقية المطالبة بتعويضات مناسبة وموازية للضرر النفسي والجسدي الذي أصابهم.

لقد تمتع المقاوليين المدنيين والعسكرين الامريكان بالحماية القانونية والحصانة من المحاكمة بموجب القانون العراقي وفقاً للقرار 17 من سلطة الحاكم المدني للاحتلال المسماة (CPA), لان هذا الوضع يتفق مع صلاحيات الولايات المتحدة **كقوة محتلة** بموجب لوائح لاهاي 1907

واتفاقيات جنيف[70]. وللاسف أستمرت هذه الحصانة حتى بعد نقل السيادة والسلطة المزعومة الى حين ارتكاب مجزرة ساحة النسور وقتل 17 مدني عراقي من قبل مرتزقة شركة بلاك ووتر. لكن هذا النوع من الجرائم الجدية كجرائم الحرب والتعذيب فان الولاية القضائية الدولية "universal jurisdiction" تنطبق عليها ويمكن لاي دولة محاكمة مرتكبيها ولن تحميهم اتفاقيات الحصانة [71].

لكن الغريب في الامر الاداري المرقم 17 لسلطة الاحتلال المؤقتة (Memorandum No. 17) كانت تمنع المقاولين الامنيين من المشاركة في العمليات العسكرية او عمليات أنفاذ القانون, مع تقييدهم من أمتلاك الاسلحة الثقيلة واقتصارها على سلاح 7.62 ملمتر او أقل. لكن في نفس الوقت هم يتبعون نفس قواعد سلوك قوات الاحتلال في استخدام القوة [70] مما يجعلهم بصفة المقاتليين!!!.

ووفقاً لاتفاقيات جنيف 1949 التي تميز بين أفراد القوات المسلحة (المقاتلين) والمدنيين الذين يسمح لهم بمرافقة هذه القوات لغرض تقديم المساعدة المدنية والانسانية فقط من دون الاشتراك في الاعمال العسكرية التي سوف تسقط عنهم الحماية الدولية وفقاً لهذه الاتفاقيات.

12. 4. 7. 3. هيومن رايتس ووتش Human Rights Watch

ان محاكمة المدنيين الامريكيين المتورطين بجرائم حرب وتعذيب في العراق ممكنة ايضا في محاكم الولايات المتحدة الامريكية, لان محاكمتهم في المحاكم العسكرية الامريكية لا يمكن الا اذا وقعت الجريمة خلال فترة الحرب المعلنة (دليل القانون الموحد للقضاء العسكري الامريكي Uniform Code of Military Justice). علماً ان شركة المقاول الامني هي المسؤولة عن جرائم المقاول الامني وليس ادارة الجيش المحتل[71].

1. وفقاً للقانون الاتحادي (الفيدرالي) الامريكي, فهناك قانون جرائم الحرب الأمريكي U.S. War Crimes Act لعام 1996 (U.S.C. 2441 18) والذي بموجبه فان المقاول الامني الامريكي يمكن مقاضاته امام القضاء الامريكي في حال ارتكب جريمة من جرائم الحرب مثل اي مخالفة جسيمة لاتفاقيات جنيف 1949 (مثل التعذيب torture, والمعاملة اللاانسانية inhuman treatment) أو أي انتهاك للمادة 3 المشتركة بين كل اتفاقيات جنيف (التي لا تشمل فقط التعذيب, ولكن ايضا الاعتداء على الكرامة الشخصية outrages upon personal dignity, او المعاملة المذلة والمهينة humiliating and degrading treatment). تشمل العقوبات في القانون الامريكي غرامات مالية او السجن المؤبد او اي فترة من السجن, او عقوبة الاعدام في حال نتج وفاة للضحية بسبب التعذيب او المعاملة المذلة.

2. بينما المقاوليين المدنيين الذين يعملون بصفة محققين عسكريين (military interrogators) فيمكن مقاضاتهم بموجب قانون مكافحة التعذيب الفيدرالي the federal anti-torture statute (18 U.S.C. 2340) الذي يحظر التعذيب من قبل اي شخص يرتكب عملاً من اعمال التعذيب خارج الولايات المتحدة. ويمكن سجن اي مقاول يدان بتهمة التعذيب الى فترة عقوبة قد تصل الى 20 سنة او حتى الاعدام في حال ادى التعذيب الى وفاة الضحية.

3. ويمكن محاسبة المقاوليين المتعاقدين للعمل لحساب وزارة الدفاع الامريكية بموجب قانون الاختصاص القضائي الخارجي Military Extraterritorial Jurisdiction Act لعام 2000 (Public Law 106-778) المختصر باسم (MEJA) الذي يعطي وزارة العدل الامريكية صلاحية جلب المقاوليين المدنيين الامريكيين امام القضاء المدني الامريكي في حال ارتكابهم لجرائم خارج الولايات المتحدة[164]. وبالرغم من ان هذا القانون صدر في المقام الاول من اجل حماية الجنود الامريكيين وعوائلهم في القواعد الامريكية بعد ان تعرضوا لجرائم من قبل متعاقدين (مقاوليين) عسكريين لديهم الحصانة من الملاحقة القضائية. هذا القانون يسمح برفع الدعاوي في المحاكم الاتحادية في الولايات المتحدة للمدنيين الذين كانوا برفقة القوات الامريكية في الخارج حول ارتكاب جرائم محددة (جرائم فيدرالية) يعاقب عليها بالسجن لمدة اكثر من سنة واحدة. ويخول هذا القانون وزير الدفاع الامريكي لانفاذ القانون على موظفي الوزارة والقبض على المشتبه بهم وجلبهم الى الولايات المتحدة, بشرط ان الملاحقات القضائية ستتم بموجب قانون الاختصاص القضائي الخارجي من قبل السلطات المدنية الاتحادية, لان وزارة الدفاع لم تصدر اللائحة التنفيذية التي يتطلبها القانون. ومع ذلك تم جلب اثنين على الاقل من الحالات تحت سلطة قانون ميجا قبل ان يتم تحجيمه في 29 ايلول (سبتمبر) 2004. ففي تموز (يوليو) 2004 تم اسقاط التهمة من قبل المحلفين عن الزوج الرقيب الجوي الذي طعن زوجته حتى الموت في قاعدة امريكية في تركيا. والحالة الثانية كانت اتهام المقاول الذي يعمل لحساب وكالة المخابرات المركزية الامريكية ديفيد باسارو (David Passaro) لارتكابه اعمال تعذيب بواسطة سلاح خطر في قاعدة اسد اباد في افغانستان. وبالرغم من ان قانون ميجا لا يوفر الولاية القضائية على غير المتعاقدين مع وزارة الدفاع الامريكية, الا ان حكومة الولاية الامريكية اكدت الولاية القضائية بموجب الفقرة (A)(9)7(section) من القسم 18 (Title) من قانون (code) الولايات المتحدة الامريكية, الذي يوسع الولاية القضائية الاتحادية الى البعثات الدبلوماسية والقنصلية والعسكرية للولايات المتحدة في الخارج[70]. لكن المشكلة بحسب Peter Singer المتخصص بشؤون المرتزقة والشركات الامنية الخاصة, من ان وزارة العدل الامريكية لم تستخدم هذا القانون او تعمل على تطبيقه الا نادراً, بينما يفضل مجلس الخدمات

المحترفة (Proffisional Services Council) توسيع قانون MEJA بدلاً من توسيع قانون UCMJ[164].

ومن وجهة نظر الهيومن رايتس واتش (Human Rights Watch) ترى انه من الممكن مقاضاة المتعاقدين الاخرين في المحاكم الفيدرالية الامريكية, على أساس ان الفعل المزعوم وقع في قاعدة عسكرية امريكية في الخارج, ولان في العراق كان ولا يزال فيه العديد من المتعاقدين الذين لا يعملون مع وزارة الدفاع الامريكية بل مع وزارة الداخلية[70].

12. 4. 7. 4. مركز الحريات الدستورية الامريكي Center for Constitutional Rights

في شكواه المقدمة باسم احد الضحايا المدنيين العراقيين امام احد المحاكم الامريكية[288], بيّن محاميّ مركز الحريات الدستورية الامريكي ان عناصر شركة بلاك ووتر الامريكية قد ارتكبوا انتهاكاً للقانون الامريكي نفسه, عبر ارتكابهم للافعال التالية:

1. عملها وفق نمط متهور (recklessness) في استخدام القوة القاتلة (deadly force).
2. لم تعمل فقط على أنشاء او تعزيز ثقافة الاستخدام المفرط للقوة المميته, بل تعدته الى عدم التحقيق في الجرائم ناهيك عن اتخاذ عقوبات على موظفيها المخالفين.
3. كانت ترسل بشكل روتيني رماة مدججين بالسلاح(heavily-armed shooters) الى شوارع بغداد وهي تعلم ان بعض هولاء الرماة هم تحت التاثير الكيميائي للستيرويد (steroids) او العناصر المنشطة الاخرى.
4. كونها تعرف ان 25% او اكثر من الرماة يتناولون المنشطات الكيميائية, لكنها فشلت في اتخاذ الخطوات الفعالة لوقف تعاطي هذه الادوية (drug).
5. عدم اجراءها لاي اختبار للمخدرات (drug-testing) على هولاء الرماة قبل ارسالهم مجهزين في هذه المهمات.
6. تاكيد وصف ضابط امريكي برتبة عقيد (lieutenant colonel) يخدم في العراق اثناء تصريح صحفي مع مراسل صحيفة (Washington Post) بان مرتزقة بلاك ووتر هم رماة غير ناضجين, ولديهم أصابع تضغط بسرعة جدا على الزناد, لهذا يميلون لاطلاق النار اولاً ومن ثم يطرحون الاسئلة لاحقاً. وأضاف تصريح لقائد عسكري امريكي اخر لنفس الصحيفة, بان هولاء الرماة يتصرفون كرعاة بقر ولديهم سجل في التهور (record of recklessness).

7. قدمت شركة بلاك ووتر بيانات للجنة الرقابة والاصلاح الحكومي (Oversight and Government Reform) التابعة للكونغرس الامريكي حول حدوث 437 حادثاً داخلياً وقعت في العراق, مما يكشف استخدام مرتزقة هذه الشركة للقوة المفرطة وغير الضرورية باستمرار والتي نتج عنها وفيات وأصابات واضرار بالممتلكات غير ضرورية.

8. أفعال مرتزقة بلاك ووتر تدخل في خانة الاعمال الوقائية والهجومية (preemptive and offensive) بدلاً من الدفاع, مستعملة القوة المميتة. ووفقاً للتقارير الداخلية للشركة فان 84% من الحوادث كان مرتزقة الشركة هم من يبدءون باطلاق النار بدون مبرر.

9. الحوادث الاخيرة في شهر سبتمبر من عام 2007 قد بينت ان اطلاق النار المميت على المدنيين الابرياء كان يصاحبه اطلاق النار من قبل طائرات الهليكوبتر الخاصة للمرتزقة ايضا مما سببّ خلال اسبوع واحد من هذا الشهر فقط في أصابة 43 مدني بريء, استشهد منهم 21 شخص. ومن الحوادث الاخرى التي غطتها صحيفة النيبورك تايمز (The New York Times) مقتل احد الحراس الشخصيين لاحد السياسيين العراقيين من قبل احد مرتزقة بلاك ووتر واسمه (Andrew J. Moonen) بواسطة اطلاق النار من مسدس نوع (Glock) عيار 9 ملم والاصابة في وجه الضحية من مسافة قريبة جدا. وكذلك في يوم 25 حزيران 2005, اطلق مرتزقة بلاك ووتر النار على صدر شخص بريء كان يقف على الشارع وارديوه قتيلاً, وهو والد لستة اطفال, ولم تنجح شركة بلاك ووتر في توثيق الحادث في البداية لكنها حاولت التغطية عليه لاحقاً.

10. محاولة شركة بلاك ووتر التستر على العديد من قضايا قتل المدنيين الابرياء بواسطة رماتها المرتزقة من دون سبب, عبر تقديم مبالغ مالية متواضعة (modest sums) لعوائل الضحايا العراقيين.

11. تقارير الشركة المقدمة للجنة الكونغرس الامريكي كشفت على ان رماة الشركة كانوا يفتحون النار باستمرار من على سيارات متحركة اثناء تجولهم من دون التوقف لمعرفة اذا كان هنالك ضحايا ام لا. كما وكشفت هذه التقارير حول فشل مرتزقة الشركة في توثيق حوادث الاستخدام الغير مشروع للقوة, وكذبها الدائم حول الاستخدام المفرط للقوة.

12. من الاستنتاج المنطقي لتقارير الشركة المقدمة للجنة الكونغرس الامريكي هو اعطاء البيانات الغير حقيقية لمجمل الحوادث التي ارتكبها مرتزقة الشركة في العراق بحسب موظفين اثنين سابقين من الشركة صرحوا بذلك لصحيفة الواشنطن بوست

(Washington Post), ففي تاكيد لاحد هذين الرماة السابقين للشركة, فان فريقه المكون من 20 مرتزقاً كان يرتكب 4-5 حوادث اطلاق نار اسبوعياً على سبيل المثال, مما يؤكد عدم مصداقية الرقم الكلي المقدم من الشركة الى لجنة الكونغرس حول مجمل حوادثها في العراق.

13. ارباح شركة بلاك ووتر المالية كانت متأتية من نمط وممارسة إساءة استخدام القوة المميتة.

14. عدم مقتل اي مسؤول او موظف امريكي حكومي كان تحت حماية مرتزقة شركة بلاك ووتر مما يبين ان لديهم الرغبة في قتل الناس الابرياء لتكون ميزة استرتيجية للشركة تميزها عن بقية الشركات الامنية الاخرى وتضعها فوقهم. وهذا يقود الى الاستنتاج الاخطر في كون استعداد مرتزقة هذه الشركة على قتل المارة الابرياء من اجل الحفاظ على احصائيات بدون مقتل اي موظف حكومي تحت حمايتها لاغراض دعائية بين سوق الشركات الامنية. وعلى هذا الاساس فهي تستفيد مالياً من قتل الناس المارة الابرياء.

15. بالاضافة الى استخدامها لمرتزقة من المعروف عنهم استخدامهم للمنشطات والمخدرات, الا انها وظفت ايضا مسؤولين عسكريين سابقين كمرتزقة بالرغم من انهم قد يكونوا قد شاركوا في انتهاكات حقوق الانسان في شيلي (Chile), وهذا يقود الى الاستنتاج المنطقي كون بلاك ووتر جندت مرتزقة من القوات الخاصة الشيلية ممن منحوا العفو من العقوبة مقابل عدم انخراطهم باي انشطة عسكرية او امنية في شيلي.

16. الاستنتاج المنطقي من المرجح ان شركة بلاك ووتر قد تعاقدت مع مرتزقة من الفلبين وشيلي والنيبال وكولومبيا والاكوادور والسلفادور والهندوراس وبنما وبيرو وبلغاريا وبولندا ورومانيا والاردن وربما ايضا من جنوب افريقيا. مما يجعل هذه الشركة مع هذا التعاقد مخالفة لقوانين هذه البلدان التي تمنع العمل كمرتزقة.

17. احتفاظ شركة بلاك ووتر بعدد كافي من المرتزقة لتكون قادرة على توفير جيش خاص لاي مشتر يحتاج هذا الجيش. ففي عام 2003 قال رئيس شركة بلاك ووتر (Gary Jackson) معلناً الرؤية العملية لهذه الشركة قائلاً (أود أن تكون شركتنا كأكبر وأكثر جيش مهني خاص في العالم). وفي مؤتمر عقد في العاصمة الاردنية عمان في أذار من عام 2003, أعلن المدير التنفيذي للشركة (ان شركة بلاك ووتر قادرة على نشر قوة بحجم لواء (brigade-sized force) خاص في اي منطقة نزاع).

18. الشركة نفسها بدءت تحقيق داخلي حول التورط في تهريب (smuggling) اسلحة الى داخل العراق ووصولها الى ايدي جماعات تعتبر ارهابية وفقاً للحكومة الامريكية.

19. بالرغم من ان شركة بلاك ووتر قد حصلت على اكثر من مليار دولار امريكي من الحكومة الامريكية خلال الفترة ما بين 2001-2006, الا انها فشلت وبصورة متكررة ومستمرة من ان تنتهك قانون الحرب, او قوانين الولايات المتحدة الامريكية, او القانون الدولي.

20. الاعتراف بدفع الحكومة الامريكية لكل هذه المبالغ لشركة بلاك ووتر من اجل ان تكون قادرة على التصرف وتقديم خدماتها بصورة قانونية, لكن الحقيقة انها كانت تتصرف خارج نطاق القانون وتوفر المرتزقة المدججين بالاسلحة والذين يعملون على خرق قوانين الولايات المتحدة والدولة المضيفة (العراق).

21. ان شركة بلاك ووتر لا تملك صيغة عقد صحيح (VALID) قانونياً مع حكومة الولايات المتحدة بسبب وجود قانونين (,The Anti-Pinkerton Act و .5 U.S.C 1803 §) اللذين يمنعان ويحضران على حكومة الولايات المتحدة من التعاقد مع الاشخاص الذين تستخدمهم وكالات بنكرتون الاستخبارية (Pinkerton Detective Agency) او المنظمات المشابهه لها (similar organization), وهنا ينطبق على بلاك ووتر تشابهها مع هكذا مؤسسات, والتي تعني اي مؤسسات مرتزقة او مشابهه للمرتزقة. وعلى هذا الاساس فهي تفتقر الى العلاقة الصالحة قانونياً مع حكومة الولايات المتحدة.

22. وفقاً لقانون امريكي يدعى الين تورت (Alien Tort Statute) او ما يسمى ايضا (28 .1350U.S.C §)[289] او قانون طلب تعويضات الاجانب, فان جرائم مرتزقة شركة بلاك ووتر في قتل وجرح المدنيين الابرياء بصورة متعمدة ووحشية وخبيثة وقمعية هي دلائل على وقوع جريمة حرب (war crimes).

في 27 يونيو 2011 رفضت المحكمة العليا في الولايات المتحدة الاستماع الى الدعاوى القضائية من قبل مجموعة من 250 من العراقيين الذين يريدون مقاضاة اثنين من المتعاقدين CACI الدولية وشركة تيتان كورب (الآن إحدى الشركات التابعة لL-3 للاتصالات) بشأن مزاعم سوء معاملة من قبل هولاء المحققين والمترجمين في سجن ابو غريب خلال عامي 2003 و2004 (رفع دعوى في مسألة ما إذا كان المتعاقدين من القطاع الخاص وظف من قبل الجيش الأمريكي لأداء خدمات في منطقة حرب قد يخضعون للمساءلة بتهمة المشاركة في أعمال التعذيب وغيرها من جرائم الحرب.). وقد رفضت الدعاوى من قبل اغلبية القضاة الثلاثة (اثنين مقابل واحد) بحجة ان الذي حدث هو نشاط يخدم القوات المسلحة ضمن ما يعرف بالاستباق لساحة المعركة " battlefield preemption". قضت محكمة الاستئناف أيضا أن المعتقلين العراقيين السابقين لم يكونوا منطبق على حالتهم قانون الين تورت Alien Tort Statute لرفع دعوى

قضائية أمام محكمة أمريكية تسعى لفرض انتهاكا لقانون الأمم. وقال القضاة أنه على الرغم من التعذيب المرتكبة من قبل الحكومة هو انتهاك لقواعد دولية، لكن نفس الفعل من قبل مقاول خاص هو ليس كذلك. الاختلاف بين القضاة الثلاثة كان واضحاً, فاحد القضاة الرافضين لقبول النظر بالدعوة (Laurence Silberman) مدعياً ان الكونغرس الامريكي عندما أنشأ هذا القانون للمقيمين في امريكا لمقاضاة الحكومات الاجنبية في حال ارتكابها لجريمة التعذيب, وان القانون الفيدرالي استبعد إمكانية رفع دعوى مماثلة ضد المسؤولين العسكريين الأميركيين في الخارج، أو الأفراد العاملين مع حكومة الولايات المتحدة في الخارج. بينما ردّ قاضي محكمة الاستئناف المؤيد لقبول الدعوة القاضي ميريك جارلاند (Merrick Garland) قائلاً "ليس هنالك من قانون في الكونغرس ولا شروط قضائية سابقاً يتطلبها المدعين في مقاضاة المتعاقدين من القطاع الخاص - سواء كانوا جنود او موظفي الحكومة المدنيين"[527]

هذه الحادثة وهذا القرار الغير متكافئ يؤكد وجود طرفي نزاع داخل القضاء الامريكي مع وجود هذه الثغرات التي تعطي الحق للضحايا الاجانب في مقاضاة مرتزقة الشركات الامنية والعسكرية الامريكية. هنا ستبرز الحاجة الملحة لمسألتين مهمتين:

1. أهمية الخبرة القانونية الكبيرة في تشجيع الطرف القضائي الامريكي المتعاطف في النظر في قضايا الانتهاكات.
2. أهمية أعتماد سياسة النفس الطويل عبر القضاء الامريكي ومحاولة كافة الابواب الممكنة ومهما طالت القضية.

ومن أجل فهم اوسع لحقيقة العدالة وتطبيقات القضاء في الولايات المتحدة فيما يخص ضحايا الحرب من شعبنا العراقي فسأورد بعض الامثلة لما جرى في قضيتي قتل أسرى الفلوجة وقتل المدنيين العزل في حديثة.

12. 4. 8. جرائم الحرب في قتل الاسرى والمدنيين أثناء النزاعات المسلحة

12. 4. 8. 1. جريمة الحرب في قتل الاسرى في مدينة الفلوجة

بالرغم من ان السرجنت السابق خوزيه لويس نازاريو جونيور (Former sergeant Jose L. Nazario Jr.) متهم بذبح اثنين من أربعة معتقلين عراقيين في اليوم الثاني من العركة الثانية في الفلوجة, وكان من المفترض ان يواجه عقوبة تصل الى 10 سنوات في السجن عبر محكمة فيدرالية لانه لم يعد يعمل في سلاح مشاة البحرية الامريكية, وبالتالي لم يعد خاضعاً للقانون الموحد للقضاء العسكري[72]. لكن في 28 أب (اوغسطس) 2008 وجدت المحكمة

الفيدرالية في كاليفورنيا وبعد ستة ساعات من المداولات, لتعلن هيئة المحلفين براءته من تهمة القتل دون وجه حق (unlawfully killed), او أنه كان قد أمر اعضاء فريقه ليقتلوا المعتقلين الاربعة[92]. ولان الجنديين الاخرين من المارينز والمشتركين في الجريمة والذين لا زالوا في الخدمة العسكرية, رفضوا ان يعطوا شهادتهم في هذه القضية على الرغم من الحصانة التي يتمتعون بها, ورغم اعتبار القاضي الفيدرالي بانهم قد احتقروا المحكمة (contempt) عبر رفضهم الادلاء بشهاداتهم[92].

بينما في 7 كانون الثاني (ديسمبر) 2007 اعادت قوات مشاة البحرية الامريكية تقديم اتهامها بالقتل والتقصير في أداء الواجب ضد الرقيب (المستمر في الخدمة العسكرية) جيرمين نيلسون (Sgt. Jermaine Nelson), الذي أتهم بالمشاركة في قتل احد المعتقلين الاربعة في الفلوجة ضمن قضية نازاريو. وهو يواجه عقوبة قد تصل الى السجن مدى الحياة في حال ادانته, بعد ان كان سلاح مشاة البحرية الامريكية كان قد وجه تهمة القتل العمد الى نيلسون منذ سبتمبر 2007 لكن اللفتنانت جنرال جيمس ماتيس (Lt. Gen. James Mattis) والفرقة العسكرية (Camp Pendleton) امرت بسحب التهمة ضد جيرمين من اجل اعادة التحقيق, علماً ان التهمة الموجهة بالتقصير هي بسبب انتهاكه القواعد المتعلقة بمعاملة اسرى العدو وقوانين الصراع المسلح[72].

قضية محاكمة الجنود الامريكيين على جرائمهم في الفلوجة تثير العديد من المسائل القانونية. فاحد الجنود يحاكم امام محكمة مدنية بينما الاخر امام محكمة عسكرية, في حين يتهم كلاهما بنفس الافعال أساساً, لكن العقوبات التي سيواجهونها مختلفة بشكل جذري في حال تم أدانتهم!!!

هذه الجريمة مع جريمة أعدام الاسير الجريح في أحد مساجد الفلوجة هي جرائم حرب بسبب تسلسلها مع الكثير من الجرائم الاخرى. كما ان إعدام المقاتلين والجرحى العزل يخالف المادة الثالثة من اتفاقية جنيف الخاصة بمعاملة أسرى الحرب، والتي تنص في جزء منها على أن" الأشخاص الذين لا يشتركون مباشرة في الأعمال العدائية، بمن فيهم أفراد القوات المسلحة وقد سلموا سلاحهم, او أولئك العاجزون عن القتال بسبب المرض أو الجرح أو الاحتجاز أو لأي سبب آخر، يعاملون في جميع الأحوال معاملة إنسانية. والاخطر من ذلك كان ما كشفه أحد الصحفيين الامريكيين (Evan Wright) بأن وجدّ ان تدريب مشاة البحرية الامريكية يتضمن في احد دروسه القتالية على اعدام الجرحى المقاتلين وفقاً لما يسمونه في تدريباتهم بالتدقيق للميت (dead-checking)[109].

12. 4. 8. 2. جريمة الحرب في قتل المدنيين في مدينة حديثة

أن نتائج التحقيقات العسكرية الامريكية قد اشارت حينها بان الرقيب فرانك ووتريش (Staff Sgt. Frank Wuterich) قد اطلق النار على سيارة مدنية بيضاء نوع سيدان (Sedan) فقتل الشهيد احمد خضر مصلح, والشهيد وجدي عيادة العزاوي, والشهيد خالد عيادة العزاوي, والشهيد محمد طبل احمد, والشهيد اكرام حميد فليح. كما ان الرقيب فرانك ووتريتش قد اعطى الاوامر الى جنود مجموعته قبل اقتحام منزل المدنيين بالتعامل مع هذا الدار باعتباره **معادياً** وبان **يطلقون النار اولاً** ومن ثم لاحقاً يطرحون الاسئلة !!! فكان أول من اقتحم المنزل هو العريف سالبناز (Sgt. Salinas) الذي اطلق النار فقتل اولاً الشهيدة خميسة طعمة علي, بينما شاهد النائب عريف ميندوزا (Lance Cpl. Mendoza) الشهيد عبدالحميد حسين علي يتحرك في الغرفة فاطلق النار عليه وقتله. في حين ان السرجنت سالبناز والنائب عريف تاتوم والرقيب فرانك ووتريش كانوا لا يزالون في الصالة, فسمعوا ضوضاء قادمة من احد الغرف على اليسار. فاعتقد السرجنت سالبناز والرقيب ووتريش بانه ربما يكون صوت سلاح كلاشنكوف (AK-47) وقد اعدّ للرمي (واتفق معهم السرجنت تاتوم على تحديد نوعية الصوت). فقام النائب عريف تاتوم والسرجنت سالبناز بالقاء قنابل يدوية (grenades) في الغرفة, فدخل بعدها مباشرةً الرقيب ووتريش والنائب عريف تاتوم وبدءوا باطلاق النار داخل الغرفة, فكانت النتيجة أستشهاد كلاً من جهيد عبدالحميد حسن, عبدالله وليد عبدالحميد, علي عبدالحميد حسين واسماء سلمان رصيف. بينما جرح كلاُ من ايمان وليد عبدالحميد وعبدالرحمن وليد عبدالحميد. وبعد توقف اطلاق النار, صاح احد المارينز بان هناك من يركض خارجاً, فامر الرقيب ووتريش جنوده بالخروج من هذا المنزل وملاحقة هذا الشخص الراكض. فانطلق فريق الملاحقة باتجاه البيت الثاني الذي طوق من كل الجهات, فقام احد جنود المارينز بطرق الباب, فكان الشخص الواصل للباب هو يونس سالم رصيف, فقام النائب عريف ميندوزا باطلاق النار عليه من خلف الباب وقبل ان يفتح لهم الباب فسقط شهيداً. ثم دخلّ البيت كلا من النائب عريف ميندوزا والرقيب ووتريش ومن ثم لحقهم البقية, فقام الرقيب ووتريش باصدار امر للنائب عريف تاتوم بان يقوم بفرقعة (frag) الغرفة المجاورة للمطبخ, وفعلاً اخذ النائب عريف تاتوم قنبلة يدوية من زميله السرجنت سالبناز والقاها في الغرفة. مما ادت الى تحطيم انابيب غرفة الحمام. ولم يكن يعرف جنود المارينز بان في نهاية زاوية الغرفة التي دمروها يوجد امرائتين بالغتين مع ستة اطفال. الرقيب ووتريش استمر باعطاء امر تنظيف (قتل) من في المنزل. فكانت النتيجة النهائية للضحايا في المنزل الثاني هو استشهاد كلاً من عايدة ياسين احمد, محمد يونس سالم, عايشة يونس سالم, زينب يونس سالم, سيناء يونس سالم, نور سالم رصيف, وهدى حسن احمد. في اثناء نفس الشهادات التي اعطيت الى لجنة التحقيق العسكرية, ذكر النائب عريف ميندوزا بانه قد اخبر النائب عريف تاتوم بانه وجد في الغرفة الخلفية للبيت الثاني تحوي على امراءة مع أطفال, فرد عليه تاتوم بان (اقتلهم Kill them), فعاد ميندوزا بتوضيح انهم مجرد اطفال مع امراءة في الغرفة, ثم تركه واخذ

موضعا في المطبخ. النائب عريف تاتوم كان قد انكر هذه المحادثة واعتبر ان ميندوزا لا يعرف من في داخل الغرفة. بينما شهدّ الناجي من المجزرة واحد الضحايا العراقيين صفاء يونس سالم رصيف بان الجنود الامريكان قد رموا قنبلة يدوية في الغرفة لكنها لم تنفجر مما دفعه مع الاخرين من عائلته الى الاندفاع نحو زاوية الغرفة. ثم قامت خالة صفاء بالصراخ طلباً للنجدة, لكن المارينز استمروا باطلاق النار على جميع من في زاوية الغرفة(74).

وبأعتراف القوات الامريكية فان 24 شخص (رجال, نساء واطفال) كانوا قد قتلوا في مدينة حديثة العراقية بتاريخ 19 تشرين الثاني (نوفمبر)2005 بعد انفجار عبوة ناسفة في الطريق ادت الى تدمير سيارة همفي امريكية ومقتل النائب عريف شاررات (lance Corporal Sharratt) وجرح اثنين اخرين من جنود مشاة البحرية الامريكية. وقد أدين بقتلهم كلاً من اللفتنانت كولونيل جيفري جيساني (Lt. Col. Jeffrey Chessani) والعريف ستيفن تاتوم (Lance Cpl. Stephen Tatum) وقد ينضم اليهم قائد القوات في حديثة في وقتها الرقيب فرانك ووتريت الذي تم التوصية بمحاكمته في سبع تهم قتل نتيجة الاهمال في اداء الواجب (negligent homicide). اللفتنانت كولونيل جيفري جيساني متهم بالفشل في الابلاغ بدقة (failing to accurately report) والتحقيق في انتهاك محتمل لقوانين الحرب (Investigate a possible violation of the laws of war) من قبل مشاة البحرية التي كانت بقيادته (وهو حائز على ميدالية النجمة البرونزية ويواجه عقوبة السجن الى فترة قد تصل الى 30 شهراً في السجن والفصل من الخدمة في حال تم ادانته). وبالرغم من اعتراف السياسيين الامريكان بهذه الجريمة, حيث قال عضو مجلس النواب الامريكي جون مورثا (U.S. Rep. John Murtha) بعد ان ظهرت مجمل معلومات الحادث (يبدو ان مشاة البحرية قد قتلوا المدنيين بدم بارد, وان قائدهم حاول اخفاء هذه الجريمة, نعتقد ان بعض الضباط الكبار في مشاة البحرية قد اثروا على سير التحقيق بالطريقة التي وصلت اليه الان)(72).

وبالرغم من ان محامي المتهم جيساني قد ابلغوا المحكمة بان موكلهم لم يكن الوحيد الذي لم يأمر باجراء التحقيق في قتل ضحايا حديثة, حيث ان قائد قوات مشاة البحرية الامريكية في العراق أنذاك الميجر جنرال ريتشارد هوك (Maj. Gen. Richard Huck) قد شهدّ بان التقارير التي وصلته ايضا من سلسلة المراجع تفيد بان المدنيين قتلوا من التدمير الجانبي (collateral damage) الذي نتج من القتال. والعريف ستيفن تاتوم الذي يواجه تهمة القتل الغير عمد (involuntary manslaughter) والاعتداء الشديد (aggravated assault) والتعريض لخطر التهور (reckless endangerment). وهو يواجه عقوبة قد تصل الى الى 19 سنة في السجن مع تسريحه من الخدمة العسكرية في حال تم ادانته. وهو احد اربعة اشخاص متهمين بحادثة قتل المدنيين في مدينة حديثة, علماً ان اصل تهمته كانت هما القتل العمد (unpremeditated murder) واربع حالات بالقتل نتيجة الاهمال (negligent homicide), لكن خفضت هذه التهم بعد جلسة الاستماع العسكرية بموجب المادة 32 بحجة عدم وجود أدلة كافية!!![295].

وفي يوم الاثنين 9 كانون الثاني (يناير) من عام 2012, قامت محكمة الدائرة الغربية القضائية العسكرية في كامب بندلتون (The Western Judicial Military Circuit Court at Camp Pendleton) بالاستماع بجلسات مفتوحة الى الشهادات في قضية مقتل 24 مدني عراقي في قضاء حديثة في تشرين الثاني(نوفمبر) 2005. فالرقيب فرانك ووتريتش متهم بالقتل العمد (voluntary manslaughter) والاعتداء المشدد (aggravated assault), وتعريضها للخطر المتهورة (reckless endangerment)، بالتقصير في أداء الواجب (dereliction of duty), وعرقلة سير العدالة (obstruction of justice) فيما يتعلق بجريمة القتل. وبالرغم من انه ليس لديه خبرة قتالية سابقة, فبعد انفجار عبوة على جانب الطريق أمرّ رجاله بأطلاق النار اولاً ومن ثم طرح الاسئلة لاحقاً (shoot first and ask questions later) اثناء بحثهم على المسلحين. فقتلوا العديد من المدنيين العراقيين كان من بيهم 10 من النساء والاطفال قد قتلوا ومن مسافة قريبة (point-blank range). وبالرغم من ان التحقيقات قد اتهمت 7 عسكريين امريكيين الا ان التحقيقات اللاحقة قد اسقطت التهم عن 6 منهم مما أثار غضب السلطات العراقية. وبقي الرقيب ووتريش الوحيد من المارينز الذي يواجه الاتهامات, بالرغم من ان تقرير الميجر جنرال الدون بارجيويل (Major General Eldon Bargewell) قد وجدّ ظاهرة سوء سلوك خطيرة (serious misconduct) على جميع مستويات سلسلة القيادة في فيلق مشاة البحرية خلال التحقيقات[294]. وبعد 5 سنوات من التحقيقات وفي يوم الاثنين 23 كانون الثاني 2012, اعترف الرقيب فرانك ووتريش بانه مذنب نتيجة التقصير والاهمال اثناء الواجب مقابل اسقاط جميع التهم الباقية عنه (مثل القتل العمد والاعتداء المشدد والتعرض للخطورة المتهورة، وعرقلة سير العدالة)[296].

12. 4. 9. التعذيب كجريمة حرب

إن القانون الدولي يحظر بصورة تامة التعذيب والمعاملة القاسية، غير الإنسانية أو المذلة (فيما يلي التنكيل). إن هذا الأمر يعني، بخلاف المعايير الهامة الأخرى، بأنه من غير المسموح للدول المس به أو موازنته مع الحقوق أو القيم الأخرى، ولا حتى في حالة الطوارئ. فضلا عن ذلك، لقد تبلور في العالم منذ زمن بعيد إجماع واسع بخصوص المنع المطلق للتعذيب والتنكيل وهو بمثابة قاعدة عرفية، أي أنه ساري المفعول من الناحية القانونية بخصوص كل دولة، منظمة أو شخص حيثما كان، وبخصوص أعمالهم في كل مكان على وجه الأرض، دونما علاقة بسريان أي وثيقة دولية كهذه أو تلك.

ان الاعلان العالمي لحقوق الانسان للامم المتحدة في 10 كانون الاول (ديسمبر) 1948 في فقرته الخامسة ينص على (أي شخص لا يجب ان يخضع للتعذيب ولا المعاملة القاسية او العقوبة اللاأنسانية)[145]. التعذيب وسوء المعاملة كان على نطاق واسع وبشكل منهجي ووفقاً لسياسة ونمط ممارسة بسبب الترخيص من قبل حكومة الولايات المتحدة بالرغم من الحظر المطلق على أستخدامه المنصوص عليها في القانون الامريكي او لوائح الجيش الامريكي[131], في تناقض صارخ مع الصلاحيات الممنوحة لهم. أتفاقية جنيف الثالثة بشأن معاملة أسرى الحرب, تمنع ممارسة ألتعذيب سواء كان بدني أو معنوي أو أي إكراه علي أسرى الحرب لاستخلاص المعلومات منهم. الولايات المتحدة الامريكية وبريطانيا والعراق هم من الموقعين والاعضاء في اتفاقية مناهضة التعذيب التابعة للأمم المتحدة واتفاقيات جنيف الثالثة والرابعة. اتفاقية مناهضة التعذيب تعرف التعذيب (المادة 1) في العبارات التالية: أي عمل ينتج عنه ألم أو عذاب شديد ، جسديا كان أم عقليا، يلحق عمدا بشخص ما بقصد الحصول منه على معلومات أو على اعتراف، أو معاقبته على عمل ارتكبه أو يشتبه في أنه ارتكبه، أو تخويفه أو إرغامه هو.

ومن المضحك ان سلطات ادارة الاحتلال المدنية (Coalition Provisional Authority) قد أصدرت أمراً برقم 7 وبتاريخ 9 حزيران 2003, من اجل اصلاح قانون العقوبات العراقي, حيث علقت فيه عقوبة الاعدام, وحظرت التعذيب والمعاملة القاسية واللاإنسانية أو القاسية أو اللاإنسانية أو المهينة، وكذلك حظرت التمييز بالمعاملة[366]. الا ان الاعترافات الرسمية حول منهجية التعذيب والممارسات غير الانسانية للمعتقليين كانت من جهات عليا وباعترافات دامغة. فنرى أعتراف وزير الدفاع الامريكي السابق جيمس شليزنجر (James Schlesinger) في تقريره (ان الاساءة للمحتجزين كانت على نطاق واسع وليس فقط فشل بعض الافراد على أتباع المعايير المعروفة, هنالك مسؤولية شخصية ومؤسساتية في مستويات عليا في القيادة)[132]. بينما أعترف اللواء انتونيو تاغوبا (Major General Antonio Taguba) الذي قاد التحقيق الرسمي للجيش الامريكي حول فضيحة تعذيب سجن ابو غريب وأدلى بشهادته امام الكونغرس الامريكي في شهر أيار (مايو) 2004 حول نتائج التحقيق التي توصل اليها, حيث قال (لم يعد هنالك أي شك فيما ارتكبته الادارة (بوش) هي جرائم حرب, والسؤال الذي ينتظر الاجابة عليه فيما اذا كان هنالك تقديم للمحاسبة للذين اعطوا الاوامر بالتعذيب)[133].

على الرغم من التقارير الحكومية التي تثبت استخدام التعذيب والمعاملة غير الانسانية للمعتقلين في أفغانستان والعراق، حتى الآن لم يكن هناك تحقيق شامل جنائي في السياسات والممارسات. وعلاوة على ذلك، فقد تم رفض كل الدعوى المدنية التي رفعها الضحية أو الناجين من برامج التعذيب للولايات المتحدة من دون أي قرار قضائي بشأن الأسس الموضوعية للمطالبات.

على الرغم من ان الملاحقات القضائية حظيت بتغطية إعلامية كبيرة على مستوى منخفض من أفراد الجيش مثل
ليندي انجلاند (Lynndie England) وجنود الاحتياط في الجيش الآخر الذن مارسوا التعذيب وسوء المعاملة ضد بعض المعتقلين في العراق[138]. ولم توجه اي تهمة جنائية لاي عضو بارز في الجيش الامريكي عن دورهم في تنسيق او التغاضي عن التعذيب والمعاملة الغير أنسانية للمعتقلين في العراق وافغانستان[140].

ولتاكيد أهتزاز الثقة في تحقيق العدالة في المحاكم الامريكية سواء الفيدرالية منها أم العسكرية, فقد برأت محكمة عسكرية أمريكية يوم 28 أب (أوغسطس) 2007 المتهم الوحيد برتبة ضابط في القضية المشهورة حول أساءة المعاملة والتعذيب للسجناء العراقيين في سجن ابو غريب-بغداد. فبعد سلسلة من الملاحقات القضائية والتي استمرت لثلاث اعوام, قررت المحكمة العسكرية المؤلفة من تسعة قادة برتبة كولونيل (Colonels), وواحد برتبة جنرال (one-star General), بان المتهم ليفتنانت كولونيل ستيفن جوردان (Lt. Col. Steven L. Jordan) والبالغ 51 سنة (كان مديراً لمركز الاستجواب المشترك في استخلاص المعلومات Joint Interrogation Debriefing Center في سجن ابو غريب), هو بريء من التهم المنسوبة اليه, والتي تشمل المسؤولية في الاشراف والتدريب على الجنود الذين أدينو بأساءة معاملة المعتقلين في السجن, وتبرءته ايضا من تهمة أساءة معاملة السجناء شخصياً عن طريق الاشراف على أستخدام التعري بالقوة وأستخدام كلاب الجيش في ترويع المحتجزين اثناء عمليات الاستجواب في أواخر عام 2003. بالرغم من انه وجدّ متعمداً في عصيان أمر الجنرال جورج فاي (Maj. Gen. George Fay) الذي طلب منه عدم الاتصال بالجنود في سجن ابو غريب اثناء أجراءه التحقيق, لكن جوردن عاد واتصل بهم. هذا الحكم يعني عدم مسؤولية اي ضابط أمريكي في سجن ابو غريب, لتبقى العقوبات تلاحق فقط 11 من الجنود والرتب الصغيرة والظاهرين في صور الفضيحة التي ظهرت في نهاية شهر أبريل من عام 2004. بينما بعد سنة من الفضيحة صرح ضابط الاستخبارات العسكرية الذي كان يدير السجن الكولونيل توماس باباس (Col. Thomas M. Pappas) بتصريحات حول أستخدام الكلاب في ترويع المحتجزين مما اعتبرت غير لائقة فعوقب عليها بغرامة مالية مع عقوبة ادارية, بينما واجه الجنرال جانيس كاربينسكي (Brig. Gen. Janis Karpinski) قائد الشرطة العسكرية عقوبة أدارية مع تخفيض رتبته بسبب الفشل في القيادة, وليس بسبب الارتباط المباشر بالتعذيب وأساءة المعاملة!!! هذه الفضيحة قادت الى العديد من التحقيقات الامريكية الداخلية والمحدودة, بينما أنشغل الكونغرس الامريكي الى تطوير القوانين المتعلقة بمعاملة المعتقلين في الولايات المتحدة, من دون تطوير القوانين التي تمنع الافلات من العقوبة وفي حالة تستر مفضوح. ونددت المنظمات الحقوقية الامريكية بسياسة الافلات من العقوبة التي أدارتها الادارة الامريكية, حيث وصف جون سيفتون (John Sifton) الباحث في منظمة الهيومن رايتس واتش (Human Rights Watch) قائلاً (الجيش غير مهتم في

السعي للمسألة الحقيقية, لقد أظهروا أنفسهم فقط كملتزمين في وضع من هم خلف فضيحة ابو غريب), بينما قالت اليسأ ماسيمينو (Elisa Massimino) رئيسة منظمة حقوق الانسان اولاً (Human Rights First) (ليست هناك محكمة جنائية فتشت (حققت) في سلسلة القيادة التي طورت اساليب الاستجواب القاسية, على الرغم من وجود العديد من التحقيقات العسكرية, بينما تحقيقات وزارة العدل لم تفضي الى اتهامات ضد المحققيين المدنيين المتعاقديين (مقاول) وهو ما كان ينتظره الجميع, المحكمة والحكم الصادر منها دلت على وجود فجوة هائلة, وهو انها قد غيبت الحقيقة كلياً). الشيء الذي كشفته محاكمة جوردون هو التشابه في أساليب التحقيق والاستجواب بين سجن ابو غريب ومعسكر الاعتقال الامريكي في خليج غوانتانامو في كوبا, حيث ان المحكمة لم تحقق في كيفية وسبب نقل أساليب الاستجواب من غوانتانامو الى العراق. جنود الشرطة العسكرية الامريكية قالوا أنهم تلقوا توجيهات في أستخدام هذه التقنيات من قبل المحققين والمقاوليين المدنيين من اجل استخدامها في قسم A من سجن أبو غريب, حيث تم احتجاز المعتقليين ذو القيمة الاستخبارية العالية, ولهذا وقع الاعتداء هناك. وتلقى الجنود أحكاماً بالسجن كانت أشدها لمدة 10 سنوات ضد العريف تشارلز غارنر (Cpl. Charles A. Graner Jr). كما ويذكر ان الضابط جوردون كان قد صرح سابقاً لصحيفة الواشنطن بوست الامريكية (باتهامه للجيش الامريكي باستخدامه ككبش فداء ليس الا من اجل ان تضع ضابطاً في المحاكمة)[139].

بينما في المحاكم الاوربية, ولاول مرة في تاريخ القضاء الدولي تعترف محكمة دولية بجريمة التعذيب من قبل وكالة المخابرات المركزية الامريكية, حيث صدر بتاريخ 13 ديسمبر 2012 قراراً من المحكمة الأوروبية لحقوق الإنسان يقضي أن المواطن الألماني خالد المصري قد تعرض للتعذيب على يد عملاء المخابرات المركزية الامريكية. وقالت المحكمة الأوروبية لحقوق الإنسان في حكم تاريخي ان ضباط المخابرات الامريكية قد قاموا بتعذيب خالد المصري، عبر ممارسة اللواط، والتكبيل، والضرب، كما اعتبرت الشرطة المقدونية مذنبةً ايضا بتهمة تعذيب، والتعسف abusing، والحبس سرا لخالد المصري، بحجة ارتباطه بصورة غير مشروعة إلى منظمات ارهابية. وقد خطف المصري في مقدونيا في ديسمبر 2003 وتم تسليمه إلى وكالة المخابرات المركزية "فريق التسليم السري rendition team" في مطار سكوبي Skopje ونقل جوا الى افغانستان سرا [528].

وبالرغم من ان عمليات التسليم السري والذي بموجبه تعتقل CIA اي مشتبه به وتنقله لمراكز الاعتقال السرية التابعة لها, هو مخالف لقوانين حقوق الانسان الاوربية, الا ان الاخطر ما اكتشف مؤخراً حول هذا البرنامج, هو التقرير الحديث لسنة 2013 لمنظمة امريكية Open Society Justice Initiative والذي يكشف تورط بريطانيا مع 24 حكومة اوربية أخرى من المتعاونين في عمليات الخطف العالمية والاحتجاز والتعذيب, مما يجعلهم عرضة للمسألة أمام المحكمة الأوروبية لحقوق الإنسان. وفقا لمنظمة حقوق الإنسان التي وثقت الدعم سرية

في جميع أنحاء العالم لهذا البرنامج. 54 على الأقل الحكومات المختلفة - أكثر من ربع اجمالي العالم - كانوا يعملون سرا مع برنامج التعذيب العالمي خطف والاحتجاز [529]. ويجري رفع دعوى الان ضد بولندا وليتوانيا ورومانيا بعد أن سمحت لوكالة المخابرات المركزية الامريكية بتشغيل سجون سرية على أراضيها. وتواجه إيطاليا الإجراءات نفسها في المحكمة الأوروبية حول تورط الدولة في اختطاف رجل دين مسلم (الامام ابو عمر)، الذي اختطف في ميلانو ونقل جوا إلى مصر بواسطة المخابرات المركزية الامريكية ليتم تعذيبه هناك[530]. وبعد سنوات من المماطلة، وفي عام 2010 أعترفت بولندا رسمياً بمشاركتها في هذا البرنامج الغير قانوني والمخالف لحقوق الانسان, حيث كانت محطة لنقل أناس رفيعي المستوى من المشتبه بهم في الإرهاب من العراق وأفغانستان, وبمعدل ست مرات نقل على الأقل بين فبراير وسبتمبر 2003[531].

12. 5. الدور البريطاني في جرائم الفلوجة

لم يكن الدور البريطاني الخفي في المعركة الاولى بحسب شهادة ريكاروا سانشيز في كتابه, ففي كانون الثاني (يناير) 2005, انكر وزير الدفاع البريطاني في حكومة حزب العمال أدام انجراهام (Adam Ingram) من ان القوات الامريكية لم تستخدم في العراق جيلا جديدا من الأسلحة الحارقة، التي تحمل الاسم الرمزي (MK77) اثناء المعركة الثانية في الفلوجة.

لكنه عاد واعترف في رسالة خاصة إلى النائب العمالي هاري كوهين (Harry Cohen) حصلت عليها صحيفة الاندبندنت البريطانية (من انه لم يضلل البرلمان عن قصد لأنه المعلومات الخاطئة كانت من قبل الولايات المتحدة. "ان الولايات المتحدة اكدت لمسؤولينا أنها لم تستخدم MK77s في العراق في أي وقت، وكان هذا أساس جوابي لك"، واضاف للسيد كوهين. "ويؤسفني أن أقول أني قد اكتشفت أن هذا ليس هو الحال الآن، ويجب تصحيح الوضع". وأكدّ انجرام استخدم 30 قنبلة حارقة من نوع MK77 من قبل قوات مشاة البحرية الاولى (1st Marine Expeditionary Force) اثناء غزو العراق بين 31 أذار (مارس) و 2 نيسان (ابريل) 2003[225]. لكن للاسف فالوزير البريطاني بقي صامتاً عن هذه الحقائق عدة اشهر ثم جاء اعترافه فقط بعد انتهاء الانتخابات العامة في بريطانيا وقتها.

المملكة المتحدة هي طرف مصادق في اتفاقية دولية (Certain Conventional Weapons (CCW)) تحظر استخدام هذه الأسلحة (MK 77) ضد الاهداف المدنية وتجيز استخدامها ضد الاهداف العسكرية فقط باعتبارها اسلحة حارقة ومحرمة دولياً (internationally reviled weapons). لكنها في معركتي الفلوجة قد تسببت بالأذى للمدنيين في العراق، وقوات المملكة المتحدة هي جزء من قوات الاحتلال التي لم تلتزم بالمعايير المتفق عليها دوليا للحرب في معركة الفلوجة الاولى والثانية[54]. وحتى لو كان الجانب الامريكي قد ضلل الوزراء البريطانيين حول استخدام قنابل MK 77 في الفلوجة

فهذا لا يعفيها من المسؤولية القانونية باعتبارها طرف في هذه الاتفاقية الدولية, فوزير الدفاع البريطاني السابق (Adam Ingram) لم يكن مهتماً حتى ليوضح لعضو البرلمان (الذي سأله حول استخدام هذه الاسلحة المحرمة) لماذا قام الضباط الامريكيين بالكذب عليه بهذا الشأن[225]. بل الاكثر فضيحة هو ان هذا الحادث قد كشف ان التحالف الدولي الذي يسمى ائتلاف دولي او متعدد الجنسيات في العراق قد أثبت ان من يتحكم به ويديره هم مسؤولي وضباط الولايات المتحدة الامريكية فقط من دون تشاور حقيقي مع شركائها او حتى المجتمع الدولي. مما ينفي عنه صفة تمثيل المجتمع الدولي او حتى العمل باتفاقيات جنيف التي وافقت وصادقت عليها دول الاحتلال نفسها.

الدور البريطاني في الاشتراك بجريمة المعركة الثانية كنا نعرفه جلياً بدءً من قرار حكومة توني بلير في تحريك 5000 جندي من قوات كتيبة بلاك ووتش (Black Watch Battalion) من البصرة الى اطراف بغداد والفلوجة, من اجل تقديم الدعم لقوات المارينز اثناء اقتحامها المدينة, كما أعلن حينها. وبالرغم من أنكار سكرتير الدولة البريطاني لشؤون الدفاع وتاكيده بعدم وجود اي وحدات عسكرية بريطانية في الفلوجة أثناء سؤال أمام البرلمان البريطاني[98]. لكن سرعان ما بدءت حقائق الاشتراك بالمجزرة تظهر واقعياً بمرور الوقت بعد ان شعر قادة قوات الاحتلال بالاطمئنان من الافلات من العقوبة في المحاكم الدولية مع زهو الانتصار الفارغ. قوات الائتلاف الدولي في العراق (MNC-I) والتي أعطت الامر 15 حول اقتحام الفلوجة كان مساعد القائد فيها هو الجنرال البريطاني أندريو فاركوهار (General Andrew Farquhar), وهو ما يعني اشتراك بريطانيا في عملية اتخاذ قرار أقتحام الفلوجة وعملية التخطيط والتنفيذ لها.

حيث اجتمع بهذه القيادة يوم 7 تشرين الاول كلاً من الكولونيل جون بالارد (Colonel John Ballard), الليفتنانت كولونيل مايك باولك (Lieutenant Colonel Mike Paulk) وكيفن هانسن (Lieutenant Colonel Kevin Hansen) لكي يطلعوا هذه القيادة على نتائج اجتماع مشترك لجهات متعددة هي:

1. قوة مشاة البحرية (MEF(Marine Expeditionary Force
2. مجموعة الشؤون المدنية (CAG(Civil Affairs Group
3. الجناح الجوي للبحرية (MAW (Marine Air Wing
4. فريق دعم خدمة القوات (FSSG (Force Service Support Group
5. قسم المخططين (Division planners)

وكان هذا الاجتماع في قاعدة العمليات في مدينة الرمادي (Camp Blue Diamond) والتي تركزت حول متطلبات المرحلة الاخيرة قبل بدء الهجوم(193).

القوات البريطانية المشتركة ضمن القوات الساندة في العملية كانت قد وصلت المنطقة لتنظم الى قوات المارينز الامريكي يوم 27 تشرين الاول 2004 وهي الكتيبة الاولى من الفوج بلاك ووتش (1st Battalion, The Black Watch Regiment) من اجل المساعدة في انشاء طوق اكبر واقوى حول منطقة الفلوجة لمنع اي مساعدات او صحافة حرة من الدخول(203).

اشتراك القوات البريطانية في جرائم الحرب خلال مجزرتي الفلوجة الاولى والثانية قد أثبتت بحسب مصادر مختلفة:

1. اعترف الجنرال الامريكي ريكاردوا سانشيز (القائد العام لقوات الاحتلال (التحالف) المشتركة من الفترة حزيران 2003 ولغاية حزيران 2004) في كتابه (ذكريات جندي), وخلال المعركة الاولى في الفلوجة, حول دور واشتراك الضباط البريطانيين وقادة قوات التحالف الاخرى في معركة المجزرة الاولى في الفلوجة من خلال الاشتراك بالتخطيط بعد مرور الايام الاولى من المعركة (الفصل العشرين وفي صفحة 389 من كتابه), قائلاً ((بالإضافة إلى بريمر، كانت الدول الأعضاء في الائتلاف تضع ضغط هائل علينا لوقف القتال. في الأيام الأولى لهجوم الفلوجة، أصبح من الواضح جدا ان الحكومة الامريكية قد لا تسمح بالمشاركة في قرار شن الهجوم مع القيادات السياسية لدول التحالف. ولهذا غضب قادة هذه الدول حول هذا الموضوع. نائبي الجنرال البريطاني (نائب قائد قوات التحالف) بدء يشارك في كل التخطيط الداخلي، وجميع قادة قوات التحالف كانوا شركاء كاملين في تنفيذ خطتنا الهجومية. الجنرال البريطاني ذو الثلاث نجمات والمشارك ضمن كادر(CJTF-7) قد شارك في جميع مراحل تخطيطنا وابلغ نوايانا إلى لندن بشكل يومي. وباستمرار، اعربت حكومته عن قلقها إزاء الهجوم المخطط له من قبلنا، وأنا على يقين من أن مناقشات حالية حدثت بين البيت الأبيض و 10 داوننغ ستريت. لندن كانت تعتقد بأننا بعيدين جداً عن تحقيق اهدافنا بسبب استخدامنا لتكتيكات قمعية (heavy handed) ,لكن الرئيس بوش لا يزال يعطينا الامر بالهجوم))(36).

خطورة هذا الاعتراف لا يشمل فقط تورط قوات الاحتلال البريطانية مع قوات الاحتلال (الامريكي, الاسترالي, والبولندي), بل يتعداه الى مشاركة او أطلاع قادة القوات الدولية الاخرى (والتي أنضمت الى قوات الاحتلال لاحقاً تحت مسمى القوات المتعددة الجنسيات (Multi-National Forces) والتي كانت موجوده في العراق اثناء حدوث معركة الفلوجة الاولى وهي جمهورية الدومنيك, هندوراس, الفلبين, تايلاند, نيوزلندا, البرتغال, هولندا,

هنكاريا, النرويج, ايطاليا, ليتوانيا, سلوفاكيا, رومانيا, السلفادور, أستونيا, بلغاريا, مولدوفيا, البانيا, الدنمارك, اوكرانيا, جمهورية التشيك, كوريا الجنوبية, اليابان, تونغا, اذربيجان, سنغافورة, البوسنة والهرسك, مقدونيا, لاتفيا, كازاخستان, ارمينيا, منغوليا, جورجيا). أهمية هذا التورط الدولي في جريمة الابادة خلال المعركة الاولى في الفلوجة تركز خصوصا حول ماهية دور القوات الاوربية[276]. وخصوصا انها كانت قبل مجيء بعثة حلف الناتو التي طلبتها حكومة اياد علاوي المؤقتة والمنقوصة السيادة من اجل تدريب قوات الامن والجيش العراقيين بعد المعركة الاولى في الفلوجة[275]. هذه البعثة التي جاءت بعد اصدار مجلس الامن الدولي لقراره المرقم 1546 بتاريخ 8 حزيران 2004 والذي رحب فيه بقرار قوات الاحتلال على العمل على انهاء الاحتلال وتشكيل قوات متعددة الجنسيات مع الترحيب بتشكيل حكومة عراقية مؤقتة غير منتخبة برئاسة علاوي[277].

2. قبل المعركة الثانية في الفلوجة, قال وزير دفاع حكومة الظل البريطانية نيكولاس سومز (Nicholas Soames) يجب على القادة البريطانيين المشاركة الكاملة في عملية التخطيط، حيث ان القوات البريطانية يمكن ان تواجه الانتقام إذا حدث خطأ [297,238].

3. ساتلر لا يزال بحاجة الى قوات يمكن الاعتماد عليها للقيام بدوريات في الطرق السريعة الرئيسية في الشرق (شرق الفلوجة). في أبريل نيسان الماضي المتمردين قطعوا الطريق تقريبا قبالة بغداد. هذه المرة دعا ميتز البريطانيين كقوة من ذوي المهارات المناسبة. بالرغم من الاعتراضات/الاحتجاجات الجانبية في البرلمان، فقد وافق رئيس الوزراء بلير على تحويل مؤقت لكتيبة بلاك ووتش إلى منطقة الفلوجة وهو التحرك الذي تعرض لانتقادات في المملكة المتحدة بأعتبارها "مسيسة [88].

4. بينما أشار مراسل صحيفة الديلي تلغراف البريطانية في الفلوجة Toby Harnden الى وجود هذه القوات وانتشارها عند الجزء الجنوبي من الفلوجة لمنع هروب المقاتلين ووقف خطوط امداداتهم, بالاضافة الى مشاهدة المراسل لعملية استخدام ذخائر الفسفور الابيض في هذه المعركة[69].

5. أشار موقع لاحد قدامى المحاربين العسكريين الامريكيين (Talking Proud Archiv / US Military), والذي يستقي معلوماته من مصادر عسكرية امريكية مختلفة, الى ان وحدات سلاح الجو البريطاني كانت قد ادت دور جيد في المعركة الثانية في الفلوجة[67].

6. بينما ذكر القائد الامريكي (بالارد) في كتابه (القتال من اجل الفلوجة) دور القوات البريطانية في تلك المعركة في صفحة (53-75) [193].

7. بينما ذكر الامريكي الليفتنانت كولونيل المتقاعد كينيث ايستس (Lieutenant Colonel Kenneth W. Estes) وصول التعزيزات البريطانية يوم 27 تشرين الاول

2004 بقيادة العقيد (الكولونيل) جونسون (Colonel Johnson) لمساعدة قوات المارينز في عملية اقتحام الفلوجة عبر دعم لوجستي للسيطرة على جنوب بغداد وشمال محافظة بابل (القريب من الفلوجة)[203]. ومع اعتراف القوات الامريكية سابقاً بكون ساحة العمليات العسكرية الجوية فوق الفلوجة والمسماة عسكرياً بالمنطقة الجوية عالية الكثافة والتي حددت من خلال منطقة قطرها 30 ميل بحري (55,56 كم)[68], مما يعني وقوع بعض مناطق تواجد القوات البريطانية ضمن ساحة العمليات العسكرية هذه.

8. بالقرب من بغداد, سمح تواجد القوات البريطانية باعطاء حرية اكبر لقوات الامريكية للتفرغ في عملية الهجوم على الفلوجة[62].

9. دراسة أعدها معهد التحليلات الدفاعية الامريكي (Institute For Defense Analysis) بناءً على اوامر من جهتين عسكريتين امريكية هما اعادة الاعمار لمعركة الفلوجة (JFCOMJCOA) Fallujah Battle Reconstruction مع الدراسة التي قدمها مدير المركز المشترك لتحليل العمليات (Joint Center for Operational Analysis (JCOA من قيادة القوات المشتركة (Joint Forces Command JFCOM), حيث أعترفت الدراسة بمشاركة القوات البريطانية في العملية العسكرية الثانية في الفلوجة (الفجر) بعد موافقة البرلمان البريطاني على نقل وحدة عسكرية من قواتهم من البصرة الى الفلوجة[230]. علماً ان هذه الدراسة هي واحدة من العديد من الدراسات العسكرية الامريكية المهتمة بأستخلاص الدروس من معارك الفلوجة.

10. تقرير للكونغرس الامريكي كان قد أكد واعترف بهذا الدور المشارك بواسطة كتيبة بريطانية في معركة ومذبحة اقتحام الفلوجة[87].

11. الجنرال كيسي أعطى الاوامر الى كتيبة بريطانية من البصرة لتاتي من اجل حراسة الطريق المؤدي الى خارج الفلوجة, لاطمئنان اكثر عبر منع اعادة العض او الضرب والذي حصل بعد المعركة الاولى[63].

وبما ان الاعتراف سيد الادلة فامام هذه الاعترافات الرسمية لقادة وضباط القوات التي اشتركت بجرائم مجازر الفلوجة, فلن يبقى هناك انسان عاقل او مؤسسة قانونية غير مسيسة لا تعترف بالاشتراك البريطاني الرسمي على ارض الواقع في جرائم مجزرتي القوات الامريكية في الفلوجة. كما وصف الصحفي البريطاني جورج مونبيوت (George Monbiot) استخدام الفسفور الابيض كسلاح حارق ضد الفلوجة بانه **جريمة حرب** لانهم لم يستخدموه لتنوير ساحة المعركة بل كسلاح لدفع مقاتلي الفلوجة خارج بناياتهم, جاء كلامه هذا في مقاله بصحيفة الغارديان (The Guardian) البريطانية بعنوان (الولايات المتحدة تستخدم الاسلحة الكيمياوية في العراق, وبعدها تكذب بشأنه)[127].

المفارقة التاريخية الطريفة ضمن سياسة الكيل بمكيالين والازدواجية ضمن السياسة الامريكية, حينما كان الرئيس الامريكي رونالد ريغان (Ronald Reagan) في بداية عام1980, وهو يندد بالاعمال الوحشية للاتحاد السوفيتي السابق عبر قيامها برش مواد كيمياوية سميت بالمطر الاصفر (yellow rain) فوق مناطق محددة من أسيا والتي تسببت بمقتل الالاف من الاشخاص. وطبقاً لمعلومات واشنطن الدقيقة فقد قتل 3042 شخصاً في 47 حادثاً متفرقاً في افغانستان لوحدها. هذه الجرائم جعلت الرئيس ريغان يندد 15 مرة وفي خطابات متفرقة بوحشية الاتحاد السوفيتي لاستخدامه هذه المواد الكيمياوية في قتل الابرياء(29), بينما جاء سلفه الرئيسين بوش الاب والابن ليستخدموا ليس فقط الاسلحة الكيمياوية بل حتى اسلحة اليورانيوم المنضب والمشع معاً ضد الشعب العراقي امام سكوت دولي متستر ومخزي وخصوصاً من قبل وكالات الامم المتحدة والمجتمع الدولي.

12. 6. سياسة اخفاء الادلة Cover-Ups

في معظم الحالات من سوء السلوك الجسيم والقتل، فقد حاول الجنود المتورطين مباشرة إلى التستر على الجرائم. وغالبا ما كان القادة يتجاهلون الأدلة، ويفشلوا في السعي بنشاط حتى الحالات الأكثر خطورة والأدلاء بتصريحات علنية تبرئ المجرمون. ففي حالة مجزرة حديثة، أصدر سلاح مشاة البحرية بيانا صحفيا في اليوم التالي مدعيا أن العديد من العراقيين لقوا حتفهم من جراء انفجار قنبلة المتمردين. وعلى الرغم من العديد من الضحايا العراقيين، إلا أن قائد السرية لم يزور موقع الحادثة، وفضل الاعتماد على تقرير الجنود المتورطين. في وقت لاحق، وجد المحققون أن صفحات في عداد المفقودين من دفتر الشركة وشريط فيديو من طائرة بدون طيار تحلق فوق الحادثة قد اختفت!! على ما يبدو، كان الجناة أو اولئك المتواطئين معهم قد دمروا أو حجبوا الأدلة(612). المتورطين في الحادث على ما يبدو أيضا اعطوا بيانات مضللة للمحققين. تحقيق البحرية حدد أن " بعض الضباط أعطى معلومات كاذبة لرؤسائهم" في المتابعة الأولية لهذه القضية (613). وفي تقرير لاحق، وجد الميجر جنرال الدون بارجيويل (Major General Eldon A. Bargewell) "هناك أهمال متعمد بين ضباط البحرية ومحاولات إخفاء السلوك الإجرامي" واضاف: أظهرت المؤشرات على تجاهل سوء سلوك خطير، ربما لتجنب إجراء التحقيق وامكانية اثبات السلبية على أنفسهم أو على مشاة البحرية الخاصة بهم" (614).

وايضا الحال كان في جريمة المحمودية حيث حاول الجنود لإخفاء أدلة على اغتصاب وقتل فتاة في سن المراهقة وأسرتها (615)، أو في جريمة الحمدانية حيث وضع الجنود بندقية آلية AK- 47 على جانب الرجل الذي كانوا قد قتلوه (616)، تلك المشاركة في جريمة مجزرة القتل الاسحاقي حينما طلبوا دعما جويا لتفجير المنزل. وكانوا على ما يبدو أنهم يأملون أن اثار الجريمة سوف تختفي تحت الأنقاض (617). برأ الجنود الأمريكيين الأمر في البداية، قائلا ان ثلاثة مدنيين لقوا حتفهم نتيجة لتبادل اطلاق النار في عملية عسكرية وأيضا بسبب انهيار المنزل الذي وقعت أثناء القتال. تم تحديد عدد القتلى المدنيين لتكون "غير مقصود"، وقيل إن

القوات الأمريكية المتورطين في الحادث قد "اتبعت قواعد الاشتباك" [618]. ولكن الجيران والزعماء المحليين اشتكوا إلى الشرطة العراقية ان الجنود دخلوا المنزل في حين كان لا يزال واقفا. فتحت الشرطة تحقيقا، وذلك باستخدام فريق التحقيق الجنائي الذي دربته الولايات المتحدة والذي جمع الادلة من البيت المنهار [619]. وبعد فحص الجثث، والايدي المقيدة وكلها كنت في غرفة واحدة مع ثقوب الرصاص في الرأس على غرار عمليات الاعدام وفحص خراطيش أمريكية قريبة، خلص المحققون إلى أن الناس قد قتلوا بدم بارد. وهم أحد عشر ضحية، وليس ثلاثة بعد العثور على جثث تحت الانقاض [620]. أكد التشريح الجنائي (Autopsies) في مستشفى تكريت أن جميع الضحايا أصيبوا بأعيرة نارية في الرأس [621]. وقد أظهرت ال بي بي سي فيديو من مصور اسوشيتد برس، والتي وثقت بعد الحادثة مباشرة، وهذا يوفر دليلا قويا على الجريمة الفظيعة [622]. ومع هذا فان الجيش الامريكي قد رفض فتح قضية أو مزيد من التحقيق.

في حالة مقتل ضابط المخابرات الإيطالية نيكولا كاليباري (Nicola Calipari) أيضا، انتقدت الحكومة الإيطالية في تقريرها الصادر في 3 مايو 2005 الطريقة التي اختفت فيها دليل اطلاق النار. لم تكن هناك طريقة للحفاظ على مكان الحادث من اجل التحقيق, وقد دمرت سجلات الوحدة العسكرية التي اطلقت النار على سيارة نيكولا في اليوم اللاحق من تقديم السؤال. وهذا يثبت على الاقل الاسلوب المنحط في عرقلة سير العدالة وحتى تغطية الجريمة [623].

ووجدت دراسة الصحة العقلية لل البنتاغون ان جنودهم في العراق "أقل من نصف الجنود والمارينز لهم سلوك غير أخلاقي (unethical behavior)"، مثل عدم اتباع ألاوامر العامة، انتهاك قواعد الاشتباك، واساءة معاملة أو قتل المدنيين [624]. وهذا ما دفع السلطات العسكرية الأمريكية التي شعرت باحراج فظاعة الجرائم، وبدءت باعطاء مبررات للوقائع، مصرةً على أن الضحايا لقوا حتفهم كاحد ألاضرار الجانبية في العمليات العسكرية. ويمثل هذا الاخفاء لبعض الحالات عن الرأي العام من اجل تقليل قوة الأدلة ضد مرتكبي الجرائم للمحاكمات.

12. 7. الحصانة Impunity

وكما هو معروف, فان جرائم الحرب تتطلب اثبات علم الافراد المتهمين بتصرفاتهم ضد القانون الدولي [44]. عمل النظام القضائي العسكري الامريكي في حالات نادرة جدا من اجل معاقبة حالات القتل والفظائع. ومعظم هذه الحالات لم تصل أبدا الى توجيه تهمة رسمية. وعادة ما يتم رفض الحالات في مرحلة المحكمة الإدارية الأولية أو في مرحلة الدفاع عن النفس. أو أنها قد تم تسويتها في أي مرحلة مع توبيخ خفيف جدا أو العقاب. وشملت عدد قليل جدا من تهم القتل العمد، وحتى في مثل الحوادث الفظيعة كما في مجزرة مدينة حديثة.

في أواخر أغسطس 2006، استعرضت صحيفة واشنطن بوست الحالات العسكرية في الفترة ما بين يونيو 2003 إلى فبراير 2006. وجدت الصحيفة أنه في حين أن الآلاف من العراقيين قد قتلوا على أيدي جنود أمريكيين في ظروف مشكوك فيها، لكن النظام القضائي العسكري لم يحاكم سوى "جزء صغير من هذه الحوادث" [625]. ولم تكن هنالك محاكمات من جراء جرائم القتل في كل من عمليات إطلاق النار عند نقاط التفتيش الا بتوجيه الاتهام الى عدد قليل جدا من كبار الضباط.

القادة الذين كان من المفترض انهم يتخذوا قرار بدء التحقيق الجنائي ضد مرؤوسيهم, فغالبا ما فشلوا في التحقيق في مقتل المدنيين العراقيين. وكانوا يفضلوا تسميتها كنتيجة غير مقصودة اثناء العمليات القتالية، وتأمر بعقوبات إدارية أو غير قضائية بدلا من ذلك. غاري سوليس Gary Solis وهو مدعي عام سابق في البحرية الامريكية قال "أعتقد أن هناك عددا من الحالات التي لا تصل الى مرحلة تقديمها في تقارير، ولذلك كان هناك تردد لملاحقتهم بقوة", "لقد كانت هناك عدد أقل من الملاحقات القضائية في العراق مما قد يتوقع المرء" [626]. ونقلت صحيفة واشنطن بوست عن رائد جيش امريكي قوله "أعتقد أن هناك العديد من الاشتباكات الأخرى التي كان ينبغي التحقيق فيها، ولكن بالتأكيد لا أحد يريد أن ينظر إليها أو الإبلاغ عنها, انها مجرد طريقة عمل الاشياء" [627].

قراري الحرب او اعلان العمليات العسكرية ضد مدينة الفلوجة وألمدنيين فيها ولمرتين يحمل الكثير من الدلائل المهمة, فقرار العقاب الشامل للمدينة وما نتج عنها من مأسي خلال المعركة الاولى كان قراراً أمريكياً صرفاً سواء من الناحية السياسية او العسكرية [36]. بينما قرار المعركة الثانية كان بحجة اعطاء الامر والتخويل من قبل رئيس وزراء عراقي تم تنصيبه من قبل الحاكم المدني للاحتلال وبمشاركة مجلس الحكم الذي أسسه الاحتلال [99]. فلا يحق قانوناً للاحتلال من تقرير مصير شعب محتل او ارغامه على عملية سياسية تحت ظل الاحتلال. من هنا كان قرار الاقتحام لا يستند الى أسس قانونية لانه لم يصدر من حكومة شرعية منتخبة في بلد مستقل وحر, ولهذا أثبتت هذه الحكومة فشلها في أول انتخابات تحت بقاء حماية الاحتلال.

أن سلطة رئيس الوزراء المؤقت والمعين من دون انتخاب (د. اياد علاوي) هي تحت سلطة الاحتلال, وقراره في 7 تشرين الثاني (نوفمبر) 2004 من جعل جميع مناطق العراق (باستثناء كردستان العراق) تحت سلطة الاحكام العرفية ومنع اي مظاهرات او مسيرات احتجاجية (لمنع التلاحم الشعبي ضد احتلال كما جرى في المعركة الاولى), وكذلك استمرار حظر التجوال في الفلوجة على مدار 24 ساعة باستثناء قوات الاحتلال (مما يجعل أي مواطن فيها خارج بناياتها هدفاً لاطلاق النار الحر). وأكد ذلك ايضا تصريح احد قادة المارينز (Colonel Michael Shupp) في حديثه لوكالة الصحافة الفرنسية (Agence France Presse (AFP) حين قال في 7 تشرين الثاني (نوفمبر) 2004 (اخبرتُ القوات في الفلوجة

بان تطلق النار على اي مدني عراقي يرفع يديه ويحاول الاقتراب منهم لانه قد يكون أنتحاري!!!).

12 .8. التعويضات

كان من اكبر الاكاذيب التي روجها الاحتلال هو وجود حكومة ذات سيادة كاملة بعد تشكيل حكومة علاوي المؤقتة في 30 حزيران 2004, بالرغم من اعترافهم بعدم تخويلها سلطة تعديل قانون الادارة الانتقالي الذي اصدره حاكم الاحتلال بريمر [A7], بينما جميع الوقائع والاحداث كانت تؤكد سيطرة قوى الاحتلال على واقع العراق وخصوصا الجانب القانوني وتحييد سلطة القضاء العراقي. ولايجاز الجوانب القانونية تجاه جرائم قوات الاحتلال في العراق فقد وجدت انها تنحصر بالاسس التالية:

12 .8. 1. المحاكم العراقية

في أول عدد صدر من صحيفة (الوقائع العراقية)[A23] بعد الاحتلال وهي ألجريدة ألرسمية لجمهورية العراق (العدد 3979 بتاريخ 17 حزيران 2003) أصدر مدير ألسلطة المؤقتة للاحتلال بول بريمر اللائحة ألتنظيمية رقم (1). ونص فيها في الجزء الثاني ((تبقى القوانين التي كانت سارية في العراق اعتبارا من 16 نيسان 2003)) سارية المفعول , إلا إذا قررت سلطة ألائتلاف المؤقتة تعليقها أو استبدالها بغيرها أو إذا تم إلغاؤها, وإقرار تشريعات أخرى تحل محلها ....).

وكما هو معروف, فقد منعت المحاكم العراقية من ترويج اي معاملة شكوى ضد اي فرد من قوات الاحتلال بناءً على تعليمات الحاكم المدني للاحتلال واستناداً لقانون امريكي يحمي جنوده في المهمات القتالية خارج بلده. وعلى هذا الاساس فان مزاعم عودة السيادة العراقية بعد خروج قوات الاحتلال تعني على الاقل الغاء القوانين والاوامر التي اصدرها الاحتلال والتي منعت ترويج مثل هذه القضايا والسماح بعودة سلطة القضاء العراقي على كافة الجرائم المرتكبة ضمن ادارة المحاكم العراقية وبأثر رجعي. وللاسف لم يتخذ اي تحرك من قبل الجهات الحكومية او السياسية العراقية بسبب تورطها بالاتفاقية الامنية مع الحكومة الامريكية, والتي بموجبها تعفي القوات الامريكية من اي تبعات قانونية من جراء ممارساتها وتحركاتها وما ترتكبه داخل العراق. ولمعرفة حقيقة الوضع السياسي لما بعد ما يسمى بانتقال السيادة الكاملة, فبعد فضح الفضائيات لجريمة قتل ارتكبتها القوات الامريكية في منطقة بغداد الجديدة بالعاصمة بغداد عام 2007, صدر تصريح لرئيس اللجنة القانونية في البرلمان العراقي (بهاء الاعرجي) يطالب البرلمان العراقي بتبني دعاوي شكاوى الضحايا مع النائب العام [A1], ومن دون الحديث عن اصدار قرار او قانون برلماني يسمح للقضاء العراقي بالنظر بهذه الجرائم كحق سيادي للشعب العراقي, او اتخاذ اجراء عملي لحفظ حق الضحايا ضمن تشريعات جديدة, بل بقي الامر ضمن مجرد التصريحات الاعلامية لامتصاص غضب الشارع العراقي.

والحادثة الثانية كانت مقتل 17 مدنياً عراقياً في ساحة الطيران ببغداد يوم 16 ايلول- سبتمبر 2007 من قبل مرتزقة الشركة الامنية الامريكية بلاكووتر. حيث حاولت حكومة المالكي رفع دعاوي الشكاوي للمطالبة بمحاسبة الجناة المرتزقة مع دفع التعويضات, لكن عبر المحاكم الامريكية التي ردت الدعوى في اول جلسة بحجة وجود حصانة قانونية لهولاء المرتزقة. مما يبين العجز الحكومي والتذلل لدى سلطات الاحتلال الامريكي والاستمرار بمنع سيادة القضاء العراقي على الجرائم المرتكبة من قبل حتى المرتزقة الامنيين والعسكريين الاجانب.

12. 8. 2. المحاكم الامريكية

وفقاً لقانون العقوبات والتعويضات العسكري الأميركي اثناء تواجد قوات الاحتلال في العراق, الذي يخول تعويضاً للإنسان العراقي قيمته 2500 دولار فقط وفقا **لقانون التعويضات الاجنبية** (Foreign Claims Act) والتي كانت بمثابة أهانة لضحايا المقتولين المدنيين العراقيين وسبباً مضافاً في تأجيج مشاعر الغضب ضد القوات الامريكية[279]. حيث أصدرت الولايات المتحدة قانونا يلزم قواتها بدفع 2500 دولار تعويضا عن كل مواطن تقتله عن طريق الخطأ بدون تحميل القاتل أي مسؤولية قانونية وخلال اوقات لا يكون فيها وجود لاشتباك مسلح, ولهذا خلال المعركة الاولى في الفلوجة والمجزرة المروعة التي جرت ضد المدنيين فيها, لم يتم تعويض المدنيين الضحايا سواء منهم القتلى او الجرحى او الذين تضررت ممتلكاتهم .كما ان من مشاكل هذا القانون أنه يستثني المتضررين قبل انتهاء العمليات العسكرية في 2003/4/16 وهذا ظلم وإجحاف بحق كثير من المواطنين الذي قصفت بيوتهم وقتل ذويهم إبان العمليات العسكرية. [A1 وA4]. بعض القوانين الامريكية الاخرى تسمح بنوع من التعويضات وفقا لظروف خاصة ومنها:

a) **قانون التقصير القانوني الاجنبي** (Alien Tort Statute)**:** ويسمى ايضا 28 U.S.C.(1350 §) وهذا القانون الامريكي يسمح للاجانب بطلب تعويضات من انتهاكات تقوم بها حكومة الولايات المتحدة او احد موظفيها. ويمنح القانون المحاكم المحلية الامريكية صاحبة الاختصاص الأصيل في أي دعوى مدنية من قبل شخص أجنبي للضرر الذي ارتكب ضده بسبب انتهاك للقانون الدولي العام أو معاهدة دولية تكون طرف فيها الولايات المتحدة. هذا النظام الأساسي لمحاكم الولايات المتحدة يسمح بالاستماع لشكاوي حقوق الإنسان في القضايا المرفوعة من قبل مواطنين أجانب لسلوك ارتكب خارج الولايات المتحدة[289].

b) **قانون الاختصاص القضائي الخارجي العسكري** (Military Extraterritorial Jurisdiction Act) ووفقا لقضية مشابهة لما جرى في العراق لكنها حدثت في افغانستان, فقد تم الحكم على اثنين من مرتزقة شركة بلاك ووتر والمسماة حاليا (Xe Services) العاملين في افغانستان ويدعى جوستن كانون(Justin Cannon) وحكم عليه بالسجن 30 شهراً (بعد ان اعترف ان 80% من مسؤوليته على الجريمة تقع بسبب اجهاد ما بعد الصدمة (post-traumatic stress disorder) وجرح المخ المصدوم(traumatic brain injury) من جراء خدمته العسكرية السابقة), بالاضافة الى الحكم على كريستوف دروتليف

(Christopher Drotleff) بالسجن لمدة 37 شهراً بسبب اطلاقهم النار في 5 أيار لعام 2009 على مدنيين غير مسلحين في العاصمة كابول وقتلهم في منطقة حرب وهم تحت تاثير الخمر(intoxicated), حيث افلتوا خلال المحاكمة من تهمة الادانة بجريمة القتل العمد وتم الحكم عليهم بجريمة القتل غير العمد[290,293].

وفي 13 نيسان (أبريل) 2015 أصدر القضاء الامريكي أحكاما بالسجن تتراوح بين 30 عاما والمؤبد، بحق أربعة متعاقدين أمنيين كانوا يعملون لصالح شركة بلاك ووتر الأميركية للخدمات الأمنية، بعد أن أدينوا بقتل مدنيين عراقيين في بغداد عام 2007. وأدان القاضي الفدرالي رويسي لامبرث في واشنطن، المتعاقد السابق مع بلاك ووتر نيكولاس سلاتان، بالسجن مدى الحياة بعدما رأت هيئة المحلفين بالإجماع، أن سلاتان قتل مدنيا عن سبق إصرار وترصد. وجاء في وثائق قضائية أن المدان أبدى قبل الحادث رغبته في "قتل أكبر عدد من العراقيين" انتقاما لهجمات الـ11 أيلول/سبتمبر 2001. وأصدرت المحكمة حكما بسجن المتعاقدين السابقين بول سلوغ وإيفان ليبرتي ودوستن هير، 30 عاما لقتلهم 13 عراقيا. وأقر المدانون الأربعة في تشرين الأول/أكتوبر الماضي، بالتهم الموجهة إليهم، والتي تضمنت الاغتيال والقتل العمد، في حادث إطلاق النار الذي وقع في ساحة النسور ببغداد في 16 أيلول/ سبتمبر 2007، وراح ضحيته 17 مدنيا عراقيا، حسب محققين عراقيين، و14 حسب محققين أميركيين. وأدى الحادث أيضا إلى إصابة 17 آخرين بجروح [681].

c) القانون الامريكي لتنظيم تنفيذ اتفاقية الاسلحة الكيمياوية 1998 [270]

تعتبر امريكا طرفا فيها وتنص على حظر استحداث وإنتاج وتخزين واستعمال الأسلحة الكيميائية والزامها بتدمير تلك الأسلحة, ووفقا للقانون الامريكي (US Code) وفي المادة 18 منه, والتي تنظم ايضا عمل أتفاقية الاسلحة الكيميائية الدولية CWC, فان المادة 7 منه والتي تخص شرح الاغراض الغير محظور فيها استخدام المواد الكيمياوية, سنجد الفقرات التالية:

(أ) ألاغراض السلمية - أي الاغراض السلمية المتعلقة بالجوانب الصناعية والزراعية، والبحوث، أو النشاط الدوائي الطبي أو أي نشاط آخر.
(ب) الأغراض الوقائية - أي غرض متصل مباشرة بالوقاية من المواد الكيميائية السامة والحماية من الأسلحة الكيميائية.
(C) أغراض عسكرية غير متصلة - أي غرض عسكري للولايات المتحدة والتي هي ليست مرتبطة مع استخدام سلاح كيميائي أو أنها لا تعتمد على استخدام الخصائص السامة للأسلحة الكيميائية لإحداث الوفاة أو غيرها من الأضرار.
(D) أغراض إنفاذ القانون - أي غرض إنفاذ القانون، بما في ذلك أي الشغب على الصعيد الداخلي والغرض منها هو السيطرة وفرض النظام.

12 .8. 3. المحاكم البريطانية

لا تقبل الشكاوي العامة المرفوعة ضد سياسة الحكومة البريطانية المشترك بالجرائم, بل توافق على النظر في قضايا الضحايا المتضررين بسبب انتهاكات ارتكبت من قبل وزارة الدفاع البريطانية او اي وزارة اخرى دون السماح برفع شكوى شخصية ضد رئيس الحكومة او الحكومة بمجملها. لكن وفقاً لقرار المحكمة الاوربية لحقوق الانسان والصادر عام 2001 الذي

اعتبر وجود القوات البريطانية في العراق كقوات احتلال للفترة ما بين أيار 2003 ولغاية حزيران 2004, قد تولت السلطة والمسؤولية القانونية للحفاظ على الأمن مع القوات الامريكية, في تلك الظروف الاستثنائية، ووجود ارتباط قضائي بين المملكة المتحدة والأفراد العراقيين الذين قتلوا في أثناء العمليات الأمنية التي تقوم بها القوات البريطانية, لذا يتوجب عليها لزاماً التحقيق في حالات قتل العراقيين المدنيين وتعويضهم وكما حصل في قضية الشهيد بهاء داود موسى من مدينة البصرة والذي اعتقلته القوات البريطانية واستشهد مع خمسة معتقلين اخرين نتيجة التعذيب اثناء الاعتقال والذي ترك 93 جرح على جسمه[282].

هذه القضية التي كانت مقامة من اهالي الضحية بهاء مع ستة اخرين ضد وزير الدولة لشؤون الدفاع (Secretary of State for Defence), أثبت وجود منفذ قضائي للضحايا العراقيين قبل ما يسمى بعملية انتقال السلطة من الاحتلال الى حكومة علاوي في 30 حزيران 2004, ومن هولاء الضحايا هم ضحايا الفلوجة خلال المعركة الاولى وما قبلها من انتهاكات. حيث ان هذه جريمة التعذيب التي ارتكبتها القوات البريطانية قد انتهكت العديد من بنود الاتفاقية الاوربية لحقوق الانسان (الحق في الحياة (مادة 2), الحق في عدم التعرض للتعذيب (مادة 3)). حيث كان الوضع القانوني البريطاني قبل صدور هذا القرار, يسمح فقط للضحايا العراقيين التقدم للمحاكم البريطانية وفقاً لقانون حقوق الانسان البريطاني (Human Rights Act 1998 (HRA) والذي على ضوئه قررت محكمة الاستئناف الانكليزية بعدم كفاية الادلة تجاه الالتزامات البريطانية في قانون حقوق الانسان البريطاني. أن هذا القرار الاوربي قد كشف ان قرارات الفصل السابع لمجلس الامن الدولي اعطت الحق في الاعتقال للقوات البريطانية والامريكية كقوات احتلال مسؤولة عن حفظ النظام في العراق المحتل, ولكنها لم تتجاوز الحق في الحياة والحق في عدم التعرض للتعذيب او أي من المعاملة القاسية او المهينة او اللاأنسانية. والامر الاخرى ،ان تصرفات القوات البريطانية يرجع لمسؤولية الحكومة البريطانية بسبب عدم اتباع هذه القوات او القوات الدولية التي أنضمت اليها لاحقاً الى أشراف قرارات الفصل السابع لمجلس الامن الدولي[283].

الامر الاخر المهم, القضاء البريطاني يجرم اي موظف مهما كان منصبه في حال أثبات كذبه او احتياله الذي قاد الى ارتكاب جرائم. وتعتبر أكاذيب رئيس الوزراء السابق توني بلير مدعمة بالادلة حول كذبه لتبرير اشتراك قوات بلاده سواء في الحرب على العراق او جرائم الحرب التي حدثت في معركتي الفلوجة. السعي لادانة توني بلير كموظف وليس بصفته كرئيس حكومة سابق هو طريق ممكن السعي فيه في المحاكم البريطانية ناهيك عن امكانية محاسبتهم ضمن المحاكم الدولية لخرقهم الاتفاقيات الدولية.

هذه الحالة أكدتها حادثة جرت معي في عام 2008. ففي أذار (مارس) 2008 الصحفي الايطالي ماوريزيو توريالتا (Maurizio Torrealta) (معد ومخرج الفلم الوثائقي "الفلوجة. المجزرة الخفية 2005") ابلغني بانه سيذهب الى لندن لعرض فلم الفلوجة امام المحكمة البريطانية العليا للارهاب كشاهد في قضية أتهام مسلمين بريطانيين بتهمة الارهاب (بسبب أطلاقهم لعبارات تتوعد وتطالب بقتال القوات البريطانية والامريكية خلال جمعهم التبرعات لاهل الفلوجة في أثناء معركة الفلوجة الثانية). وطلب مني توريالتا ان ارافقه كشاهد أضافي لان المحامي اقبال أحمد المتوكل عن المتهمين المسلمين (من مكتب محاماة CoSolicitors)

مع محامي ثاني في المحاكم العليا ثوماس ماكينون (Thomas Mackinnon) قد طلبوا شهادة جنديي المارينز في الفلم مع شهادتي حول ما جرى في الفلوجة من أجل توضيح الجرائم التي جرت في الفلوجة وتبرير حالة الغضب والهيجان لدى المتهمين والتي دفعتهم لاطلاق مثل هذه العبارات. وافقت على السفر وتواصلت مع المحامي احمد أقبال وبواسطة دعوة منه حصلت على الفيزا من السفارة البريطانية في روما خلال يومين, وبعثت للمحامي شهادتي حول ما جرى وفيها الادلة حول اتهام بلير بالكذب والتسبب في جريمة حرب ثانية في الفلوجة ومنع فرصة السلام. قبل يوم من موعد السفر تفاجأت ان الصحفي توريالتا قد أعتذر عن الذهاب بسبب نصيحة مدير قناته بعدم التدخل في هذه القضية. وفي يوم السفر وبعد وصولي مطار فيومشينو في ضواحي روما وقبل موعد السفر بساعات تفاجأت بتاجيل كافة الرحلات الى مطار هيثرو في لندن بسبب وجود عاصفة قوية. وأثناء بقائي في المطار ليلا على أمل السفر في اليوم التالي, وهنا جاءت المفاجئة. أتصل بي المحامي أقبال بحدود التاسعة ليلا بتوقيت أيطاليا ليبلغني اعتذاره عن عدم سفري أليهم لان قاضي المحكمة بعد قرأته نص شهادتي قد قرر رفضها وعدم السماح لي حتى في دخول المحكمة لان شهادتي ستبرأ المتهمين وتفتح قضية سياسية أكبر ضد توني بلير وهم غير مستعدين لها!!

في أب 2012, بدءت اتصالات بالمحامي الفرنسي الشهير ويليام بودرون (William Bourdon) وهو متخصص بجرائم الابادة الجماعية وجرائم ضد الانسانية بصورة خاصة وسبق ان عمل مديرا لمنظمة الهيومن رايتس واتش الامريكية ويملك مكتب محاماة في باريس (Cabinet BOURDON-VOITURIEZ et Associés). في البداية لم يبدي أهتمام للجانب المالي الا بعد رؤية كامل الادلة, وبعد التاكد من وجود أدلة كافية في أدانة توني بلير وانتهاك بريطانيا للمعاهدات الدولية, وامكانية التحرك في المحاكم البريطانية والدولية وخصوصا في المحكمة الجنائية الدولية. وبعد تيقن بودرون من كفاية الادلة, طلب التباحث في الاجور قبل البدء باي خطوات لانه يحتاج على الاقل الى مساعدين أثنين ومبلغ أولي بحدود 30 الف يورو رغم أنني أبلغته في بداية المحادثات بانني لا أملك أمكانية مالية كبيرة!!

12. 8. 4. المحاكم الدولية

1. محكمة العدل الدولية هي محكمة للنظر في النزاعات بين البلدان والحكومات, قد أكدت مرارا وتكرارا أن حظر استخدام القوة من قبل دولة ضد دولة اخرى هو جزء من القانون الدولي العرفي. ففي حالة النزاع بين الولايات المتحدة ونيكاراغوا عام 1986, والذي يعتبر من أكثر الأمثلة المشابهة لقضية العراق نوعاً ما. الفقرة 4 يقرأ في الجزء ذي الصلة على أن "الولايات المتحدة الأمريكية، من خلال بعض الهجمات على اراضي نيكاراغوا والتي تنطوي على استخدام القوة، قد تصرفت ضد جمهورية نيكاراغوا، في خرق لالتزامها بموجب القانون الدولي العرفي وبعدم استخدام القوة ضد دولة أخرى." ومما يذكر فأن الولايات المتحدة قد وافقت في نهاية المطاف إلى دفع التعويض العيني(285).

2. أما المحكمة الجنائية الدولية والتي يحق للمتضررين من جرائم الابادة, وجرائم ضد الانسانية, وجرائم الحرب, من اللجوء اليها في حال كانت دولته عضوا موقعا ومصادقا على الاتفاقية ام لا. وكما هو معروف, فان العراق والولايات المتحدة ليسا عضوين او

موقعين على معاهدة المحكمة الجنائية الدولية, خصوصا ان حكومة العراق قد وقعت على اتفاقية هذه المحكمة عام 2005 من قبل رئيس الوزراء اياد علاوي والذي ما لبث ان سحب توقيعه بعد اربعة ايام فقط تحت ضغط امريكي [(A2)], بينما وقعت الولايات المتحدة هذه الاتفاقية ولم تصادق عليها لحد الان, ثم عادت لتبلغ عن انسحابها كلياً!!

3. لممارسة الولاية القضائية الدولية والنظر في اي مخالفة للصكوك الدولية لحقوق الانسان, فهذا يتطلب استيفاء شروط محددة قبل ان ينظر اليها من قبل هيئة الاشراف الدولية (international supervisory body) بحسب قوانينها الموضوعة. هذه المتطلبات تشمل الوفاء بالمستلزمات المقررة بشأن مقبولية الاختصاص الشخصي، مقبولية الزمان، مقبولية الموضوع والاختصاص المكاني. عندها يجوز للهيئة الإشرافية ممارسة الولاية القضائية على العريضة[(247)]. فعلى سبيل المثال, النظام الأساسي للجنة البلدان الأمريكية (Inter-American Commission) تنص على أن اللجنة هي هيئة لمنظمة الدول الأمريكية، التي أنشئت لتشجيع مراقبة والدفاع عن حقوق الإنسان. بينما قامت اغلب المحاكم الاوربية التي تنظر في شكاوي خارجية ضمن اختصاص الولاية القضائية الدولية بوضع شروط تعجيزية لمنع رفع دعاوي قضائية ضد قادة الاحتلال. تطبيق الولاية القضائية الدولية تحصر صلاحياتها احيانا عبر القوانين المحلية لكل بلد, كمثال اشتراط وجود ضحية لذلك البلد لكي يقبل النظر في جريمة وقعت خارج هذا البلد ومن قبل مجرمين ليسوا من رعاياهم.

ومن الجدير بالذكر فان الحكومة والبرلمان العراقيين قد وافقا على تعويض ضحايا مدنيين امريكيين تضرروا نفسيا اثناء حرب الخليج الثانية بملغ 400 مليون دولار ولاربعين شخص امريكي بمختلف الاعمار, والاكثر غرابة انه بناءً على قرار قاضي امريكي في حينها على الرغم من عدم وجود اي تمثيل عراقي حكومي اثناء المحاكمة, مما يفقدها المصداقية والعدالة. ويعتبر قرار حكومة المالكي بالموافقة على هذا التعويض من اغرب القرارات, بسبب تنفيذه من قبل حكومة تصريف اعمال وليس من صلاحياتها التوقيع على مثل هذه الاعباء المالية الضخمة. كما انه لا توجد اي اتفاقية ثنائية قضائية بين البلدين لتنفيذ الاحكام القضائية, والعراق غير ملزم بتنفيذ قرارات المحاكم الأميركية ايضاً مما يؤكد التبعية لمصالح المحتل!!.

ولو نظرنا الى قضية التعويضات الكويتية بعد دخول القوات العراقية الى الكويت, سنجد ان الحكومة الكويتية هي من اخذت على عاتقها مسؤولية اعداد ملفات الضحايا الكويتيين نتيجة حرب الخليج الثانية 1991 والسعي دوليا عبر مجلس الامن الدولي لاصدار القرار 687 لعام 1991 لينظم وضع التعويضات التي ذكرت في الفقرة 18 من القرار عبر انشاء صندوق دفع التعويضات من الاموال العراقية الى الضحايا الكويتيين[(278)], بينما في حالة الضحايا العراقيين فقد غابت الحكومة العراقية عن هذا الدور بسبب اعطائها الحصانة للقوات الامريكية ومنعها ترويج معاملات التعويض للضحايا العراقيين بسبب الجرائم والعنف والانتهاكات لقوات الاحتلال (استمراراً لقرار الحاكم المدني السابق للاحتلال بول بريمر ليؤكد استمرار حالة الاحتلال والتبعية).

بعد انتهاء معركة الفلوجة الثانية (تشرين الثاني 2004) قدرت تكاليف تعويض اضرار المساكن المدنية البالغة 2,500 مسكن فقط بمبلغ كلي يصل الى اربعمائة واثنان وتسعون مليون دولار امريكي [230], وهو مبلغ لا يوازي حجم الاضرار والخسائر البشرية لمدينة يبلغ تعداد سكانها (300.000 شخص) والذين هجروا من بيوتهم واصبحوا لاجئين داخلياً بسبب هذه العمليات العسكرية, ناهيك عن الخسائر البشرية والمادية وتدمير الممتلكات. في حين ان حكومة نوري المالكي ومن بعده البرلمان العراقي قد وافق في عام 2011 على دفع تعويضات لمتضررين امريكيين ضمن ملف التسويات المالية قبل الاتفاق على الانسحاب الامريكي من العراق, حيث احتوت التعويضات على مبلغ 400 مليون دولار امريكي كان قد قررها قاضي امريكي نتيجة **الاضرار النفسية** التي لحقت ب 40 مدني امريكي كانوا قد احتجزوا في القصور الرئاسية العراقية خلال حرب الخليج 1991!!

ان السؤال الذي يطرح نفسه بعد ذلك هو كيفية التوفيق بين التزام المحتل لتطبيق حقوق الإنسان - التي قد تعني في بعض الأحيان الإصلاحات القانونية - مع مبدأ استمرارية النظام القانوني الداخلي. إلى أي مدى يتم تنفيذ الإصلاحات المتوافقة مع القواعد المنصوص عليها في المادة 43 من لوائح لاهاي والمادة 64 من اتفاقية جنيف الرابعة؟ والحذر والتأني هنا مطلوب لمنع الانزلاق التي يمكن أن تنجم تحت غطاء وفاء المحتل بالتزاماته الدولية، فيمكن للمحتل تنفيذ التحولات الهيكلية في البلد المحتل من دون إجراء التشاور الديمقراطي مع الشعب المعني. هذا هو أكبر خطر فيما يتعلق بالحقوق الاقتصادية والاجتماعية والثقافية، وقواعد المنصوص عليها في هذا المجال غير دقيقة في بعض الأحيان وقابلة لتفسيرات غير نظامية, [367].

إن استخدام الأراضي العراقية سلّة للمهملات بطريقة غير مشروعة، أو ترك مواد بعض المنشآت الخطرة على أرضه دون مراعاة قواعد السلامة والصحة، ألحق أفدح الأضرار بموارد العراق وبيئته وتلويث أرضه، ولعلّ ذلك وحده جريمة ضد الإنسانية، بعد جريمة الاحتلال وانتهاك حقوق الشعب العراقي ككل. وهي من صنف الجرائم الدولية التي ينبغي إلزام الولايات المتحدة والشركات والأفراد المتعاقدين معها، بالمسؤولية القانونية الدولية، ومطالبة جميع هذه الجهات بدفع تعويضات لكل ما أصاب العراق من خسائر مادية ومعنوية بسبب تلك الممارسات غير الإنسانية والمنافية للاعتبارات القانونية والأخلاقية. توقّيع حكومة بغداد على الاتفاقية العراقية - الأمريكية في أواخر العام 2008 منع العراق من مطالبة واشنطن بالتعويض عن كل ما أصاب الشعب العراقي من غبن وأضرار بموجب القرار 1483 الصادر في 22 مايو/ أيار 2003 الذي شرعن للاحتلال وبموجبه أصبحت القوات الأمريكية والبريطانية قوات محتلة ينطبق عليها اتفاقيات جنيف للعام 1949 وملحقيها الاضافيين الاول والثاني للعام 1977 وطبقاً لقواعد القانون الدولي الإنساني[A 19].

طمس الفلوجة: جريمة الحرب النازية

البروفيسور فرانسيس بويل
كلية القانون، بنسلفانيا
الولايات المتحدة الأمريكية

وفقا للفقرة (ب) من المادة 6 من ميثاق نورمبرغ, 1945, تعرف جريمة حرب نورمبرغ في الجزء ذي الصلة بانها ".. التدمير الوحشي للمدن أو البلدات أو القرى، أو الدمار الذي لا تبرره الضرورة العسكرية". وفقا لهذا التعريف النهائي، فان التدمير الوحشي لادارة بوش الابن ضد الفلوجة يشكل جريمة حرب نورمبرغ الذي بسببه حوكم وأعدم النازيون في نورمبرغ. ومن المؤكد أنني أعارض عقوبة الإعدام لأي سبب من الأسباب.

منذ تثبيت السلطة لإدارة بوش الابن من قبل المحكمة العليا للولايات المتحدة في يناير من عام 2001، شهدت شعوب العالم حكومة في الولايات المتحدة الأمريكية تظهر القليل من الاحترام للاعتبارات الأساسية للقانون الدولي، والمنظمات الدولية، وحقوق الإنسان، ناهيك عن تقدير متطلبات الحفاظ على السلم والأمن الدوليين. وبدلا من ذلك شاهد العالم هجوما شاملا وخبيثا على تماسك النظام القانوني الدولي من قبل مجموعة من الرجال والنساء الذين كانوا مكيافيليين بدقة في تصورهم للعلاقات الدولية وسلوكهم إزاء السياسة الخارجية والشؤون الداخلية.

هذه ليست مجرد مسألة إعطاء أو حجب فائدة الشك عندما يتعلق الأمر بمسائل معقدة للشؤون الخارجية وسياسات الدفاع للحكومة الأمريكية المكلفة بأمن كل مواطنيها ومصالح حلفائها في أوروبا، وغربي نصف الكرة الأرضية، والمحيط الهادئ. لكن بدلا من ذلك، شكلت السياسة

الخارجية لإدارة بوش الابن النشاط الإجرامي الجاري في إطار المبادئ المعترف بها جيدا في كلا من القانون الدولي والقانون الأمريكي المحلي، وعلى وجه الخصوص وخاصة ميثاق نورمبرغ (1945)، وحكم نورمبرغ (1946)، ومبادئ نورمبرغ (1950).

من الناحية القانونية الدولية، ينبغي أن ينظر إلى إدارة بوش الابن نفسها على أنها مؤامرة جنائية مستمرة بموجب القانون الجنائي الدولي في انتهاكها لميثاق نورمبرغ، وحكم نورمبرغ، ومبادئ نورمبرغ، بسبب صياغته وتعهد سياسات الحرب العدوانية التي كانت أقرب من الناحية القانونية لتلك التي ارتكبها النظام النازي. ان محوهم الفلوجة كان رمزا لتدمير الإبادة الجماعية في العراق وإبادة بالجملة للعراقيين. هذا المشروع النازي الأمريكي ضد العراق والعراقيين يستمر حتى اليوم كما يقول هذا الكتاب. كل مواطن في المجتمع الدولي يجب عليه قراءة هذا الكتاب، وبعد ذلك يعمل كلا حسب معرفته وو,فقا لضميره/ها.

الفصل الثالث عشر

الأمم المتحدة وانتهاكات حقوق الإنسان:

مفارقات حقوقية وإنسانية!

13. 1. أثار الاحتلال وتدمير العراق

الصمت الدولي حول ما جرى ونتجّ في الفلوجة هو قمة التخاذل الدولي والفشل الانساني في العصر الحديث لاحترام حقوق الانسان. وهو ما وصفه صحفي امريكي بيل هندرسون (Bill Henderson) منتقداً الصمت الصحفي تجاه جريمة قوات بلاده في الفلوجة بعد ما أصابها من كارثة انسانية وتدمير شامل وعواقب صحية وبيئية لحد الان, بينما تنتقد الصحافة لديهم اخطاء الاطباء او أهمالهم بحق بعض المرضى, بينما الصمت تجاه جريمة انسانية بحق الالاف لا تستحق الاشارة في تلك الصحافة[386].

وفي حال حدوث صراعات دولية كبيرة كاحتلال بلد مثل العراق, فعلى الاقل هنالك التزامات دولية للعديد من المنظمات الدولية الرسمية وغير الحكومية معاً. وعدم أتخاذ الخطوات الضرورية والمتعارف عليها تجاه الجرائم والانتهاكات لحقوق الانسان هو مؤشر خطير على خلل كبير في عمل تلك المؤسسات الدولية. أن ادارة الصراعات عادة تتطلب توحد جهود جميع هذه المنظمات والمؤسسات الدولية تحت رعاية الامم المتحدة ومجلس الامن بالدرجة الرئيسية.

في عام 1998 أنشئت المحكمة الجنائية الدولية (International Criminal Court) للتعامل مع الأفراد الذين يرتكبون الجرائم الدولية. تم الاتفاق على أربعة انواع من التجاوزات - جرائم الحرب والجرائم ضد الإنسانية، وجرائم الإبادة الجماعية، وجريمة العدوان او الحرب العدوانية. لكن لسوء الحظ, لم تخرج الى حيز التنفيذ سوى الثلاثة جرائم الأولى منها. في حين لا يمكن العمل على فقرة محاكمة أعمال العدوان لحد الان لان الموقعين عليها فقط اربع دول في حقيقتهم جزر صغيرة تخشى الاحتلال والغزو الاجنبي. وبالرغم ان المملكة المتحدة هي طرف موقع ومصادق على الاتفاقية, الا ان الولايات المتحدة وقعت ولم تصادق لحد الان على هذه الاتفاقية خشية ملاحقة قادتها على جرائم الحرب التي ارتكبت في العراق على اقل تقدير, وبالرغم من ان المادة 8 (Article 8) من قانون المحكمة تعترف ان حصول الاضرار الجانبية (collateral damage) من شن هجوم كالغزو (وكما حصل في العراق) او التي قد تعرض المدنيين الى الخطر نتيجة استخدام مثلا القنابل العنقودية او اليورانيوم المنضب, سيجعل الجاني عرضة للمحاكمة[404]. لهذا فان جلب اي احد منهم امام هذه المحكمة من الصعوبة الان. لكن ادخال بنود هذه الاتفاقية ضمن بنود القوانين المحلية للبلدان وسماحها بالولاية القضائية الدولية (universal jurisdiction) قد يمكن من القاء القبض على احد هولاء المجرمين عند زيارتهم لهذه البلدان او جعلهم مطلوبين للشرطة الدولية.

ان تشخيص أثار العدوان والاحتلال الاجنبي للعراق سيعطي خارطة طريق واضحة للدور العام الذي يجب ان يلعبه المجتمع الدولي وان يتحمل مسؤولياته تجاه هذه الكارثة. وكمثال بسيط يمكننا الاستفادة من أحدى الدراسات الدولية التي أعدت من قبل منتدى السياسة العالمية

(Global Policy Forum) وبمشاركة 31 منظمة دولية[425] حيث نجد ان ابرز جرائم الاحتلال قد تميزت بالاتي:

1. تدمير الدولة العراقية بكافة مؤسساتها التي تركتها للنهب والحرق, مع تسريح كافة الاجهزة العسكرية والامنية لمنع وجود قوات لضبط الامن والنظام.

2. تدمير التراث الحضاري (Destruction of Cultural Heritage), فالولايات المتحدة وحلفائها لم تصغي الى كافة النداءات والتحذيرات التي اطلقتها المنظمات الدولية من اجل ضرورة الحفاظ على التراث الثقافي في العراق بما في ذلك المتاحف والمكتبات والمواقع الاثرية الكثيرة والتي تعتبر ثروة للحضارة الانسانية.

3. استخدام الاسلحة العشوائية (Indiscriminate Weapons), حيث استخدمت القوات الامريكية والمتحالفة معها الاسلحة العشوائية وخاصة الضارة منها والمحظورة بموجب اتفاقية دولية لانها غير مقبولة او انسانية. ومنها اسلحة حارقة من نوع النابالم , فضلا عن استخدام ذخائر الفسفور الابيض, والتي استخدمت ضد اهداف ارضية في المناطق المكتظة بالسكان. وأثناء غزو العراق عام 2003، تحالف الولايات المتحدة الأمريكية استخدم ذخائر اليورانيوم المنضب والقنابل العنقودية, وجميعها تنتهك الحظر المفروض على الأسلحة التي تسبب معاناة لا داعي لها مع الأذى العشوائي بالاضافة الى جريمة ضد الانسانية.

4. الاعتقال والسجون (Detention and Prisons), حيث اعتقلت قوات التحالف الامريكي والحكومات العراقية التي شكلتها على عدد كبير من المواطنين العراقيين في "معتقلات أمنية او سرية" من دون تهمة أو محاكمة, في انتهاك مباشر للقانون الدولي. ليس هنالك عراقي في مأمن من الاعتقال التعسفي (arbitrary arrest) مع ازدياد السجون بصورة كبيرة جدا بعد 2003. فاكثر من 30 الف معتقل عراقي يفتقرون للحقوق الأساسية ويتم الاحتفاظ بهم في ظروف جسدية يرثى لها، وكثيراً لفترات طويلة. القادة الامريكيون نقلوا آلاف المعتقلين الى السلطات العراقية التي تنتهك سجونها بشكل خطير كل معايير حقوق الإنسان.

5. التعذيب والاساءة للسجناء (Prisoner Abuse and Torture), القوات الامريكية أساءت وعذبت اعداد كبيرة من السجناء العراقيين, اكثرهم قد عانى من هذه المعاملة اللا إنسانية وبعضهم لقوا حتفهم كنتيجة مباشرة. التعذيب كان في جميع السجون المركزية ومراكز التحقيقات, والان تستمر بازدياد ايضا في السجون العراقية مع الدراية والتواطىء (awareness and complicity) الامريكي.

6. ضرب المدن (Attacks on Cities), هاجمت قوات التحالف الامريكية العديد من المدن المهمة بحجة انها معاقل للمتمردين (insurgent strongholds), الهجمات ادت الى نزوح جماعي للشعب مع خسائر كبيرة من ضحايا بين المدنيين, وتدمير هائل للبنية التحتية (), فبالاضافة الى الفلوجة كانت هنالك عشرات من المدن مثل القائم وتلعفر وسامراء وحديثة والرمادي. الهجمات شملت قصفا عنيفا من اسلحة الجو والارض مع سياسة قطع الكهرباء والماء والغذاء والادوية. هذه الهجمات تركت مئات الالاف من الناس بدون مأوى في مخيمات النازحين.

7. قتل المدنيين, القتل والوحشية (Killing Civilians, Murder and Atrocities), قادة القوات الامريكية والمتحالفة أنشأوا قواعد اشتباك متساهلة بحيث تسمح باستخدام القوة المميتة ضد اي تهديد ممكن تصوره. ولهذا فإن الولايات المتحدة وحلفاؤها قتلوا مدنيين عراقيين عند نقاط التفتيش وبانتظام, وخلال العمليات العسكرية ايضا على أساس يعتمد على الشك. وكان من بين الجرائم المروعة التي ظهرت للضوء هي مجزرة قتل المدنيين في مدينة حديثة.

8. النزوح والوفيات (Displacement and Mortality), اعتبارا من أبريل 2007، النازحين واللاجئين بما يقدر ب 1.9 مليون عراقي شردوا داخل البلاد وحوالي 2.2 مليون لاجئ في الخارج. وتشير تقديرات الحكومة العراقية أن 50,000 شخص يغادرون منازلهم كل شهر. حجم المشكلة وصعوبة الوصول الى النازحين وضع الأزمة عمليا فوق قدرة نظام الإغاثة الدولية. اشخاص لقوا حتفهم وهناك عدد كبير جدا من العراقيين في ظل الاحتلال وارتفع معدل الوفيات بحدة. بالإضافة إلى الوفيات الناجمة عن القتال، قوات التحالف قتلت العديد من المدنيين العراقيين. وقتل العراقيين أيضا بسبب تفكك نظام الرعاية الصحية، فضلا عن العنف من قبل الميليشيات، والعصابات، وفرق الموت. وتشير تقديرات دراسة أجريت عام 2006 أكثر من نصف مليون حالة وفاة "متزايدة excess" منذ عام 2003.

9. الفساد ومجمل اعمال الاحتيال والاعمال الغير مشروعة (Corruption, Fraud and Gross Malfeasance), تحت سيطرة أو نفوذ السلطات الأمريكية، كانت الأموال العامة في العراق قد استنزفت بسبب الفساد المستشري والنفط المنهوب، تاركا البلاد غير قادرة على توفير الخدمات الأساسية وغير قادرة على إعادة البناء. فقد اختفت المليارات من الدولارات. ولتجنب المساءلة، الولايات المتحدة والمملكة المتحدة قلصت او حجمت (undercut) مجلس المراقبة والاستشارة المفوض من قبل الامم المتحدة. ويعاني العراق من النقد المسروق، العقود المبطنة، المحسوبية، الرشوة والرشاوى، والنفايات وعدم الكفاءة، وكذلك عدم المطابقة للمواصفات، وعدم كفاية أداء العقود. المقاولين الرئيسيين، على الاغلب مرتبطين سياسيا مع الشركات الأمريكية، وعملوا ارباح تصل الى مليارات.

10. القواعد الطويلة الامد ومجمع السفارة, حيث تضغط الولايات المتحدة باتجاه بناء عدة قواعد عسكرية كبيرة جدا ومكلفة وللبقاء فترة طويلة في العراق فضلا عن مجمع السفارة الهائل الحجم والجديدة في بغداد. مشاريع البناء هذه مثيرة للجدل للغاية. العراقيون بأغلبية ساحقة تعارض القواعد، كما أظهرت العديد من استطلاعات الرأي، وفي الولايات المتحدة قد رفض الكونغرس أيضا إنفاق الأموال على أسس "دائمة" في العراق. وينظر على نطاق واسع نحو القواعد والسفارة كدلالة بأن الولايات المتحدة تخطط لبسط نفوذها العسكري والسياسي الهائل في العراق لسنوات عديدة قادمة.

11. تكاليف الحرب والاحتلال (Cost of the War and Occupation), تكبد العراق تكاليف باهظة بما في ذلك الدمار المادي الواسع والخسائر في الأرواح والإصابات، والصدمات النفسية، وكذلك خسر الناتج الاقتصادي وعائدات النفط المفقودة. وقد أنفقت الولايات المتحدة حوالي 400 مليار دولار من الاعتمادات الحكومية المباشرة في الصراع اعتبارا من ديسمبر 2006. حيث تضاعفت تكاليف الميزانية الفدرالية الأمريكية من 4 مليارات دولار شهريا في عام 2003 إلى أكثر من 8 مليارات دولار شهريا في أواخر عام 2006. إجمالي التكاليف للولايات المتحدة، بما في ذلك تقديرات الإنفاق في المستقبل، والفوائد على الديون الوطنية، والتكاليف الطبية لقدامى المحاربين وغيرها من العوامل، قد وصلت بالفعل الى 2 تريليون دولار.

وفي اجتماع الدورة 24 من اجتماعات مجلس حقوق الانسان التابع للامم المتحدة الذي عقد بتاريخ 09/09/2013, قدمت الحركة الطلابية الشبابية العالمية للامم المتحدة (International Youth and Student Movement for the United Nations) بياناً مشتركاً مع العديد من المنظمات الدولية الغير حكومية حول تاثير 10 سنوات من بعد الاحتلال على الاطفال العراقيين. حيث أشاروا الى وجود حالة كارثية حصلت على الاطفال العراقيين ما بين 2003 – 2013, فقد اعترفت صندوق الأمم المتحدة للطفولة (اليونيسيف) الى 3.5 مليون طفل يعيشون تحت خط الفقر، و1.5 مليون تحت سن الخامسة يعانون من سوء التغذية و100 رضيع يموتون كل يوم. بالاضافة الى قتل الآلاف من الأطفال خلال فترة الاحتلال وغزو العراق. وهو ما يؤكد حصول انتهاكات فظيعة من قبل قوات الاحتلال والسلطات العراقية من اتفاقية جنيف الرابعة واتفاقية الأمم المتحدة لحقوق الطفل(538).

من الامور المثيرة للسخرية ان تصريحا دوليا لاول حكومة عراقية مؤقتة شكلت تحت ظل الاحتلال عام 2004 كانت تعترف بوجود وانتشار ظاهرة اطفال الصدمة النفسية جراء الحروب المتتالية غير المبررة والقصف المستمر الذي طال الاحياء السكنية والمدنيين وخصوصا الاطفال والنساء والشيوخ. بينما نسي هولاء السياسيين ان الاحتلال الذي اوصلهم للحكومة كان قد استخدم سياسة الصدمة والرعب واستخدام الاسلحة الاكثر فتكاً ورعباً منذ حرب الخليج 1991 وحتى بعد اعلان الرئيس بوش الرسمي عن انجاز مهمة عمليات احتلال العراق 2003!!

13. 2. موقف مجلس الامن

عند قراءة قرارات مجلس الامن الدولي بعد حصول الحرب العدوانية وبدء الاحتلال العسكري الامريكي – البريطاني, ستجد سياسة ازدواجية المعايير في طيات قراراتها. ولكي نبين تلك الازدواجية فعلينا النظر الى قضايا مشابهة لها مثل حرب الخليج 1991 ودخول الجيش العراقي الى ارض الكويت واعتبار ذلك غزوا واحتلالاً عسكرياً دولياً. هذا العمل العسكري اوقع العراق تحت طائلة البند السابع من ميثاق الامم المتحدة, والذي يفرض حزمة من الاجراءات عند القيام باعمال تهدد السلم والامن الدوليين وتؤدي الى وقوع العدوان (وهو ما لم يحصل مع دولتي الاحتلال الامريكي والبريطاني) (8A).

نظرة بسيطة حول فقرات البند السابع, تتيح لنا معرفة مدى الفرق الكبير والازدواجية في تعامل مجلس الامن مع قرار احتلال العراق, حيث لم تطبق ايا من هذه الفقرات حول غزو العراق مما يؤكد عدم شرعية وجود اي قوات انضمت لاحقا لقوات الاحتلال تحت مسمى التحالف الدولي, وتنص فقرات البند السابع على:

- المادة 39 (تنص ان مجلس الامن هو من يقرر فيما اذا وقع تهديد للسلم او اخلال به, او كان ما وقع عملاً من أعمال العدوان, ويقدم في ذلك توصياته أو يقرر ما يجب اتخاذه من التدابير طبقاً لأحكام المادتين 41 و42 لحفظ السلم والأمن الدولي أو إعادته إلى نصابه).

- المادة 40 (منعاً لتفاقم الموقف، لمجلس الأمن، قبل أن يقدم توصياته أو يتخذ التدابير المنصوص عليها في المادة 39، أن يدعو المتنازعين للأخذ بما يراه ضرورياً أو مستحسناً من تدابير مؤقتة، ولا تخل هذه التدابير المؤقتة بحقوق المتنازعين ومطالبهم أو بمركزهم، وعلى مجلس الأمن أن يحسب لعدم أخذ المتنازعين بهذه التدابير المؤقتة حسابه).

- المادة 41 (لمجلس الأمن أن يقرر ما يجب اتخاذه من التدابير التي لا تتطلب استخدام القوات المسلحة لتنفيذ قراراته، وله أن يطلب إلى أعضاء "الأمم المتحدة "تطبيق هذه التدابير، ويجوز أن يكون من بينها وقف الصلات الاقتصادية والمواصلات الحديدية والبحرية والجوية والبريدية والبرقية واللاسلكية وغيرها من وسائل المواصلات وقفا جزئياً أو كليا وقطع العلاقات الدبلوماسية).

- المادة 42 تنص إذا رأى مجلس الأمن أن التدابير المنصوص عليها في المادة 41 لا تفي بالغرض أو ثبت أنها لم تف به، جاز له أن يتخذ عن طريق القوات الجوية والبحرية والبرية من الأعمال ما يلزم لحفظ السلم والأمن الدولي أو لإعادته إلى نصابه. ويجوز

. أن تتناول هذه الأعمال المظاهرات والحصر والعمليات الأخرى عن طريق القوات الجوية أو البحرية أو البرية التابعة لأعضاء "الأمم المتحدة.

• المادة 43. في حال طلب مجلس الامن, توضع قوات دولية مع كافة التسهيلات لها تحت تصرف المجلس من اجل حفظ الامن والسلام الدوليين.

1. المادة 44. (اذا قرر مجلس الأمن استخدام القوة، فإنه قبل أن يطلب من عضو غير ممثل فيه تقديم القوات المسلحة وفاءً بالالتزامات المنصوص عليها في المادة 43، ينبغي له أن يدعو هذا العضو إلى أن يشترك إذا شاء في القرارات التي يصدرها فيما يختص باستخدام وحدات من قوات هذا العضو المسلحة).

• المادة 45 رغبة في تمكين الأمم المتحدة من اتخاذ التدابير الحربية العاجلة يكون لدى الأعضاء وحدات جوية أهلية يمكن استخدامها فوراً لأعمال القمع الدولية المشتركة. ويحدد مجلس الأمن قوى هذه الوحدات ومدى استعدادها والخطط لأعمالها المشتركة، وذلك بمساعدة لجنة أركان الحرب وفي الحدود الواردة في الاتفاق أو الاتفاقات الخاصة المشار إليها في المادة 43.

• المادة 46 الخطط اللازمة لاستخدام القوة المسلحة يضعها مجلس الأمن بمساعدة لجنة أركان الحرب.

• المادة 47 تنص على:

1. تشكل لجنة من أركان الحرب تكون مهمتها أن تسدي المشورة والمعونة إلى مجلس الأمن وتعاونه في جميع المسائل المتصلة بما يلزمه من حاجات حربية لحفظ السلم والأمن الدولي ولاستخدام القوات الموضوعة تحت تصرفه وقيادتها ولتنظيم التسليح ونزع السلاح بالقدر المستطاع.

2. تشكل لجنة أركان الحرب من رؤساء أركان حرب الأعضاء الدائمين في مجلس الأمن أو من يقوم مقامهم، وعلى اللجنة أن تدعو أي عضو في "الأمم المتحدة" من الأعضاء غير الممثلين فيها بصفة دائمة للإشراف في عملها إذا اقتضى حسن قيام اللجنة بمسؤولياتها أن يساهم هذا العضو في عملها.

3. لجنة أركان الحرب مسؤولة تحت إشراف مجلس الأمن عن التوجيه الاستراتيجي لأية قوات مسلحة موضوعة تحت تصرف المجلس.

4. للجنة أركان الحرب أن تنشئ لجاناً فرعية إقليمية إذا خوّلها ذلك مجلس الأمن وبعد التشاور مع الوكالات الإقليمية صاحبة الشأن.

• المادة 48 تنص على:

1. الأعمال اللازمة لتنفيذ قرارات مجلس الأمن لحفظ السلم والأمن الدولي يقوم بها جميع أعضاء "الأمم المتحدة" أو بعض هؤلاء الأعضاء وذلك حسبما يقرره المجلس.
2. يقوم أعضاء "الأمم المتحدة" بتنفيذ القرارات المتقدمة مباشرة وبطريق العمل في الوكالات الدولية المتخصصة التي يكونون أعضاء فيها

- المادة 49 يتضافر أعضاء "الأمم المتحدة" على تقديم المعونة المتبادلة لتنفيذ التدابير التي قررها مجلس الأمن.
- المادة 50 إذا اتخذ مجلس الأمن ضد أية دولة تدابير منع أو قمع فإن لكل دولة أخرى - سواء أكانت من أعضاء "الأمم المتحدة" أم لم تكن - تواجه مشاكل اقتصادية خاصة تنشأ عن تنفيذ هذه التدابير، الحق في أن تتذاكر مع مجلس الأمن بصدد حل هذه المشاكل.

- المادة 51 ليس في هذا الميثاق ما يضعف أو ينتقص الحق الطبيعي للدول، فرادى أو جماعات، في الدفاع عن أنفسهم إذا اعتدت قوة مسلحة على أحد أعضاء "الأمم المتحدة" وذلك إلى أن يتخذ مجلس الأمن التدابير اللازمة لحفظ السلم والأمن الدولي، والتدابير التي اتخذها الأعضاء استعمالاً لحق الدفاع عن النفس تبلغ إلى المجلس فورا، ولا تؤثر تلك التدابير بأي حال فيما للمجلس - بمقتضى سلطته ومسؤولياته المستمرة من أحكام هذا الميثاق - من الحق في أن يتخذ في أي وقت ما يرى ضرورة لاتخاذه من الأعمال لحفظ السلم والأمن الدولي أو إعادته إلى نصابه.

قرار مجلس الامن المرقم 1546[277] الذي رحبّ بخطوات انهاء الاحتلال يوم 30 حزيران 2004 والتهيئة لانتخابات ديمقراطية مع التأكيد على حق الشعب العراقي في تقرير مستقبله السياسي والسيطرة على موارده الطبيعية. فتم حل مجلس الحكم العراقي المشكلّ من قبل الاحتلال, وكان في استقبال التقدم المحرز في تنفيذ ترتيبات القرار 1511 (2003). ضمن ديباجة القرار فقد رحب ان يكون هناك دور مساعدة لبعثة الأمم المتحدة في العراق (يونامي) والمجتمع الدولي في مستقبل البلاد وفقا لقرارات 1483 و1511. **هذا القرار لا يعطي وضع قانوني يلغي صفة الاحتلال, بل هو مجرد ترحيب بأمل انهاء الاحتلال الاجنبي للعراق مقابل تنفيذ وعود ارجاع السيادة والسلطة للشعب العراقي.** وعلاوة على ذلك، طلبت الحكومة العراقية المؤقتة من القوات الاجنبية في العراق ان تبقى بالرغم من ان الوضع قد استمر في تشكيل تهديد للسلم والأمن الدوليين[277].

في 19 أيلول 2012، اعتمد مجلس الأمن قرارا يدين بقوة انتهاكات القانون الدولي ضد الأطفال في الصراعات المسلحة، داعيا الدول إلى تقديم مرتكبي الانتهاكات المستمرة إلى العدالة، ومؤكدا استعداده لاتخاذ تدابير هادفة تخرج منه ضد مثل هولاء البرابرة[538]. لكن وبالرغم من كل الحقائق التي اعلنت عن جريمة الابادة المستمرة ضد الاطفال حديثي الولادة

في العراق ومنها الفلوجة والبصرة بسبب التلوث بالاسلحة المحرمة, الا ان مجلس الامن يقف عاجزاً عن تنفيذ قراراته.

من اجل تقييم الاثار الانسانية للصراع في معارك الفلوجة, فان مشكلة نقص البيانات التجريبية هي الاساس في فقدان القدرة على التقييم, بالاضافة الى عدم القدرة على رفع دعاوي ضد اي جهة بالرغم من القتل والمعاناة الكبيرة التي خلفتها المعارك [35]. وللاسف فانني وجدت ان اغلب الكتاب الغربيين لم ينصفوا ضحايا العراق او حتى يحترموا القارئ الغربي عبر اعطاء الحقيقة كاملة. بعضهم حاول اظهار الجزء الذي يريدوه السياسيين دون غيره.

فالسياسات الخارجية للرئيس الامريكي السابق بوش الابن هي سياسات اجرامية وفقاً لمبادئ القانون الدولي ولا سيما ميثاق نورمبرغ, وحكم نورمبرغ, ومبادئ نورمبرغ, لهذا لم يكن غريباً طمس جرائم الحرب في الفلوجة [18].

وبالرغم من نداء البروفيسور القانون الدولي الامريكي (Francis Boyle) لاعتبار ادارة بوش تشكل مؤامرة جنائية مستمرة تحت طائلة القانون الجنائي الدولي من خلال انتهاكه لميثاق وحكم ومبادئ نورمبرغ وتسببه بالحرب العدوانية التي هي اقرب من الناحية القانونية لتلك التي ارتكبها النظام النازي. لكن يجب ان لا ننسى اشتراك حكومة بلير في هذه الجريمة بكل فصولها. ومن هنا تاتي اهمية الارادة الدولية وخصوصا مجلس الامن والمحاكم الدولية في محاكمة هولاء المجرمين الدوليين وانصاف ضحاياهم ولمنع مزيد من الحروب قد يسببها من يحاول السير على نهجهم مع بقاء الافلات من العقوبة دوليا!

قرار المحكمة العسكرية الامريكية والتي حملت مسؤولية مذبحة حديثة في تشرين الثاني (نوفمبر) 2005 الى ضابط عسكري صغير (السرجنت ووتريتش) مع عقوبة الحبس لثلاث اشهر لم تنفذ لاسباب اجرائية بعد ان خلفت الجريمة 24 شهيداً مدنياً كان من بينهم اطفال ونساء. لهذا من المستحيل ان ننتظر العدالة من المحاكم الامريكية وهذه المهمة يجب ان تركز جهودها على الجهات الدولية المختصة.

القوات الامريكية كانت تعتبر المقاتلين هم ارهابيين من اجل تبرير جرائم العقاب الشامل التي هي في حقيقتها جرائم ارهاب الدولة, بينما هم انفسهم يعترفون بانهم مقاومة شرعية للدفاع عن انفسهم في المعركة الاولى في الفلوجة مما جعلهم يتفاوضون مع وفدين محليين من المدينة من اجل وقف اطلاق النار بعد ان اعلنوا من جانبهم وقف العمليات العسكرية. المارينز اعتبروا نهجهم في العقاب الشامل هو عمليات ضد الارهاب بعد ان اعتبروا ان مساعدة المدنيين للمقاتلين هو تهديد لسلامة الولايات المتحدة وجنودها وكأن العراقيين هم المحتلين لبلادهم وليس العكس هو الصحيح !!

ان مفهوم ارهاب الدولة كان واضحا ومدعما بالكثير من الادلة التي احتوتها الفصول السابقة من الكتاب وكانت تكلفتها البشرية باهضة ودمرت حياتها وبقيت تعاني لحد الان من دون اي تعويض يناسب حجم الضرر الوحشي الذي تعرضوا له.

13. 3. أسباب فشل الامم المتحدة في العراق:

لقد كانت قوى الاحتلال وسياساته هي المستفيد الاول من تفجير مبنى مقر الامم المتحدة في بغداد (18 أب 2003) ومقتل ممثل الامين العام للامم المتحدة سرجيو فييرا دي ميللو (Sergio Vieira de Mello) البرازيلي الاصل مع 15 موظف أخر من كادر المنظمة الدولية وجرح العشرات منهم[170]. هذا الحادث ادى الى أيقاف الدور الحقيقي والمطلوب للامم المتحدة في العراق المحتل, خصوصا فيما يتعلق بتطبيق اتفاقيات جنيف, وبالتالي تحجيم دورهم عبر نقل مكاتبهم خارج العراق لاطلاق يد الاحتلال دون رقيب او جهة توثيق أممي.

لشن هذه الحرب العدوانية في احتلال العراق, وضع حقوق الانسان في العراق كان سبباً ثانوياً في حملة شن الحرب. بالرغم من وجود منصب المقرر الخاص بحقوق الانسان في العراق والذي رأسه لاخر مرة السيد اندرياس مافروماتيس (Andreas Mavrommatis) (وهو قبرصي الجنسية وشغل منصبه بين فترة ديسمبر (كانون الاول) 1999 الى غاية منتصف 2004) الا انه قدمّ اخر تقرير له عن واقع حقوق الانسان بتاريخ 9 حزيران 2004 ولم تجدد له الولاية بعدها لكي يستمر في عمله[364]. بينما كانت الامم المتحدة تصدر تقريراً عن وضع حقوق الانسان في الكويت من قبل مقررها هناك حتى عام 1992 رغم انسحاب الجيش العراقي من الكويت [365]. هذا المنصب الاممي لحماية ومراقبة وضع حقوق الانسان في العراق كان قد الغي بعد سنة واحدة من الاحتلال بينما بقي هذا المنصب لمدة سنتين مع القضية الكويتية.

13. 3. 1. مكتب المفوضية السامية لحقوق الانسان

نشاط هذا المكتب كان ذو تاثير كبير ومهم بالنسبة لي كناشط ومدافع عن حقوق الانسان في العراق. حيث شاركت وتدربت مع هذا المكتب في العديد من الانشطة التي فتحت لي مجال التعلم والتدريب في هذا المجال التطوعي الذي اخترته خلال فترة الاحتلال ولحد الان. في أثناء ندوة مشتركة مع المقررة الخاصة للامم المتحدة حول حماية المدافعين عن حقوق الانسان السيدة هانية جيلاني ضمن ندوة اقامها مكتب حقوق الانسان ببعثة الامم المتحدة في عمان 2005, اكتشفنا ان مكتب حقوق الانسان ضمن بعثة الامم المتحدة هي متاتية من قسم التطوير والتدريب!!! مما يعني انه ليس معنيا بدرجة كبيرة فيما يخص رصد ومراقبة حقوق الانسان في العراق ومن دون دور رقابي كبير. وهنا أثار غضب اغلب المشاركين, وبعد نقاشات استمرت لاشهر, وافقوا في النهاية على دعم مشروع تقدمنا به كمنظمات مجتمع مدني غير حكومية حول انشاء شبكة رصد حقوق الانسان في العراق لاجل ديمومة التقارير التي كان يصدرها أخر مقرر لحقوق الانسان في العراق. وبعد أصدار اول تقرير من هذه الشبكة

العراقية, بدأ أيضا مكتب حقوق الانسان في البعثة باصدار تقارير دورية من اجل اعلام المجتمع الدولي حول وضع حقوق الانسان في العراق.

ابراز الثغرات التي رافقت عمل مكتب حقوق الانسان لبعثة الامم المتحدة لمساعدة العراق كانت تتلخص في النقاط التالية:

1. رغم الدمار الهائل والاعداد الضخمة من الضحايا بسبب العمليات العسكرية لقوات الاحتلال او المليشيات التي نشأءت تحت ظل الاحتلال, الا أن هذه الجرائم كانت بعيدة كل البعد عن الاجراءات الدولية المتبعة للتحقيق عند وجود معلومات عن انتهاكات خطيرة وجرائم حرب او عقاب شامل او جريمة ابادة. واول هذه الاجراءات هو ابلاغ مجلس الامن من اجل ارسال بعثة تقصي الحقائق. ومن المعروف ان حكومات الاحتلال ومن تواطئ معها قد منعت حتى مناقشة جرائم القتل الطائفي والابادة والتهجير الجماعي وترك الامر بيد الحكومات الامريكية البريطانية وكأن العراق هو أقليم أمريكي!!!

2. مكتب حقوق الانسان في بعثة الامم المتحدة هو فرع من قسم التدريب والتطوير لتعزيز حقوق الانسان, وليس من قبل ضمن أليات الرقابة, مما يفسر حجج بعض موظفيهم في عدم قدرة منظمتهم على العمل بصورة اكبر ضد الانتهاكات بسبب نوع التفويض الممنوح لهم!! في نفس الوقت انهم يعرفون ان حجم الجرائم والانتهاكات تحتاج الى تغيير نوع التفويض الاممي ليوازي حجم الانتهاكات والابادة التي تنتهك أبسط حقوق الانسان في العراق الا وهو حق الحياة. لكن الاجندة السياسية التي تتحكم بالقرار داخل الامم المتحدة منعت من تغيير التفويض ليعطي ضوء اخضر لاستمرار الانتهاكات والجرائم الكبرى.

3. ان المتتبع لتقارير بعثة الامم المتحدة حول حقوق الانسان في العراق سيرى بوضوح مقدار الضغط الامريكي على تحجيم هذا الدور الرقابي لها. فبدلا من اصدار هذه التقارير بعد كل شهرين كما جرت العادة مع بداية هذه التقارير في منتصف عام 2005 (أصدار بعثة يونامي لتقاريرها حول حقوق الانسان في العراق جاءت بسبب ضغط التقارير الدورية لشبكة رصد حقوق الانسان في العراق), واستمرت هذه التقارير الدورية لغاية نهاية عام 2006. حيث رضخت الامم المتحدة للضغوط السياسية الامريكية ولبعض الجهات العراقية المتورطة بانتهاكات خطيرة ضد حقوق الانسان. فاصبح التقارير الاممية تصدر كل ستة اشهر, ناهيك عن تاخير أصدارها في الموعد المحدد لتكون دون جدوى او فائدة بسبب كون الاحداث تتسارع في العراق. ولتوضيح اهمية هذا التعطيل والتاخير, اود الاشارة الى ان الاحداث الجسيمة التي كانت تجري سوف تصبح بعد شهرين ذات قيمة اقل بسبب ظهور ما هو أسوء منها. وبالتالي تفقد

اهميتها الوقتية في تحفيز الراي العام العالمي, وهذا هو سبب جعل التقارير نصف سنوية. توقيتات أصدار التقارير وتلكأها يبين جريمة التستر التي قادتها قوى الاحتلال داخل مكتب الامم المتحدة, وكالاتي:

a. في عام 2006 اصدرت 6 تقارير دورية وبمعدل كل تقرير سوف يغطي احداث شهرين فقط.

b. في عام 2007 اصدرت 3 تقارير فقط وبمعدل كل تقرير يغطي احداث 4 اشهر فقط

c. في عامي 2008 و2009 تم اصدار تقارير نصف سنوية, اي كل ستة اشهر

d. في عامي 2010 و2011 تم أصدار تقرير سنوي واحد يغطي كامل السنة!!

e. في عام 2012 و 2013، عادت البعثة إلى إصدار تقارير نصف سنوية دورية تغطي أحداث ستة أشهر، ولكن فقط عن النصف الثاني من العام دون تقرير عن الأشهر الستة الأولى من عام 2012 و2013 !!

f. في عام 2014، صدر تقرير للأشهر الستة الأولى ثم توقفوا عن أصدار التقارير الدورية تماما. في النصف الثاني من هذا العام صدر تقريرين محددة حول حماية المدنيين وثالث حول عقوبة الإعدام !!

g. في عام 2015، صدر تقرير واحد يغطي 5 أشهر الأولى حول حماية المدنيين في النزاعات المسلحة في العراق.

4. عملية الضغط السياسي على مكتب حقوق الانسان للبعثة مشكلته الرئيسية ليس فقط في تاخير اصدار التقارير وتعطيلها, بل ان الاخطر منها هو تغيير اللغة فيها ليكون سياسياً اكثر من كونه حقوقيا او مشخصاً لنوع الانتهاك مع كل حادثة او جريمة. والخطورة في هذا تكمن في منع اختصاص اللجان الاممية المختصة بالانتهاكات لتبقى ضمن المشاورات السياسية فقط!! والامر الخطر الثاني هو الغائها فقرتي الاعتقالات وسيادة القانون والفساد الحكومي الذين يعتبرون من اخطر الانتهاكات التي شجعت العنف والارهاب.

5. والاغرب في لغة التقرير هو محاولة التساوي بين جرائم المليشيات الطائفية لابراز المشكلة كانها طائفية, من دون الاشارة الى حجم تغلغل بعض تلك المليشيات في اجهزة الحكومة العسكرية والامنية. بينما كان تشكيل تلك الاجهزة تحت رعاية المجتمع الدولي عندما كان العراق تحت البند السابع. ثم أصبح الاعتراف الان بان المليشيات تتبع الحكومة والاحزاب بينما بقية المجاميع المسلحة المعارضة لها تتقسم بين ارهابيين او

مجاميع غير معروفة !!! هذا النوع من الوصف هو عمل ليس مهني وغير مستقل ولا يستند الى مبادى منظمة دولية تهتم في حقوق الانسان.

6. ان هذا المكتب الحيوي اصدر تقارير دورية اكثر انتظاما خلال العام الواحد اثناء عملها خارج العراق (الاردن), بينما أصبحت تقاريرها سنوية او نصف سنوية بعد رجوع المكتب الى بغداد. وهو ما يثبت الرضوخ للضغوطات السياسية التي تحجب حقيقة الجرائم التي تجري في العراق.

7. وما يثير الشك ايضا هو عدم نشر بعض هذه التقارير الدورية باللغة العربية لفترة طويلة ونشرها فقط في اللغة الانكليزية وبالتالي حرمان العراقيين الذين لا يجيدون اللغة الانكليزية من الاستفادة منها او الاطلاع عليها. كما ويحرم الكثير من ناشطي حقوق الانسان والمدافعين عنها في العراق من فرصة التفاعل والمشاركة مع التقارير الدولية مما يزيد من ابتعاد المكتب عن الجماهير العراقية وبقاءه مع الطبقة السياسية الفاسدة.

8. الخوف من فتح تحقيقات حول جرائم قوات الاحتلال جعلت المفوضية السامية تعمل بعيدا عن اي دور حقيقي لوقف الانتهاكات وحماية الضحايا. ولتاكيد هذه الجانب, ساذكر حادثتين تؤكدان هذه الحقيقة, الاولى كانت مع السيد جون باتشي رئيس مكتب حقوق الانسان في البعثة والذي لم يجدد له منصبه بسبب ارساله تقارير تدين جرائم الاحتلال في العراق, حتى وصل الامر الى ان اخر لقاءه مع المفوضة السامية لويزا اربور في جنيف 2006 قد طلبت منه التوقف عن ارسال مثل هكذا تقارير لانها لا تريد مشاكل مع الامريكان!! علما ان ابرز تقارير مكتبه الدورية هو ادانتها لفرق الموت التابعة للمليشيات التي كان الاحتلال يتستر على جرائمها ويساعدها على الافلات من العقوبة. وبعد ان تاكد باتشي من قرار ابعاده عن المكتب فقام باستدعاء صحفيين غربيين ليفضح لهم جرائم فرق الموت ضد أهل السنة في داخل وزارة الداخلية التي تعمل الولايات المتحدة على تدريبها وتجهيزها [682]. وقد ابلغني شخصيا في اخر لقاءي معه في العاصمة الاردنية عمان 2006 حول كل هذه المعلومات ونيته فضحهم جميعا.

الحادثة الثانية تتعلق بتقارير شبكتنا لمنظمات حقوق الانسان (MHRI) والتي بعد اصدار تقريرنا الدوري الاول باشراف مكتب حقوق الانسان في البعثة وارسال التقرير الى مكتب المفوضية السامية في جنيف, فبعثوا موظفين اثنين لجمع معلومات حول من هم اعضاء شبكتنا ولاي جهة ينتمون. وبعد تزكية مكتب يونامي واخبارهم ان منظمات الشبكة هم من المتدربين لدى البعثة. فارسل السيد فرج فنيش كتاب شكر لشبكتنا ويطالب بالمزيد من التقارير المهنية الرصينة. وفعلا بعثنا ثلاث تقارير اخرى بالاضافة الى تقارير منفصلة حول جرائم الحرب في الفلوجة والاسحاقي وفرق الموت لمليشيات الاحزاب الشيعية. لكننا لم نحصل على اي استجابة للتوصيات المرفقة ولا حتى ادانة من المفوضة السامية لكل تلك

الجرائم الخطيرة. لهذا ذهبت في عام 2010 الى جنيف للقاء مكتب المفوضية السامية والسؤال عن سبب عدم تشكيلهم لجان للتحقيق في كل الجرائم السابقة؟؟ فكان الجواب ان بعض موظفيهم كانوا قد اخفوا تلك الادلة ولم تصل الى جنيف!! لكنهم تهربوا من اخذ التوثيق الكامل لتلك الجرائم والتي حملتها معي على اقراص مدمجة مع تقارير مكتوبة. بل الاكثر غرابة من ذلك هو عدم رغبتهم في التحقيق حول من يقف وراء اخفاء ادلة جرائم الفلوجة ومنع عرضها في جنيف, مما يؤكد انها وصلت اليهم لكن قرار سياسي من منع التحقيق بها.

13. 3. 2. منظمة الصليب الاحمر الدولي (ICRC)

وهي من اهم المؤسسات ذات العلاقة مع الامم المتحدة في نطاق الازمات المسلحة وتعتبر **الحارس الشخصي** لمراقبة تطبيق اتفاقيات جنيف الاربعة اثناء النزاعات المسلحة. صلاحيات عمل هذه المنظمة الدولية مقارنة مع طبيعة الجرائم التي اقترفت في الفلوجة ستؤكد ان هذه المنظمة تهربت من مسؤولياتها على الاقل في جلب مرتكبي جرائم الحرب والجرائم الكبرى امام المحاكم الدولية. وعلى الرغم من التقارير المتنوعة لمنظمات محلية وشهادات ضحايا نقلت عبر وسائل الاعلام المختلفة, لم نرى الجانب الحقيقي من عمل هذه المنظمة مع ضحايا هذه الانتهاكات باستثناء تقديم المساعدات الطبية والغذائية ومشاريع مساعدة المعوقين ومحطات تصفية المياه...الخ. الدور المطلوب تجاه الانتهاكات الصارخة لاتفاقيات جنيف اثناء معركتي الفلوجة كانت غائبة لاسباب مجهولة ومحملة بالكثير من علامات الاستفهام؟؟؟

احد أنشطة المنظمة هو في معالجة اثار التلوث للاسلحة ولهذا تستخدم مصطلح تلوث الاسلحة (Weapon Contamination) الذي يغطي عمليات المساعدة في تقليل الاثار السلبية المترتبة على تجمعات المدنيين بسبب تلويث هذه الاسلحة. المنظمة في احد نشراتها (4022/002 01.2010) تعترف بان الطبيعة الحقيقية للتهديد المحتمل بواسطة هذه الاسلحة يختلف اعتماداً على طبيعة النزاع وطبيعة الاسلحة المستخدمة فيه. لكنها لم تتخذ الاجراءات المطلوب اتباعها بعد كل هذه الحقائق حول طبيعة الجرائم والانتهاكات لحقوق الانسان وأثار التلوث الخطير في الفلوجة رغم ان أحد اطراف النزاع في قضية الفلوجة والمسبب الرئيسي للتلوث بفعل اسلحته هما دولتي الولايات المتحدة الامريكية وبريطانيا.

الموقع الرسمي للمنظمة باللغة العربية يتحدث حول طبيعة اتفاقيات جنيف الاربعة وبروتوكولاتها قائلاً ((*تدعو الاتفاقيات وبروتوكولاتها إلى الإجراءات التي يتعين اتخاذها منعًا لحدوث كافة الانتهاكات أو وضع حد لها, وتشمل قواعد صارمة للتصدي لما يُعرف بـ "الانتهاكات الخطيرة", إذ يتعين البحث عن الأشخاص المسؤولين عن* ***"الانتهاكات الخطيرة" وتقديمهم إلى العدالة, أو تسليمهم, بغض النظر عن جنسيتهم*** .))[205] وهذا ما لم تقم به المنظمة تجاه جرائم العقاب الشامل والقتل والتعذيب الذي حدث تحت ظل الاحتلال في

الفلوجة قبل واثناء وبعد المعركتين. ولو اتفقنا على وجود ضغوط سياسية تمنع هذه المنظمة من تقديم مجرمي الحرب والانتهاكات التي حصلت في الفلوجة, فالسؤال الاخرى هو لماذا لم تقدم المساعدة المطلوبة في معرفة نوع الاسلحة التي استخدمت في معارك الفلوجة ووضع برنامج دولي من اجل تقليل اثارها المدمرة التي بدءت تظهر الان عبر الولادات المشوهة والنسب المتزايدة من الامراض السرطانية. وفي حادثة تؤكد خوف المنظمة من الحديث حول تقصيرها في جرائم الفلوجة, ففي شهر أيلول (سبتمبر) من عام 2010 كنت في زيارة الى جنيف للاستماع لمناقشات الاجتماع الدوري لمجلس حقوق الانسان التابع للامم المتحدة, فتم لقائنا بمديرة الشرق الاوسط وشمال افريقيا في منظمة الصليب الاحمر السيدة سيلفانا موتي (Silvana Mutti) (وهي من اصول ايطالية من مدينة ميلانو). وكان الاجتماع يضمّ كلاً من الدبلوماسي العراقي السابق ناجي حرج والعالم الفيزيائي البريطاني الشهير كريستوفر باسبي, حيث طرحنا قضايا الفلوجة من كلا الجانبين الصحي ووضع حقوق الانسان. السيدة سيلفانا أوضحت المشاريع الصحية والطبية التي تم تقديمها سابقاً في الفلوجة, ولكنها للاسف انسحبت وانهت الاجتماع فورا دون اعطاء رد عند سؤالي لها عن دورهم المفروض في جلب مرتكبي الجرائم في الفلوجة امام المحاكم الدولية !!

تعترف هذه المنظمة ضمن احد تقاريرها حول العلاقة بين قانون الاحتلال والحقوق الاقتصادية والاجتماعية والثقافية للشعوب التي ترزح تحت الاحتلال, بأن سلطة الاحتلال ملزمة بضمان وحسن سير العمل في المؤسسات الطبية والمستشفيات والخدمات الصحية, كما عليها مسؤولية اتخاذ التدابير اللازمة لمكافحة الامراض المعدية والاوبئة[367]. لكن للاسف, لم نسمع منها شيء اثناء محاصرة القوات الامريكية والبريطانية لمستشفى الفلوجة العام ومنع خدماته الانسانية للمدنيين الباقيين في داخل المدينة, وبقي هذا الصمت الدولي حتى بعد ظهور الامراض السرطانية والتشوهات الخلقية اثناء وجود الاحتلال في العراق. وللاسف لم يكن موقف هذه المنظمة حتى مؤيداً لنداءات حظر استخدام اعتدة اليورانيوم المنضب التي اطلقت في 28 كانون الثاني (يناير) عام 2001 بحجة عدم وجود ادلة كافية على ادعاءات التدمير العالية[398]. بالرغم من ان المجلس الاوربي طالب عبر بيانه بتاريخ 24 يناير بوقف استخدام هذا النوع من الاسلحة[399], وقبلهم كان قرار البرلمان الاوربي بتاريخ 17 يناير الذي يدعو الدول الأعضاء التي هي أيضا أعضاء في منظمة حلف شمال الأطلسي لاقتراح وقف استخدام أسلحة اليورانيوم المنضب وفقا لمبدأ التحوط, ثم اعاد اطلاق هذا النداء لثلاث مرات اخرى[400]. وعلى الرغم من كل البحوث والادلة التي نشرت, فقد أصدرت هذه المنظمة الدولية عام 2005 كتاباً بعنوان (الاسلحة الملوثة للبيئة) weapon contamination environment, وبالرغم من شرحها الطبيعة الخطرة لسلاح اليورانيوم المنضب, الا انها ادعت ان هنالك خلاف حول الآثار الصحية لليورانيوم المنضب. ودعت الى عدم المشي على مقربة من المركبات المدرعة التي دمرت أو المخابئ / البنية التحتية التي تضررت من جراء هذا السلاح !!![401].

وبأعتبارها راعية اتفاقيات جنيف, فقد فشلت في حماية المؤسسات الطبية والمدنيين في الفلوجة خلال النزاع العسكري ونشر الارهاب والتي بدأءها رئيس الوزراء العراقي السابق المالكي واستكملها خلفه العبادي منذ الاول من كانون الثاني (يناير) 2014 ولغاية الان. حيث قامت القوات الحكومية والمليشيات الشيعية المدعومة حكوميا بقصف مستشفى الفلوجة ل 41 مرة (من ضمنها 5 مرات تقصف بالبراميل المتفجرة), أضافة الى قصف مستشفى الاطفال قرب نهر الفرات ولسبع مرات وباستخدام الاسلحة المختلفة بما فيها العشوائية الاستهداف والمحرمة دوليا استخدامها في المناطق الحضرية او السكنية. ونتيجة هذه الجرائم الطائفية ضد المدنيين في الفلوجة, وصلت اعداد الضحايا المدنيين منذ بداية هذه الحرب في الاول من يناير 2014 ولغاية 22 أكتوبر 2015 هو 5532 جريحا بينهم 688 أمراءة جريحة و800 طفلا جريحا, بينما بلغ عدد الشهداء من المدنيين هو 3366 شهيدا, بينهم 305 أمراءة شهيدة و465 طفلا شهيدا, بحسب الاحصائيات الرسمية الصادرة من المستشفى.

كما ان من الامور التي لا تنسى هو صمت وتقاعس هذه المنظمة عن واجبها تجاه جريمة الحرب في قتل جنود الجيش العراقي الرافعين للراية البيضاء اثناء انسحاب الجيش العراقي من الكويت 1991. حيث قام قائد القوات البحرية الامريكية باعطاء أمر ضربهم, وبقي لحد الان من دون عقوبة بالرغم من انتهاكه لاتفاقيات جنيف والقانون الدولي[427]. الضغط على الامم المتحدة والمجتمع الدولي من اجل ايجاد اليات اكثر صرامة في مراقبة تطبيق اتفاقيات جنيف وبروتوكولاتها دون ابقاء هذا الدور مقتصراً على منظمة الصليب الاحمر الدولية.

13. 3. 3. منظمة الصحة العالمية WHO

ميثاق عمل منظمة الصحة العالمية يؤكد على العديد من المسؤوليات تجاه قضايا التلوث وكما جاء في دستور عملها (المادة 2) هو توجيه وتنسيق سلطة عمل الصحة الدولية (الفقرة a), واقتراح الاتفاقيات وموافقاتها وتنظيمها (الفقرة k), وان يقدم تقريرا عن التقنيات الادارية والاجتماعية التي تؤثر على الصحة العامة من الناحيتين الوقائية والعلاجية (الفقرة p), وان يتخذ جميع الاجراءات اللازمة لتحقيق أهداف المنظمة (الفقرة v). مما يعني التزام اخلاقي ومهني من الضروري ان تتخذه تجاه مخاطر التلوث البيئي الذي تعرض له العراق ومنها الوضع الماساوي في مدينة الفلوجة خصوصاً ومحافظة الانبار عموماً.

ان المشكلة الحقيقية الان للدمار الصحي بسبب التلوث البيئي هي ليست فقط في الحاجة الى تدريب المزيد من الكوادر الطبية في مواجهة تزايد الامراض السرطانية والتشوهات, بل يجب المساعدة في الحرب ضد التلوث ومسبباته, عبر معرفة نوع ودور الملوثات في زيادة اعباء الجراحين, وجلب انتباه العالم في ضرورة ايجاد وسائل حماية الانسان من التاثيرات المسرطنة[207]. ولهذا السبب لم نسمع لحد الان عن مطالبات جدية لتمويل او برامج دولية من

قبل هذه المنظمة تعالج او تضع اسس معالجة قضية التدمير الوراثي وانتشار السرطانات والولادات المشوهة بنسب عالية ومخيفة جداً.

في عام 2012 بدءت منظمة الصحة العالمية بدراسة مشتركة مع وزارة الصحة العراقية للتحقيق حول ظاهرة كثرة التشوهات التي كثرت في عموم محافظة الانبار وخصوصا في مدينة الفلوجة, لكن التقرير الذي كان من المؤمل أصداره في نهاية شباط (فبرايو) 2013 لم يصدر لحد الان لاسباب سياسية, وتم اعلان فقط ملخص الدراسة ومن قبل وزارة الصحة العراقية.

أهمية دور وكالات الامم المتحدة والمجتمع الدولي, ياتي من حقيقة كون الاشتباه بكارثة التلوث بالاسلحة المحرمة كاليورانيوم المنضب والمشع والفسفور الابيض مرتبط بصورة لم تكن معروفة سابقاً بظهور امراض خطيرة وباعداد هائلة وشبه يومية بين المدنيين, وخصوصا في المناطق التي شهدت عمليات عسكرية مثل مدينة الفلوجة والبصرة. فالعلماء والاطباء يؤكدون ارتباط التلوث باليورانيوم المنضب بارتفاع الولادات المشوهة (congenital birth defects), وبظهور امراض جديدة في الكلى والرئتين والكبد ، وكذلك انهيار الجهاز المناعي (immune system collapse) بالاضافة الى الارتفاع الحاد في حالات سرطان الدم الكلوي (leukaemia)، وفقر الدم (anaemia cases)، وخاصة بين الأطفال. والحالات المبلغ عنها في جميع أنحاء المحافظات العراقية كثيرة, مع وجود قفزة هائلة في حالات الإجهاض والولادة المبكرة (miscarriages and premature births) بين النساء العراقيات[384].

13. .3. .4. برنامج الامم المتحدة للبيئة (UNEP)

في نيسان (أبريل) من عام 2003, اعلن هذا البرنامج الاممي عن نيته بارسال فريق علمي من الخبراء لدراسة أثار اليورانيوم المنضب (Depleted Uranium),من اجل معالجة مخاوف الناس ان يترك اليورانيوم المنضب أثاراً مميته بحسب ناطق عن البرنامج[354]. وفي 20 اكتوبر (تشرين الاول) 2003, اصدرّ البرنامج تقريراً تقييمياً للوضع البيئي في العراق, مبيناً الحاجة إلى التقييم البيئي للمواقع الملوثة المحددة من أجل تحديد المخاطر على صحة الإنسان وسبل العيش, والشروع العاجل باتخاذ تدابير الحد من المخاطر[356]. الا ان جميع جهودها تركزت فقط على مشاريع بناء القدرات مع وزارة البيئة العراقية من اجل مواجهة مخاطر التلوث باسلحة اليورانيوم المنضب من خلال جهود بعثة الامم المتحدة في العراق[355]. ومن دون ألاشارة الى حقيقة وحجم التلوث البيئي ومخاطره الانية والمستقبلية, مع الاكتفاء بتدريب كوادر محلية عراقية وضمن امكانيات لا ترتقي لحجم وطبيعة التلوث الموجود في العراق.

للفترة ما بعد حرب الخليج 1991 ولغاية عام 1999، أكملت الولايات المتحدة تسجيل والفحص البدني لما يقرب من 100,000 من قدامى المحاربين في معركة الخليج ، ضمن مشاريع البحثية لأكثر من 145 مشروع[391]. بالرغم من الاختلاف الكبير وكون الكارثة خلال احتلال العراق 2003 كانت اكبر, الا اننا لم نرى او نسمع مثل هذه المشاريع البحثية لحماية الانسان او البيئة. برنامج الامم المتحدة للبيئة كان هو من قدمّ عام 2012 مقترح قرار جديد صدرّ من الجمعية العامة للامم المتحدة (غير ملزم) يدعوا الى نهج تحوطي (precautionary approach) تجاه اسلحة اليورانيوم المنضب[392], الا ان المجتمع الدولي صم أذانه تجاه التقارير التي تؤكد استخدام هذه الاسلحة في العراق وظهور نتائج كارثية منها, فللاسف لم يطالب البرنامج على الاقل بمشاريع بحثية في العراق مماثلة لما قامت به الولايات المتحدة مع جنودها بعد حرب الخليج 1991 بالرغم من توفر الموارد المالية العراقية.

ومن الامثلة القريبة على حالة العراق والتي تبرز النشاط المفترض لهذا البرنامج الاممي في مناطق الصراع, هو تقريرها التقييمي لما بعد الهجمات الاسرائيلية في حرب لبنان (يوليو/أغسطس 2006) والذي صدر عام 2007 وبعد سنة من الحرب, حيث درسّ خبراء برنامج الأمم المتحدة للبيئة (UNEP) على وجه التحديد إمكانية استخدام الذخائر التي تحتوي على اليورانيوم المنضب. وزاروا اثنان وثلاثون مواقع جنوب وشمال نهر الليطاني وأكثر من خمسين عينة اخذت للتحليل المخبري. وقد تم تحليل عينات الغبار والتربة وباستخدام احدث التقنيات من معدات حساسة للغاية. ولم يعثر على أي دليل على استخدام اليورانيوم المنضب[394]. وبالرغم من كون حالة العراق فيها ما يكفي من ادلة علمية ورسمية حول استخدام الاسلحة النووية وخصوصا التي تحوي على اليورانيوم المنضب, الا ان السؤال الاهم يبقى, ما هي الخطوات العلمية والعملية التي يجب ان يتخذها المجتمع الدولي والسلطات العراقية تجاه مثل هذه الكارثة؟؟؟

وبالرغم من ان هذا البرنامج الدولي قد افتتح قسم جديد فيه باسم قسم الكوارث والصراعات (Disasters and Conflicts) ومع استمرارية البرنامج في العمل بعد الاحتلال الامريكي والبريطاني 2003, الا ان نشاطه انحصر في مجرد دراسات تقييم التلوث البيئي وتدريب القدرات العراقية في تحليل نتائج العينات من دون اعلانها لحد الان وكما جا في اخر تقرير في عام 2007[397]. وبالرغم من ان قسم الكوارث والصراعات وكما هو معلن على موقعهم على الانترنت (http://www.unep.org/disastersandconflicts/) يتفرع الى 4 اقسام فرعية مكملة لعمل بعضها البعض وهي:

1. **تقييم البيئة بعد الصراعات** ***Post-Crisis Environmental Assessment*** ومن مهامها العمل على انشاء حملة عالمية لمساعدة المناطق المنكوبة (global advocacy), الشراكة من أجل البيئة والحد من مخاطر الكوارث (Partnership for Environment and Disaster Risk Reduction) عبر تعزيز الأساليب المستدامة

لإدارة النظم الإيكولوجية باعتبارها استراتيجية رئيسية للحد من مخاطر الكوارث والتكيف مع تغير المناخ, وتنمية القدرات والمساعدة التقنية (Capacity development and technical assistance), بناء القاعدة المعرفية (knowledge products) فمن الأهمية تطوير وبناء قاعدة المعرفة القائمة على النظام الإيكولوجي (Ecosystem) للحد من مخاطر الكوارث البيئية.

2. **معالجة البيئة بعد الصراعات** *Post-Crisis Environmental Recovery* في أعقاب اي أزمة، UNEP تنفذ برامج لإنعاش البيئة من خلال مشاريع ميدانية لدعم الاستقرار على المدى الطويل والتنمية المستدامة في البلدان المتضررة من الكوارث والصراعات بحسب الاحتياجات الخاصة بكل بلد.

3. **التعاون البيئي لاقامة السلام** *Environmental Cooperation for Peacebuilding* يهدف إلى استخدام التعاون البيئي لتحويل مخاطر الصراع الى موارد وفرص لتحقيق الاستقرار وبناء السلام في المجتمعات التي مزقتها الحروب أو المجتمعات الهشة. ولهذا نجد ان من مهامها هو منع الصراعات وبناء القدرات وتنمية الموارد الطبيعية (Conflict Prevention, Peacebuilding and Natural Resources), تنمية عمليات حفظ السلام (Greening Peacekeeping Operations), الوساطة والدبلوماسية البيئية (Environmental Diplomacy and Mediation) لمساعدة الأطراف في النزاع في خلق فرص للتعاون وبناء الثقة وانهاء الصراع من خلال معالجة القضايا المشتركة للموارد البيئية والطبيعية, الحماية القانونية (Legal Protection) للبيئة التي تقع ضحية النزاع المسلح خصوصا الاضرار البيئية المباشرة وغير المباشرة وانهيار المؤسسات ممكن ان يهدد صحة الناس وسبل العيش والامن ويقوض بناء السلام بعد الصراعات, وكما حدث مع حرق 600 بئر نفطي في الكويت وتدمير الغابات في فيتنام.

4. **الحد من مخاطر الكوارث** *Disaster Risk Reduction* عبر العمل على منع وتقليل آثار المخاطر الطبيعية على المجتمعات الضعيفة والبلدان من خلال الإدارة المستدامة للموارد الطبيعية, وهذه مهامها تتطابق مع مهام تقييم البيئة بعد الصراعات.

وبنظرة بسيطة بين مهام هذا القسم من البرنامج الاممي وبين نشاطها الذي ذكرناه سابقاً في العراق, سنجد ان البرنامج الاممي قد اهمل ولاسباب مجهولة عن القيام بثلاث مهام مهمة, مثل 1) انشاء حملة عالمية لمساعدة الشعب العراقي المنكوب بتلوث اسلحة اليورانيوم المنضب وغيره من الاسلحة التي استخدمت وبكثافة وعلى نفس النهج الدولي الذي اتخذ تجاه التلوث البيئي بسبب حرق ابار النفط الكويتي, 2) وعدم توفير الحماية القانونية الدولية للبيئة الملوثة او المهددة, 3) بالاضافة الى معالجة البيئة عبر مشاريع ميدانية لانعاش البيئة وكما حصل في

الكويت بعد معركة الخليج 1991, وكما نشره هذا البرنامج على مواقعه الرسمية من انشطة كثيرة.

13. 3. 5. الفشل السياسي للامم المتحدة تجاه العمليات العسكرية للغزو

حاول القادة العسكريون ألامريكيون اعطاء تصور واحد تجاه العمليات العسكرية ضد المدن العراقية، بأنها كانت عمليات مشتركة بين القوات الامريكية والعراقية. هذا التضليل الاعلامي كان من اجل جعل عمليات الحصار ضد المدن تكون أكثر قبولا للرأي العام العراقي والدولي. وعلى الرغم من ان القوات الامريكية هي فقط من تحرك القوات العراقية في عمليات مشتركة. لكن المراقبون يؤكدون بأن الولايات المتحدة تأخذ دائما زمام المبادرة. وفي الواقع، بعض الاحيان كانت السلطات الحكومية العراقية تنتقد العمليات وتدين سلوك القوات الامريكية.

فبعد أسبوع من القتال العنيف في النجف في أغسطس 2004، نائب الرئيس المؤقت ابراهيم الجعفري "دعى القوات الامريكية لمغادرة النجف وان تبقى فقط القوات العراقية هناك"[596]. واستقال نائب محافظ النجف جودت كاظم نجم القريشي, وتلاه 16 من مجموع ال 30 من أعضاء مجلس محافظة النجف، احتجاجا على الاعتداء[597]. وفي هجمات قوات الاحتلال على الفلوجة، أنتفضت مشاعر العراقيين جميعا وبصورة أذهلت قادة الاحتلال. فقد انتقد عدد من أعضاء مجلس الحكم العراقي (الذي شكله الاحتلال) الهجمات وهدد بالاستقالة إذا لم يوقف القادة العسكريون الامريكيون العمليات الهجومية. عدنان الباجه جي، وهو عضو بارز في مجلس الحكم العراقي واصفاً العملية "بأنها غير قانونية وغير مقبول تماما"[598]. بينما قال غازي الياور، وهو رئيس مجلس الحكم في العراق وقتها قائلاً " كيف يمكن لقوة عظمى مثل الولايات المتحدة وضعت نفسها في حالة حرب مع مدينة صغيرة مثل الفلوجة ؟"[599]. وفي تصريح للتلفزيون الحكومي في أغسطس 2006، رئيس الوزراء السابق نوري المالكي انتقد بشدة الغارات الامريكية العراقية في مدينة الصدر ببغداد، قائلا ان مثل هذه العمليات "تنتهك حقوق المواطنين" واضاف "استخدام مثل هذه الاسلحة في هذه العملية هي غير معقولة لاعتقال شخص ما باستعمال هذه الطائرات" كما قال، اولا اريد أن اعتذر من الشعب العراقي. واعدهم "هذا لن يحدث مرة أخرى" [600]. هذه التصريحات العلنية إشارة الى خلافات خطيرة بين القادة العسكريين الامريكيين وحلفائهم من السياسيين العراقيين, وتظهر مدى ضعف سيطرة الحكومة العراقية على سيادتها للعراق بالرغم من انها تدعي انها منتخبة.

أثار مقتل المدنيين على أيدي القوات الامريكية الغضب والاستياء بين السكان العراقيين وأدت الى تصريحات قوية من المسؤولين العراقيين تكشف حقيقة انعدام السيادة العراقية وبقاء سلطة أحتلال تحت حجة منح حصانة لافراد هذه القوات. فبعد مجزرة مدينة حديثة وصف رئيس

الوزراء العراقي نوري المالكي بانه "**غير مقبول تماما**" والعنف ضد المدنيين من قبل افراد الولايات المتحدة المؤهلين بأنها "**ظاهرة يومية**" في العراق. وقال بصراحة "أن قوات التحالف لا تحترم الشعب العراقي"[628]. وبعد اعلان نتائج التحقيق الامريكي الذي برأء القوات الامريكية من مسؤولية مجزرة الاسحاقي، فكان رد فعل الحكومة العراقية تأكيداً لانعدم السيادة عندما قال عدنان الكاظمي وهو مساعد لرئيس الوزراء نوري المالكي، ان الحكومة **ستطلب اعتذارا** من الولايات المتحدة وتعويضا للضحايا في عدد من الحالات[629].

قبل الهجوم على الفلوجة نوفمبر 2004، كتب الأمين العام للأمم المتحدة كوفي عنان رسالة مفتوحة إلى الرئيس بوش ورئيس الوزراء بلير، معربا عن "قلق خاص بشأن سلامة وحماية المدنيين" وتابع: "من المرجح أن تجرى المعارك في الغالب في المناطق الحضرية المكتظة بالسكان، مع وجود خطر واضح على الضحايا المدنيين ... "[601]. بعد ذلك بوقت قصير، استمر الحصار على الفلوجة، ودعت المفوضة السامية لحقوق الإنسان (لويز آربور Louise Arbour)، إلى إجراء تحقيق في جرائم حرب محتملة[602]. تجاهل الولايات المتحدة وحلفائها لهذه التحذيرات من حدوث مخاطر تهدد المدنيين وارتكاب جرائم حرب, استمر مع الهجوم. القانون الدولي يحدد معايير واضحة لسير العمليات العسكرية. اتفاقيات جنيف تحظر الهجمات التي لا تميز بوضوح بين الأهداف العسكرية والمدنيين، أو يكون لها تأثير غير متناسب على المدنيين. عمليات التحالف العسكرية انتهكت بشكل واضح هذه القوانين، مع نزوح جماعي للسكان، والقتل العشوائي للمدنيين، وتدمير واسع النطاق للسكن والبنية التحتية الحضرية، بما في ذلك المباني التاريخية والمواقع الدينية. فقوات الاحتلال انتهكت المزيد من أحكام ألاتفاقيات من خلال استهداف متعمد ضد المستشفيات، ومنع الرعاية الطبية الطارئة ومنع وصول المساعدات الإنسانية. في مزيد من انتهاك للحظر المفروض على "تكتيكات الحصار"، فقد حرمت المدنيين من الغذاء والماء والكهرباء والإمدادات الطبية والخدمات الحيوية. ألحقت هذه الممارسات العقاب الجماعي على العراقيين. وجميع هذه الانتهاكات تمثل انتهاكا خطيرا للقانون الإنساني الدولي.

في عام <u>2006</u> وخلال ندوة نظمتها وكالة الامم المتحدة (UNDP و UNOPS) حول نتائج الانتخابات التي جرت حينها في اربع بلدان عربية من ضمنها كان العراق. كان من بين اهم الشخصيات التي حضرت هو السيد بطرس غالي (الامين العام السابق للامم المتحدة). واثناء فترة الاستراحة تقدمت لسواله شخصيا حول اهم ما كان يشغل بالي بعد الاطلاع على اليات عمل الامم المتحدة في متابعة الجرائم الكبرى. بعض الضيوف كانوا يتحدثون مع السيد غالي بعد انتهاء الجلسة الختامية والبعض الاخر يحاول اخذ صورة معه, انتظرت الفرصة لكي يكون وحده فتقدمت اليه مقدماً نفسي وطلبت منه دقائق قليلة من اجل مساعدتنا بنصيحته حول سؤال واحد فقط لا غير. ابتسم في البداية عندما سمع طلبي, وامسك يدي لياخذني في طريقه وهو خارجاً الى سيارته. كان عليّ ان استغل الدقائق وباختصار شديد, لذا قلت له باختصار

(سيادتكم كنت الامين العام للامم المتحدة, وفي زمن عملكم هذا نجحتم في تشكيل محكمة جنائية دولية ضد جرائم الابادة في رواندا, وانا من الفلوجة التي حدثت فيها جرائم ابادة واستخدمت فيها اسلحة محرمة ولدينا ادلة تثبت ذلك, فكيف تنصحنا لنعمل من اجل التوصل الى قرار دولي جديد لتشكيل محكمة جنائية دولية ضد جرائم الاحتلال الامريكي-البريطاني في الفلوجة؟؟). ابتسم الرجل وهو يقول (صعب يا ابني, صعب جداً,مش ممكن يقبل الامريكان دي, دا انا لما كنت الامين العام للامم المتحدة وعملنا محكمة رواندا, الامريكان زعلوا وقالوا لي انته تجاوزت الخطوط الحمر) ثم اضاف (عشان كده ما قبلوش ابقى في منصبي).

13. 3. 6. الخطوات الاممية المطلوبة لتطوير ألياتها

من خلال ما تقدم حول أهم السلبيات التي شاهدناها من خلال عملنا مع وكالات الامم المتحدة فان من الضروري السعي نحو التغيير الاتي لمنع الخلل في عمل الامم المتحدة في حفظ الامن والسلام الدوليين. ان ازدياد الازمات الدولية وازدياد ضخامة اعداد الضحايا في مناطق النزاع الى مستوى ضحايا حرب عالمية هو دليل على ضرورة تطوير الاليات الدولية الحالية بسبب عدم كفايتها مع الظروف الحالية, وكالاتي:

1. المفوضية السامية لحقوق الانسان:

i) أنشاء اليات مراقبة اكثر تشدد في العراق لاجل حماية حقوق الانسان, مثل ارجاع منصب المقرر الخاص لحقوق الانسان في العراق ليكون بالامكان تخويله فتح تحقيقات أشمل مع اللجان المختصة بالانتهاكات داخل مؤسسات الامم المتحدة.

ii) العمل على أنشاء تعديلات صارمة في الاتفاقيات الدولية التي تم أنتهاكها وفشلت في وقف تلك الانتهاكات او محاسبة مرتكبيها مثل أستخدام الاسلحة المحرمة.

iii) تشكيل مكتب خاص لشكاوي الضحايا والناشطين وتقارير المنظمات بعد فشل الاجراءات السريعة المعمول بها وعدم التنسيق بينها وبين البعثة في العراق, والتركيز على انشاء وسائل اتصال الكترونية أمنة للتواصل وباللغات الحية.

2. لجنة الصليب الاحمر الدولي:

i) أنشاء محكمة جنائية خاصة لمرتكبي جرائم الحرب وانتهاكات القانون الدولي الانساني من ضمنها اتفاقيات جنيف, وتغطي هذه المحكمة الحالات التي يصعب محاكمتها محليا ودوليا وثبت انتهاكها لاتفاقيات جنيف, من اجل منع الافلات من العقوبة عالميا.

ii) تكوين ألية مراقبة جديدة أو أضافية حول اتفاقيات جنيف الاربعة بعد فشل لجنة الصليب الاحمر الدولي في عملها على توثيق الكثير من تلك الانتهاكات او تقديم مرتكبيها للقضاء الدولي. على سبيل المثال, عبر أشراك مكتب المدعي العام للمحكمة الجنائية الدولية.

3. منظمة الصحة الدولية:

i) وضع فقرة ملزمة في نظام المنظمة لانشاء مكتب تحقيق في الشكاوي المدعومة بالادلة العلمية حول جرائم التلوث البيئي والصحي في مناطق النزاع المسلح.

ii) العمل على انشاء اتفاقية دولية جديدة تجاه تجريم التسبب بالكوارث الصحية سواء من قبل النزاعات المسلحة ام جهات محلية او حكومية اقتصادية او سياسية مثل شركات الادوية.

4. برنامج البيئة الاممي:

i) أنشاء قسم خاص للتحقيق العلمي حول المناطق المعترف بتعرضها للاسلحة المحرمة او التي تهدد البيئة والصحة العامة حتى لو لم تطلب تلك الدولة المساعدة.

ii) وضع أليات عمل مهنية ثابته في حال التأكد من وجود تلوث بيئي يدخل في اختصاص البرنامج, ومنع التمييز لاسباب سياسية في قضايا التلوث البيئي.

5. المكتب السياسي:

i) حق النقض الفيتو داخل مجلس الامن يستخدم في بعض الاحيان في منع محاسبة الجرائم الدولية الكبرى, ولوقف هذا العائق يجب تعديل النظام الداخلي للام المتحدة من اجل اعطاء الجمعية العمومية صلاحية اصدار قرار ملزم في تشكيل المحاكم الجنائية الخاصة في الجرائم التي يفشل مجلس الامن في محاسبتها بعد أخذ تصويت اكثر من نصف اعضاء الجمعية العمومية.

ii) وضع فقرة جديدة في ميثاق الامم المتحدة تعتبر مساعدة الافلات من العقوبة في الجرائم الدولية الكبرى بمثابة تهديد للسلام والامن الدوليين, من أجل منع التشريعات المحلية التي تحمي ارهاب الدولة او جرائمها الكبرى ضد أحد طوائفها.

4.13. سياسة منع جرائم الإبادة الجماعية

القانوني البولندي رافائيل ليمكين Raphael Lemkin، كان له الفضل في استخدام مصطلح "الإبادة الجماعية" (هو استخدمه لأول مرة رسمياً في كتابه حكم المحور في أوروبا المحتلة Axis Rule in Occupied Europe في عام 1944). وقد شنّ حملة طوال حياته لجعلها جريمة دولية وفق القانون. ويمكن العثور على العديد من توصياته في لغة النص النهائي لاتفاقية الأمم المتحدة لمنع جريمة الإبادة الجماعية. وبموجب اتفاقية الأمم المتحدة لمنع ومعاقبة جريمة الإبادة الجماعية UN Convention on the Prevention and Punishment of the Crime of Genocide، يعرف هذا المصطلح على أنه "الأفعال المرتكبة بقصد التدمير الكلي أو الجزئي لمجموعة وطنية أو إثنية أو عرقية أو دينية". وتشمل هذه الأفعال القتل المنهجي لأعضاء مجموعة وتهيئة الظروف التي من شأنها أن تؤدي إلى تدميرهم، مثل سياسات التجويع القسري.

وقد أعاقت صعوبة تحديد المسألة أيضاً اتخاذ الإجراءات الفعالة، وخصوصاً عندما يتعلق الأمر بالإبادة الجماعية، وفقا ل أرنستو فيرديخا، وهو أستاذ مساعد في جامعة نوتردام: "تستخدم مجتمعات مختلفة ومحاورون مختلفون نفس المصطلح لأغراض متباينة قليلاً". وقال فيرديخا أن مفهوم القصد النية المبيتة، الذي يميز الإبادة الجماعية عن غيرها من الجرائم الوحشية الجماعية، يحتاج إلى إعادة النظر. وأضاف قائلاً: نحن بحاجة إلى الابتعاد عن هذه الحالة حيث "يتعين على المر ء أن يثبت أن الجاني لم يكن فقط على علم بأن من شأن سياساته وإجراءاته أن تؤدي إلى تدمير هذه المجموعة، ولكنها أيضاً تهدف على وجه التحديد إلى تدمير هذه المجموعة". لأنه يكاد يكون من المستحيل إثبات ذلك في الوقت الذي يتم فيه الصراع. "ولا نجد عادة حالة يقول فيها الجاني 'كنا نقصد عمداً تدمير هذه المجموعة'".

وفي الواقع، انتشرت كلمة الإبادة الجماعية مؤخراً في سياق الأزمة في جمهورية أفريقيا الوسطى من قبل فرنسا والولايات المتحدة والأمم المتحدة، باعتبارها خطراً وشيكاً، مع مناقشة بسيطة أو معدومة للسمات المميزة للنوايا.

في عام 1994 وخلال 3 أشهر (نيسان (أبريل) – تموز(يوليو)) قدرّ عدد ضحايا العنف الطائفي في رواندا ما بين خمسمائة الى ثمان مائة شخص قتلوا بالاضافة الى تهجير مليونين شخص الى دول الجوار, مع انهيار المؤسسات الشرعية والحكم، ومعاناة واسعة النطاق والتشريد الجماعي للسكان، وكل هذه الحالات تتطلب مجموعة من الاستجابات من المجتمع الدولي، بما في ذلك الدبلوماسية المكثفة وجهود حل الصراع، والإجراءات الانضباطية للأمم المتحدة، وتقديم المساعدات الإنسانية الثنائية والمتعددة الأطراف من قبل الجهات الرسمية والخاصة. ويمكن تقسيم مراحل الاستجابة الدولية لجريمة الابادة في رواندا بالاتي:

1. أستجابات المجتمع الدولي الى الحرب الاهلية والعنف الطائفي التي سبقت ازمة نيسان – حزيران 1994.
2. المعلومات التحذيرية المبكرة الى المجتمع الدولي حول هكذا جريمة ابادة والردود او التفاعلات لهذه التحذيرات.
3. الاستجابات الدولية للابادة بدءت بعد 6 ابريل (نيسان) بعد اسقاط طائرة الرئيس الرواندي Habyarimana
4. المساعدات الدولية الانسانية لاعداد النازحين الضخمة داخل وخارج رواندا.
5. المساعدات الدولية لاعادة توطين المهجرين واعادة بناء الحكومة والمجتمع بعد الاضطرابات [539].

أزمة رواندا مليئة بحالات انتهاك للقانون الدولي من قبل بعض الدول الأعضاء وكذلك التقصير في مسؤولية الآخرين على العمل مباشرة على المنتهكين. أنواع القانون الدولي التي انتهكت تنقسم إلى ثلاث فئات عريضة:

* أولا اتفاقية منع و معاقبة جريمة الإبادة الجماعية، التي اعتمدتها الجمعية العامة يوم 9 ديسمبر 1948. مرتكبي الإبادة الجماعية بوضوح مذنبين دولياً لخرقهم الاتفاقية وبقية المجتمع الدولي له الحق في حال حصول انتهاك هذه الاتفاقية وكما ينص في المادة الثامنة من الاتفاقية، التي تنص على أنه "يجوز لأي طرف متعاقد أن يطلب إلى الهيئات المختصة في الأمم المتحدة أن تتخذ، طبقا لميثاق الأمم المتحدة، ما تراه مناسبا لمنع وقمع أفعال الإبادة الجماعية أو أي من الأفعال الأخرى المذكورة في المادة الثالثة".

* ثانياً القانون الدولي الإنساني، ولا سيما اتفاقيات جنيف لعام 1949 والبروتوكولين الإضافيين لعام 1977. الدول الأعضاء التزاما لنشر المعرفة بالقانون الدولي الإنساني على أوسع نطاق ممكن واتخاذ أي تدابير وطنية و تسن أي تشريع لتوفير التنفيذ الفعال للقانون الإنساني الدولي [539].

* ثالثا هي المعايير الدولية، ولا سيما التطور في القانون الدولي الإقليمي الأفريقي، فيما يتعلق بحقوق اللاجئين إلى وطنهم واستقرار العلاقات بين الدول. يجب على الدول الأعضاء أن تتخذ الغزوات عبر الحدود على محمل الجد، في البداية على المستويات دون الإقليمية والإقليمية، لنزع فتيل واحتواء الصراع الناتجة عن ذلك. يجب على المجتمع الدولي أن تدعم الدول المعنية بشكل مباشر للتأكد من أن اللاجئين لم يبق في طي النسيان، ولكن في غضون فترة زمنية معقولة الحصول على عضوية آمنة في الدولة. تناول العمل الفعال والفوري بنجاح هذه القضايا التي تنطوي على رواندا وأوغندا في 1980s و في عام 1990، كان من الممكن تفادي مآسي السنوات التي تلت ذلك.

محرري كتاب "الاستجابة للإبادة الجماعية: سياسة العمل الدولي" (Responding to Genocide: The Politics of International Action) آدم لوبيل وأرنستو فيرديجا (Adam Lupel and Ernesto Verdeja) أشاروا الى أن عدم وجود إرادة سياسية وتعريف صارم للإبادة الجماعية هي من اهم التحديات الرئيسية لمنع الجرائم الوحشية والإبادة الجماعية والتدخل لوقفها. ويضيف لوبيل "وجدنا أن الاستجابات الدولية، تواجه مراراً وتكراراً، مسائل الإرادة السياسية والانقسام السياسي بوصفها المشاكل الرئيسية لاتخاذ إجراءات فعالة في الوقت المناسب. لقد رأينا هذا في حالات البوسنة ورواندا ودارفور، وحالياً سوريا". فخلال حرب الإبادة التي شهدتها رواندا عام 1994، يمكن أن يعزى بعض التردد في الالتزام بإرسال قوات حفظ السلام إلى مقتل 18 جندياً أمريكياً في الصومال في عام 1993 (540, 542).

بينما أشار كوفي عنان، الذين كان يدير عمليات حفظ السلام للأمم المتحدة في ذلك الوقت، في كتابه الذي صدر في عام 2012 التدخلات: حياة في الحرب والسلام، (Interventions: A Life in War and Peace) أنه في حين كانت هناك مطالب لإرسال قوات أكثر إلى رواندا، لكن "في ظل المناخ الدولي بعد الصومال، لم يكن هناك حماس كبير لدى المجتمع الدولي لاتخاذ حتى أدنى درجات المخاطرة على حياة قوات حفظ السلام، وبالتأكيد لم يكن هناك أي حماس في الولايات المتحدة". ولكن وفقاً لما قاله لوبيل (Adam Lupel)، هناك أربع آليات يمكن أن تؤدي إلى ظروف ملائمة لوجود إرادة سياسية متسقة لمعالجة هذه الجرائم وهي: خلق المصالح المشتركة , توليد الحوافز , استخدام القيادة المسؤولة, وتعزيز المعايير الدولية

وأضاف لوبيل قائلاً: "يمكننا التحدث بالمنطق الأخلاقي بقدر ما نريد، ولكن الحقيقة هي أن الدول تميل إلى التصرف عندما يكون الأمر متسقاً مع مصلحتها الوطنية". وبالتالي، من المرجح أن يكون التركيز على هذه المصالح المشتركة أكثر فعالية. ونّوه لوبيل أنه "يمكن للعنف الجماعي ضد المدنيين أن يسبب أزمة نزوح. ويمكن للأزمة عبور الحدود الدولية، وأن تغذي عدم الاستقرار على المستوى الإقليمي وتسبب الضرر للاقتصادات عبر الحدود الوطنية. إنه شيء لا يمكن احتواؤه في بلد واحد". واستطرد قائلاً: "يمكن لذلك أن يقوض نظام الأمن الجماعي الدولي بأسره من خلال التشكيك في قدرة مجلس الأمن الدولي على تحمل مسؤوليته كسلطة [كلفت] بموجب القانون للحفاظ على السلم والأمن الدوليين"(540).

13. 5.. تعزيز المعايير العالمية من خلال المجتمع المدني

عدم تطبيق القوانين الدولية التي تدفع الدول للتدخل عند وقوع الجرائم الجماعية باستمرار أو بشكل منتظم، إلا أنها مع ذلك تشكل عاملاً حاسماً لمنع الجرائم الجماعية. آيافور رانغيلوف (Iavor Rangelov)، الزميل الباحث في كلية لندن للاقتصاد قال "هذه القواعد والأدوات هي في غاية الأهمية لأنها تشكل شروط النقاش، وكذلك مجموعة الخيارات التي تعتبر مناسبة ومشروعة في مواجهة أي أزمة"(540).

فعلى سبيل المثال، هناك اتفاق واسع النطاق على محتوى ومضمون مبدأ مسؤولية الحماية Responsibility to Protect (R2P) الذي صدر عام 2005، ولكنه ضعفّ بسبب الانقسام الخطير حول كيفية تطبيق أحكامه، وخصوصاً العناصر المتعلقة باستخدام القوة [541]. ويعتقد رانغيلوف أنه إذا تم استخدام المجتمع المدني للضغط من أجل خلق قواعد جديدة، يمكن أن يساعد ذلك على توليد الإرادة السياسية اللازمة للحد من الجرائم الجماعية. وقال أن الناس بحاجة إلى التفكير في المجتمع المدني "بمستوى أقل كمنبه لأزمة معينة، وبمستوى أكثر باعتباره وكيلاً لتغيير المعايير فيما يتعلق بالإبادة الجماعية وانتهاكات حقوق الإنسان الأخرى ذات النطاق الواسع"[540].

وفي الواقع، لعب أفراد المجتمع المدني في نقاط مختلفة من التاريخ، دوراً لا غنى عنه لمواصلة تعزيز القوانين المتعلقة بالجرائم الجماعية. وللضغط على الحكومات للتدخل في الأزمات الفردية، من المرجح أن لا تتمكن حملات المجتمع المدني من تحقيق أهدافها. ويقول رانغيلوف، لأن المجتمع المدني عبر الحدود ليس كياناً موحداً متجانساً ولكن يشوبه الانقسام والتناقض والتنافس "تماماً مثل السياسيين، فهم يتنافسون أيضاً".

ولكن بالنسبة لخبير السلام والأمن أديمولا عباس (Ademola Abass)، فإن مثل هذا الجدل بخصوص عبء الإثبات غير ضروري وخطير في نفس الوقت لأن الاتفاقية تجيز التدخل بناء على الاشتباه في وقوع الإبادة الجماعية وتضمن وجود أسباب حقيقية لانتهاك السيادة. وأوضح عباس، رئيس برنامج السلام والأمن في معهد الدراسات المقارنة للتكامل الإقليمي التابع لجامعة الأمم المتحدة (UNU-CRIS)، أنه "ليس كل قتل في جبهة الحرب يعتبر تلقائياً نوعاً من الأعمال الوحشية الجماعية وفقاً للقانون الدولي". فهناك خطر إذا تم توسيع محتوى اتفاقية الإبادة الجماعية بحيث يمكن للجهات الفاعلة أن تستجيب لضغط الرأي العام "وببساطة تستخدم الاتفاقية من دون التفكير ملياً بالموضوع". بينما أضاف فيرديخا Verdeja "لا ينبغي أن يكون التركيز فقط على العوامل المباشرة التي تؤدي للإبادة الجماعية وجرائم الحرب والجرائم ضد الإنسانية والتطهير العرقي - أي الجرائم الجماعية - ولكن ينبغي أن يكون التركيز حول الظروف الهيكلية والمادية العميقة. وإلا فسوف ينتهي بنا الحال بمحاولة إخماد الحرائق بعد اندلاعها"[542].

13. 6. الدور الدولي لنشطاء حقوق الانسان. قضية الفلوجة مثالاً

1. **حملة العدالة للفلوجة - ايطاليا**: منذ فترة طويلة بدءتها في ايطاليا لشرح ابعاد ما جرى في مدينة الفلوجة, ومن ثم توصلنا عام 2010 الى فكرة اطلاق حملة دولية للمطالبة بالعدالة لاجل مدينة الفلوجة وبالتعاون مع منظمة جسر الى الايطالية (Un Ponte Per). هذه الحملة تتضمن جمع تواقيع مختلف شرائح الشعب الايطالي من اجل الضغط على لجنة حقوق الانسان في مجلس النواب ومن بعدها الحكومة الايطالية من اجل تقديم المساعدة فيما تعاني منه الفلوجة بسبب ما تعرضت له من اثار كارثية مدمرة اثناء معركتي عام 2004 وما استخدم فيها من أسلحة محرمة نتجت عنها مآسي يومية من اطفال مشوهين او اصابات

سرطانية خطيرة بين مختلف الفئات العمرية. علماً ان المنظمة الايطالية كان لها دور كبير في مساعدة الشعب العراقي خلال الحصار الاقتصادي ضد العراق وجلب مساعدات انسانية. وقد شاركت معهم في أنشطة محلية ودولية للتعريف بحقيقة الاوضاع في العراق تحت الاحتلال الغربي, وتوعية الشعب الايطالي حول ضرورة سحب قواتهم من العراق والتي ساعدت في مجيء حكومة روماني برودي التي حققت هذا المطلب العادل الذي كان احد شعارات برودي خلال الحملة الانتخابية في ايطاليا.

ونتيجة الجهود المتواصلة, تقرر ان تطلق الحملة الدولية عبر جدول اعمال يتضمن لقاء اولي مع أعضاء لجنة حقوق الانسان في مجلس الشيوخ الايطالي لاعلان تضامنهم مع المطالبة بالتحقيق الدولي. والخطوة الثانية تشمل عقد مؤتمر صحفي وندوة مفتوحة لطلبة الكلية في احدى القاعات الكبرى في جامعة روما لشرح أثار ما جرى في الفلوجة من كافة الاصعدة الصحية والبيئية والسياسية والقانونية. وكان من المقرر دعوة مندوبي وكالات الصحافة العالمية, وينضم للحديث معي في الندوة بالاضافة الى رئيسة المنظمة الايطالية السيدة مارتينا, وايضا احد قضاة المحكمة الدستورية الايطالية هو السيد فرانشيسكو جالو, وممثل احد الاحزاب اليسارية المساندة لقضية الفلوجة هو السيد فرانشيسكو مارتونا من حزب Sinistra (Ecologia Liberta. لكن التدخل السياسي منع تنفيذ خطة العمل وافرغها من أهدافها عبر الاتي (1. اعتذار اللجنة البرلمانية عن اللقاء بعدما طلبت تاجيل اللقاء لثلاث مرات سابقا, 2. مخالفة المنظمين للاتفاق وعدم دعوة الصحافة العالمية كما كان مقررا واقتصارها على بعض الصحافة المحلية, 3. تأجيل أعلان الحملة وذهاب وفد برلماني ايطالي وقتها الى بغداد للتحذير من الحملة مما دفع اعضاء من البرلمان العراقي ضمن كتلة اياد علاوي الى المطالبة بمقترح اعتبار معركة الفلوجة الثانية فقط كجريمة حرب لتقديم التعويضات المالية وفقا للدستور العراقي لضحايا المقابر الجماعية). لكن بالرغم من أن هذه المطالبة البرلمانية العراقية قد غضت النظر عن جرائم الحرب في معركة الفلوجة الاولى, لكنها ايضا جوبهت بموافقة مشروطة من قبل كتلة رئيس الحكومة وقتها نوري المالكي بضرورة التحقيق مع رئيس الوزراء الاسبق اياد علاوي بسبب اعطاء الامر للقوات الامريكية في تنفيذ تلك الجريمة. وهو ما دفع كتلة علاوي الى التهديد بفتح ملفات جرائم كبرى ارتكبها المالكي مثل جريمة ابادة قرية الزركة في محافظة النجف. وفي وسط هذه المشاحنات السياسية فقد تم سحب المقترح البرلماني بعدما منعت الحملة !! [14 A] وعلى الرغم من التدخل السياسي الدولي لافشال جهود المنظمات والمدافعين عن حقوق الانسان, الا انها كشفت ثقل قضية الفلوجة على المستوى الدولي, والخوف من فتح ملفاتها دوليا لتورط جهات دولية ومحلية فيها. وهذا الحادث يعطي الحافز للناشطين والمدافعين عن الضحايا للاستمرار في ايصال القضية للمستوى الدولي الذي يوازي حجم الجرائم التي ارتكبت فيها.

GLI EFFETTI DELLE GUERRE UMANITARIE
IL CASO DI FALLUJA

lunedi' 18 aprile - ore 18
Dipartimento di Studi Orientali
Via Principe Amedeo 182/b - Aula 9

Introduce
Laura Guazzone
Università di Roma La Sapienza

Modera
Francesco Martone
Forum Politiche Internazionali, Sinistra Ecologia e Libertà

Per un giusto processo internazionale sui crimini contro l'umanità commessi a Falluja
Muhammed Tareq, Rete di Monitoraggio dei Diritti Umani in Iraq – MHRI

Crimini di guerra e crimini contro l'umanità a Falluja
Domenico Gallo, Giuristi Democratici

Le conseguenze della guerra sulla salute e sull'ambiente
Loretta Mussi, Presidente di Un ponte per...

Informazioni:
info@unponteper.it
tel 0644702906
www.unponteper.it

2. **المؤتمر السنوي لذكرى معركة الفلوجة ـ أمريكا:** كان من بين انعكاسات قضية الفلوجة هو تأثر احد جنود المارينز الذي قاتلوا في المعركة الثانية في الفلوجة, وهو روس كابوتي (Ross Caputi). الذي كان يعاني من ذكريات الدمار والقتل الذي شاهده أثناء المعركة. وبعد صراع داخلي في تأنيب الضمير أدت في النهاية الى قراره بايجاد طريقة من اجل مساعدة ضحايا المدينة. فكان اول اتصال بيننا وهو

يعرض عليّ أمكانية مساعدة اهالي الفلوجة عبر نشر شهادته. وفعلاً قمت بأدراج شهادته في التقرير الشامل الذي رفعته الى اجتماعات لجنة حقوق الانسان في جنيف سبتمبر 2010, ناهيك عن ارساله للشهادة مصورة للاحتفاظ بها ضمن ارشيف القضية لدينا. وبمرور الوقت أصبحت الفكرة تنمو لدى روس ليقرر وهو طالب في كلية القانون لاحدى الجامعات الامريكية, بأن يبدء حملة طلابية وشعبية للتعريف بما جرى في الفلوجة. وهنا قررّ أن يطلق مشروعه حول تذكر الفلوجة (The Remember Fallujah Project). الذي عقد اول مؤتمر شعبي له في نوفمبر عام 2010 واستمر كل عام وبنفس التوقيت من شهر نوفمبر في ذكرى معركة الفلوجة الثانية التي شارك بها سابقا كجندي المارينز. (http://thefallujahproject.org/home/).

17 NOVEMBER 2011

FALLUJAH: A LOST GENERATION?
FREE SCREENING
PLUS
Q & A WITH DIRECTOR, FEURAT ALANI

6PM Thursday November 17th
1st Fl. Screening Room
King Juan Carlos I of Spain Center
New York University
53 Washington Square South
(betw. Thompson and Sullivan)
Please bring a photo ID

After two brutal sieges in 2004, Fallujah, Iraq is plagued with cancer, birth defects and death.
REMEMBER FALLUJAH WEEK
www.thefallujahproject.org

THE
JUSTICE FOR FALLUJAH
PROJECT

CO-SPONSORED BY NYU ENGLISH
MODERN WORKING GROUP

NYUMODERNWORKINGGROUP.WORDPRESS.COM

ثم قام مشروع روس بانتاج فلم روائي قصير حول بعض الجرائم التي ارتكبتها القوات الامريكية في الفلوجة والعراق بعنوان الخوف ليس طريقا للحقيقة (fear not the path of truth) والذي فاز بجائرة صانع التغيير لمهرجان الافلام في مدينة ترافيرس.

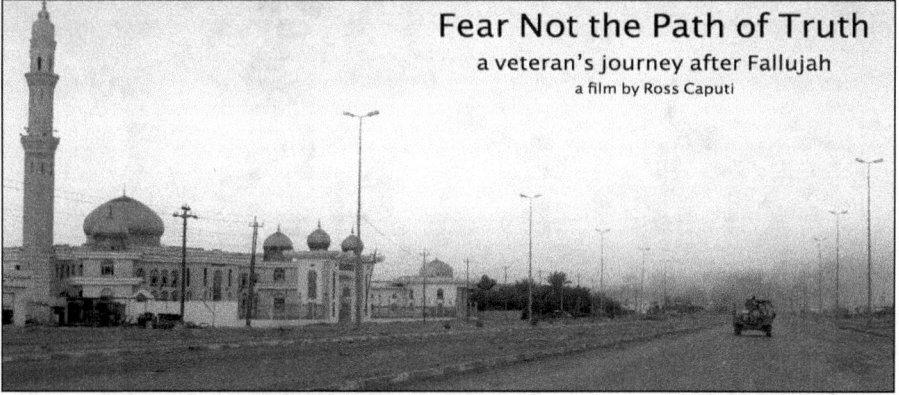

Fear Not the Path of Truth
a veteran's journey after Fallujah
a film by Ross Caputi

لقد شاءت الاقدار ان نكون انا وروس معا وفي وقتين مختلفين. المرة الاولى وكنا أعداء خلال المعركة الثانية في الفلوجة (نوفمبر 2004), حيث كان يقاتل هو مع قوات المارينز الامريكية بينما كنت انا مع الصحفي العراقي علي فاضل على أطراف الفلوجة نحاول ان نجمع المعلومات من شهود العيان والمدنيين الفارين من داخل المدينة حول جرائم الحرب والانتهاكات في الداخل. بينما كانت المرة الثانية بعدما قرر روس ان يناصر قضية الفلوجة ويساعد ضحاياها الذين تضرروا بسبب سياسة بلده العدوانية. أنه مثال حول انتصار طريق الخير في النهاية والرجوع لانسانيتنا كبشر بعيدا عن الاكاذيب والاجندات السياسية.

3. **محكمة بروكسل – بلجيكا.** ومؤسسها ديرك اندرسون (Dirk Adriaensens) مع جماعة اوربية مناهضة لاحتلال الغربي للعراق. وهذه اقامة العديد من المحاكم الشعبية التي ادارها قضاة دوليين لتصدر قرارات شعبية وقضائية غير رسمية بتجريم جرائم الاحتلال ورفع هذه القرارات الى المنظمات الدولية كاحد وسائل الضغط وفضح الانتهاكات.(http://brussellstribunal.org/)

4. كما أقامت العديد من المنظمات الاوربية والدولية حملات ونشاطات تعريف وتوعية مع جهات سياسية واعلامية في بلدانها من اجل تعريف الراي العام الدولي هناك حول حقيقة ما يجري من انتهاكات في العراق.

13. 7. الختام

مع كل الحقائق السابقة والتي تؤكد حصول جريمة حرب عدوانية ضد بلد مستقل كالعراق من قبل الولايات المتحدة وبريطانيا, جاءت الان وثائق جديدة تؤكد النية المسبقة في ارتكاب هذه الجريمة وقبل سنة من حصولها عبر ما تسميه الصحافة الغربية باتفاق صفقة الدم (deal in blood). الاتفاق بين توني بلير وبوش الابن كشف عن حقيقة صادمة, وهي عدم كشف حقيقة الهدف من الحرب لحد الان. بلير كان يتحدث عن حلول دبلوماسية قبل سنة من الحرب, بينما كشفت الوثائق الاخيرة انه اعطوا وعودا لبوش الابن حينها في دعم الحرب. حيث قال بلير

للناخبين في وقتها (نحن لا نحضر لعمل عسكري, وهو على العكس مما كشفته رسائل البريد الاخيرة!!) [690].

صحيح أن هناك حكومات أخرى ساندت هذه الجريمة لاجل مصالحها, لهذا السبب, اريد أن اسال الشعوب التي ساندت حكوماتها هذا الاحتلال (بصورة مباشرة او غير مباشرة) الاسئلة الاتية:

1. هل أقتنعتم الان بوجود خلل في نظامكم السياسي والقضائي الذي يسمح لحد الان بارتكاب هذه الجريمة وتهديد الامن والسلام في الشرق الاوسط, بعد ان دمروا العراق كمؤسسات ؟؟
2. هل ستسعون الى أصلاح هذا الخلل الذي سمح بالافلات من العقوبة وسيشجع سياسيين قادمين على تكرار مأسيها ؟ أم ستغمضون أعينكم وتقبلون بالاسباب المستندة على خرافات وأكاذيب؟
3. هل تعتقدون ان التقدم او الرفاهية المستندة على ضرر وأذى الاخرين ممكن ان تبني خيرا ام مستقبلا يحكمه الاشرار؟؟
4. هل ستساعدوننا في نشر الحقائق وتوعية شعوبكم لكي تتوحد المطاليب في محاكمة المجرمين الذين تسببوا في معاناتنا لحد الان؟؟
5. هل ستعيد انتخاب من يسوق الاكاذيب ويخشى مواجهة ضحاياه ليمنع العدالة؟؟ ام ستنتخبون من يتستر على الجرائم، ودون أحترام لحق الشعوب في تقرير مصيرها، ناهيك عن عدم احترام حقكم في معرفة الحقائق؟

الله سبحانه وتعالى خلق الانسان وأكرمه لكي يكون خليفة الله في ارضه وان يعمل على جعلها جنة البشرية كتطبيق لمبادئ الخير والمحبة التي يريدها الله عزّ وجل. فهل نحن مع مبادئ الخير هذه ام مع الاشرار؟

اود أن أنهي كتابي مع التذكير ببعض اهم الدروس الناتجة من جريمة احتلال او غزو العراق حسب تقييمات بعض الشخصيات الدولية وبعد 13 سنة من هذه الحرب العدوانية:

- **كوفي عنان** ,2015: وكان السبب الثاني والأكثر قربا بكثير من حالة عدم الاستقرار التي نشهدها اليوم هي في غزو العراق في عام 2003. وتحدثت ضدها في ذلك الوقت، وأنا أخشى الان ان مخاوفي قد ثبت ما يبررها. ومما ضاعف من حماقة من هذا القرار المشؤوم هي قرارات ما بعد الغزو. حل قوات الأمن، ضمن تدابير أخرى تدفقت مئات الآلاف من الجنود ورجال الشرطة المدربين والساخطين الى الشوارع. ولاحقا،

الاندفاع لخلق ديمقراطية فورية، وكأن الانتخابات تكفي في ظل غياب المؤسسات المصوتة أو الديمقراطية التقليدية، لتبشر في حكم فاسد، قمعي وطائفي [683].

- **نعوم تشومسكي (Noam Chomsky):** حرب العراق هي الاولى في التاريخ التي تحصل بالرغم من المعارضة الشعبية العالمية, لذا يجب تشجيع النقاش لفهم الاسباب التي ادت الى استمرار اللجوء للعنف والتخريب والسيطرة على جزء كبير من العالم, والتدريب المستقبلي على تغيير تركيبات القوى في مجتمعاتنا والتي تولد هكذا جرائم. ينبغي التحقيق للوصول للحقيقة وتقدمها للناس مع تقديم الجناة للمحاكمة العادلة, مع تعويض الضحايا بما يناسبهم, والتحقيق في تاثير استخدام الاسلحة المتطورة في المناطق التي تعرضت لهجمات بربرية كما حدث في الفلوجة [407].

- **هانز بليكس (Hans Blix)** (كبير مفتشي اسلحة الدمار الشامل في العراق قبل الاحتلال): كانت حرب العراق خطأ فادحا وانتهاك لميثاق الأمم المتحدة. حرب تهدف الى جعل العراق دولة ديمقراطية نموذج يستند إلى القانون، ولكنها استبدلت الاستبداد بالفوضى وقادت الولايات المتحدة إلى ممارسة انتهاك قوانين الحرب. أهم درس من حرب العراق، كما أعتقد، هو أن الثقة المفرطة في القوة العسكرية تم استبدالها بفهم أن هناك قيودا شديدة على ما يمكن تحقيقه بالوسائل العسكرية. التدخل بسرعة مع الأسلحة والضربات الجوية قد يكون من السهل على قوة كبيرة، ولكن تحقيق أهداف سياسية المطلوب هو مسألة أخرى والخروج قد يكون من الصعب ـ عبارة "إذا كسرته، فانت تملكه" يتبادر إلى الذهن. فيتنام وأفغانستان والعراق كانت تدخلات طويلة ومكلفة مع نتائج متباينة جدا. ومنذ ذلك الحين التعقل قد جعل الولايات المتحدة تتراجع مرة أخرى في حالة ليبيا وحتى الآن في سوريا. درس آخر مهم اليوم هو أن التدخلات الدولية المسلحة من المرجح أن يتم أدانته من الكثير من دول العالم ما لم تكن بوضوح في الدفاع عن النفس أو قد تكون بأذن من مجلس الأمن. وحالة العراق لم تكن كذلك. واخشى انه لا يوجد شيء يوقف هذا النوع من المأساة ان تتكرر ثانيةً [405].

- **ويليام بلوم William Blum:** من 1945 إلى 2003، حاولت الولايات المتحدة بالاطاحة باكثر من 40 حكومة اجنبية, ومحاولة سحق اكثر من 30 حركة قومية شعبية ضد الانظمة الدكتاتورية وقصفت حوالي 25 بلداً، مما تسببت في نهاية حياة عدة ملايين من الناس وعرضت ملايين اخرى الى حياة اليأس والمعاناة [426].

- **سباستيان فيشر Sebastian Fischer** (مراسل دير شبيغل الالمانية): أهم عشر دروس يمكن تعلمها بعد عشر سنوات من غزو العراق هي: 1)أنها كانت "الحرب الغبية"، 2) الحرب أضرت بصورة أميركا, 3) الحرب أفقدت مصداقية وكالة المخابرات المركزية, 4) الحرب قسمت الأمة العراقية, 5) غذت الحرب فوز أوباما

في الانتخابات الرئاسية, 6) الحرب كانت حرب المحافظين الجدد, 7) المحافظون الجدد تعلموا القليل من الحرب, 8) حرب العراق مهدت الطريق للحرب الخفية, 9) الحرب قد شكلت (كونت) الموقف ألامريكي تجاه الربيع العربي, 10) لا زالت آثار الحرب تسود في العراق[521].

- **بروس ريدل** Bruce Riedel (مسؤول سابق في CIA ومستشار رئاسي): هناك إجماع وطني بأنها كانت حرب غبية, والتكاليف كانت هائلة وكانت واحدا من أكبر الأخطاء في البلاد. ظل هذه الحرب ستبقى "عبئا ثقيلا" على المواقف التي من المفترض ان تتخذها أميركا تجاه إيران وسوريا وليبيا. إرث الحرب سوف تطارد أمريكا لسنوات[521].

- **جيريمي كوربين** Jeremy Corbyn (المرشح الرئاسي لحزب العمال البريطاني): "دعونا نجعل الامور اوضح بأن حزب العمل سوف لن يعيد نفس الخطأ مرة أخرى، سوف لن تنتهك أبدا ميثاق الأمم المتحدة والقانون الدولي[685].

- **الدكتور رحيم الكبيسي**: جرائم ضد الإنسانية، لا تسقط بالتقادم، ولكن هذا يجب على جميع الجرائم والانتهاكات والاستمرار في توثيق في محاولة لرفع دعاوى في المحاكم الأمريكية[7A].

وختاماً, أذكر الجميع بأن أرضنا المقدسة هي ارض الانبياء, ومنها خرج اول قانون حضاري يعلم البشرية معنى النظام والحياة المدنية, ومن بغداد خرجت ارقى العلوم والاختراعات التي كان لها الفضل لاحقا في تقدم الثورة الصناعية التي شهدتها اوربا. ورغم كل قوى الاحتلال التي مرت على أرضنا وأنتهت بهزيمتهم, فان شعبنا الحر لن يتنازل عن حقوقه ضد المجرمين. وما عرضناه في الكتاب من حقائق هو نقطة في بحر ستؤكد للعالم بان عناد وصبر الاحرار في العراق هو أكبر مما تقرأونه في كتب التاريخ. العدالة هي غايتنا، ومن الله نأخذ قوتنا وعزيمتنا في السعي لها.

المصادر

* عند وجود مصدر كمثال (7 من 8(371)) فتعني المصدر رقم 7 من الفصل رقم 8 من الكتاب ذو المصدر الاجنبي رقم 371.

* عند وجود مصدر كمثال (10A) فتعني المصدر 10 من المصادر العربية.

المصادر الاجنبية

English References

1. National Ground Intelligence Center (NGIC). SECRET//NOFORN//20310306
2. Jernej Letnar (Researcher, Institute for European Constitutional, International Law and Law of Economics). Corporate human rights abuses require stronger international and domestic legal regimes. Tuesday, May12, 2009. JURIST
3. Byron L. Warnken. Blackwater, Garrity, and Immunity: What Does It All Mean? (JURIST Guest Columnist from the University of Baltimore School of Law). November 12, 2007
4. Special Interview with victim' family, as well to vedio interview.
5. Samira Alaani, Muhammed Tafash, Christopher Busby, Malak Hamdan, Eleonore Blaurock-Busch. 2011. Uranium and other contaminants in hair from the parents of children with congenital anomalies in Fallujah, Iraq. Conflict and Health, 5:15. http://www.conflictandhealth.com/content/5/1/15
6. Samira Alaani, Mozhgan Savabieasfahani, Mohammad Tafash, Paola Manduca. 2011. Four Polygamous Families with Congenital Birth Defects from Fallujah, Iraq. Int. J. Environ. Res. Public Health, 8: 89-96. http://www.ncbi.nlm.nih.gov/pmc/articles/PMC3037062/
7. Chris Busby, Malak Hamdan, and Entesar Ariabi. 2010. Cancer, Infant Mortality and Birth Sex-Ratio in Fallujah, Iraq 2005–2009. Int. J. Environ. Res. Public Health, 7, 2828-2837. http://www.mdpi.com/1660-4601/7/7/2828

8. Depleted Uranium Crisis, Muslim Peacemaker Teams: December 2007. www.mpt-iraq.org.

9. International Court of Justice, Reports of Judgments, Advisory Opinions and orders, Legality of the threat or use of nuclear weapons, Advisory Opinion of 8 July 1996.

10. Commission on Health and the Environment, Al-Anbar Provincial Council,Western Iraq Center for Congenital anomalies Registry and Surveillance at Maternity and Children Teaching Hospital in Ramadi, 20/03/2011.

11. Knut Dörmann and Laurent Colassis. 2004. International Humanitarian Law in the Iraq Conflict. In : The German Yearbook of International Law, 47 : 293–342. Duncker & Humblot, Berlin.

12. CPA, Regulation 1 of 16 May 2003, Sect. 1 para 1. The letter from the Permanent Representatives of the UK and the US to the UN, addressed to the President of the Security Council, 8 May 2003, UN Doc. S/2003/538.

13. Donald Rumsfeld, Known and Unknown: A memoir. 2011. Pengui n Group (USA) Inc., 375 Hudson Street, New York, New York 10014, U.S.A.

14. Reynolds, Paul. "White Phosphorus: Weapon on the Edge." BBC News. 16 Nov. 2005. 16 Feb. 2008 . http://news.bbc.co.uk/2/hi/americas/4442988.stm.

15. Popham, Peter. "US Intelligence Classified White Phosphorus as 'Chemical Weapon'" The Independent. 23 .Nov. 2005. 17 Feb. 2008

16. DARRIN MORTENSON. Violence subsides for Marines in Fallujah. Sunday, April 10, 2004. North County Times (Escondido, California).

17. Toshikuni DOI.Fallujah, April 2004. http://www.doi-toshikuni.net/falluja2004/e/index.html

18. Francis A. Boyle. Obliterating Fallujah. A War Crime in Real Time.November, 15,2004

19. Lieutenant Colonel John P. Piedmont. 2010. DET ONE. U.S. MARINE CORPS, U.S. SPECIAL OPERATIONS, COMMAND DETACHMENT, 2003-2006, U.S. Marines in the Global War on Terrorism. History Division, United States Marine Corps, Washington, D.C.

20. From Wikipedia, Force Reconnaissance Company, http://en.wikipedia.org/wiki/1st_Force_Reconnaissance_Company (last visited 22 November 2012)

21. From Wikipedia, Marine Corps Special Operations Command Detachment One http://en.wikipedia.org/wiki/MCSOCOM_Detachment_One .(last visited 22 November 2012)

22. "Marines Suspend Fallujah Offensive," Marine Corps News, 13 April 2004.

23. Military Operations On Urban Terrain, Marine Corps Warfighting Publication (MCWP) 3-35.3 (Quantico, VA: April 1998), pp. 1-16.

24. CNN, "General: It's 'Fun to Shoot Some People,'" CNN.com, February 4, 2005. See: www.cnn.com/2005/US/02/03/general.shoot .(last visited 22 November 2012)

25. Constable, Pamela (2004) 'A Wrong Turn, Chaos and a Rescue', Washington Post, 15 April .

26. Walking Ghosts: Murder and Guerrilla Politics in Colombia . Steven Dudley 2003 .Taylor & Francis, Inc.

27. "Second Day of Fighting at al-Falluja," P. Mitchell Prothero, UPI, April 30, 2003. http://www.upi.com/Business_News/Security-Industry/2003/04/30/Second-day-of-fighting-at-al-Falluja/UPI-97261051713329/ .(last visited 22 November 2012)

28. Rogue State .A Guide to the Worlds Only Superpower. William Blum. 2002. Zed Books – London.

29. From (William Blum. Rogue State, 2002) (New York Times, March 9, 1982, p.l; March 23, 1982, p.l and 14; The Guardian (London) November 3, 1983, March 29, 1984; Washington Post, May 30,1986)

30. Who Won the Battle of Fallujah? Mr. Keiler, a former captain in the Army's Judge-Advocate General Corps The Naval Institute: Proceedings 2004. (MCWP 3-35.3, pp. 1-17 and 2-7)

31. Jackie Spinner, "Artillerymen Clear Path for the Infantry," The Washington Post, 11 November 2004; Associated Press, 8 November 2004.(from 30).

32. E.g., Mackubin Thomas Owens, "Two, Three, Many Fallujahs," The Weekly Standard, 6 December 2004; Jack Kelly, "U.S. Tactic, Training Kept Casualties Down in Fallujah" (citing author and retired Army LCol Ralph Peters), The Pittsburg Post-Gazette, 21 November 2004.(from 30).

33. A Matter of Principle .Humanitarian Arguments for War in Iraq. Thomas Cushman. University of California Press .2005

34. THE FIGHT FOR FALLUJAH - TF 2-2 IN FSE AAR: Indirect Fires in the Battle of Fallujah By Captain James T. Cobb, First Lieutenant Christopher A. LaCour and Sergeant First Class William H. Hight" Field Artillery.March-April 2005.

35. Interview with His Royal Highness Prince Hassan of Jordan. ICRC. Volume 89 Number 868 December 2007

36. WISER IN BATTLE,A Soldier's Story. LT. GEN. RICARDO S. SANCHEZ with Donald T. Phillips HarperCollins Publishers Inc .2008

37. Intelligence Cooperation and the War on Terror. Anglo-American security relations after 9/11 .Adam D.M. Svendsen. Taylor & Francis e-Library.2010

38. Failure to protect. A case for the prohibition of cluster munitions. Dr. Brian Rappert and Richard Moyes. Landmine Action. 2006.

39. Ministry of Defence. Operations in Iraq: First Reflections, July 2003. (From 38)

40. Figures given in Human Rights Watch, Off Target, New York: Human Rights Watch, 2003. (From 38).

41. The European Parliament. European Parliament resolution on cluster bombs. B5-0765, 0775, 0782 and 0789/2001 2001. Further in this resolution, the parliament called for additional examination of the ERW effects of submunitions and for steps to improve their reliability. In 19 January 2006, the European Parliament agreed a resolution on disability and development that stated it: 'Supports fully, given the effects especially on child victims, the global battle to eradicate anti-personnel landmines and other related controversial weapon systems such as cluster submunitions. (From 38).

42. Testimonies of Crimes Against. Humanity in Fallujah. Towards a Fair International Criminal Trial. CCERF and MHRI. 15th

Session of the Human Rights Council. United Nations, Geneva, 13 September - 1 October 2010

43. The United Nations Commission on Human Rights: SubCommission on Prevention of Discrimination and Protection of Minorities, Resolution. International Peace and Security as an Essential Condition for the Enjoyment of Human Rights, Above All, the Right to Life. 1996/16, 29 August 1996.

44. Cluster Bombs over Kosovo. Thomas Michael McDonnell. Arizona Law Review 2002 44(1): 34. (From 38).

45. 2008 Convention on Cluster Munitions. International Committee of the Red Cross. Geneva, Switzerland. www.icrc.org

46. Human rights in Iraq's transition: the search for inclusiveness: John P. Pace. International Review of the Red Cross. Volume 90 Number 869 March 2008. http://www.icrc.org/eng/assets/files/other/irrc-869_pace.pdf. (last visited 22 November 2012)

47. Security Council document, UN Doc. S/2003/538

48. Iraq war illegal, says Annan. BBC News, 16 September 2004, available at: http://news.bbc.co.uk/2/hi/middle_east/3661134.stm.(last visited 22 November 2012)

49. Dispatches: Iraq's missing billions, produced by Guardian Films for Channel4.

50. 3rd Armored Cavalr Regiment "Brave Rifles".Global Security org. www.globalsecurit.org/militar/agenc/arm/3acr.htm

51. The Old Ironsides Report. Wednesday, January 14, 2004.

52. The Fallujah Model. Rebecca Grant. Air Force Magazine. February 2005.

53. "Rebuilding Iraq: Preliminary Observations on Challenges in Transferring Security Responsibilities to Iraqi Military and Police," Statement of Joseph A. Christoff, Director of International Affairs and Trade at the Government Accountability Office, submitted to the US House of Representatives Subcommittee on National Security, Emerging Threats, and International Relations on March 14, 2005, pg. 11.

54. Fire Bombs in Iraq: Napalm By Any Other Name. Alison Klevnäs, Per Klevnäs, Rachel Laurence, Mike Lewis and Jonathan Stevenson. Iraq Analysis Group, March 2005. www.iraqanalysis.org , see also:

Martin Savidge, "Protecting Iraq's Oil Supply" *CNN* (March 22, 2003).

55. A New Military Strategic Communications System. A Monograph by MAJ Robert F. Baldwin U.S. Army. School of Advanced Military Studies United States Army Command and General Staff College Fort Leavenworth, Kansas. 2006-2007

56. A war crime or an act of war?? Stephen C. Pelletiere. The New York Times. Januar 31, 2003. http://www.informationclearinghouse.info/article1148.htm

57. Endless Torment: The 1991 Uprising in Iraq And Its Aftermath, Human Rights Watch, June 1992.(From 54).

58. Dead bodies are everywhere'', *Sydney Morning Herald*, 22 March 2003. http://www.smh.com.au/articles/2003/03/21/1047749944836.html

59. 'Sailors Offload Ammo For U.S. Marines', Defend America, US Dept. of Defense, 2 February 2003.(From 54).

60. Post - Transition violence in Iraq (2004 - 2005): The military perspective of an insider. Colonel Jabbar Naeemah Karam and Dr. Sherifa Zuhur. U.S. Army War College, Carlisle Barracks, Pennsylvania,2006.

61. Beyond Close Air Support. Forging a new air-ground partnership. Bruce R. Pirnie, Alan Vick, Adam Grissom, Karl P. Mueller, David T. Orletsky. RAND Corportation. 2005.

62. Eyewitness to War, Volume I. The US Army in Operation AL FAJR: An Oral History. 2006. Kendall D. Gott, John McCool, Matt M. Matthews, Colette Kiszka, Jennifer Vedder, Jennifer Lindsey, Christopher K. Ives. Army Combined Arms Center, Combat Studies Institute, Fort Leavenworth, KS, 66027

63. Defensive operations in the media battlespace: Operation Iraqi Freedom. 2006, Master degree of Military Art and Science Strategy. Patrick Proctor. US Army Command and General Staff College,1 Reynolds Ave., Fort Leavenworth,KS,66027-1352

64. 10th Annual Command and Control Research and Technology Symposium: The Future of C2. Multinational Force and Host-Nation Administration in Wartime Iraq, an Inter-ministerial Approach. Topic: C4ISR/C2 Architecture: A Case Study of Iraqi-MNF Interoperability in Iraq, 2005. Colonel John R. Ballard. Washington D.C.

65. Shared Awareness in Urban Operations.2005. Lt Col Carl H. Block, Joint Military Operations Department.Naval War College .Newport, RI 02841-1207.

66. AGM-65 Maverick, GlobalSecurity.org. http://www.globalsecurity.org/military/systems/munitions/agm-65.htm

67. Battle for Fallujah, our warfighters towered in maturity and guts . Brief comments on air power in urban airfare . April 28, 2005. Talking Proud, Service & Sacrifice. http://www.talkingproud.us/Military/FallujahIntro/FallujahAirPower/FallujahAirPower.html

68. What is the role of the joint forces air component commander as airspace control authority during stability operations?? 2007. Major Francisco M. Gallei, Master' Thesis of Military Art and Science. U.S. Army Command and General Staff College. Ft. Leavenworth, KS 66027.

69. All-out assault on Fallujah. Toby Harnden (Fallujah) and Alec Russell (Washington). 9 November 2004. The Telegraph. http://www.telegraph.co.uk/news/worldnews/middleeast/iraq/1476220/All-out-assault-on-Fallujah.html

70. America's mercenaries: war by proxy. 2006. Major Kevin Collins, USMC. Master' Thesis of Military Art and Science. U.S. Army Command and General Staff College. Ft. Leavenworth, KS 66027.

71. Q&A: Private Military Contractors and the Law. Human Rights Watch, October 21, 2004.

72. Haditha and Fallujah cases on the 2008 docket. Monday, December 31, 2007. Mark Walker. North County Times.

73. A look at some of the incidents involving private contractors firing on Iraqi civilians. The Associated Press. September 17, 2007.

74. Investigating Officer's Report. 2 October 2007. From: Lt. Col. Paul J. Ware (WESTPAC, Navy-Marine Corps Trial Judiciary), To: Commander James N. Mattis (US Marine Corps Forces, Central Command). Name of accused: SSGT Frank D. Wuterich (3rd BN, 1st Marines), Date of Charges: 21 Dec. 2006.

75. The Promise of Precision. 2010. Colonel Michael McCarthy. Colonel Phillip Tissue. U.S. Army War College, Carlisle Barracks, PA 17013-5050

76. Report: Blackwater skimped on security before Fallujah ambush. 27 September 2007. Joseph Neff and Jay Price. McClatchy Newspapers. McClatchy Washington Bureau.

77. Military contractors: How earlier integration in the planning process would achieve greater mission success. 3 May, 2010. Lieutenant Commander Kevin B. O'Brien (US Navy). A paper submitted to the

Faculty of the Naval War College in partial satisfaction of the requirements of the Department of Joint Military Operations.

78. The future use of corporate warriors with the U.S. Armed Forces: legal, policy, and practical considerations and concerns. 1 July 2009. David A. Wallace. Defense A. R. Journal.

79. International Humanitarian Law and the Regulation of Private Military Companies. February 8-9 2007. Lindsey Cameron, University of Geneva, Switzerland. Conference «Non-State Actors as Standard Setters: The Erosion of the Public-Private Divide», Switzerland. ((*These two examples have been officially recognized by the former Special Rapporteur on the Right of Peoples to SelfDetermination and its application to peoples under colonial or alien domination or foreign occupation:Use of mercenaries as a means of violating human rights and impeding the exercise of the right of peoples to self-determination, Mrs. Shaista Shameem,in her annual report. See UN Doc. E/CN.4/2005/14 at para. 50 (2004). Both the Fay Report and Taguba Report recommended referral to the US Department of Justice for potential criminal prosecution for these events. See Major General George R. Fay, A15-6 Investigation of the Abu Ghraib Detention Facility and 205 6 Military Intelligence Brigade 130-34, August 23 2004, online: http://www4.army.mil/ocpa/reports/ar156/index.html (last visited 20 September 2006). The report enumerates incidents in which private contractors were allegedly involved, including (but not limited to) rape (Incident 22), use of "unauthorized stress positions" (Incident 24) use of dogs to aggress detainees (Incidents 25 and 30), humiliation (Incident 33). See also pp. 131 – 134 for MG Fay's findings regarding the civilians (private military company employees) he investigated. See also http://www.dod.mil/pubs/foi/detainees/taguba/ (last visited 20 September 2006) for the report of Major General Antonio M. Taguba, Article 15-6 Investigation of the 800 Military Police Brigade [hereafter Taguba Report].*))

80. International assistance for victims of use of nuclear, radiological, biological and chemical weapons: time for a reality check? June 2009. Robin Coupland and Dominique Loye. International Review of Red Cross, Volume 91 Number 874.

81. Britain's secret army in Iraq: Thousands of armed security men who answer to nobody. Robert Fisk and Severin Carrell. Independent (UK), 28 March 2004

82. European Security and Private Military Companies: The Prospects for Privatized 'Battlegroups. James K. Wither. The Quarterly Journal 107–126 (Summer 2005), especially at p. 122.

83. International Convention against the Recruitment, Use, Financing and Training of Mercenaries, 4 December 1989, UNGA Res A/RES/44/34, entered into force 20 October 2001 [http://www.un.org/documents/ga/res/44/a44r034.htm].

84. Convention for the Elimination of Mercenarism in Africa, Organisation of African Unity, Libreville, 3 July 1977, CM/817 (XXXIX), Annex II, Rev. 3 (entered into force 22 April 1985). http://www.africa-union.org/official documents/Treaties %20Conventions %20Protocols/Convention on Mercenaries.pdf].

85. Private Security Contractors in Iraq: Background, Legal Status, and Other Issues. August 25, 2008. Jennifer K. Elsea, Moshe Schwartz, Kennon H. Nakamura, Congressional Research Service. The Library of Congress. CRS Report RL32419.

86. U.S. Treatment of Prisoners in Iraq: Selected Legal Issues. May 19, 2005. Jennifer K. Elsea. Congressional Research Service. The Library of Congress. CRS Report RL32395. http://www.au.af.mil/au/awc/awcgate/crs/rl32395.pdf

87. Operation Iraqi Freedom: Strategies, Approaches, Results, and Issues for Congress. April 2, 2009. Catherine Dale. CRS Report for Congress. Congressional Research Service. RL34387.
http://www.fas.org/sgp/crs/mideast/RL34387.pdf

88. No True Glory: A Frontline Account of the Battle for Fallujah. 2005. Bing West, New York: Bantam Books.

89. US used white phosphorus in Iraq. Wednesday, 16 November 2005, 11:25 GMT. BBC NEWS. http://news.bbc.co.uk/2/hi/middle east/4440664.stm , see also: Pentagon Used White Phosphorous in Iraq. ROBERT BURNS. The Associated Press, Wednesday, November 16, 2005. http://www.washingtonpost.com/wp-dyn/content/article/2005/11/16/AR2005111600374.html

90. Fallujah..The Hidden Massacre. 8 November 2005. documentary film by Sigfrido Ranucci and Maruizio Torrealta, Video documentary shows actual chemical bombing on civilians in Fallujah with testimony of interviewed U.S. soldiers - English, Italian and Arabic, Rai News 24. http://video.google.com/videoplay?docid=8905191678365185391

91. British play lays bare U.S. offensive in Falluja. May 4, 2007. Luke Baker. Reuters

92. U.S. jury acquits ex-Marine in Iraqi killings. Aug 28, 2008. Syantani Chatterjee, Steve Gorman, and Eric Beech. Reuters.

http://www.reuters.com/article/2008/08/28/us-usa-iraq-marines-idUSN2836306920080828.

93. US intelligence classified white phosphorus as 'chemical weapon'. Peter Popham and Anne Penketh. Wednesday 23 November, 2005. The Independent. http://www.gulflink.osd.mil/declassdocs/dia/19950901/950901_22431050_91r.html

94. Mark 77 bomb. From Wikipedia. http://en.wikipedia.org/wiki/Mark_77_bomb (last visited....); and MK77 750lb Napalm, From GlobalSecurity.org. http://www.globalsecurity.org/military/systems/munitions/mk77.htm

95. Officials confirm dropping firebombs on Iraqi troops, Results are 'remarkably similar' to using napalm, By James W. Crawley, *San Diego Union-Tribune*, August 05, 2003. http://www.globalsecurity.org/org/news/2003/030805-firebombs01.htm , http://legacy.utsandiego.com/news/military/20030805-9999_1n5bomb.html

96. Protocol on Prohibitions or Restrictions on the Use of Incendiary Weapons (Protocol III). Geneva, 10 October 1980. ICRC. http://www.icrc.org/ihl.nsf/NORM/3AB9E36D37F951ECC1257558003E6A3F?OpenDocument

97. UK Ministry of Defence letter to Alice Mahon (document). http://www.rainews24.rai.it/ran24/inchiesta/foto/documento_ministero.jpg

98. British Parliament, Written Answers to Questions. *Defense Minister Adam Ingram Denies US Use of Firebombs* (January 11, 2005) Written answers to questions. 11 Jan 2005 : Column 373W. parliament.uk. http://www.publications.parliament.uk/pa/cm200405/cmhansrd/vo050111/text/50111w01.htm#50111w01.html_sbhd3 , see also: US Lied to Britain Over Use of Napalm in Iraq War. Colin Brown. Friday, June 17, 2005. *Independent/UK.* http://www.commondreams.org/headlines05/0617-01.htm

99. US hunts Fallujah rebels, blocks aid. November 15, 2004. *AFP/Reuters/ABC News*.

100. IRAQ: US launches mass slaughter in Fallujah. Doug Lorimer. *Green Left weekly*. Wednesday, November 17, 2004. http://www.greenleft.org.au/node/31035

101. US strikes raze Falluja hospital. Saturday, 6 November, 2004. *BBC News*. http://news.bbc.co.uk/2/hi/3988433.stm

102. CNN. http://www.chris-floyd.com/fallujah/warcrime/

103. U.S. Begins Main Assault in Falluja, Setting Off Street Fighting. Dexter Filkins and James Glanz. November 9, 2004. *The New York Times.*

104. Urban Warfare Deals Harsh Challenge to Troops. Dexter Filkins. November 9, 2004. *The New York Times.*

105. American Forces Reach Center of Falluja Amid Fierce Fighting. Dexter Filkins and James Glanz. November 9, 2004. *The New York Times.*

106. Falluja Assault Roils Iraqi Politics. Edward Wong. November 9, 2004. *The New York Times.*

107. Falluja Offensive Is Seen as a Test of U.S. Pledge to Pacify Iraq in Time for January Elections. Douglas Jehl and Thom Shanker. November 9, 2004. *The New York Times.* http://www.nytimes.com/2004/11/09/politics/09attack.html?_r=0

108. Blair Defends the Us Onslaught in Fallujah. *Evening Standard - London.* April 28, 2004

109. Us Bombards Fallujah in Bigley Revenge Raid ; Massive Air Assault On Rebel Stronghold Targets Iraq's Most Wanted Man. *Evening Standard - London.* October 15, 2004. http://www.chris-floyd.com/fallujah/flv/player.php?url=WARCRIME3.flv

110. Dead-Check in Falluja. Evan Wright. Tuesday, Nov 16 2004. *Village Voice.*

111. Contractors in the 21st Century "Combat Zone. Richard L. Dunn, (Edgewater, MD: University of Maryland School of Public Policy, Center for Public Policy and Private Enterprise, 2005), 22.

112. U.S.C., Chapter I, Subchapter M, rev. Apr. 1, 1992. From reference 70

113. U.S. Congress, Public Law 108-75, Ronald W. Reagan Defines Authorization Act for 2005, Sect. 1206, 28 October 2004. From reference 70

114. War, Profits, and the Vacuum of Law: Privatized Military Firms and International Law. P. W. Singer. *Columbia Journal of Transnational Law* 42 (2004): 52.

115. Military Operations: Contractors Provide Vital Services to Deployed Forces but Are Not Adequately Addressed in DoD

Plans, Government Accountability Office, GAO-03-695, 5 June 2003. http://www.gao.gov/products/GAO-03-695

116. REBUILDING IRAQ, Actions Needed to Improve Use of Private Security Providers. Government Accountability Office, GAO-05-737. July 2005. http://www.gao.gov/assets/250/247252.pdf

117. Gulf war illnesses, DOD's Conclusions about U.S. Troops' Exposure Cannot Be Adequately Supported. Government

Accountability Office. GAO-04-159, Jun 1, 2004. http://www.gao.gov/products/GAO-04-159

118. Stabilizing Iraq. An Assessment of the Security Situation. Government Accountability Office. GAO-06-1094T. September 11, 2006. http://www.gao.gov/assets/120/114761.pdf

119. Military operations in urban areas. Alexandre Vautravers. International Review of the Red Cross. Volume 92 Number 878 June 2010. http://www.icrc.org/eng/resources/international-review/review-878-urban-violence/review-878-all.pdf

120. Training and Doctrine Command (TRADOC), Department of the Army, Field Manual FM90-10, Military Operations on Urbanized Terrain (MOUT), Washington, DC, 1979.

121. Private security firms involved in new forms of mercenary activity. UN Working Group. Press Release.UN news center. November 6, 2007. http://www.un.org/apps/news/story.asp?NewsID=24556&Cr=mercenaries#

122. Mission to Iraq. Report of the Working Group on the use of mercenaries as a means of violating human rights and impeding the exercise of the right of peoples to self-determination. Human Rights Council Eighteenth session, Agenda item 3.12 August 2011. A/HRC/18/32/Add.4.

123. Use of mercenaries as a means of violating human rights and impeding the exercise of the right of peoples to self-determination. General Assembly. Sixty-first session. 13 September 2006. A/61/341.

124. Private Contractors and Torture at Abu Ghraib, Iraq. Pratap Chatterjee and A.C. Thompson. May 7th, 2004. CorpWatch. http://www.corpwatch.org/article.php?id=10828&printsafe=1

125. Shadow Force, Private Security Contractors in Iraq. 2009. David Isenberg. Praeger Security International, 88 Post Road West, Westport, CT 06881, US.

126. Broader legal definition of 'Mercenary' needed, say Special Rapporteur. As Third committee continues discussion of self-determination, Racism. Press Release. Fifty-eighth General Assembly, Third Committee, 24th Meeting, 27 October, 2003. GA/SHC/3752.
http://www.un.org/News/Press/docs/2003/gashc3752.doc.htm

127. Pentagon reverses position and admits U.S. troops used white phosphours against Iraqis in Fallujah. A daily independent global news hour with Amy Goodman & Juan Gonzalez. November 17, 2005.
http://www.democracynow.org/2005/11/17/pentagon_reverses_position_and_admits_u A Debate: Did the U.S. Military Attack Iraqi Civilians With White Phosphorus Bombs in Violation of the Geneva Conventions? NOVEMBER 8, 2005.
http://www.democracynow.org/2005/11/8/a_debate_did_the_u_s

128. White Phosphorus. U.S. Department of Health and Human Services, Public Health Service, *Agency for Toxic Substances and Disease Registry*(ATSDR). CAS≠ 7723-14-0. September 1997. http://www.atsdr.cdc.gov/toxfaqs/tfacts103.pdf

129. Contractors outnumber troops in Iraq. T. Christian Miller. July 04, 2007. Los Angeles Times.
http://articles.latimes.com/print/**2007**/jul/**04**/nation/na-private4

130. By the number, Finding of the detainee abuse and accountability project. Volume 18, No 2(G). April 2006. Human Rights Watch, Human Rights First, and Hhuman Rights and Global Justice.

131. See e.g. U.S. Const. amend. V, VIII; 18 U.S.C. § 2340 (2006) (defining torture as an offense against U.S. law); Dep't of the Army, Field Manual 34-52 Intelligence Interrogation (1992) (describing the legal standards governing interrogations by U.S. military personnel, and unequivocally stating that binding international treaties and U.S. policy "expressly prohibit acts of violence or intimidation, including physical or mental torture, threats, insults, or exposure to inhumane treatment as a means of or aid to interrogation") ["Army Field Manual"].

132. Independent Panel to Review DoD Detention Operations, Final Report of the Independent Panel to Review DoD Operations (August, 2004), *available at* http://news.findlaw.com/wp/docs/dod/abughraibrpt.pdf

133. Major General Antonio Taguba, Preface to Broken Laws, Broken Lives: Medical Evidence of Torture by the U.S. (2008), *available at* http://brokenlives.info/?page_id=23

134. Report of the International Committee of the Red Cross (ICRC) on the Treatment by the Coalition Forces of Prisoners of War and Other Protected Persons by the Geneva Conventions in Iraq During Arrest, Internment and Interrogation (2004), *available at* http://www.globalsecurity.org/military/library/report/2004/icrc_report_iraq_feb2004.pdf

135. S. Armed Services Comm., 110th Cong., Inquiry into Treatment of Detainees (Comm. Print Nov. 20, 2008) *available at* http://armed-services.senate.gov/Publications/Detainee%20Report%20Final_April%2022%202009.pdf

136. Major General George R. Fay, AR 15-6 Investigation of the Abu Ghraib Detention Facility and 205th Military Intelligence Brigade 10, 70 (2004) ["Fay-Jones Report"], *available at* http://news.findlaw.com/hdocs/docs/dod/fay82504rpt.pdf.

137. Memorandum from Gen. Ricardo Sanchez for Commander of U.S. Central Command on CJTF-7 Interrogation and Counter-Resistance Policy (Sep. 14, 2003), *available at* http://www.gwu.edu/~nsarchiv/torturingdemocracy/documents/20030914.pdf.

138. Lynndie England Convicted in Abu Gharaib Trial, Associated Press, Sept. 26, 2005, *available at* http://www.usatoday.com/news/nation/2005-09-26-england_x.htm.

139. Abu Gharib Officer Cleared of Detainee Abuse. Josh White. Wash. Post, Aug. 29, 2007, *available at* http://www.washingtonpost.com/wp-dyn/content/article/2007/08/28/AR2007082800359.html

140. American Civil Liberties Union, *Lack of United States Accountability and Remedy for Torture and Abuse in the Name of Counter-Terrorism*, Statement submitted to the OSCE Human Dimension Implementation Meeting, HDIM.NGO/0198/11 (Sept. 28, 2011), *available at* http://www.osce.org/odihr/83140

141. President Bush declared: "The United States also remains steadfastly committed to upholding the Geneva Conventions, which have been

the bedrock of protection in armed conflict for more than 50 years. These Conventions provide important protections designed to reduce human suffering in armed conflict. We expect other nations to treat our service members and civilians in accordance with the Geneva Conventions. Our Armed Forces are committed to complying with them and to holding accountable those in our military who do not." President George W. Bush, President's Statement on the U.N. International Day in Support of Victims of Torture (June 26, 2004), *available* *at* http://www.whitehouse.gov/news/releases/2004/06/20040626-19.html.

142. Comm. Against Torture, Conclusions and Recommendations of the Committee Against Torture: United States of America, 36th Sess., May 1-19, 2006, U.N. Doc. CAT/C/USA/CO/2 (July 25, 2006) *available at* http://www.unhchr.ch/tbs/doc.nsf/0/e2d4f5b2dccc0a4cc12571ee002 90ce0/$FILE/G0643225.pdf. The CAT issued the findings in this subsection in response to the U.S. 2006 report. The United States, which is expected to report to CAT every four years, has not yet submitted the report that was due in 2010. *See* Office of the U.N. High Comm'r for Human Rights, http://www2.ohchr.org/english/bodies/cat/reports2011.htm (last visited Nov. 7, 2011). The Committee has expressed concerns similar to the ones noted above in relation to the pending U.S. report. *See* U.N. Comm. against Torture, List of issues prior to the submission of the fifth periodic report of United States of America, 43rd Sess., Nov. 2-20, 2009, U.N. Doc. CAT/C/USA/Q/5 (Jan. 20, 2010), *available at* http://www2.ohchr.org/english/bodies/cat/docs/CAT.C.USA.Q.5.pdf.

143. Contemporary State Terrorism, Theory and Practice. 2010. Richard Jackson ,Eamon Murphy ,Scott Poynting. Routledge, UK, US, Canada.

144. S. Armed Services Comm., Inquiry into the Treatment of Detainees in U.S. Custody 132 (2008) available at http://armed-services.senate.gov/Publications/Detainee%20Report%20Final_April% 2022%202009.pdf

145. United Nations, Universal Declaration of Human Rights, Dec. 10, 1948, art. 5, G.A. Res 217A (III), U.N. Doc. A/810 (1948)

146. Review of DoD-Directed Investigations of Detainee Abuse (U). Office of the inspector general of the department of defense. Deputy Inspector General for Intelligence. Report No. 06-INTEL-10, August 25, 2006.

147. Statement Submitted to the OSCE Human Dimension Implementation Meeting by the American Civil Liberties Union on: Lack of United States Accountability and Remedy for Torture and Abuse in the Name of Counter-Terrorism. September 28, 2011. Warsaw, Poland.

148. The private military industry and Iraq: What have we learned and where to text? Peter W. Singer. Geneva, November 2004. Geneva Centre for the Democratic Control of Armed Forces (DCAF). DCAF-hosted 2004 International Security Forum (ISF), held from 4 to 6 October 2004 in Montreux, Switzerland.

149. 'New Role for Mercenaries' (2001), Sebastian Mallaby, Los Angeles Times, *accessed* *at* http://www.globalpolicy.org/security/peacekpg/reform/2001/mercenaries.htm

150. 'Should We Privatize the Peacekeeping?'(2000), Jonah Schulhofer-Wohl, Washington Post, *accessed* *at* http://www.globalpolicy.org/security/peacekpg/general/private.htm

151. US general defends phosphorus use. 30 November, 2005. BBC

152. "Civilians working for U.S. in Iraq making a bundle: Army Corps is paying Charlotte contractor millions to dispose of munitions,". Kevin Begos and Phoebe Zerwick. Winston-Salem Journal, February 13, 2005.
http://www.corpwatch.org/article.php?id=11843&printsafe=1

153. Eyewitness: Ghost city calls for help. Saturday, 13 November, 2004. BBC.

154. Eyewitness: Smoke and corpses. Thursday, 11 November, 2004. BBC.

155. In March 2003, President George W. Bush reported to Congress the determination that was required by P.L. 107-243 regarding his exercise of authority for military operations against Iraq. House Document 108-50. March 19, 2003. A report in connection with Presidential Determination under Public Law 107-243. Communication from the President of the United States transmitting a report consistent with Section 3(b) of the Authorization for Use of Military Force Against Iraq Resolution of 2002.

156. Congressional Oversight and Related Issues Concerning the Prospective Security Agreement Between the United States and

Iraq. Michael John Garcia, R. Chuck Mason, and Jennifer K. Elsea. Legislative Attorneys, American Law Division. February 26, 2008. Congressional Research Services. Order Code RL34362.

157. "The Warrior Class": The Blackwater Videos. April 3, 2012. Harper's Magazine. http://harpers.org/archive/2012/04/hbc-90008515

158. "Privatized Military History, Peter Singer," Chap. 2 in Corporate Warriors:The Rise of the Privatized Military Industry (Ithaca, NY: Cornell University Press, 2003). (From 125)

159. "What's in a Name? The Importance of Language for the Peace and Stability Operations Industry, J. J. Messner," Journal of International Peace Operations 2, no. 6 (May 1, 2007): 24. (From 125)

160. "Swift road for U.S. citizen soldiers already fighting in Iraq, Edward Wong," New York Times, August 9, 2005. (From 125)

161. "Civilian Contractors under Military Law, Marc Lindemann," Parameters (Autumn 2007): 84.http://www.carlisle.army.mil/usawc/parameters/Articles/07autumn/lindeman.pdf

162. "Census counts 100,000 contractors in Iraq, Renae Merle," Washington Post, December 5, 2006, p. D1. (From 125)

163. "Contractors outnumber troops in Iraq, T. Christian Miller," Los Angeles Times, July 4, 2007. (From 125)

164. Contractor crackdown - Civilian contract employees can now be prosecuted under the UCMJ. William Matthews. Armed Forces Journal. Thursday, February 1, 2007.

165. Farewell To Falluja. Fadhil Badrani. 25 November, 2004. BBC World Service in Arabic.

166. Falluja's Health Damage. Miles Schuman. December 13, 2004. The Nation Magazine
http://www.thenation.com/docprint.mhtml?i=20041213&s=schuman

167. Angeli Distratti.....Falluja: Aprendo le porte dell' inferno. Gianluca Arcopinto,2007.
http://www.youtube.com/watch?v=mlOvPZs459A
http://www.youtube.com/watch?v=NjWkbnl6oik&feature=relmfu
http://www.youtube.com/watch?v=sjJmFwejl4o&feature=related

http://www.unponteper.it/english/pagina.php?doc=closed

168. Italy plans Iraq troop pull-out. 15 March, 2005. BBC. http://news.bbc.co.uk/2/hi/europe/4352259.stm

169. Multi - National Force – Iraq. Wikipedia, the free encyclopedia. http://en.wikipedia.org/wiki/Multi-National_Force_%E2%80%93_Iraq

170. Top UN envoy Sergio Vieira de Mello killed in terrorist blast in Baghdad. 19 August 2003. UN News Centre. http://www.un.org/apps/news/story.asp?NewsID=8023&Cr=iraq&Cr1#

171. Peter W. Singer. Counterproductive - Private militar contractors harm the counterinsurgenc effort in Iraq. Thursday, November 1, 2007, Armed Forces Journal.

172. Iraq: U.S. Should Investigate al-Falluja, June 16, 2003, Huam Rights Watch. www.hrw.org/en/news/2003/06/16/iraq-us-should-investigate-al-falluja

173. Ali Fadhil, City of ghosts, The Guardian, Tuesday 11 January 2005. http://www.guardian.co.uk/world/2005/jan/11/iraq.features1 1 http://www.youtube.com/watch?v=11mdMeg8FHc (Channel 4 film)

174. The Riz Kahn Show. Fallujah's Birth Defects. Al-Jazeera http://www.youtube.com/watch?v=pq1MTxXmELg&feature=player_embedded

175. Iraq in Prospective, An Orientation Guide. Technology Integration Division, Defence Language Institute Foreigner Language Center. 2011.

176. Kenneth Katzman, "Iraq: Post-Saddam Governance and Security," Congressional Research Service, 8 June 2009, 3, http://fpc.state.gov/documents/organization/125947.pdf

177. Jordi Palou-Loverdos, Leticia Armendáriz. The Privatization of Warfare, Violence and Private Military & Security Companies: A factual and legal approach to human rights abuses by PMSC in Iraq. 2011. The Nova-Institute for Active Non-violance. Creative Common, Spain.

178. Joint Staff (1991). "Possible Use of Phosphorus Chemical Weapons by Iraq in Kurdish Areas along the Iraqi-Turkish-Iranian Borders; and Current Situation of Kurdish Resistance and Refugees. http://www.gulflink.osd.mil/declassdocs/dia/19950901/950901_2243

1050_91r.html
http://www.gulflink.osd.mil/declassdocs/dia/19950901/

179. US Army Command and General Staff College. "FM 100-3 US Army Battle Book. http://www.fas.org/man/dod-101/army/docs/st100-3/index.htm

180. The CIA's Intervention in Afghanistan, Interview with Zbigniew Brze zinski, President Jimmy Carter's National Security Advise r. Le Nouvel Observateur, Paris, 15-21 January 1998. www.globalresearch.ca/articles/BRZ110A.html
http://www.dailypaul.com/283303/hillary-admits-us-funded-beginnings-of-global-terrorism&sss=1

181. Reforming Iraq's Security Sector. Chapter 3, from book 'Developing Iraq's security sector. The coalition provisional authority's experience'. Eds. Andrew Rathmell, Olga Oliker, Terrence K. Kelly, David Brannan, and Keith Crane. 2005. RAND Corporation. US.

182. Oxford Research Group, 'Learning From Fallujah: Lessons identified'.
www.oxfordresearchgroup.org.uk/publications/books/fallujah.pdf
(accessed February 5, 2006).

183. SECRET//REL TO USA, MCFI, REO AL HILLAH, IRAQ, 2006 JUNE 8. wlstorage.net/file/us-iraq-intsum-2006-06-08.txt

184. Media is the battlefield, Tactics, Techniques, and Procedures. Center for Army Lessons Learned (CALL). Call Newsletter, No. 07-04 , October 2006. http://call.army.mil

185. Marine Corps Midrange Threat Estimate: 2005-2015. Department of Defense Intelligence Document (Global Threats Branch, Production and Analysis Company, Marine Corps Intelligence Activity). Information Cutoff Date: 1 July 2005.

186. Memorandum for 332 EAMDS/SGPB, Subject: Purn Pit Health Hazards. Department of the air force, 332D AIR EXPEDITIONARY WING, BALAD AIR BASE, IRAQ. 20 Dec. 2006.

187. FM 31-20-3, Foreign internal defense tactics, techniques, and procedures for special forces. Field Manual No. 31-20-3, Department of the Army, Washington, DC, 20 September 1994.

188. Memorandum for record, Subject: TIF SOP 701, Detainee death and reporting procedures. Headquarters, 705th Military Police Battalion (I/R), Camp Bucca, Iraq, APO AE 09375, 19 Feb. 2007
189. Draft Bayji white phosporus incident investigation report, Coalition munitions clearance (CMC), NAD BAYJI, IRAQ. 9 MARCH 2008.
190. Official page of Birth Defects in FGH on facebook. 10th Feb. 2012.
http://www.facebook.com/media/set/?set=a.209837189113814.43125.179904905440376&type=1
191. CVW-17 Supports Coalition Ground Forces in Fallujah, Story Number: NNS041122-01, 11/22/2004. By Journalist 1st Class (SW) Christopher E. Tucker, USS John F. Kennedy Public Affairs.NAVY. MIL. www.navy.mil
192. Birth defects in Gaza: Prevalence, type, familiarity and correlation with environmental factors. Awny Naim, Hedaya Al Dalies, Mohammed El Balawi, Eman Salem, Kholud Al Meziny, Raneem Al Shawwa, Roberto Minutolo, and Paola Manduca. 2012. International journal of environmental research and public health. 9
193. Fighting for Fallujah, A New Dawn for Iraq. John R. Ballard. 2006. Praeger Security International. Westport, Connecticut US, London, UK.
194. Operation AL FAJR: A Study in Army and Marine Corps Joint Operations .Matt. M. Matthews. 2006. Combat Studies Institute Press Fort Leavenworth, Kansas.
http://usacac.army.mil/cac2/cgsc/carl/download/csipubs/matthews_fajr.pdf
http://www.dtic.mil/cgi-bin/GetTRDoc?AD=ADA454930
195. Law of land warfare. Chapter 5, Section III. http://www.fas.org/man/dod-101/army/docs/st100-3/c5/5sect3.htm
196. Eg Mike Marqusee, 10th November 2005. A name that lives in infamy. The Guardian.
197. Rory McCarthy and Peter Beaumont, 14th November 2004. Civilian cost of battle for Falluja emerges. The Observer. United Nations, *Emergency Working Group -- Falluja Crisis* , "Update Note," (November 11, 2004 and November 13, 2004)

198. F J "Bing" West, July 2005. The Fall of Fallujah. Marine Corps Gazette.

199. John F Sattler, Daniel H Wilson, July 2005. Operation AL FAJR: The Battle of Fallujah-Part II. Marine Corps Gazette.

200. A War Crime Within a War Crime Within a War Crime. George Monbiot. Published in the Guardian 22nd November 2005

201. A 'Crushing' Victory: Fuel-Air Explosives and Grozny 2000 . Lester W. Grau and Timothy Smith, August 2000. The Marine Corps Gazette.

202. There was no doubt that the horrific nature of the attack required a response. CNN noted, "Paul Bremer, the U.S. civilian administrator in Iraq, promised that the deaths of the contractors would 'not go unpunished.'" "Marines, Iraqis Join Forces to Shut Down Fallujah," Cable News Network, April 5, 2004, at www.cnn.com/2004/WORLD/meast/04/05/iraq.main/

203. U.S. Marine Corps Operations in Iraq, 2003–2006. Lieutenant Colonel Kenneth W. Estes ,U.S. Marine Corps (Retired).History Division, United States Marine Corps ,Quantico, Virginia. 2009.

204. Shake & Bake: Dual-Use Chemicals, Contexts, and the Illegality of American White Phosphorus Attacks in Iraq.2007. JOSEPH D. TESSIER. PIERCE LAW REVIEW. Vol. 6, No. 2. 323-363

205. http://www.icrc.org/ara/war-and-law/treaties-customary-law/geneva-conventions/overview-geneva-conventions.htm

206. Fallujah children's genetic damage. Simpson J. BBC. http://www.bbc.co.uk/news/world-middle-east-10721562.

207. Reducing the need for surgeons by reducing pollution-derived workload: Is there a role for surgeons?2011. Jamsheer J. Talati, Riaz Agha, Maliha Agha, Richard David Rosin. International Journal of Surgery. 9: 444-450.

208. The United States Military, Chapter 4. From: Risks of Hazardous Wastes. (Eds.) Paul E. Rosenfeld, and Lydia G.H. Feng. 2011. Pp.   49-56. http://www.sciencedirect.com/science/article/pii/B978143777842700 0040

209. Pentagon Weighs Cleanups as It Plans Iraq Exit. DINA FINE MARON . The New York Times. Retrieved January 13, 2010. From

208.   (http://www.nytimes.com/gwire/2010/01/13/13greenwire-pentagon-weighs-cleanups-as-it-plans-iraq-exit-21915.html?sq=&st=&%2359;1=&%2359;toxic%20waste%20iraq=&equals=&scp=&%2359;cse=&pagewanted=print)

210. Oliver August. America leaves Iraq a toxic legacy of dumped hazardous materials (2010). The Times. Retrieved June 14. From 208.

211. The Iraq war and the International law, Phil Shiner and Andrew Williams. 2008. Hart Publishing, c/o International Specialized Book Services. Portland, Oregon, USA.

212. Operation Phantom Fury – Beginning of the End of al Qaeda in Iraq. Richard S. Lowry. In War College. Armchair General Magazine. 11/4/2009. http://www.armchairgeneral.com/operation-phantom-fury-beginning-of-the-end-of-al-qaeda-in-iraq.htm

213. Anniversary of the Battle for Fallujah. Richard S. Lowry. Armchair General Magazine. November 22, 2010. http://www.armchairgeneral.com/anniversary-of-the-battle-for-fallujah.htm

214. Current US Military Operations and Implications for Military Surgical Training. Joshua A Tyler, Kevin S Clive, Christopher E White, Alec C Beekley, Lorne H Blackbourne, (J. American College of Surgeons ,2010; 211:658–662.

215. U.S. Military Fatalities in Iraq: A Perspective on Year 5. Glenn Kutler. 2008. Foreign Policy Research Institute.

216. Blackwaters for the Blue Waters: The Promise of Private Naval Companies. Claude Berube. 2007. Foreign Policy Research Institute.

217. The Privatization of Security: Lessons from Iraq. Deborah D. Avant. 2006. Foreign Policy Research Institute.

218. Responsibility for protection of medical workers and facilities in armed conflict. Leonard S Rubenstein, Melanie D Bittle. Lancet 2010; 375: 329–40.

219. Military action in an urban area: the humanitarian consequences of Operation Phantom Fury in Fallujah, Iraq. Cedric Turlan and Kasra Mofarah, NCCI. Humanitarian Exchange. Number 35 • November 2006.http://www.odihpn.org/humanitarian-exchange-magazine/issue-35/military-action-in-an-urban-area-the-humanitarian-consequences-of-operation-phantom-fury-in-fallujah-iraq

220. Promoting aggression and violence at Abu Ghraib: The U.S. military's transformation of ordinary people into torturers. (2009) Adam Lankford. Aggression and Violent Behavior. 14 388–395.

221. CNN, "Blackwater impeded probe into contractors deaths", 27 September 2007. http://articles.cnn.com/2007-09-27/politics/iraq.blackwater_1_erik-princeblackwater-usa-blackwater-team?_s=PM:POLITICS

222. Marines Jail Contractors in Iraq. Tension and Confusion Grow Amid the "Fog of War". David Phinney. Crop Watch. June 7th, 2005. http://www.corpwatch.org/article.php?id=12349&printsafe=1

223. New York Times, "The Other Army", by Daniel Bergner, 14 August 2005. http://www.nytimes.com/2005/08/14/magazine/14PRIVATI.html?sq=zapata%20iraq&st=cse&scp=4&pagewanted=all

224. Military and Paramilitary Activities in and against Nicaragua (Nicaragua v. United States of America). International Court of Justice. Summary of the Summary of the Judgment of 27 June 1986. http://www.icj-cij.org/docket/index.php?sum=367&code=nus&p1=3&p2=3&case=70&k=66&p3=5

225. US Lied to Britain Over Use of Napalm in Iraq War. Colin Brown. Frida, June 17, 2005. Independent/UK.

226. IRAQ: US used chemical weapons in Fallujah assault. Doug Lorimer. Wednesday, March 16, 2005. Green Left Weekly. http://www.greenleft.org.au/node/32947

227. Arms controversy in Iraq. Mark Sappenfield. November 18, 2005. The Christian Science Monitor. http://www.csmonitor.com/2005/1118/p03s01-usmi.html

228. Heavy casualty list ignored as Powell sticks to the same old story. September 15, 2003. Europe Intelligence Wire. Irish Independent. http://www.accessmylibrary.com/coms2/summary_0286-24446445_ITM

229. Iraq, Bureau of Democracy, Human Rights , and Labor. 2005. March 8, 2006. US Department of State. www.state.gov/j/drl/rls/hrrpt/2005/61689.htm

230. The Battle for Fallujah, Al Fajr—the Myth-buster. Dr. William Knarr and Major Robert Castro, US Marine Corps, with Ms. Dianne Fuller. September 2009. Institute For Defense Analysis (IDA). http://www.dtic.mil/dtic/tr/fulltext/u2/a530831.pdf

231. Operation AL FAJR: The Battle of Fallujah-Part II. John F Sattler; Daniel H Wilson. Marine Corps Gazette; Jul 2005; 89, 7; ProQuest Direct Complete pg. 12. http://www.scribd.com/doc/55754179/Operation-AL-FAJR-The-Battle-for-Fallujah-Part-II

232. National Public Radio, —Spread of Iraqi Insurgency Feared in Arab World,‖ Morning Edition, 3 April 2006. From 230.

233. Additionally, comments such as Bring 'em on' by President Bush on 3 July 2003 (Sean Loughlin, 'Bush Warns Militants Who Attack US Troops in Iraq,' CNN.Com/Inside Politics, CNN Washington Bureau, 3 July 2003), and Secretary of Defense Rumsfeld's characterization of the insurgents as deadenders, foreign terrorists and criminal gangs'(Douglas Jehl with David E. Sanger, Iraqis' Bitterness Is Called Bigger Threat Than Terror,' New York Times, 17 September 2003)(*Time Magazine* 11/16/2003)underestimated the power, depth, breadth, and momentum of the building insurgency. From 230.

234. LtCol Dave Bellon, S-2, RCT-1 in 2004, was with TF Scorpion in 2003. He remarked that activities in Fallujah were influencing TF Scorpion's area south of Fallujah in 2003. During one of the raids, TF Scorpion captured a number of insurgents. During tactical questioning he over-heard a flurry of comments about Fallujah. I said to one of the interrogators, Ask them about Fallujah.' And I remember this guy, the look on his face. I'll never forget it. He said, Ah, Fallujah, that's where the real men are.' It just struck me; it's like talking to a guy in Single A baseball and asking him about the big leagues, and him saying 'That's where I am going to go.' And I remember thinking, We are going to fight it out in Fallujah.' LtCol Dave Bellon, telephone interview with Bill Knarr , 4 November 2005. *Morning Edition*, Spread of Iraqi Insurgency'; the broadcast attributed the birth of the insurgency to that event based on interviews with Iraqis. From 230

235. THE STRATEGIC CORPORAL AND THE EMERGING BATTLEFIELD ,THE NEXUS BETWEEN THE USMC'S THREE BLOCK WAR CONCEPT AND NETWORK CENTRIC WARFARE. Master of Arts in Law and Diplomacy Thesis Submitted by James E. Szepesy. March 2005. http://fletcher.tufts.edu

236. Occupying iraq , a history of the coalition provisional authority. James Dobbins , Seth G. Jones , BenJamin Runkle , Siddharth Mohandas. Sponsored by the Carnegie Corporation of New York. International Security and Defense Policy Center of the RAND, National Security Research Division (NSRD). 2009.

237. 'Lessons So Far: Hard Truths to Learn from Israel's War on Hezbollah, Ralph Peters,' *New York Post Online Edition*, 13 August 2006. From 230

238. Greg Lewis, Welsh Troops Face Fallujah Backlash, *Wales on Sunday*, 17 October 2004. http://www.thefreelibrary.com/WELSH+TROOPS+FACE+FALLUJAH+BACKLASH.-a0123320062

239. Incident Reports Fault Blackwater in Fallujah Ambush. Committee on Oversight and Government Reform. http://democrats.oversight.house.gov/index.php?option=com_content&view=article&id=2574%3Aincident-reports-fault-blackwater-in-fallujah-ambush&catid=43%3Ainvestigations&Itemid=1

240. Fourth of July speech – Written by LT Ellen Engleman Conners. http://www.navy.mil/navco/speeches/2004/4july04.txt

241. Historic Wartime Turnover By Navy Reserve Seabee Battalions In Iraq. 11/16/2004. Suzanne Speight and Michael D. Heckman, 1st Marine Engineer Force Public Affairs. Navy News Services. http://www.navy.mil/submit/display.asp?story_id=15940

242. NMCB 14 Sailors Killed in Iraq. 5/3/2004. Special release from the U.S. Department of Defense. Navy News Services. http://www.navy.mil/submit/display.asp?story_id=13122

243. Seabees Gather to Honor Fallen Comrades. 5/21/2004. Siegfried Bruner, Commander, 1st Naval Construction Division Public Affairs. Navy News Services. http://www.navy.mil/submit/display.asp?story_id=13437

244. Private Security Contractors at War, Ending the Culture of Impunity. 2008. Human Rights First. www.humanrightsfirst.org

245. US 'uses incendiary arms' in Iraq. Tuesday, 8 November 2005. BBC News. http://news.bbc.co.uk/2/hi/middle_east/4417024.stm

246. War Crimes Committed by the United States in Iraq and Mechanisms for Accountability. Consumers for Peace and Karen Parker. October 10, 2006.

247. Out of bounds? The approach of the Inter-American System for the promotion and protection of human rights to the extraterritorial application of human rights law. Christina M. Cerna. Center for Human Rights and Global Justice Working Paper, No. 6 2006. NYU School of Law   New York, NY 10012

248. Shake & Bake: Dual-Use Chemicals, Contexts, and the Illegality of American White Phosphorus Attacks in Iraq. Joseph D. Tessier. *PIERCE LAW REVIEW,* Vol. 6, No. 2   . http://law.unh.edu/assets/images/uploads/publications/pierce-law-review-vol06-no2-tessier.pdf

249. Declaration Concerning Asphyxiating Gases, July 29, 1899, 32 Stat. 1779, 187 CONSOL. T.S. 453, available at http://hei.unige.ch/humanrts/instree/1899e.htm. From 248.

250. Protocol for the Prohibition of the Use in War of Asphyxiating, Poisonous, or Other Gases, and of Bacteriological Methods of Warfare, June 17, 1925, 26 U.S.T. 571, 14 I.L.M. 49. From 248.

251. Official Waffling on White Phosphorus Fuels Debate Abroad, Darrin Mortenson, N. COUNTY TIMES (Escondido, Cal.), Nov.   22,   2005,   available   at http://www.globalsecurity.org/org/news/2005/051122-phosphorus-debate.htm. From 248.

252. U.S. Is Slow to Respond to Phosphorus Charges . SCOTT SHANE. November 21, 2005. The New York Times. http://www.nytimes.com/2005/11/21/international/21phosphorus.html

253. The Use of White Phosphorus Munitions by U.S. Military Forces in Iraq. David P. Fidler. December 6, 2005. American Society   of   International   Law. http://www.asil.org/insights051206.cfm

254. U.S. Department of State, Did the U.S. Use Illegal Weapons in Fallujah?,   at http://www.globalsecurity.org/military/library/report/2005/050127-fallujah.htm.

255. Health Action in Crises (WHO/HAC). Highlight – No. 4: Monday, 12 April 2004. http://www.who.int/hac/about/donorinfo/12April2004_MondayHighlights.pdf

256. Health Action in Crises (WHO/HAC). Highlight – No. 37: Monday, 29 November 2004. http://www.who.int/hac/about/donorinfo/29November04_MondayHighlights.pdf

257. Health Action in Crises (WHO/HAC). Highlight – No. 41: Monday, 10 January 2005. http://www.who.int/hac/donorinfo/10January05_MondayHighlights.pdf

258. Phil Stewart, Burning Agent Used in Iraq, Says TV Report, I RISH TIMES (Dublin), Nov. 9, 2005, at 12.

259. U.S. Forces Used "Chemical Weapon" in Iraq, I NDEPENDENT (London), Nov. 16, 2005. In a press conference Brig. Gen. Rick Lynch, spokesman for U.S. forces in Baghdad, told reporters, "[w]e don't use munitions of any kind against innocent civilians. . . . In accordance with all established conventions, [white phosphorus] can be used against enemy combatants." John Daniszewski & Mark Mazzetti, White Phosphorus Use Ignites Debate: Critics Say the U.S. Killed Iraqi Civilians with the Incendiary Weapon. The Pentagon Denies It, L.A. TIMES, Nov. 28, 2005. From 248

260. Erin Emery, Coloradan: Incendiary Killed Civilians, DENVER POST, Nov. 18, 2005, at A1. The article further quotes Maj. Todd Vician, a Pentagon spokesman, as saying: "In Fallujah, the insurgents were in entrenched lines and small holes, and we could not get at them effectively with our munitions. So [white phosphorus shells] were used then to bring the insurgents out of those areas to . . . engage them better with the high-explosive munitions." From 248

261. Al Kamen, Chemical Reactions, W ASH. POST, Nov. 18, 2005, at A21. After the Pentagon's first retraction, the American Embassy in London directed "all questions on [white phosphorus]" to the Pentagon. Andrew Buncombe et al., Incendiary Weapons: The Big White Lie: U.S. Finally Admits Using White Phosphorus in Fallujah—and Beyond, B ELFAST

TELEGRAPH, Nov. 17, 2005. On November 22, 2005, William Burns, U.S. Ambassador to Russia, commented: "On the question of [white] phosphorus, we have made clear publicly that we have not undertaken any actions that would violate international law, and we have not undertaken any actions against civilians." Ambassador Burns' Interview with Gazeta.ru: William Burns, U.S. Ambassador to Russia, Nov. 22, 2005, http://moscow.usembassy.gov/bilateral/statement.php?record_id=23. From 248

262. U.S. Defends Use of White Phosphorus Against Iraq Insurgents, *AFX FIN. NEWS* (London), Nov. 16, 2005, http://www.globalsecurity.org/org/news/2005/051116-phosphorus-defense.htm From 248, see also: The fog of war: white phosphorus, Fallujah and some burning questions. Andrew Buncombe and Solomon Hughes. *Independent*.15 November 2005. http://www.nogw.com/download/2005_fog_of_war_wp.pdf

263. News Briefing with Secretary of Defense Donald H. Rumsfeld and Gen. Peter Pace (U.S. Dep't of Def. news transcript Nov. 29, 2005), available at http://www.defenselink.mil/transcripts/2005/tr20051129-secdef4361.html. From 248

264. Vince Crawly, Top Military Official Calls White Phosphorus "Legitimate Tool," INT'L INFO. PROGRAMS, Dec. 1, 2005, http://usinfo.state.gov/xarchives/display.html?p=washfile-english&y=2005&m=December&x=20051201140216mvyelwarc0.787594. From 248

265. Christopher L. Budihas, So, You're Going to Iraq? Company Commander Shares Successful Tactics, Techniques, I NFANTRY MAG., Sept. 1, 2004, at 23 ("When needed, they [white phosphorus illumination mortars] suppressed enemy personnel in the objective area, suppressed personnel attempting to escape, illuminated the battlefield, and marked targets for rotary-wing air-support. Due to the FOB [forward operating base] being located on the edge of a town, I would periodically (on average four times a week) use mortar illumination rounds as pseudo H&I [harassment and interdiction] fires. My intent was to not cause any unnecessary local national casualties, but I wanted them to know that we were still there and alert."). From 248

266. Paul Reynolds, White Phosphorus: Weapon on the Edge, BBC NEWS, Nov. 16, 2005, http://news.bbc.co.uk/2/hi/americas/4442988.stm. The American ambassador to Italy, Ronald P. Spogli, also denied that white phosphorus had been used as a weapon by the United States.

267. Kyle Rex Jacobson, Doing Business with the Devil: The Challenges of Prosecuting Corporate Officials Whose Business ransactions Facilitate War Crimes and Crimes Against Humanity, 56 A.F. L. REV. 167, 194 (2005). From 248.

268. U.S. ARMY, COMBINED ARMS OPERATIONS IN URBAN TERRAIN, FIELD MANUAL 3-06.11(2002), available at https://atiam.train.army.mil/soldierPortal/atia/adlsc/view/public/9629-1/fm/3-06.11/fm3_06x11.pdf. See also Jonathan P. Edwards, The Iraqi Oil "Weapon" in the 1991 Gulf War: A Law of Armed Conflict Analysis, 40 N AVAL L. REV. 105, 130 (1992) (concluding that the igniting of Kuwaiti oil fields constituted a violation of the law of war). From 248.

269. Convention on the Prohibition of the Development, Production, Stockpiling and Use of Chemical Weapons and on their Destruction, opened for signature Jan. 13, 1993, S. TREATY DOC. NO. 10321, 32 I.L.M. 800, available at http://www.opcw.org/docs/cwc_eng.pdf [hereinafter Chemical Weapons Convention]. The treaty entered into force for the United States and other original signers on April 25, 1997. Organization for the Prohibition of Chemical Weapons, Membership of the OPCW (2007), http://www.opcw.org/html/db/members_ratifyer.html [hereinafter OPCW Membership]. From 248.

270. Chemical Weapons Convention Implementation Act § 229 F(7)(C), 22 U.S.C. § 6701(8)(C). http://www.law.cornell.edu/uscode/text/18/229F From 248. http://www.law.cornell.edu/uscode/pdf/uscode18/lii_usc_TI_18_PA_I_CH_11B_SE_229F.pdf

271. Colin Powell, U.S. Sec'y of State, Iraq Denial and Deception: Address Before the U.N. Sec. Council (Feb. 5, 2003), available at http://www.whitehouse.gov/news/releases/2003/02/200302051.html. From 248.

272. Kerry Boyd, Rumsfeld Wants to Use Riot Control Agents in Combat, A RMS CONTROL TODAY, Mar. 2003, available at http://www.armscontrol.org/act/2003_03/nonlethal_mar03.asp. From 248.

273. Nicholas Wade & Eric Schmitt, Bush's Authorization for Troops to Use Tear Gas is Criticized, I NT'L HERALD TRIBUNE, Apr. 3, 2003, at 3. From 248.

274. Paul Richter, After the War: Treaty Complicates Crowd Control, L.A. TIMES, Apr. 30, 2003, at A8. From 248.

275. NATO Training Mission – Iraq. NATO: Wikipedia, the free encyclopedia (withdrawn 12/11). http://en.wikipedia.org/wiki/NATO_Training_Mission_-_Iraq

276. The Multi-National Force – Iraq (MNF–I) Wikipedia, the free encyclopedia .http://en.wikipedia.org/wiki/Multi-National_Force_%E2%80%93_Iraq.

277. UN Security Council Resolution 1546. http://en.wikipedia.org/wiki/UN_Security_Council_Resolution_1546

278. Victims of gross violations of human rights and fundamental freedoms arising from the illegal invasion and occupation of Kuwait by Iraq. Larisa Gabriel. SIM special 12. Seminar on the right to restitution, compensation and rehabilitation for victims of gross violations of human rights and fundamental freedoms. http://www.uu.nl/faculty/leg/nl/organisatie/departementen/departementrechtsgeleerdheid/organisatie/onderdelen/studieeninformatiecentrummensenrechten/publicaties/simspecials/12/Pages/default.aspx

279. United States Military Compensation to Civilians in Armed Conflict. May 2010. Center for Civilians in Conflict. http://civiliansinconflict.org/uploads/files/publications/CENTER_Condolence_White_Paper_2010.pdf

280. Geneva Protocol for the Prohibition of the Use in War of As phyxiating, Poisonous or Other Gases, and of Bacteriological Methods of Warfare, June 17, 1925, 44 LNTS 65; Convention for the Prohibition of the Development, Production, Stockpiling and Use of Chemical Weapons and on Their Destruction, Jan. 13, 1993, 32 ILM 800 (1993).

281. Ex-officer alleges Iraq cover-ups. Richard Norton-Taylor. The Guardian, Sunday 11 October 2009. http://www.guardian.co.uk/uk/2009/oct/11/exofficer-alleges-iraq-coverups?INTCMP=ILCNETTXT3487

282. Court: Britain obligated to probe civilian deaths in Iraq. CNN Wire Staff. July 7, 2011. http://edition.cnn.com/2011/WORLD/europe/07/07/uk.iraq.deaths/index.html

283. David Feldman. UK Human Rights Litigation After the Iraq War. JURIST - Forum, Jan. 17, 2012, http://jurist.org/forum/2012/01/david-feldman-uk-iraq.php

284. Curtis Doebbler, The use of Force Against Iraq and Other Violations of International Law and Impunity, JURIST - Forum, Dec. 19, 2011, http://jurist.org/forum/2011/12/curtis-doebbler-iraq-retrospective.php , see also: "Dutch inquiry says Iraq war had no mandate". news.bbc.co.uk. 2010-01-12. http://news.bbc.co.uk/2/hi/europe/8453305.stm , Al Jazeera, 12 Jan 2010, "Dutch Inquiry: Iraq Invasion was Illegal, http://english.aljazeera.net/news/europe/2010/01/2010112144254948980.html

285. Military and Paramilitary Activities in and against Nicaragua (Nicaragua v. United States of America). International Court of Justice. 27 June 1986. http://www.icj-cij.org/docket/index.php?sum=367&code=nus&p1=3&p2=3&case=70&k=66&p3=5

286. Onward Muslim Soldiers, How jihad still threatens America and the west. 2003. Robert Spencer. Regnery Publishing, Inc. An Eagle. U.S.

287. Contractors' support of U.S. operations in Iraq. Congress of the United States ,Congressional Budget Office. August 2008.

288. COMPLAINT IN THE UNITED STATES DISTRICT COURT FOR THE DISTRICT OF COLUMBIA. CCRjustice.org.Case 1:07-cv-02273-RBW,Document 1, Filed 19/12/2007. Page 1-16. http://ccrjustice.org/files/Albazzaz_Complaint_12_07.pdf

289. Alien Tort Statute - Wikipedia, the free encyclopedia. http://en.wikipedia.org/wiki/Alien_Tort_Statute

290. Convicted ex-Blackwater contractor sentenced to 2.5 years in prison for manslaughter. JURIST. Tuesday, June 28, 2011.

http://jurist.org/paperchase/2011/06/Convicted-ex-blackwater-contractor-sentenced-to-2.5-years-for-manslaughter.php

291. U.S. Examines Whether Blackwater Tried Bribery. MARK MAZZETTI and JAMES RISEN. January 31, 2010. The New York Times. http://www.nytimes.com/2010/02/01/world/middleeast/01black water.html?_r=0

292. Blackwater under investigation for bribing Iraq officials following 2007 deaths: NYT. JURIST. Monday, February 01, 2010. http://jurist.org/paperchase/2010/02/blackwater-under-investigation-for.php

293. 2nd ex-Blackwater contractor gets 30 months for manslaughter. Bill Sizemore.The Virginian-Pilot. June 28, 2011. http://hamptonroads.com/2011/06/2nd-exblackwater-worker-gets-30-months-manslaughter

294. Trial begins for last US Marine charged in Haditha killings. JURIST. Tuesday, January 10, 2012. http://jurist.org/paperchase/2012/01/trial-begins-for-last-us-marine-charged-in-haditha-killings.php

295. Jurist Newsletter supported by University of Pittsburgh School of Law. www.jurist.org

296. Final marine tried in Haditha killings pleads guilty. JURIST. Tuesday, January 24, 2012. http://jurist.org/paperchase/2012/01/final-marine-tried-in-haditha-killings-pleads-guilty.php

297. British troops face backlash from US Fallujah assault. 16 October 2004. The Telegraph. http://www.telegraph.co.uk/news/1474282/British-troops-face-backlash-from-US-Fallujah-assault.html

298. The Road from Los Alamos 17. Hans A. Bethe. 1991

299. Marines return to Fallujah, no shots fired. Sgt. Jose E. Guillen, 1st Marine Division. May 12, 2004. Marines. http://www.1stmardiv.marines.mil/News/NewsArticleDisplay/ta

bid/8585/Article/87320/marines-return-to-fallujah-no-shots-fired.aspx

300. Intelligence discoveries paint picture of enemy in Fallujah. Sgt. Jose E. Guillen,1st Marine Division,April,14,2004.Marines._ http://www.1stmardiv.marines.mil/News/NewsArticleDisplay/tabid/8585/Article/87274/intelligence-discoveries-paint-picture-of-enemy-in-fallujah.aspx

301. Small platoon takes on big challenge for RCT-1. Sgt. Jose E. Guillen,1st Marine Division,April,15,2004.Marines. http://www.1stmardiv.marines.mil/News/NewsArticleDisplay/tabid/8585/Article/87277/small-platoon-takes-on-big-challenge-for-rct-1.aspx

302. US seeks end to Falluja bloodshed. Monday, 12 April, 2004, BBC. http://news.bbc.co.uk/2/hi/middle_east/3618559.stm

303. The legality of the use of white phosphorus by the United States military during the 2004 Fallujah assaults. Roman Reyhani. Journal of Law and Social Change, Vol. 10, 2007.pp. 1-45. https://www.law.upenn.edu/journals/jlasc/articles/volume10/issue1/Reyhan10U.Pa.J.L.&Soc.Change1(2007).pdf

304. GlobalSecurity.org, operation al-Fajr r (Dawn)/Operation Phantom Fury [Fallujah], http://www.globalsecurity.org/military/ops/oif-phantom-fury-fallujah.htm.

305. US Death Toll in Fallujah Reaches 71, ABC NEWS ONLINE (Austl.), Dec. 2, 2004, available at_ http://www.abc.net.au/news/newsitems/200412/s1256321.htm.

306. Andrew Buncombe & Solomon Hughes, The Fog of War: White Phosphorus, Fallujah and Some Burning Questions, THE INDEP. (U.K. Online Edition), Nov. 15, 2005, available at http://news.independent.co.uk/world/americas/article327094.ece.

307. US Forces Used 'Chemical Weapon' in Iraq, THE INDEP. (U.K. Online Edition), Nov. 16, 2005. http://news.independent.co.uk/world/americas/article327379.ece.

308. Jackie Spinner, Karl Vick & Omar Fekeiki, US Forces Battle into Heart of Fallujah, WASH. POST, Nov. 10, 2004.

309. U.S. Environmental Protection Agency, Phosphorus, Jan. 2000,_ http://www.epa.gov/ttn/atw/hlthefwhitepho.html

310. Fallujah residents prepare to return. Dec 23, 2004. ABC News. http://www.abc.net.au/news/2004-12-23/fallujah-residents-prepare-to-return/607508

311. Clashes mar return of Fallujah residents. Dec 24, 2004. ABC News. http://www.abc.net.au/news/2004-12-24/clashes-mar-return-of-fallujah-residents/607710

312. Fallujah refugees in desperate need of aid: UN. Dec 3, 2004. ABC News. http://www.abc.net.au/news/2004-12-03/fallujah-refugees-in-desperate-need-of-aid-un/596296

313. US retaliates after 8 Marines killed in Fallujah. Dec 14, 2004. ABC News. http://www.abc.net.au/news/2004-12-14/us-retaliates-after-8-marines-killed-in-fallujah/602150

314. US plans December offensive on Iraqi insurgents. Sep 19, 2004. ABC News. http://www.abc.net.au/news/2004-09-19/us-plans-december-offensive-on-iraqi-insurgents/554190

315. Law and corruption a haze in Blackwater. Jun 10, 2010. ABC News. http://www.abc.net.au/news/2010-06-10/law-and-corruption-a-haze-in-blackwater/862448

316. Corruption in Iraq: 'Your son is being tortured. He will die if you don't pay'. Ghaith Abdul-Ahad. The Guardian, Monday 16 January 2012. http://www.guardian.co.uk/world/2012/jan/16/corruption-iraq-son-tortured-pay

317. US general under scrutiny in Iraqi prisoner case. April 30, 2004. ABC News. http://www.abc.net.au/news/2004-04-30/us-general-under-scrutiny-in-iraqi-prisoner-case/178440

318. GlobalSecurity.org, White Phosphorus . http://www.globalsecurity.org/military/systems/munitions/wp.htm

319. Toxicity of Military Smokes and Obscurants, in National Academy of Sciences, Vol. 2, 24 (1999). http://www.nap.edu/openbook.php?record_id=9621&page=18

320. 1993 Convention on the Development, Production, Stockpiling and Use of Chemical Weapons and on their Destruction (hereinafter "The Chemical Weapons Convention" or "CWC") art. l(l)(b). The Convention has 178 state parties as of March 19, 2007. From 303.

321. WALTER KRUTZSCH & RALF TRAPP, A COMMENTARY ON THE CHEMICAL WEAPONS CONVENTION 12,(1994). Oxford Commentaries on International Law. From 303

322. David P. Fidler, International Law and Weapons of Mass Destruction: End of the Arms Control Approach?, 14 DUKE J. COMP. & INT'L L. 39, 48-49 (2004).

323. Report to Congress on the Situation in Iraq. General David H. Petraeus, Commander, Multi-National Force–Iraq. 8-9 April 2008. http://www.armed-services.senate.gov/statemnt/2008/April/Petraeus%2004-08-08.pdf

324. The minister of civil war,Bayan Jabr, Paul Bremer, and the rise of the Iraqi death squads.Ken Silverstein. Harper's Magazine.August,2006.http://harpers.org/archive/2006/08/the-minister-of-civil-war/

325. Falluja doctors report rise in birth defects. Thursday, 4 March 2010. BBC News. http://news.bbc.co.uk/2/hi/middle_east/8548707.stm.

326. "The Salvador Option For Syria": US-NATO Sponsored Death Squads Integrate "Opposition Forces". Michel Chossudovsky. 28 May 2012. Global Research. Center for research on Globalization. http://www.globalresearch.ca/the-salvador-option-for-syria-us-nato-sponsored-death-squads-integrate-opposition-forces/31096

327. Tina Susman, "Iraq won't give casualty figures to U.N.," Chicago Tribune, April 26, 2007,p.12. From 331

328. United Nations Assistance Mission to Iraq, Human Rights Report, 1 April - 20 June 2007, at [http://www.uniraq.org/FileLib/misc/HR%20Report%20Apr%20Jun%202007%20EN.pdf].

329. Farah Stockman and Bryan Bender, "Iraq violence up as troop levels drop; Value of the surge debated," The Boston Globe, April 7, 2008, p. A1. From 331

330. Sabrina Tavernise, "Wartime low for U.S. soldier deaths in July," New York Times, August 1,2008. From 331

331. Iraqi Civilian Deaths Estimates, Hannah Fischer, Information Research Specialist, Knowledge Services Group. CRS Report for

Congress. August 27, 2008. Order Code RS22537. http://www.fas.org/sgp/crs/mideast/RS22537.pdf

332. John Negroponte. From Wikipedia, the free encyclopedia. http://en.wikipedia.org/wiki/John_Negroponte

333. "Nomination of John Negroponte". Congressional Record: (Senate). 2001-09-14. pp. S9431–S9433. Retrieved 2006-07-21. http://www.fas.org/irp/congress/2001_cr/s091401.html from 332

334. Our man in Honduras (Stephen Kinzer for The New York Review of Books, September 20, 2001) http://www.nybooks.com/articles/archives/2001/sep/20/our-man-in-honduras/ from 332

335. R. Earle, "Nights in the Pink Motel:An American Strategist's Pursuit of Peace in Iraq (Annapolis: U.S. Naval Institute, 2008) from 332

336. "Bush Taps Negroponte For Iraq Post". CBS News. 2004-04-09. Retrieved 2006-08-17.

337. El Salvador-style 'death squads' to be deployed by US against Iraq militants – Times Online, January 10, 2005. From The Pentagon's "Salvador Option": The Deployment of Death Squads in Iraq and Syria.Part II. Prof Michel Chossudovsky. Global Research, August 16, 2011.http://www.globalresearch.ca/the-pentagon-s-salvador-option-the-deployment-of-death-squads-in-iraq-and-syria/26043

338. Dahr Jamail, Managing Escalation: Negroponte and Bush's New Iraq Team,. Antiwar.com, January 7, 2007. http://antiwar.com/jamail/?articleid=10289

339. Director of National Intelligence: Statutory Authorities. Richard A Best, Jr.; Alfred Cumming; and Todd Masse Foreign Affairs, Defense, and Trade and Domestic Social Policy. CRS Report for Congress. Order Code RS22112. April 11, 2005. http://www.fas.org/sgp/crs/intel/RS22112.pdf

340. The Iraq Federal Police. U.S. Police Building under Fire. Robert M. Perito. October 2011. United States Institute of Peace. Special Report. http://www.usip.org/files/resources/SR291_The_Iraq_Federal_Police.pdf

341. Measuring stability and security in Iraq. August 2006. Report to Congress In accordance with the Department of Defense

Appropriations Act 2006. (Section 9010). http://www.defense.gov/pubs/pdfs/Security-Stabilty-ReportAug29r1.pdf

342. 'What were the causes and consequences of Iraq's descent into violence after the initial invasion?' 10 November, 2009. Dr Toby Dodge. http://www.iraqinquiry.org.uk/media/37045/dodge-submission.pdf

343. Foreign Fighters Captured in Iraq come from 27, mostly Arab, Lands", Dexter Filkins. New York Times, 21 October, 2005. From 342

344. Hannah Allam, „Wolf Brigade the Most Loved and Feared of Iraqi Security Forces", Knight Ridder Newspapers, 21 May, 2005. From 342

345. Amnesty International, Beyond Abu Ghraib: Detention and Torture in Iraq, (March, 2006), p. 4. From 342

346. Ghaith Abdul-Ahad, „Tea and Kidnapping – Behind the Lines of a Civil War", The Guardian, 28 October, 2006. From 342

347. Solomon Moore, „Militias Seen as Spinning Out of Control", Los Angels Times, 12 September, 2006. Abdul-Ahad, „Tea and Kidnapping" and Peter Beaumont, „Inside Baghdad: Last Battle of a Stricken City", Observer, 17 September, 2006. From 342

348. Patrick Cockburn, Muqtada al Sadr and the Fall of Iraq, (London: Faber and Faber, 2008), p. 249. From 342

349. Biennial technical report 2009–2010 / Department of Reproductive Health and Research, including UNDP/UNFPA/WHO/World Bank Special Programme of Research, Development and Research Training in Human Reproduction. World Health Organization 2011

350. Metal Contamination and the Epidemic of Congenital Birth Defects in Iraqi Cities .M. Al-Sabbak ,G. Savabi, S. Sadik Ali, Bull Environ Contam Toxicol (2012) 89:937–944.

351. Making the UK safer: detecting and decontaminating chemical and biological agents. The Royal Society, UK, Policy document 06/04, April 2004.

352. The health effects of depleted uranium munitions. The Royal Society, UK, Document 6/02. March 2002.

353. Fallujah- Looking Back at the Fury. June 29th, 2010. Lance Cpl. Benjamin Harris. MARINES Magazine.

354. Depleted uranium casts a shadow over peace in Iraq ,New Scientist. 15 April 2003. Duncan Graham-Rowe, Rob Edwards.

355. The risks of depleted uranium contamination post-conflict: UNEP assessments. Mario Burger. 2008. http://unidir.org/pdf/articles/pdf-art2760.pdf

356. UNEP, 20 October 2003, Environment in Iraq: UNEP Progress Report, Geneva, at <postconflict.unep.ch/publications/Iraq_PR.pdf>

357. Interview Brig. Gen. Karl Horst. Frontline, 9 Feb. 2007. http://www.pbs.org/wgbh/pages/frontline/gangsofiraq/interviews/horst.html

358. CNN: Special Investigations Unit, Death Squads, March 25, 2007. John Roberts. http://transcripts.cnn.com/TRANSCRIPTS/0703/25/siu.01.html

359. DISPATCHES: THE DEATH SQUADS. FRIDAY 19 JANUARY 2007. Deborah davies. The channel 4. http://www.channel4.com/programmes/dispatches/articles/iraqs-death-squads , http://documentaryheaven.com/dispatches-the-death-squads/

360. Interview Gen. David Petraeus. Frontline, 9 Feb. 2007. http://www.pbs.org/wgbh/pages/frontline/gangsofiraq/interviews/petraeus.html

361. CBS: Death Squads In Iraqi Hospitals. Melissa McNamara. February 11, 2009. http://www.cbsnews.com/stories/2006/10/04/eveningnews/main2064668.shtml

362. Henry Kissinger: "If You Can't Hear the Drums of War You Must Be Deaf" Alfred Heinz. 27/11/2011. dailysquib.co.uk. http://www.dailysquib.co.uk/index.php?news=3089

363. Desk Study on the Environment in Iraq. United Nations Environment Programme (UNEP). 2003. http://www.unep.org

364. Question of the violation of human rights and fundamental freedoms in any part of the world. Situation of human rights in Iraq, Report submitted by the Special Rapporteur, Andreas Mavrommatis. E/CN.4/2004/36, 19 March 2004.

http://www.unhchr.ch/Huridocda/Huridoca.nsf/0/f31af14ed598d828c1256e63003c0e5d/$FILE/G0412182.pdf

365. W. Kalin, Special Rapporteur, Report on the situation of human rights in Kuwait under Iraqi occupation, UN Doc. E/CN.4/1992/26, 16 January 1992
366. Coalition Provisional Authority, Order No. 7, Penal Code, 9 June 2003, Sections 3 and 4
367. The interrelation of the law of occupation and economic, social and cultural rights: the examples of food, health and property. Sylvain Vite´. International Review of the Red Cross. Volume 90 Number 871 September 2008. http://www.icrc.org/eng/assets/files/other/irrc-871-vite.pdf
368. Convention (IV) Respecting the Laws and Customs of War on Land and Its Annex: Regulations Concerning the Laws and Customs of War on Land, 18 October 1907 ', in Dietrich Schindler and Jiri Toman (eds.), The Laws of Armed Conflict, Nijhoff, Dordrecht, 1988, pp. 69–93 (hereinafter Hague Regulations). From 367.
369. Geneva Convention Relative to the Protection of Civilian Persons in Time of War, 12 August 1949 (hereinafter Fourth Geneva Convention), ICRC, Geneva, 1949 : Article 2(2). From 367.
370. Hague Regulations, above note 6 ; Fourth Geneva Convention, above note 7 ; Protocol Additional to the Geneva Conventions of 12 August 1949, and Relating to the Protection of International Armed Conflicts, 8 June 1977, Protocols additional to the Geneva Conventions of 12 August 1949, ICRC, Geneva, 1977, pp. 3–89. From 367.
371. Blackwater: The Rise of the World's Most Powerful Mercenary Army. Jeremy Scahill. 2008. Nation Books, NY
372. The Forever War. (ed.) Dexter Filkins. Alfred A. Knopf, New York. Borzoi Books. 2008.
373. American Sniper. (eds.)Chris Kyle with Scott McEwen and Jim DeFelice. Harper Collins Publishers. 2012. http://www.harpercollins.com/browseinside/index.aspx?isbn13=9780062082350
374. In a state of uncertainty, impact and implications of the use of depleted uranium in Iraq. ikv pax Christi. This report was financed by the Norwegian Ministry of Foreign Affairs.

http://www.ikvpaxchristi.nl/media/files/in-a-state-of-uncertainty.pdf

375. Huge rise in birth defects in Falluja, Iraqi former battle zone sees abnormal clusters of infant tumours and deformities. The Guardian. Martin Chulov. Friday 13 November 2009. http://www.guardian.co.uk/world/2009/nov/13/falluja-cancer-children-birth-defects

376. The Truth Of Iraq's City Of Deformed Babies. Lisa Holland . Tuesday 01 September 2009. http://news.sky.com/story/720205/the-truth-of-iraqs-city-of-deformed-babies

377. Disturbing story of Falluja's birth defects. John Simpson. Thursday, 4 March 2010. http://news.bbc.co.uk/2/hi/8548961.stm

378. US claims no depleted uranium used in second Fallujah siege. International Coalition to Ban Uranium Weapons ICBUW.18 April 2011. http://www.bandepleteduranium.org/en/us-claims-no-depleted-uranium-used-in-second-fallu http://www.bandepleteduranium.org/en/docs/160.pdf

379. Growing concern over humanitarian situation in Fallujah. International Coalition to Ban Uranium Weapons ICBUW. 19 November 2009. http://www.bandepleteduranium.org/en/growing-concern-over-humanitarian-situation-in-fal

380. Interview with Dr. Mario Burger, UNEP, Spiez, September 23, 2012. From 374

381. Abdulghani et al, Perinatal and neonatal mortality in Fallujah General Hospital, Fallujah City, Anbar Province, west of Iraq. http://www.scirp.org/journal/health Vol.4, No.9, 597-600 (2012)

382. UNDP (2012) Pilot Assessment of Congenital Birth Defects in Iraq in Six Governorates, project description. Accessed on http://mdtf.undp.org/document/download/6499

383. Si vous le répétez, je démentirai... : Chirac, Sarkozy, Villepin. Jean-Claude Maurice, 2009. PLON. http://www.amazon.fr/Si-vous-r%C3%A9p%C3%A9tez-d%C3%A9mentirai-Villepin/dp/225921021X/ref=sr_1_1?ie=UTF8&qid=1249801129&sr=8-1

384. Iraq: War's legacy of cancer. Dahr Jamail. 15 March, 2013. Al-Jazeera

English.http://www.aljazeera.com/indepth/features/2013/03/2013315171951838638.html#.UUP9a7E9M3A.facebook

385. AGM-114 Hellfire. Military Analysis Network. http://www.fas.org/man/dod-101/sys/missile/agm-114.htm

386. Journalists accused of wrecking doctors' lives. An ode to herpetology. Bill Henderson. 6 March 2005. BMJ Publishing Group Ltd.

387. Crimes Against Humanity,A Normative Account. 2005. (ed.) Larry May (Washington University), Cambridge University Press.

388. DEPLETED URANIUM AND CANADIAN VETERANS, A Review of Potential Exposure and Health Effects, A Report Prepared for the Minister of Veterans Affairs by the Scientific Advisory Committee on Veterans' Health. January 2013.

389. Epidemic of birth defects in Iraq and our duty as public health researchers. 15 Mar 2013. Mozhgan Savabieasfahani. Al Jazeera English. http://www.aljazeera.com/indepth/opinion/2013/03/2013312175857532741.html

390. Scientists urge shell clear-up to protect civilians. Royal Society spells out dangers of depleted uranium. Paul Brown. The Guardian. Thursday 17 April 2003. http://www.guardian.co.uk/world/2003/apr/17/highereducation.science

391. Research Working Group of the Persian Gulf Veterans Coordinating Board. Annual report to Congress. Washington, DC: Department of Veterans Affairs, 1999.

392. UN General Assembly supports precautionary approach to depleted uranium weapons. 3 December 2012 - ICBUW.http://www.bandepleteduranium.org/en/unga-2012-vote

393. The Gulf War Depleted Uranium Cohort at 20 years: Bioassay Results and Novel Approaches to Fragment Surveillance. McDiarmid MA, Gaitens JM, Hines S, Breyer R, Wong-You-Cheong JJ, Engelhardt SM, Oliver M, Gucer P, Kane R, Cernich A, Kaup B, Hoover D, Gaspari AA, Liu J, Harberts E, Brown

L, Centeno JA, Gray PJ, Xu H, Squibb KS. Health Phys. 2013 Apr;104(4):347-361.
http://www.ncbi.nlm.nih.gov/pubmed/23439138

394. Lebanon Post-Conflict Environmental Assessment. United Nations Environment Programme (UNEP). January 2007. http://postconflict.unep.ch/publications/UNEP_Lebanon.pdf

395. The emergence and decline of the debate over depleted uranium munitions (1991-2004). Dan Fahey, 20 June 2004. http://www.wise-uranium.org/pdf/duemdec.pdf

396. Gulf War Veterans: Evidence for Chromosome Alterations and their Significance. Jo Nijs, and Garth L. Nicolson. Journal of Chronic Fatigue Syndrome 2004; 12(1):79-83. http://www.immed.org/GWI%20Research%20docs/06.26.12.upd ates.pdfs.gwi/Nigs-NicolsonJCFS-GWI.pdf

397. Technical Report on Capacity-building for the Assessment of Depleted Uranium in Iraq. United Nations Environment Programme, Geneva, August 2007. http://postconflict.unep.ch/publications/Iraq_DU.pdf

398. Depleted Uranium Munitions, Comments of the International Committee of the Red Cross. NATO Information. 2 April, 2001.Geneva.http://www.nato.int/du/docu/d010402a.htm

399. Council of Europe calls for ban on DU weapons. Press release 24,Jan.2001. http://press.coe.int/cp/2001/51a(2001).htm

400. European Parliament Makes Fourth Call for DU Ban. 22 November 2006 - ICBUW. http://www.bandepleteduranium.org/en/a/89.html

401. Book I: weapon contamination environment. Ben Lark and Lena Eskeland. ICRC. 2005. http://www.icrc.org/eng/assets/files/other/mine_action_i_web.pdf

402. UN Subcommission condemns DU weapons. UN Press Release, 04 Sep 1996, HR/CN/755: Subcommission on prevention of discrimination and protection of minorities concludes forty/eighty session.

403. Congenital birth defect study in Iraq: frequently asked questions. http://www.emro.who.int/irq/iraq-infocus/faq-congenital-birth-defect-study.html

404. Why Bush, Blair should be charged with war crimes over Iraq invasion. Michael Mansfield, 2013. CNN. http://edition.cnn.com/2013/03/19/opinion/iraq-war-bush-blair/index.html?sr=fbmainintl

405. Hans Blix: Iraq war was a terrible mistake and violation of UN charter. Hans Blix. March 19, 2013. CNN. http://edition.cnn.com/2013/03/18/opinion/iraq-war-hans-blix/index.html

406. Revealed: hand of Iran behind Britons' Baghdad kidnapping. Mona Mahmood, Maggie O'Kane, Guy Grandjean. The Guardian, Wednesday 30 December 2009. http://www.guardian.co.uk/world/2009/dec/30/iran-britons-baghdad-kidnapping

407. CHOMSKY ABOUT THE WAR IN IRAQ. Mike Powers. 26-03-2013. http://www.brussellstribunal.org/article_view.asp?id=856#.UVM7RBdP0Vi

408. Revealed: Pentagon's link to Iraqi torture centres. Mona Mahmood, Maggie O'Kane, Chavala Madlena and Teresa Smith . The Guardian, Wednesday 6 March 2013. http://www.guardian.co.uk/world/2013/mar/06/pentagon-iraqi-torture-centres-link?INTCMP=SRCH

409. Pentagon investigating link between US military and torture centres in Iraq. Ewen MacAskill and Mona Mahmood. The Guardian, Thursday 7 March 2013. http://www.guardian.co.uk/world/2013/mar/07/pentagon-investigating-link-military-torture

410. From El Salvador to Iraq: Washington's man behind brutal police squads. Mona Mahmood, Maggie O'Kane, Chavala Madlena, Teresa Smith, Ben Ferguson,Patrick Farrelly, Guy Grandjean, Josh Strauss, Roisin Glynn, Irene Baqué, Marcus Morgan, Jake Zervudachi and Joshua Boswell. The Guardian, Wednesday 6 March 2013. http://www.guardian.co.uk/world/2013/mar/06/el-salvador-iraq-police-squads-washington

411. Iraq 'failing to tackle death squads'. Peter Beaumont. The Guardian, Friday

29

September,2006.http://www.guardian.co.uk/world/2006/sep/29/ir aq.topstories3?INTCMP=SRCH

412. Fanning sectarian flames. Leader, The Guardian, Thursday 23 February 2006. http://www.guardian.co.uk/world/2006/feb/23/iraq.mainsection?I NTCMP=SRCH

413. US allies are behind the death squads and ethnic cleansing. Jonathan Steele.The Guardian, Friday,14 April 2006. http://www.guardian.co.uk/commentisfree/2006/apr/14/comment. iraq?INTCMP=SRCH

414. Colonel Gregg P. Olson. http://www.johnfry.com/pages/IconBioOlson.html

415. Crime of aggression. Wikipedia. http://en.wikipedia.org/wiki/Crime_of_aggression http://treaties.un.org/doc/publication/CN/2010/CN.651.2010-Eng.pdf

416. ICC nations define crime of aggression". Retrieved 26 December 2011. http://jurist.org/paperchase/2010/06/icc-nations-adopt-crime-of-aggression.php

417. "Special Briefing: U.S. Engagement With the ICC and the Outcome of the Recently Concluded Review Conference". United States Department of State. 2010-06-15. Retrieved 2012-05-16. http://www.state.gov/j/gcj/us_releases/remarks/143178.htm

418. Frequently Asked Questions. The Office of The Prosecutor (OTP), International Criminal Court site. http://www.icc-cpi.int/en_menus/icc/structure%20of%20the%20court/offic e%20of%20the%20prosecutor/faq/Pages/faq.aspx#id_2

419. The States Parties to the Rome Statute. International Criminal Court site. http://www.icc-cpi.int/EN_Menus/ASP/States%20Parties/Pages/the%20states%20parti es%20to%20the%20rome%20statute.aspx

420. Letter of The Office of the Prosecutor to senders on Iraqi situation. ICC. 9 February 2006. http://www.icc-cpi.int/NR/rdonlyres/FD042F2E-678E-4EC6-8121-690BE61D0B5A/143682/OTP_letter_to_senders_re_Iraq_9_February_2006.pdf

421. "Off Target" The Conduct of the War and Civilian Casualties in Iraq. HRW. December 12, 2003. http://www.hrw.org/reports/2003/usa1203/

422. Preliminary Examinations. ICC. http://www.icc-cpi.int/en_menus/icc/structure%20of%20the%20court/office%20of%20the%20prosecutor/comm%20and%20ref/Pages/communications%20and%20referrals.aspx#1

423. Iraq Pulls Out Of International Criminal Court, Radio Free Europe, 2005-03-02. http://www.rferl.org/content/article/1057782.html

424. Groups Urge Iraq to Join International Criminal Court, Common Dreams, 2005-08-08. http://www.commondreams.org/cgi-bin/print.cgi?file=/headlines05/0808-06.htm

425. War and Occupation in Iraq. Report prepared by Global Policy Forum, June 2007. James Paul Céline Nahory, Rachel Laurence, Mike Lewis, Philippa Curran, Anna Dupont, Peter Jenkins, and Alice Skipper. http://www.humanitarianibh.net/english/reportes/War%20Occupation%20in%20Iraq.pdf

426. Killing the hope, U.S. Military and CIA Interventionss Since World War II. William Blum. Zed Books Ltd, 2004.

427. Los Angeles Times, 12 June 1991, p. I; 26 September, p. 16; occurred on 18 January 1991. From 426.

428. The Guardian (London), 20 February 1991, p. 1, entitled: "Bombs rock capital as allies deliver terrible warning". From 426.

429. Washington Post, 23 June 1991, p. 16. From 426.

430. Los Angeles Times, 7 September 1994, p. 6. From 426.

431. Washington Post, 13 January 1985, p. A30. The unnamed official may have been CIA Director Stansfield Turner who is quoted as saying something very similar in Wciner pp. 146-7. From 426.

432. New York Times, 17 January 2003, p. 10. From 426.

433. UN Security Council Meeting 4701 on Iraq, Verbatim Transcript S/PV.4701 (February 5, 2003) p.5 .From 425.

434. See US Central Intelligence Agency, Comprehensive Report of the Special Advisor to the DCI on Iraq's WMD (September 30, 2004) . From 425.

435. Richard Clarke, Against all Enemies (New York, 2004) Clarke was the chief counter-terrorism expert on the National Security Council in the Bush administration's early years. From 425.

436. Sir Christopher Meyer, DC Confidential (London, 2005). Meyer was the UK ambassador in Washington at the time. From 425.

437. "Iraq: Prime Minister's Meeting, 23 July [2002]" Secret memorandum of a meeting of senior UK civil servants and ministers at 10 Downing Street, leaked to the Sunday Times and published May 1, 2005. Its authenticity has never been disputed. See Walter Pincus, "British Intelligence 'Warned of Iraq War'" Washington Post (May 3, 2005) From 425.

438. "Powell Calls Pre-Iraq U.N. Speech a 'Blot' on his Record" Associated Press (September 8, 2005). From 425.

439. Assessment of the British Government, Iraq's Weapons of Mass Destruction (September 24, 2002) and UK 10 Downing Street, Iraq: Its Infrastructure of Concealment, Deception and Intimidation (February 3,2003). From 425.

440. Ross worked at the UK's UN Mission for four and a half years, from December 1997 until June 2002.His testimony was kept secret and only made public 30 months later after pressure from members of Parliament. See "Full Transcript of Evidence given to the Butler Inquiry, Supplementary Evidence Submitted by Mr. Carne Ross, Director, Independent Diplomat," dated June 9, 2004, published by the Independent (December 15, 2006). See Colin Brown and Andy McSmith, "Diplomat's Suppressed Document Lays Bare the Lies Behind Iraq War" Independent (December 15, 2006). From 425.

441. US Senate, 109th Congress, 2nd Session, Report of the Select Intelligence Committee on Postwar Findings on Iraq's WMD Programs and Links to Terrorism and How They Compare with Prewar Assessments (September 8, 2006). A report by the Inspector General of the Department of Defense, released to the Congress on April 5, 2007, Came to the same conclusion. See "Hussein-Qaeda Lind 'Inappropriate,' Report Says" Bloomberg News (April 6, 2007) From 425. http://www.gpo.gov/fdsys/pkg/CREC-2006-09-08/pdf/CREC-2006-09-08.pdf

442. White House Press Release, *Remarks by the President to the Military Personnel and Their Families Marine Corps Base Camp Lejeune, North Carolina* (April 3, 3003). From 425.

443. White House Press Release, *Iraq Coalition* (March 27, 2003) From 425.

444. See for example US Department of State, Office of the Coordinator for Counterterrorism, "Patterns of Global Terrorism" (April 29, 2004); US CENTCOM, "International Contributions to the War on Terror" (January 10, 2005); Sewell Chan, "Rumsfeld Thanks Kazakhstan" *Washington Post* (February 26, 2004); Globalsecurity.org, *Iraq Coalition Troops* (February 2007) From 425.

445. Jim Garamone, "More than 100,000 Coalition Troops in Iraq" *American Forces Press Service* (March 31, 2003) From 425. http://osd.dtic.mil/news/Mar2003/n03312003_200303316.html

446. The White House website notes that the Ministry of Health was "completely looted". For details on the Oil Ministry see Andras Riedlmayer, "Yes the Oil Ministry Was Guarded" Iraq War and Archeology (May 7, 2003) From 425.

447. Department of Defense, *News Briefing by Secretary of Defense Donald Rumsfeld and General Richard Meyers* (April 11, 2003). See Sean Loughlin, "Rumsfeld on Looting in Iraq"

448. UN Security Council Resolutions S/RES/1637(2005) and S/RES/1723 (2006). From 425.

449. Maggie Farley and Richard Boudreaux, "Mexico's Envoy to UN Leaves, With Defiance" *Los Angeles Times* (November 22, 2003) From 425.

450. Bremer had served in the State Department for many years and from 1989-2000 had been a Managing Director of Kissenger Associates. His biographies describe him as a counter-terrorism expert. See the bio presented by the CPA website http://www.iraqcoalition.org/bremerbio.html

451. Human Rights Watch, Violent Response: the U.S. Army in al-Falluja (June 17, 2003) From 425.

452. Seymour Hersh, "Moving Targets" *New Yorker* (December 15, 2003). Also see Matthew B. Stannard, "Special Forces Have Scoped Iraq for Weeks" *San Francisco Chronicle* (March 21, 2003) From 425.

453. Thom Shanker, "Special Operations in Iraq: High Profile But in the Shadow," *New York Times* (May 29, 2007) and Human Rights First, "Command's Responsibility," (February, 2006) From 425.

454. Amnesty International USA, *Human Rights Responsibilities of Private Companies Operating in Iraq*. From 425. http://www.amnestyusa.org/pdfs/corpwatchl3rpt.pdf

455. Dana Priest and Josh White, "Before the War, CIA Reportedly Trained a Team of Iraqis to Aid US" *Washington Post* (August 3, 2005) From 425. http://en.citizendium.org/wiki/Scorpions_(Iraq_War) , http://www.washingtonpost.com/wp-dyn/content/article/2005/08/02/AR2005080201579_pf.html

456. Human Rights First, *Command's Responsibility* (February 2006) p. 8. The detainee was Major General Abed Hamed Mowhoush . From 425.

457. Robert Dreyfuss, "Phoenix Rising" *The American Prospect* Volume 15, Issue 1 (January 1, 2004) . From 425.

458. Michael Hirsh and John Barry, "The Salvador Option" *Newsweek* (January 14, 2005) From 425.

459. Peter Maass, "The Way of the Commandos" *New York Times Magazine* (May 1, 2005). Another important advisor who had been involved in US Latin American counter-insurgency operations was Steven Casteel. From 425.

460. The *Wall Street Journal* identified six of these units. See Greg Jaffe, "New Factor in Iraq: Irregular Brigades Fill Security Void" *Wall Street Journal* (February 16, 2005) and "Bands of Brothers New Factor in Iraq: Irregular Brigades Fill Security Void" *Wall Street Journal* (February 23, 2005). See esp. A.K. Gupta, "Let a housand Militias Bloom" NYC Indymedia Center (April 22, 2005) and A.K. Gupta, "Iraq: Militias and Civil War" *Z Magazine* (December 2006) .From 425.

461. Lionel Beehner, "Iraq: Militia Groups" *Council on Foreign Relations* (June 9, 2005)

462. Michale Hirsch and John Barry, "Special Forces May Train Assassins, Kidnappers in Iraq" *Newsweek* (January 14, 2005) and Peter Maas, "The Way of the Commandoes" *New York Times Magazine* (May 1, 2005) From 425.

463. Ned Parker, "Divided Iraq Has Two Spy Agencies" *Los Angeles Times* (April 15, 2007) From 425.

464. Yochi J. Dreazen and Christopher Cooper, "Behind the Scenes, US Tightens Grip on Iraq's Future" *Wall Street Journal* (May 13, 2004). Also see Bradley Graham and Robin Wright, "Aid to Iraq Ministries To Shift to Pentagon" *Washington Post* (September 26, 2005) From 425.

465. James W. Crawley, "Officials Confirm Dropping Firebombs on Iraqi Troops" *San Diego Union-Tribune* (August 5, 2003) From 425.

466. Iraq Analysis Group, *Fire Bombs in Iraq: Napalm by Any Other Name* (March/April 2005) From 425.

467. Jason E. Levy, "TTPs for the 60mm Mortar Section" *Infantry Magazine* (May/June 2004) and Captain James T. Cobb, First Lieutenant Christopher A. LaCour and Sergeant First Class William H. Hight, "The Fight for Fallujah" *Field Artillery* (March/April 2005) From 425.

468. Scott Peterson, "Remains of Toxic Bullets Litter Iraq" *Christian Science Monitor* (May 15, 2003) From 425.

469. Human Rights Watch, Off Target: *The Conduct of the War and Civilians Casualties in Iraq* (December 2003) From 425.

470. 26 Countries' WMD Programs; A Global History of WMD Use. *Pro.* *Con.* *Org.*
http://usiraq.procon.org/view.resource.php?resourceID=000678

471. Chemical weapons and the United Kingdom. From *Wikipedia.*
http://en.wikipedia.org/wiki/Chemical weapons and the United Kingdom

472. Chemical warfare, From Wikipedia.
http://en.wikipedia.org/wiki/Chemical warfare

473. MK-77750lb Napalm. *GlobalSecurity.org,*
http://www.globalsecurity.org/military/systems/munitions/mk77.htm

474. You asked for my evidence, Mr Ambassador. Here it is. Naomi Klein. *The Guardian.* Saturday 4 December 2004. http://www.guardian.co.uk/world/2004/dec/04/iraq.usa, see also: Journalists Tell of US Falluja Killings. Adam Porter. Thursday, March **17, 2005**. *Aljazeera.* http://www.commondreams.org/headlines05/0317-02.htm

475. Smoking while Iraq burns. Naomi Klein. *The Guardian.* Friday 26 November 2004 . http://www.guardian.co.uk/world/2004/nov/26/usa.iraq

476. Who seized Simona Torretta? Naomi Klein and Jeremy Scahill. *The Guardian.* Thursday 16 September 2004. http://www.guardian.co.uk/world/2004/sep/16/usa.iraq

477. Die, then vote. This is Falluja. Naomi Klein. *The Guardian.* Saturday 13 November 2004. http://www.guardian.co.uk/politics/2004/nov/13/iraq.iraq

478. Fallujah assault underway; Baghdad church burning. *USA TODAY* . 11/7/2004. http://usatoday30.usatoday.com/news/world/iraq/2004-11-07-emergency-iraq_x.htm

479. Iraq report focuses blame on CIA. John Diamond, *USA TODAY.* 7/11/2004. http://usatoday30.usatoday.com/news/world/iraq/2004-07-11-iraq-intelligence_x.htm

480. U.S. drives into heart of Fallujah / Army, Marines face rockets and bombs in battle to take insurgents' stronghold / ADVANCING: 70% of city reported under American control. *San Francisco Chronicle.* Wednesday, November 10, 2004. http://www.sfgate.com/news/article/U-S-drives-into-heart-of-Fallujah-Army-2637064.php

481. IRAQ: 'Unusual Weapons' Used in Fallujah. Dahr Jamail. *Inter Press Service.* Nov. 25, 2004. http://www.ipsnews.net/2004/11/iraq-unusual-weapons-used-in-fallujah/

482. Falluja Was Wiped Out. Rüdiger Göbel. *Junge Welt.* Feb. 26, 2005. http://www.countercurrents.org/iraq-awad100305.htm , see also: Diving Into Falluja. Maker Mark Manning. *Santa Barbara Independent.* 03/24/2005. http://www.informationclearinghouse.info/article8353.htm, In Fallujah, U.S. Declares War on Hospitals, Ambulances. Brian

Dominick. The New Standard. Nov 9, 2004. http://www.nogw.com/download/2004war_hosp.pdf

483. IRAQ: Red Crescent Society makes plans for Fallujah camp. *IRIN*. 15 April 2004. http://www.irinnews.org/Report/23682/IRAQ-Red-Crescent-Society-makes-plans-for-Fallujah-camp , see also: IRAQ: Baghdad hospital treating injured from Fallujah. *IRIN*. 14 April 2004. http://www.irinnews.org/Report/23679/IRAQ-Baghdad-hospital-treating-injured-from-Fallujah

484. Falluja Atrocities Expose True Face of U.S. War. Joseph Nevins. Friday, December 10, 2004. *CommonDreams.org*. http://www.commondreams.org/views04/1210-23.htm

485. Iraqi Inquiry, www.iraqinquiry.org.uk/about.aspx

486. Clinton Admits We Created al Qaeda But Lies About Why and When. Scott Creighton. Willyloman. May 9, 2012. http://willyloman.wordpress.com/2012/05/09/clinton-admits-we-created-al-qaeda-but-lies-about-why-and-when/ https://www.youtube.com/watch?feature=player_embedded&v=gssjVvE0_QU#at=22

487. Gen. Georg Casey' speech in annual conference of Mojahedin organization. Paris, France. 23 June 2013. http://www.mojahedin.org/Pagesar/linksdetails.aspx?downloadfile=../links/other/20130623_Ceisi.flv*2164 , http://www.youtube.com/watch?feature=player_embedded&v=BGMQKrPOxek

488. Susan Lindauer's Mission To Baghdad. The New York Times. David Samuels, August 29, 2004. http://www.nytimes.com/2004/08/29/magazine/susan-lindauer-s-mission-to-baghdad.html?pagewanted=all&src=pm ,

489. The Iran-Contra Affair 20 Years On. The National Security Archive (George Washington University), 2006-11-24. http://www.gwu.edu/~nsarchiv/NSAEBB/NSAEBB210/, read also: Iran–Contra affair - Wikipedia, the free encyclopedia. http://en.wikipedia.org/wiki/Iran%E2%80%93Contra_affair,Walsh Iran / Contra Report - Chapter 28 George Bush http://www.fas.org/irp/offdocs/walsh/chap_28.htm, The Regan-Bush Era Iran Hostage Crisis Subterfuge, October

Surprise' and Iran-Contra. http://www.nlpwessex.org/docs/irancontra.htm

490. Fair Game: My Life as a Spy, My Betrayal by the White House. Valerie Plame Wilson. 2007. Simon & Schuster. US. http://en.wikipedia.org/wiki/Fair_Game:_My_Life_as_a_Spy,_My_Betrayal_by_the_White_House , http://en.wikipedia.org/wiki/Fair_Game_(2010_film)

491. The Politics of Truth: Inside the Lies that Led to War and Betrayed My Wife's CIA Identity: A Diplomat's Memoir. http://en.wikipedia.org/wiki/The_Politics_of_Truth

492. The Long-Term Psychosocial Impact of a Surprise Chemical Weapons Attack on Civilians in Halabja, Iraqi Kurdistan. Jonathan Dworkin, Marta Prescott, Rawan Jamal, Soran Ali Hardawan, Aras Abdullah, and Sandro Galea. The Journal of Nervous and Mental Disease. Volume 196, Number 10, October 2008. http://deepblue.lib.umich.edu/bitstream/handle/2027.42/61176/dworkin_long?sequence=1

493. Enforcing the Ban on Chemical Weapons. Mea Sucato. Sustainable Development Law & Policy. Volume 6. Issue 3 Spring 2006. http://digitalcommons.wcl.american.edu/cgi/viewcontent.cgi?article=1350&context=sdlp

494. Speech of retired war college Professor and CIA-analyst Stephen C. Pelletiere. 29 Jan. 2003. St. Bonaventure University, Olean, NY. USA. http://www.youtube.com/watch?v=H-rxlWnZslY

495. United States Defense Intelligence Agency, Special Security Offices, 'Iran-Iraq: war update', 23 March 1988, Envelope PTTSZYUW RUEKJCS2867 0850428-SSS–RUEALGX, as cited in Jean Pascal Zanders, 'Allegations of Iranian Chemical Weapons use in the 1980-88 Gulf War', SIPRI research note, 21 March 2001. From ((Iraq and Chemical & Biological Warfare: A Chronology of Events Volume I — 1960s to 1990. Richard Guthrie and Julian Perry Robinson. 2007. http://www.cbw-events.org.uk/EXIQ88Q1.PDF))

496. Did President Bush Mislead the Country in His Arguments for War with Iraq? JAMES P. PFIFFNER. George Mason University.

Presidential Studies Quarterly 34, no. 1 (March) 2004. https://dk-media.s3.amazonaws.com/AA/AT/gambillingonjustice-com/downloads/275071/Did_President_Bush_Mislead_the_Country_in_His_Arguments_for_War_with_Iraq.pdf

497. Report on the U.S. intelligence community's prewar intelligence assessments on Iraq. Ordered Reported on July 7, 2004. SELECT COMMITTEE ON INTELLIGENCE UNITED STATES SENATE. http://web.mit.edu/simsong/www/iraqreport2-textunder.pdf
498. The Accidential Guerrilla, Fighting small wars in the midst of a big one. David Kilcullen, 2009. Oxford University Press, Inc. Oxford New York, U.S.
499. Robert Fisk: Seen through a Syrian lens, 'unknown Americans' are provoking civil war in Iraq. Friday 28 April 2006. *The Independent.* http://www.independent.co.uk/voices/commentators/fisk/robert-fisk-seen-through-a-syrian-lens-unknown-americans-are-provoking-civil-war-in-iraq-475889.html
500. UK soldiers 'freed from militia'. *BBC*. Tuesday, 20 September 2005. http://news.bbc.co.uk/2/hi/middle_east/4262336.stm, http://www.csmonitor.com/2005/0920/dailyUpdate.html
501. British Chief Police Investigator in Basra dies under mysterious circumstances. Michel Chossudovsky. October 17, 2005. GlobalResearch.ca. http://www.scoop.co.nz/stories/HL0510/S00242.htm
502. Were British Special Forces Soldiers Planting Bombs in Basra? Michael Keefer, September25, 2005. *Global Research.* http://www.globalresearch.ca/were-british-special-forces-soldiers-planting-bombs-in-basra/994
503. Robert Fisk shares his Middle East knowledge. Tony Jones. *Australian Broadcasting Corporation.* TV PROGRAM TRANSCRIPT. 02/03/2006. http://www.abc.net.au/lateline/content/2006/s1582067.htm
504. Who Killed Margaret Hassan? Robert Fisk. November 17, 2004. *The Independent*. http://www.countercurrents.org/fisk181104.htm

505. Anyone Remember Abu Ghraib? Robert Fisk. 29 September, 2004. *The Independent*. http://www.countercurrents.org/iraq-fisk290904.htm

506. Atrocity In Fallujah. Robert Fisk. April 2, 2004 .*The Independent*. http://www.countercurrents.org/iraq-fisk020404.htm

507. Britain "apologizes" for terrorist act in Basra. *Global Research*. October 15, 2005. http://www.globalresearch.ca/britain-apologizes-for-terrorist-act-in-basra/1094 , http://news.bbc.co.uk/2/hi/middle_east/4264614.stm

508. Iraqi MP accuses British Forces in Basra of "Terrorism". *Global Research*. September 20, 2005. http://www.globalresearch.ca/iraqi-mp-accuses-british-forces-in-basra-of-terrorism/983 , http://www.guardian.co.uk/world/2005/sep/24/uk.military

509. Occupiers Spend Millions On Private Army Of Security Men. Robert Fisk and Severin Carrell. 02 April, 2004. *The Independent*. http://www.countercurrents.org/iraq-carrell020404.htm

510. VIDEO: Controversial Cockpit Video on the Strafing of Civilians in Fallujah: Pentagon Investigating its own War Crimes. *Global Research*. 10 October 2005. http://www.globalresearch.ca/video-controversial-cockpit-video-on-the-strafing-of-civilians-in-fallujah-pentagon-investigating-its-own-war-crimes/576

511. Canada train plot: Iran's al-Qaeda problem. Kasra Naji. 23 April 2013. *BBC Persian*. http://www.bbc.co.uk/news/world-asia-22269352

512. Iran denies link to Canada train 'al-Qaeda plot. 23 April 2013. *BBC*. http://www.bbc.co.uk/news/world-us-canada-22263325

513. Mystery in Iraq: Are US Munitions to Blame for Basra Birth Defects? Alexander Smoltczyk. December 18, 2012. *SPIEGEL*. http://www.spiegel.de/international/world/researchers-studying-high-rates-of-cancer-and-birth-defects-in-iraq-a-873225.html

514. Metal Contamination and the Epidemic of Congenital Birth Defects in Iraqi Cities. 2012. M. Al-Sabbak, S. Sadik Ali, O. Savabi, G. Savabi, S. Dastgiri, M. Savabieasfahani. *Bull Environ Contam Toxicol*. 89: 937–944. http://link.springer.com/content/pdf/10.1007%2Fs00128-012-0817-2.pdf

515. British Soldiers 'Kicked Iraqi Prisoner To Death'. Robert Fisk. *The Independent*. 05 January, 2004. http://www.countercurrents.org/fisk050104.htm
516. A/HRC/13/42 - Office of the High Commissioner for Human Rights. 19 February 2010. http://www2.ohchr.org/english/bodies/hrcouncil/docs/13session/A-HRC-13-42.pdf
517. Depleted uranium used by US forces blamed for birth defects and cancer in Iraq. July 23, 2013. *Russia Today Channel*. http://rt.com/news/iraq-depleted-uranium-health-394/
518. Wesley Clark (US 4 Star General), US will attack 7 countries in 5 years. http://www.youtube.com/watch?v=Ha1rEhovONU, http://en.wikipedia.org/wiki/Wesley_Clark http://www.youtube.com/watch?v=zv71cJdRHUI , The Truth about Osama bin Laden and Iraq, General Clark was the special guest at the Warren County Democrats Fall Dinner on Saturday, September 30th, 2006 in Indianola, Iowa: http://www.youtube.com/watch?v=_8aOiMmekGk
519. Canada cuts diplomatic ties with Iran. Saeed Kamali Dehghhan. *The Guardian*. Friday 7 September 2012. http://www.guardian.co.uk/world/2012/sep/07/canada-cuts-diplomatic-ties-iran
520. Scandal-hit US firm wins key contracts. Antony Barnett, Sunday April 13, 2003. *The Observer*. http://www.freerepublic.com/focus/f-news/893279/posts
521. 10 Lessons from America's 'Dumb War'. Sebastian Fischer. 03/20/2013. *SPIEGEL*. http://www.spiegel.de/international/world/ten-lessons-america-learned-from-the-2003-iraq-war-a-890066.html
522. Iran confirms al-Qaeda suspect handover. Monday, 12 August, 2002. *BBC*. http://news.bbc.co.uk/2/hi/middle_east/2189223.stm
523. US warns Iran over al Qaeda help. Pam O'Toole. Tuesday, 12 February, 2002. *BBC*. http://news.bbc.co.uk/2/hi/middle_east/1817141.stm
524. Bush warns Iran on terror. Thursday, 10 January, 2002. *BBC*. http://news.bbc.co.uk/2/hi/americas/1753521.stm
525. Thousands of Iraqi detainees at risk of torture after US handover. 13 September 2010. *Amnesty*. http://www.amnesty.org/en/news-

and-updates/report/thousands-iraqi-detainees-risk-torture-after-us-handover-2010-09-13

526. Iraq war logs: secret files show how US ignored torture. Nick Davies, Jonathan Steele, and David Leigh. Friday 22 October 2010. *The Guardian.* http://www.guardian.co.uk/world/2010/oct/22/iraq-war-logs-military-leaks

527. Supreme Court declines to take up Abu Ghraib detainee lawsuit. Warren Richey, June 27, 2011. *The Christian Science Monitor.* http://www.csmonitor.com/USA/Justice/2011/0627/Supreme-Court-declines-to-take-up-Abu-Ghraib-detainee-lawsuit

528. CIA 'tortured and sodomised' terror suspect, human rights court rules. Richard Norton-Taylor. Thursday. 13 December 2012. *The Guardian.* http://www.guardian.co.uk/law/2012/dec/13/cia-tortured-sodomised-terror-suspect

529. Globalizing torture CIA secret detention and extraordinary rendition. 2013. Amrit singh. *Open Society Justice Initiative.* http://www.opensocietyfoundations.org/sites/default/files/globalizing-torture-20120205.pdf   ,
http://www.opensocietyfoundations.org/reports/globalizing-torture-cia-secret-detention-and-extraordinary-rendition

530. CIA rendition report author believes UK could face human rights court. Ian Cobain. Tuesday 5 February 2013. *The Guardian.* http://www.guardian.co.uk/world/2013/feb/05/cia-rendition-report-uk-court

531. Poland admits role in CIA rendition programme. Ian Traynor. Monday 22 February 2010. *The Guardian.* http://www.guardian.co.uk/world/2010/feb/22/poland-cia-rendition-flights?INTCMP=SRCH

532. Q&A: rendition flights. Ian Cobin, Thursday 7 June 2007. *The Guardian.* http://www.guardian.co.uk/world/2007/jun/07/usa.ciarendition?INTCMP=SRCH

533. Torture by the book. Vikram Dodd, Thursday 6 May 2004. *The Guardian.* http://www.guardian.co.uk/world/2004/may/06/usa.iraq3?INTCMP=SRCH

534. U.S. Army and CIA interrogation manuals. From Wikipedia, the free encyclopedia. http://en.wikipedia.org/wiki/KUBARK_Counterintelligence_Inter rogation#CIA_manuals

535. Bombing of Hamburg, Dresden, and Other Cities. 28 Mar 1942 - 3 Apr 1945. C. Peter Chen. *World War II Database.* http://ww2db.com/battle_spec.php?battle_id=55

536. US troops killed in Falluja sweep. Friday, 26 November, 2004. *BBC News.* http://news.bbc.co.uk/2/hi/middle_east/4044235.stm

537. Historic Royal Speeches and Writing. The British Monarchy web site. [http://www.royal.gov.uk] GEORGE VI (r. 1936-1952). Broadcast, outbreak of war with Germany, 3 September 1939. http://www.royal.gov.uk/pdf/georgevi.pdf

538. Joint written statement submitted by the International Youth and Student Movement for the United Nations, a non-governmental organization in general consultative status - The impact of ten years of occupation on Iraqi children. Session 24th. A/HRC/24/NGO/133. 09/09/2013. http://daccess-dds-ny.un.org/doc/UNDOC/GEN/G13/168/98/PDF/G1316898.pdf?O penElement

539. The International Response to Conflict and Genocide: Lessons from the Rwanda Experience. 1996. John Eriksson. Joint Evaluation of Emergency Assistance to Rwanda. http://www.oecd.org/derec/50189495.pdf

540. Responding to Genocide: The Politics of International Action. 2013. Adam Lupel Ernesto Verdeja. Lynne Rienner Publishers.

541. The Responsibility to Protect. 2001. Report of the International Commission on Intervention and State Sovereignty. The International Development Research Centre - ICISS. Ottawa, Canada. http://responsibilitytoprotect.org/ICISS%20Report.pdf

542. The politics of preventing genocide. Anjli Parrin. 3 December 2013. IRIN. http://www.irinnews.org/printreport.aspx?reportid=99253

543. Online News Hour: Scott Ritter — August 31, 1998. http://www.pbs.org/newshour/bb/middle_east/july-dec98/ritter_8-31.html

544. “U.N. Panel Finds No Evidence to Link Iraq, Al-Qaeda,” online version, Associated Press, retrieved June 26, 2003, from http://www.truthout.org. From 496.

545. "Invasion right but 'illegal', says US hawk". Burkeman, Oliver (November 21, 2003). Melbourne: The Age. http://www.theage.com.au/articles/2003/11/20/1069027255087.html

546. "War critics astonished as US hawk admits invasion was illegal". London: The Guardian. Oliver Burkeman and Julian Borger (November 20, 2003). http://www.theguardian.com/uk/2003/nov/20/usa.iraq1

547. Legality of the Iraq War. From Wikipedia. http://en.wikipedia.org/wiki/Legality_of_the_Iraq_War#cite_note-aljazeera1-24

548. U.S. Department of State, Daily Press Briefing, INDEX, MONDAY, DECEMBER 1, 1997. Briefer: JAMES P. RUBIN. http://secretary.state.gov/www/briefings/9712/971201db.html

549. Select Committee on International Development Second Report. The impact of sanctions. http://www.publications.parliament.uk/pa/cm199900/cmselect/cmintdev/67/6707.htm

550. Report of the second panel established pursuant to the note by the president of the Security Council of 30 January 1999 (S/1999/100), concerning the current humanitarian situation in Iraq. Annex II of S/1999/356. 30 March, 1999. http://www.casi.org.uk/info/panelrep.html

551. Iraq surveys show 'humanitarian emergency'. Wednesday, 12 August 1999: The first surveys since 1991 of child and maternal mortality in Iraq. UNICEF. http://www.unicef.org/newsline/99pr29.htm

552. Open letter and report about torture in Iraq: Conservation Center of Environmental & Reserves in Fallujah-CCERF.19 Oct.2006.http://3.iraksolidaritet.se/customers/iraksolidaritet/uploadfiles/Fallujah_torture_2003-2004_finally.pdf,http://www.yumpu.com/en/document/view/20

012094/conservation-center-of-environmental-reserves-iraksolidaritet

553. UN warns on Iraq environment fate. Thursday, 10 November 2005. BBC. http://news.bbc.co.uk/2/hi/4425562.stm

554. Fallujah: the April 2004 Siege. Jo Wilding. 14 April 2004. Brussells Tribunal. http://www.brusselstribunal.org/pdf/Fallujah.pdf Also: "Getting Aid Past US Snipers Is Impossible". Jo Wilding, Guardian. (April 17, 2004), from 555.

555. War and Occupation in Iraq - Chapter 6, Attacks on Cities. Global Policy Forum. https://www.globalpolicy.org/component/content/article/168/37150.html#_edn43

556. Major General Charles H. Swannack, Jr., Commander, 82nd Airborne Division, *Special Operational Briefing from Baghdad* (November 18, 2003). From 555.

557. Dahr Jamail, "Fallujah Delux" *ZNet* (June 15, 2006). From.555

558. As cited in "Urgent Aid Required as Displacement Increases in Talafar" United Nations Integrated Regional Information Networks (September 14, 2004). From 555.

559. United Nations, Report of the Special Rapporteur on the Right to Food, Jean Ziegler, to the Human Rights Commission (January 24, 2005) Document E/CN.4/2005/47

560. "UN Food Envoy Says Coalition Breaking Law in Iraq " Reuters (October 14, 2005)

561. Adrian Blomfield, " Police Fire at Reporters as US Tanks Roll Up To Shrine" Telegraph (August 16, 2004)

562. " Iraq Evicts Reporters from Najaf" Associated Press (August 16, 2004)

563. Reporters Without Borders, Annual Report 2004

564. Amnesty International, Iraq : Civilians under Fire (April 2003)

565. Karl Vick, "Fallujah Strikes Herald Possible Attack" Washington Post (October 16, 2004)

566. Brian Conley, " Ramadi Becomes Another Fallujah " Inter Press Service (June 5, 2006)

567. Sengupta, op.cit. From 555.

568. Iraq Body Count, A Dossier on Civilian Casualties in Iraq (2003-2005)

569. Indiscriminate and Especially Injurious Weapons. Chapter 3. From 555.

570. World Health Organization, Detailed Situation Report in Talafar (August 19, 2005)

571. Jo Wilding, "Getting Aid Past US Snipers Is Impossible" Guardian. (April 17, 2004)

572. UN Assistance Mission for Iraq (UNAMI), Human Rights Report (July 1- August 31, 2006) p. 13. The district was al-Eakan al-Jadida.

573. Brian Dominick, "In Fallujah , US Declares War on Hospitals, Ambulances" New Standard (November 12, 2004)

574. UN Assistance Mission for Iraq (UNAMI), Human Rights Report (November 1- December 31, 2005) p.5

575. Scott Baldauf , "The Battle of Najaf" Christian Science Monitor (August 9, 2004)

576. UN Assistance Mission for Iraq (UNAMI), *Human Rights Report* (November 1- December 31, 2005) p.5

577. UN Assistance Mission for Iraq (UNAMI), *Human Rights Report* (July 1- August 31, 2006) p. 12

578. UN Assistance Mission for Iraq (UNAMI), *Human Rights Report* (November 1- December 31, 2006) p. 27

579. UN Assistance Mission for Iraq (UNAMI), *Human Rights Report* (July 1- August 31, 2006) p. 5

580. For example, see "Medical Need Massive in Fallujah – Red Crescent" United Nations Integrated Regional Information Networks (November 10, 2004). Spokesman for the Iraq Red Crescent Society (IRCS), Firdoos al-Abadi added: (We have supplies and people who want to help. People are dying due to the shortage of medical materials and other needing food and water, but you have to watch them die because US troops do not let you go in).

581. "Aid Agencies Unable to Enter Samarra" United Nations Integrated Regional Information Networks (March 22, 2006)

582. Cited in Chris Shumway , "More Reports of US War Crimes in Najaf as Major Assault Looms" *New Standard* (August 11, 2004)

583. UN Assistance Mission for Iraq (UNAMI), *Human Rights Report* (September 1 – October 31, 2005)

584. Abdul-Qader Saadi, "Fallujah Death Toll for Week More than 600" *Associated Press* (April 12, 2004)

585. "Cost of Iraq Reconstruction Calculated" United Nations Integrated Regional Information Networks (September 8, 2004)

586. Ellen Knickmeyer, "US Airstrikes Take Toll on Civilians" *Washington Post* (December 24, 2005)

587. Amnesty International, *Iraq: End Bloodshed and Killing of Children* (October 1, 2004)

588. Knickmeyer, *op.cit.*

589. Patrick Cockburn, "US Soldiers Bulldoze Farmers' Crops" *Independent* (October 12, 2003)

590. Dahr Jamail and Ali Fadhil, "Rebuilding? Not for Fallujah" *Inter Press Service* (June 25, 2006)

591. "Clean-up Process Starts in Najaf Following Fighting" United Nations Integrated Regional Information Networks (August 31, 2004)

592. "Cost of Iraq Reconstruction Calculated" United Nations Integrated Regional Information Networks (September 8, 2004)

593. *Ibid.*

594. Dexter Filkins, "In Ramadi, Fetid Quarters and Unrelenting Battles" *New York Times* (July 5, 2006)

595. Monte Morin, "US Troops Razing Ramadi Buildings to Renew Security" *Stars and Stripes* (September 2, 2006)

596. Maher Mohammad , "Iraq Urges US Troops to Leave Najaf" *Reuters* (August 11, 2004)

597. "Najaf Officials Quit in Protest". *al-Jazeera* (August 13, 2004)

598. "Iraqi Governing Council Members Denounce US Action" *Radio Free Europe* (April 9, 2004).

599. "Governing Council Blasts Fallujah Genocide'" Financial Times (April 10, 2004)

600. Qassim Abdul-Zahra, "Iraq PM Criticizes US-Led Attack". *Associated Press* (August 7, 2006)

601. "Kofi Annan's Letter: Fallujah Warning" *BBC* (November 6, 2004)

602. Office of the High Commissioner for Human Rights, *Statement read by José Luis Dias, Spokesperson* , at the regular press briefing held at the UN Office in Geneva (November 16, 2004)

603. Tim Whitmire "Ex-Soldier Charged with Rape, Murder" *Associated Press* (July 3, 2006)

604. Rick Jervis & Andrea Stone, "Four More Soldiers Accused of Rape, Murder in Iraq " *USA Today* (July 9, 2007)

605. As quoted in "Iraq Rape Soldiers given Life Sentence" *Guardian* (November 17, 2006)

606. Mathew Schofield, "Iraqi Policy Report Details Civilians' Deaths and Hands of US Troops" *Knight Ridder (McClatchy)* (March 19, 2006)

607. Josh White and Sonya Geis, "8 Troops Charged In Death Of Iraqi" *Washington Post* (June 22, 2006)

608. Carolyn Marshall, "Corpsman Who Failed to Halt Killing of Iraqi Receives Prison Sentence" *New York Times* (October 7, 2006)

609. *Ibid.*

610. Richard Engel, "What Happened in Haditha" *NBC News* (May 30, 2006)

611. [44] David S. Cloud, "Marines Have Excised Evidence on 24 Iraqi Deaths" *New York Times* (August 18, 2006)

612. David S. Cloud, "Inquiry Suggests Marines Excised Files on Killings" *New York Times* (August 18, 2006)

613. Thomas E. Ricks, " Probe Into Iraq Deaths Finds False Reports" *Washington Post* (June 1, 2006)

614. "'Simple Failures' and â€˜Disastrous Results': Excerpts from Army Maj. Gen. Eldon A. Bargewell's report" *Washington Post* (April 21, 2007)

615. "US Military Trial Ordered in Iraq Murder Cases" *Reuters* (October 19, 2006)

616. Sonya Geis, "Hearings Begin for Marines Accused of Killing Iraqi" *Washington Post* (August 31, 2006)

617. Mathew Schofield, Iraqi Policy Report Details Civilians' Deaths and Hands of US Troops, *Knight Ridder Newspapers (McClatchy)* (March 19, 2006)

618. Will Dunham, "Troops Cleared in Iraqi Deaths in Ishaqi" *Reuters* (June 2, 2006)

619. Mathew Schofield, *op.cit* .

620. Ziad Khalaf, "Raid Kills 11, Mostly Women and Children" *Associated Press/Army Times* (March 15, 2006)

621. Mathew Schofield, *op.cit* .

622. "New an Iraq Massacre' Tape Emerges" *BBC* (June 2, 2006)

623. Fitzroy Sterling, "Still Seeking Answers in US Checkpoint Killing" *Inter Press Service* (June 24, 2006)

624. Multinational Force in Iraq and US Army Medical Command, *Final Report : Mental Health Advisory Team IV Operation Iraqi Freedom 05-07* (November 17, 2006) p.42

625. Josh White, Charles Lane and Julie Tate, "Homicide Charges Rare In Iraq War" *Washington Post* (August 28, 2006)

626. "Convictions in US Cases Rare in Iraq" *United Press International* (August 28, 2006)

627. Cited in White, Lane and Tate, *op.cit.*

628. Richard A. Oppel "Iraqi Assails US for Strikes on Civilians" *New York Times* (June 2, 2006)

629. Brian Brady "Furious Iraq Demands Apology as US Troops Are Cleared of Massacre" *Scotland on Sunday* (June 4, 2006)

630. UNHCR, Press Briefing by UNHCR Spokesperson Ron Redmond (March 20, 2007)

631. Int. Herald Tribune. Article on game over book about Iranian role in Iraqi violence. https://www.youtube.com/watch?feature=player_embedded&v=BYH5zUtpGCc

632. Qassem Suleimani: the Iranian general 'secretly running' Iraq. Martin Chulov. The Guardian, Thursday 28 July 2011. http://www.theguardian.com/world/2011/jul/28/qassem-suleimani-iran-iraq-influence

633. The shadow commander. Dexter Filkins, 30 September, 2013. The New Yorker. http://www.newyorker.com/reporting/2013/09/30/130930fa_fact_filkins

634. "Iranian who brokered Iraqi peace is on U.S. terrorist watch list". McClatchy Newspapers. 31 March 2008. http://www.mcclatchydc.com/2008/03/31/32141/iranian-who-brokered-iraqi-peace.html.

635. Abbas, Mushreq (12 March 2013). "Iran's Man in Iraq and Syria". http://www.al-monitor.com/pulse/originals/2013/03/soleimani-iraq-syria-

difference.html?utm_source=&utm_medium=email&utm_campaign=6518

636. COUNCIL IMPLEMENTING REGULATION (EU) No 611/2011 of 23 June 2011. http://eur-lex.europa.eu/LexUriServ/LexUriServ.do?uri=OJ:L:2011:164:0001:0003:EN:PDF

637. "Ordinance instituting measures against Syria". Federal Department of Economy. http://www.baselgovernance.org/fileadmin/docs/news/09.09.2011.Ordinance__amedment__Syria_ENG.draft.pdf

638. Ali Mamouri, The Enigma of Qasem Soleimani And His Role in Iraq, Al-Monitor, 13 October 2013. http://www.al-monitor.com/pulse/originals/2013/10/the-enigma-behind-qassem-suleimani.html

639. "Designation of Iranian Entities and Individuals for Proliferation Activities and Support for Terrorism". United States Department of State. 25 October 2007. Archived from the original on 12 March 2008. http://web.archive.org/web/20080312042926/http://www.state.gov/r/pa/prs/ps/2007/oct/94193.htm

640. Chapter 3, Ellen Knickmeyer and K. I. Ibrahim. Bombing Shatters Mosques in Iraq: Attack on Shiite Shrine Sets Off Protests, Violence. Washington Post, February 23, 2006, A1. From 498.

641. Chapter 3, discussion with translator, May 2007, Baghdad, in Fieldnotes: Iraq 2007, un published field notebook entry in the author's possession. From 498.

642. Chapter 3, Conversation with locally employed staff, Baghdad embassy, March 2006, Fieldnotes 01/2006. From 498.

643. Chapter 3, Field note, Monday, March 6, 2006, Baghdad, Fieldnotes 01/2006. From 498.

644. Chapter 3, Author's personal review of BUA slides from January – June 2006, on the shared MNF-I hard drive, over several weeks in June 2007. From 498.

645. Chapter 3, Interview with Colonel A. K. M., counterinsurgency schoolm Taji, June 18, 2007, Fieldnotes Iraq2007 no. 3,

unpublished field notebook entry in the author's possession. From 498.

646. The White House, President's Address to the Nation, January 10, 2007;
http://www.white_house.gov/news/released/2007/01/20070110-7.html.

647. Chapter 3, Colin Khal, Michele Flournoy, and Shawn Brimley, Shaping the Iraq Inheritance (Washington, D.C.: Center for a New American Security, 2008), 21. From 498.

648. Chapter 3, I am indebted to Dr. Steve Biddle of the Council on Foreign Relations for this insight. From 498.

649. UNAMI - Human Rights Report, 1 January– 28 February 2006. www.unami.unmission.org

650. UNAMI - Human Rights Report, November – December 2005. www.unami.unmission.org

651. Report Shows Torture Is Widespread in Iraq. Mark Kukis. TIME. Friday, 17 April 2009.http://content.time.com/time/world/article/0,8599,1892038,00.html

652. Pentagon Reverses Position and Admits U.S. Troops Used White Phosphorus Against Iraqis in Fallujah. Thursday, November 17, 2005. Democracy Now! http://www.democracynow.org/2005/11/17/pentagon_reverses_position_and_admits_u

653. Bush Torture Memo Approved Use of Insects. Michael Scherer. TIME. April 16, 2009. http://content.time.com/time/nation/article/0,8599,1891812,00.html

654. Iraq frees Hezbollah commander who helped mold Shia terror groups Thomas Joscelyn & Bill Roggio. The Long war Journal. November 16, 2012. http://www.longwarjournal.org/archives/2012/11/iraq_frees_hezbollah.php.

655. US releases 'dangerous' Iranian proxy behind the murder of US troops. Bill Roggio. The Long war Journal. December 31, 2009. http://www.longwarjournal.org/archives/2009/12/us_releases_dangerou.php

656. US released senior Iranian Qods Force commander. Bill Roggio. The Long war Journal. July 27, 2009. http://www.longwarjournal.org/archives/2009/07/us_released_senior_iranian_qods_force_commander.php

657. Iran and al Qaeda in Iraq. Bill Roggio. The Long war Journal. January 6, 2007. http://www.longwarjournal.org/archives/2007/01/iran_and_alqaeda_in.php

658. Iraq Expels 2 Iranians Detained by U.S. Sudarsan Raghavan and Robin Wright, Washington Post. Saturday, December 30, 2006. http://www.washingtonpost.com/wp-dyn/content/article/2006/12/29/AR2006122901510.html

659. Iran's Secret Plan For Mayhem. ELI LAKE, January 3, 2007. http://www.nysun.com/foreign/irans-secret-plan-for-mayhem/46032/

660. Iran, Hezbollah train Iraqi Shia "Secret Cells". Bill Roggio. The Long war Journal. July 2, 2007. http://www.longwarjournal.org/archives/2007/07/iran_hezbollah_train.php

661. Iranian-backed Shia terror group kidnaps US civilian in Baghdad. Bill Roggio. The Long war Journal. February 6, 2010. http://www.longwarjournal.org/archives/2010/02/iranianbacked_shia_t.php

662. Civilization versus Barbarism? Noam Chomsky interviewed by M. Junaid Alam. Left Hook, December 17, 2004. http://www.chomsky.info/interviews/20041217.htm

663. US arms trader to run Iraq. Oliver Morgan, The Observer, Sunday 30 March 2003.

664. "Unreported: The Zarqawi Invitation", Greg Palast, *ZNet*, June 10, 2006. Also see: No End in Sight is a 2007 documentary film produced by Charles H. Ferguson. http://en.wikipedia.org/wiki/No_End_in_Sight

665. Memo to Bremer from Office of General Counsel, CPA dated 22 May 2003. http://www.dod.mil/pubs/foi/operation_and_plans/CPA_ORHA/Doc_128_CPA_Leg

666. Countering The Changing Threat of International Terrorism. Washington, D.C.:U.S. Government Printing Office. ISBN 978-0756710576.

667. Making the Nation Safer: The Role of Science and Technology in Countering Terrorism. Washington, D.C.: The National Academies Press. 2002. ISBN 978-0-309-08481-9.

668. "What Bremer Got Wrong" Rosen Nir. May 16, 2007. *The Washington Post.* http://www.washingtonpost.com/wp-dyn/content/article/2007/05/15/AR2007051501322.html

669. "Coalition Provisional Authority Order Number 2: Dissoulution of Entities". The Coalition Provisional Authority. August 23, 2003. http://www.iraqcoalition.org/regulations/20030823_CPAORD_2_Dissolution_of_Entities_with_Annex_A.pdf

670. "Blackwater Case Will Go to Iraqi Criminal Courts". Glanz, James; Sabrine Travernise. September 22, 2007. *New York*

Times. http://www.nytimes.com/2007/09/22/world/middleeast/22
cnd-blackwater.html?_r=0

671. "Iraq to end contractor 'immunity'". September 25, 2007. *BBC News*. http://news.bbc.co.uk/2/hi/middle_east/7012853.stm , see also: "Blackwater staff face charges". September 23, 2007. *CNN*. http://edition.cnn.com/2007/WORLD/meast/09/23/blackwater.pro be/index.html

672. Oversight of funds provided to Iraqi Ministries through the National Budget Process - Special Inspector General: Iraq reconstruction at the Wayback Machine (archived September 30, 2005). https://web.archive.org/web/20050930130859/http://www.sigir.m il/pdf/dfi_ministry_report.pdf , See also: "Audit: U.S. lost track of $9 billion in Iraq funds". January 31, 2005. *CNN*. http://edition.cnn.com/2005/WORLD/meast/01/30/iraq.audit/

673. Toll in Iraq's Deadly Surge: 1,300. Ellen Knickmeyer and Bassam Sebti. Washington Post. Tuesday, 28 February 2006. http://www.washingtonpost.com/wp-dyn/content/article/2006/02/27/AR2006022701128.html

674. Is it a civil war, or isn't it? July 28, 2006. Monica Duffy Toft. monica_toft@harvard.edu. http://www.niemanwatchdog.org/index.cfm?askthisid=220&fusea ction=Ask_this.view

675. Sectarian Strife in Iraq Imperils Entire Region, Analysts Warn. Ellen Knickmeyer. Washington Post. Thursday, 16 November, 2006. http://www.washingtonpost.com/wp-dyn/content/article/2006/11/15/AR2006111501490_pf.html

676. NBC deems Iraq to be in 'civil war'. CHRISTINE LAGORIOCBS/APNovember 27, 2006. http://www.cbsnews.com/news/nbc-deems-iraq-to-be-in-civil-war/

677. Global Overview 2015. Internal Displacement monitoring Center. http://www.internal-displacement.org/global-overview/

678. Criminals, Militias, and Insurgents: Organized Crime in Iraq. Phil Williams. SSI Book Launch CLAI, George Washington University August 26, 2009. https://books.google.at/books?id=ZEEFjZRPucgC&pg=PT41&lp g=PT41&dq=EFFECT+OF+CRIMINAL+MILITIA+ON+society

&source=bl&ots=XKc8Tr1UFc&sig=amuNKE0zoz-GlS5ZjGPzUaB_-ok&hl=en&sa=X&redir_esc=y#v=onepage&q=EFFECT%20OF%20CRIMINAL%20MILITIA%20ON%20society&f=false
http://www2.gwu.edu/~clai/recent_events/2009/Aug%202009%20-%20Crime%20in%20Iraq/Criminals_Militias_Insurgents_PowerPoint.pdf

679. Judge Radhi Testifies on Iraq Corruption; GOPers Attack-UPDATE. David Corn, The Nation. 5th October 2007. http://www.thenation.com/article/judge-radhi-testifies-iraqi-corruption-gopers-attack-update/

680. The interviews and confessions of minister of justice in Iraq Mr. Hassan Shamary. https://www.youtube.com/watch?v=HT4k9lLx5vI https://www.youtube.com/watch?v=9Jdw4GWcqA4

681. Former Blackwater guards sentenced for killing Iraqi civilians. Tuesday 14 April 2015 Dominic Yobbi. JURIST.
http://jurist.org/paperchase/2015/04/former-blackwater-guards-sentenced-for-killing-iraqi-civilians.php,
http://www.alhurra.com/content/life-term-for-one-blackwater-ex-guard-30-years-for-other/269042.html#ixzz3jvQVrxvm

682. Baghdad official who exposed executions flees. Jonathan Steele, 2 March 2006. The Guardian. http://www.theguardian.com/world/2006/mar/02/iraq.jonathansteele

683. The end of the Middle East as we know it? Munich Security Conference 2015, Opening Remarks by Kofi Annan. February 2015. http://kofiannanfoundation.org/newsroom/speeches/2015/02/end-middle-east-we-know-it

684. Powell Was More Skeptical Than Thought About Threat From Iraq, Annan Says. Rick Gladstone. August 30, 2012. *The New York.* http://kofiannanfoundation.org/newsroom/news/2012/08/powell-was-more-skeptical-about-iraq-previously-thought-annan-says

685. Jeremy Corbyn to apologise for Iraq war on behalf of Labour if he becomes leader. Ewen MacAskill. *The Guardian*. 21 February 2015. http://www.theguardian.com/politics/2015/aug/20/jeremy-corbyn-apologise-iraq-war-behalf-labour-leader

686. Iran's Support for Terrorism in the Middle East. Matthew Levitt. U.S. Senate, Committee on Foreign Relations, Subcommittee on Near Eastern and Central Asian Affairs, July 25, 2012. http://www.washingtoninstitute.org/policy-analysis/view/irans-support-for-terrorism-in-the-middle-east, http://www.washingtoninstitute.org/uploads/Documents/testimony/LevittTestimony20120725.pdf

687. Human Rights Report. UNAMI. 1 November - 31 December 2006.

688. Human Rights Report. UNAMI. 1 July - 31 December 2007.

689. A grim log from the Iraq war goes to a future wing of the Marine museum. Michael E. Ruane. 10 October 2015. The Washington Post. https://www.washingtonpost.com/local/a-grim-log-from-the-iraq-war-goes-to-a-future-wing-of-the-marine-museum/2015/10/10/a32e20b8-6946-11e5-8325-a42b5a459b1e_story.html

690. Smoking gun emails reveal Blair's 'deal in blood' with George Bush over Iraq war was forged a YEAR before the invasion had even started. Glen Owen and William Lowther. Daily Mail. 18 October 2015. http://www.dailymail.co.uk/news/article-3277402/Smoking-gun-emails-reveal-Blair-s-deal-blood-George-Bush-Iraq-war-forged-YEAR-invasion-started.html#ixzz3ovCxdXLD

691. Top US military official repeatedly warned Iraq about troop's conduct. James Gordon Meek, Brian Ross & Rym Momtaz. 12 March 2015. http://abcnews.go.com/International/head-us-military-repeatedly-warned-iraq-troops-conduct/story?id=29599056

692. Isis vs Shia militia in Iraq: Atrocity rivalry sees brutal videos of torture spread online. Tom Porter. June 3, 2015. http://www.ibtimes.co.uk/isis-vs-shia-militia-iraq-atrocity-rivalry-sees-brutal-videos-torture-spread-online-1504255

693. The U.S. is providing air cover for ethnic cleansing in Iraq. Foreign Policy. Michael Weiss & Michael Pregent. 28 March

2015. http://foreignpolicy.com/2015/03/28/the-united-states-is-providing-air-cover-for-ethnic-cleansing-in-iraq-shiite-militias-isis/

694. Iraq: Militia Abuses Mar Fight Against ISIS. Human Rights Watch. September 20, 2015. https://www.hrw.org/news/2015/09/20/iraq-militia-abuses-mar-fight-against-isis

695. Iraq: Pro-Government Militias' Trail of Death. Human Rights Watch. 31 July 2014. https://www.hrw.org/news/2014/07/31/iraq-pro-government-militias-trail-death

696. Iraq: Evidence of war crimes by government-backed Shi'a militias. Amnesty. 14 October 2014. https://www.amnesty.org/en/latest/news/2014/10/iraq-evidence-war-crimes-government-backed-shi-militias/

697. A deadly spiral of sectarian violence - a year on from IS onslaught on Iraq. Amnesty. 10 June 2015. https://www.amnesty.org/en/latest/news/2015/06/a-deadly-spiral-of-sectarian-violence-a-year-on-from-is-onslaught-on-iraq/

698. Elevated titanium levels in Iraqi children with neurodevelopmental disorders echo findings in occupation soldiers. M. Savabieasfahani , S. Alaani, M. Tafash, S. Dastgiri, M. Al-Sabbak. January 2015, 187:4127. Environmental Monitoring and Assessment. http://link.springer.com/article/10.1007/s10661-014-4127-5/fulltext.html

699. Incidence of cancer in Fallujah above 10 years age with over view of common cancers in 2011. Abdulwahab A. R. Al-Faluji1*, Salih Hussein Ali1*, Arkan A. Jasem Al-Esawi. Vol.4, No.9, 591-596 (2012). Health. https://drive.google.com/file/d/0BzqPDqS2-cm6VXdHbXpLSC1kcFk/view

700. Chaplains re-visit Phantom Fury. Cpl. Seth Star, I Marine, Expeditionary Force, September / 22 / 2015. MARINE CORPS BASE CAMP PENDLETON, Calif. http://www.marines.mil/mobile/News/View/tabid/16335/Article/618199/chaplains-re-visit-phantom-fury.aspx

701. Approximately 300 academics have been killed. Charles Crain. USA TODAY. 1/17/2005. http://usatoday30.usatoday.com/news/world/iraq/2005-01-16-academics-assassinations_x.htm

702.   Special Report Scientists become targets in Iraq. Declan Butler. Nature 441, 1036-1037 (29 June 2006) . http://www.nature.com/nature/journal/v441/n7097/full/4411036a.html

703. Iraq's academics targeted by militias. BBC. 5January 2007. http://news.bbc.co.uk/2/hi/talking_point/6224427.stm

704.   . Iraq ten years on: ivory tower under siege. Matthew Schweitzer. MARCH 2013.Le Monde Diplomatique. http://mondediplo.com/blogs/iraq-ten-years-on-ivory-tower-under-siege

705. Christopher Bollyen, Controlled Press Ignores Criminal Obliteration of Fallujah, Centre for Research on Globalization, American Free Press, 2 December 2004. http://globalresearch.ca/articles/BOL412A.html. From book "URANIUM IN IRAQ, The Poisonous Legacy of the Iraq Wars" editied by Abdul-Haq Al-Ani & Joanne Baker, June 2009, Vandeplas Publishing.

المصادر العربية (A)

1. هل يمكن مقاضاة الجيش الأميركي؟ الجزيرة نت-بغداد.14/4/2010 , http://www.aljazeera.net/humanrights/pages/b13984b0-9571-4be4-bfe5-f4bcbc6b3aba#.ULDlw-7haLk.facebook
2. في لقاء خاص مع ممثلي مكتب حقوق الانسان في بعثة الامم المتحدة لمساعدة العراق UNAMI عام 2005.
3. تضرروا نفسيا من حرب الخليج الثانية. انتقاد لقرار العراق تعويض امريكيين. الجزيرة نت-بغداد 11/10/2010
4. ثمن العراقي 2500 دولار بقرار أميركي. الجزيرة نت-بغداد. 4/5/2004
5. مؤتمر المعارضة العراقية يتفق على خطة عمل للمستقبل. بي بي سي, لندن, 17-12-2002

   http://news.bbc.co.uk/hi/arabic/middle_east_news/newsid_2583000/2583409.stm
6. الفلوجة. من ويكيبيديا , الموسوعة الحرة. http://ar.wikipedia.org/wiki/الفلوجة
7. استاذ في القانون العام: أمريكا فرضت نفسها على مجلس الأمن لاستصدار قرار يشرعن الاحتلال. 22.03.2013 روسيا اليوم. http://arabic.rt.com/prg/telecast/658090/
8. الفصل السابع: فيما يتخذ من الأعمال في حالات تهديد السلم والإخلال به ووقوع العدوان. http://www.un.org/ar/documents/charter/chapter7.shtml
9. منظم اعتصام الفلوجة: الجيش متورط بتصفية 480 شخصاً بعد معركة الفلوجة. وكالة أصوات العراق. 2013-1-31. http://ar.aswataliraq.info/(S(pwfw5obsdkzfjj55ywecbc55))/Default1.aspx?page=article_page&id=311196
10. موظفة الاستخبارات الأميركية فاليري تدلي أمام الكونغرس بقصتها التي أثارت ضجة سياسية. ريتشارد ليبي وولتر بينكاس. جريدة الشرق الاوسط – لندن. 17 أذار 2007. http://www.aawsat.com/details.asp?issueno=10261&article=410994#.UffRJTssViI
11. بالأرقام والوثائق .. ذبح الجيش الأمريكي في العراق وأفغانستان. عامر عبد المنعم.

    https://bahrainforums.com/vb/%C7%E1%DA%D1%C8-%E6%C7%E1%DA%C7%E1%E3/1071911.htm
12. مرض السرطان.. حرب جديدة على ابناء العراق: قناة روسيا اليوم. http://arabic.rt.com/news/47418/

13. وثائق الادوار الايرانية في الحرب الامريكية على العراق. الأحد 3 يونيو 2012 د.عبدالستار الراوي - سفير العراق في ايران قبل الإحتلال. جريدة الوطن/ البحرين. http://www.alwatannews.net/NewsViewer.aspx?ID=HOMbw7js11GMaQUGTXzZ7w933339933339&SearchID=xMmGAfx8QDwc9UGIsrvSCg933339933339
14. »العراقية» تستثني زعيمها من تبعات طلبها اعتبار هجوم الفلوجة» إبادة جماعية«. حمزة مصطفى. صحيفة الشرق الاوسط- لندن. 6ابريل 2011. http://www.aawsat.com/details.asp?section=4&issueno=11817&article=615990&search=%C7%E1%DD%E1%E6%CC%C9%202004&state=true#.UfXN_NI5lrU
15. لقاءات قناة روسيا اليوم وقناة السومرية وقناة العباسية مع السيد سالم الجميلي. بالاضافة الى اتصالات شخصية مباشرة معه.
http://www.youtube.com/watch?v=qmA2lvyeiT8
http://www.youtube.com/watch?v=jKNfVsOVjrQ
http://www.youtube.com/watch?v=XEm4dBnMw-Y
http://www.youtube.com/watch?v=gqOyUBtOIhs
http://www.youtube.com/watch?v=gq_VIWUsOR0
16. لقاءات مدير المخابرات العراقية السابق محمد الشهواني مع قناة العربية وقناة الشرقية
http://www.youtube.com/watch?v=pEdOPo6c4cc
http://www.youtube.com/watch?v=_Hwfl95ZxNQ
http://www.youtube.com/watch?v=KPc_G6tAhzU
http://www.youtube.com/watch?v=xpkCnPeWED0
http://www.youtube.com/watch?v=b8x4jLaZsi0
17. العراق والنفايات الأميركية السامة. عبد الحسين شعبان. صحيفة المستقبل اللبنانية. السبت 20 تموز 2013 - العدد 4752 - رأي و فكر - صفحة 19. http://www.almustaqbal.com/storiesv4.aspx?storyid=579924
18. تصريح ابطحي منشور على الوكالة الشيعية للأنباء http://ebaa.net/khaber/2004/01/15/khaber001.htm

19. الربيعي لـ«الشرق الأوسط»: سليماني ضابط كبير في فيلق القدس وله القول الفصل في الملف العراقي. معد فياض. 30 يونيو 2010. الشرق الاوسط. لندن. http://www.aawsat.com/details.asp?section=4&issueno=11537&article=576139

20. مقتدى الصدر لـ«الحياة»: أسعى لزيارة الدول العربية... وعلى المالكي تفقّد ساحات الاعتصام السنّية. صحيفة الحياة. مشرق عباس وسرمد الطائي , الأحد ٢٢ ديسمبر ٢٠١٣

21. اللجنة الأمنية البرلمانية: فتحنا ملف تحقيق للدروع ... واختفائها يثير الشكوك. البغدادي الأخبار. 11 أكتوبر (2015). http://www.albaghdadia.com/iraqnews/item/45142-2015-10-11-12-28-52

22. لقاء اللواء غازي عزيزة. برنامج الذاكرة السياسية. قناة العربية. 16.10.2015. https://www.alarabiya.net/programs/politic-memory.html

23. برنامج الصندوق الاسود, تقرير من قناة الجزيرة. 22-10-2015 . http://www.aljazeera.net/programs/black-box/2015/10/18/%D9%86%D9%88%D8%B1%D9%8A-%D8%A7%D9%84%D9%85%D8%A7%D9%84%D9%83%D9%8A-%D8%A7%D9%84%D8%B5%D9%88%D8%B1%D8%A9-%D8%A7%D9%84%D9%83%D8%A7%D9%85%D9%84%D8%A9